Martin Wernecke (Hrsg.)
Nico B. Rottke (Hrsg.)

Praxishandbuch Immobilienzyklen

Praxishandbuch Immobilienzyklen

mit 122 Abbildungen

Dr. Martin Wernecke (Hrsg.)
Geschäftsführer Hausverwaltung Wernecke, Koblenz

Jun.-Prof. Dr. Nico B. Rottke (Hrsg.)
Aareal Juniorprofessur Real Estate Banking, ebs Department of Real Estate
der EUROPEAN BUSINESS SCHOOL (ebs) International University Schloß Reichartshausen,
Oestrich-Winkel

unter Mitarbeit von
Dipl.-Kfm. Christoph Holzmann MSRE
Real Estate Investment Banking, Deutsche Bank AG

Rudolf Müller

Bibliografische Information der Deutschen Bibliothek
Die Deutsche Bibliothek verzeichnet diese Publikation in der
Deutschen Nationalbibliografie; detaillierte bibliografische Daten
sind im Internet über http://dnb.ddb.de abrufbar.

ISBN 3-89984-142-5

© Immobilien Informationsverlag
Rudolf Müller GmbH & Co. KG, Köln 2006

Alle Rechte vorbehalten

Umschlaggestaltung: pizzicato Design-Agentur, Köln
Satz: text grafik konzeption, Sylvia Wienpahl, Köln
Druck: Media-Print Informationstechnologie GmbH, Paderborn
Printed in Germany.

Das vorliegende Buch wurde auf umweltfreundlichem Papier
aus chlorfrei gebleichtem Zellstoff gedruckt.

Vorwort der Herausgeber

In der „Zeitschrift für Immobilienökonomie" untersuchten Schulte et al. in 2004 die Forschungsschwerpunkte der Immobilienökonomie für Deutschland anhand einer empirischen Untersuchung unter deutschen institutionellen Investoren sowie europäischen Immobilienwissenschaftlern: Die Forschungsgebiete „Prognosemethoden für Märkte, Mieten und Renditen" sowie „Existenz und Vorhersehbarkeit von Immobilienzyklen" belegten mit Rang eins und drei (bei den Institutionellen) respektive Rang zwei und eins (bei den Wissenschaftlern) Spitzenplätze. In der gleichen Studie wurde der Quervergleich zu den USA und dem U. K. gezogen: „Immobilienzyklen" belegten hier Rang vier (USA, 2000) und Rang drei (U. K., 2003).

Diese Umfrageergebnisse verdeutlichen die Bedeutung von Immobilienzyklen für die Immobilien- und Bauwirtschaft und alle ihnen zuzuordnenden Dienstleistern. Dies wird vor allem in den USA und im U. K. anerkannt mit dem Resultat, dass es auf nahezu jeder Fachkonferenz unter dem Dach der International Real Estate Society eine Sitzung gibt, die direkt oder indirekt Immobilienzyklen behandelt und auf der renommierte Akademiker, wie die Professoren Pyhrr, Born, Clayton, Mueller oder Wheaton, ihre Ergebnisse vortragen. Mittlerweile gibt es sogar einen von der Fachwelt anerkannten „Body of Knowledge" der Zyklenforschung.

Deutschland hat die Aufarbeitung der Zyklenforschung bisher nur über die Researchabteilungen großer Beraterhäuser und einzelner institutioneller Immobilieninvestoren erreicht. Das beste Beispiel ist hier sicherlich die „Immobilienuhr" von Jones Lang LaSalle.

Darüber hinaus fand bis 1998 nach Kenntnis der Herausgeber eine spezielle akademische, auf das Investitionsgut der Immobilie abgestellte Zyklenforschung für Deutschland nicht statt. Der erste Beitrag entstammt konsequenterweise einer Schnittstellendisziplin: der volkswirtschaftlichen Konjunkturforschung. 1998 veröffentlichte Dr. Kurt Becker – ebenfalls Autor dieses Bandes – seine Dissertation „Analyse des konjunkturellen Musters von wohnungswirtschaftlichen und gewerblich-industriellen Bauinvestitionen".

Im Herbst 2000 nahm sich Prof. Dr. Karl-Werner Schulte von der European Business School des Themas an: Der gemeinsame damalige Doktorvater der Herausgeber des vorliegenden Buches vergab die Arbeit: „Immobilienzyklen in Deutschland: Ursachen und empirische Analyse". Beide Herausgeber, Dr. Martin Wernecke und Jun.-Prof. Dr. Nico B. Rottke, widmeten sich fortan diesem Forschungsgebiet. Ein Ergebnis war das gemeinsame Tutorial in der Immobilien Zeitung von Juni 2001 bis Januar 2002. Der dort gewählte Ansatz war neu für die Zyklenforschung: Erstmals wurde keine makro-, mikro- oder finanzökonomische Sichtweise gewählt, sondern die Managementperspektive. Die Autoren untersuchten Immobilienzyklen in Bezug auf die elf Managementaspekte, die der Bezugsrahmen des ebs Departments of Real Estate, das

„Haus der Immobilienökonomie", bot. Darauf aufbauend wurden im Rahmen dieses Ansatzes Forschungsarbeitspapiere auf der Pacific Rim Real Estate Society Conference 2002 und den European Real Estate Society Conferences 2002 und 2004 vorgestellt.

Vor diesem Hintergrund planten die Herausgeber in 2003, ein Handbuch über Immobilienzyklen zu veröffentlichen, das die wesentlichen Aspekte einer breiten, praxisorientierten Leserschaft übersichtlich darstellen sollte. Das Ansinnen sollte sich trotz einer gelungenen Startphase um zwei Jahre verschieben, da beide Herausgeber erst ihre Doktorarbeiten fertig zu stellen hatten und Dr. Martin Wernecke im Juni 2004 schwer verunglückte, so dass er ab dieser Zeit das Werk nicht weiter begleiten konnte.

Im Februar 2005 wurde ein zweiter Versuch gestartet, das Konzept überarbeitet, Altautoren wieder angeschrieben, Neuautoren akquiriert und mit dem Immobilien Informationsverlag Rudolf Müller ein zuverlässiger Partner gewonnen: Das Werk konnte im Frühjahr 2006 erscheinen.

Die fristgerechte Fertigstellung war nur möglich, da sich alle 26 Autoren an die vorgegebene Bearbeitungszeit hielten. Ihnen gilt für ihre verlässliche Begleitung des Buchprojektes trotz knapper Zeitressourcen und Mehraufwands durch die ungeplante Verzögerung ein ganz herzlicher Dank!

Besonders hervorzuheben ist die Leistung von Diplom-Kaufmann Christoph Holzmann, der sich im Frühjahr 2005 intensiv mit dem Co-Herausgeber auseinander setzte, was zu einer verbesserten Konzeption des Werkes führte. Ihm sei an dieser Stelle herzlich gedankt. Das Werk erscheint unter seiner Mitarbeit.

Desgleichen muss Diplom-Kauffrau Elke Rudolph und Anja Mühlig vom Immobilien Informationsverlag Rudolf Müller gedankt werden, die dieses Werk von den Anfängen bis zur Drucklegung betreuten und seiner Entstehung stets mit kompetentem, freundlichem Rat zur Seite standen. Sollten sich trotzdem einmal Fehler eingeschlichen haben, sind Hinweise und Verbesserungsvorschläge zu diesem Werk stets willkommen: Bitte nutzen Sie für Ihre Anregungen die Homepage der Herausgeber www.immobilienzyklen.de.

Auch möchte ich – stellvertretend für beide Herausgeber – ganz herzlich Prof. Dr. Karl-Werner Schulte danken, der Dr. Martin Wernecke und mir die Ehre gibt, im Erstlingswerk als Herausgeber zweier seiner akademischen Schüler gleich mit zwei Beiträgen vertreten zu sein.

Schließlich gilt mein besonderer Dank meiner Frau, deren Geduld und Nachsicht es mir erlauben, solche Projekte wie das vorliegende Buch anzugehen.

Abschließend möchte ich Dr. Martin Wernecke selbst danken: Zwar konnte er die aktive Arbeit an diesem Werk krankheitsbedingt nicht weiter mitgestalten, doch haben er selbst und seine Publikationen zu diesem Thema immer inspirierend zu seiner Vollendung beigetragen.

Ihm sei dieses Buch gewidmet.

Wiesbaden, im März 2006

Für die Herausgeber:
Nico B. Rottke

Autoren

Diplom-Kauffrau Jenny Arens studierte an der European Business School (ebs) in Oestrich-Winkel mit den Schwerpunkten Immobilienökonomie und Betriebliche Steuerlehre. Nach dem Studium der Betriebswirtschaftslehre begann sie im September 2004 mit der Promotion an der European Business School (ebs) und arbeitet seitdem als wissenschaftliche Mitarbeiterin für Prof. Dr. Karl-Werner Schulte am Stiftungslehrstuhl Immobilienökonomie des ebs Department of Real Estate der European Business School (ebs). Ihre Forschungsschwerpunkte liegen im Bereich Positionierung und Image der Immobilienwirtschaft.

Arens

Diplom-Kauffrau Tina Baab, MSRE, studierte Betriebswirtschaftslehre mit den Schwerpunkten Immobilienökonomie und Finanzierung & Banken an der European Business School (ebs) in Oestrich-Winkel. Im Rahmen ihrer Diplomarbeit befasste sie sich mit dem Thema Immobilieninvestition und Marktzyklen. Von 2000 bis 2001 studierte Frau Baab an der Georgia State University, USA, und absolvierte mit dem Master of Science in Real Estate. In 2003 nahm sie im ersten Jahrgang am Intensivstudium Immobilien-Portfoliomanagement an der European Business School (ebs) teil. Von 2002 bis 2004 war Frau Baab tätig im Strategischen Portfoliomanagement bei Degi Deutsche Gesellschaft für Immobilienfonds mbH. Hier begleitete sie die Auflegung des offenen Immobilienfonds Degi International und war in diesem Rahmen für die strategische Ausrichtung verantwortlich. Seit 2004 ist Frau Baab im Fondsmanagement Publikumsfonds bei der Deka Immobilien Investment GmbH, verantwortlich für das Fondsmanagement des Deka-ImmobilienGlobal.

Baab

Diplom-Volkswirt Ludger Baba, geschäftsführender Gesellschafter von komet-empirica Regionalentwicklung – Stadtentwicklung – Immobilienforschung GmbH (Berlin/Leipzig), studierte Volkswirtschaft in Göttingen und Trier. 1997 bis 2001 war Herr Baba Projektleiter bei der empirica ag, Berlin, bis Mitte 2003 Country-Manager bei IPD – Investment Property Databank, London. Dort analysierte er die Immobilienportfolios der Teilnehmer am Deutschen Immobilien Index (DIX) und erstellte Benchmarkanalysen und den DIX. Von 2003 bis 2004 war Herr Baba als selbstständiger Immobilien-Consultant tätig, im Jahr 2005 wurde er zum Geschäftsführer der komet-empirica bestellt. Die Arbeitsschwerpunkte seiner Tätigkeit liegen im Bereich Immobilien-Portfoliomanagement, in der Erstellung von Machbarkeitsstudien und Nutzungskonzepten für große Immobilieninvestments, von Nachfrage-, Bedarfs- und Flächenprognosen, von Wirtschaftlichkeits- und Renditeberechnungen sowie von Standort und Marktanalysen.

Baba

Diplom-Kaufmann Philipp Bach, Investment Consultant, studierte Betriebswirtschaftslehre mit Schwerpunkt Immobilienökonomie und Marketing an der European Business School (ebs) in Oestrich-Winkel. Des Weiteren schloss er einen Studiengang als Master of Science in Real Estate an der Georgia State

Bach

University in Atlanta USA, ab. Seit 2002 ist Herr Bach für ein großes Beratungsunternehmen europaweit tätig und sammelte auf diesem Weg Erfahrungen im englischen, spanischen, deutschen und französischen Immobilienmarkt. Seit 2005 begleitet er deutsche Investoren im Pariser Immobilienmarkt als Investment Consultant.

Becker Diplom-Volkswirt Dr. Kurt Becker, Prokurist der Collineo Asset Management GmbH in Dortmund, studierte Volkswirtschaftslehre an der Universität Dortmund. Von 1992 bis 1999 lehrte er an der International School of Management (ISM Dortmund) und promovierte 1998 am Lehrstuhl Geld und Kredit der Universität Dortmund (Analyse des konjunkturellen Musters von wohnungswirtschaftlichen und gewerblich-industriellen Bauinvestitionen). Von 1995 bis 1999 arbeitete er als Assistent der Geschäftsführung der Bast-Bau Gruppe. 1999 bis 2000 war er für die Viterra AG als Projektleiter im Bereich Immobilienankauf tätig. 2000 wechselte er als Senior Economist in die volkswirtschaftliche Abteilung der Allgemeinen HypothekenBank Rheinboden AG in Frankfurt. Seit 2002 leitet er das Research der Structured Finance Abteilung der Westfälischen Hypothekenbank/Hypo Real Estate Bank AG, aus der Ende 2004 die Collineo Asset Management hervorgegangen ist. Collineo Asset Management GmbH verwaltet 11 Mrd. Euro Structured Finance Produkte.

Bone-Winkel Diplom-Kaufmann, Immobilienökonom (ebs) Prof. Dr. Stephan Bone-Winkel studierte Betriebswirtschaftslehre an der Universität zu Köln und an der Ecole des Hautes Etudes Commerciales (HEC) in Paris, Promotion 1994. Von 1990 bis 1993 arbeitete er als wissenschaftlicher Mitarbeiter am Lehrstuhl für Investition und Finanzierung der European Business School (ebs) und baute anschließend von 1993 bis 1996 als Geschäftsführer der ebs Immobilienakademie GmbH die Niederlassung in Berlin auf, bevor er 1996/1997 in den Projektentwicklungsbereich einer Bank wechselte. Herr Prof. Dr. Bone-Winkel ist Inhaber des Stiftungslehrstuhls Immobilien-Projektentwicklung an der European Business School (ebs) in Oestrich-Winkel und geschäftsführender Gesellschafter der BEOS Projektentwicklung GmbH in Berlin. Das 1997 gegründete Unternehmen ist in den Bereichen Projektentwicklung und Asset Management aktiv und berät institutionelle Investoren bei der Aktivierung und Wertschöpfung im Portfolio.

Braun Diplom-Volkswirt Dr. Reiner Braun, Mitglied des Vorstandes der empirica AG Forschung und Beratung (Berlin), studierte Volkswirtschaftslehre an den Universitäten Osnabrück und Bonn und promovierte an der Universität zu Köln. 1994 bis 1998 war Herr Dr. Braun Projektleiter bei der empirica GmbH, Bonn. Von 1999 bis 2003 war er als selbstständiger Autor und Berater tätig, im Jahr 2003 wurde er in den Vorstand der empirica AG berufen. Die Arbeitsschwerpunkte seiner Tätigkeit liegen im Bereich Risikoanalysen und Immobilienmärkte, Einkommens- und Vermögensanalysen sowie Steuer- und Sozialversicherungssysteme.

Breidenbach Manuel Breidenbach (MSRE) studierte Business Administration am Babson College in Boston mit Schwerpunkt Finance und Economics. Danach erlangte er als jüngster Absolvent seinen Master of Science in Real Estate and Institutional Investment Analysis an der renommierten Johns Hopkins University. Während seiner Zeit an der Johns Hopkins University arbeitete er für einen der größten Immobilienentwickler in Baltimore und Washington. Zurzeit ist Herr Breidenbach Doktorand am ebs Department of Real Estate an der European Business School (ebs) in Oestrich-Winkel. Seine Dissertation schreibt er zum Thema Commercial Mortgage-Backed Securities und deren Auswirkungen auf die Gesamtfinanzierungskonditionen. Im Mai 2005 war Herr Breidenbach der jüngste Referent bei der American Real Estate Society Konferenz in Santa Fe, New Mexico.

Breidenbach

Dr. Marc A. Breidenbach studierte Betriebswirtschaftslehre mit den Schwerpunkten Immobilienökonomie und Finanzierung & Banken an der European Business School (ebs) in Oestrich-Winkel sowie an der Georgia State University, USA. Nach seinem Abschluss als Diplom-Kaufmann und Master of Science in Real Estate war er ab März 2002 wissenschaftlicher Assistent am ebs Department of Real Estate der European Business School (ebs). Während dieser Zeit besuchte er die National University of Singapore und die John Hopkins University als Visiting Scholar. Hieraus ergaben sich die Ergebnisse seiner Promotion zu dem Themenbereich Real Estate Securitisation – Finanzierung durch die Verbriefung von Immobilien und Immobilien-Cashflows. Seit April 2005 ist Herr Dr. Breidenbach für die Berenberg Bank in Hamburg tätig.

Brockhoff

Dr. Petra Brockhoff, geb. Straßheimer, studierte nach einer Bankausbildung bei Merck, Finck & Co., Privatbankiers, Betriebswirtschaftslehre mit Schwerpunkt Immobilienökonomie an der European Business School (ebs) in Oestrich-Winkel, in Dijon, Frankreich, und in San Francisco, USA. Sie promovierte an der European Business School (ebs) zum Thema „Corporate Real Estate Management". Von 1999 bis Mitte 2003 war sie bei der DB Real Estate in leitender Funktion verantwortlich für die Bestandsimmobilien der Deutschen Bank AG in Deutschland sowie für die Entwicklung von Portfolioanalysetools. Aufgabenschwerpunkte waren hierbei die Nutzungs- und Renditeoptimierung der Immobilienbestände. Seit Juli 2003 ist Frau Dr. Brockhoff geschäftsführende Gesellschafterin der Brockhoff Objekt GmbH, Essen. Die Brockhoff Objekt GmbH erwirbt Immobilien für den eigenen Bestand und führt immobilienbezogene Beratungsdienstleistungen, insbesondere Entwicklung von Umnutzungskonzepten und Bestandsanalysen, durch.

Cieleback

Diplom-Volkswirt Dr. Marcus Cieleback studierte Volkswirtschaft an der Alber-Ludwigs-Universität in Freiburg. 1997 ging er als wissenschaftlicher Mitarbeiter des Lehrstuhls VWL I (Wirtschaftspolitik) von Prof. Dr. Herz an die Universität Bayreuth. 2001 promovierte er an der Universität Bayreuth mit einer Arbeit aus dem Bereich Immobilienfinanzierung. 2002 wechselte er nach München zur MEAG, dem Vermögensverwalter der Münchener Rück Gruppe. Bei der MEAG war er im Bereich der strategischen Immobilienmarktanalyse und des Asset-Klassen-Vergleichs tätig. Seit Sommer 2005 leitet Herr Dr. Cieleback die Abteilung Research im Bereich Real Estate Appraisal & Consulting der Eurohypo AG in Eschborn. Schwerpunktaufgaben sind die Analyse der weltweiten Immobilienmärkte unter Risikogesichtspunkten sowie die Entwicklung ökonometrischer Modelle für ihre Prognose. Er referiert regelmäßig im Rahmen internationaler Fachkonferenzen. Seine Analysen werden in internationalen Fachzeitschriften veröffentlicht.

Gentgen Diplom-Kauffrau Julia Gentgen studierte Betriebswirtschaftslehre mit den Schwerpunkten Immobilienökonomie und Finanzierung & Banken an der European Business School (ebs) in Oestrich-Winkel, an der CERAM Sophia-Antipolis in Frankreich und an der San Diego State University in den USA. Seit 2004 promoviert Frau Gentgen an der European Business School (ebs) in Oestrich-Winkel und ist als wissenschaftliche Mitarbeiterin am Stiftungslehrstuhl Immobilienökonomie der European Business School (ebs) tätig.

Holzmann Diplom-Kaufmann Christoph Holzmann, MSRE, studierte Betriebswirtschaftslehre mit den Schwerpunkten Immobilienökonomie und Finanzen und Banken an der European Business School (ebs) in Oestrich-Winkel. Als Teil dieses Studiums verbrachte er ein Jahr an der Georgia State University in Atlanta, USA, und erwarb dort den Titel Master of Science in Real Estate. Anschließend arbeitete er als wissenschaftlicher Mitarbeiter von Prof. Dr. Karl-Werner Schulte am Stiftungslehrstuhl Immobilienökonomie der European Business School (ebs) und forschte in den Bereichen immobilienwirtschaftliche Konjunkturprognose, Immobilieninvestition und Opportunity Funds. Heute ist Herr Holzmann im Bereich Real Estate Investment Banking bei der Deutschen Bank angestellt und betreut dort Fusionen, Übernahmen und Börsengänge am Immobilienmarkt.

Kippes Prof. Dr. Stephan Kippes lehrt an der Hochschule Nürtingen-Geislingen. Er ist Inhaber der im deutschsprachigen Raum einzigen ordentlichen Hochschul-Professur für Immobilienmarketing und Senatsbeauftragter für Auslandsangelegenheiten. Zudem steht er dem IVD-Institut – Gesellschaft für Immobilienmarktforschung und Berufsbildung mbh in München vor. Er ist Autor von Fachbüchern sowie zahlreicher weiterer Veröffentlichungen. Herr Prof. Dr. Kippes war Mitglied im Gründungsfachbeirat der Expo Real. Darüber hinaus ist er Trainer und gehört dem Herausgeberbeirat der Zeitschrift für Immobilienökonomie (ZIÖ) an. Herr Prof. Dr. Kippes studierte an der LMU-München, verbrachte ein Forschungssemester in Sydney und war bis 1994 Referent in der international agierenden Zentralabteilung für Öffentlichkeitsarbeit und Marktkommunikation der BASF. 1994 wechselte er als Geschäftsführer zum heutigen IVD-Institut. Aktuelle Forschungsschwerpunkte: Immobilienmarktforschung, Shoppingcenter, Büroimmobilien, Marketing-Controlling, Internet-Marketing, wohnungspolitische Grundsatzfragen und Bauträger-Marketing.

Köppel Diplom-Kauffrau Gabriele Köppel studierte nach der Ausbildung zu Bankkauffrau in Berlin Betriebswirtschaftslehre an der Universität Leipzig. Als studentische Hilfskraft arbeitete sie in den Abteilungen Immobilienvermietung und -vertrieb sowie Baubetreuung der Sparkasse Leipzig und weitere zwei Jahre im Bereich Corporate Finance – Real Estate der KPMG in Leipzig. Ihre Diplomarbeit mit dem Titel „Strukturierte Cash Flow-Prognosen zur Ermittlung des Shareholder Value von Immobilieninvestments" wurde in 2003 mit einem Forschungspreis des Verbandes der privaten Bausparkassen, Berlin, ausgezeichnet. Nach Abschluss des Studiums in 2002 begann sie als Assistentin des Vorstands bei der DIC Deutsche Immobilien Chancen in Frankfurt am Main, wo sie u. a. in der Prüfung von Investmentvorhaben und im Investor Relation Management und tätig ist und seit 2003 die Geschäftsführung einer durch das US-Joint Venture gegründeten Beteiligungsgesellschaft übernommen hat.

Leopoldsberger

Prof. Dr. rer. pol. Gerrit Leopoldsberger promovierte, nach dem Studium der Betriebswirtschaftslehre an den Universitäten von Paderborn, Lock Haven, USA, und Puebla, Mexiko, an der European Business School (ebs) in Oestrich-Winkel. Nach Gründung der Grundstückssachverständigengesellschaft Dr. Leopoldsberger + Partner, Frankfurt am Main – Berlin, ist er überwiegend in der Bewertung von Einzelobjekten und Immobilienportfolios tätig. Darüber hinaus ist der Chartered Surveyor Inhaber der Stiftungsprofessur Immobilienbewertung an der Hochschule Nürtingen-Geislingen und lehrt auch an der European Business School (ebs) sowie verschiedenen Weiterbildungseinrichtungen. Herr Dr. Leopoldsberger ist Mitglied des Arbeitskreises Wertermittlung der Gesellschaft für Immobilienwirtschaftliche Forschung e. V. (gif), Wiesbaden, des Valuation Faculty Boards der Royal Institution of Chartered Surveyors, London, des Bundesverbandes Deutscher Grundstückssachverständiger, München, und des Bundesverbandes der Immobilien-Investment-Sachverständigen, Frankfurt am Main.

Muncke

Diplompolitologe Günter Muncke ist Inhaber der Günter Muncke Immobilienconsulting in Hamburg. Sein Aufgabengebiet umfasst die Beratung von Investoren bei Investment, Vermietung und Konzeption von multifunktional genutzten Immobilien. Nach dem Studium der Politikwissenschaft, Soziologie und VWL in München und Hamburg war er wissenschaftlicher Mitarbeiter bei einer interdisziplinären Planungsgruppe in Hamburg, danach sieben Jahre Studienleiter bei Prisma Institut Hamburg. Herr Muncke arbeitete dann für 15 Jahre in der Gruppe Müller International (heute: Atis Real) und war hier zuerst als Prokurist im Bereich Center Management tätig, danach Geschäftsführer der Center Management-Gesellschaft sowie der Müller Consult GmbH. Im Anschluss daran folgte seine Tätigkeit als Direktor und Geschäftsführer bei Jones Lang LaSalle, zuerst im Bereich Advisory, zuletzt als Chairman Retail Services. Des Weiteren engagiert sich Herr Muncke innerhalb seines Berufsstandes, z. B. in der Gesellschaft für Immobilienwirtschaftliche Forschung e. V. (gif) und im ULI – Urban Land Institute.

Patel

Dr. Kanak Patel ist Partnerin und Direktorin für Studien in Volkswirtschaftslehre am Magdalene College sowie Dozentin für Immobilienfinanzierung an der Universität Cambridge. Von 2003 bis 2004 war Frau Dr. Patel Präsidentin der Asian Real Estate Society. Sie ist zudem Mitbegründerin des Cambridge-Maastricht-Symposiums und Co-Herausgeberin der Sonderausgabe des Journals of Real Estate Finance and Investment. Frau Dr. Patel unterrichtet Studenten der Studiengänge MPhil, MBA sowie Führungskräfte in Unternehmens- und Immobilienfinanzierung, internationaler Finanzierung, Realoptionen, Kreditrisiken, Portfoliomanagement und institutioneller Asset Allokation. Frau Dr. Patel unterrichtet an international renommierten Universitäten und nimmt regelmäßig als Rednerin auf internationalen Konferenzen teil. Ihr derzeitiges Forschungs- und Beratungsinteresse ist auf die Preisfindung von Kreditrisiken, Realoptionen, Verbriefung, Preisfindung von Hypotheken und die Modellierung von Wohnungspreismodellen gerichtet.

Pitschke

Diplom-Kaufmann Dr. Christoph Pitschke (MRICS) studierte Betriebswirtschaftslehre an der European Business School (ebs) in Oestrich-Winkel und an der Georgia State University in Atlanta, USA. Als wissenschaftlicher Mitarbeiter an der ebs Immobilienakademie hat er zu dem Themengebiet „Basel II und

Immobilienfinanzierung" promoviert. Im Anschluss daran hat er bei Deutsche Bank Real Estate im strategischen Portfoliomanagement bei der Desinvestition von Unternehmensimmobilien mitgewirkt und ist seit September 2005 Fondsmanager bei der Oppenheim Immobilien Kapitalanlagegesellschaft (OIK) in Wiesbaden.

Rottke Jun.-Prof. Dr. Nico B. Rottke hat eine Juniorprofessur für Real Estate Banking an der European Business School (ebs) in Oestrich-Winkel inne und ist Dozent an der ebs Immobilien- und Finanzakademie. Zuvor war er für die DIC Deutsche Immobilien Chancen, Frankfurt am Main, in den Bereichen Business Development sowie Sales & Acquisitions tätig. Er ist Autor zahlreicher nationaler und internationaler Fachartikel, Buch- und Lexikabeiträge mit den Forschungsschwerpunkten Investition & Finanzierung und Immobilien-Banking sowie Co-Herausgeber des in 2006 erscheinenden Werkes „Handbuch Real Estate Private Equity". Herr Jun.-Prof. Dr. Rottke promovierte am Stiftungslehrstuhl Immobilienökonomie der European Business School (ebs) mit einer Arbeit zum Thema „Investitionen mit Real Estate Private Equity", die mit dem Forschungspreis der Gesellschaft für Immobilienwirtschaftliche Forschung e. V. (gif) ausgezeichnet wurde. Ferner ist er Mitglied der Royal Institution of Chartered Surveyors (RICS) und Vice Chair Young Leaders des ULI Deutschland.

Rybak Diplom-Ingenieur Lars Rybak studierte Wirtschaftsingenieurwesen, Fachrichtung Bauingenieurwesen, an der Technischen Universität Berlin und der University of California in Berkeley, USA. Nach seinem Berufseinstieg als Trainee bei Jones Lang LaSalle war er innerhalb des Advisory-Bereiches des Unternehmens tätig; zuletzt verantwortete er als Prokurist umfangreiche Beratungsprojekte im Kontext des Portfolio- und Asset-Managements von internationalen institutionellen Investoren und großen Industrieunternehmen. In 2002 wechselte Herr Rybak zu DB Services Immobilien, wo er zunächst den Bereich Operatives Portfoliomanagement aufbaute und leitete und später auch für die Bewertungsabteilung verantwortlich zeichnete. Gegenwärtig ist Herr Rybak Bereichsleiter bei der Innova Gesellschaft für Unternehmensentwicklung. Der Schwerpunkt seiner Tätigkeit liegt in der Akquisition und Durchführung von Beratungsprojekten im Bereich des Gewerbeimmobilien- bzw. Asset Managements sowie der Strategie- und Organisationsberatung.

Schulte Prof. Dr. Karl-Werner Schulte wurde 1986 auf eine Professur für Allgemeine Betriebswirtschaftslehre, insbesondere Investition und Finanzierung, an der European Business School (ebs) in Oestrich-Winkel berufen. Seit 1990 ist er wissenschaftlicher Leiter und seit 1992 geschäftsführender Gesellschafter der ebs Immobilienakademie. 1994 wechselte er auf den Stiftungslehrstuhl Immobilienökonomie der European Business School (ebs). Besondere Auszeichnungen sind seine Wahl zum Präsidenten der Gesellschaft für Immobilienwirtschaftliche Forschung e. V. (gif), zum Präsidenten der European Real Estate Society (ERES), zum Präsidenten der International Real Estate Society (IRES) sowie seine Ernennung zum Honorary Member of the Royal Institution of Chartered Surveyors (HonRICS). Als Mitglied in zahlreichen Beiräten namhafter Immobilienunternehmen und Editorial Boards immobilienökonomischer Zeitschriften verbindet Herr Prof. Dr. Schulte die praktische und theoretische Seite der Immobilienökonomie.

Schulten

Diplom-Geograph Andreas Schulten studierte Geographie an der Ruhruniversität Bochum und an der Technischen Universität München. Er trat danach direkt in das Münchener Institut für Markt-, Regional- und Wirtschaftsforschung von Hartmut Bulwien ein und führt mittlerweile das Berliner Büro der BulwienGesa AG als Mitglied des Vorstandes. Seine Beratungsschwerpunkte sind regionale Büroimmobilienmärkte, Wirtschaftsförderungskonzepte, volkswirtschaftliche Rahmendaten für den Immobilienmarkt und Nutzungskonzepte für städtebauliche Entwicklungsflächen. Er ist aktives Mitglied der Gesellschaft für Immobilienwirtschaftliche Forschung e. V. (gif), Dozent an der ebs Immobilienakademie sowie weiteren Lehrinstituten zum deutschen Immobilienmarkt.

Thomas

Prof. Dr. Matthias Thomas studierte nach der Ausbildung zum Bankkaufmann Betriebswirtschaftslehre an der Westfälischen Wilhelms-Universität zu Münster. Von 1992 bis 1996 war er als wissenschaftlicher Mitarbeiter an der European Business School (ebs) in Oestrich-Winkel tätig und promovierte 1996 zum Thema „Die Entwicklung eines Performanceindexes für den deutschen Immobilienmarkt". Für die Promotion wurde er mit dem Immobilienforschungspreis der Gesellschaft für Immobilienwirtschaftliche Forschung e. V. (gif) ausgezeichnet. Herr Prof. Dr. Thomas ist Inhaber der Professur für Immobilien-Portfoliomanagement an der HAWK FH Hildesheim/Holzminden/Göttingen und zugleich geschäftsführender Gesellschafter der DID Deutsche Immobilien Datenbank GmbH in Wiesbaden. Er ist Mitglied der Royal Institution of Chartered Surveyors, Vizepräsident der Gesellschaft für Immobilienwirtschaftliche Forschung e. V. (gif), Mitglied der American Real Estate Society (ARES) und der European Real Estate Society (ERES), bei der er zugleich President Elect für 2006/2007 ist.

Wernecke

Diplom-Kaufmann Dr. Martin Wernecke studierte Betriebswirtschaftslehre mit den Schwerpunkten Finanz- und Informationsmanagement an der WHU Koblenz, der Texas A&M University, USA, der ESC Lyon, Frankreich, und der Hochschule St. Gallen, Schweiz. Er absolvierte das Kontaktstudium Corporate Real Estate Management/Facilities Management an der ebs Immobilienakademie mit dem Abschluss Facilities Manager (ebs) und promovierte am Stiftungslehrstuhl Immobilienökonomie der European Business School (ebs) mit einer Dissertation zum Thema „Büroimmobilienzyklen". Ferner übte er die Funktionen des Geschäftsführers einer Vermögensverwaltung in Koblenz und des Direktors der ebs Immobilienakademie sowie des Senior Assistant am ebs Department of Real Estate aus.

Wiffler

Diplom-Kaufmann Matthias Wiffler, Sachverständiger für Internationale Immobilienbewertung (ebs), studierte 1999 bis 2004 an der European Business School (ebs) in Oestrich-Winkel, an der University of Florida in Gainesville, USA, sowie der Unitec Institute of Technology in Auckland, Neuseeland, Betriebswirtschaftslehre mit den Schwerpunkten Immobilienökonomie und Marketing. Seit seinem Abschluss als Diplom-Kaufmann ist er als Wissenschaftlicher Mitarbeiter am Real Estate Center der European Business School (ebs) tätig. Für seine Diplomarbeit zum Thema Immobilienmarketing erhielt Herr Wiffler im Jahre 2003 den Immobilien-Marketing-Award (Ausbildungspreis).

Inhaltsübersicht

A. Grundlagen

1. Zyklen in der Immobilienökonomie 17
Karl-Werner Schulte, Christoph Holzmann

2. Mikroökonomische Immobilienmarktprozesse 31
Kanak Patel

3. Ursachen von Immobilienzyklen 49
Kurt Becker

4. Marktzyklen in Deutschland 73
Nico B. Rottke, Martin Wernecke

5. Psychologische Einflüsse auf den Verlauf von Immobilienzyklen ... 97
Christoph Holzmann

6. Immobilienmarktdaten: Quellen und Aufbereitung 111
Andreas Schulten

7. Prognoseverfahren und ihre Grenzen 125
Martin Wernecke

B. Immobilienzyklen und Managementpraxis

1. Immobilienanalyse 153
Günter Muncke, Lars Rybak

2. Immobilienbewertung 177
Gerrit Leopoldsberger

3. Immobilieninvestition 199
Marcus Cieleback, Tina Baab

4. Immobilienfinanzierung 221
Nico B. Rottke

5. Projektentwicklung 239
Stephan Bone-Winkel, Gabriele Köppel

6. Portfoliomanagement 257
Matthias Thomas, Christoph Holzmann

7. Corporate Real Estate Management 287
Petra Brockhoff

8. Immobilienmarketing 305
Stephan Kippes, Philipp Bach

C. Megatrends

1. **Auswirkungen von Megatrends auf Immobilienzyklen** 329
   Jenny Arens

2. **Neue Baseler Eigenkapitalvereinbarung** 343
   Christoph Pitschke

3. **Real Estate Private Equity** 357
   Nico B. Rottke, Julia Gentgen

4. **Immobilienverbriefung** 379
   Marc Breidenbach, Manuel Breidenbach

5. **Globalisierungstrends** 397
   Ludger Baba, Reiner Braun

6. **Markttransparenz** 415
   Karl-Werner Schulte, Matthias Wiffler

7. **Zukünftige Bedeutung von Immobilienzyklen in Deutschland** 437
   Nico B. Rottke

A   Grundlagen

1   Zyklen in der Immobilienökonomie

Karl-Werner Schulte
Christoph Holzmann

Inhaltsverzeichnis

1. Phänomen Immobilienzyklen 18
2. Immobilienzyklen im Kontext der Immobilienökonomie 20
3. Forschungsstand 23
4. Struktur des vorliegenden Handbuches 26
5. Literaturverzeichnis 28

1. Phänomen Immobilienzyklen

Konsequenzen von Immobilienzyklen

Die historische Perspektive belegt, dass zyklische Schwankungen von Bauvolumina, Leerstandsraten, Miet- und Objektpreisen einen festen Bestandteil aller Immobilienmärkte und Teilmärkte darstellen. Sie erweisen sich als problematisch, da Immobilien als Teil des Kapitalstocks einer Volkswirtschaft wichtige Produktionsfaktoren darstellen, an denen es im allgemeinen gesamtwirtschaftlichen Aufschwung tendenziell mangelt, die jedoch im konjunkturellen Abschwung im Übermaß vorhanden sind. Werden Immobilien als Anlageobjekte für Finanzinvestitionen betrachtet, so stehen sie für einen Großteil der Vermögenswerte einer Volkswirtschaft. Die Bau- und Immobilienwirtschaft stellt einen wichtigen Arbeitgeber dar, sodass Immobilienzyklen mit bedeutsamen beschäftigungspolitischen Konsequenzen einhergehen können [1]. Der Immobiliensektor weist außerdem eine Vielzahl von Verbindungen zu anderen Bereichen der Gesamtwirtschaft auf, die dafür verantwortlich sind, dass eine Immobilienkrise oft in Verbindung mit einer Krise in einem anderen Sektor, in vielen Fällen dem Bankensektor, auftritt. Beispielsweise traten Immobilienkrisen in Verbindung mit Bankenkrisen in den Vereinigten Staaten, Schweden, Japan und Thailand auf [2]. Zudem zeigt sich, dass Immobilienzyklen nicht mehr allein als ein lokales Phänomen angesehen werden dürfen, da Transmissionsmechanismen entstanden sind, die internationale Immobilienmärkte zunehmend vernetzen. So erfuhr in den Jahren 1991 und 1992 neben den Vereinigten Staaten eine Vielzahl anderer Länder, wie Großbritannien und Japan, Immobilienkrisen, die für viele Immobilieninvestoren die Vorteilhaftigkeit internationaler Diversifikation in Frage stellten [3]. Aufgrund der wirtschaftlichen Globalisierung, die sich u. a. durch internationalen Handel und die gegenseitige Abhängigkeit der Aktienmärkte äußert, und der Zunahme grenzüberschreitender Immobilieninvestitionen entstehen komplexe Verbindungen zwischen den Entwicklungen auf internationalen Immobilienmärkten [4] [5]. Alle oben genannten Gründe machen daher eine intensive Beschäftigung mit dem Phänomen Immobilienzyklen notwendig.

Ein bedeutendes Forschungsfeld

Untersuchungen führender immobilienwirtschaftlicher Forscher belegen den hohen Stellenwert, den der Bereich „Immobilienzyklen und ihre Vorsagbarkeit" in Forschung und Praxis unter diesen Umständen einnimmt. Bereits gegen Ende des vergangenen Jahrhunderts wurde er von einer Mehrzahl befragter institutioneller Immobilieninvestoren in den USA als eines der drei wichtigsten Themenfelder angesehen [6]. Kürzlich durchgeführte Folgeuntersuchungen unter Immobilieninvestoren in vier internationalen Immobilienmärkten ergaben, dass der Bereich in Großbritannien an dritter Stelle, in den Vereinigten Staaten an vierter Stelle, in Deutschland an fünfter Stelle und in Australien an siebter Stelle von insgesamt 27 immobilienwirtschaftlichen Forschungsgebieten steht [7]. Schließlich ergab eine Studie unter europäischen Immobilienforschern aus dem Jahr 2003, dass „Immobilienzyklen und ihre Vorhersagbarkeit" als wichtigstes Forschungsgebiet überhaupt angesehen werden [8]. Bei der Interpretation dieser Fakten muss beachtet werden, dass die Erforschung der Konjunktur auf Immobilienmärkten über eine vergleichsweise junge Tradition verfügt, was nicht zuletzt auf den Umstand zurückzuführen ist, dass die amtliche Statistik kaum relevante Zeitreihen liefert und empirisch verwertbare Daten erst relativ spät zur Verfügung standen. Weitere Gründe für die zunehmende Bedeutung von immobilienökonomischen Zyklen umfassen das Anwachsen institutioneller Anlagevolumina sowie die veränderte Wahrnehmung von Immobilien als gesonderte Anlageklasse, die einen ständigen Platz im institutionellen Anlageuniversum verdient.

Beginn der Zyklenforschung

Im Gegensatz zur gesamtwirtschaftlichen allgemeinen Konjunktur stößt das Phänomen der Immobilienzyklen erst seit den 30er Jahren des vergangenen Jahrhunderts auf akademisches Interesse. In den USA gilt in diesem Zusammenhang Hoyt [9] mit seiner 1933 veröffentlichten, den Zeitraum von 1830 bis 1933 abdeckenden Untersuchung der Landwerte in Chicago als Pionier im Bereich der Immobilienkonjunktur [10] [11]. Die Royal Institution of Chartered Surveyors (RICS) hingegen datiert den Beginn der Immobilienzyklenforschung mit der entsprechenden Arbeit Kuznets [12] auf das Jahr 1930, nimmt aber weder in ihrem Gutachten noch in der dazugehörigen Literaturübersicht Bezug auf die Ausführungen von Hoyt [13] [14]. Gleichsam wird Kuznets im Gegensatz zu Hoyt in keiner der entsprechenden Arbeiten der späten 30er und frühen 40er Jahre zitiert und findet sich auch nicht im aktuellen sog. Body of Knowledge – der repräsentativen Literaturübersicht weltweit führender Immobilienzyklusforscher – wieder [15]. Eine mögliche Erklärung ist die in der Literatur anzutreffende Kritik, dass Kuznets Zyklen eher einen statistischen als einen ökonomischen Hintergrund zu haben scheinen [16]. Diese gegensätzlichen Aussagen verdeutlichen ein gewichtiges Problemfeld der immobilienökonomischen Forschung allgemein und insbesondere der Forschung über Immobilienzyklen, nämlich eine mangelnde Konsensbildung und einen eingeschränkten Austausch zwischen Immobilienforschern auf der ganzen Welt. Die jährlichen Konferenzen der unter dem Dach der International Real Estate Society (IRES) zusammengefassten kontinentalen Immobilienforschungsgesellschaften gewinnen jedoch zunehmend an Bedeutung und bieten somit wichtige Plattformen für eine Internationalisierung und Koordinierung der immobilienökonomischen Forschung [17].

Begriffliche Uneinheitlichkeiten

Es verwundert daher nicht, dass der Begriff des Immobilienzyklus in der Literatur uneindeutig angewendet und zur Beschreibung des Verlaufes verschiedener Variablen eingesetzt wird [18]. Es wird deutlich, dass „der" Immobilienzyklus an sich nicht besteht, sondern der Immobilienmarkt vielmehr einer Vielzahl von unterschiedlichen interdependenten Zyklen und deren Entwicklung ausgesetzt ist. Erschwerend kommt hinzu, dass jede einzelne Stadt über eigene, vom Verlauf her unterschiedliche Zyklen verfügt, die nicht zwangsläufig mit regionalen oder nationalen Verlaufsmustern übereinstimmen, und dass auch für unterschiedliche Objekttypen verschiedene zyklische Muster zu beobachten sind [19] [20]. Zumindest die folgende begriffliche Bestimmung der RICS findet auf internationaler Ebene zunehmenden Zuspruch [21] [22]:

„Property cycles are recurrent but irregular fluctuations in the rate of all-property total return, which are also apparent in many other indicators of property activity, but with varying leads and lags against the all-property cycle." [23]

Der deutsche Ansatz

Basierend darauf wurde von Wernecke (2004) speziell für Büroimmobilienmärkte folgende Definition geschaffen: „Büroimmobilienzyklen sind messbar zyklische Fluktuationen der Gesamtrendite von Büroinvestitionen, wesentlicher sie bestimmender Zahlungs- und Wertkomponenten sowie realer Bestands- und Leistungsgrößen." [24]

Diese modifizierte Fassung stellt unter praktischen Gesichtspunkten eine Verbesserung dar, da sie der Forderung nach formal nachvollziehbaren zyklischen Schwankungen der betrachteten Variablen Rechnung trägt. Damit geht die Vermeidung einer Bezugnahme auf nur scheinbar zyklische Entwicklungen am Markt einher, die zufällige Hintergründe haben und einer statistischen Überprüfung nicht standhalten können.

Zwei verschiedene Teilzyklen

Bei beiden Definitionen – insbesondere jedoch bei Wernecke – muss beachtet werden, dass die Gesamtrendite nicht zufällig als Maßstab der immobilienökonomischen Konjunkturschwankungen gewählt wurde. Vielmehr vereinigt die Gesamtrendite Einflüsse des Mietmarktes – Zahlungskomponenten – sowie Einflüsse des Investmentmarktes – Wertkomponenten – und bildet auf diese Weise unterschiedliche, inhaltlich zu trennende Teilbereiche von Immobilienmärkten im Allgemeinen und von Immobilienzyklen im Speziellen ab. Die Verschiedenartigkeit der Ursachen und Auswirkungen der zyklischen Schwankungen in beiden Teilbereichen hat dazu geführt, dass führende Forscher im Feld der immobilienökonomischen Konjunkturforschung teilweise Immobilienzyklen nicht mehr als ein eindimensionales Phänomen betrachten, sondern sie vielmehr in zwei unterschiedliche Dimensionen unterteilen: einen Mietmarktzyklus und einen Investmentmarktzyklus [25]. Erst eine auf diese Weise differenzierte Betrachtungsweise ermöglicht es, das Phänomen eines möglichen Disconnects – einer Abkopplung des Investmentmarktes vom Mietmarkt – in angemessener Weise zu analysieren und zu interpretieren.

2. Immobilienzyklen im Kontext der Immobilienökonomie

Vier verschiedene Sichtweisen

Immobilienforscher nähern sich dem Thema der Immobilienzyklen von verschiedenen Perspektiven und versuchen, die besten Wege aufzuzeigen, wie Immobilienzyklen beschrieben, vorhergesagt und in einen Gesamtkontext eingebettet werden können. Diese Perspektiven lassen sich beschreiben als:

- makroökonomische Sicht,
- mikroökonomische Sicht,
- finanztheoretische Sicht,
- managementbezogene Sicht.

Aus makroökonomischer Perspektive werden Immobilienzyklen als Teil des Konjunkturzyklus betrachtet. Hauptpunkt des Interesses liegt beispielsweise in der gesamten Bauaktivität und der Höhe der Arbeitslosigkeit. Ziel ist es, Beziehungen zwischen zyklischem Verhalten des Immobilienmarktes und anderen aggregierten Märkten herauszufinden.

Die mikroökonomische Sicht konzentriert sich eher auf individuelle als auf aggregierte Entscheidungen und differenziert den Immobilienmarkt in vier Teilmärkte: den Flächenmarkt (Miete, Leasing, Eigennutzen), den Investmentmarkt, den Neubaumarkt und den exogen gegebenen Kapitalmarkt. Der Grundstücksmarkt als weiterer vorgelagerter Teilmarkt beschäftigt sich ausschließlich mit unbebauten Grundstücken. Die meisten Studien konzentrieren sich häufig auf Elemente wie Mietniveau, Leerstands- und Absorptionsraten und die Rolle der verschiedenen Formen der Erwartungsbildung.

Die finanztheoretische Sichtweise auf Immobilienzyklen basiert auf der modernen Portfoliotheorie (MPT). Rückschlüsse werden gezogen von Bewertungssystemen, wie dem Capital Asset Pricing Model (CAPM), der Arbitrage Pricing Theory (APT) oder dem Realoptionen-Modell. Zentrale Variablen sind beispielsweise Zinsen, Volatilitäten, Korrelationen und Risikoprämien.

Eine vierte Perspektive, die bisher kaum Eingang in die Forschung hatte, ist die managementbezogene Sichtweise. Diese Sichtweise untersucht, ob und wie Immobilienzyklen in die Managementaspekte der Immobilienökonomie integriert werden können [26].

Das Haus der Immobilienökonomie

Die Managementaspekte sind Teil eines theoretischen Bezugsrahmens zur Immobilienökonomie, in dessen Mittelpunkt die Erklärung und Gestaltung realer Entscheidungen von mit Immobilien befassten Wirtschaftssubjekten steht. Ziel ist es, die Entscheidungsprozesse der Marktteilnehmer durch die explizite Berücksichtigung von beispielsweise konjunkturellen Einflüssen auf Immobilienmärkte zu unterstützen und durch Lösungshilfen zu deren Verbesserung beizutragen. Dabei werden in problemorientierter Weise die „tatsächlichen Prämissen und Bedingungen, unter denen Institutionen, Objekte, Funktionen und Prozesse in immobilienbezogenen Fragestellungen zusammenwirken" [27], untersucht. Graphisch veranschaulicht werden kann die Immobilienökonomie durch das sog. Haus der Immobilienökonomie [28] (vgl. Abbildung 1).

Betriebswirtschaftslehre und interdisziplinäre Aspekte

Das Fundament des Hauses und damit den allgemeinen Rahmen für die Immobilienökonomie bildet die Betriebswirtschaftslehre. Als theoretische Basis kommen darüber hinaus die interdisziplinären Aspekte hinzu, da nur ihr Einbezug das Verständnis immobilienökonomischer Sachverhalte in angemessener Weise ermöglicht. Dies gilt insbesondere für den Bereich der Immobilienzyklen als Teil der Volkswirtschaftslehre, da sie entscheidenden Einfluss auf den Erfolg oder Misserfolg von Engagements auf allen Arten von Immobilienmärkten nehmen: „Real estate cycles have been a significant underlying reason for the financial successes and failures of real estate investments throughout history." [29] Unter diesen Umständen kommt der analytischen Präzision bei der umfassenden Beobachtung der Entwicklung einer Vielzahl von nachfrage- und angebotsrelevanten Variablen, wie beispielsweise Zinsniveau, Inflation, Beschäftigungsniveau sowie Wirtschaftswachstum, eine besondere Rolle

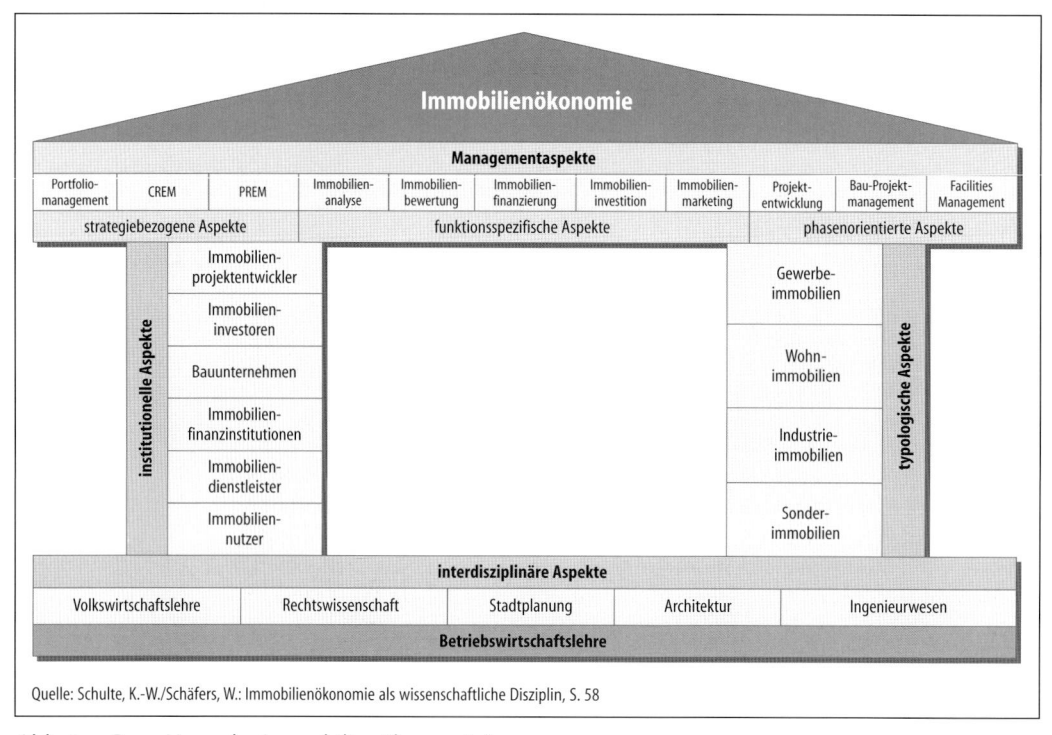

Abb. 1: Das „Haus der Immobilienökonomie"

Institutionelle und typologische Aspekte	zu. Aspekte der Stadtplanung, der Architektur, des Ingenieurwesens und der Rechtswissenschaften spielen demgegenüber in diesem Handbuch nur eine nachrangige Rolle. Die tragenden Säulen des Hauses der Immobilienökonomie werden durch die institutionellen Aspekte und durch die typologischen Aspekte der Immobilienökonomie dargestellt, die sich einerseits mit den Charakteristika und dem Zusammenwirken der Akteure am Markt sowie andererseits mit den verschiedenartigen Immobilientypen auseinander setzen. Im Rahmen der immobilienwirtschaftlichen Konjunkturforschung untersucht die Immobilienökonomie und damit das vorliegende Handbuch die am Markt aktiven Gruppen von Marktteilnehmern und den Einfluss ihrer Handlungen auf den Verlauf von Immobilienzyklen. Zusätzlich beschreibt sie, soweit sich dies als systematisch nachweisbar und inhaltlich sinnvoll erweist, zyklische Phänomene auf einzelnen typologischen Immobiliensubmärkten, wie Gewerbe-, Wohn-, Industrie- und Sonderimmobilien.
Strategiebezogene, funktionsspezifische und phasenorientierte Aspekte	Schließlich haben Betrachtungen des Lebenszyklus, der Strategie und der Funktion einen hohen Stellenwert für die Immobilienökonomie und werden als phasenorientierte, funktionsspezifische und strategiebezogene Aspekte unter dem Begriff der Managementaspekte im Dach des Hauses zusammengefasst. Eben diese Aspekte bilden die oben genannte vierte Sichtweise der immobilienwirtschaftlichen Zyklenforschung.

Zwar befindet sich die Zyklenforschung insgesamt als relativ neuer und äußerst komplexer Forschungszweig innerhalb der Immobilienökonomie noch nicht in einem fortgeschrittenen Stadium. Dieser Umstand darf jedoch nicht darüber hinwegtäuschen, dass sie mit nahezu allen Managementaspekten untrennbar vernetzt ist und in allen Bereichen Berücksichtigung findet.

3. Forschungsstand

Pyhrr et al. unternahmen in 2003 im Rahmen eines preisgekrönten Forschungsbeitrages den Versuch, die bisher auf internationaler Ebene errungenen Erkenntnisse zusammenzutragen und zu kategorisieren. Bereits in der Einleitung wiesen sie jedoch auf den Umstand hin, dass zwar das Themenfeld der Immobilienzyklen zunehmend im Zentrum des Interesses der immobilienökonomischen Theorie und Praxis stehe, dass aber auf der anderen Seite trotz breit gefächerter Bemühungen weder eine gemeinsame Terminologie, ein allgemeiner Forschungsrahmen noch allgemein anerkannte Methodiken abgeleitet werden konnten [30]. Dieser Zustand erscheint umso bemerkenswerter vor dem Hintergrund, dass die für einen Austausch notwendigen Plattformen zunehmend geschaffen werden. Beispielhaft sei an dieser Stelle auf eine Vielzahl an Veröffentlichungen der internationalen Forschergemeinschaft in einschlägigen Publikationen sowie auf die speziellen Themenblöcke für Immobilienzyklen auf internationalen Forschungskonferenzen, wie der American Real Estate Society (ARES) und der European Real Estate Society (ERES), hingewiesen.

International kaum Konsens

Im Kern herrschen somit Umstände vor, die sich von denen in der allgemeinen Konjunkturforschung stark unterscheiden. Die allgemeine Konjunkturdebatte zeigte sich immer tendenziell von theoretischen Erwägungen geprägt, da die Existenz konjunktureller Schwankungen per se nur mit gewissen theoretischen Grundverständnissen vereinbar war. Anhänger anderer Schulen mussten daher auf Hilfsannahmen zurückgreifen und Sonderfälle konstruieren, mit deren Hilfe sie die Gültigkeit der eigenen Überzeugungen bewahren konnten. In der Folge entwickelten sich Theorien und Gegentheorien, deren Annahmen zwar teilweise mathematisch die in der Praxis beobachtbaren Konjunkturschwankungen replizieren können, jedoch mit den Gegebenheiten der Realität nicht vereinbar sind. Im Gegensatz dazu ist die immobilienökonomische Zyklenforschung tendenziell empirisch geprägt, da Zyklenforscher weltweit statistische Anstrengungen unternehmen, um Ursachen und Wirkungen von Immobilienzyklen zu erforschen. Zwar findet dabei ein gewisser Austausch statt, jedoch unterliegen die unternommenen Bemühungen häufig Einschränkungen seitens der zur Verfügung stehenden Daten, die eine Parallelität der globalen Forschung zumindest deutlich erschweren. Auch steht die Heterogenität nationaler und regionaler Immobilienmärkte der Gewinnung international anwendbarer Erkenntnisse gegenüber. Somit bestehen möglicherweise natürliche Grenzen der immobilienwirtschaftlichen Konjunkturforschung, die die internationale Forschungsgemeinschaft auch mit vereinten Kräften nicht wird überschreiten können.

Unterschiede zur allgemeinen Konjunkturforschung

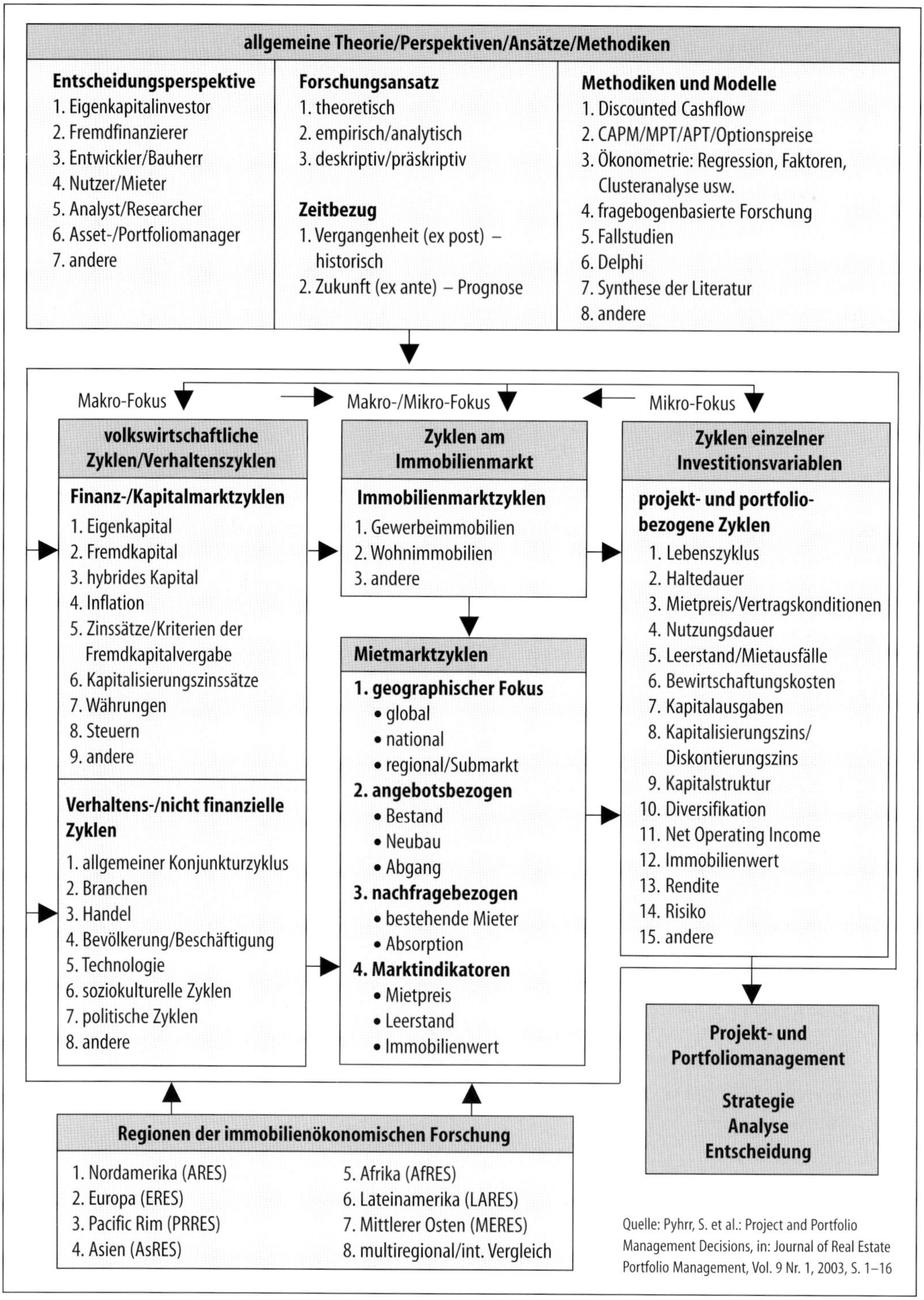

allgemeine Theorie/Perspektiven/Ansätze/Methodiken

Entscheidungsperspektive
1. Eigenkapitalinvestor
2. Fremdfinanzierer
3. Entwickler/Bauherr
4. Nutzer/Mieter
5. Analyst/Researcher
6. Asset-/Portfoliomanager
7. andere

Forschungsansatz
1. theoretisch
2. empirisch/analytisch
3. deskriptiv/präskriptiv

Zeitbezug
1. Vergangenheit (ex post) – historisch
2. Zukunft (ex ante) – Prognose

Methodiken und Modelle
1. Discounted Cashflow
2. CAPM/MPT/APT/Optionspreise
3. Ökonometrie: Regression, Faktoren, Clusteranalyse usw.
4. fragebogenbasierte Forschung
5. Fallstudien
6. Delphi
7. Synthese der Literatur
8. andere

Makro-Fokus ▼   Makro-/Mikro-Fokus ▼   Mikro-Fokus ▼

volkswirtschaftliche Zyklen/Verhaltenszyklen

Finanz-/Kapitalmarktzyklen
1. Eigenkapital
2. Fremdkapital
3. hybrides Kapital
4. Inflation
5. Zinssätze/Kriterien der Fremdkapitalvergabe
6. Kapitalisierungszinssätze
7. Währungen
8. Steuern
9. andere

Verhaltens-/nicht finanzielle Zyklen
1. allgemeiner Konjunkturzyklus
2. Branchen
3. Handel
4. Bevölkerung/Beschäftigung
5. Technologie
6. soziokulturelle Zyklen
7. politische Zyklen
8. andere

Zyklen am Immobilienmarkt

Immobilienmarktzyklen
1. Gewerbeimmobilien
2. Wohnimmobilien
3. andere

Mietmarktzyklen
1. geographischer Fokus
 • global
 • national
 • regional/Submarkt
2. angebotsbezogen
 • Bestand
 • Neubau
 • Abgang
3. nachfragebezogen
 • bestehende Mieter
 • Absorption
4. Marktindikatoren
 • Mietpreis
 • Leerstand
 • Immobilienwert

Zyklen einzelner Investitionsvariablen

projekt- und portfoliobezogene Zyklen
1. Lebenszyklus
2. Haltedauer
3. Mietpreis/Vertragskonditionen
4. Nutzungsdauer
5. Leerstand/Mietausfälle
6. Bewirtschaftungskosten
7. Kapitalausgaben
8. Kapitalisierungszins/Diskontierungszins
9. Kapitalstruktur
10. Diversifikation
11. Net Operating Income
12. Immobilienwert
13. Rendite
14. Risiko
15. andere

Projekt- und Portfoliomanagement

Strategie
Analyse
Entscheidung

Regionen der immobilienökonomischen Forschung

1. Nordamerika (ARES)
2. Europa (ERES)
3. Pacific Rim (PRRES)
4. Asien (AsRES)
5. Afrika (AfRES)
6. Lateinamerika (LARES)
7. Mittlerer Osten (MERES)
8. multiregional/int. Vergleich

Quelle: Pyhrr, S. et al.: Project and Portfolio Management Decisions, in: Journal of Real Estate Portfolio Management, Vol. 9 Nr. 1, 2003, S. 1–16

Abb. 2: Forschungsrahmen für Immobilienzyklen

Pyhrr et al. (2003) bieten jedoch Ansätze, die es erlauben, die weltweiten Bemühungen zu systematisieren und zu vergleichen. Im Zentrum steht dabei der sog. Forschungsrahmen für Immobilienzyklen, der sich inhaltlich aus zwei großen Themenblöcken zusammensetzt (vgl. Abbildung 2). Den ersten Themenblock bilden die Elemente

Ein internationaler Forschungsrahmen

- allgemeine Theorie,
- Perspektive,
- Ansätze,
- Methodiken

sowie die Spezifika der „Regionen der immobilienökonomischen Forschung". Die allgemeine Theorie erlaubt dabei eine grundlegende Klassifizierung der durchgeführten bzw. durchzuführenden Forschung nach den Kriterien der Entscheidungsperspektive, des Forschungsansatzes, des Zeitbezugs und der zur Anwendung kommenden Methodiken und Modelle. Die Regionen schließlich erlauben eine Einteilung der Forschungsleistungen nach geographischen Gesichtspunkten und damit nach tendenziell homogenen Einheiten. Obwohl keine der genannten Kategorien zyklenbezogen definiert wurde, liefern sie dennoch die Grundlagen für ein tieferes Verständnis der Hintergründe und der Struktur einer spezifischen Arbeit. Darüber hinaus ermöglichen sie rückblickend eine genaue Analyse der vergangenen Strömungen in der Zyklenforschung sowie eine Identifikation der bisher in nicht ausreichendem Maße beleuchteten Themenfelder und nur nachrangig gebrauchten Ansätze und Methodiken. So weisen sie den Weg für innovative und richtungsweisende Forschung in denjenigen Bereichen, die das größte verbleibende Potenzial aufweisen.

Alle weiteren relevanten Eigenschaften einer einzelnen Forschungsleistung im Bereich der Immobilienzyklen können grob in drei verschiedene Kategorien eingeteilt werden. Es handelt sich dabei um

Inhaltliche Klassifikationen

- volkswirtschaftliche Zyklen/Verhaltenszyklen,
- Zyklen am Immobilienmarkt und
- Zyklen einzelner Investitionsvariablen.

Dabei erfolgt eine Abstufung von einer Betrachtung der allgemeinen Zusammenhänge von Aggregaten über die Analyse der Dynamiken einzelner Immobilienteilmärkte und ihrer angebots- und nachfragebezogenen Wirkungskräfte bis hin zu der zyklischen Entwicklung charakteristischer Merkmale spezifischer Immobilienbestände und Immobilien. Der Fokus verlagert sich somit von der bereits oben umrissenen rein makroökonomischen Betrachtung zunächst hin zu einer Perspektive, die makro- und mikroökonomische Gesichtspunkte vereint und schließlich zu der oben beschriebenen rein mikroökonomisch geprägten Sichtweise. Wie Abbildung 2 zeigt, können die ersten beiden Kategorien weiter unterteilt werden in „Finanz-/Kapitalmarktzyklen" und „Verhaltens-/nicht finanzielle Zyklen" auf der einen Seite sowie „Immobilienmarktzyklen" und „Mietmarktzyklen" auf der anderen Seite. Jede der drei Kategorien sowie die dazugehörigen Ober- und Unterkategorien liefern die Klassifizierungen, die eine immobilienzyklenbezogene Forschungsleistung inhaltlich einteilbar machen. Diese Argumentation stellt die Kernelemente einer immobilienökonomischen Forschungsdatenbank dar, die zyklenbezogene Arbeiten systematisiert und interessierten Forschern zur Verfügung stellt. Zwar existiert gegenwärtig keine derartige Datenbank, jedoch wurde über ihre Erstellung in Zusammenarbeit mit den regionalen Immobilienforschungsgesellschaften bereits diskutiert [31].

Dabei darf nicht übersehen werden, dass eine derartige Klassifikation in den meisten Fällen Schlagworte aus mehreren Kategorien beinhalten wird. Darüber hinaus kann nicht immer trennscharf zwischen den einzelnen Kategorien unterschieden werden. So können beispielsweise Studien, die sich mit „projekt- und portfoliobezogenen Zyklen" – der Unterkategorie der „Zyklen einzelner Investitionsvariablen" – beschäftigen, in Abhängigkeit von der Dimension des betrachteten geographischen Raumes makroökonomische Züge annehmen [32].

4. Struktur des vorliegenden Handbuches

Die Inhalte des vorliegenden Praxishandbuches Immobilienzyklen bestehen aus drei grundsätzlichen Elementen, die in regionaler Hinsicht einen Schwerpunkt auf den deutschen Immobilienmarkt legen.

Teil A: Grundlagen von Immobilienzyklen

Teil A behandelt vor allem die für ein Verständnis des Phänomens Immobilienzyklen notwendigen Grundlagen. Dabei handelt es sich neben dem Kategorisierungskapitel „Zyklen in der Immobilienökonomie" (Kapitel A1) zunächst um die „Mikroökonomischen Immobilienmarktprozesse" (Kapitel A2) und die „Ursachen von Immobilienzyklen" (Kapitel A3), die in theoretischer Weise die grundsätzlichen mikro- und makroökonomischen Wirkungsmechanismen von Immobilienzyklen erläutern. Sie richten sich damit an alle Marktteilnehmer auf Immobilienmärkten. Der Beitrag „Marktzyklen in Deutschland" (Kapitel A4) nimmt die managementorientierte Sichtweise ein und betrachtet Immobilienzyklen fragebogenbasiert und mittels statistischer Untersuchungen empirisch und vergangenheitsbezogen für Deutschland. Das Kapitel „Psychologische Einflüsse auf den Verlauf von Immobilienzyklen" (Kapitel A5) legt einen Schwerpunkt auf die Perspektiven der Investoren, Fremdfinanzierer, Projektentwickler und Nutzer unter besonderer Berücksichtigung ihrer jeweiligen Verhaltensmuster. Es folgt ein Beitrag mit Gegenwartsbezug, der sich mit „Immobilienmarktdaten, deren Quellen und Aufbereitung" (Kapitel A6) beschäftigt und aufzeigt, welchen Fortschritt Deutschland in Bezug auf Datenqualität und -quantität in den letzten 15 Jahren gemacht hat, aber auch, in welchen Bereichen es noch Nachholbedarf gibt.

Der Teil A schließt mit dem Kapitel „Prognoseverfahren und ihre Grenzen" (Kapitel A7) und damit mit einem Beitrag, der sich mit dem auf die Zukunft bezogenen analytischen Instrumentarium der Ökonometrie auseinander setzt und deren Potenzial sowie Grenzen in Bezug auf Immobilienzyklen aufweist.

Teil B: Immobilienzyklen und Managementpraxis

Teil B behandelt die Managementaspekte, auf die Immobilienzyklen aus Sicht der Marktteilnehmer wesentlichen Einfluss nehmen [33]. Dabei wird jeweils die Entscheidungsperspektive all derjenigen Marktteilnehmer eingenommen, die sich mit dem jeweiligen Aspekt der Immobilienökonomie beschäftigen.

Überwiegend kommt hier ein deskriptiver bzw. präskriptiver Ansatz zum Einsatz.

Der Einfluss zyklischer Schwankungen wird für die funktionsspezifischen Aspekte untersucht für die

- Immobilienanalyse (Kapitel B1),
- Immobilienbewertung (Kapitel B2),
- Immobilieninvestition (Kapitel B3),
- Immobilienfinanzierung (Kapitel B4).

Im Rahmen der phasenorientierten Aspekte wird der Einfluss für die „Projektentwicklung" untersucht (Kapitel B5). Auswirkungen zyklischer Schwankungen sind zwar sehr gut anhand der Neubaumärkte festzustellen, doch werden diese Parameter bereits in Kapitel B5 behandelt. Das Bau-Projektmanagement als Prozess an sich ist – ebenso wie das Facilities Management – relativ unabhängig von Immobilienzyklen, sodass es an dieser Stelle nicht behandelt werden muss.

Von den strategiebezogenen Aspekten werden im vorliegenden Handbuch die Aspekte

- Portfoliomanagement (Kapitel B6),
- Corporate Real Estate Management (Kapitel B7)

behandelt. Public Real Estate Management als gesonderter Aspekt wird nicht einzeln aufgeführt, da sich große Schnittmengen zu Corporate Real Estate Management in Bezug auf Immobilienzyklen ergeben.

Das „Immobilienmarketing" (Kapitel B8) als verbleibender funktionsspezifischer Aspekt bildet den Abschluss aufgrund der hohen Bedeutung eines ganzheitlichen Marketings für alle Managementphasen.

Abschließend befasst sich Teil C mit wichtigen Trends, mit denen sich die Marktteilnehmer konfrontiert sehen und die über einen direkten Einfluss auf die immobilienökonomischen Konjunkturentwicklungen verfügen.

Teil C: Megatrends

Der Beitrag „Auswirkungen von Megatrends auf Immobilienzyklen" (Kapitel C1) bildet dabei eine Klammer für alle weiteren Beiträge und gewährt einführend Überblick über eine Vielzahl von strukturverändernden Markttrends. In der Folge wird den wesentlichen Trends darunter jeweils ein eigenes Kapitel gewidmet. Im Einzelnen handelt es sich dabei um

- die Neue Baseler Eigenkapitalvereinbarung (Kapitel C2),
- Real Estate Private Equity (Kapitel C3),
- Immobilienverbriefung (Kapitel C4),
- Globalisierung (Kapitel C5) und
- Markttransparenz (Kapitel C6).

Der Teil C und somit das vorliegende Werk schließt mit einem Ausblick sowie einer Einschätzung in Bezug auf die „Zukünftige Bedeutung von Immobilienzyklen in Deutschland" (Kapitel C7).

5. Literaturverzeichnis

[1] Vgl. Tichy, G.: Konjunktur: stilisierte Fakten, Theorie, Prognose, 2. völlig neu bearb. Aufl., Berlin/Heidelberg 1994, S. 21.

[2] Vgl. Herring, R./Wachter, S.: Real Estate Booms and Banking Busts: An International Perspective, in: University of Pennsylvania. Wharton Financial Institutions Center (Hrsg.): Working Papers, Nr. 99-127, Philadelphia 1999, S. 30-64.

[3] Vgl. Case, B./Goetzmann, W./Rouwenhurst, G.: Global Real Estate Markets: Cycles and Fundamentals, in: National Bureau of Economic Research (Hrsg.): NBER Working Paper, Nr. 7566, Cambridge 2000, S. 12.

[4] Vgl. Baum, A.: Evidence of cycles in European commercial real estate markets – and some hypotheses, in: University of Reading (Hrsg.): Working Papers in Land Management and Development, Nr. 5, Reading 2000, S. 8.

[5] Pyhrr, S./Roulac, S./Born, W.: Real Estate Cycles and Their Strategic Implications for Investors and Portfolio Managers in the Global Economy, in: Journal of Real Estate Research, Vol. 18, Nr. 1, 1999, S. 52-54.

[6] Vgl. Ziering, B./Worzala, E.: The Real Estate Research Interests of the Plan Sponsor Community: Survey Results, in: Journal of Real Estate Research, Vol. 13, Nr. 2, 1997, S. 122.

[7] Vgl. Newell, G. et al.: An International Perspective on Real Estate Research Priorities, in: Journal of Real Estate Portfolio Management, Vol. 10, Nr. 3, 2004, S. 168.

[8] Vgl. Bulwien, H./Sturm, V./Zimmermann, M.: Property Research Priorities in Europe – A Survey Among Real Estate Academics, Konferenzbeitrag, 10. European Real Estate Society Conference, Helsinki 2003, S. 19.

[9] Vgl. Hoyt, H.: One Hundred Years of Land Values in Chicago, Chicago 1933.

[10] Vgl. Mueller, G.: What Will The Next Real Estate Cycle Look Like?, in: Journal of Real Estate Portfolio Management, Vol. 8, Nr. 2, 2002, S. 115-125.

[11] Mueller, G.: Real Estate Rental Growth Rates at Different Points in the Physical Market Cycle, in: Journal of Real Estate Research, Vol. 18, Nr. 1, 1999, S. 132-150.

[12] Kuznets, S.: Secular movements in production and prices, Boston 1930.

[13] Vgl. Key, T. et al.: Understanding the Property Cycle. Main Report, Royal Institution of Chartered Surveyors (Hrsg.), London 1994.

[14] Key, T. et al.: A Literature Review, in: Royal Institution of Chartered Surveyors (Hrsg.): Working papers complementary to the main report „Understanding the Property Cycle", Nr. 2, London 1993, S. 19–23.

[15] Vgl. Pyhrr, S. et al.: Project and Portfolio Management Decisions: A Framework and Body of Knowledge Model for Cycle Research, in: Journal of Real Estate Portfolio Management, Vol. 9, Nr. 1, 2003, S. 11–16.

[16] Vgl. Maußner, A.: Konjunkturtheorie, Berlin 1994, S. 4.

[17] Vgl. Newell, G. et al., a. a. O., S. 161.

[18] Vgl. Pyhrr, S./Roulac, S./Born, W., a. a. O, S. 29.

[19] Vgl. Dokko, Y. et al.: Real Estate Income and Value Cycles: A Model of Market Dynamics, in: Journal of Real Estate Research, Vol. 18, Nr. 1, 1999, S. 69.

[20] Wheaton, W.: Real Estate „Cycles": Some Fundamentals, in: Real Estate Economics, Vol. 27, Nr. 2, 1999, S. 228.

[21] Vgl. Wernecke, M./Rottke, N./Holzmann, C.: Incorporating the Real Estate Cycle into Management Decisions – Evidence from Germany, in: Journal of Real Estate Portfolio Management, Vol. 10, Nr. 3, 2004, S. 173.

[22] Rottke, N./Wernecke, M./Schwartz, A.: Real Estate Cycles in Germany – Causes, Empirical Analysis and Recommendations for the Management Decision Process, in: Journal of Real Estate Literature, Vol. 11, Nr. 3, 2003, S. 331.

[23] Key, T. et al., a. a. O., S. 9.

[24] Wernecke, M.: Büroimmobilienzyklen. Eine Analyse der Ursachen, der Ausprägungen in Deutschland und der Bedeutung für Investitionsentscheidungen, in: Schulte, K.-W./Bone-Winkel, S. (Hrsg.): Schriften zur Immobilienökonomie, Bd. 31, Köln 2004, S. 51.

[25] Vgl. Mueller, G.: Understanding Real Estate's Physical and Financial Market Cycles, in: Real Estate Finance, Vol. 12, Nr. 1, 1995, S. 47–52.

[26] Vgl. hierfür grundlegend die Arbeiten von Rottke, N.: Immobilienzyklen in Deutschland – Ursachen und empirische Analyse, Hamburg 2001; Rottke, N./Wernecke, M.: Management im Immobilienzyklus, Folge 1–16, Fachbeiträge aus der Immobilien Zeitung 2001 und 2002, in: Immobilien Zeitung, Nachdruck RE 125, Wiesbaden 2002, S. 1–50; Rottke, N./Wernecke, M./Schwartz, A., a. a. O.; Wernecke, M./Rottke, N./Holzmann, C., a. a. O.; Wernecke, M., a. a. O.

[27] Vgl. Schulte, K.-W.: Immobilienökonomie – ein innovatives Lehr- und Forschungskonzept, in: Schulte, K.-W. (Hrsg.): 10 Jahre ebs Immobilienakademie, Festschrift, Frankfurt/M. 2000, S. 37 f.

[28] Vgl. Schulte, K.-W./Schäfers, W.: Immobilienökonomie als wissen-

schaftliche Disziplin, in: Schulte, K.-W. (Hrsg.): Immobilienökonomie, Bd. 1, Betriebswirtschaftliche Grundlagen, 3. vollst. überarb. und erw. Aufl., München/Wien 2005, S. 58–64.

[29] Pyhrr, S./Roulac, S./Born, W., a. a. O., S. 7.

[30] Vgl. Pyhrr, S. et al., a. a. O., S. 1.

[31] Vgl. Pyhrr, S. et al., a. a. O., S. 10.

[32] Vgl. Pyhrr, S. et al., a. a. O., S. 6 f.

[33] Vgl. Wernecke, M./Rottke, N., a. a. O., S. 173, 182.

2 Mikroökonomische Immobilienmarktprozesse

Kanak Patel

Inhaltsverzeichnis

1. Ausgangssituation 32
2. Merkmale der Immobilienkapitalanlage 34
3. Gleichgewicht in Miet- und Investmentmärkten 36
4. Makroökonomische Einflüsse auf Immobilienzyklen 40
5. Deterministischer Denkansatz 42
6. Stochastischer Ansatz 44
7. Schlussfolgerungen 46
8. Weiterführende Literatur 46

1. Ausgangssituation

Markt- oder Immobilienzyklus

Alle entwickelten Wirtschaftssysteme sind immer wieder auftretenden Marktzyklen unterworfen, welche durch Schwankungen in der Summe des Bruttoinlandsproduktes (BIP) charakterisiert sind. Perioden rapider ökonomischer Expansion (Aufschwung oder Boom) wechseln sich im Zeitverlauf mit Konsolidierung und Rezession ab. Ein Boom oder eine Baisse können durch verschiedenartige Einflüsse hervorgerufen werden, u. a. durch Änderungen im technischen Know-how, durch Änderungen innerhalb des Arbeitsmarktes, durch Änderungen der Vorlieben für bestimmte Waren, durch politische Wandlungen und mehr. Die Amplitude, Geschwindigkeit und Dauer eines zyklischen Auf- oder Abschwungs hängen von der Kombination dieser zufälligen Einflüsse und deren Ausbreitungsmechanismen ab. Durch die Ausbreitung werden eigene neue Kräfte generiert, welche die Wirtschaft immer weiter in die eingeschlagene Richtung tragen. Der Prozess dieser zyklischen Bewegungen läuft jedoch weder regelmäßig noch reibungslos in seiner Periodizität und Amplitude ab, wie der Leser durch den Ausdruck „Marktzyklus" meinen könnte. „Boom" und „Rezession" sind wahrscheinlich bessere Ausdrücke als die Phrase „Markt- oder Immobilienzyklus", doch werden zur leichteren Verständlichkeit in diesem Kapitel die Ausdrücke Markt- und Immobilienzyklus, Aufschwung, Boom, Abschwung und Rezession verwandt, da sie sich in Gänze auf den Prozess zyklischer Schwankungen innerhalb ökonomischer Aktivität beziehen.

Seit der Weltwirtschaftskrise der 30er Jahre haben Forscher untersucht, wie lange typische Rezessionen oder Wachstumsphasen andauern und wie zufällige Schockereignisse eine anhaltende Veränderung der Messkennzahlen und ihrer einzelnen Bestandteile hervorrufen.

Keynes'sches Konjunkturzyklusmodell

Eine der Grundfragen der Forschung war und ist es herauszufinden, welche großen und entscheidenden Kräfte die relevanten Messkennzahlen beeinflussen. Eine weitere Aufgabe der Forschung ist es, Wege zu finden, die eine größere Stabilität im ökonomischen Leben gewährleisten können. In den späten 30er und 40er Jahren wurden die Keynes'schen Konjunkturzyklusmodelle verfeinert, um eine vollständige Tiefenanalyse des Konjunkturzyklus zu geben. In den 50er und 60er Jahren führte die Entwicklung von Friedmans Monetarismus zu einer breiten Annahme der Ansicht, dass Änderungen im Geldmarkt große Wirkungen auf das Bruttoinlandsprodukt haben können. Die moderne Immobilienzyklen-Forschung sagt aus, dass technologische Einflüsse einerseits die Ursache eines Aufschwungs oder einer Rezession sein können und andererseits Einfluss auf die Weiterverbreitung haben.

In den letzten Jahren sind extreme Schwankungen in Gewerbe- und Wohnvermögenswerten in den größeren Industrieländern Europas, Nordamerikas, Australiens, des Fernen Ostens und in Japan beobachtet worden. Die Erfahrung in einigen Schwellen- und in OECD-Ländern könnte vermuten lassen, dass rasches Kreditwachstum und Vermögenswertblasen den starken und plötzlichen Rezessionen vorangegangen sind. Sporadische Explosionen der Bautätigkeit und Rezessionen wechseln sich ab. Dies ist verbunden mit enormen Schwankungen der Vermögenswerte, der Leerstandsraten, der Mieten und der Verkaufsmultiplikatoren. Die Immobilien der Gewerbe- und Wohnungsmärkte unterliegen zyklischen Wertveränderungen und es steht außer Frage, dass diese Zyklen mit Änderungen der Gesamtwohlfahrt in Verbindung stehen, welche Eigentümer, Mieter, Anleger und Kreditgeber beeinflussen.

Extreme Schwankungen auf Immobilienmärkten

Obwohl es von Interesse sein mag, die tatsächlichen Immobilienzyklen zu erklären und herauszufinden, ob und wie die Zyklen mit spezifischen Ereignissen und der Wirtschaftspolitik im Zusammenhang stehen, ist es entscheidend, die allgemeinen Merkmale der Schwankungen zu beschreiben, anstatt bestimmte Teilaspekte zu untersuchen. Entscheidend ist, ob Schwankungen in Vermögenswertpreisen und Leerstandsraten hauptsächlich vorübergehender oder länger anhaltender struktureller Natur sind. Es ist ebenfalls bedeutsam, ob diese Schwankungen nationale Zyklen bilden oder ob es sich um Stadtzyklen, Marktzyklen oder typologische Immobilienzyklen, wie von Gewerbeimmobilien, Einzelhandelsimmobilien, Industrieimmobilien, Hotelimmobilien und Wohnimmobilien handelt. Wichtig ist ebenfalls herauszustellen, ob diese differenzierten Zyklen durch unterschiedliche ökonomische, finanzielle oder demographische Faktoren beeinflusst werden.

Allgemeine Merkmale der Schwankungen

Im vorliegenden Kapitel werden die verschiedenen Erklärungsansätze für Immobilienzyklen näher erläutert. Ziel ist es darzustellen, wie durch die Wechselwirkungen innerhalb der Industriesegmente und der dezentralisierten Märkte Schwankungen in der Leerstandsrate entstehen können und wie die Preise auf akute Änderungen der Nachfrage reagieren. Es gilt, drei Effekte zu beobachten:

- Ein Mangel an Angebot verursacht Nachfrage-Angebots-Ungleichgewichte, die für einen langen Zeitraum bestehen bleiben.
- Durch dezentrale Märkte entsteht ein bilaterales Monopol, wodurch sich die Märkte nicht mehr ohne Kosten und Verzögerung anpassen können.
- Das enorme Potenzial für Immobilienvermögenswerte fördert den Aufschwung, verstärkt allerdings ebenfalls den Abschwung gravierend.

Vor dem Hintergrund dieser drei Aussagen wird im Folgenden der Versuch unternommen, einen allgemeinen Überblick über die verschiedenen Erklärungsansätze für Immobilienzyklen zu geben.

Der weitere Verlauf dieses Kapitels ist wie folgt organisiert:

In Abschnitt 2 werden die besonderen Merkmale der Immobilienkapitalanlage und die physischen Merkmale der Vermögenswerte vorgestellt, welche diese Art von Investitionen von anderen Vermögenswerten unterscheiden.

Abschnitt 3 analysiert das Konzept des Immobilienmiet- und Investmentmarktes für die Bestimmung von Preisen, Mieten und Leerstandsraten.

In Abschnitt 4 wird die Beziehung zwischen makroökonomischen Störungen und Immobilienaufschwüngen und -krisen tiefer gehend untersucht.

Abschnitt 5 erläutert den deterministischen Ansatz zur Erklärung von Immobilienzyklen. In Abschnitt 6 wird der stochastische Ansatz untersucht, um unelastisches Verhalten von Preisen und Leerstandsraten zu erklären. Abschnitt 7 schließlich liefert einige abschließende Bemerkungen.

2. Merkmale der Immobilienkapitalanlage

Multidimensionaler Immobilienmarkt

Von Natur aus können Immobilien als eine multidimensionale Asset-Klasse charakterisiert werden. Eine Investition in Immobilien ist für viele Haushalte die einzige bedeutungsvolle Kapitalanlage, die sie jemals tätigen, und stellt dadurch den größten Teil ihres Besitzes dar. Andere Investorengruppen in Immobilien sind vor allem Unternehmen, die öffentliche Hand und andere Gruppen oder Unternehmen, für die der Besitz oder die Nutzung der Immobilie eine Art des Einkommens darstellt. Die möglichen Investoren sind in Abbildung 1 dargestellt.

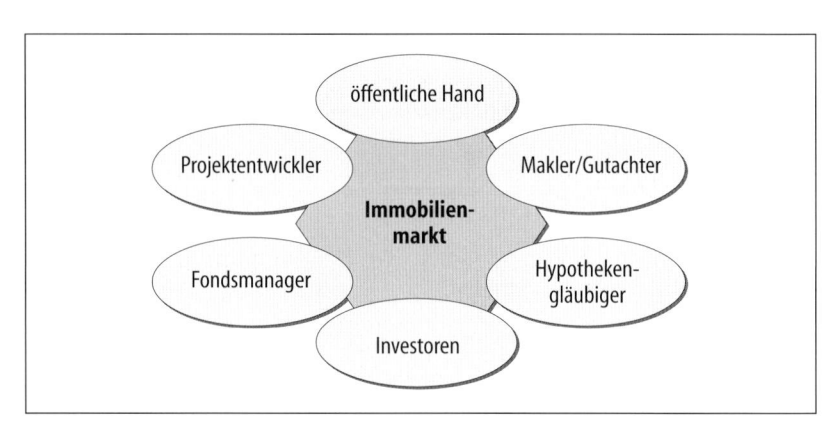

Abb. 1: Multidimensionaler Immobilienmarkt

Immobilien sind Produktionsfaktoren für Nutzer, Ergebnis der Tätigkeit von Bauträgern und Projektentwicklern und eine Anlagemöglichkeit für institutionelle und private Investoren. Der gesamte Funktionsmechanismus der Immobilienbranche lässt sich normalerweise vertikal in drei eindeutig unterscheidbare Segmente unterteilen:

- Neubau/Angebot,
- Eigentum/Investition,
- Nutzen/Bewohnen.

Eigentum ist außerdem oftmals noch getrennt vom Management. Wie für die meisten lange haltbaren Wirtschaftsgüter ist das Angebot auf kurze Sicht relativ unveränderlich starr und reagiert auf eine Steigerung in der Nachfrage mit einer Verzögerung (Time-Lag). Im Vergleich zu anderen Vermögenswerten hängt die Investitionsnachfrage nach Immobilienvermögenswerten von ihren Opportunitätskosten des Besitzes ab, die sich im Risiko-Rendite-Profil niederschlagen. Die Nachfrage nach Flächennutzung wird von Kosten und Nutzen, die sich aus der jeweiligen Fläche generieren lassen, bestimmt.

Time-Lags als Folge starren Angebots

Diese vertikale desintegrierte Struktur des Immobilienmarktes besteht gleichzeitig aus verschiedenen dezentralisierten Märkten. Es gibt nationale Immobilienmärkte, Immobilienmärkte für Städte oder Regionen sowie für verschiedene Immobilientypen, u. a. Gewerbeimmobilien, Einzelhandelsimmobilien, Industrieimmobilien, Hotelimmobilien und Wohnimmobilien. Die komplexen Wechselwirkungen innerhalb und zwischen diesen dezentralisierten Märkten sowie die vertikale desintegrierte Struktur der Industrie haben einerseits einen Einfluss auf den dynamischen Effekt von Nachfrageschocks. Andererseits werden Möglichkeiten eröffnet, dass sektorale Schocks einen aggregierten Effekt auf Leerstandsraten und Investmentpreise hervorrufen.

Bevor die Wechselwirkungen und Beziehungen der verschiedenen Industrie- und Marktsegmente untersucht werden, werden einige wichtige Merkmale von Immobilieninvestitionen dargestellt. Sowohl die physischen Merkmale als auch die jeweilige Marktstruktur haben einen direkten Einfluss auf die Existenz und Dauer von Immobilienzyklen. Die Schlüsselmerkmale sind:

Schlüsselmerkmale von Immobilieninvestitionen

- allgemein heterogene Vermögensgegenstände und Klumpeninvestitionen, die beträchtlichen Kapitaleinsatz erfordern. Die Größe der Investition erschwert i. d. R. das Ziel der Diversifikation und führt folglich zu einer höheren Konzentration von Portfoliorisiken im Vergleich zu Investitionen in Wertpapiere. Dieses Risiko ist während der Phase der Projektentwicklung noch erhöht vorhanden. Da Entwicklungsprojekte großen Umfangs oft schnell irreversibel werden, können plötzliche Veränderungen der wirtschaftlichen Bedingungen zu schwer wiegenden nachteiligen Effekten auf Preise, Mieten und Leerstandsraten führen.

- Im Vergleich zu Anleihen und Aktien werden Immobilien relativ selten gehandelt und verkauft. Außerdem fallen vergleichsweise hohe Transaktionskosten an. Das Umsatzvolumen von Immobilien ist im Vergleich zu Finanztiteln relativ gering. Teilweise liegt dies an dem hohen Kapitalaufwand pro Einheit und an hohen Transaktionskosten, wie Kosten für Anwälte und Makler. Verkäufe und Käufe werden im Allgemeinen durch bilaterale Verhandlungen geregelt. Dadurch gibt es wenig öffentliche und qualitativ gute Informationen. Bewertungsbasierte Indizes füllen teilweise diese Informationslücke, jedoch fehlt es ihnen an Preistransparenz und sie leiden an dem sog. Bewertungsphänomen der Glättungstendenz (Appraisal Smoothing). Die geringe Transparenz des Immobilienmarktes führt zu asymmetrischer Information unter potenziellen Käufern und Verkäufern.

- Die fixe Lage von Grundstücken führt dazu, dass Immobilienmärkte lokale Märkte sind. Im Gegensatz zu zentralisierten Finanzmärkten bestehen sie aus verschiedenen geographischen und branchenspezifischen Teilmärkten. Zusätzlich ist das Angebot neuer Flächen oftmals lokalen oder nationalen Planungsbeschränkungen unterworfen. Durch das relativ starre Grundstücksangebot führen Nachfrageschocks zu plötzlichen Änderungen von Preisen, Mieten und Leerstand. Diese Änderungen bleiben oftmals noch lange Zeit nach dem ursprünglich auslösenden Schock bestehen.

- Immobilieninvestitionen erlauben die Nutzung eines hohen Verschuldungsgrades. Ebenfalls bieten sie die Möglichkeit zur Steuerbegünstigung durch den steuerlichen Abzug von Zinsen, Wertminderung und Verlusten. Immobilien sind die am häufigsten gebrauchte Sicherheit für Banken. Die Einstellung zur Kreditvergabe von Bankern ist deshalb von großer Bedeutung für das Verhalten auf dem Immobilieninvestmentmarkt. Während Zeiten des wirtschaftlichen Aufschwungs verhalten sich Banken normalerweise großzügiger und gewähren den Investoren und Projektentwicklern mehr und höhere Kredite. Immobilienzyklen weisen durch die in vielen Ländern vorherrschende hohe Fremdfinanzierung von Immobilien eine hohe Korrelation zu Kreditzyklen auf.

3. Gleichgewicht in Miet- und Investmentmärkten

Zyklenmodell von DiPasquale/ Wheaton

DiPasquale und Wheaton konstruierten 1992 ein einfaches Miet- und Investmentmarktmodell, um das Zusammenspiel zwischen den verschiedenen Einflüssen zu analysieren. Es zeigt, wie Preis und Miete auf dem Investment- und dem Mietmarkt bestimmt werden. Die einzelnen Teile dieses Modells – der Neubau von Immobilien, die Nachfrage nach Flächennutzung usw. – werden so einfach wie möglich gehalten, sodass eine Fokussierung stattfinden kann, wie die verschiedenen Sektoren des Immobilienmarkts interagieren.

Das Zusammenspiel zwischen Miet- und Investmentmarkt kann in einem Quadranten-Modell dargestellt werden (vgl. Abbildung 2). Quadrant I zeigt die Ermittlung der Miete (R) im Markt für Mietflächen, wo im Gleichgewicht die Nachfrage nach Mietflächen dem Bestand an errichteter Mietfläche (Q) entspricht. Die Marktbedingungen im Investmentmarkt werden durch die Kapitalisierungsrate $k = R/P$ im Quadrant II dargestellt und die Angebotsfunktion neuer Flächen $P = f(C)$ in Quadrant III. Quadrant IV zeigt die Menge der Neubauflächen (DS), die erforderlich ist, um den natürlichen Flächenabgang (d) aus dem Bestand zu ersetzen. Die Punkte R^*, P^*, C^* und Q^* repräsentieren die Gleichgewichtswerte von Mieten, Preisen, Neubauvolumen und Flächenbestand.

Mikroökonomische Immobilienmarktprozesse

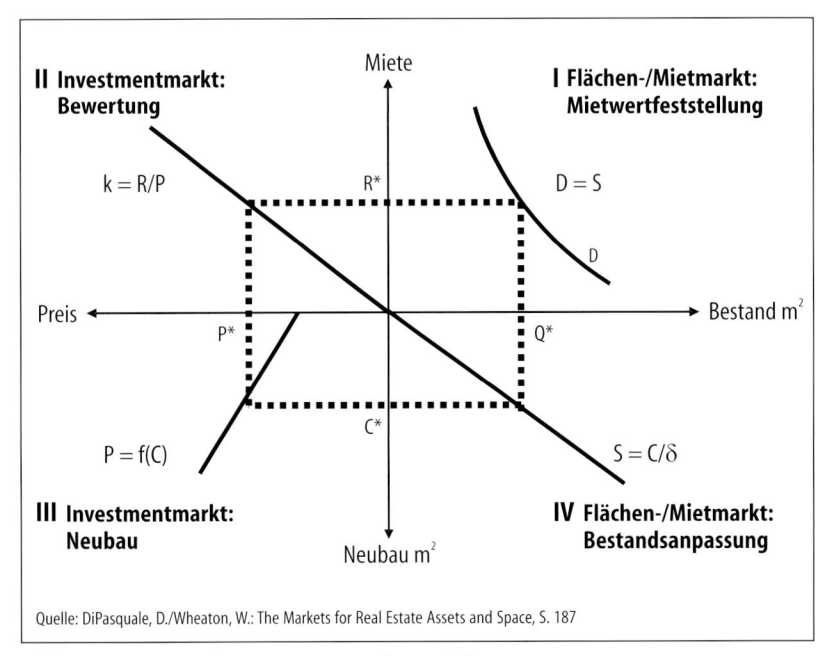

Abb. 2: Miet- und Investmentmarktmodell

Auf dem Mietmarkt passt sich die Miete (R) dergestalt an, dass ein Gleichgewicht zwischen der Nachfrage für Flächen (D) und dem Vorrat an vermietbaren Flächen (S) beibehalten wird.

Mietmarkt: Anpassung der Mieten

Nachfrage nach Mietfläche = Angebot   (1)

Auf dem Investmentmarkt passt sich der Preis an, sodass ein Gleichgewicht zwischen der Nachfrage nach Anlagevermögen und dem bestehenden Angebot beibehalten wird. Intuitiv ergibt sich die qualitative Beziehung zwischen Preis, Mieten und Neubautätigkeit in einem Markt, der sich im Gleichgewicht befindet. Der Preis für Immobilien ist genau wie für andere Vermögenswerte eine Funktion des zu erwartenden Netto-Cashflows (Nettomieteinkünfte) und der erforderlichen Kapitalverzinsung als Diskontierungsfaktor:

Investmentmarkt: Anpassung des Preises

$$P_t = -C + \frac{R_{t+1}}{1+i} + \frac{R_{t+2}}{(1+i)^2} + \ldots + \frac{R_{t+N}}{(1+i)^N} \qquad (2)$$

P_t bezeichnet den Preis von Immobilien, C steht für den Kapitalaufwand (Land- und Baukosten) und R_{t+i} stellt den Nettomietertrag dar.

Wenn die Nachfrage nach Mietraum plötzlich das verfügbare Angebot übersteigt, würden auch die Mieten beginnen zu steigen. Höhere Mieten würden in höhere Preise münden und die Vermögenswerte würden für ihre Eigentümer profitabler werden. Dies wiederum würde zu einem Anstieg der Baumaßnahmen und der vermietbaren Flächen führen.

Kapitalisierungsrate

Der Investmentpreis spiegelt grundsätzlich die verschiedenen Investmenterwägungen wider, wie z. B. die Risikobereitschaft des Investors sowie die Risiko-Rendite-Charakteristik von Immobilien im Vergleich mit anderen Anlagemöglichkeiten.

Den Zusammenhang zwischen Miet- und Investmentmarkt bestimmt die Kapitalisierungsrate k:

$$k = \frac{\text{Miete}}{\text{Preis}} \qquad (3)$$

Der Kapitalisierungsfaktor (Cap-Rate) ist für die Immobilieninvestition von zentraler Bedeutung. Seine Bewegungen über die Zeit reflektieren die Stärke oder Schwäche des Miet- und Investmentmarktes. Cap-Rates steigen und fallen mit den Immobilienzyklen, fallen in Boomperioden und steigen während Rezessionen.

Der Angleichungsprozess im Miet- und Investmentmarkt, der sich aus einem plötzlichen Nachfrageschock ergibt, ist in Abbildung 3 dargestellt. Eine plötzliche Zunahme an Flächennachfrage verlagert die Nachfragekurve nach außen von D_0 zu D_1, was zunächst eine Mietsteigerung von R^* zu R_1 bewirkt. Auf kurze Sicht, da die Angebotsseite vergleichsweise unelastisch ist, hängt die Stärke der anfänglichen Mietsteigerung von der Mietelastizität der Nachfrageseite ab.

Die daraus folgende höhere Miete führt anfänglich zu einer Steigerung des Preises von P^* zu P_1 entsprechend dem Bewertungsverhältnis (Gleichung 2), woraus sich eine Steigerung der Profitabilität des Immobilieninvestments für die Investoren ergibt. Die Beziehung zwischen Miet- und Investmentmärkten bestimmt die Cap-Rate (k), welche unter der Voraussetzung, dass sich keine Änderungen der Einschätzung der Investoren in Hinblick auf das Risiko des Immobilieninvestments ergeben, konstant bleibt. Da das Angebot an Neubauflächen eine steigende Funktion des Preises ist, nimmt die Neubaurate von C^* zu C^{**} zu. Die Menge der produzierten Neubauflächen wird von der Preiselastizität des Angebotes abhängen.

Der Zusammenhang zwischen den Grenzkosten für die Entwicklung, die die Kosten für Grundstück, Arbeitskraft und Baumaterialien beinhalten, und dem Grenzertrag bestimmt das zusätzliche Flächenangebot. Nach einer entsprechenden Zeitverzögerung durch den Neubau (Konstruktions-Lag) führt das Angebot an Neubauflächen zu einer Vergrößerung des Bestandes von Q^* zu Q^{**}. Diese Flächenzunahme vermindert den vorübergehenden Mangel an Flächen und verursacht eine Abwärtsanpassung der Mieten und Preise vom Punkt der vorübergehenden Steigerung R_1 bzw. P_1 zu R^{**} und P^{**}.

Die Punkte R^{**}, P^{**}, C^{**} und Q^{**} repräsentieren das neue Gleichgewicht von Miete, Investmentpreis, Neubauvolumen und Flächenbestand.

Erklärungsansatz für strukturellen Leerstand

Obwohl dieses vereinfachte Modell für die Analyse des Zusammenspiels zwischen Mietern im Miet-/Flächenmarkt und Eigentümern/Entwicklern im Investmentmarkt entwickelt wurde, bietet dieses „Gleichgewichtsverfahren" keine befriedigende Erklärung für die verbleibende Leerstandsrate während

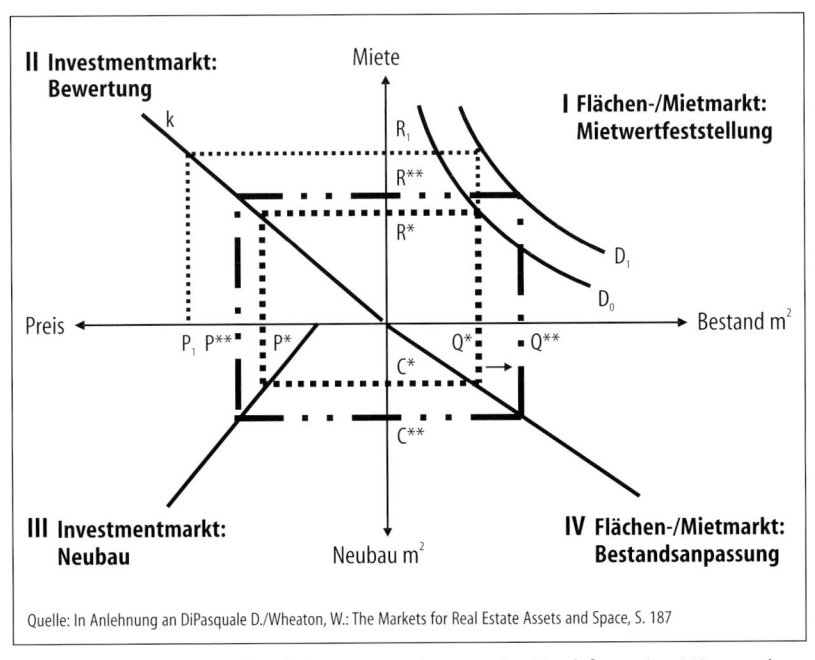

Abb. 3: Effekt einer plötzlichen Veränderung der Nachfrage im Mietmarkt

Rezessionen oder sporadischen Baubooms. Banken spielen eine entscheidende Rolle bei der Finanzierung von Immobilienentwicklungen und -investments (vgl. Kapitel B4). Ein Neubauüberhang ist in Teilen das Resultat der weit verbreiteten Nutzung von Immobilien als Finanzierungssicherheit. Das lässt vermuten, dass die Kreditvergabebereitschaft von Bankern einen wesentlichen Einfluss auf die Verhaltensweise in der Entscheidungsfindung von Immobilieninvestoren hat. Die leichte Kreditverfügbarkeit in Perioden ökonomischen Aufschwungs führt zu einer zusätzlichen Preissteigerung, während in Zeiten einer restriktiveren Kreditvergabe in Rezessionen die Immobilienpreise noch weiter nach unten gedrückt werden.

Grenadier (1995) versucht, Angebotsüberhang und Dauerleerstand durch ein Realoptionsverfahren zu erklären. Dieses Verfahren hat zwei Schlüsselannahmen. Zum Ersten benötigen die großen Entwicklungsobjekte einen erheblichen irreversiblen Kapitalaufwand und unterliegen langen Konstruktions-Lags. Grenadier zeigt, dass mit zunehmendem Konstruktions-Lag die Wahrscheinlichkeit eines Neubauüberangebots steigt. Zum Zweiten muss der Vermieter eine große Geldsumme aufbringen, um eine zuvor leer stehende Einheit zu vermieten, und verursacht damit für eine vormals vermietete Fläche einen Leerstand. Die Ergebnisse dieses Verfahrens werden im Abschnitt 6 hervorgehoben.

Realoptionsverfahren

4. Makroökonomische Einflüsse auf Immobilienzyklen

Ursachen makroökonomischer Schocks

Nach der Ableitung einiger Merkmale des Gleichgewichtsanpassungsprozesses des Immobilienmiet- und Investmentmarktes werden im Folgenden die Ursachen makroökonomischer Schocks und die grundlegenden dynamischen Mechanismen untersucht, die in diesem Prozess vorliegen. Die gesamte Wirtschaft unterliegt ständig den verschiedenartigsten Einflüssen oder Änderungen, welche auch direkt oder indirekt einen Einfluss auf den Immobilienmarkt haben (vgl. Abbildung 4). Die meisten dieser Einflüsse kann man ex ante weder sicher voraussagen, noch werden sie tatsächlich von Bauträgern, Investoren und Mietern sicher vorausgesagt. Diese Ungewissheit beeinflusst natürlich das Verhalten von Mietern, Investoren und Kreditgebern. Die Veränderungen im Umfeld führen zu einer Überarbeitung der Investitions- und Mietpläne.

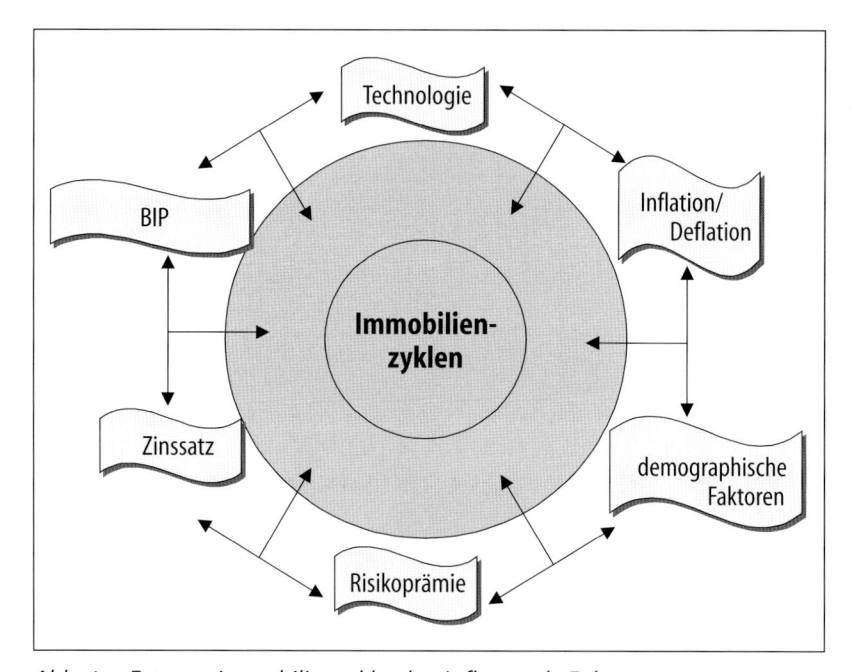

Abb. 4: Externe, Immobilienzyklen beeinflussende Faktoren

Persistenz-Charakteristik von Immobilienzyklen

Wie bereits zuvor erwähnt, charakterisieren starke, fundamentale Schwankungen in Leerstandsraten und Kapitalisierungsfaktoren Immobilienzyklen. Kurzfristige Immobilienpreise können im Vergleich zu anderen Vermögensgegenständen stärker von den langfristigen, nachhaltigen Fundamentaldaten aufgrund der inhärenten physischen Charakteristika sowie der Marktstruktur abweichen. Wie Konjunkturzyklen werden Immobilienzyklen nicht durch zufällige Ausreißer um ein Normalniveau charakterisiert, sondern haben eine Persistenz-Charakteristik, wie aus Abbildung 5 hervorgeht.

Der Konjunkturzyklus kann in vier Phasen unterschieden werden: Markterholung, Wachstum oder Expansion, konjunktureller Abschwung und Rezession. Die Amplitude und Dauer eines jeden zyklischen Auf- oder Abschwungs hängt von dem Gesamteffekt, bestehend aus ursprünglichem makroökonomischem Schock und den endogenen Kräften, die den Einfluss fortpflanzen, ab. Wenn also das BIP, die Beschäftigungs- oder Leerstandsrate in einem Jahr über dem üblichen Niveau liegen, besteht der Trend, dass dieser Zustand für mehrere Perioden andauert.

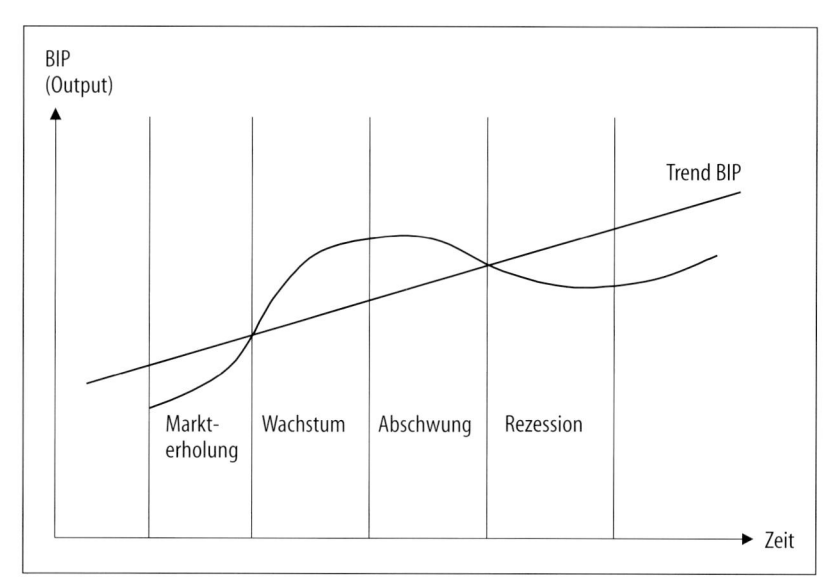

Abb. 5: Phasen des Immobilien- und Konjunkturzyklus

Im Folgenden wird untersucht, wie zufällige Schocks anhaltende Bewegungen sowohl in der Leerstandsrate als auch in den Preisen und Mieten hervorrufen können. Schwankungen in Grundstückspreisen entstehen aber nicht nur durch zyklische Bewegungen der ökonomischen Grundwerte, der Zinssätze und der Risikoprämien, sondern auch als Folge der inhärenten physischen Eigenschaften von Immobilien und von Marktunvollkommenheiten. Baubooms und -rezessionen entstehen durch das Zusammenspiel des Konjunkturzyklus (Gesamtwirtschaft), des Kreditzyklus (Geldverkehr) und des langfristigen Bauzyklus (Neubaumarkt).

Auswirkungen zufälliger Schocks

Als Beispiel soll ein Szenario betrachtet werden, bei dem eine Erweiterung der Geschäftsaktivitäten die Nachfrage nach Gewerbeflächen im Anschluss an eine Periode mit geringer Projektentwicklungstätigkeit während des vorherigen Konjunkturzyklus antreibt. Eine intuitive Erklärung des Anpassungsprozesses ergibt sich aus einer Modifikation des simplen DiPasquale-Wheaton-Modells wie folgt:

Beispielszenario

1. Kurzfristig wird das Angebot an angemessener Fläche durch eine Kombination verschiedener angebotsseitiger Faktoren limitiert, die u. a. langfristige Planungsprozesse und Konstruktions-Lags beinhalten. Eine darauf folgende Verknappung der infrage kommenden Fläche treibt die gewerblichen Mieten in die Höhe.

2. Durch die weiterhin steigenden Mieten erhöhen sich Investmentpreise drastisch, was die potenzielle Profitabilität von Projektentwicklungs-

maßnahmen verbessert. Die erste Neubauwelle wird ausgelöst. Durch dezentralisierte Märkte sind die meisten dieser Änderungen jedoch nicht vorhersehbar und werden von Investoren und Projektentwicklern auch nicht vorhergesehen. Bei limitiertem Informationsstand über andere Märkte können Investoren und Projektentwickler Preissignale missinterpretieren und auf Schocks auf eine Weise reagieren, in der sie nicht reagiert hätten, wenn sie vollständige Informationen gehabt hätten.

3. Begleitet eine Ausweitung des Kreditangebotes den wirtschaftlichen Aufschwung, kann dies zu einem ausgewachsenen wirtschaftlichen Boom führen. Gleichzeitig unterstützen die Banken durch ihr Kreditvergabeverhalten den Beginn einer zweiten Welle an Neubauaktivität.

4. Dadurch wird ein großer, nachhaltiger Boom ausgelöst, aber durch die inhärenten Time-Lags der Bautätigkeit gibt es erst wenig neuen Mietraum, wodurch Mieten und Preise weiterhin steigen.

5. Zu der Zeit, in der das Gros an Neubauten fertig gestellt ist, begibt sich der Konjunkturzyklus bereits wieder in eine Abwärtsbewegung. Begleitet wird dies durch ein geringeres Kreditangebot sowie einen Anstieg der Zinsen.

6. Im Moment des Abklingens des ökonomischen Aufschwungs sinkt gleichzeitig auch die Nachfrage nach Immobilien, doch gerade zu diesem Zeitpunkt ist das Immobilienangebot auf seinem Höhepunkt angelangt. Als Resultat sinken die Mieten und Preise und das Angebot an leer stehenden neuen Immobilien steigt.

7. Die Wirtschaft begibt sich in eine Rezession und das Sinken der Mieten und Preise wird beschleunigt, während gleichzeitig Bestandshalter unvermieteter Immobilien durch die Kreditverknappung der Banken getroffen werden, da sie nicht genügend Mieteinnahmen aufweisen können, um die (gestiegenen) Zinszahlungen zu leisten.

8. Das Ergebnis ist ein anhaltender Einbruch, der durch stark rückläufige Immobilienwerte, begleitet von hohen Leerstandsraten und umfassenden Konkursen, gekennzeichnet ist.

Perspektivische Marktwahrnehmung

Die Marktwahrnehmung des Risikos ändert sich mit den Phasen des Immobilienzyklus. Während einer Boomphase erscheint das Risiko einer bestimmten Immobilieninvestition niedriger als in einer Abwärtsphase. Die sich ändernden Risikoprämien, in Kombination mit den Zinsen, haben ebenfalls einen wesentlichen Einfluss auf die Immobilienpreise.

5. Deterministischer Denkansatz

Mietanpassungsmodelle

Empirische Studien haben versucht, einen Zusammenhang zwischen generellen ökonomischen Bedingungen und Leerstandsraten, Mieten und Preisen herzustellen. Die Mietanpassungsmodelle verbinden die proportionale Änderung der Miete mit der Differenz zwischen der aktuellen und der natürlichen Leerstandrate. Die Idee einer natürlichen oder gleichgewichtigen Leerstandsrate ist analog zur natürlichen Arbeitslosenquote auf Arbeitsmärkten. Das Prinzip hinter solchen Analysen ist die Tendenz des Marktes zur Selbstkorrektur. Wenn neues Flächenangebot sofort erweitert oder vermindert werden könnte, wäre der Markt immer im Gleichgewicht und es würde keine Zyklen geben. Aber in der Realität besteht eine erhebliche Verzögerung zwischen dem ursprünglichen Nachfrageschock und dem Zeitpunkt, in dem neue Flächen verfügbar werden. Diese Verzögerungen verursachen den Immobilienzyklus.

Varianten von Mietanpassungsmodellen sind zu finden in

- Wheaton, Torto und Evans (1997),
- Hendershott, Lizieri und Matysiak (1999) und
- Tse und Fischer (2003).

Wheaton, Torto und Evans spezifizieren eine um eine Periode verzögerte Anpassungsbeziehung zwischen erwartetem Angebot an Bürogebäudebestand, Miete und Beschäftigung im Bürosektor. Mit Verlangsamung der Konjunktur reduziert die abnehmende Nachfrage die Absorption von Büroflächen und erhöht die Leerstandsraten. Es wird angenommen, dass sich Mieten nur schwerfällig abwärts (aufwärts) anpassen in Resonanz auf Rückgang (Zunahme) der Nachfrage. **Wheaton/Torto/Evans**

Hendershott, Lizieri und Matysiak benutzen ein alternatives Mietanpassungsmodell. In diesem Modell wird die Differenz zwischen Gleichgewichts- und aktueller Miete zu dem Mietadjustierungsprozess addiert, um das übertriebene Verhalten der aktuellen Leerstandsrate in Bezug auf die natürliche Leerstandsrate zu isolieren, um so eine Kraft zu schaffen, die wieder zum Gleichgewicht führt.

Tse und Fisher verwenden ein zeitabhängiges, dynamisches Modell natürlicher Leerstandsraten. In der Spezifikation des Mietanpassungsprozesses berücksichtigen die Autoren Zeiteffekte auf Basis der natürlichen Leerstandsrate.

In diesem Abschnitt erfolgt eine Fokussierung auf das Modell von Wheaton, Torto und Evans. Die Autoren verwenden die folgenden drei Basisgleichungen zur Vorhersage von Flächenabsorption, Änderungen im Leerstand, Mieten und lokalen Neubauaktivitäten: **Drei Basisgleichungen**

- Beschäftigung und Büronachfrage: Absorption (AB) und vermieteter Bestand (OS) entwickeln sich allmählich in Richtung eines Zielbestands (OS*), der durch die Bürobeschäftigung (E) wie folgt definiert wird:

$$OS_t - OS_{t-1} = AB_t = \tau_t (OS^*_t - OS_{t-1}) \qquad (4)$$

OS^*_t ist die Summe der Flächen, die alle Unternehmen des Marktes in Anspruch nehmen würden, wenn es keine Anpassungskosten gäbe. τ_t ist der Parameter für die Geschwindigkeit der Anpassung.

- Leerstand und Mietbewegungen: Miete (R), die sich allmählich anpasst an eine Mindestnutzenmiete (R*):

$$R_t - R_{t-1} = m_3 (R^* - R_{t-1}) \qquad (5)$$

Die Marktgleichgewichtsmiete (R*) wird als eine lineare Funktion des Leerstands (V) und der Absorption (AB) bestimmt:

$$R^* = m_0 - m_1 V_{t-1} + m_2 (AB_{t-1}/OS_{t-1}) \qquad (6)$$

- Projektentwicklungs- und Angebotszyklen: Das Niveau des Büroflächenneubaus (C_t) hängt vom Investitionspreis für Büroflächen ab, der wiederum von den Büromieten, dem Leerstand und der Kapitalisierungsrate abhängt (R_t, V_t, I_t) im Vergleich zu den Baukosten (RC_t):

$$C_t = b_0 + b_1 R_t + b_2 V_t + b_3 RC_{t-1} \qquad (7)$$

Die Hypothese allmählicher Annäherungen von Angebot und Mieten wird gestützt von umfangreichen empirischen Arbeiten.

Beispiel des Londoner Büromarktes

Wheaton, Torto und Evans bestimmen die drei Gleichungen über Daten des Londoner Büromarktes. Sie fanden Nachweise für Time-Lags im Markt, die durch Mieten verursacht wurden, die sich nur allmählich an Leerstand und Absorption angepasst haben. Bewegungen beim Leerstand verursachen erhebliche Veränderungen bei Mieten und Neubautätigkeit. Ähnliche Basismodelle werden von Rosen (1984) Wheaton (1987) und Wheaton und Torto (1988) verwendet. Ein Hauptunterschied zwischen ihren Ergebnissen sticht hervor: Rosen beweist, dass die Finanzparameter statistisch signifikant sind, während Wheaton, Torto und Evans im Gegensatz dazu Zinsen statistisch als nicht signifikant für die Erklärung der Neubau- und Angebotsgleichung herausarbeiten.

6. Stochastischer Ansatz

Ein- und Ausstiegsstrategien

Seit 1990 erschienen mehrere Artikel, die sich mit Ein- und Ausstiegsstrategien im Immobilienmarkt beschäftigten. Williams (1991) entwickelte ein Modell, das den optimalen Zeitpunkt, zu dem unbebaute Grundstücke entweder bebaut oder Projekte aufgegeben werden sollten, und die optimale Bebauungsdichte bestimmt. Er zeigt, dass unbebaute Grundstücke, die durch höhere laufende Instandhaltungskosten, Skalenkosten oder eine maximale Bebauungsdichte gekennzeichnet sind, normalerweise eher geräumt, aber auch früher bebaut werden. 1997 entwickelte Williams ein weiteres Modell, welches wiederholte (Kern-)Sanierungen als eine Alternative zum vollständigen Abbruch oder Marktwiedereinstieg darstellt. Er bestimmt die optimale Qualität eines Grundstücks sequenziell. Williams schlussfolgert, dass die Besitzer durch aufeinander folgende (Kern-)Sanierungen ihre Immobilien im Durchschnitt öfter, aber weniger umfangreich sanieren. Die daraus resultierenden Marktwerte für solche Immobilien sind höher als die für solche, die diese sequenziellen (Kern-)Sanierungen nicht durchlaufen.

Absichtliche Verzögerung der Vermietung

Grenadier (1995) begründet anhaltende Leerstandsraten damit, dass die Eigentümer die Möglichkeit haben, eine Vermietung herauszuzögern. Er konstatiert: „… aufgrund des hohen entstehenden Aufwands für leer stehende und neu zu vermietende Einheiten, bleiben leer stehende Einheiten für lange Perioden leer und vermietete Einheiten bleiben vermietet." Zusätzlich sind Mieteinnahmen aus dem Vermietungsgeschäft durch die Änderungen in Angebot und Nachfrage weitgehend unsicher. Deshalb hängt die Entscheidung des Immobilienbesitzers, ob und wann er sein Eigentum vermietet (oder leer zieht), davon ab, welche Marktkonditionen er zukünftig erwartet. Da die mit Marktein- oder -austritt einhergehenden Anpassungskosten irreversibel sind, ist der Besitzer abgeneigt, seine Immobilien zu vermieten (leer zu ziehen) oder seine Optionen erlöschen zu lassen zu warten, bis die Marktkonditionen sich deutlich günstig oder ungünstig entwickelt haben. Grenadier zeigt auch, dass der Effekt anhaltender Leerstandsraten länger andauert, wenn die Anpassungskosten für die Immobilienbesitzer steigen oder die Volatilität der Nachfrage für vermietete Immobilien hoch ist.

Im Folgenden nimmt Grenadier an, ein Immobilieneigentümer besitze N vollständig erschlossene, vermietbare Einheiten. Die Nachfragekurve wird als linear unterstellt:

$$P_t = \theta_t - bn \tag{8}$$

P_t stellt die Miete pro Zeiteinheit dar, die der Mieter für jede gemietete Einheit n von den Gesamteinheiten N zahlt.

θ_t ist der Nachfrageschock, von dem angenommen wird, dass er sich gemäß der geometrischen Brown'schen Bewegung verhält.

$$d\theta/\theta = \alpha dt + \sigma dZ \tag{9}$$

α und σ bezeichnen die sofortige Abdriftrate und die Veränderungsrate von θ. Und dZ ist die Zuwachsrate eines standardisierten Wiener Prozesses.

Der Gewinn π_n des Besitzers aus der Vermietung von n Einheiten stellt sich wie folgt dar:

$$\pi_n = (\theta - bn)\, n - \omega \cdot n - F \cdot N \tag{10}$$

ω bezeichnet die konstanten Betriebskosten, welche durch die Vermietung pro Einheit anfallen. F stellt die Fixkosten für jede der N Einheiten dar.

Wenn man die Contingent-Claims-Analyse (Eventualforderung) benutzt, muss der Wert eines Gebäudes mit N Einheiten, von denen n Einheiten vermietet sind, die folgende partielle Differentialgleichung erfüllen:

Contingent-Claims-Analyse

$$1/2\,\sigma^2 \theta^2 V_n''(\theta) + (r-\delta)\theta V_n'(\theta) - rV_n(P) + \theta n - n(bn+\omega) - F \cdot N = 0 \tag{11}$$

r stellt den risikolosen Zinssatz dar und δ steht für den Renditeausfall durch den Nachfrageschock θ.

Die allgemeine Lösung für die Gleichung (11) lautet wie folgt:

$$V_n(P) = A_n \theta^{\beta_1} + B_n \theta^{\beta_2} + \frac{n\theta}{\delta} - \frac{n(bn+\omega) + F \cdot N}{r} \tag{12}$$

mit

$$\beta_1 = \left[\frac{1}{2} - \frac{r-\delta}{\sigma^2}\right] + \sqrt{\left[\frac{r-\delta}{\sigma^2} - \frac{1}{2}\right]^2 + \frac{2r}{\sigma^2}} > 1 \tag{13}$$

$$\beta_2 = \left[\frac{1}{2} - \frac{r-\delta}{\sigma^2}\right] - \sqrt{\left[\frac{r-\delta}{\sigma^2} - \frac{1}{2}\right]^2 + \frac{2r}{\sigma^2}} < 0 \tag{14}$$

Erhöhung des Hysterese-Effekts durch Optionen

Den Eigentümer kostet es einen Pauschalbetrag K, seine vorher leer stehende Einheit zu vermieten, und den Pauschalbetrag L, um eine vermietete Einheit in den Leerstand gleiten zu lassen. In dem Fall eines Hauses mit zwei Einheiten kann man sehen, dass sich der Hysterese-Effekt der anhaltenden Leerstandsrate in der Vermietungsphase durch die Volatilität der zugrunde liegenden Nachfrage und durch die Anpassungskosten (K und L) erhöht. Der Grund hierfür ist, dass der Besitzer wertvolle Optionen hält, die Vermietung und Räumung der Flächen herauszuzögern.

7. Schlussfolgerungen

Ursache für den Abschwung

Die dominierende Forschungsfrage der Zyklenforschung ist die Ursache für den Abschwung, mehr noch als für den Aufschwung. Eine ungünstige Wirtschaftsentwicklung kann plötzlich zu einem schnellen Gewinnverlust führen. Daraus ergeben sich Unternehmensinsolvenzen, Leerstände, eine restriktive Kreditvergabe, Arbeitslosigkeit usw.

Eine scheinbare Inkonsistenz entsteht, wenn eine Volkswirtschaft für eine lange Zeit in der Baisse verharrt. Sowohl die Konjunktur- als auch die Immobilienzyklentheorie müssen sich deshalb auf die Ursachen konzentrieren, warum es in der Vergangenheit schnelle Veränderungen der ökonomischen Umgebung gegeben hat bzw. in Zukunft geben wird. Die Theorie muss eine zufrieden stellende Erklärung für sich wiederholende Schwankungen und die Rolle von Mängeln bei den Schwankungen bereitstellen. Immobilienforscher haben sich bisher auf den Konstruktions-Lag konzentriert, der zwischen einer plötzlichen Nachfrageveränderung und dem Zeitpunkt, zu dem neue Flächen auf den Markt kommen, existiert. Die Vergangenheit weist eine hohe Anzahl an Beispielen auf, wie teuer Konjunkturzyklen im Sinne von Wohlfahrtsverlusten sein können. Eine Vielzahl an theoretischen und empirischen Arbeiten muss noch durchgeführt werden, bevor die komplexen Zusammenhänge vollständig verstanden werden können, die durch die Dezentralisierung der Märkte und den Mangel an Informationstransparenz bei Immobilieninvestitionen verursacht werden.

8. Weiterführende Literatur

DiPasquale, D./Wheaton, W.: The Markets for Real Estate Assets and Space: A Conceptual Framework, in: AREUEA Journal, Vol. 20, Nr. 2, 1992, S. 181–197.

DiPasquale, D./Wheaton, W.: Urban Economics and Real Estate Markets, Englewood Cliffs, 1996.

Grenadier, S.: The Persistence of Real Estate Cycles, in: Journal of Real Estate Finance and Economics, Vol. 10, 1995, S. 95–119.

Hendershott, P./Lizieri, C./Matysiak, G.: Workings of the London office market, in: Real Estate Economics, Vol. 27, Nr. 2, 1999, S. 365–387.

Juglar, C.: Des Crises Commerciales et leur retour periodique en France, en Angleterre et aux Etats-Unis, Paris, 1862.

Rosen, K.: Toward a Model of the Office Building Sector, in: AREUEA Journal, Vol. 12, Nr. 3, 1984, S. 261–269.

Tse, R./Fisher, D.: Estimating Natural Vacancy Rates in Office Markets Using a Time-varying Model, in: Journal of Real Estate Literature, 2003, S. 35–46.

Wheaton W.: The Cyclic Behavior of the National Office Market, in: AREUEA Journal, Vol. 15, Nr. 4, 1987, S. 281–299.

Wheaton W.: Real Estate „Cycles": Some fundamentals, in: Real Estate Economics, Vol. 27, Nr. 2, 1999, S. 209–230.

Wheaton, W./Torto, R.: Vacancy Rates and the Future of Office Rents, in: Journal of the American Real Estate and Urban Economics Association, Vol. 16, Nr. 4, 1988, S. 430–455.

Wheaton W./Torto, R.: Office Rent Indices and their Behavior Over Time, in: Journal of Urban Economics, Vol. 35, Nr. 2, 1994, S. 112–139.

Wheaton W./Torto, R./Evans, P.: The Cyclical Behaviour of the Greater London, in: Journal of Real Estate Finance and Economics, Vol. 15, Nr. 1, 1997, S. 77–92.

Wicksell, K.: Das Rätsel der Wirtschaftszyklen, in: Stasokonomisk, Tidsskrift 1907.

Williams J.: Real Estate Development as an Option, in: Journal of Real Estate Finance and Economics, Vol. 4, Nr. 2, 1991, S. 191–208.

Williams, J.: Redevelopment of Real Assets, in: Real Estate Economics, Vol. 25, Nr. 3, 1997, S. 387–407.

3 Ursachen von Immobilienzyklen

Kurt Becker

Inhaltsverzeichnis

1.	Dynamik konjunktureller Entwicklungen und langfristiger Zeitbezug von Immobilieninvestitionen	50
2.	Bauwirtschaftliche Zyklen	53
3.	Endogener Anpassungsprozess	56
3.1	Variablen eines endogenen Zyklus	56
3.2	Verlauf eines endogenen Zyklus	58
3.3	Endogene Abläufe und konjunkturelle Beeinflussung durch exogene Nachfrageparameter	62
3.4	Einflüsse exogener Variablen auf den endogenen Zyklus	63
3.5	Einfluss der Marktstruktur auf einen endogenen Zyklus	64
3.6	Einfluss der Preisflexibilität im Mietmarkt	65
4.	Exogene Parameter	66
5.	Phasenübergreifendes Investitionsverhalten – spekulative Errichtung in der Rezession	68
6.	Literaturverzeichnis	70

1. Dynamik konjunktureller Entwicklungen und langfristiger Zeitbezug von Immobilieninvestitionen

Zeitlicher Aspekt   Die zyklischen Prozesse auf immobilienwirtschaftlichen Märkten werden überwiegend anhand komparativ-statischer Zusammenhänge analysiert. Komparativ-statische Analysen sagen jedoch wenig über das konjunkturelle Verhalten der Immobilienmärkte aus. Dafür müssen die Beziehungen zwischen dem Miet-, Investment- und Neubaumarkt stärker dynamisiert werden. Der zeitliche Aspekt rückt dabei eindeutig in den Vordergrund, was dazu führt, dass einzelne Beziehungen zeitlich konjunkturell bedingt dominieren und andere wiederum in den Hintergrund treten.

Um das konjunkturelle Erscheinungsbild der Immobilienmärkte zufrieden stellend abzubilden, müssen vier Aspekte geklärt werden. Diese vier Aspekte umfassen:

- den Zukunftsbezug aller bauwirtschaftlichen Entscheidungssituationen, der zwangsläufig aus der langen Lebensdauer bauwirtschaftlicher Maßnahmen resultiert,

- die den bauwirtschaftlichen Märkten inhärenten Time-Lags, die aufgrund endogener Anpassungsvorgänge und der verzögerten Wirkung exogener Parameter entstehen,

- die Trennung zwischen endogenen und exogenen Parametern und

- den konjunkturellen, phasenspezifischen Wirkungszusammenhang der Parameter und Anpassungsvorgänge.

Zukunftsbezug

Der Aspekt des Zukunftsbezuges bauwirtschaftlicher Entscheidungen drückt sich dadurch aus, dass sich die Richtigkeit oder Unrichtigkeit einer Transaktion in Immobilienmärkten oftmals erst lange nach der Durchführung herausstellt. Dies gilt in der Bedeutung der Konsequenzen in erster Linie für die Investoren bzw. die Eigentümer von Bauten, da sie das wirtschaftliche Risiko tragen. Oftmals wird den Akteuren in Immobilienmärkten Kurzsichtigkeit vorgeworfen, da sie sich primär an gegenwärtigen Daten orientieren. Diese Kurzsichtigkeit ist jedoch differenzierter zu betrachten. Bauträger und Projektentwickler haben keine Probleme mit „Kurzsichtigkeit", solange sie ihre Produkte mit erheblichen Margen verkaufen können, in dem Wissen, dass der Markt in Kürze in die Baissephase eintreten wird und die Kapitalanleger die nachfolgenden Anpassungen in Form von Vermögensverlusten tragen. Wenn sie auf diese Geschäfte aufgrund der weiteren, ihnen oftmals bekannten Entwicklung verzichteten, dann entgingen ihnen die besten Geschäfte, da sich erfahrungsgemäß in überhitzten Phasen die höchsten Umsätze realisieren lassen. Die Leidtragenden aber zugleich auch Auslöser des kurzsichtigen Handelns sind die Kapitalanleger [1].

Wenn die zukünftigen, besser gesagt, die weit in die Zukunft hineinreichenden Ereignisse die Rentabilität bestimmen, so ergibt sich daraus zwangsläufig die Frage, wie die Investoren diesem Problem begegnen, wie sie damit umgehen. Sollten die wirtschaftlichen Akteure vorrangig die gegenwärtigen Datenkonstellationen zu ihrer Entscheidungsfindung heranziehen, so macht dieses Verhalten bei Berücksichtigung des Zukunftsbezuges auf den ersten Blick wenig Sinn. Sinnvoller erscheint dagegen die Antizipation zukünftiger Entwicklungen im gegenwärtigen Handeln. Das Problem an diesem zweifelsohne überlegenen Ansatz liegt in der Operationalisierung. Die ferneren, aber auch die näher liegenden Entwicklungen sind schwer prognostizierbar, wie immer wieder das Revidieren der Konjunkturprognosen, die überdies lediglich einen Zeitraum von unter einem Jahr umfassen, bestätigt.

Beurteilung von Transaktionen

Der Investor steht vor der Entscheidung, ob und in welchem Maße er die transparenten gegenwärtigen und eventuell zusätzlich die vergangenen Daten oder die wichtigeren zukünftigen, aber mit Unsicherheit behafteten Daten in seine Entscheidungsfindung einbezieht. Daraus ergeben sich mehrere Strategien zur Beurteilung von Transaktionen. Sie lassen sich in vier Klassen untergliedern:

- Die erste Klasse umfasst die vollständige Vernachlässigung der zukünftigen Entwicklung und eine ausschließliche Orientierung an gegenwärtigen Daten.
- Die zweite Klasse ist das genaue Gegenteil der ersten. Sie schließt eine vollständige Orientierung an der zukünftigen Entwicklung ein, die durch Prognosen antizipiert wird.
- Die dritte Klasse stellt eine wie auch immer differenzierende Mischung aus den beiden ersten Alternativen dar.
- Die vierte Klasse ist ein Spezialfall des ersten Ansatzes. Diesem Ansatz folgend, liegt das Bestreben des Investors darin, die Bauten so günstig wie möglich zu erwerben, wodurch zukünftige Wertsteigerungen realisiert werden, da eine langfristig höhere durchschnittliche Rendite unterstellt wird.

In diesem Kapitel wird zunächst analysiert, was geschehen wird, wenn die Investoren sich vor dem Hintergrund eines wechselnden konjunkturellen Szenarios an bestimmten Daten orientieren und welches Verhalten wann dominieren wird.

Time-Lags

Die Time-Lags lassen sich in zwei Gruppen einteilen. Es existieren Time-Lags, die den Zeitraum zwischen den erfolgten Veränderungen von Determinanten und deren Wirkungen auf einen bauwirtschaftlichen Markt umfassen sowie Time-Lags, die die Zeitdauer der Anpassung der endogenen Variablen beschreiben. Der bedeutendste Time-Lag der zweiten Kategorie ist der Konstruktions-Lag. Beide Arten der Time-Lags unterliegen konjunkturellen Einflüssen, was die Komplexität der jeweiligen immobilienwirtschaftlichen Konjunktur erheblich erhöht.

Bei der Behandlung der ersten beiden Aspekte – Zukunftsbezug und Time-Lag-Struktur – wird zwischen den endogenen und exogenen Parametern differenziert. Diese Differenzierung ist deshalb für die konjunkturelle Analyse eines bauwirtschaftlichen Marktes notwendig, weil die Determinierung der relevanten Variablen unterschiedlichen konjunkturellen Einflüssen unterworfen ist und somit vielfältige konjunkturelle Momente von anderen Märkten übertragen werden sowie außerökonomische Entwicklungen in die bauwirtschaftlichen Märkte einfließen.

Endogene und exogene Variablen

Als endogen werden solche Variablen bezeichnet, deren Determinierung ausschließlich in den Immobilienmärkten erfolgt. Exogene Variablen sind all diejenigen Größen, die außerhalb der immobilienwirtschaftlichen Märkte festgelegt werden. Dabei ist eine weitere Unterscheidung zwischen ökonomischen und außerökonomischen Variablen sinnvoll. Dies gilt in erster Linie für den Wohnungsmarkt, der von demographischen Entwicklungen beeinflusst wird, die aber nur geringfügig ökonomischen Einwirkungen unterworfen sind. Eine Besonderheit stellen die Kapitalnutzungskosten p_{sw} und p_{mw} dar, da sie von endogenen Größen, wie dem immobilienwirtschaftlichen Kapitalpreis P, sowie exogenen Variablen, wie dem Zinssatz und der Besteuerung, bestimmt werden. Alle exogenen ökonomischen Variablen sind als Transmissionsvariablen äußerer konjunktureller Einflüsse anzusehen. Die gesamtwirtschaftliche Konjunkturentwicklung wird in Form der Einkommensentwicklung in den Wohnungsmarkt und in Form der einzelnen sektoralen Wertschöpfungen in die gewerblich-industriellen Märkte übertragen. Die konjunkturelle Entwicklung der Investmentmärkte wird über deren Ertragsraten, die über den Indikator Zinssatz ausgedrückt werden, in die bauwirtschaftlichen Märkte transferiert.

In den Erläuterungen zu den beiden erstgenannten Aspekten wurde betont, dass konjunkturelle Entwicklungen auf die Wirkung der immobilienwirtschaftlichen Variablen Einfluss nehmen. Diese konjunkturellen Einflüsse gehen von der spezifisch immobilien- und der gesamtwirtschaftlichen Konjunktur sowie von der konjunkturellen Situation der Investmentmärkte aus. Deren Erscheinungsbilder, die sich aus der Länge und Stärke der einzelnen Phasen zusammensetzen, sind für die differierende Wirkung verantwortlich. Das sagt nichts anderes aus, als dass die ökonomischen Variablen in den einzelnen konjunkturellen Phasen eine andere Wirkung aufweisen und sich die internen Strukturzusammenhänge der Immobilienmärkte verändern [2].

Konjunktureller Einfluss

Wenn im weiteren Verlauf von dem konjunkturellen Einfluss geschrieben wird, sind mit diesem Begriff die drei oben genannten Konjunkturen gemeint. Der konjunkturelle Einfluss äußert sich in zwei dynamischen Strukturveränderungen. Er verändert die beiden Arten von Time-Lags und kann die Wirkung einer Variablen verändern und als Extremfall sogar in ihr Gegenteil umkehren. Als Beispiel für eine variable Verzögerung zwischen der Veränderung einer Variablen und deren Auswirkung lässt sich der Zusammenhang zwischen der Nachfrageveränderung im wohnungswirtschaftlichen Mietmarkt und einer Einkommensveränderung heranziehen. Eine Einkommensveränderung in einer beginnenden Aufschwungphase wird eine andere Wirkung aufweisen als eine Einkommensveränderung in einer Boomphase. Die zweite Art der Time-Lags, die die Periode der Anpassung endogener Variablen umfasst, ist ebenso dem konjunkturellen Einfluss unterworfen, wie es das variable Konstruktions-Lag verdeutlicht, welches von der Auslastung der Bauindustrie und diese wiederum von der bauwirtschaftlichen Konjunktur abhängt. Diese Arten des konjunkturellen Einflusses sind recht moderat, sie lassen den grundlegenden Zusammenhang zwischen Ursache und Wirkung bestehen, verändern nur die Stärke der Beziehung und den zeitlichen Bezug. Der stärkste Einfluss liegt dann vor, wenn sich die Wirkung einer Variablen aufgrund der konjunkturellen Entwicklung in ihr Gegenteil umkehrt. Die Situation kann sehr häufig eintreten. Als Beispiel sei die Wirkung des Kapitalpreises P angeführt. Ein steigender Kapitalpreis führt normalerweise zu einem Rückgang der Nachfrage nach bauwirtschaftlichem Kapital. Befindet sich eine Ökonomie jedoch in einer lang gezogenen Aufschwungphase, dann kann sich die Wirkung der Preissteigerung in dem Sinne verändern, dass die Wirtschaftssubjekte aus eben diesem Grunde ihre Nachfrage erhöhen, um weiteren Preissteigerungen zu entgehen bzw. von der weiteren Preissteigerung zu profitieren. Die Käufer gingen dann zunächst von einer baldigen konjunkturell bedingten Abnahme des Preisanstiegs oder gar einem Rückgang der Preise aus. Ihr Handeln werden sie aufgrund der nunmehr angepassten Erwartungen grundlegend verändern und damit den Aufschwung wiederum verlängern bzw. einen Boom auslösen. Problematisch können solche Situationen werden, wenn sie in destabilisierende Spekulation einmünden. Die umgekehrte Situation kann dementsprechend bei Preisrückgängen während einer gesamtwirtschaftlichen Abschwungphase eintreten. Eine solche Umkehr in der Wirkung kann auch für den Zinssatz unterstellt werden. Ein steigender Zins kann nachfragesteigernd anstatt nachfragesenkend wirken. Die umgekehrte Umkehr kann dann bei sinkenden Zinsen erfolgen. Im ersten Fall versuchen die Wirtschaftssubjekte, weiteren Zinssteigerungen zu entgehen, und im zweiten Fall warten sie auf den Tiefststand der Zinsentwicklung.

2. Bauwirtschaftliche Zyklen

Einflussgrößen

Die konjunkturelle Entwicklung von Immobilienmärkten wird von exogenen Einflussgrößen Y (BSP, sektorale Wertschöpfung) und r (Rentabilität alternativer Anlagearten, Zinssatz) sowie endogenen Variablen P, p_m, I, AE, F und K (immobilienwirtschaftlicher Kapitalpreis, Mietpreis, Investitionen, Auftragseingang, Fertigstellungen, immobilienwirtschaftlicher Kapitalstock) geprägt. Über den Einfluss der Nachfragekomponente (Y) im Miet- und des Zinssatzes (r) im Investmentmarkt wird die gesamtwirtschaftliche allgemeine Konjunkturentwicklung in die Immobilienmärkte übertragen. Die Anpassungen der endogenen Variablen sind die Reaktionen auf exogene Veränderungen.

Das konjunkturelle Verhalten von Immobilienmärkten lässt sich anhand von vier prinzipiellen Erklärungsansätzen darstellen:

- Der erste Ansatz geht von der Dominanz der endogenen Anpassungen aus, während
- der zweite Ansatz die Bedeutung der exogenen Variablen in den Vordergrund rückt.
- Die dritte Erklärungsmöglichkeit betont die Bedeutung exogener außerökonomischer Variablen, wie die demographische Beeinflussung der Wohnungsmärkte.
- Der vierte Ansatz ist kein eigenständiger, da nunmehr alle Komponenten einbezogen werden und keine eindeutige Dominanz, sondern die Gleichrangigkeit der drei erstgenannten Erklärungsmuster betont wird.

Die Frage nach der Dominanz endogener oder exogener Beeinflussung bauwirtschaftlicher Märkte ist schon immer ein zentrales Thema gewesen. Im Rahmen der Kuznets-Zyklus-Analyse stellt sich Hickman die Frage, ob bauwirtschaftliche Zyklen unabhängig vom Gesamtzyklus sind oder nicht [3].

Ansatz: endogene Anpassung dominiert

Der erste Ansatz besagt, dass die endogenen Anpassungsvorgänge in den Immobilienmärkten dominieren. In dieser Situation drängen die endogenen Preis- und Angebotsveränderungen die Wirkung der exogenen Nachfragevariablen in den Hintergrund. Die Immobilienkonjunktur weist keine interdependente Beziehung zu der Gesamtwirtschaft auf, nur die Höhe der Bauinvestitionen beeinflusst eindimensional die Gesamtkonjunktur. Eine notwendige Voraussetzung für diese Entwicklung ist eine periodisch wiederkehrende Überreaktion des Immobilienmarktes, sodass die Anpassungsvorgänge in einer konjunkturellen Phase schon die nächste Konjunkturphase begründen.

Zwar üben in diesem Erklärungsansatz auch die exogenen Parameter Einfluss aus, aber dieser Einfluss ist nur untergeordneter Art. Ihnen wird maximal die Rolle der Auslöser endogener Anpassungsprozesse zuerkannt [4]. Treten endogene Anpassungsprozesse auf, so dominieren sie den Konjunkturverlauf. Preisinduzierte Bauinvestitionen lösen Angebotsüberhänge aus, die aufgrund der langfristigen Bestandswirkung eine nachfolgende rezessive Phase mit niedrigen Preisen und keiner nennenswerten Investitionstätigkeit in den Immobilienmärkten begründen. Erst wenn die Nachfrage langfristig wieder ansteigt – begünstigt durch die rezessiv bedingten niedrigen Preise – und sich das Überschussangebot abbaut, werden wieder Neubauinvestitionen hervorgerufen, die in ihrer Angebotswirkung wiederum exzessiv sind.

Diese endogenen Übersteigerungen werden neben der Orientierung der Investoren an den gegenwärtigen, kurzfristig überschießenden Preisen durch die Time-Lags hervorgerufen. Die Verzögerungen in Immobilienmärkten, insbesondere der Konstruktions-Lag, lassen tendenziell die Investitionsentscheidungen zeitlich nachgelagert zur kausalen Ursache auftreten. Die Bestandsanpassung wird verzögert und ein erheblicher Gesamt-Lag tritt auf. Solange die

Investoren die gegenwärtigen Preise als Grundlage ihrer Anlageentscheidung heranziehen und preisinduziert investieren, werden auch dann noch Bauvorhaben durchgeführt, wenn die Nachfrage im Mietmarkt schon stagniert oder sogar sinkt.

Demzufolge werden also auch noch Bauinvestitionen durchgeführt, obwohl die Nachfrage schon nachlässt und eine (zu) hohe Anzahl an begonnenen Projekten noch nicht fertig gestellt ist. Die Bestandsanpassung ist exzessiv und begründet die endogen bestimmte rezessive Phase. Aufgrund des Überschussangebots benötigt der Immobilienmarkt u. U. erhebliche Zeit, um auf zukünftige Nachfragesteigerungen mit Preisanstiegen und Angebotsanpassungen zu reagieren. Dies begründet die der Nachfrageentwicklung zeitlich nachgelagerte Investitionsexpansion. Wie sich der Anpassungspfad genau verhält, wird von dem Ausmaß der übersteigerten Investitionsanpassung, dem weiteren Verlauf der Nachfrage und dem Konstruktions-Lag n im bauwirtschaftlichen Markt determiniert [5].

Ansatz: exogene Variablen dominieren

Beim zweiten Erklärungsansatz wird unterstellt, dass die exogenen Variablen den bauwirtschaftlichen Konjunkturverlauf bestimmen, sodass der Immobilienmarktzyklus den relevanten exogenen Variablen mit einem Time-Lag folgt und das gleiche konjunkturelle Verhalten aufweist. Wenn dieser Zusammenhang vorliegt, existiert eine interdependente Beziehung zwischen der Gesamtwirtschaft und den Immobilienmärkten. Auf der einen Seite beeinflussen makroökonomische Variablen die Immobilienkonjunktur und auf der anderen Seite beeinflusst die Immobilienkonjunktur die gesamtwirtschaftliche konjunkturelle Entwicklung über die Höhe der Bauinvestitionen.

Die beiden exogenen Parameter Y und r entwickeln sich parallel zur gesamtwirtschaftlichen Konjunktur, allerdings gehen von ihnen gegenläufige Wirkungen auf die bauwirtschaftlichen Märkte aus. Vom Nachfrageparameter (Y) geht ein positiver Effekt auf die Nachfrage im Mietmarkt und vom Zinssatz (r) ein negativer auf die Nachfrage im Investmentmarkt aus. Daher ergibt sich selbst bei eindeutiger Determinierung der Immobilienkonjunktur durch exogene Parameter keine eindeutige zeitkonsistente Beziehung zwischen allgemeiner Konjunktur und Immobilienkonjunktur. Je nach Ausgestaltung des allgemeinen Konjunkturzyklus können verschiedene Zeitbezüge auftreten. Die allgemeinen Konjunkturzyklen werden ihre individuellen Muster auf die Immobilienzyklen übertragen und eine zeitlich stabile Beziehung unterbinden.

Ansatz: Einfluss exogener außerökonomischer Variablen

Der dritte Ansatz bezieht die Möglichkeit der Beeinflussung der bauwirtschaftlichen Konjunktur durch exogene außerökonomische Determinanten ein. Dass dieser Einfluss nicht den gesamten bauwirtschaftlichen Konjunkturverlauf dominieren kann, ist von vornherein klar, zumal die demographische Entwicklung als einzige nennenswerte exogene außerökonomische Größe eher mittel- bis langfristig ausgerichtet ist. Sie kann daher nicht (nur von sich aus) die kurzfristigen Schwankungen hervorrufen. Es ist jedoch zu bemerken, dass sie in bestimmten Phasen Relevanz erlangt und auch auf den konjunkturellen Verlauf entscheidend einwirkt. Bei der Analyse der demographischen Komponente kommt erschwerend hinzu, dass sie von der gesamtwirtschaftlichen sowie der wohnungswirtschaftlichen konjunkturellen Entwicklung beeinflusst wird.

Ansatz: Gleichrangigkeit der vorigen Ansätze

Die vierte Kategorie der Ansätze betont die gleichrangige Relevanz der exogenen Parameter und der endogenen Anpassungsprozesse. Bei dieser Art der Erklärungsmuster kann keine eindeutige zyklenübergreifende Beziehung zwischen den bauwirtschaftlichen Determinanten und dem konjunkturellen Verhalten hergeleitet werden; zu groß sind die Kombinationsmöglichkeiten der Datenkonstellationen. Jede konjunkturelle Phase muss hinsichtlich ihrer spezifischen Situation analysiert werden. Die Individualitäten lassen keine generellen Schlüsse zu. Die Determinanten wechseln sich in ihrer Dominanz ab und die Wirkungen der Variablen variieren vor dem Hintergrund der konjunkturellen Entwicklung, die ihrerseits verschiedene Verläufe aufweist.

3. Endogener Anpassungsprozess

Dominieren in den Immobilienmärkten endogene Anpassungsprozesse, dann entstehen durch einmal ausgelöste konjunkturelle Schwankungen fortwährend neue Anpassungsprozesse ohne eine exogene Einflussnahme. Dies setzt eine inhärente Instabilität im Investitionsverhalten und daraus resultierend in der zeitlichen Durchführung der Bestandsanpassung voraus. Davon geht beispielsweise Feagin aus: „The boom and bust in office building since 1978 is a classic example of speculative investment run amok." [6] „This process is driven by a number of factors, including the availability of surplus capital and its search for maximum returns, development capitalists aggressively seeking financing for projects to keep their firms in operation, tax laws encouraging the profileration of office buildings created as tax shelters, and a particularly volatile type of herd psychology." [7] [8]

Die endogenen Anpassungsvorgänge schaffen in den jeweils vorliegenden konjunkturellen Situationen die Bedingungen für die nachfolgende konjunkturelle Übersteigerung. In der Aufschwung- und Boomphase ist die Investitionsausweitung excessiv. Die Investoren überreagieren auf die im Miet- und Kapitalmarkt vorliegenden Datenkonstellationen. Die mit dem Investitionsanstieg verbundene Bestands-/Angebotserhöhung geht über den Gleichgewichtswert hinaus und begründet die nachfolgende Rezession mit dem entsprechenden Investitionsrückgang. Die Bestandserhöhung kehrt die ursprüngliche Situation im Immobilienmarkt um – aus einem Nachfrageüberhang wird ein Angebotsüberhang. Nun endet die Investitionsexpansion und stagniert so lange auf einem niedrigen Niveau, bis durch die jährlichen Abschreibungen und eine ansteigende Nachfrage aus dem Angebotsüberhang ein Nachfrageüberhang wird, der wiederum einen exzessiven Investitionsanstieg auslöst und die nächste konjunkturelle Übersteigerung begründet [9] [10] [11].

3.1 Variablen eines endogenen Zyklus

Übersteigerte Investitionsnachfrage

Die entscheidenden endogenen zyklischen Mechanismen sind die übersteigerte Investitionsnachfrage und die daraus hervorgehende Bestandsveränderung, wobei die Motivation zur Baudurchführung das aktive Element darstellt. Die Bestandsveränderung mit ihrem nachfolgenden Einfluss auf die Preise und damit wiederum auf die Investitionshöhe ist das passive Element, ein Reflex der vorangegangenen Investitionstätigkeit.

Ein endogener Zyklus entsteht dadurch, dass das Angebot nicht auf das kurzfristige Nachfrageverhalten reagieren kann. Frühestens nach Ablauf von n Perioden wird der Bestand auf die vorhergehende Nachfrageveränderung reagieren können. In der Zwischenzeit passen sich lediglich die Preise an und der Bestand verändert sich durch Fertigstellungen, die vor n Perioden geplant wurden.

„However, final demand does not expand with starts. When the increased inventory is mainly in units under construction, builders feel only slight pressure to change their action. Eventually, however, as the number of empty completed units grows, pressure mounts to cut back starts. Timing depends on both the period of production and the lags between starts and particular types of vacancies." [12]

Länge der Zeitperiode

Wie sich ein endogener Zyklus konkret im Einzelnen verhält, hängt entscheidend von der Länge der Zeitperiode (n) ab, in der das Angebot nicht auf die Nachfrageveränderung adäquat reagieren kann. Eine wesentliche Ursache des konjunkturellen Phänomens ist in dem unterschiedlichen zeitlichen Bezug der Nachfrage und des Angebots zu sehen. Je größer n ist, desto weiter liegen die zeitlichen Bezüge auseinander und umso größer ist die Möglichkeit, dass sich das Angebot losgelöst von der gegenwärtigen Nachfrage entwickelt und endogene Zyklen auslöst. Endogene Zyklen finden idealtypisch dann statt, wenn sich die Investoren an den gegenwärtigen (ungleichgewichtigen) Preisen orientieren. Die gegenwärtigen Preise können mit Fug und Recht als nie (langfristig) gleichgewichtig bezeichnet werden, da sie die begonnenen Projekte mit ihrer nachgelagerten Bestandswirkung und ihrer Wirkung auf das Preissystem ignorieren.

„Both the housing services market and the housing asset market can be in equilibrium yet there can still be housing investment. There will continue to be such additions to the stock as long as the relationship of the asset price and construction costs creates profit possibilities for the construction industry." [13]

Orientierung an gegenwärtigen Daten

Ein endogener Zyklus entsteht, wenn sich die Investoren an den gegenwärtigen Datenkonstellationen orientieren. In diesem Fall werden Bauprojekte durchgeführt, ohne auf das zukünftige Angebot und die zukünftige Nachfrage zu achten, also auf die Konstellationen, die vorliegen werden, wenn das Bauprojekt fertig gestellt sein wird. Antizipieren die Investoren die Angebotswirkung und das Nachfragevolumen, so ist jede ungleichgewichtige Konstellation irrelevant; sie kommt nicht zustande.

An dieser Stelle muss eine Einschränkung erfolgen. Ob eine Investitionsanpassung, die sich an gegenwärtigen Konstellationen orientiert, tatsächlich exzessiv sein wird, hängt von der zukünftigen Nachfrage ab. Ohne zu weit vorzugreifen lässt sich jetzt schon sagen, dass es einen reinen endogenen Zyklus nur dann geben kann, wenn die von der gesamtwirtschaftlichen Konjunktur abhängige Nachfrage nach bauwirtschaftlichen Leistungen keine starken zyklischen Bewegungen durchläuft. Eine „übersteigerte" Investitionsausweitung kann ihre spätere zufällige Berechtigung erlangen, ohne dass die Investoren mit irgendeiner Weitsicht oder Antizipation der zukünftigen Marktentwicklung gehandelt hätten, wenn im Rahmen eines Konjunkturaufschwungs eine zunehmende Nachfrage einsetzt, die die erforderliche Auslastung des Bestandes herbeiführt. Eine im langfristigen Vergleich maßvolle oder zu niedrige Investitionshöhe kann sich als zu hoch erweisen, wenn zum Zeitpunkt der Fertigstellung die Gesamtkonjunktur und mit ihr die Nachfrage nach bauwirtschaftlichen Leistungen in eine Abschwungphase eintritt. Diese Überlegungen zeigen auf, dass das Investitionsverhalten in bauwirtschaftlichen Märkten erstens von allen Variablen, exogenen und endogenen, abhängt und zweitens die Variablen je nach konjunkturellen Verläufen unterschiedliche Wirkungen aufweisen.

Time-Lags, gegenwärtige Orientierung und Preisverhalten

Das Zusammenspiel von Time-Lags (n), der Orientierung der Investoren an gegenwärtigen Konstellationen und dem Preisverhalten gestaltet den Verlauf des endogenen Zyklus. Je größer ein Time-Lag ist, desto länger sind die Preise auf einem längerfristig ungleichgewichtigen Niveau. Dabei ist es für das Auftreten eines endogenen Zyklus nicht wesentlich, dass die Preise überschießen. Orientieren sich die Investoren an den jeweils vorliegenden Preisen, dann werden so lange zu viele Bauprojekte durchgeführt, bis die einsetzende Angebotserhöhung die bauwirtschaftlichen Preise verändert, also erst nach Ablauf von n Perioden. Denn es sind mehr als eine Periode mit hohen Fertigstellungen notwendig, um den über mehrere Perioden entstandenen Nachfrageüberhang signifikant zu reduzieren. Wenn nach Ablauf von mindestens 2 × n Perioden die Masse der (übersteigerten) Investitionsvorhaben angebotswirksam geworden ist, wird ein Angebotsüberhang vorherrschen, der mehrere Perioden mit niedrigen Preisen und einer geringen Anzahl an Bauprojekten hervorruft. Ist solch ein endogener Prozess erst einmal entstanden, dann begründet er in jeder Phase erneut die notwendigen Bedingungen für die nachfolgende Phase, sodass er sich immer wieder aus sich selbst heraus fortpflanzen wird. Dann kann er nur noch durch starke andere konterkarierende Einflüsse, wie die konjunkturell schwankende Nachfrage, aufgehoben werden.

3.2 Verlauf eines endogenen Zyklus

Vereinfachende Darstellung

Um den Verlauf eines endogenen Zyklus vereinfachend darzustellen, wird an dieser Stelle angenommen, dass der Nachfrageparameter Y kontinuierlich ansteigt (mit anderen Worten es existieren keine gesamtwirtschaftlichen Konjunkturschwankungen) und ein konstantes Zinsniveau r vorliegt. Die schwankenden Bauinvestitionen haben weiterhin keinen rückwirkenden Einfluss auf den Nachfrageparameter Y bzw. die allgemeine konjunkturelle Entwicklung. Das setzt voraus, dass entweder der Anteil am Sozialprodukt zu gering ist oder die Schwankungen durch den inversen Verlauf eines anderen Aggregats der gesamtwirtschaftlichen Nachfrage ausgeglichen werden. Die nachfolgenden Abbildungen geben den Verlauf der hypothetischen Nachfrageentwicklung, der Bestandsanpassung, der Auftragseingänge AE, der Fertigstellungen F und des Kapitalpreises P wieder. Die relevanten Funktionen sind die folgenden [14]:

- $K^d = K^d(Y)$,
- $K = K_{(t-1)} \times (1 - \delta) + F_{(t)}$,
- $P = P(K^d, K^s)$,
- $AE = AE(P)$,
- $F_{(t)} = AE_{(t-n)}$.

Die Abbildungen demonstrieren den Ablauf des (idealtypischen) endogenen Zyklus. Dabei sind im Gegensatz zu der bisher herausgearbeiteten Struktur erhebliche Vereinfachungen getroffen worden. Auf eine Differenzierung zwischen Selbstnutzern, Mietern und Vermietern ist verzichtet worden und die differenzierten Anpassungen im Leistungsmarkt werden nicht explizit berücksichtigt.

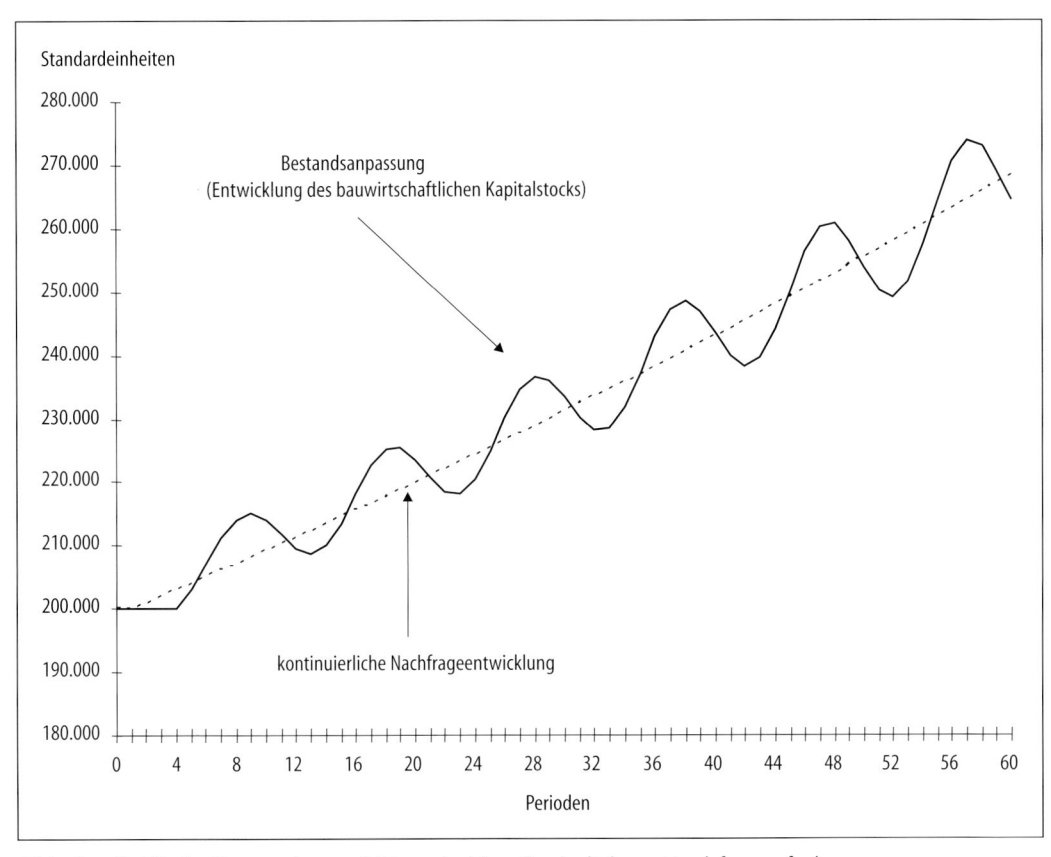

Abb. 1: Zyklische Bestandsentwicklung bei kontinuierlichem Nachfragepfad

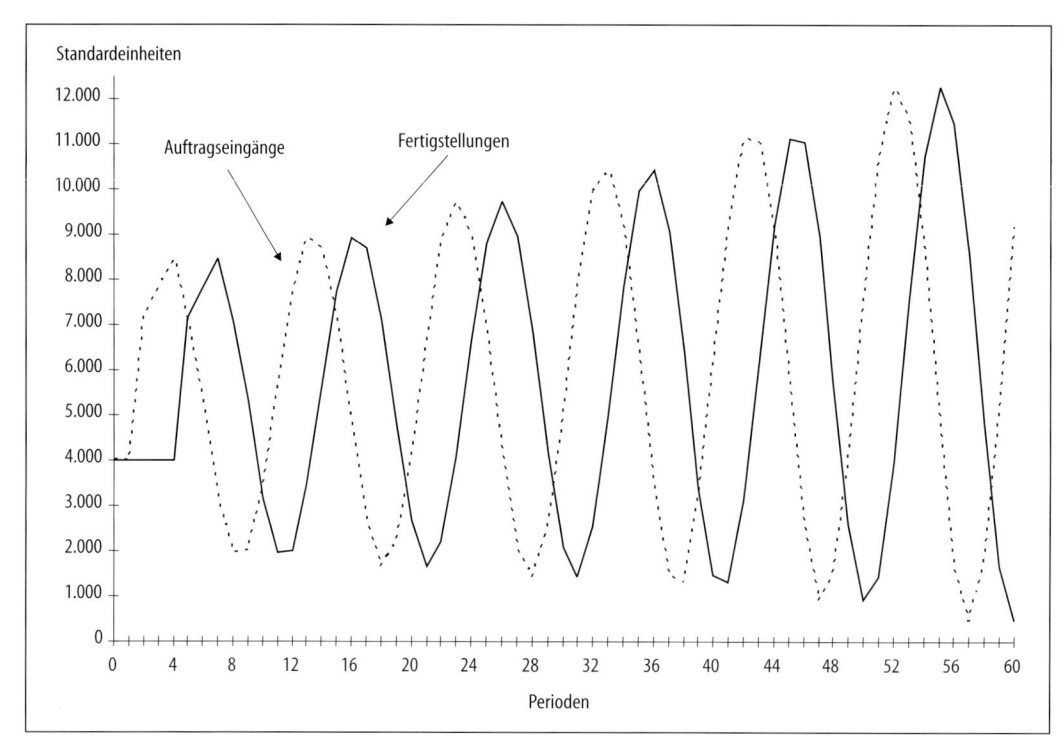

Abb. 2: Zyklische Entwicklung der Auftragseingänge und Fertigstellungen

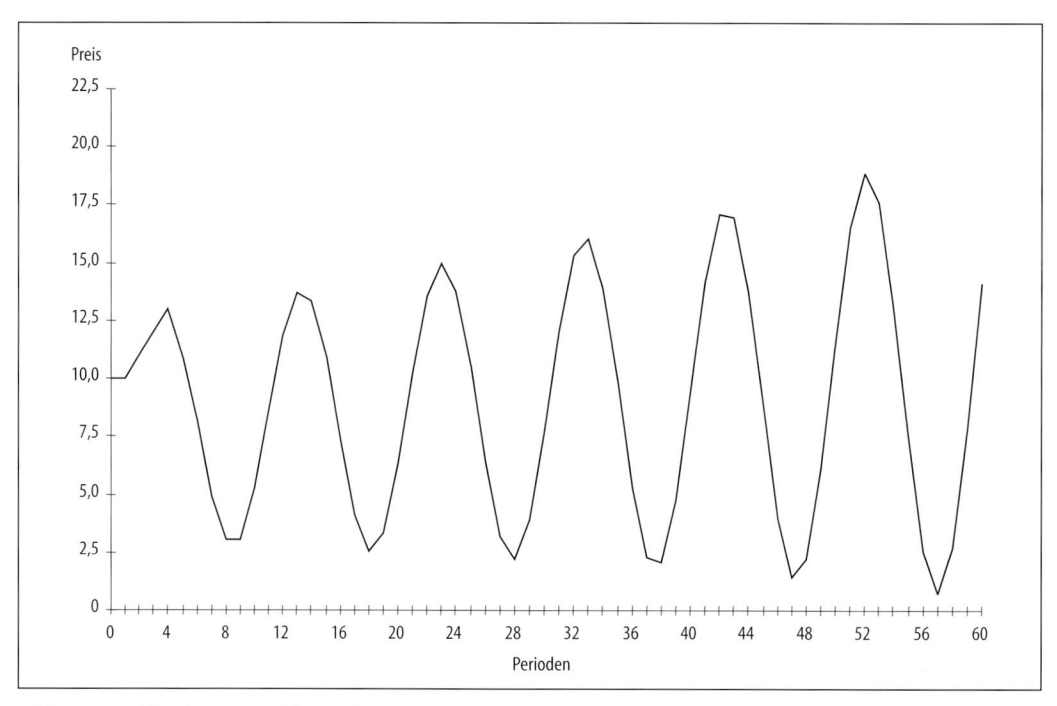

Abb. 3: Zyklische Entwicklung des Preises P

Für das Modell wurde unterstellt, dass sich der bauwirtschaftliche Markt bis zur Periode 2 im Gleichgewicht befindet. Der Nachfrageparameter Y bleibt für diese beiden Perioden konstant und es liegt ein Gleichgewicht in der Art vor, dass $F = \delta \times K$ (Fertigstellungen gleichen den Abschreibungen) realisiert ist, sodass der immobilienwirtschaftliche Kapitalpreis P ebenfalls für die Perioden 0 und 1 konstant bleibt. Der Zyklus beginnt mit der Periode 2, in der die Variable Y um 0,5 % ansteigt und diese Veränderung auch für die nachfolgenden Perioden beibehalten wird. Daraus resultiert eine Preissteigerung in Periode 2 und der oben illustrierte endogene Zyklus setzt ein. Unter den getroffenen Annahmen pflanzt er sich immer weiter fort.

Zyklusbeginn mit Periode 2

Analysieren wir den Verlauf: Der bauwirtschaftliche Markt reagiert auf die Nachfragesteigerung mit Preissteigerungen im Mietmarkt und sich daran anschließenden Preissteigerungen im Investmentmarkt. In unserem vereinfachten Modell werden die Anpassungen im Mietmarkt außer Acht gelassen und es wird unterstellt, dass keine Verzögerungen eintreten. Der exogene Impuls pflanzt sich daher annahmegemäß problemlos und unverzüglich fort. Die Preise werden so lange ansteigen, bis sich das Angebot merklich erhöht und die Nachfrageexpansion eingeholt hat. Wann dies genau der Fall ist, hängt vom Time-Lag (n), der Preisreaktion auf die Nachfrage-/Angebotsrelation (bzw. die Leerstandsrate) und der Preiselastizität der Investitionsnachfrage ab.

Wenn in einer bauwirtschaftlichen Aufschwungphase der Bestand zeitlich versetzt ansteigt, beginnt ein endogener Zyklus, sich allmählich umzukehren. Zu dem Zeitpunkt, zu dem das Angebot gleich der Nachfrage ist und die Preise ihre vordergründig gleichgewichtige Ausgangsposition erreicht haben, kippt der Prozess. Denn der Anschein eines Gleichgewichts trügt. Die im Bau befindlichen Kapazitäten sind noch nicht angebotswirksam. Schon in der nächsten Periode wird aus dem Gleichgewicht ein Angebotsüberhang, der so lange zunimmt, bis sich die übersteigerten jährlichen Investitionsvolumina der jährlichen Nachfragesteigerung anpassen. Danach setzt die Investitionsnachfrage in Anbetracht sinkender Preise sprunghaft aus. Es folgen noch n Perioden mit Fertigstellungen, die höher liegen als nunmehr erforderlich. Die Preise sinken und das Spiel beginnt in seiner umgekehrten Abfolge von neuem, um auch dann wieder zu kippen, wenn die Preise ihre „gleichgewichtige" Ausgangsposition erreichen, aber n Perioden mit zu geringen Fertigstellungsvolumina folgen.

Der Verlauf des idealtypischen endogenen Zyklus wird bei Vernachlässigung der exogenen Einwirkungen von drei Elementen determiniert: dem Time-Lag (n), der die Zeitspanne zwischen den Auftragseingängen und den Fertigstellungen wiedergibt, der Preisreaktion auf Ungleichgewichte und dem darauf reagierenden Investitionsverhalten, das die Höhe der Auftragseingänge bzw. der Baubeginne festlegt. Je stärker diese drei Komponenten ausgeprägt sind, desto größer sind die Amplitudenwerte und desto länger sind die Phasen der bauwirtschaftlichen Zyklen. Es wird ebenfalls deutlich, dass der exogene Einfluss relevant ist. Er verändert in unserem Beispiel die Nachfrage nach bauwirtschaftlichem Kapital, was über die Einwirkung auf P den endogenen Zyklus in seinem Verlauf beeinflusst. Dabei ist zu bedenken, dass unser Modellbeispiel sowohl den exogenen konjunkturellen Einfluss, da eine konstante Wachstumsrate der Nachfrage unterstellt wird, als auch die Wirkung des Zinses aus-

Time-Lag, Preisreaktion und Investitionsverhalten

schaltet. Bei Einarbeitung des konjunkturellen Verhaltens von Y und r würde die Komplexität wesentlich erhöht werden. Denn neben den konjunkturellen Schwankungen von P, I und K muss berücksichtigt werden, dass von den beiden exogenen Größen im konjunkturellen Kontext entgegengesetzte Wirkungen ausgehen, die in Abhängigkeit von der konjunkturellen Situation in ihrer Einflussnahme und Wirkung schwanken.

Exogene Beeinflussung liegt vor

Anhand der oben angestellten Überlegungen wird die Arbeitsthese untermauert, dass ein den gesamten bauwirtschaftlichen Zyklus dominierender endogener Mechanismus nicht vorliegen kann. Die Gründe sind offensichtlich. Das Investitionsverhalten ist nicht so einfach strukturiert und variiert im Zeitablauf. Die exogene Beeinflussung liegt vor und ist vielschichtig angelegt und wird die jeweiligen konjunkturellen Komponenten in den bauwirtschaftlichen Markt einfließen lassen, sodass der endogene Mechanismus durchbrochen werden kann. Die Konjunkturverläufe der exogenen Parameter sind eben nicht regelmäßig. Jede konjunkturelle Situation in bauwirtschaftlichen Märkten ist individuell zu analysieren.

3.3 Endogene Abläufe und konjunkturelle Beeinflussung durch exogene Nachfrageparameter

Nachfrage Auslöser des endogenen Ablaufs

Wird der endogene Mechanismus mit dem konjunkturellen Verhalten des Nachfrageparameters Y kombiniert, lassen sich an den konjunkturellen Wendepunkten Übersteigerungen in der Bestandsanpassung erkennen. Es wird unterstellt, dass der oben beschriebene endogene Ablauf u. a. durch die konjunkturell schwankende Nachfrage (Y) ausgelöst und in seinem Verlauf beeinflusst wird. Die Immobilienkonjunktur wird für diesen Fall der gesamtwirtschaftlichen folgen. Aufgrund der Zeitverzögerung und potenzieller Übersteigerungen im bauwirtschaftlichen Investitionsprozess wird die Immobilienkonjunktur einen Nachlauf gegenüber der gesamtwirtschaftlichen aufweisen.

Während einer lang gezogenen Aufschwungphase der gesamtwirtschaftlichen Konjunktur muss die bauwirtschaftliche nachfolgen. Ist die gesamtwirtschaftliche Boomphase jedoch überschritten, wird eine gravierende zyklische Übersteigerung in den Immobilienmärkten eintreten, wenn die Investoren ihre Investitionsentscheidung an den gegenwärtigen Preiskonstellationen ausrichten. Die zyklische Übersteigerung basiert nunmehr auf zwei Komponenten: der nachlassenden Nachfrage und den auf eine höhere vergangene Nachfrage ausgerichteten Fertigstellungen. Zu diesem Zeitpunkt wird mit der beginnenden gesamtwirtschaftlichen Abschwungphase eine zyklische Übersteigerung im bauwirtschaftlichen Markt einsetzen. Wie stark sie sein wird, ist von den oben angeführten drei Konstruktionselementen eines endogenen Zyklus und dem konjunkturellen Verlauf von Y abhängig. Die Auftragseingänge werden sprunghaft aussetzen und der gesamtwirtschaftlichen Konjunktur in die Abschwungphase folgen. Das Produktionsvolumen wird zu diesem Zeitpunkt noch relativ hoch sein – vorausgesetzt, die begonnenen Projekte werden vollendet. Wie stark die bauwirtschaftliche Produktion nachgelagert zur allgemeinen Konjunktur auf relativ hohem Niveau verharrt, ist abermals eine Funktion von n. Setzt eine lang gezogene Abschwungphase ein, so wird je nach Stärke und Dauer der zyklischen Übersteigerung der bauwirtschaftliche

Markt der gesamtwirtschaftlichen Entwicklung in die Rezession folgen. Das Investitionsvolumen und die Preise werden stark zurückgehen.

Die Masse der Fertigstellungen wird in der gesamtwirtschaftlichen Rezessionsphase (bzw. der späten Abschwung- oder frühen Aufschwungphase) realisiert. Somit bildet sich aus der rückläufigen bauwirtschaftlichen Nachfrage und dem hohen Fertigstellungsvolumen die zweite zyklische Übersteigerung in bauwirtschaftlichen Märkten, die die bauwirtschaftliche Rezessionsphase begründet. Erst wenn die bauwirtschaftliche Nachfrage wieder ansteigt und die Fertigstellungen rückläufig sind, stabilisiert sich der Immobilienmarkt. Die Preise werden – nachdem sie über mehrere Perioden hinweg gesunken sind – wieder ansteigen. Dies geschieht aber erst in der gefestigten gesamtwirtschaftlichen Aufschwungphase. In der Zwischenzeit haben die rückläufigen Kapitalpreise zu einem erheblichen Nachfragerückgang nach Neubauten geführt. Die niedrigen Auftragseingänge in dieser Zeitspanne determinieren zusammen mit der später im Konjunkturverlauf ansteigenden Nachfrage die zyklische Übersteigerung in der Boomphase.

Es ist nochmals zu betonen, dass die oben genannten Abläufe nur dann auftreten, wenn die gesamtwirtschaftliche Konjunktur tatsächlich relativ lang gezogene Phasen durchläuft. Ist dies nicht der Fall, so lässt sich kaum etwas über die Abhängigkeit der endogenen Prozesse im bauwirtschaftlichen Konjunkturverhalten von der allgemeinen Konjunktur sagen.

Lang gezogene Phasen Voraussetzung

Von einem kürzerfristigen Zyklus können kaum Impulse auf einen endogenen bauwirtschaftlichen Zyklus übergehen. Bei einem kürzerfristigen gesamtwirtschaftlichen Zyklus bleibt die Bauproduktion während der gesamtwirtschaftlichen Abschwungphase aufgrund des Time-Lags (n) auf hohem Niveau. Bevor sich niedrige Auftragseingänge auf das Investitionsvolumen und die Bestandsentwicklung signifikant auswirken, steigt die Nachfrage aber wieder an und mit ihr die Auftragseingänge. Die ein bis zwei Perioden andauernden niedrigen Auftragseingänge werden kaum in der bauwirtschaftlichen Produktionshöhe registriert.

3.4 Einflüsse exogener Variablen auf den endogenen Zyklus

Bei der bisherigen Analyse eines endogenen Zyklus wurden bis auf den Nachfrageparameter (Y) alle exogenen Variablen konstant gehalten. Von Y geht ein prozyklischer gesamtwirtschaftlicher Effekt auf die bauwirtschaftlichen Märkte aus, der je nach konjunkturellem Verlauf die endogenen Prozesse entscheidend abschwächen oder verstärken kann. Im alleinigen konjunkturellen Zusammenspiel zwischen endogenen Anpassungsprozessen und der Nachfragekomponente (Y) lassen sich zwangsläufige konjunkturelle Übersteigerungen in den bauwirtschaftlichen Märkten erkennen. Bei Berücksichtigung aller Variablen wird der konjunkturelle Zusammenhang zunehmend komplexer. Die Ertragsrate anderer Vermögenswerte weist einen zur gesamtwirtschaftlichen Entwicklung gegenläufigen Einfluss auf die Immobilienmärkte auf und wird dadurch tendenziell auf eine Abschwächung der endogenen Anpassungen hinwirken. Berücksichtigen die Investoren zukünftige Marktentwicklungen in ihrer Investitionsentscheidung, wird der endogene Zyklus ebenfalls entscheidend abgeschwächt.

Pro- und antizyklische Effekte

Von den möglichen Wirkungsveränderungen der Determinanten im konjunkturellen Kontext geht wiederum ein den endogenen Zyklus verstärkender Effekt aus. Über mehrere Perioden ansteigende Preise und Zinsen können zu erhöhten Bauinvestitionen in der ausklingenden Aufschwung- und der Boomphase führen, was die konjunkturelle Übersteigerung im nachfolgenden Abschwung verstärkt und den endogenen Anpassungsprozess fördert. Eine im Abschwung rückläufige Investitionsnachfrage würde durch ein Warten auf den Tiefpunkt der Zinsen und der bauwirtschaftlichen Preise Letzteren weiter forcieren.

3.5 Einfluss der Marktstruktur auf einen endogenen Zyklus

Selbstnutzer, Mieter und Vermieter

Das Auftreten endogener Anpassungsprozesse wird entscheidend von der Marktstruktur eines bauwirtschaftlichen Marktes bestimmt. Die Höhe des Anteils der Selbstnutzer, der Mieter und der Vermieter ist dafür maßgeblich. Das Investitionsverhalten der verschiedenen Bauherren weicht voneinander ab. Jaffee/Rosen (1979) bezeichnen die Nachfrage der Selbstnutzer nach bauwirtschaftlichem Kapital als nachfrage-, die der Vermieter als angebotsinduziert [15]. Auf den konjunkturellen Zusammenhang angewendet hat dies zur Folge, dass bei Selbstnutzern, die ohne Zwischenschaltung einer Maklertätigkeit bauwirtschaftliches Kapital erwerben, keine spekulative Komponente auftritt. Eine zyklische Übersteigerung ist quasi ausgeschlossen. Anders dagegen bei Vermietern und Bauherren, die bauwirtschaftliches Kapital erwerben oder neu errichten, um es später entweder an Vermieter oder Selbstnutzer zu verkaufen.

Im Falle der selbst handelnden Selbstnutzer können nur Fehler im Investitionsverhalten dergestalt stattfinden, dass die Selbstnutzer sich in ihrem eigenen späteren Nachfrageverhalten irren und die Summe der individuellen Fehler das aggregierte Fehlverhalten ergibt. In einem Markt mit Maklertätigkeit und Vermietung potenziert sich das Fehlverhalten der Investoren.

Unterschiedliche Fehlerquellen

Während die einzelnen Selbstnutzer nur ihr eigenes zukünftiges Nachfragevolumen falsch beurteilen können, kommen bei den beiden anderen Marktstrukturen bedeutendere Fehlerquellen hinzu. Die Investoren müssen die Nachfrage anderer Wirtschaftssubjekte und das Verhalten der anderen Investoren einschätzen. Beides tritt in einem bauwirtschaftlichen Markt mit 100%iger Selbstnutzung ohne Maklertätigkeit nicht auf. Dennoch werden auch in einem reinen Selbstnutzermarkt Zyklen auftreten. Diese sind jedoch in einem viel stärkeren Maß von den exogenen Größen abhängig. An den Wendepunkten der gesamtwirtschaftlichen Konjunktur können bei einer Dominanz des prozyklischen Nachfrageparameters Y auch Angebots- und Nachfrageüberhänge auftreten. Diese Ungleichgewichte an den konjunkturellen Wendepunkten werden jedoch nicht durch eine exzessive Bestandsanpassung herbeigeführt. Sie entstehen durch die Schwankungen der Nachfrage, die der gesamtwirtschaftlichen Konjunktur folgt und so die Angebots- und Nachfrageüberhänge induziert. Bei diesem Verlauf wird wiederum unterstellt, dass Y dominiert und die antizyklischen Preiseffekte sowie die antizyklische Zinswirkung nachrangig sind. In einem Markt mit ausschließlicher Selbstnutzung werden diese Verläufe stärker ausgeprägt sein, wenn eine konjunkturell bedingte Umkehr in der Wirkung der bauwirtschaftlichen Preise und des Zinses in den (lang gezogenen) gesamtwirtschaftlichen Auf- und Abschwungphasen stattfindet. Bei einem anhaltenden Anstieg von P ist weiterhin damit zu rechnen, dass die Erwartungen über ΔP^e ebenfalls ansteigen und die Wirtschaftssubjekte die Rentabilitäten ihrer Investitionen über weiter ansteigende Kapitalpreise als gesichert ansehen. Nimmt hingegen der Einfluss von Y keine überragende Stellung ein und dominieren der Zins sowie die stabilisierende Wirkung der bauwirtschaftlichen Preise die bauwirtschaftliche Konjunktur, so werden an den gesamtwirtschaftlichen Wendepunkten keine Höchst- und Tiefststände der bauwirtschaftlichen Produktion stattfinden. Der weitgehend prozyklische (bzw. nachlaufende) Verlauf der bauwirtschaftlichen Konjunktur wird durch einen antizyklischen abgelöst.

Liegt in einem bauwirtschaftlichen Markt ein hoher Anteil an Maklertätigkeit und Vermietung vor, ist die Möglichkeit eines endogenen Zyklus gegeben. Das setzt natürlich voraus, dass sich die Investoren auch tatsächlich an den gegenwärtigen Preisen orientieren. Dass die Wahrscheinlichkeit endogener Anpassungen relativ hoch ist, liegt an der größeren Unsicherheit, die bei diesen Investitionsentscheidungen vorhanden ist. Die Projekte werden für den anonymen Markt durchgeführt und der zukünftige Bestand und mit ihm die Rentabilität der einzelnen Projekte wird von den Investitionsvolumina anderer Anbieter determiniert. Diese spekulativen Wesenszüge führen zu der hohen Wahrscheinlichkeit von zyklisch übersteigerten Angebotsanpassungen. Hier gilt ebenfalls, dass bei einer konjunkturell bedingten Umkehr der Wirkung der bauwirtschaftlichen Preise und des Zinses die zyklische Übersteigerung größer ausfällt.

Hoher Anteil Makler und Vermieter

3.6 Einfluss der Preisflexibilität im Mietmarkt

Die Flexibilität der Bestandsmieten ist im Mietmarkt durch das Vorherrschen langfristiger Mietverträge sowie gesetzlicher Bestimmungen eingeschränkt. Orientieren sich die Investoren an den gegenwärtigen Preisen (Neuvertragsmieten und den Kapitalpreisen frei werdender und fertig gestellter Immobilien), muss die zyklische Übersteigerung bei dem Vorliegen von vertraglichen und gesetzlichen Bestimmungen noch stärker ausfallen. Der Grund liegt in dem starken Auseinanderdriften von Bestands- und Neuvertragsmieten in der späten Aufschwung- und Boomphase sowie der späten Abschwung- und Rezessionsphase.

Einschränkungen von Bestandsmieten

Die Neuvertragsmieten überschießen in ihren Anpassungen demnach nicht nur aus den bekannten Gründen, die bei einem Bestandsmarkt mit zeitlichen Verzögerungen in der Angebotsanpassung zwangsläufig auftreten, sondern zusätzlich durch vertragliche und gesetzliche Bestimmungen. Wenn die Investoren die Neuvertragsmieten in ihrer Investitionsentscheidung berücksichtigen, so wird die zyklische Übersteigerung noch stärker ausfallen, als sie es ohnehin schon täte.

4. Exogene Parameter

Exogene Einwirkungen auf bauwirtschaftliche Märkte werden in ökonomische und außerökonomische exogene Variablen aufgeteilt. In diesem Kapitel werden lediglich die beiden (ökonomischen) Variablen Y (BSP, sektorale Wertschöpfung) und r (Rentabilität alternativer Anlagearten, Zinssatz) betrachtet. Die steuerliche Behandlung wird als konstant unterstellt. Sie ist im Gegensatz zu den anderen exogenen (ökonomischen und außerökonomischen) Variablen zudem nicht transparent. Sie unterliegt der politischen Willensbildung. Es muss jedoch beachtet werden, dass der steuerliche Aspekt gerade in der Bundesrepublik Deutschland von hoher allokativer Bedeutung für die bauwirtschaftlichen Märkte ist.

Dominanz des Nachfrageparameters

Die Nachfrage nach bauwirtschaftlichen Leistungen verläuft in Abhängigkeit von Y prozyklisch zur gesamtwirtschaftlichen Konjunktur; von r geht ein antizyklischer Einfluss auf die bauwirtschaftlichen Investmentmärkte aus. Die Nutzungskosten immobilienwirtschaftlichen Kapitals steigen mit dem Zinssatz (r) und damit parallel zur gesamtwirtschaftlichen Konjunktur. Liegt eine eindeutige Dominanz des Nachfrageparameters Y vor, dann wird die Nachfrage nach immobilienwirtschaftlichem Kapital parallel zur gesamtwirtschaftlichen Konjunktur ansteigen und einen prozyklischen Verlauf des Kapitalpreises P und des Investitionsvolumens I herbeiführen.

Dominanz des Zinssatzes

Liegt eine Dominanz des Zinssatzes (r) vor, so werden die von r abhängigen Nutzungskosten bauwirtschaftlichen Kapitals (p_{mw} und p_{sw}) den Verlauf der Immobiliennachfrage bestimmen. Der Kapitalpreis P und das Investitionsvolumen I weisen dann einen antizyklischen Verlauf auf [16] [17].

Wie sich ein bauwirtschaftlicher Markt konjunkturell entwickelt, lässt sich bei dem diametral wirkenden Einfluss der beiden aus der gesamtwirtschaftlichen Konjunktur hervorgehenden Variablen selbst bei der Vernachlässigung endogener Anpassungen nicht generalisierend herleiten. Welcher exogener anti- oder prozyklischer Verlauf sich durchsetzen wird, ist jeweils individuell von dem gesamtwirtschaftlichen Konjunkturverlauf und dem damit verbundenen Verlauf von Y und r abhängig.

Die konjunkturelle Dominanz von Y oder r in bauwirtschaftlichen Märkten ist anhand der Stärke der Amplitudenwerte für Y und r sowie der Länge der gesamtwirtschaftlichen Konjunktur herleitbar. Sind die konjunkturellen Schwankungen von Y stärker als die von r, ergibt sich, dass die bauwirtschaftliche Konjunktur dem Verlauf des Nachfrageparameters Y folgt. In diesem Fall wiegt der Einfluss von Y auf die Nachfrage nach bauwirtschaftlichem Kapital den entgegengesetzt verlaufenden Einfluss von r auf die Nutzungskosten bauwirtschaftlichen Kapitals (p_{mw} und p_{sw}) auf. Die Dominanz der Einkommensentwicklung wird zusammen mit dem sog. War-time Backlog durchgängig im Wohnungsmarkt für die Zwischenkriegszeit in den westlichen Ländern vermutet. Allerdings beinhalten die durch den War-time Backlog ausgelösten Anpassungen wesentliche Komponenten eines endogenen Zyklus.

Sind hingegen die Schwankungen von Y nur geringfügig, was eine relativ konstante Nachfrage nach bauwirtschaftlichen Leistungen nach sich zieht, wird die bauwirtschaftliche Konjunktur dem Verlauf von r folgen, wodurch ein antizyklischer Verlauf zur gesamtwirtschaftlichen Konjunktur entsteht. Dies lässt sich im Wohnungsmarkt feststellen. Der Einfluss von Y dominiert bei ausgeprägten und lang gezogenen Zyklen, wohingegen der Einfluss von r stärker bei schwächer ausgeprägten Konjunkturen hervortritt. In diesem Fall übt die in Abhängigkeit von Y lediglich geringfügig schwankende Leistungsnachfrage eine ebenfalls geringe Einwirkung auf die Nachfrage nach bauwirtschaftlichem Kapital aus. Die Nachfrage nach bauwirtschaftlichem Kapital wird durch die Nutzungskosten bauwirtschaftlichen Kapitals (p_{mw} und p_{sw}) determiniert [18].

Im Falle des Wohnungsmarktes trat dieses konjunkturelle Verhaltensmuster nach der Einschätzung mehrerer Wissenschaftler in den USA von 1945 bis 1960 auf [19] [20]. Ein antizyklischer Verlauf der Bauinvestitionen liegt auch dann vor, wenn trotz einer signifikanten konjunkturellen Schwankung von Y die Leistungsnachfrage stetig verläuft, sodass der Zinseinfluss ebenfalls überwiegt. Dieser Ablauf wird von Grebler für die freie Wohnungswirtschaft vor dem ersten Weltkrieg in Deutschland und England konstatiert [21].

Antizyklischer Verlauf der Bauinvestitionen

In beiden oben angeführten Fällen führt die Zinsabhängigkeit der Wohnungsinvestitionen zu einem antizyklischen Verlauf bzw. einem Vorlauf. Der Boom der Wohnungswirtschaft endete jeweils weit vor dem Ende der Gesamtkonjunktur und der Aufschwung setzte jeweils früher ein. Wie die Autoren richtig feststellen, liegt darin allerdings kein Grund vor, eine zeitlich stabile Beziehung anzunehmen. Mit dem Verweis auf die Zwischenkriegszeit erkennen sie, dass in dieser Zeitperiode die Leistungsnachfrage mit der Gesamtkonjunktur schwankte und den antizyklischen Effekt der Zinswirkung kompensierte. Ein Gleichlauf in der konjunkturellen Figur von Wohnungsinvestitionen und Gesamtkonjunktur trat ein.

Es kann ein Zusammenhang zwischen der Länge der gesamtwirtschaftlichen Konjunktur und der Dominanz der exogenen Parameter festgestellt werden. Je länger die gesamtwirtschaftliche Konjunktur und somit die einzelnen Phasen andauern, desto stärker ist der prozyklische Einfluss des Nachfrageparameters (Y). In einer lang gezogenen Aufschwungphase muss die bauwirtschaftliche zwangsläufig der gesamtwirtschaftlichen Konjunktur nachfolgen. Von Y geht ein stetiger nachfragesteigernder Impuls auf die bauwirtschaftlichen Investmentmärkte aus. Der Zinssatz r müsste, um den prozyklischen Verlauf zu unterbinden, stark ansteigen. Dies ist aber eher unwahrscheinlich, da in lang gezogenen Aufschwungphasen eine gewisse Kapitalmarktstabilität vorherrscht. Eine Annäherung an ein gleichgewichtiges Wachstum ist gelungen. Es liegt keine Begründung für einen übermäßigen Anstieg des Zinssatzes vor. In solch einer Phase wird der Einfluss von Y auf die Nachfrage nach bauwirtschaftlichem Kapital dominieren und ein prozyklischer Verlauf einsetzen (vgl. die wohnungswirtschaftliche Konjunktur in der BRD bzw. in Deutschland in der zweiten Hälfte der 80er und der ersten Hälfte der 90er Jahre). Dabei gilt es zu berücksichtigen, dass gerade in diesen Konstellationen die Umkehr in der Wirkung der Parameter r und P eintritt, was die Nachfrage nach bauwirtschaftlichem Kapital zusätzlich verstärkt. Die Wirtschaftssubjekte versuchen, weiteren Zins- und Kapitalpreissteigerungen zu entgehen. Ein Warten auf niedrigere Zinsen und damit einhergehenden niedrigeren Nutzungspreisen ist in Anbetracht lang gezogener Konjunkturphasen keine probate Vorgehensweise. Selbst bei hohen Zinsen steigt die Nachfrage nach Leistungen, woraufhin die bau-

Zusammenhang: Länge der Konjunktur und Dominanz exogener Parameter

wirtschaftlichen Preise ebenfalls ansteigen. Der Einfluss der Nachfrage überwiegt.

Umgekehrter Verlauf

Der gleiche Verlauf mit umgekehrten Vorzeichen setzt im Falle einer lang gezogenen Abschwungphase ein. Der sinkende Zinssatz r reicht in Anbetracht einer kontinuierlich sinkenden Nachfrage nach bauwirtschaftlichen Leistungen nicht aus, um die Nachfrage nach bauwirtschaftlichem Kapital zu stabilisieren oder anzuregen. Auch in einer derartigen konjunkturellen Phase tritt die schon erwähnte Umkehr in der Wirkung des Zinssatzes ein. Nunmehr ist das Warten auf den Tiefstand der Zinsentwicklung die Ursache dieser Wirkungsumkehr. Die gleiche Umkehr kann bei der bauwirtschaftlichen Preisentwicklung erfolgen. Die mit der Nachfrage sinkenden Immobilienpreise können den vorherrschenden Attentismus weiter fördern, was eine Zunahme der bauwirtschaftlichen Abschwungtendenz bedingt.

Die nachfragebelebende Wirkung des Zinses findet ihre Grenze, wenn sich der Zinssatz der Größenordnung von 0 annähert. Die bauwirtschaftlichen Preise und die Auslastung der bauwirtschaftlichen Kapazitäten hingegen können – Y folgend – weiter sinken, sodass die Rentabilität bauwirtschaftlichen Kapitals kontinuierlich abnimmt.

5. Phasenübergreifendes Investitionsverhalten – spekulative Errichtung in der Rezession

Aus den diametral verlaufenden konjunkturellen Wirkungen der beiden exogenen Parameter Y und r ergeben sich bei richtiger Antizipation der weiteren konjunkturellen Entwicklung Möglichkeiten, in der gesamtwirtschaftlichen Rezessionsphase eine überdurchschnittliche Rendite durch Immobilieninvestitionen zu realisieren.

Finanzierung und Fertigstellung in unterschiedlichen Phasen

Die in rezessiven Phasen durch den niedrigen Zins und die niedrigen bauwirtschaftlichen Kapitalpreise bedingten geringen Kapitalnutzungspreise sowie die Kenntnis einer im Verlauf einer Konjunkturerholung zunehmenden Leistungsnachfrage begünstigen den spekulativen Erwerb und die spekulative Errichtung von Bauten in gesamt- bzw. immobilienwirtschaftlichen Rezessionsphasen. Diese Art von „Spekulation" macht deshalb Sinn, weil Baubeginn, Produktion und Finanzierung auf der einen sowie Fertigstellung und Nutzung auf der anderen Seite in zwei unterschiedlichen konjunkturellen Phasen stattfinden. Die Kosten eines Bauwerkes werden in der gesamtwirtschaftlichen Rezessionsphase aufgrund der rezessionsbedingten niedrigen Preise und Zinsen ebenfalls niedrig sein. Nach Ablauf des Konstruktions-Lags (n) wird aber eine andere konjunkturelle Konstellation vorliegen. Die Preise werden gestiegen sein und dadurch die Rentabilität des Projektes. Diese Terminierung ist für alle Bauherren sinnvoll.

Die Selbstnutzer warten bis zum (subjektiv empfundenen) Tiefpunkt der Kosten und realisieren ihre Projekte. Entweder haben sie die Projekte schon länger geplant und warten tatsächlich auf den kostengünstigsten Moment oder sie erwerben dieses Projekt in der Erwartung, dass der nächste Konjunkturaufschwung den notwendigen Nachfrageanstieg herbeiführt, der die Auslastung der Bauwerke bewirkt, sodass die Projekte im Nachhinein gerechtfertigt werden. Die zweite Art der Investitionsentscheidung ist die risikoreichere, da sie auf die zukünftige Entwicklung ausgerichtet ist. Für Makler und Vermieter ist diese spekulative Errichtung ebenfalls sinnvoll. Sie errichten oder erwerben Bauwerke zu den rezessionsbedingten niedrigen Preisen und Zinsen und erwarten im Rahmen des antizipierten Konjunkturaufschwungs die erforderliche Auslastung des Projektes, die die Preise sowie die Rentabilität erhöht.

Diese Spekulation ist natürlich mit erheblichen Risiken verbunden. Die Projekte finden ausschließlich ihre Berechtigung, wenn der Aufschwung tatsächlich nach der Fertigstellung einsetzt. Gehen die Investoren in ihrer bauwirtschaftlichen Investitionsentscheidung wie oben dargelegt vor, wird ein beachtlicher Teil der bauwirtschaftlichen Projekte in der gesamtwirtschaftlichen Rezession stattfinden. Nur der Selbstnutzer, der ein Projekt so lange verschiebt, bis die Nutzungskosten bauwirtschaftlichen Kapitals niedrig sind, ist vom weiteren Konjunkturverlauf relativ unabhängig. Er realisiert ein u. U. lange verschobenes Projekt, sein Handeln ist nicht auf die unmittelbare Zukunft ausgerichtet. Demnach handelt es sich auch nicht um eine spekulative Errichtung. Die übrigen Verhaltensweisen sind jedoch spekulativer Natur.

Erhebliche Risiken

„Die Ausnutzung niedriger Preise, Löhne und Zinsen in der Stockung erfolgt also in der Erwartung eines baldigen Aufschwungs. So ist es möglich, dass in der Stockung ein spekulatives, über den derzeitigen Bedarf hinausgehendes Bauen erfolgt. Verzögert sich der Aufschwung, oder entspricht er nicht den Erwartungen, so kann eine Übererzeugung an Wohnungen eintreten, die hemmend auf die Bautätigkeit des nächsten Aufschwungs wirkt. Im Aufschwung ist es die steigende Nachfrage und die Hoffnung auf steigende Mieten, die zur Ausdehnung der Bautätigkeit reizen. – Wegen dieser besonders großen Abhängigkeit des Baugeschäftes vom Leihkapitalmarkt und wegen seiner spekulativen Wesensart hat es zu den Vorreitern der wirtschaftlichen Wechsellagen Aufschwung und Stockung gehört; sowohl Aufschwung wie Stockung zeigten sich hier am frühesten." [22]

Diese Art der Spekulation verlegt die Investitionsnachfrage in die Rezession. Die Immobilienpreise sind genau wie die übrigen Preise und die Zinsen rezessionsbedingt niedrig, was die Nutzungskosten bauwirtschaftlichen Kapitals ebenfalls auf einem niedrigen Niveau verharren lässt. Dies allein reicht jedoch nicht aus. Der angenommene baldige Aufschwung ist für ein spekulatives Verhalten erforderlich, da die zunehmende Leistungsnachfrage für die entsprechende Auslastung der zusätzlich errichteten Kapazitäten sorgt und die Immobilienpreise ansteigen lässt. Die so erhöhte Rentabilität rechtfertigt das spekulative Verhalten. Richtig antizipierendes spekulatives Verhalten stabilisiert die Immobilienmärkte, Preisschwankungen werden reduziert. Begünstigt wird das spekulative Verhalten durch die Time-Lags bei der Durchführung von Bauinvestitionen.

Baldiger Aufschwung erforderlich

„Profitability is highest for schemes started right at the bottom of the slump, when development conditions appear most unfavourable, since schemes will be completed in time for letting when rents are at their peak. Conversely, schemes started at the height of the boom will yield the poorest returns when completed during the subsequent downturn in the user market." [23]

Reduktion von Preissteigerungen

Knappheiten und damit verbundene Preissteigerungen auf den Immobilienmärkten werden durch dieses spekulative (antizyklische) Verhalten reduziert. Für den Wohnungsbau meint Spiethoff, spekulatives Verhalten dieser Art feststellen zu können. Dieses Verhaltensmuster, so betont Spiethoff, findet jedoch nur dann statt, wenn die endogenen Preis- und Bestandsanpassungen keine signifikanten Veränderungen herbeiführen:

„… setzt aber voraus, dass die Neubauten nicht auf die Mieten drücken oder gar im großen Umfang Unvermietbarkeit bewirken, wodurch der Ertragswert und der Verkaufspreis der Häuser beeinträchtigt würde." [24]

Terminierung

Problematisch in der Spiethoff'schen Argumentation ist die eindeutige Terminierung der Spekulation in der Rezession. Zwar sind dort die Kosten niedrig, die Unsicherheit über die zukünftige Entwicklung der (erhofften) Rentabilität ist jedoch sehr hoch. Deshalb ist es wahrscheinlicher, dass spekulative Tendenzen erst dann einsetzen, wenn zumindest erste Anzeichen eines Aufschwungs zu erkennen sind. Duesenberry terminiert die Spekulation im Wohnungsmarkt daher in die beginnende Aufschwungphase. Erst ein Ansteigen des Einkommens erhöht über eine steigende Leistungsnachfrage die Rentabilität und löst die Spekulation aus, sodass die reine Kostenorientierung – zu Recht – infrage gestellt wird.

„It is obvious that a large fluctuation in income will produce a large fluctuation in yields and therefore gives speculation a chance to gain momentum on the upswing. If a war halts building, the postwar rise in value is likely to be very great and may therefore generate a large-scale burst of speculation activity." [25]

Bei dieser Art des spekulativen Verhaltens geht der antizyklische Verlauf von Bauinvestitionen verloren und wird durch einen weitestgehenden Parallelverlauf ersetzt, der im Falle der wohnungswirtschaftlichen Konjunktur der Einkommensentwicklung mit den entsprechenden Time-Lags folgt. Duesenberry sieht neben den von der Einkommensentwicklung determinierten Wohnungszyklen „… genuine independent housing fluctuations …" [26], die auf den schon angeführten War-time Backlog im Zusammenhang mit Spekulation zurückzuführen sind. Diese zuletzt genannten Fluktuationen sind als endogene Zyklen zu verstehen, wie sie hier beschrieben sind. Die beiden Komponenten War-time Backlog und Spekulation beherrschen die derzeitigen Immobilienzyklen in Ostdeutschland.

6. Literaturverzeichnis

[1] Vgl. auch Hamilton, B./Cooke, T.: The price of housing, 1950–1975, in: Journal of Urban Economics, Vol. 12, 1982, S. 304 ff.

[2] Vgl. Grebler, L./Burns, L.: Construction cycles in the United States since World War II, in: AREUEA Journal, Vol. 10, Nr. 2, 1982, S. 123 ff.

[3] Vgl. Hickman, B.: What became of the building cycle?, in: David, P. A./Reder, M. W. (Hrsg.): Nations and households in economic growth – Essays in Honor of Moses Abramovitz, New York/London 1974, S. 291–313.

[4] Vgl. Barras, R./Ferguson, D.: A spectral analysis of building cycles in Britain, Environment and Planning A, Vol. 17, 1985, S. 1370–1371.

[5] Vgl. Maisel, S. J.: A theory of fluctuations in residential construction starts, The American Economic Review, Vol. LIII, 1963, S. 362.

[6] Feagin, J. R.: Irrationality in real estate investment: The case of Houston, in: Monthly Review, March 1987, S. 22.

[7] Feagin, J. R., a. a. O., S. 27.

[8] Vgl. ebenso Case, K./Shiller, R.: The behavior of home buyers in boom and post-boom markets, in: New England Economic Review, 1988, S. 32 ff.

[9] Vgl. Tinbergen, J.: Ein Schiffsbauzyklus, in: Weltwirtschaftliches Archiv, Bd. 34, 1931, S. 152–164.

[10] Derksen, J.: Long cycles in residential building: An explanation, in: Econometrica, Vol. 8, 1940, S. 97–116

[11] Duwendag, D.: Investitionsdeterminanten im Wohnungs- und Städtebau während der deutschen Nachkriegsperiode, in: Jahrbuch für Sozialwissenschaften 3/18, Bd. 18, 1967, S. 223–272.

[12] Vgl. Maisel, S. J., a. a. O., S. 378.

[13] Kearl, J.: Inflation, mortgages, and housing, in: Journal of Political Economy, Vol. 87, Nr. 5, 1979, S. 1122.

[14] Vgl. Becker, K.: Analyse des konjunkturellen Musters von wohnungswirtschaftlichen und gewerblich-industriellen Bauinvestitionen, Diss., in: Teichmann, U./Wolff, J. (Hrsg.): Wissenschaftliche Schriften zur Wohnungs-, Immobilien- und Bauwirtschaft, Dortmund 1998, S. XV ff.

[15] Vgl. Jaffee, D. M./Rosen, K. T.: Mortgage credit availability and residential construction, in: Brookings Papers on Economic Activity, Nr. 2, 1979, S. 339 ff.

[16] Vgl. Spiethoff, A.: Boden und Wohnungen in der Marktwirtschaft, insbesondere im Rheinland, in: Von Beckerath, H./Spiethoff, A. (Hrsg.): Bonner Staatswissenschaftliche Untersuchungen, Jena, 1934.

[17] In Anlehnung an Spiethoff: Ecker-Belting, G.: Wohnungsbau und Konjunktur, Köln 1953.

[18] Vgl. Loef, H.-E.: Wohnungs- und Kreditmärkte – Theoretisches Modell und empirische Evidenz für die BRD, Frankfurt/M. 1979, S. 132.

[19] Vgl. Guttentag, J. M.: The short cycle in residential construction, 1946–59, in: The American Economic Review, Vol. LI, 1961, S. 275–298.

[20] Alberts, W.: Business cycles, residential construction cycles, and the mortgage market, in: The Journal of Political Economy, Vol. LXX, 1962, S. 263–281.

[21] Grebler, L.: Wohnungsbau, Konjunktur und Staatseingriffe, in: Internationale Rundschau der Arbeit, Bd. 1, 1936, S. 401–425.

[22] Spiethoff, A., a. a. O., S. 11 f.

[23] Barras, R./Ferguson, D., a. a. O., S. 1392.

[24] Spiethoff, A., a. a. O., S. 11.

[25] Duesenberry, J.: Business Cycles and Economic Growth, New York 1958, S. 155.

[26] Vgl. Duesenberry, J., a. a. O., S. 156.

4 Marktzyklen in Deutschland

Nico B. Rottke
Martin Wernecke

Inhaltsverzeichnis

1.	**Ausgangssituation**	74
2.	**Referenzzyklus oder stilisierte Fakten**	76
3.	**Mechanismen eines Zyklus**	79
3.1	Endogene Mechanismen	79
3.2	Exogene Einflüsse	80
3.3	Zusammenspiel der Mechanismen: das Kummerow-Modell	80
4.	**Nationale und internationale Märkte**	82
5.	**Zyklen und Managementfaktoren: eine empirische Erhebung**	86
5.1	Relevanz von Managementfaktoren	86
5.2	Empirische Erhebung für Deutschland	88
6.	**Fazit**	92
7.	**Literaturverzeichnis**	94

1. Ausgangssituation

Mietschwankungen von −45 % bis +290 %

Der Berliner Immobilienmietmarkt verzeichnet für monatliche Spitzenmieten von Büroimmobilien in zentraler Lage folgenden Verlauf: von 1985 bis 1991 war ein Anstieg von etwa 290 % zu verzeichnen, worauf die Mieten von 1991 bis 1997 wieder um ca. 45 % nachgaben, um von 1997 bis 2001 wieder um über 15 % zu steigen und von 2001 bis 2005 um etwa 25 % zu sinken [1]. Zwar ist die Spitzenmiete nicht repräsentativ für einen Gesamtmarkt, doch hat sie die Eigenschaft, als die zuletzt gezahlte Miete (Grenzkosten) für eine Fläche hoher Attraktivität in zentraler Lage (Grenznutzen) eine sehr hohe Marktsensitivität zu besitzen. Treten in deutschen Immobilienteilmärkten Mietschwankungen in gegensätzlichen Richtungen von −45 % bis +290 % über einen Zeitraum von 20 Jahren auf, so kann man zu Recht davon sprechen, dass Immobilienzyklen ein Phänomen sind, das es näher zu betrachten gilt.

Diese Aussage unterstützen in mehreren empirischen Untersuchungen Marktteilnehmer und Akademiker Deutschlands und Europas: In einer Umfrage von Wernecke, Rottke und Holzmann bestätigen etwa 80 % einer Stichprobe von 119 Unternehmen, dass „Immobilienzyklen" ein wichtiges (45,4 %) oder sogar sehr wichtiges (34,5 %) Thema sind [2].

„Immobilienzyklen" auf Rang eins

Schulte et al. stellen in einer Auswertung empirischer Studien zu Forschungsschwerpunkten der Immobilienökonomie fest, dass das Themengebiet „Prognosemethoden für Märkte, Mieten und Renditen" in Deutschland unter institutionellen Investoren Rang eins einnimmt, unter europäischen Immobilienwissenschaftlern Rang zwei. Ein weiterer Schwerpunkt „Existenz und Vorhersehbarkeit von Immobilienzyklen" nimmt unter den deutschen Institutionellen Rang drei, unter den Wissenschaftlern Rang eins ein. Der Quervergleich zu den USA (Rang vier; 2000) und dem U. K. (Rang drei; 2003) zeigt, dass das Forschungsfeld Immobilienzyklen auch und vor allem international höchste Priorität genießt [3].

Es steht für alle Beteiligten außer Frage und gehört zum Alltag, dass Konjunkturforschung betrieben und ernst genommen wird und in die strategische Entscheidungsfindung mit einbezogen wird. Doch dass das ähnlich komplexe, artverwandte Thema „Immobilienzyklen" in Deutschland jahrelang akademisch und auch von der Praxis mehr oder weniger ignoriert wurde, vermag nicht einzuleuchten.

Das oben genannte Beispiel des Berliner Büroimmobilienmarktes, das ex post natürlich einfach aufzustellen ist, zeigt die Konsequenzen, wenn Marktschwankungen ignoriert werden:

Hätte ein Investor ab Ende 1991 die damalige Bürospitzenmiete von 42,50 Euro auf 13 Jahre mit einer jährlichen Indexierung von 2 % linear extrapoliert, dann hätte er ein Verkaufsszenario samt Verkaufsvervielfältiger in 2005 mit 57 Euro berechnet – und damit die aktuell herrschenden Spitzenmarktmieten von 20 Euro um etwa zwei Drittel überschätzt. Der absolute Unterschied wäre bei einem 20.000 m² großen Bürogebäude, einem konstanten Vervielfältiger von 18 für Toplagen und der Annahme der aktuellen respektive der linear fortgeschriebenen Miete ein ungefährer Wertunterschied von 160 Mio. Euro (246 Mio. Euro abzüglich 86 Mio. Euro).

Fatale Folgen der Trendextrapolation

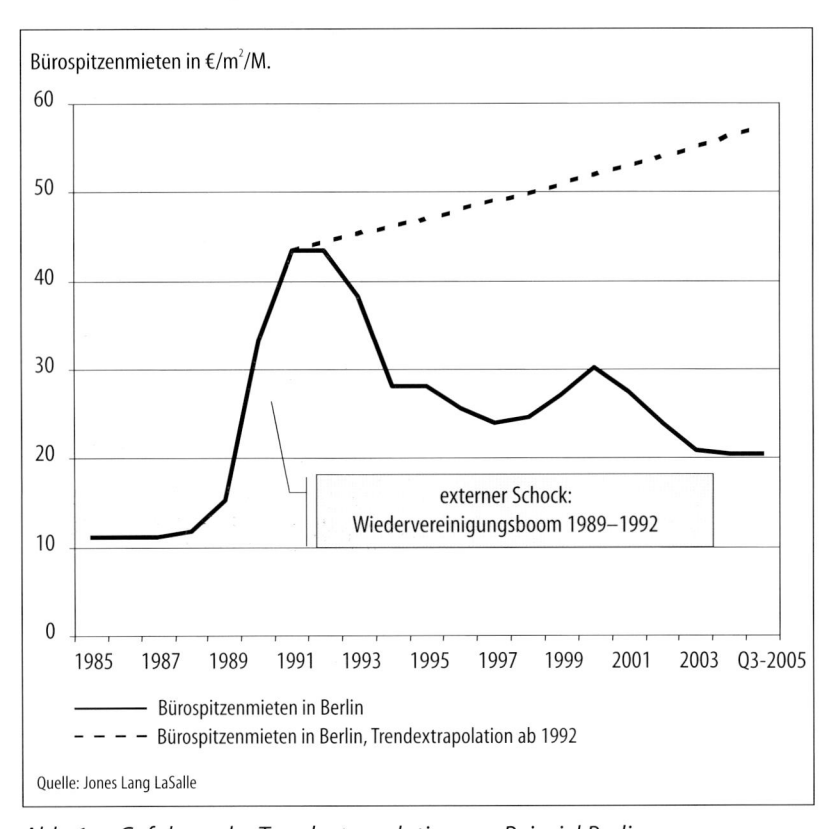

Abb. 1: Gefahren der Trendextrapolation am Beispiel Berlins

Das Beispiel ist insoweit außergewöhnlich, als sich ein gewöhnlicher reifer Immobilienmarkt einer deutschen Großstadt nicht ohne extreme externe Schocks dergestalt entwickelt hätte. Insofern waren oben skizzierte Extremschwankungen nicht in diesem Ausmaße vorauszusehen. Einer der singulären Schocks – mit Auswirkungen über viele Perioden hinweg – war für Berlin in den Jahren 1989 bis 1992 der Wiedervereinigungsboom, der einen neuen Berliner Gesamtmarkt und seit dem Umzugsbeschluss des deutschen Bundestages im Juni 1991 eine neue Hauptstadt mit neuer europa- und weltweiter Bedeutung geschaffen hat (vgl. Abbildung 1).

Unterschiedliche Ursachen

Das Beispiel Berlin zeigt, dass sektorale und regionale Immobilienteilzyklen verschiedenen Ursachen unterliegen: exogenen Strukturbrüchen, exogenen konjunkturellen Einflüssen und endogenen Mechanismen, die diese exogenen Schocks über Jahre fortpflanzungstheoretisch in weitere Perioden transportieren.

In den Kapiteln A2 und A3 wurden die Grundlagen von Immobilienzyklen anhand einer mikroökonomischen respektive finanzierungstheoretischen und einer makroökonomischen Sichtweise geschildert. Im Folgenden sollen nach einer Darlegung der Herangehensweise an Immobilienzyklen diese Sichtweisen nun mit der vierten Perspektive, der Managementsicht, verknüpft werden, um darauf folgend Immobilienmarktzyklen für Deutschland am Beispiel von Frankfurt am Main empirisch zu betrachten.

2. Referenzzyklus oder stilisierte Fakten

Immobilienzyklen sind ein facettenreiches Thema. Pyhrr, Roulac und Born zählen nicht weniger als 44 Typen von Immobilienzyklen und immobilienverwandten Zyklenarten [4].

Um ein derart komplexes Phänomen zu definieren, können zwei Methoden gewählt werden: Der eine Weg ist, eine klare, normative Definition vorzugeben, wie es die Royal Institution of Chartered Surveyors (RICS) tut, die Immobilienzyklen beschreibt, indem sie einen einzelnen Indikator als Referenzpunkt wählt:

„Recurrent but irregular"

„The property cycle is taken as ‚recurrent but irregular fluctuations in the rate of all-property total return, which are also apparent in many other indicators of property activity, but with varying leads and lags against the all-property cycle.' " [5]

Prinzip des Referenzzyklus

Wichtig erscheint, dass die RICS-Autoren mit ihrem Bezug auf „den" Immobilienzyklus nicht implizieren möchten, dass es nur eine einzelne zyklische Variable gibt. Dies machen sie dadurch deutlich, dass sie sich auf „viele andere Indikatoren" beziehen. Das Prinzip ist, einen Referenzzyklus ähnlich dem des National Bureau of Economic Research (NBER) für den gewöhnlichen Konjunkturzyklus zu finden, entweder für den Immobilienmarkt als Ganzes oder für sektorale oder regionale Submärkte.

Einer der Vorteile einer solchen Definition ist sicherlich, dass sie klar verständlich und nicht mehrdeutig ist und aus der Managementsicht direkt interpretiert werden kann. Unglücklicherweise existiert in Deutschland nur ein unvollständiges Zeitreihenmaterial, um eine Performancehistorie zu konstruieren. Der Deutsche Immobilienindex (DIX) bietet Datenmaterial erst seit 1996 an. Zudem erreicht das DIX-Portfolio erst seit einigen Jahren Repräsentativität für den relevanten „Institutional-Investment-Grade"-Immobilienmarkt.

Mehr noch, der Referenzzyklus der RICS-Definition als Immobilien-Gesamtrendite repräsentiert ein Konglomerat unabhängiger Bewegungen, die in lediglich einer Kennzahl ausgedrückt werden. Dies lässt potenziell wichtige, aber gegenläufige Bewegungen z. B. des Einkommens und des Preises außer Acht. Ein weiterer Nachteil der Definition ist das Attribut „wiederholend, aber unregelmäßig", da es regelmäßig schwierig ist, eine Zeitreihe zu finden, die nicht dieser Struktur in der einen oder anderen Weise entspricht. Wichtig bleibt festzuhalten, dass die Wahl der Referenzvariablen mit dem gewünschten Nutzen variieren kann. Anstatt der Gesamtrendite definieren Mueller und Laposa sowie viele andere die sinusförmige Bewegung der Leerstandsrate als Referenzpunkt für die Beschreibung von Immobilienzyklen. Sie argumentieren, dass dieser Indikator gut dazu benutzt werden kann, Abweichungen vom Marktgleichgewicht zu beschreiben.

Der zweite Weg, Immobilienzyklen zu beschreiben, ist die Identifizierung einiger stilisierter Fakten, also die schrittweise abstrahierende Reduktion des detaillierten, naturgetreuen Zyklus hin zu einem einfachen Muster mit hohem Wiedererkennungswert und einfacher Reproduzierbarkeit. Die stilisierten Fakten können aus einzelnen oder multivariaten Bewegungen bestehen, Momenten erster oder höherer Ordnung, Vor- und Nachläufen sowie anderen Mustern aller Variablen, die zur Charakterisierung angemessen erscheinen.

Stilisierte Fakten als abstrahierende Reduktion

Die Mehrheit der Zyklusbeschreibungen folgt diesem Ansatz: Pyhrr, Roulac und Born [6] empfehlen eine gemeinsame, in den Bereichen der Physik und des Ingenieurwesens bereits etablierte Terminologie und schlagen den Gebrauch der Ausdrücke Wellengipfel (peak), Wellental (trough), Amplitude, Periode und Phase in Analogie zu dem idealisierten Zyklus einer Sinus- oder Cosinus-Kurve vor (vgl. Abbildung 2). Der Begriff der Amplitude gemäß Pyhrr, Roulac und Born [7] unterscheidet sich leicht von seiner mathematischen Auslegung, die eine Amplitude als halbe Differenz zwischen Gipfel und Tal einer Sinus- oder Cosinus-Funktion beschreibt.

Der Unterschied zu dem Ansatz des Referenzzyklus ist trotzdem nicht die Terminologie, sondern die Beschreibung der verschiedenen Variablen und ihrer übereinstimmenden Bewegungen statt einer einzelnen Referenzvariablen. Der Vorteil besteht darin, dass die Variablen gemäß der Datenverfügbarkeit ausgewählt werden können (z. B. Flächennachfrage, Absorptionsraten, Baufertigstellungszahlen, Mieten, Leerstandsraten).

Variablenauswahl gemäß Datenverfügbarkeit

Allerdings ist Vorsicht geboten, Immobilienzyklen nicht in einer Art der Selbstreferenz zu definieren, die in der Tautologie auftreten würde, dass Marktbewegungen als zyklisch bekannt sind und daher vergangene Muster der Variablen Immobilienzyklen definieren könnten.

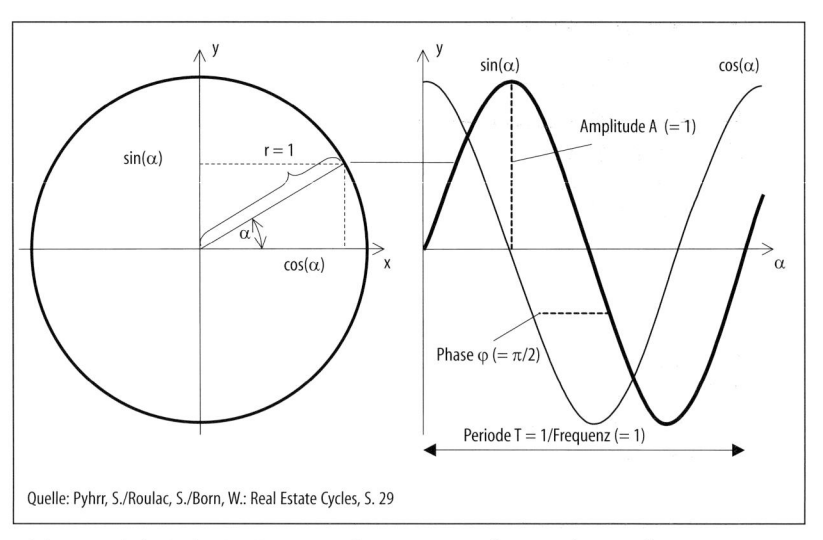

Quelle: Pyhrr, S./Roulac, S./Born, W.: Real Estate Cycles, S. 29

Abb. 2: Einheitskreis, Sinus- und Cosinus-Funktion: Phasen des Immobilienzyklus

Abbildung 3 zeigt in einem einfachen Tabellenformat, wie stilisierte Fakten benutzt werden können, die Phasen von Immobilienzyklen zu beschreiben. Dabei werden ausschließlich Momente erster Ordnung berücksichtigt [8].

Phasen im Zeitablauf		Flächen-nachfrage	Absorption	Neuflächen-bestands-zuwachs	Mieten	Leerstand	Fremdmittel-verfügbar-keit	Konjunktur
	Über-bauung	−	−	++	−	+	0	−
	Markt-bereinigung	−−	−/0	+	−−	++	−−	−−
	Markt-stabili-sierung	+/0	+	−	+/0	−	−/0	+/0
	Projekt-entwicklung	++	++	−−	+	−−	++	++

```
++ = stark zunehmend      −/0 = langsam abnehmend
+  = zunehmend            −   = abnehmend
+/0 = langsam zunehmend   −−  = stark abnehmend
0  = konstant
```

Quelle: Rottke, N.: Immobilienzyklen in Deutschland, S. 51, mit Ergänzungen von Wernecke, M.: Büroimmobilienzyklen, Diss., in: Schulte, K.-W./ Bone-Winkel, S. (Hrsg.): Schriften zur Immobilienökonomie, Bd. 31, Köln 2004, S. 45

Abb. 3: Stilisierte Fakten: Phasen des Immobilienzyklus

3. Mechanismen eines Zyklus

Immobilienzyklen haben verschiedenste Ursachen. Grob kann zwischen endogenen Mechanismen und exogenen konjunkturellen und strukturellen Ursachen unterschieden werden. Dies sei im Folgenden kurz erläutert, um dann am Modell von Kummerow praktisch illustriert zu werden.

3.1 Endogene Mechanismen

Eine auslösende Ursache von Immobilienzyklen sind endogene Marktunvollkommenheiten. Die wahrscheinlich größte dieser Unvollkommenheiten ist die Existenz von Time-Lags, die neben Immobilien- auch für andere zyklische Märkte charakteristisch ist.

Um diesen Prozess der Unter- und Übertreibungen zu verstehen, ist es notwendig, sich noch einmal das Phänomen der Time-Lags genau zu vergegenwärtigen: Es lassen sich vor allem drei Typen von Time-Lags unterscheiden:

Drei Arten von Time-Lags

- der Preismechanismus-Lag,
- der Entscheider-Lag und
- der Konstruktions-Lag [9].

Ein unerwarteter Anstieg der Nachfrage trifft auf ein Angebotsvolumen, das kurzfristig fix ist. Die Marktreaktionen zu einem temporären Gleichgewicht erfolgen in einer Preis- oder Mengenanpassung, Letztere ist nur möglich durch Reduzierung des vorhandenen Leerstandes. Ein temporäres Gleichgewicht beschreibt den Zustand, dass, während das Angebot der Nachfrage gleicht, entweder die Mieten oder die Leerstandsraten (oder beide) einen Unterschied zu ihrem jeweiligen Langzeitgleichniveau aufweisen. Dies induziert nachfolgende Änderungen des Angebots und des Mietniveaus.

Preismechanismus-Lag

Daher steigen Mieten und Verkaufspreise, während der Leerstand sinkt. Sobald der Leerstand unter das natürliche Niveau absorbiert wurde, kann die kurzfristige Marktreaktion nur über Preisbewegungen stattfinden. Die erste Preisreaktion findet auf dem Mietmarkt statt, was ceteris paribus nachfolgende Veränderungen von Preisen auf dem Immobilieninvestment- und dem Grundstücksmarkt mit sich führt und mit einiger zeitlicher Verzögerung auch Preisveränderungen auf dem Neubaumarkt nach sich zieht. Die Zeit, die vergeht, bis die Preise vollständig reagieren, wird Preismechanismus-Lag genannt.

Aufgrund des langsamen internen Entscheidungsprozesses großer Unternehmen, die in der Lage sind, große Geldmittel zu investieren, reagieren Investoren ebenfalls mit zeitlicher Differenz auf steigende Preise (Entscheider-Lag). Wenn sie sich schließlich zur Investition entscheiden, müssen Neubauprojekte geplant und Bauunternehmen unter Vertrag genommen werden. Die Zeit, die vergeht, bis ein Projekt schließlich gebaut ist, wird als Konstruktions-Lag bezeichnet.

Entscheider- und Konstruktions-Lag

Die Zeitperiode dieser drei Time-Lags zusammen wird hauptsächlich charakterisiert durch Preisreaktionen. Sie steht im Mittelpunkt der mikroökonomischen Sicht der Zyklenforschung (vgl. Kapitel A2) [10].

Wenn mindestens einige Investoren ihre Erwartungen aufgrund übertriebener Preise bilden, kann das Phänomen substanziellen Überbauens auftreten, das wiederum Preisreaktionen nach sich zieht, diesmal in die gegenteilige Richtung. Die Wiederholung dieses Prozesses kann, auch in der Abwesenheit weiterer unerwarteter Änderungen der ökonomischen Rahmenbedingungen, zu einem wahrscheinlich abgeschwächten endogenen Zyklus um einen längerfristigen Trend führen, der sich mit der Zeit, der Fläche und dem jeweiligen Sektor verändert. Die Bedingungen, unter denen endogene Zyklen mit gedämpften Schwankungen auftreten, werden beispielsweise bei Barras [11], Kummerow [12] oder Wheaton [13] analysiert.

3.2 Exogene Einflüsse

Mittelfristig konjunkturell oder langfristig strukturell

Die ursprünglichen Gründe für die oben beschriebenen endogenen Reaktionen sind Einflüsse, die exogen auf den Immobilienmarkt einwirken, wie am Beispiel Berlins in Abschnitt 1 verdeutlicht. Sie erfolgen in Form von Nachfrageschocks unterschiedlicher Größenordnung, die in Abhängigkeit von der Situation den Prozess entweder beschleunigen oder abfedern können. Exogene Faktoren können als mittelfristig konjunkturell oder langfristig Struktur verändernd beschrieben werden.

Mittelfristige konjunkturelle Einflüsse von außerhalb basieren auf der wirtschaftlichen Entwicklung eines Landes und seiner lokalen Märkte. Sie bestehen aus Veränderungen wesentlicher ökonomischer Variablen wie Inflation, Zinsniveau, BIP oder Beschäftigung.

Langfristige Einflüsse: Megatrends

Langfristige Einflüsse, sog. Megatrends (vgl. auch Teil C dieses Buches), haben eine Auswirkung in Form eines strukturellen Wandels. Beispiele struktureller Änderungen sind politische Umbrüche (z. B. die Gründung der Europäischen Union, die Wiedervereinigung Deutschlands, die Entscheidung zur Hauptstadt Berlin), ökonomische Strukturveränderungen (z. B. Globalisierung), ein Wandel in der Fläche-Zeit-Beziehung (z. B. neue Informations- und Kommunikationstechnologien) oder wachsendes Umweltbewusstsein (neue Technologien oder neue Formen der Stadtplanung) [14].

3.3 Zusammenspiel der Mechanismen: das Kummerow-Modell

Endogene und exogene Mechanismen können anhand eines Beispiels, basierend auf dem Modell von Kummerow, visualisiert werden [15]:

Die Ausgangswerte in folgendem Beispiel sind eine gleichgewichtige Leerstandsrate von 10 %, eine Angebotsverzögerung (Supply Lag – SL) von 0, ein Angebotsfaktor (Oversupply – OS) von 0,8 (80 % des beobachteten Nachfrageüberhangs werden als Neuprojekte begonnen) und eine Anpassungszeit (Adjustment Time – A) von 1 (alle geplanten Bauten werden in der aktuellen Periode begonnen). Die Anpassungszeit wird in den beiden folgenden zwei Szenarien nicht verändert, da es aus mathematischer Sicht keinen Unterschied zu einer Änderung des Angebotsfaktors gibt. Im ersten Jahr gibt es einen positiven Nachfrageschock in Form einer Veränderung des Nachfrageniveaus um 10 %.

Die erste Simulation unter Verwendung der Ausgangswerte zeigt die zu erwartende Angebotsreaktion: Die plötzlich auftretende Unterversorgung mit Büroflächen wird zu 80 % in Neubauten umgesetzt, die bereits in der Folgeperiode zur Verfügung stehen. Weil die zusätzliche Nachfrage langfristig wirkt und keine zusätzlichen unerwarteten Ereignisse eintreten, nähert sich das System allmählich wieder dem Gleichgewicht, ohne dass es zu Überreaktionen kommt. Die Leerstandsrate nähert sich an etwa 8 % an. Die Differenz von ungefähr 2 % zur natürlichen Leerstandsrate ist durch die Tatsache bedingt, dass das regelmäßige Wachstum in diesem Modell nicht antizipiert wird (vgl. Abbildung 4).

Verwendung der Ausgangswerte

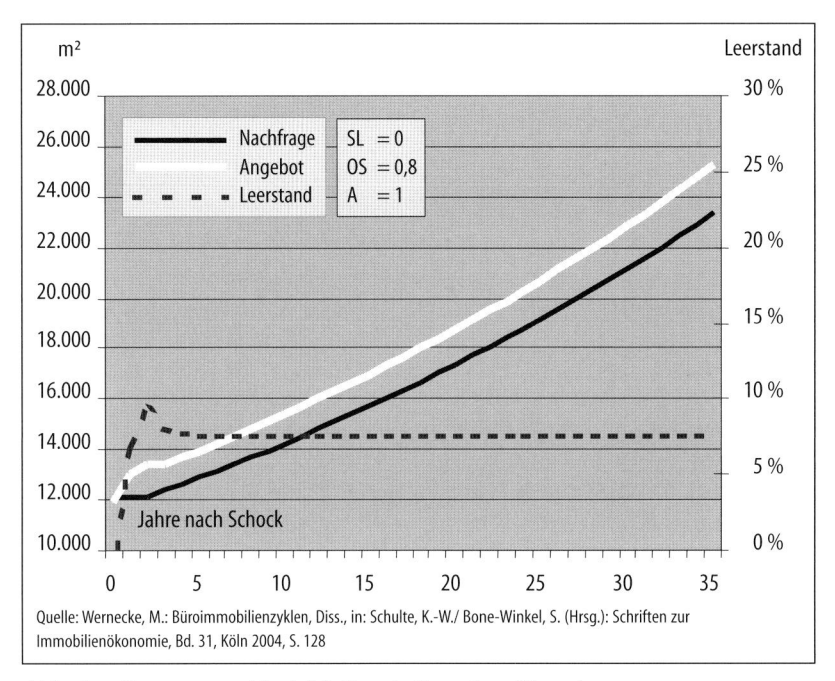

Abb. 4: Kummerow-Modell I: Simulation ohne Time-Lag

Dies ändert sich durch die Annahme einer Angebotsverzögerung in der nachfolgenden Simulation. Vorübergehend signalisiert die Leerstandsrate auch ein Jahr nach dem Schock einen Flächenbedarf, der unter Berücksichtigung der bereits begonnenen Neuprojekte deutlich geringer wäre. Da sich die Marktakteure aber ausschließlich am Bestand orientieren, entsteht in der dritten Periode ein Überangebot. Die postulierten Marktregelungsmechanismen führen zu einer gedämpften Oszillation um das dynamische Gleichgewicht.

Veränderung der Angebotsverzögerung

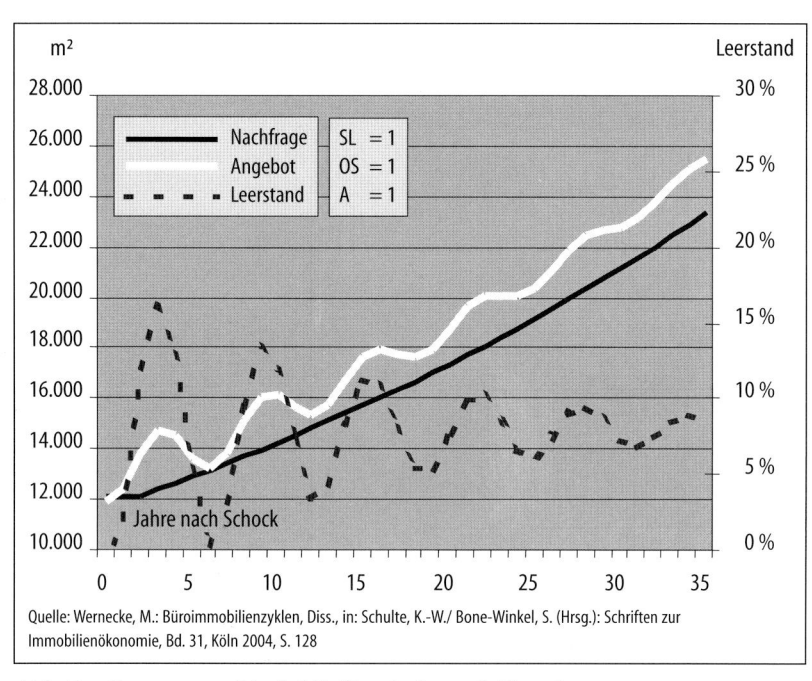

Abb. 5: Kummerow-Modell II: Simulation mit Time-Lag

Nach der Erläuterung von Zyklenkomponenten und Zyklen auslösenden Ursachen sowie inhärenten Mechanismen werden Immobilienzyklen vor diesem Hintergrund im Folgenden nun anhand ausgewählter Beispiele des deutschen Immobilienmarktes praktisch erläutert sowie anschließend in den internationalen Kontext gestellt. Hier steht vor allem die Frage im Vordergrund, ob Investitionen in verschiedene deutsche (internationale) Immobilienmärkte dazu beitragen können, das Risiko von Immobilienzyklen zu vermindern.

4. Nationale und internationale Märkte

Beispiel der Stadt Frankfurt am Main

Um die Existenz von Immobilienzyklen auf deutschen Teilmärkten zu demonstrieren, wird im Folgenden das Beispiel der Stadt Frankfurt am Main verwendet, einer Stadt mit einer überdurchschnittlich hohen Quote an Dienstleistungsbeschäftigten im Vergleich zur Bundesrepublik (86,7 % vs. 66,1 % in 2004). Frankfurt hat mit 72.700 Euro (2003) ein fast dreimal so hohes BIP pro Kopf wie der Bundesdurchschnitt und hängt vor allem durch den in Frankfurt angesiedelten Finanz- und Beratungssektor stark von Büroarbeitsplätzen ab. Dem allgemeinen Trend folgend, durch die Bankenkrise aber verschlimmert, erreicht Frankfurt im dritten Quartal 2005 einen Leerstand inklusive Untermietflächen von 17,5 %, was etwa 2.000.000 m² leer stehender Fläche entspricht, von denen 40 % einer erstklassigen, 56 % einer durchschnittlichen Qualität entsprechen [16].

Auf dieser Ausgangssituation basierend sollen nun für den Frankfurter Büromarkt beispielhaft die Parameter Spitzenmiete, Arbeitslosigkeit und Baufertigstellungen gegenübergestellt werden: In den vergangenen 20 Jahren erreichten die Spitzenmieten i. d. R. ein lokales Tief, wenn zwei Jahre zuvor Flächen von enormem Ausmaß auf den Markt kamen (wie 1993 und 2003) und Bürospitzenmieten auf jeweils etwa 30 Euro/m^2 sanken. Ebenfalls wird deutlich, dass im Zuge von Spitzenmieten wie in den Jahren 1991 und 2001 die Bauaktivität zugenommen hat, sodass etwa zwei Jahre später das entsprechende Neubauvolumen auf den Markt kam. Es ist also ein klar prozyklisches Verhalten mit einem Entscheider- und Konstruktions-Lag erkennbar, das in beiden Fällen nach einer weiteren zeitlichen Verzögerung durch den Absorptions-Lag vom Markt durch hohe Leerstände und ein geringes Mietniveau bestraft wird (vgl. Abbildung 6).

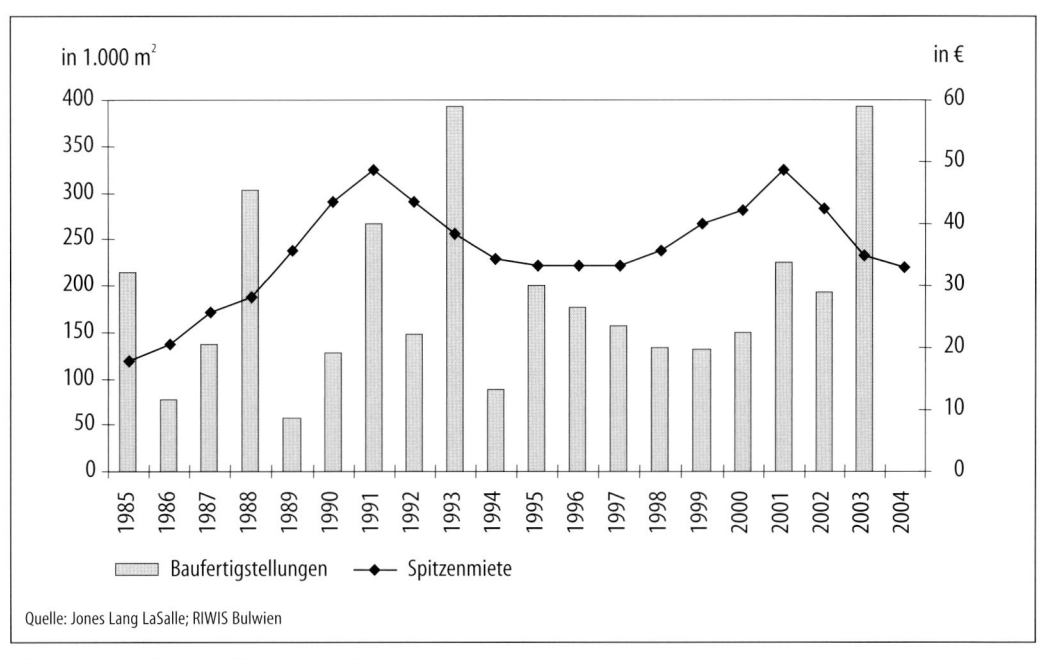

Abb. 6: Baufertigstellungen und Bürospitzenmieten in Frankfurt am Main

Betrachtet man zusätzlich den Verlauf der hier nicht abgebildeten Baugenehmigungen, wird deutlich, dass sich diese synchron mit leichtem, prozyklischem Nachlauf von etwa einem Jahr (Entscheider-Lag) zum Verlauf der Spitzenmieten verhalten.

Prozyklische Baugenehmigungen

Einen weiteren interessanten Zusammenhang liefert Abbildung 7: Zu jedem Zeitpunkt in den letzten 20 Jahren verhalten sich die Bewegung der Arbeitslosenquote und der Verlauf der Bürospitzenmieten in Frankfurt diametral zueinander: Wenn in den Jahren 1991 und 2001 eine Spitzenmiete von bis zu 50 Euro/m^2 gezahlt wurde, erreichte in genau diesen Jahren die lokale Arbeitslosigkeit mit Werten von unter 6 % respektive leicht über 7 % ihre Tiefststände. In Zeiten hoher lokaler Arbeitslosigkeit, wie 1987, 1997 oder 2004, befinden sich die Spitzenmieten auf jeweils vergleichbar niedrigem Niveau.

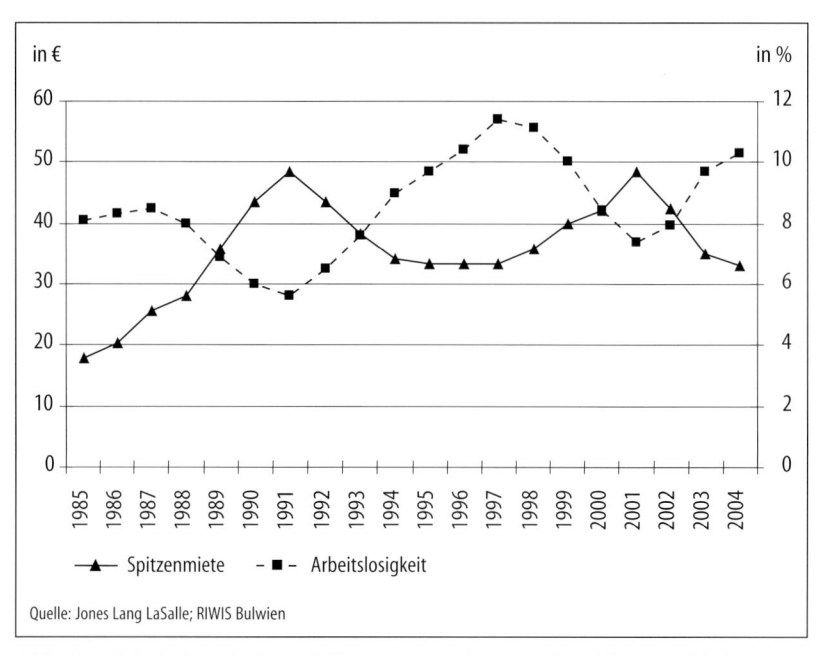

Abb. 7: Arbeitslosigkeit und Bürospitzenmieten in Frankfurt am Main

Ausgeprägte zyklische Schwankungen

Durch die oben vorgenommene Betrachtung wird klar, dass sich lokale Märkte, hier am Beispiel Frankfurts, in den letzten 20 Jahren sehr zyklisch verhalten haben und die handelnden Investoren jeweils versucht haben, das aktuell hohe Niveau an Spitzenmieten noch auszunutzen. Der Anreiz, den letzten Mietvertrag vor einem Umschwung des jeweiligen Mietmarktes zu schließen, ist umso höher, da dieser hypothetische letzte Vertrag den höchsten Ertrag bringt. Durch Time-Lags bedingt führt aber genau dies in eine prozyklische Krise, da Banken prozyklisch genau die Neubauten finanzieren, die aus Marktgleichgewichtsgesichtspunkten nicht hätten finanziert werden dürfen.

Es bleibt die Frage zu klären, ob nun Investoren das Risiko zyklischer Bewegungen abmindern können, indem sie nicht nur auf einem Markt – hier ein nationaler Büromarkt – tätig sind, sondern ihre Engagements streuen.

Um dies beurteilen zu können, werden Korrelationskoeffizienten deutscher Büromärkte zur Hilfe gezogen:

Korrelationskoeffizient als Beurteilungsmaßstab

Der Korrelationskoeffizient ist das gängigste Maß des Grades des Zusammenhangs zu untersuchender Variablen. Er ist unabhängig vom Niveau der Werte der einzelnen Variablen und reine Messzahl für den linearen Zusammenhang zwischen den entsprechenden Werten zweier Variablen. Er liegt zwischen −1 und +1 und ist positiv, wenn den hohen (bzw. niedrigen) Werten einer der Variablen jeweils hohe (bzw. niedrige) Werte der anderen entsprechen; im umgekehrten Fall ist er negativ. Der Wert liegt umso näher bei +1, je straffer die Beziehung ist. Der Wert 0 lässt auf das Fehlen einer linearen Beziehung schließen.

Für den deutschen Immobilienmarkt werden beispielhaft die deutschen Büroimmobilien-Hochburgen sowie weitere Städte in Ostdeutschland und westdeutsche Mittelstädte betrachtet (vgl. Abbildung 8).

Es lässt sich festhalten, dass in den deutschen Hochburgen in einem Vergleich von 1995 bis 2005 Diversifikation bei Büroimmobilien in Spitzenlagen nur bedingt zum Erfolg führt: Die Märkte sind entweder hoch positiv korreliert (beispielsweise Frankfurt zu München/Hamburg) oder weisen keine lineare Beziehung auf (beispielsweise Düsseldorf zu Frankfurt/München).

Diversifikation in Hochburgen

	Bremen	Hannover	Erfurt	Rostock	Berlin	Düsseldorf	Hamburg	Frankfurt	München
Bremen	1,00								
Hannover	0,45	1,00							
Erfurt	0,21	0,93	1,00						
Rostock	0,33	0,92	0,94	1,00					
Berlin	0,41	0,66	0,48	0,48	1,00				
Düsseldorf	–0,07	0,69	0,78	0,65	0,61	1,00			
Hamburg	0,17	–0,15	–0,24	–0,28	0,43	0,14	1,00		
Frankfurt	–0,23	–0,57	–0,53	–0,65	0,01	–0,04	0,81	1,00	
München	–0,48	–0,66	–0,52	–0,71	–0,24	–0,09	0,55	0,89	1,00

Quelle: DEGI Research 2005: Spitzenmietverläufe 1995–2005, Jahresanfangswerte

Abb. 8: *Korrelationskoeffizienten ausgewählter deutscher Städte*

Eine interessante Beziehung der Hochburgen ergibt sich zu den ausgewählten ost- und westdeutschen Mittelstädten: Diese weisen häufig (hoch) negative Korrelationen zu den deutschen Hochburgen auf (beispielsweise Rostock zu München oder Hannover zu Frankfurt). Das heißt, dass sich diese Märkte teilweise stark gegensätzlich verhalten und so Diversifikationspotenzial bieten. Ein Grund könnte sein, dass viele nationale und internationale institutionelle Investoren in alle deutschen Hochburgen investieren und diese daher relativ synchron zueinander verlaufen, während Mittelstädte, noch weitgehend abgekoppelt von diesem Investorenverhalten, ihre eigenen Charakteristika aufweisen. Es sollte allerdings nicht außer Acht gelassen werden, dass das Diversifikationspotenzial der Mittelstädte auf Kosten von Fungibilität und Liquidität erkauft wird, weshalb eine solche Strategie sicherlich nur für längerfristige Investitionen sinnvoll ist.

Diversifikation in Groß- und Mittelstädten

Abschließend lohnt sich ein Blick auf ausgewählte internationale Büroimmobilienmärkte (vgl. Abbildung 9): Es fällt auf, dass Städte des gleichen Kulturkreises und Entwicklungsniveaus i. d. R. hoch positiv oder nicht korreliert sind (beispielsweise London, Paris, Frankfurt), es aber Diversifikationspotenzial in Städten gänzlich unterschiedlicher Kulturkreise oder regionaler Lage gibt: Möchte ein Investor eines großen Büroportfolios in Frankfurt nun diversifizieren, käme aus Korrelationsgesichtspunkten der Jahre 1995 bis 2005 eine Stadt wie Moskau (–0,62) infrage, ein Investment in New York (+0,78) oder Tokio (+0,72) würde hingegen nicht zum gewünschten Diversifikationseffekt führen, da die Immobilienzyklen hier in etwa im Einklang verlaufen.

Internationale Büroimmobilienmärkte

	Frankfurt	London	Paris	Moskau	Mexico City	New York	Hongkong	Peking	Tokio
Frankfurt	1,00								
London	0,73	1,00							
Paris	0,74	0,89	1,00						
Moskau	−0,62	−0,24	−0,15	1,00					
Mexico City	0,49	0,01	−0,13	−0,80	1,00				
New York	0,78	0,81	0,85	−0,59	0,21	1,00			
Hongkong	0,31	0,28	0,10	−0,23	0,61	0,18	1,00		
Peking	0,00	0,14	0,20	0,73	−0,39	−0,30	0,16	1,00	
Tokio	0,72	0,40	0,29	−0,78	0,89	0,56	0,74	−0,28	1,00

Quelle: DEGI Research 2005 (Hrsg.): Global Investments, Frankfurt 2005, Anhang, Tabelle 9, Spitzenmietverläufe 1995–2005, Jahresdurchschnittswerte

Abb. 9: Korrelationskoeffizienten ausgewählter internationaler Städte

5. Zyklen und Managementfaktoren: eine empirische Erhebung

5.1 Relevanz von Managementfaktoren

Integration von Zyklenwissen ins Management?

Nach der Darstellung eines typischen Immobilienzyklus am Beispiel des Frankfurter Büromarktes und dem Aufzeigen von Diversifikationspotenzialen unter Zuhilfenahme von Korrelationstabellen soll nun untersucht werden, inwieweit das bestehende Phänomen der Immobilienzyklen handhabbar gemacht und in das Management von Unternehmen aktiv integriert werden kann.

Eine Hypothese von Rottke, Wernecke und Schwartz [17] besagt, dass den verschiedenen Managementaspekten der Immobilienökonomie verschiedene Möglichkeiten innewohnen, Management aktiv unter der Berücksichtigung von Immobilienzyklen durchzuführen. Diese gehen zurück auf das „Haus der Immobilienökonomie", das das Rahmengerüst des Forschungsgebietes als interdisziplinäre Wissenschaft für Deutschland darstellt [18]. Doch wird den verschiedenen Akteuren in Deutschland innerhalb der Managementaspekte ein unterschiedlicher Umsetzungsgrad zyklischen Managements unterstellt (vgl. Abbildung 10) [19].

Banken und Bauprojektmanagement

Beispielsweise wird die Hypothese aufgestellt, dass Immobilienfinanzierer, i. d. R. Banken, einen sehr großen Spielraum haben, durch aktives Management den Verlauf von Immobilienzyklen zu beeinflussen. Doch gerade bei diesen Marktteilnehmern wird vermutet, dass dem Verlauf von Immobilienzyklen aus den verschiedensten Gründen nicht Rechnung getragen wird und stattdessen prozyklisch finanziert wird. Auf der anderen Seite sei beispielsweise das Bauprojektmanagement genannt: Dies wird als sehr unsensitiv gegenüber Immobilienzyklen vermutet: Wird gebaut, so bewirken Miet- oder Investitionspreisschwankungen keine Veränderung. Immobilienzyklen sind für diesen Bereich nicht von bedeutender Relevanz.

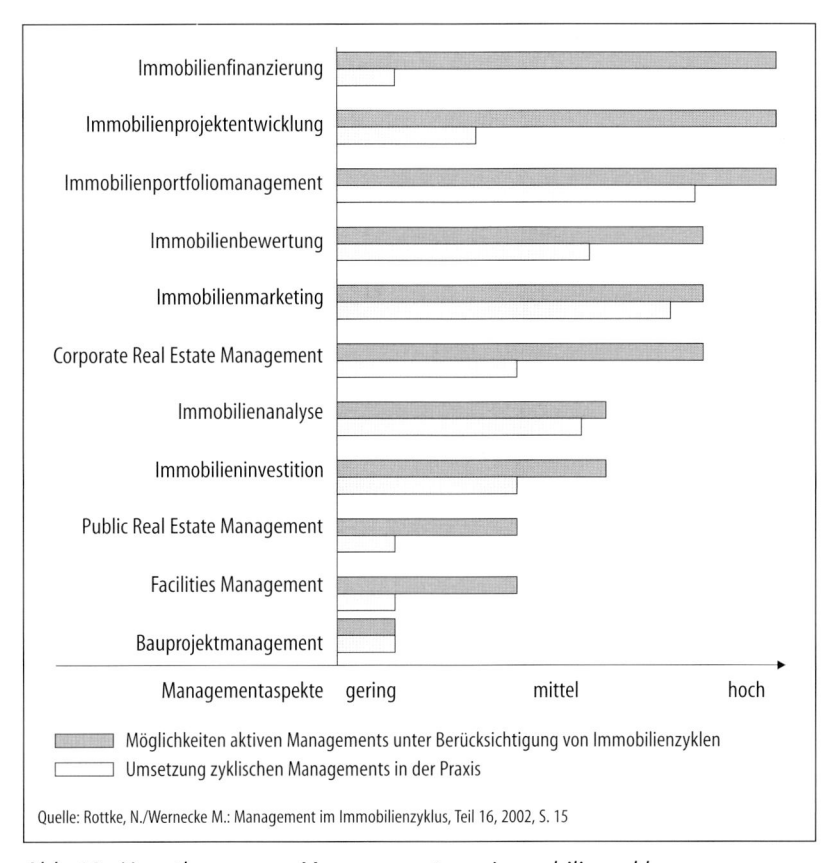

Abb. 10: Hypothesen zum Management von Immobilienzyklen

Ziel der im Folgenden aufgeführten empirischen Untersuchung zu Immobilienzyklen in Deutschland anhand einer repräsentativen Befragung unter deutschen Unternehmen ist es daher, die oben genannten Thesen zu bestätigen oder zu verwerfen, um Klarheit über die Relevanz von Immobilienzyklen für das Immobilienmanagement zu erlangen. Die nachfolgenden Untersuchungsergebnisse finden sich ausführlich in: Wernecke/Rottke/Holzmann [20]. Das Ergebnis ist ein differenziertes Bild, in dem vor allem den Aspekten Finanzierung, Projektentwicklung und Portfoliomanagement hohes Anwendungspotenzial zugesprochen wird. Vorab wird im Rahmen der Untersuchung die Bedeutung von Immobilienzyklen für die teilnehmenden Unternehmen anhand folgender Fragen erörtert:

Überprüfung der Thesen

- Welche Begriffe verbinden Sie mit „Immobilienzyklus" am ehesten?
- Was gehört zu den wichtigsten Phänomenen im Zusammenhang mit Immobilienzyklen?
- Wo vermuten Sie die wichtigsten Ursachen von Immobilienzyklen?
- Sehen Sie in Immobilienzyklen in erster Linie Chancen oder Risiken?
- Halten Sie Immobilienzyklen für prognostizierbar?

5.2 Empirische Erhebung für Deutschland

Rücklaufquote: 49,6 %

Die Grundgesamtheit der zu befragenden Marktteilnehmer besteht prinzipiell aus allen Unternehmen, die ihren Sitz in Deutschland haben und mindestens einen der betrachteten Aspekte des Immobilienmanagements zu ihren Aufgabengebieten zählen. Als Adressenbasis wurde das „Who is Who in der Immobilienwirtschaft" [21] gewählt. Der Umfang der Gesamtstichprobe betrug 240 deutsche Unternehmen. Der Rücklauf war insgesamt außergewöhnlich hoch und betrug 119 Fragebögen, was einer Rücklaufquote von etwa 49,6 % entspricht. 81 Fragebögen wurden in der ersten Fragerunde zurückgesendet, 38 in der Nachfassaktion.

Die Bedeutung des Themas „Immobilienzyklen" wird schon zu Eingang der Befragung anhand der Antworten auf die Frage „Wie lässt sich Ihre Einstellung gegenüber Immobilienzyklen am treffendsten beschreiben?" klar: Fast 80 % der Befragten meinen, dass Immobilienzyklen ein wichtiges oder sogar sehr wichtiges Thema seien, nur etwa 19 % halten das Thema für interessant, aber eher unwichtig, 1 % für relativ unwichtig.

„Babylonische" Sprachenvielfalt

Aufgrund der „babylonischen" Sprachenvielfalt in der deutschen Immobilienliteratur wurden die Teilnehmer befragt, welche Begriffe sie mit „Immobilienzyklus" assoziieren (vgl. Abbildung 11). Es wurde eine Auswahl an Begriffen angeboten, die teilweise redundant sind (z. B. „Marktzyklus", „Schweinezyklus" und „Immobilienuhr"), aber auch für abweichende Inhalte stehen können (z. B. „Immobilienlebenszyklus", „Baukonjunktur" und „Wohnungsnot/-überhang").

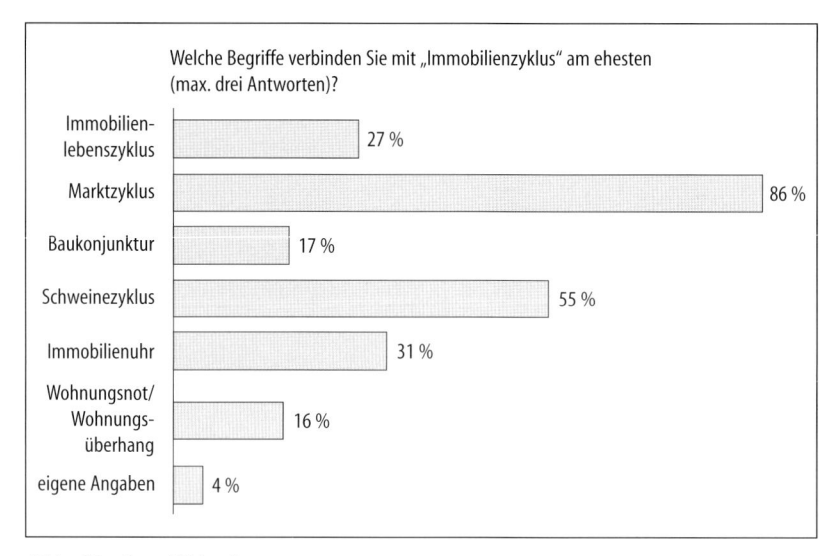

Abb. 11: Begriffsbedeutungen

Die Teilnehmer favorisierten zu 86 % den Begriff „Marktzyklus", gefolgt von dem (nicht ganz korrekten) Terminus „Schweinezyklus" mit 55 %. Eigene Nennungen der Befragten waren „wirtschaftliche Nutzungsdauer", „Zyklus der Attraktivität alternativer Investments, z. B. Aktien", „soziodemographische und Urbanitätskriterien" und „konjunktureller Zyklus der Immobilienwirtschaft".

Direkter war die nächste Frage (vgl. Abbildung 12) gestellt, bei der es um die inhaltlichen Bezugsgrößen der Befragten geht. Zur Auswahl stand eine Reihe von Indikatoren, die sich im Laufe des Marktgeschehens ändern. Die meisten Nennungen fielen dabei auf „Immobilienpreisschwankungen" und „Mietpreisschwankungen", welche die beiden wichtigsten Komponenten der Gesamtrendite sind. Nur in 40 der 119 Fälle, also etwa bei einem Drittel, wurde die Gesamtrendite, deren Fluktuationen nach der RICS-Definition den Hauptindikator für Immobilienzyklen stellen, selbst genannt.

Preis- und Mietschwankungen

Einige Befragte nannten ebenfalls eigene Begriffe, wie „11. September", „Nachfrageverhalten", „Zinsniveau-Änderung", „Leerstände", „Lebenszyklus", „nachahmendes Verhalten", „Angebotsschwankungen" und „Marktliquidität".

Was gehört für Sie zu den wichtigsten Phänomenen im Zusammenhang mit Immobilienzyklen (max. drei Antworten)?

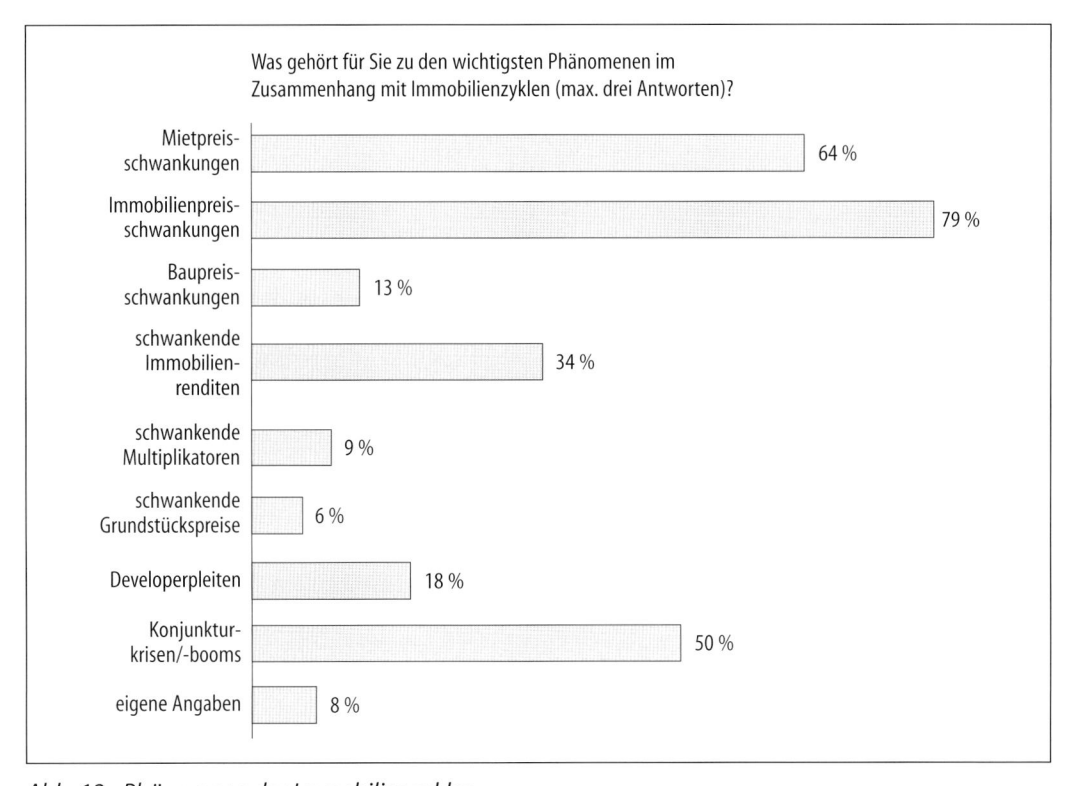

Phänomen	Anteil
Mietpreisschwankungen	64 %
Immobilienpreisschwankungen	79 %
Baupreisschwankungen	13 %
schwankende Immobilienrenditen	34 %
schwankende Multiplikatoren	9 %
schwankende Grundstückspreise	6 %
Developerpleiten	18 %
Konjunkturkrisen/-booms	50 %
eigene Angaben	8 %

Abb. 12: Phänomene der Immobilienzyklen

Als führend unter den Ursachen für Immobilienzyklen (vgl. Abbildung 13) geben die Teilnehmer die Konjunktur an, gefolgt von hohen Investitionsvolumina, der Intransparenz von Immobilienmärkten, der Langlebigkeit von Immobilien und der Irrationalität der Marktteilnehmer. Keiner der Befragten vermutete Zufall als Ursache, nur einer sah sie als Ergebnis von Naturgesetzen. Insgesamt sieben Befragte nannten Time-Lags als weitere Ursache.

Konjunktur als wichtigste Ursache

Ursachen von Immobilienzyklen (max. drei Antworten):

- Irrationalität: 21 %
- Zufall: 0 %
- innerer Prozess: 18 %
- Konjunktur: 81 %
- schlechte Ausbildung: 7 %
- Globalisierung: 8 %
- Intransparenz: 33 %
- Investitionsvolumen: 40 %
- Langlebigkeit: 22 %
- Naturgesetze: 1 %
- eigene Angaben: 14 %

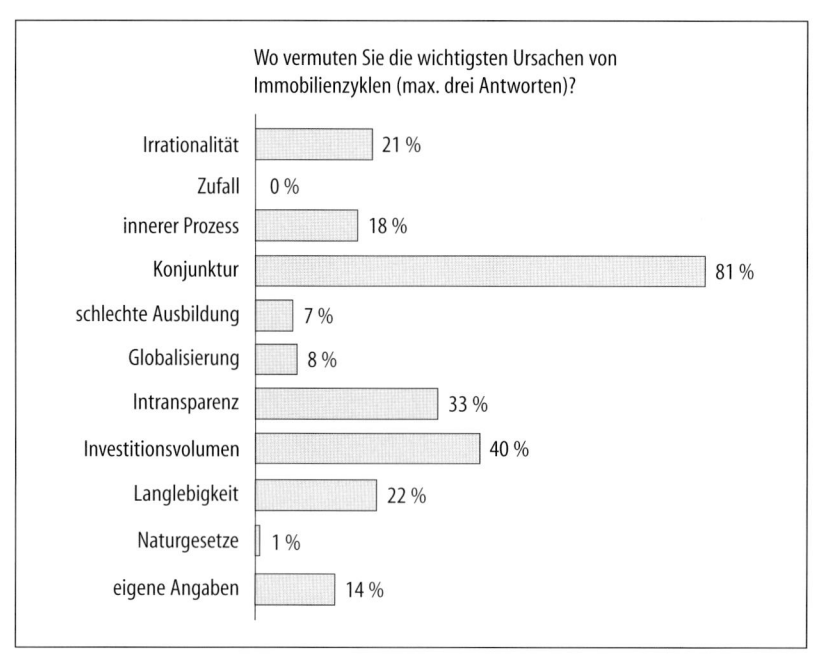

Abb. 13: Ursachen von Immobilienzyklen

Zyklen als Risiko oder Chance

Immobilienzyklen können als Risiko, aber auch als Chance aufgefasst werden, was ausländische opportunistische Investoren, die sog. „Heuschrecken", derzeit in Deutschland eindrucksvoll unter Beweis stellen. Eine sehr interessante Fragestellung ist daher ebenfalls, ob Immobilienzyklen von deutschen Unternehmen eher unter Chancen- oder unter Risikogesichtspunkten betrachtet werden.

Von der begrifflichen Interpretation der RICS-Definition her nehmen Zyklen eine Zwischenstellung zwischen Zufall und Gesetzmäßigkeit ein: Sie sind „recurrent", also regelmäßiger als ein reines Zufallsmuster, aber auch „irregular", also unregelmäßiger als ein sicherer Trend. Wenn ein Marktteilnehmer in der Lage ist, die wiederkehrende Komponente besser zu prognostizieren als der Durchschnitt, sollte er höhere Erträge erzielen können. Eine – möglicherweise triviale – These aus einer früheren Arbeit der Autoren lautete daher, dass es einen Zusammenhang zwischen subjektiv empfundener Prognosefähigkeit und der Chancen-Risiko-Abschätzung geben sollte [22].

Konservatives deutsches Teilnehmerfeld

Die Ergebnisse der dazugehörigen Fragen zeichnen ein deutliches Bild: Fast 70 % der Befragten sehen – offensichtlich im Gegensatz zu den Opportunity Funds – Chancen und Risiken in einem ausgeglichenen Verhältnis. Ansonsten überwiegen die Optimisten: 15,1 % sehen „mehr Chancen als Risiken", 8,4 % „fast nur Chancen" (vgl. Abbildung 14). Eine Korrelationsanalyse ergibt, dass die Personen, die Projektentwicklung zu ihrem Hauptaufgabengebiet zählen, tendenziell optimistischer sind – das Signifikanzniveau verfehlt die 5%-Marke nur knapp (Spearman's rho = –0,179 bei N = 119: 5,1 % Signifikanz im zweiseitigen Test).

Marktzyklen in Deutschland 91

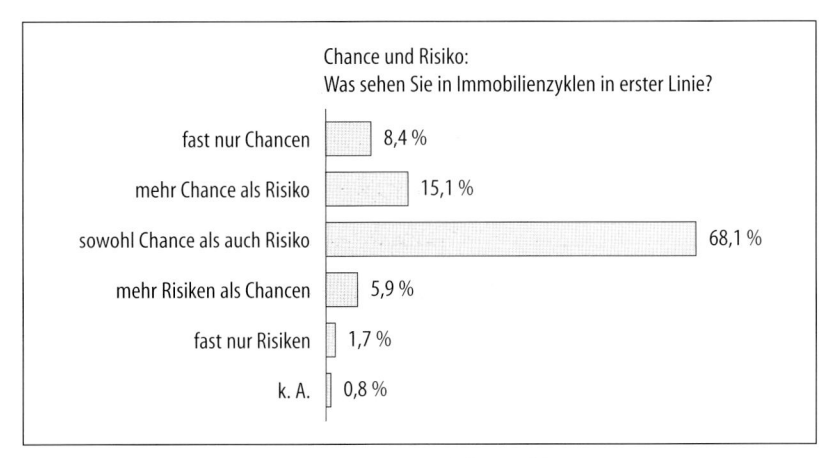

**Chance und Risiko:
Was sehen Sie in Immobilienzyklen in erster Linie?**

- fast nur Chancen: 8,4 %
- mehr Chance als Risiko: 15,1 %
- sowohl Chance als auch Risiko: 68,1 %
- mehr Risiken als Chancen: 5,9 %
- fast nur Risiken: 1,7 %
- k. A.: 0,8 %

Abb. 14: Chancen und Risiken von Immobilienzyklen

Die abschließende Frage in diesem Zusammenhang ist die nach der Prognostizierbarkeit von Immobilienzyklen. Abbildung 15 zeigt, dass die Hälfte der Befragten den Markt für kurz- und mittelfristig und dass weitere 11 % ihn für „allgemein gut" prognostizierbar halten. Immerhin fast 20 % halten Prognosen kaum für möglich (vgl. auch Kap. A 7).

Kurz- und mittelfristige Prognose realistisch

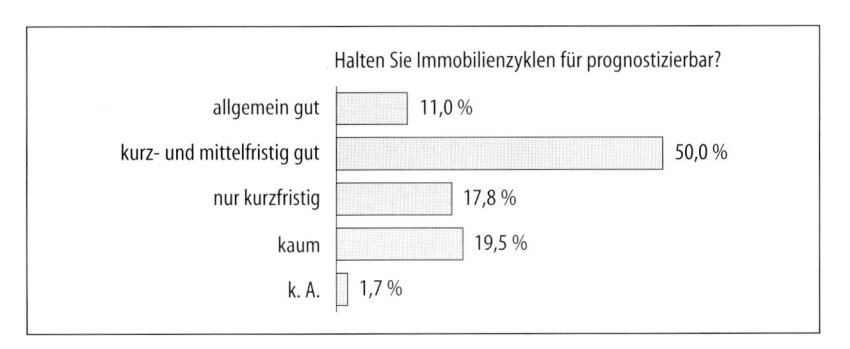

Halten Sie Immobilienzyklen für prognostizierbar?

- allgemein gut: 11,0 %
- kurz- und mittelfristig gut: 50,0 %
- nur kurzfristig: 17,8 %
- kaum: 19,5 %
- k. A.: 1,7 %

Abb. 15: Prognostizierbarkeit von Immobilienzyklen

Die hohe Bedeutung von Prognosen für die Immobilienwirtschaft lässt sich statistisch belegen. Abbildung 16 weist die Ergebnisse der Befragung von Marktteilnehmern zu ihrer Einschätzung in Bezug auf Prognostizierbarkeit und der Chancen-Risiko-Relation von Immobilienzyklen aus. Im Wesentlichen scheint in der Praxis gegenüber beiden Aspekten vorsichtiger Optimismus zu bestehen – darüber hinaus lässt sich ein Zusammenhang zwischen der Bewertung der Prognostizierbarkeit und der Einstellung gegenüber Chancen und Risiken von Zyklen erkennen: Je positiver die Einstellung gegenüber der Prognosemöglichkeit ist, desto eher überwiegt auch die Meinung, dass die sich aus Immobilienzyklen ergebenden Chancen die Risiken überwiegen. Ein einseitiger Signifikanztest der Korrelation zwischen der Bewertung der Prognostizierbarkeit und der Einstellung gegenüber dem Chancen- und Risikoverhältnis, der

Prognostizierbarkeit und Chancen/Risiken

mit Hilfe des Spearman-Korrelationskoeffizienten durchgeführt wurde, ist signifikant auf dem 5%-Niveau [23].

		Vorhersagbarkeit: „Sind Zyklen prognostizierbar?"				gesamt
		gut	kurz- bis mittelfristig	kurzfristig	kaum	
Chance/Risiko: Ich sehe in Immobilienzyklen ...	... zunächst Chancen	1	7	–	1	9
	... eher Chancen	5	8	1	4	18
	... Chancen und Risiken	6	38	17	16	77
	... eher Risiken	–	5	1	1	7
	... zunächst Risiken	–	1	–	1	2
	gesamt	12	59	19	23	113

Quelle: Wernecke, M./Rottke, N./Holzmann, C.: Incorporating the Real Estate Cycle into Management Decisions – Evidence from Germany, in: Journal of Real Estate Portfolio Management, Vol. 10, Nr. 3, 2004, S. 182

Abb. 16: Kreuztabelle Prognostizierbarkeit und Chancen-Risiko-Verhältnis

Bewertung der Managementaspekte

Das Hauptziel der Untersuchung war die empirische Überprüfung der Hypothesen der Abbildung 10. Dafür sollten die Befragten die Bedeutung von Immobilienzyklen für die verschiedenen Managementaspekte und die Umsetzung von Zyklenwissen in die Praxis bewerten. Die Aspekte „Bewertung" und „Investitionsrechnung" waren zu einem Punkt zusammengefasst, da sie das Grundproblem der Prognostizierung von zukünftigen Cashflows und Preisen teilen.

Die beiden Fragen lauteten:

- Bitte ordnen Sie Ihre Einschätzung der Bedeutung von Immobilienzyklen für folgende Bereiche des Immobilienmanagements ein.
- Inwieweit ist eine Umsetzung von Zyklenwissen in der Praxis bereits erfolgt?

Die Bewertung fand jeweils nach dem deutschen Schulnotensystem von 1 („sehr gut" bzw. „sehr bedeutend") bis 6 („ungenügend" bzw. „unbedeutend") statt. Der Vorteil dieser Skala ist, dass jeder deutsche Befragte eine ausgeprägte Beziehung zu ihr hat. Um die Vergleichbarkeit zur Abbildung 10 herzustellen, wurden die Ergebnisse für Abbildung 17 umskaliert.

Thesen weitestgehend bestätigt

Die empirische Studie bestätigt weitestgehend die aufgestellten Thesen: Immobilienzyklen sind vor allem für die Managementbereiche Projektentwicklung, Finanzierung und Portfoliomanagement sowie für Investition/Bewertung und Marketing von höchster Relevanz. Allerdings wird der Umsetzungsgrad von Zyklenwissen in die Praxis von den Teilnehmern höher eingeschätzt als von den Autoren.

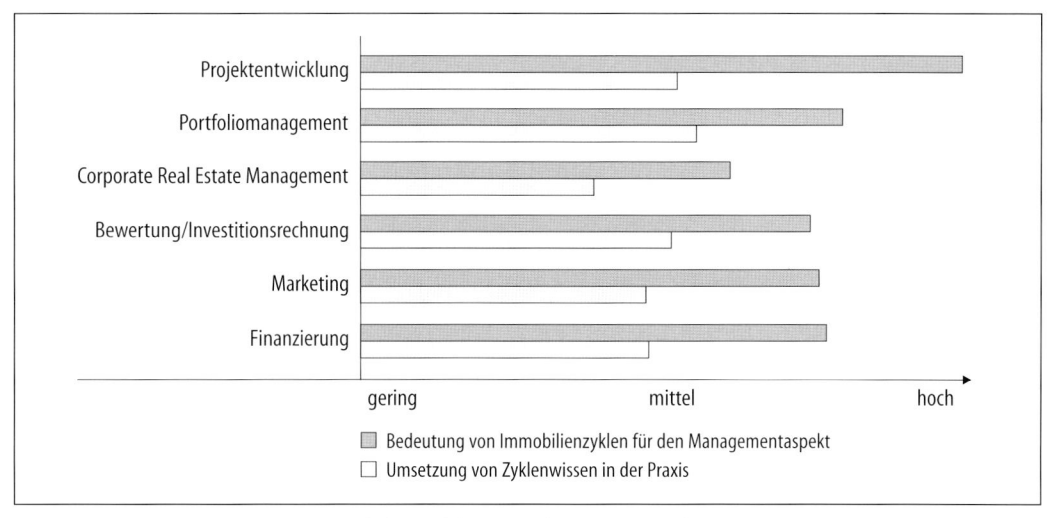

Abb. 17: Management von Immobilienzyklen: Ergebnisse der Befragung

6. Fazit

Ziel des vorliegenden Kapitels war es, einen theoretisch fundierten Überblick über Immobilienmarktzyklen in Deutschland zu geben. Das Problembewusstsein für Immobilienzyklen in Deutschland sollte geweckt oder verstärkt werden. Anhand der endogenen Mechanismen und der exogenen Ursachen sollte die Funktionalität von Immobilienzyklen kurz geschildert werden, um darauf aufzuzeigen, dass anhand von Diversifikation ggf. zyklisches Risiko minimiert werden kann.

Überblick, Problembewusstsein, Managementintegration

Auf der Struktur dieses Handbuches aufbauend (respektive diese bestimmend) erfolgte dann eine Auseinandersetzung mit dem Thema Management und Immobilienzyklen (vgl. Abbildung 10 und Abbildung 17): Demnach haben die folgenden Aspekte das höchste Realisierungspotenzial für die Berücksichtigung zyklenbezogener Methoden:

- Projektentwicklung,
- Portfoliomanagement und
- Immobilienfinanzierung.

Es gibt aber eine deutliche Disparität zwischen diesem Umsetzungspotenzial und der Realität zyklenbezogenen Managements. Dies zeigt, dass die Frage nach der Art und Weise, wie eine Unterstützung aussehen kann, bislang teilweise unbeantwortet ist.

Realität und Umsetzungspotenzial

Es ist eine Herausforderung für die Forschung, einen Rahmen für Immobilienmanagement in zyklischem Umfeld zu entwickeln. Ergebnisse aus der angloamerikanischen Literatur sind nicht zwangsläufig auf deutsche Verhältnisse übertragbar. Die Charakterisierung von Immobilienzyklen als „wiederkehrend, aber unregelmäßig" zeigt, dass eine mögliche Unterstützung nicht aus einfachen und dauerhaft gültigen Regeln bestehen kann. Viele verschiedene

Verfahren von „Marktanalyse" bis „Prognosesystem" müssen zusammengeführt werden, ohne dass die Praktikabilität verloren geht. Vor allem aber müssen die Bemühungen um größere Transparenz des deutschen Immobilienmarktes unterstützt und verstärkt werden [24].

7. Literaturverzeichnis

[1] Datenmaterial: Jones Lang LaSalle.

[2] Vgl. Wernecke, M./Rottke, N./Holzmann, C.: Incorporating the Real Estate Cycle into Management Decisions – Evidence from Germany, in: Journal of Real Estate Portfolio Management, Vol. 10, Nr. 3, 2004, S. 178.

[3] Vgl. Schulte, K.-W. et al.: Forschungsschwerpunkte der Immobilienökonomie – Ergebnisse empirischer Studien, in: Zeitschrift für Immobilienökonomie, Nr. 1, 2004, S. 20.

[4] Vgl. Pyhrr, S./Roulac, S./Born, W.: Real Estate Cycles and their Strategic Implications for Investors and Portfolio Managers in the Global Economy, in: Journal of Real Estate Research, Vol. 18, Nr. 1, 1999, S. 39.

[5] Vgl. Royal Institution of Chartered Surveyors: Understanding the Property Cycle, Main Report: Economic Cycles and Property Cycles, London 1994, S. 9.

[6] Pyhrr, S./Roulac, S./Born, W., a. a. O., S. 29.

[7] Pyhrr, S./Roulac, S./Born, W., a. a. O., S. 29.

[8] Vgl. Rottke, N./Wernecke M.: Management im Immobilienzyklus, Teil 5: Vier Phasen des Immobilienzyklus: Bringt neuer Optimismus gleich neue Übertreibung?, in: Immobilien Zeitung, Nr. 17, 2001, S. 10.

[9] Vgl. Rottke, N.: Immobilienzyklen in Deutschland – Ursachen und empirische Analyse, Hamburg 2001, S. 20.

[10] Vgl. Becker, K.: Analyse des konjunkturellen Musters von wohnungswirtschaftlichen und gewerblich-industriellen Bauinvestitionen, Diss., in: Teichmann, U./Wulff, J. (Hrsg.): Wissenschaftliche Schriften zur Wohnungs-, Immobilien- und Bauwirtschaft, Dortmund 1998, S. 40.

[11] Barras, R.: A simple theoretical model of the office-development cycle, in: Environment and Planning, Vol. 15, 1983, S. 1381–1394.

[12] Kummerow, M.: A System Dynamics Model of Cyclical Office Oversupply, in: Journal of Real Estate Research, Vol. 18, Nr. 1, 1999, S. 233–255.

[13] Wheaton, W.: Real Estate „Cycles": Some Fundamentals, in: Real Estate Economics, Vol. 27, Nr. 2, 1999, S. 209–230.

[14] Vgl. Beyerle, T.: Zukunftstrends – Wirkungsfaktoren des deutschen Immobilienmarktes, in: Immobilien Manager, 1999, S. 24.

[15] Vgl. Kummerow, M., a. a. O., S. 233–255.

[16] Vgl. Obert, O./Scheunemann, H.: City Profile Frankfurt a. M., Update Q3 05, Frankfurt 2005, S. 1–3.

[17] Rottke, N./Wernecke, M./Schwartz, A.: Real Estate Cycles in Germany – Causes, Empirical Analysis and Recommendations for the Management Decision Process, in: Journal of Real Estate Portfoliomanagement, Vol. 11, Nr. 3, 2003, S. 338.

[18] Vgl. Schulte, K.-W./Schäfers, W.: Immobilienökonomie als wissenschaftliche Disziplin, in: Schulte, K.-W. (Hrsg.): Immobilienökonomie, Bd. I, 3. Aufl., Betriebswirtschaftliche Grundlagen, München 2005, S. 58.

[19] Vgl. Rottke, N./Wernecke, M., a. a. O., Teil 16: Zyklen werden zum festen Bestandteil des Immobilienmanagements, in: Immobilien Zeitung, Nr. 3, 2002, S. 15.

[20] Wernecke, M./Rottke, N./Holzmann, C., a. a. O., S. 171–186.

[21] Who is Who in der Immobilienwirtschaft 2002, Köln 2002.

[22] Vgl. Rottke, N./Wernecke, M., a. a. O., Teil 1: Der Schweinezyklus – und wie man ihn für sich nutzen kann, in: Immobilien Zeitung, Nr. 13, 2001, S. 11.

[23] Vgl. dazu Wernecke, M./Rottke, N./Holzmann, C., a. a. O., S. 182 f.

[24] Vgl. Schulte, K.-W./Rottke, N./Pitschke, C.: Transparency in the German Real Estate Market, in: Journal of Property Investment and Finance, Vol. 23, Nr. 1, 2005, S. 90–108.

5 Psychologische Einflüsse auf den Verlauf von Immobilienzyklen

Christoph Holzmann

Inhaltsverzeichnis

1. Rolle von Erwartungen in der Konjunkturtheorie 98
2. Rolle von Erwartungen auf dem deutschen Gewerbeimmobilienmarkt 102
2.1 Rationalitätsperspektiven 102
2.2 Transparenzperspektiven 106
3. Zusammenfassung und Ausblick 107
4. Literaturverzeichnis 108

1. Rolle von Erwartungen in der Konjunkturtheorie

Annahmen in der modernen Konjunkturtheorie

Die moderne Konjunkturtheorie folgt in vielen Bereichen dem Ansatz der sog. Theorie der rationalen Erwartungen, die vor allem ein Höchstmaß an Rationalität seitens des Entscheiders sowie eine nahezu uneingeschränkte Informationsverfügbarkeit unterstellt. Der Begriff der Rationalität beinhaltet in diesem Zusammenhang nicht nur die traditionelle Bedeutung der Übereinstimmung von Handlung und Zielsetzung bzw. Erwartung, sondern darüber hinaus die optimale Verarbeitung aller zur Verfügung stehenden Informationen [1]. Die Entscheider kennen das volkswirtschaftliche Modell selbst, nach dem sich die Wirtschaft bewegt. Im Gleichgewicht verfügen alle Marktteilnehmer über identische Erwartungen und treffen identische Voraussagen. Zwar können Erwartungsirrtümer auftreten, jedoch haben diese keinen systematischen Charakter, sondern sind zufälliger Natur. Der konjunkturelle Anpassungsprozess bleibt somit frei von Einflüssen des psychologischen Faktors.

Alternative Ansätze

Die für die rationalen Erwartungen explizit getroffenen Annahmen eines sehr hohen Kenntnisstandes und eines äußerst aufwendigen Datenverarbeitungsprozesses geraten jedoch zunehmend in die Kritik. Außerhalb der konjunkturtheoretischen Standardliteratur haben sich daher weitere Ansätze etabliert, die explizit vom Individuum ausgehen. Den Grundstein dafür legten am Anfang der 70er Jahre Kahneman und Tversky im Rahmen der sog. Behavioral Economics. Zusammen mit einer Vielzahl nachfolgender Wissenschaftler wiesen sie in einem ersten Schritt über psychologische Experimente nach, dass menschliche Entscheidungsprozesse, gemessen an Modellen rationaler Erwartungen, ein systematisches Fehlverhalten mit potenziell schwerwiegenden Konsequenzen aufzeigen [2]. In einem zweiten Schritt erbrachten sie den Nachweis, dass ihr alternatives Konzept einer beschränkten Rationalität nicht nur theoretisch eine bessere Abbildung der Realität ermöglicht, sondern auch praktisch im Rahmen mathematischer Modelle darstellbar ist. Somit entkräfteten sie einige der Argumente, die konzeptionell gegen eine Berücksichtigung des psychologischen Faktors und für die Dominanz der Annahme rationaler Erwartungen vorgebracht werden. Vor diesem Hintergrund erfolgt an dieser Stelle eine inhaltliche Beschränkung auf eine einzelne, für Konjunkturbetrachtungen bedeutsame Heuristik (= Verhaltensmuster), die sog. Repräsentativität.

Repräsentativität

Repräsentativität beschreibt eine Besonderheit im Urteilen über den Zusammenhang zwischen einer Stichprobe und ihrer Grundgesamtheit bzw. zwischen einem Ereignis und dem das Ereignis bestimmenden Modell. Es konnte gezeigt werden, dass Individuen dazu neigen, in ihrem Urteilsverhalten zu Zwecken der Komplexitätsreduktion von Wahrscheinlichkeiten zu abstrahieren. Stattdessen lassen sie sich beispielsweise bei der Einschätzung der zukünftigen konjunkturellen Entwicklung hauptsächlich von der Ähnlichkeit der gegenwärtigen Marktlage mit vergangenen Konstellationen am Markt und der darauf folgenden vergangenen konjunkturellen Entwicklung leiten. Somit besteht die Gefahr, dass von einer Stichprobe auf eine Grundgesamtheit geschlossen wird, obwohl die Wahrscheinlichkeit für die Korrektheit des Urteils gering ist. Zudem tendieren Individuen dazu, nicht nur die unterliegende Wahrscheinlichkeit zu vernachlässigen, sondern auch nur unzureichend zu berücksichtigen, ob die vorliegende Stichprobe erstens groß genug ist, ob sie zweitens möglicherweise zufällig entstanden oder auf andere Umstände zurückzuführen ist und ob drittens die Datenlage ein Urteil überhaupt zulässt [3]. Sie schreiben somit in ungerechtfertigter Weise Signalen einen Informationsgehalt zu, den diese potenziell nicht besitzen.

Ungerechtfertigter Optimismus/ Pessimismus

Mögliche Folgen sind ungerechtfertigter Optimismus (und Pessimismus) und dadurch motivierte übertriebene Reaktionen auf Preissignale, die dazu führen, dass beispielsweise vor allem in Anlageklassen investiert wird (Positionen abgebaut werden), deren Wert kürzlich gestiegen (gefallen) ist. Auf Repräsentativität beruhende Reaktionen auf einmalige Effekte oder Fortschreibungen vergangener Entwicklungen wurden vielfach nachgewiesen. Dennoch muss beachtet werden, dass es bisher nicht möglich war, daraus eine „allgemeine Theorie ökonomischen Verhaltens" zu entwickeln. Zwar unterlaufen Individuen aufgrund von Optimismus und Pessimismus systematische Fehler (vgl. Abbildung 1), jedoch kann ex ante nicht eindeutig definiert werden, unter

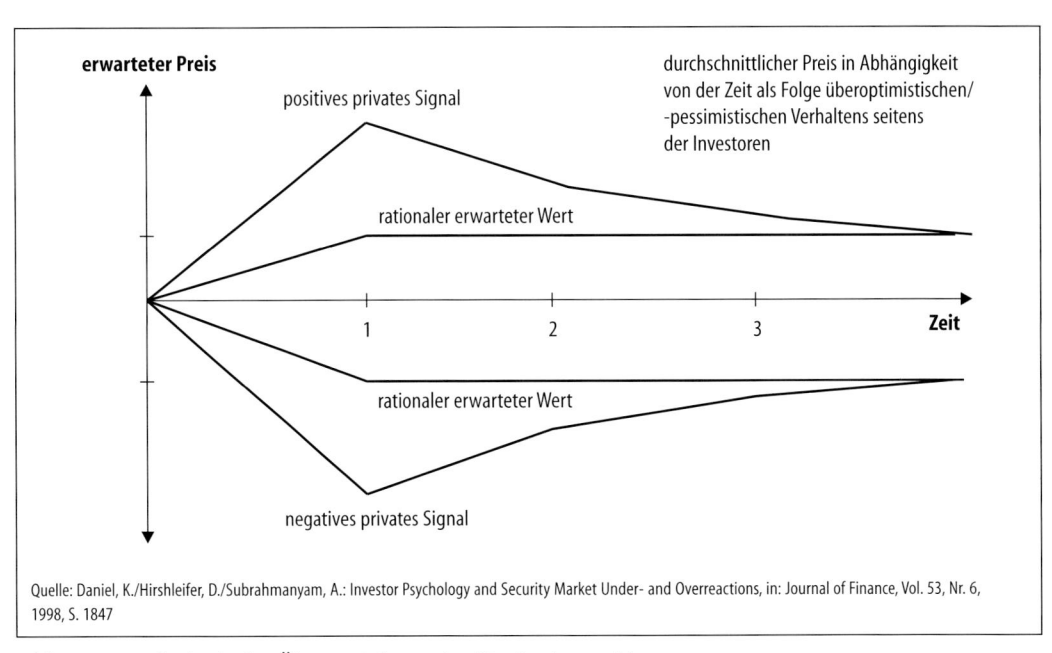

Quelle: Daniel, K./Hirshleifer, D./Subrahmanyam, A.: Investor Psychology and Security Market Under- and Overreactions, in: Journal of Finance, Vol. 53, Nr. 6, 1998, S. 1847

Abb. 1: Psychologische Überreaktionen im Konjunkturzyklus

welchen Umständen sie überreagieren und wann dies nicht der Fall ist [4]. So bietet teilweise erst das Zusammenspiel von Repräsentativität mit weiteren der sog. Heuristiken eine plausible Erklärung dafür, dass sich Preise von ihren Gleichgewichtswerten entfernen und konjunkturelle Schwankungen entstehen oder verstärkt werden.

Kritik an Behavioral Economics

Die Annahme eines rationalen Marktverhaltens wird von Anhängern traditionellerer Volkswirtschaftslehren auf verschiedene Weisen gegen die Hypothesen der Behavioral Economics verteidigt. So wird einerseits argumentiert, dass nicht rationales Verhalten nicht für den Gesamtmarkt relevant sei, da es im Zeitablauf über Lernen an Bedeutung verliere. Andererseits wird die Relevanz nicht rationaler Handlungen für den Gesamtmarkt durch das Argument infrage gestellt, dass wenige rationale Akteure ausreichen, um einen Markt über Spekulation und Arbitrage-Geschäfte zu stabilisieren. Schließlich wird argumentiert, dass die Erkenntnisse der Experimente auch durch rationales Verhalten bei Informationsarmut erklärt werden könnten.

Rationalität durch Lernprozesse?

Verfechter der eingeschränkten Rationalität bezweifeln das Argument, dass überoptimistische Wirtschaftssubjekte entweder aus ihren Fehlern lernen müssen oder ihr Geld verlieren und aus dem Markt gedrängt werden. Dagegen führen sie an, dass überoptimistische Wirtschaftssubjekte dazu tendieren, risikoreichere Positionen aufzubauen als rationale Akteure und damit unter gewissen Marktumständen nicht eine niedrigere, sondern eine höhere Rendite erwirtschaften. Zudem bestreiten sie, dass sich zwangsläufig Lernverhalten auf Märkten einstellt, da sich die Rahmenbedingungen jeder Entscheidung unterscheiden. So tendierten Wirtschaftssubjekte dazu, ihr Verhalten in spezifischen Situationen auch dann nicht abzuändern, wenn sie Gelegenheit hatten, ihre Fehler einzusehen. Tversky und Kahneman argumentieren, dass sich zudem Heuristiken wie Repräsentativität allgemein in der Evolution bewährt hätten und daher trotz der damit verbundenen temporären Fehlentscheidungen beibehalten würden [5]. Andere Autoren greifen diesen Gedanken auf und argumentieren, dass durch eingeschränkte Rationalität ausgelöster Optimismus und Pessimismus umso wahrscheinlicher auftreten, je komplexer die Situation ist. Aufgrund dieses sog. Schwierigkeitseffektes („Difficulty Effect") werden Urteile in einem solchen Fall unweigerlich von der gegenwärtigen Marktentwicklung, dem eigenen Markterfolg und den Urteilen anderer beeinflusst.

Rationalität durch korrigierende Spekulation?

Kritiker der Behavioral Economics stimmen teilweise zu, dass eine gleichermaßen eingeschränkte Rationalität aller Wirtschaftssubjekte zu deutlichen Fehlentwicklungen führen könnte. Ihrer Argumentation zufolge unterliegen jedoch nicht alle Marktteilnehmer denselben Beschränkungen, sodass rationale und besser informierte Akteure die aufgrund von eingeschränkter Rationalität verzerrten Preise durch stabilisierende Spekulation zu ihren Fundamentalwerten zurückführen. Als Folge dessen verlieren eingeschränkt rationale Individuen Kapital und werden ggf. aus dem Markt gedrängt. Dem wird entgegengehalten, dass es rational sein kann, besseres Wissen dazu zu verwenden, von den Preisbewegungen zu profitieren, die sich aufgrund von Marktpsychologie in der nahen Zukunft einstellen werden. Statt das Ungleichgewicht zu stabilisieren, profitieren die Spekulanten somit von einer zunehmenden Preisverzerrung und verstärken diese noch. Dasselbe Phänomen stellt sich ein, wenn rationale Marktteilnehmer davon ausgehen können, dass ihre Handlungen ein Preissignal setzen, das wiederum die beschränkt rationalen Marktteilnehmer – beispielsweise durch Repräsentativität – veranlasst, ähnliche Handlungen einzuleiten. Selbst wenn eine anfängliche Preissteigerung von Fundamentaldaten gestützt wurde und die rationalen Akteure anschließend wieder verkaufen, so erweist sich ihr Effekt doch als destabilisierend. Dies gilt besonders für den Fall, dass sich rationale Akteure der folgenden Preisbewegung nicht widersetzen können, sondern sich ihr zwangsläufig anschließen oder dem Markt fernbleiben müssen.

Argumente gegen eine korrigierende Spekulation

Selbst Marktteilnehmer, die prinzipiell eine Stabilisierung des Marktes beabsichtigen, werden diese unter vielen Umständen nicht umsetzen. Erstens erweist sich die Spekulation gegen beschränkt rationale Akteure in vielen Fällen als unattraktiv. Dies liegt auf der einen Seite an der Tatsache, dass Marktpsychologie sich potenziell über einen langen Zeitraum in eine Richtung selbst verstärken kann, sodass statt der beschränkt rationalen Akteure diejenigen Marktteilnehmer, die ihre Gegenpositionen auflösen müssen, Verluste erleiden und aus dem Markt gedrängt werden. Kurzfristig orientierte rationale Akteure, die eine Stabilisierung beabsichtigen, werden daher zögern, sich diesem Risiko auszusetzen. Auf der anderen Seite impliziert das Auffinden und Ausgleichen von Preisverzerrungen in der Realität Suchkosten, die die Attraktivität einer Stabilisierung verringern. Weil Stabilisierung sowohl mit Risiken als auch mit Kosten verbunden ist, können Abweichungen von Fundamentaldaten fortbestehen. Zweitens kann es sein, dass Arbitrageure über ihre kurzfristigen Erfolge vor Kapitalgebern Rechenschaft abzulegen haben oder ihre Aktivitäten sogar direkt mit diesen abstimmen müssen. Im ersten Fall werden sich der Anlagehorizont und die Entschlossenheit im Vorgehen bedeutsam verringern, während im zweiten Fall eine Stabilisierung scheitert, wenn es nicht gelingt, (rationale oder beschränkt rationale) Kapitalgeber von der Existenz einer vorteilhaften Anlagemöglichkeit zu überzeugen. Drittens fällt es selbst rationalen Akteuren unter gewissen Umständen schwer, rationale Erklärungen für potenzielle Preisverzerrungen abzulehnen, da durch das unterliegende Modell verändernde Strukturbrüche nicht per se ausgeschlossen werden können. Schließlich wird die Existenz rationaler Wirtschaftssubjekte an sich bezweifelt, da alle Individuen identischen Beschränkungen unterliegen sollten.

Rationalität bei eingeschränkter Informationsverfügbarkeit?

Eine weitere Gruppe von Kritikern der Behavioral Economics akzeptiert zwar die Resultate der psychologischen Experimente, interpretiert sie jedoch als mit Rationalität vereinbar. Übermäßiger Optimismus oder Pessimismus resultieren demnach aus rationalem Handeln in Abwesenheit von ausreichendem Wissen über die Beschaffenheit des die Wirtschaft bestimmenden Modells [6]. Im Rahmen dieser teilweise als „Structural Uncertainty Models" oder „Rational Structural Uncertainty Models" bezeichneten Theorien nämlich ist ein vermeintlich beschränkt rationales Verhalten rational erklärbar, sofern sich die wahrgenommenen Wahrscheinlichkeiten ausreichend von den tatsächlichen Wahrscheinlichkeiten unterscheiden. So kann eine ungerechtfertigte Übergewichtung neuerer Informationen, die üblicherweise mit Repräsentativität in Verbindung gebracht wird, ebenso auf die Überzeugung der Marktteilnehmer zurückgehen, dass ein Strukturwandel eingesetzt habe, der den Erklärungswert älterer Informationen verringert. Ob rationale Akteure, die auf Basis limitierter Informationen handeln müssen, sich entsprechend verhalten, hängt dabei nicht nur von der subjektiv wahrgenommenen Wahrscheinlichkeit eines strukturellen Wandels ab, sondern auch von dem Vertrauen, das die Handelnden in die aus limitierten Informationen abgeleiteten Erkenntnisse setzen. Der negative Effekt für den Markt zeigt sich zwar nicht zwingend auch auf Ebene des aggregierten Handelns, jedoch ist eine Destabilisierung in Abhängigkeit von der genauen Spezifikation des unterstellten mathematischen Modells wahrscheinlich [7].

Folgen der eingeschränkten Informationsverfügbarkeit

Eine weitere Schwierigkeit bei Entscheidungen unter unvollständiger Information entsteht aus der Interaktion verschiedener Marktteilnehmer, da jeder Marktteilnehmer annehmen muss, dass ein anderer Marktteilnehmer potenziell über andere bzw. bessere Informationen verfügt. Sofern Akteure unter diesen Umständen ein größeres Vertrauen in die beobachteten Handlungen anderer Wirtschaftssubjekte legen als in die eigenen Schlussfolgerungen, kann es für sie rational sein, sich dem Verhalten der anderen anzuschließen. Der Grund dafür ist, dass die Handlungen der anderen Marktteilnehmer potenziell nicht mit den eigenen Informationen gerechtfertigt werden können. Unter der Annahme, dass derjenige, der eine Handlung bereits eingeleitet hat, über ausreichend Informationen verfügt hat, um dies vernünftigerweise tun zu können, wird angenommen, dass die Informationen des Gegenübers höherwertiger sind als die eigenen. Sofern dies aber nicht der Fall war, entzieht der Nachahmer anderen Marktteilnehmern die Möglichkeit, wiederum aus der Beobachtung seiner eigenen fundierteren Entscheidungen richtige Schlüsse zu ziehen. Potenziell entsteht ein destabilisierender Herdentrieb. Ähnliche Ergebnisse stellen sich ein, wenn neue Informationen nicht gleichmäßig über den Markt verteilt werden, sondern einzelne Marktteilnehmer früheren Zugang zu neueren oder höherwertigen Informationen erhalten. Auch in diesem Fall ist es für die nachfolgenden Akteure rational, Handlungen früherer Marktteilnehmer zu imitieren [8].

2. Rolle von Erwartungen auf dem deutschen Gewerbeimmobilienmarkt

2.1 Rationalitätsperspektiven

Vier mögliche Szenarien

Wie die vorangegangene Analyse gezeigt hat, existieren alternative Erklärungsansätze zur traditionellen Konjunkturtheorie, die jeweils eine der beiden Prämissen der Theorie der rationalen Erwartungen, Rationalität und Informationsverfügbarkeit, auflösen. In beiden Fällen erhöht sich in signifikantem Ausmaß die Dimension des Einflusses der Erwartungen auf den Konjunkturverlauf. Insgesamt lassen sich auf diese Weise vier Szenarien ableiten mit unterschiedlichen Konsequenzen für die Bedeutung des psychologischen Faktors (vgl. Abbildung 2). Dabei werden in Übereinstimmung mit Knight informationsreiche bzw. informationsarme Situationen als Entscheidungen unter Risiko bzw. Ungewissheit bezeichnet [9]. Es stellt sich daher die Frage, welche Voraussetzungen auf Immobilienmärkten vorliegen und welche Rolle Erwartungen demnach im Immobilienzyklus spielen können. Bisher haben nur wenige Studien versucht, der Gültigkeit der Theorie der rationalen Erwartungen

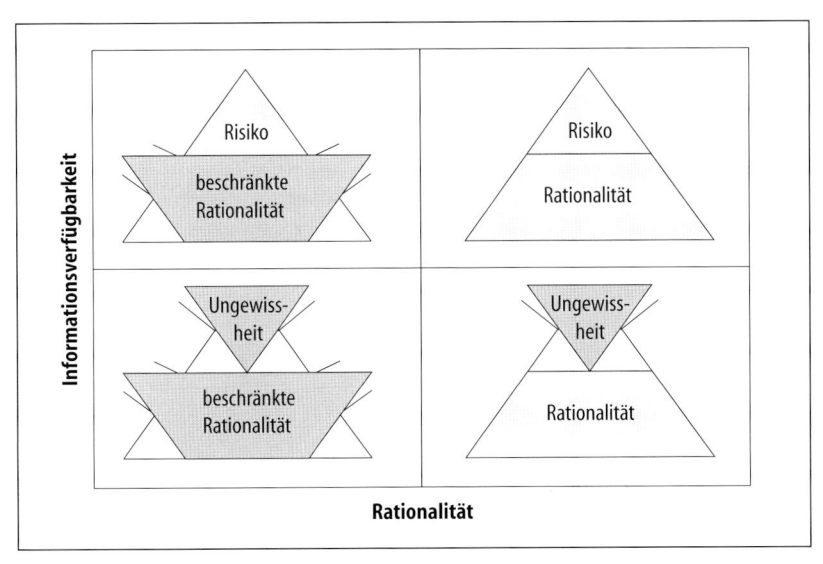

Abb. 2: Der psychologische Faktor im Immobilienzyklus

auf Immobilienmärkten nachzugehen. Dabei überwiegt die Zahl der Forschungsbeiträge, die ihr dahin gehend eine Absage erteilen, dass rationale Erwartungen kurzfristig am Markt vorherrschen.

Rückgriff auf Heuristiken

Aus Sicht der Rationalität stellt sich zunächst die Frage, ob die Akteure am Immobilienmarkt Heuristiken unterliegen, die zu einer nicht adäquaten Verarbeitung von Informationen führen. Derartige Betrachtungen sind im Bereich des Behavioral Real Estate angesiedelt, einer Teildisziplin der Behavioral Economics. Im Gegensatz zu verhaltensorientierter Forschung in anderen Bereichen, wie den Finanzwissenschaften, stellt Behavioral Real Estate im Bereich der Immobilienökonomie eine relativ junge Disziplin dar, die ihren Anfang gegen Ende der 80er Jahre nahm. Seitdem hat sie sich unter verschiedenen Gesichtspunkten überwiegend mit dem Verhalten von Sachverständigen für Immobilienbewertung auseinander gesetzt. Daher überrascht es nicht, dass nach dem gegenwärtigen Stand der Forschung vor allem Immobilienbewerter in vielen Fällen Heuristiken unterliegen. Zunehmend finden sich jedoch auch Studien, die zu ähnlichen Schlüssen für die Gruppen der Immobilieninvestoren, der Immobilienfinanzierer und der Baukostenschätzer gelangen. Das Verhalten anderer Gruppen – beispielsweise der Projektentwickler – wurde bisher vernachlässigt.

Fehlbewertung der Fundamentaldaten

Im Gegensatz dazu fällt die Anzahl der Studien, die sich allgemein mit Rationalität auf Immobilienmärkten beschäftigen, ohne dies auf spezielle Heuristiken zurückzuführen, umfangreicher aus. In vielen Fällen geht es dabei um die Frage, ob Investoren auf Immobilienmärkten die Fundamentaldaten richtig bewerten oder beispielsweise an oberen und an unteren Wendepunkten überbewerten. Gegen ein derartiges Verhalten sprechen die Ergebnisse einiger Studien, die jedoch auf einzelne Länder und bestimmte Zeiträume begrenzt sind [10]. Auf der anderen Seite kommen Studien, die in anderen Ländern und über unterschiedliche Zeiträume durchgeführt wurden, zu Ergebnissen, die diesbezügliche Fehler der Investoren dokumentieren [11]. Somit scheint zumindest für die Gruppe der Investoren vieles darauf hinzudeuten, dass eingeschränkte Rationalität kein allgegenwärtiges Phänomen auf Immobilienmärkten darstellt, jedoch in Abhängigkeit von den genauen Umständen häufig zu beobachten ist. Dies gilt insbesondere für die Momente, in denen sich die kausalen Zusammenhänge auf Immobilienmärkten ändern, während die Investoren von deren Kontinuität ausgehen. Auch Analysen, die sich mit dem Verhalten von Immobilienfinanzierern auseinander setzen, kommen zu dem Ergebnis, dass diese wichtige Aspekte nicht in ihre Erwartungshaltung einbeziehen und in der Folge ihre Kreditvergabe im Vergleich zu der Entwicklung der Fundamentaldaten überproportional ausdehnen oder einschränken [12].

Konsequenzen der Immobilienbewertungsmethoden

Insgesamt spricht somit eine Vielzahl von Studien für eine übertriebene Reaktion der Kapitalströme. Hierbei darf jedoch nicht übersehen werden, dass in beiden Fällen die Immobilienbewertung eine wichtige Rolle spielt und daher automatisch die Frage nach der Adäquatheit der durch die betreffenden Sachverständigen genutzten Verfahren entsteht. Im nordamerikanischen Raum nahm eine diesbezügliche Debatte bereits während der Entstehung der Immobilienkrise der 80er Jahre ihren Anfang [13]. Gegenwärtig wird im Zuge der aktuellen Krise des deutschen Bankensystems eine ähnliche Diskussion geführt, die sich vor allem gegen die Wertermittlungsgrundsätze nach der im Baugesetzbuch geregelten Verordnung über Grundsätze für die Ermittlung der Verkehrswerte von Grundstücken richtet. Im Gegensatz zu der Debatte in den USA wird hierzulande jedoch hauptsächlich kritisiert, dass die deutsche Immobilienwertermittlung tendenziell zu einem Ausweis hoher Immobilienwerte in der Baisse führt.

Mangelnde Informationsverarbeitung in der Praxis

Hinweise auf eine eingeschränkte Rationalität der Akteure am deutschen Gewerbeimmobilienmarkt liefern Befragungen, die direkt erheben, auf welche Arten von verfügbaren Informationen die Marktteilnehmer zurückgreifen. Eine Befragung der Beratungsgesellschaft Dr. Langen & Wieland Management Partner unter 30 institutionellen Immobilieninvestoren aus dem Jahre 2000 zeigt, dass im Zentrum der Informationsbeschaffung selbst von bedeutsamen Immobilieninvestoren die Marktberichte der großen Maklerhäuser stehen [14]. Eine an der Universität Hamburg durchgeführte Umfrage unter 190 institutionellen Immobilieninvestoren aus dem Jahre 2001 offenbart ebenfalls einen starken Rückgriff auf Marktberichte und eine nur nachrangige Nutzung volkswirtschaftlicher Kennzahlen. Dieselbe Untersuchung zeigt auch deutlich, dass die Marktteilnehmer nur zu einem sehr geringen Prozentsatz systematisch Modelle zur Risikoanalyse – beispielsweise Szenarioanalysen, Sensitivitätsanalysen oder Wahrscheinlichkeitsverteilungen – einsetzen. Überwiegend vertrauen die jeweiligen Entscheider auf ihre persönliche Fähigkeit, Marktentwicklungen abschätzen zu können [15]. Eine durch die Wirtschaftsprüfungsgesellschaft Ernst & Young unternommene Analyse des Risikomanagements bei 250 Finanzinstituten, Projektentwicklern, institutionellen Investoren und Immobilien-Aktiengesellschaften aus dem Jahr 2004 weist ähnliche Ergebnisse aus. Zwar fällt dabei der Anteil der Marktteilnehmer, die systematisch Modelle zur Risikountersuchung einsetzen, höher aus, jedoch kommt vielfach immer noch der „gesunde Menschenverstand" zum Einsatz. Unter den Informationsquellen dominieren immer noch die Marktberichte, während beispielsweise Konjunktureinschätzungen nur in 50 % der Fälle häufig Eingang in die Entscheidungen finden [16].

Kollektives Wissen und Urteilen

Angesichts dieser Ergebnisse stellt sich die Frage nach dem Grund für die eingeschränkte Nutzung der verfügbaren Informationen. An dieser Stelle wird argumentiert, dass – neben der an dieser Stelle nicht weiter untersuchten begrenzten Kapazität des Menschen – vor allem die eingeschränkte Fähigkeit der Marktteilnehmer auf Immobilienmärkten im Allgemeinen und in Deutschland insbesondere dafür verantwortlich ist. Eine eingeschränkte Fähigkeit zur Informationsverarbeitung liegt vor allem in der Tatsache begründet, dass die Akteure nicht von Geburt an mit dem notwendigen Wissen über das wahre Modell der Volkswirtschaft bzw. die wahre Funktionsweise von Immobilienmärkten ausgestattet sind. Aus diesem Grund sind sie auf Lernprozesse angewiesen, die ihnen das nötige Wissen vermitteln. Durch die ausgeprägte Heterogenität der Immobilienmärkte in Bezug auf regionale und typologische Aspekte sowie die faktische Nichtidentität jedes erdenklichen Immobilienpaares wird dieser Lernprozess jedoch massiv erschwert, da Erfahrungen nicht eindeutig auf neue Situationen übertragbar sind. Unter diesen Umständen befindet sich der einzelne Akteur in einem Zustand starker Abhängigkeit vom kollektiv verfügbaren Wissen und Urteilen. Da die Dynamiken auf Immobilienmärkten vielfach von exogenen Faktoren abhängen, stellt sich die Frage, welche Form dieses kollektiv verfügbare Wissen und Urteilen annehmen kann und muss.

Stellenwert der Immobilienökonomie

Im Mittelpunkt der Immobilienökonomie stehen „die Erklärung und Gestaltung realer Entscheidungen von mit Immobilien befassten Wirtschaftssubjekten" und das Bemühen, „diese Entscheidungsprozesse zu unterstützen und durch Lösungshilfen zu deren Verbesserung beizutragen" [17]. Wie das in Kapitel A1 erläuterte Haus der Immobilienökonomie demonstriert, stellt die Immobilienökonomie eine interdisziplinäre Wissenschaft dar, die über die Betriebswirtschaftslehre hinaus auf Elemente vieler verschiedener Fachbereiche zurückgreift und sie neu zusammenfügt. Dieser Ansatz steht im internationalen Vergleich immer noch im starken Wettbewerb mit alternativen Interpretationen dessen, was die Immobilienökonomie ausmacht. Schulte und Schulte-Daxbök weisen hier auf den britischen „Surveying Approach" und den nordamerikanischen „Investment & Finance Approach" hin [18]. Das kollektiv verfügbare Wissen variiert demgemäß. Hinzu kommt, dass selbst Institutionen, die einen bestimmten Ansatz verfolgen, in ihrer didaktischen Schwerpunktsetzung stark voneinander abweichen. Insofern variieren auch die vermittelten Teilmengen des jeweiligen kollektiven Wissens, an dem die Studierenden partizipieren. Selbst unter der Annahme, dass in dieser Beziehung zukünftig eine Einigung zu erwarten ist, bleiben Zweifel, ob Rationalität damit gewährleistet werden kann und ob alle interdisziplinären Aspekte der Immobilienökonomie insgesamt vermittelbar sind. Die Folge wäre eine natürliche Begrenzung der Rationalität auf Immobilienmärkten.

Immobilienaus- und -weiterbildung in Deutschland

Die Immobilienausbildung in Deutschland teilt sich in zwei Lager auf: einerseits in die traditionell qualitativ hochwertige und stark regulierte technische Ausbildung und andererseits in die weitestgehend unregulierte kaufmännische Ausbildung. Immobilienbezogene Inhalte wurden in den Wirtschaftswissenschaften allenfalls am Rande behandelt, sodass das kollektiv verfügbare Wissen starken Einschränkungen unterlag. Hinzu kam, dass gerade im betriebswirtschaftlichen Bereich der Immobilienökonomie kaum Zugangsbeschränkungen oder Mindestanforderungen bestanden, sodass sich jedes Individuum am Markt engagieren konnte, sofern es dies wünschte [19]. Zwei Ereignisse förderten den systematischen Ausbau der Fähigkeiten der Akteure am deutschen Immobilienmarkt. Auf der einen Seite handelte es sich dabei im Bereich der Weiterbildung um die Gründung der ebs Immobilienakademie (1990) und im Bereich der Ausbildung um die Aufnahme des Lehrbetriebes am Stiftungslehrstuhl Immobilienökonomie an der ebs (1994). Auf der anderen Seite handelte es sich um die Gründungen des Deutschen Verbands Chartered Surveyors (nun: RICS Deutschland) 1993 und der Society of Accredited Real Estate Programs (SAREP) in 1998, die auf unterschiedliche Weise Standards für die deutsche und internationale Immobilienausbildung setzen. Es ist damit zu rechnen, dass die resultierende Professionalisierung der Immobilienwirtschaft über eine bessere Aus- und Weiterbildung und einen professionelleren Einsatz des analytischen Instrumentariums einen wichtigen Schritt hin zu einer gesteigerten Rationalität und damit zu einer geringeren Ausprägung des psychologischen Faktors auf Immobilienmärkten darstellt.

2.2 Transparenzperspektiven

Transparenzbegriff

Transparenz auf Immobilienmärkten kann als ein Zustand beschrieben werden, in dem die Funktionsweise des Marktes und die dafür maßgeblichen Variablen erkannt werden und jederzeit ein Maximum an Informationen zur Verfügung steht [20]. Ohne dass sie explizit auf die Theorie der rationalen Erwartungen hinweist, herrscht in dieser Definition ein indirekter Bezug auf das in der Theorie der rationalen Erwartungen unterstellte „wahre" Modell vor. Um den Grad an Transparenz zu untersuchen, wird zunächst dargestellt, wie es allgemein um die Informationsverfügbarkeit auf Immobilienmärkten bestellt ist. Es folgt eine Untersuchung der Gegebenheiten auf dem deutschen Gewerbeimmobilienmarkt und eine abschließende Diskussion der Konsequenzen für das Verhalten der Marktakteure.

Heterogenität

Aufgrund der Heterogenität von Immobilien steigt der Bedarf an Informationen über die wertdeterminierenden Eigenschaften einzelner Objekte stark an. Der Bedarf kann jedoch nicht gesättigt werden, da die Anzahl von verfügbaren Vergleichstransaktionen im Regelfall starken Einschränkungen unterliegt, da die Informationsgenerierung mit hohen Kosten verbunden ist und da die Aussagekraft von einmal erworbenen Informationen im Zeitablauf abnimmt. Unter diesen Umständen sind weder der Käufer (Mieter) noch der Verkäufer (Vermieter) einer Immobilie genau über den fundamentalen Preis eines Objektes informiert. Der Transaktionspreis schwankt daher innerhalb einer gewissen Spannbreite und wird innerhalb dieser Spannbreite von Verhandlungsmacht, Psychologie, Zugang zu Informationen und der Einschaltung eines Maklers bestimmt [21].

Datenqualität

Wie bereits angemerkt, ist gerade für fundierte Entscheidungen auf Immobilienmärkten eine Fülle von Informationen erforderlich, sodass die Frage entsteht, ob die vorhandenen Informationen den an sie gestellten Anforderungen gerecht werden. So erteilen Pyhrr, Born und Roulac selbst den als relativ transparent angesehenen nordamerikanischen Immobilienmärkten diesbezüglich eine Absage und charakterisieren die vorhandenen Datenquellen generell als unzuverlässig und von schlechter Qualität [22]. Andere Immobilienforscher pflichten ihnen bei und kritisieren, dass Transaktionspreise gar nicht oder nur unvollständig veröffentlicht werden, sodass der wahre Wert einer Transaktion unbekannt bleibt [23]. Die Problematik einer geringen Anzahl vergleichbarer Transaktionen wird dabei teilweise durch den Umstand verschärft, dass die Informationen privater Natur sind und die Marktteilnehmer kein Interesse haben, sie mit anderen Akteuren zu teilen, um sich nicht im Wettbewerb schlechter zu stellen. Für eine adäquate Modellierung der Funktionsweise und der zukünftigen Entwicklung von Gewerbeimmobilienmärkten stehen daher nicht einmal in den transparentesten Märkten in ausreichendem Umfang Informationen zur Verfügung. Dieser Umstand trägt in nicht unerheblichem Maße zur Ineffizienz der Immobilienmärkte bei.

Folgen eingeschränkter Transparenz

Die Folgen der eingeschränkten Transparenz sind vielschichtig. Solange Akteure am Immobilienmarkt nur über einen eingeschränkten Informationsbestand verfügen, wird ihre Handlungsbereitschaft nicht nur von ihren Erwartungen determiniert, sondern ebenso von ihrem Vertrauen in die Korrektheit dieser Erwartungen. Zweitens limitiert die Informationsmenge die einsetzbaren Analyse- und Prognosemodelle, was insbesondere auf den deutschen Immobilienmarkt mit seinen bisher relativ kurzen Zeitreihen zutrifft. Drittens begünstigen ungenaue und in großzügigen zeitlichen Abständen veröffentlichte Daten eine Verstärkung der Verzögerungsmechanismen auf Immobilienmärkten, sodass sich den Marktteilnehmern die Konsequenz ihres Handelns sowohl im positiven als auch im negativen Sinne nur spät erschließt. Viertens werden Marktteilnehmer mit einem eingeschränkten Informationsstand fehlende Fakten durch weiche Faktoren zu ersetzen bzw. zu ergänzen suchen mit der Folge, dass sich die bereits dargestellte psychologische Interdependenz im Handeln der Individuen einstellt. Schließlich bewirkt die mangelnde Verfügbarkeit von Informationen, dass sich das Engagement der Marktteilnehmer auf die Märkte konzentriert, für die sie relativ betrachtet die besseren Informationen besitzen. Ein subjektiv als geringer empfundenes Wagnis stellt einen der Gründe dar, aus denen in jedem Land die Immobilienaktivität nur auf die größten und wichtigsten Städte fokussiert wird. Alle fünf Argumente sprechen dafür, dass eine Erhöhung der Transparenz im Sinne aller Marktteilnehmer ist. Nur unter diesen Umständen wird es ihnen möglich sein, zukünftig fundiertere und damit bessere Entscheidungen zu treffen.

3. Zusammenfassung und Ausblick

Mögliche Relativierungen

Wie die Ausführungen der beiden vorangegangenen Abschnitte belegen, unterliegen die Erwartungen und Entscheidungen auf Immobilienmärkten den Beschränkungen sowohl der eingeschränkten Information als auch der eingeschränkten Rationalität. Bevor jedoch auf die Wirkungsweise der Erwartungen geschlossen werden kann, muss untersucht werden, ob die Möglichkeit besteht, dass die sich aus beiden Faktoren ergebenden Konsequenzen dadurch abgemildert werden, dass rationalere und besser informierte Akteure die Folgen der Handlungen von weniger rationalen und schlechter informierten Marktteilnehmern ausgleichen. Beispielsweise ist wahrscheinlich, dass einzelne Akteure über eine ausgeprägtere Fähigkeit zur Informationsverarbeitung verfügen werden und ihre Entscheidungen auf einen systematisch erworbenen und strukturierten Bestand an privaten Informationen stützen können. Somit stellt sich die Frage, ob ihnen Möglichkeiten zur Verfügung stehen, im Rahmen einer stabilisierenden Spekulation Gegenpositionen aufzubauen, die die Preise wieder näher an die Fundamentaldaten heranführen. Als Spekulation wird in Übereinstimmung mit Aschinger die „durch Gewinnstreben motivierte Ausnutzung erwarteter zeitlicher Preisunterschiede eines Gutes auf einem bestimmten Markt" bezeichnet [24]. Sie wird als stabilisierend bezeichnet, sofern sie die Markteffizienz erhöht und Preisschwankungen verringert. Diese Möglichkeit besteht insbesondere auf dem deutschen Immobilienmarkt gegenwärtig nicht. Das psychologische Moment am Markt bleibt daher weitestgehend unberührt.

Rolle von Vertrauen Hervorgehoben werden sollte abschließend noch die wichtige Rolle von Vertrauen auf Immobilienmärkten. Der Vertrauensbegriff bezieht sich dabei nicht allein auf das Vertrauen in die eigenen Erwartungen, sondern auch auf das Vertrauen in die Urteile und Erwartungen von Kollegen und Geschäftspartnern, die – möglicherweise basierend auf privaten Informationen oder Erfahrung – Erwartungen hegen, die nicht mit den eigenen übereinstimmen. Vertrauen dient hierbei sowohl der Substitution als auch der Ergänzung eigener Informationen und Analysen [25]. Seine Rolle darf daher nicht nur aufgrund einer limitierten Informationsverfügbarkeit nicht unterschätzt werden, sondern ebenso, weil Immobilienmärkte in besonderem Maße auf der Interaktion einer Vielzahl von Menschen basieren: „The essence of property is human behavior." [26] Angesichts der beschränkten Verfügbarkeit von Informationen ist darüber hinaus absehbar, dass die Handlungen nicht nur von Erwartungen abhängen, sondern dass Extrapolationen der gegenwärtigen Lage ebenfalls eine Rolle spielen. Diese Hypothese wird nicht zuletzt von der Tatsache unterstützt, dass die Marktteilnehmer als Hauptinformationsquelle die Marktberichte der Marktteilnehmer nutzen, die in den meisten Fällen keine Prognosen beinhalten, sondern überwiegend anhand einzelner Kennzahlen die gegenwärtige Lage auf Teilmärkten des Immobilienmarktes beschreiben.

Insgesamt lässt sich daher schließen, dass der psychologische Faktor auf Immobilienmärkten eine wichtige Rolle spielt. Basierend auf den vorangegangenen Ausführungen bleibt zudem zu erwarten, dass sich daran auch in Zukunft nur wenig ändern wird. Für Forschung und Praxis ergibt sich daher die Notwendigkeit einer intensiveren Auseinandersetzung mit seinen Ursachen und Folgen.

4. Literaturverzeichnis

[1] Vgl. Lucas Jr., R.: An Equilibrium Model of the Business Cycle, in: Journal of Political Economy, Vol. 83, Nr. 6, 1975, S. 1121.

[2] Vgl. Tversky, A./Kahneman, D.: Judgment Under Uncertainty: Heuristics and Biases, in: Science, Vol. 185, Nr. 4157, 1974, S. 1124.

[3] Vgl. Tversky, A./Kahneman, D., a. a. O., S. 1124–1127.

[4] Vgl. Daniel, K./Hirshleifer, D./Teoh, S.: Investor psychology in capital markets: evidence and policy implications, in: Journal of Monetary Economics, Vol. 49, Nr. 1, 2002, S. 148.

[5] Vgl. Tversky, A./Kahneman, D., a. a. O., S. 1130.

[6] Vgl. Brav, A./Heaton, J.: Competing Theories of Financial Anomalies, in: The Review of Financial Studies, Vol. 15, Nr. 2, 2002, S. 576 f.

[7] Vgl. Stein, J.: Informational Externalities and Welfare-Reducing Speculation, in: Journal of Political Economy, Vol. 95, Nr. 6, 1987, S. 1141 f.

[8] Vgl. Hirshleifer, D./Subrahmanyam, A./Titman, S.: Security Analysis and Trading Patters when Some Investors Receive Information Before Others, in: Journal of Finance, Vol. 49, Nr. 5, 1994, S. 1666–1668.

[9] Vgl. Knight, F.: Risk, Uncertainty, and Profit, in: The London School of Economics and Political Sciences (Hrsg.): Series of Reprints of Scarce Works in Economic and Political Science, Vol. 16, 17. Aufl., Boston/ New York 1948, S. 233.

[10] Vgl. z. B. Hendershott, P./Hendershott, R./Ward, C.: Corporate Equity and Commercial Property Market ‚Bubbles', in: Urban Studies, Vol. 40, Nr. 5 + 6, 2003, S. 993–1009.

[11] Vgl. z. B. Hendershott, P./MacGregor, B.: Investor Rationality: An Analysis of NCREIF Commercial Property Data, in: Journal of Real Estate Research, Vol. 27, Nr. 4, 2005, forthcoming.

[12] Vgl. Berger, A./Udell, G.: The institutional memory hypothesis and the procyclicality of bank lending behaviour, in: Bank for International Settlements (Hrsg.): BIS Working Papers, Nr. 125, Basel 2003, S. 1–27.

[13] Vgl. Pyhrr et al.: Real Property Valuation in a Changing Economic and Market Cycle, in: The Appraisal Journal, Vol. 64, Nr. 1, 1996, S. 14 f.

[14] Vgl. Leykam, M.: Dem Zyklus auf der Spur, in: Immobilien Zeitung, Nr. 10, 2000, S. 1.

[15] Vgl. Pfnür, A./Armonat, S.: Ergebnisbericht Immobilienkapitalanlage institutioneller Investoren – Risikomanagement und Portfolioplanung, in: Universität Hamburg, Arbeitsbereich Öffentliche Wirtschaft am Fachbereich Wirtschaftswissenschaften (Hrsg.): Arbeitspapier Nr. 26, Hamburg 2001, S. 73–76.

[16] Vgl. Frensch, S./Waldburg, H./Zippel, S.: Risikomanagement bei Immobilieninvestitionen. Bauchgefühl mit System?, Ernst & Young Real Estate GmbH (Hrsg.), Frankfurt/M. 2004, S. 1–30.

[17] Schulte, K.-W.: Immobilienökonomie – ein innovatives Lehr- und Forschungskonzept, in: Schulte, K.-W. (Hrsg.): 10 Jahre ebs Immobilienakademie, Festschrift, Frankfurt/M. 2000, S. 37.

[18] Vgl. Schulte, K.-W./Schulte-Daxbök, G.: Immobilienökonomie – ein Vergleich des ebs Aus- und Weiterbildungskonzeptes mit den „Real Estate Studies" in Großbritannien und den USA, in: Schulte, K.-W. (Hrsg.): 10 Jahre ebs Immobilienakademie, Festschrift, Frankfurt/M. 2000, S. 63.

[19] Vgl. Schulte, K.-W.: Germany, in: Schulte, K.-W. (Hrsg.): Real Estate Education Throughout the World: Past, Present and Future, Research Issues in Real Estate, Vol. 7, Boston 2002, S. 125 f.

[20] Vgl. Schulte, K.-W./Rottke, N./Pitschke, C.: Transparency in the German real estate market, in: Journal of Property Investment and Finance, Vol. 23, Nr. 1, 2005, S. 91.

[21] Vgl. Evans, A.: The Property Market: Ninety Per Cent Efficient?, in: Urban Studies, Vol. 32, Nr. 1, 1995, S. 23–27.

[22] Vgl. Pyhrr, S. et al.: Project and Portfolio Management Decisions: A Framework and Body of Knowledge Model for Cycle Research, in: Journal of Real Estate Portfolio Management, Vol. 9, Nr. 1, 2003, S. 10.

[23] Vgl. Hendershott, P./Hendershott, R./Ward, C., a. a. O., S. 1001 f.

[24] Aschinger, G.: Währungs- und Finanzkrisen. Entstehung, Analyse und Beurteilung aktueller Krisen, München 2001, S. 1 f.

[25] Vgl. Roulac, S.: The role of trust in real estate, in: Real Estate Issues, Vol. 24, Nr. 2, 1999, S. 8–10.

[26] Vgl. Diaz III, J.: The first decade of behavioral research in the discipline of property, in: Journal of Property Investment and Finance, Vol. 17, Nr. 4, 1999, S. 326.

6 Immobilienmarktdaten: Quellen und Aufbereitung

Andreas Schulten

Inhaltsverzeichnis

1. Einleitung 112
2. Daten im Kontext von Entscheidungen 112
3. Zentrale Marktdaten und ihre Quellen 113
3.1 Daten zum Investmentmarkt 114
3.2 Daten zur Standortqualität und -entwicklung 116
3.3 Immobilienmarktdaten: Mieter, Eigennutzer 118
4. Datenaufbereitung 119
5. Mängel aktuell genutzter Daten 122
6. Künftige Entwicklung bei deutschen Immobilienmarktdaten 123
7. Literaturverzeichnis 123

1. Einleitung

Drei grundlegende Bereiche

Verglichen mit der Fülle an tagesaktuellen Transaktionsdaten (Börsenwerten) und der Breite an zusätzlichen Hintergrunddaten, die die zyklische Entwicklung der Geldmärkte beschreiben und bewerten, ist die Datenlage für die Immobilienmärkte trotz zunehmender Transparenz in Deutschland, trotz Deutscher Immobilien Datenbank und trotz des gestiegenen publizistischen Interesses immer noch sehr problematisch. Wendepunkte in Zyklen können nur mit einem zeitlichen Verzug von Wochen oder Monaten dargestellt werden. Hintergründe für die Zyklen und ökonometrisch anwendbare Korrelationen können nur mit zusätzlichem Sachverstand und oftmals nur durch Schätzungen eingesetzt werden. Dennoch hat sich das Immobilienresearch in den letzten Jahren sehr positiv weiterentwickelt, sodass beispielsweise unterschiedliche Zyklen regional und nach Nutzungen differenziert werden können, um darauf aufbauend auch Prognosen mit sehr hoher Treffsicherheit erstellen zu können. Drei grundlegende Bereiche sind für Investitionsentscheidungen von Bedeutung:

- globaler und internationaler Investmentmarkt,
- Standortqualität auf Mikro- und Makroebene,
- lokaler Vermietungs-/Eigennutzermarkt (Mietermarkt).

Alle diese Bereiche sind unterschiedlichen Zyklen mit verschieden langen Phasenverläufen unterworfen, deren geschickte Kombination die Wertentwicklungsaussichten einer Investition bestimmen. Neben einem professionellen Umgang mit diesen Daten kann das häufig noch zitierte „Bauchgefühl" nicht mehr bestehen.

2. Daten im Kontext von Entscheidungen

Entscheidungsbasis

Wenn die Datenqualität für den deutschen Immobilienmarkt anerkanntermaßen noch verbessert werden kann, kann man – und konnte man in der Vergangenheit – als legitim gelten lassen, Entscheidungen auf der Basis von anderen, oftmals vertraulich gehaltenen Informationen (etwa überzeugende Geschäftsmodelle, erwartete Wachstumsraten oder zurückliegende Erfolgsprojekte einflussreicher Personen) zu treffen. In der Praxis führten aber gerade diese Entscheidungen aus bestehenden Netzwerken und dem „Bauchgefühl" heraus zu Fehlentwicklungen wie den Projektkalkulationen von Schneider, den steuerlich begünstigten Projektvolumina in den neuen Bundesländern oder den Finanzierungsfehlern der Berliner Bankgesellschaft. Den Machtstrukturen in Politik, Finanzierung und Bauwesen, mit denen Einzelprojekte und übergreifende Trends in Gang gebracht werden, fehlt tatsächlich eine ausreichende Datenanalyse, die aus neutraler Perspektive ein objektives Bild zeichnet und somit quasi ein Korsett für mögliche Szenarien künftiger Entwicklungen gibt. Und dies, obwohl hinzugezogene Berater, Wirtschaftsprüfer und Aufsichtsgremien u. a. mit der Autorität von Daten solche Entscheidungen auch zu stützen vermögen. Aber gerade weil Daten eine starke Autorität haben, werden sie auch häufig missbraucht.

Transparenz

Eine große Schwierigkeit besteht demzufolge darin, Daten korrekt und im richtigen Kontext zu interpretieren. Dabei spielt zunehmend ihre Veröffentlichung und Diskussion in den Medien eine Rolle. Je mehr Transparenz über immobilienwirtschaftliche Zusammenhänge besteht, desto besser lässt sich ein falscher Umgang mit Daten vermeiden, desto allgemein gültiger und objektiver werden sie interpretiert. Auch vor dem Hintergrund der neuen Eigenkapitalanforderungen des Baseler Ausschusses (Basel II) wird diese Entwicklung gefördert. Für finanzierende Banken und damit auch für aktive Unternehmen der Immobilienbranche bekommt die Einschätzung des objektiven Risikopotenzials einer Investition bzw. eines Unternehmens durch ein Rating-Verfahren eine zentrale Bedeutung. Darin sind künftig neben der Bonität des Kreditnehmers zusätzlich die spezifischen Objekt- bzw. Projekteigenschaften sowie die jeweiligen Marktfaktoren objektiv zu analysieren, was nur auf der Basis komplexer und valider Daten geschehen kann, die in der notwendigen Dichte und historischen Entwicklung nicht oder nur an wenigen Stellen vorliegen. Die Datenpools der Akteure (Banken, Projektentwickler und Investoren) haben den Nachteil, nicht repräsentativ für den Gesamtmarkt zu sein, die neutralen Marktbeobachter sehen sich dem Vorwurf gegenübergestellt, lediglich mit „weichen", oftmals nicht prüfbaren Daten zu arbeiten. Allerdings ist diese Diskussion nicht allein ein Spezifikum von Researchdaten des Immobilienmarktes, sondern findet sich ebenso in der klassischen Kapitalmarktanalyse. Über die gesetzlichen Mindestanforderungen von Basel II hinaus erweist sich die detaillierte und objektivierte Datenanalyse auf den Ebenen von Investmentmarkt, Standortqualität und Marktbalance auch für die Entwicklung von Unternehmensstrategien, Risikomanagement- und Frühwarnsystemen als notwendige Grundlage.

3. Zentrale Marktdaten und ihre Quellen

Öffentliche Datenquellen

Für alle drei grundlegenden Bereiche des Immobilienmarktes (Investmentmarkt, Standortqualität, Mietermarkt) sind zumeist nur wenige öffentliche Datenquellen im Vergleich zu eigens erhobenen Daten aus anderen Quellen verfügbar, wobei sich Deutschland im europäischen Vergleich hier mit einer differenzierten Bautätigkeitsstatistik für den Wohnungsbau oder der Institution der Gutachterausschüsse für Grundstückswerte dennoch positiv hervorhebt. Die kleinste regionale Einheit, auf der Daten sowohl von öffentlicher als auch von sonstiger Seite relativ leicht verfügbar vorliegen, ist die kreisfreie Stadt und im Wohnungsmarkt die Gemeinde. Die Darstellung von längeren Zeitreihen für Immobilienteilmärkte innerhalb der deutschen Großstädte stößt dagegen noch auf methodische Schwierigkeiten und Ungenauigkeiten, ist aber aktuell von Seiten der Investoren eine der am meisten nachgefragten Researchkomponenten. Eine Diskrepanz zwischen Angebot und Nachfrage besteht ebenso in den zeitlichen Intervallen für geforderte Datenreihen, die zunehmend quartalsweise nachgefragt werden, als „harte", geprüfte Daten für Fragen des Immobilienmarktes aber entweder nicht so zeitscharf oder nur mit deutlichem zeitlichem Verzug bereitgestellt werden können. Erst die nächsten zehn Jahre werden erweisen, ob eine umfassende quartalsweise Berichterstattung für den Immobilienmarkt flächendeckend möglich sein wird.

3.1 Daten zum Investmentmarkt

Datenquellen Wichtige unabhängige Datenquellen für den Investmentmarkt sind in Deutschland der Bundesverband für Investmentfonds (BVI) für die bedeutenden offenen Immobilienfonds, die Publikationen von Loipfinger für die geschlossenen Immobilienfonds sowie die Bundesanstalt für Finanzdienstleistungsaufsicht für die Immobilienanlagen bei Versicherungen und Pensionskassen. Im europäischen Kontext werden Marktentwicklungen und Unternehmensporträts umfassend in der Zeitschrift „Euro Property" veröffentlicht und in einem Online-Service dokumentiert. Einen wichtigen Index und dahinter liegende Detaildaten vermittelt seit 1997 die Deutsche Immobilien Datenbank (DID). Das Leistungsspektrum der DID umfasst ebenso wie das der Investment Property Databank (IPD) in Großbritannien die Performancemessung für institutionelle Immobilieninvestoren in Form von Portfolioanalysen und die regelmäßige Veröffentlichung des Deutschen Immobilienindex (DIX). Die Datenbank der

Immobilienmarkt	Total Return	Wertänderung, Capital Growth	Netto-Cashflow-Rendite, Income Return
Handel	3,6 %	−1,8 %	5,5 %
Büro	0,6 %	−4,0 %	4,8 %
Wohnimmobilien	1,3 %	−2,9 %	4,4 %
Handel/Büro	0,9 %	−2,9 %	4,0 %
andere Nutzungen	2,5 %	−2,3 %	4,9 %
alle Bestandsgrundstücke	1,3 %	−3,4 %	4,8 %
Aktien (DAX)	7,3 %		
festverzinsliche Wertpapiere (REXP)	6,7 %		
Immobilien-AG (E&G-DIMAX)	8,3 %		
Quelle: DID, Deutsche Immobiliendatenbank			

Abb. 1: *Deutscher Immobilienindex (DIX) 2004*

DID erfasst kontinuierlich konkrete Grundstücksdaten über Marktwert, Mieteinnahmen und Bewirtschaftungskosten detailliert bis auf Einzelmietvertragsebene ebenso wie Aufwendungen für Projektentwicklungen.

Für die Ermittlung des DIX wurden bis vor kurzem rd. 3.490 Grundstücke mit jeweils mehr als 200 Einzeldaten bewertet und eine Marktabdeckung von aktuell 30 % des von institutionellen Investoren gehaltenen Immobilienbestandes in Deutschland wurde erreicht. Der DIX dient institutionellen Anlegern und der Immobilienwirtschaft nicht zuletzt aufgrund umfangreicher Plausibilitäts- und Validitätsprüfungen als Benchmark und verlässliche Beurteilungsgrundlage für Investitionsentscheidungen und ist ein sukzessive an Aussagekraft gewinnendes Instrument zur Erkennung von Erfolgspotenzialen. Andererseits sind die Daten bislang weder regional noch in ihrer Eigentumsstruktur repräsentativ für den deutschen Immobilienmarkt in seiner Gesamtheit.

Ermittlung des DIX

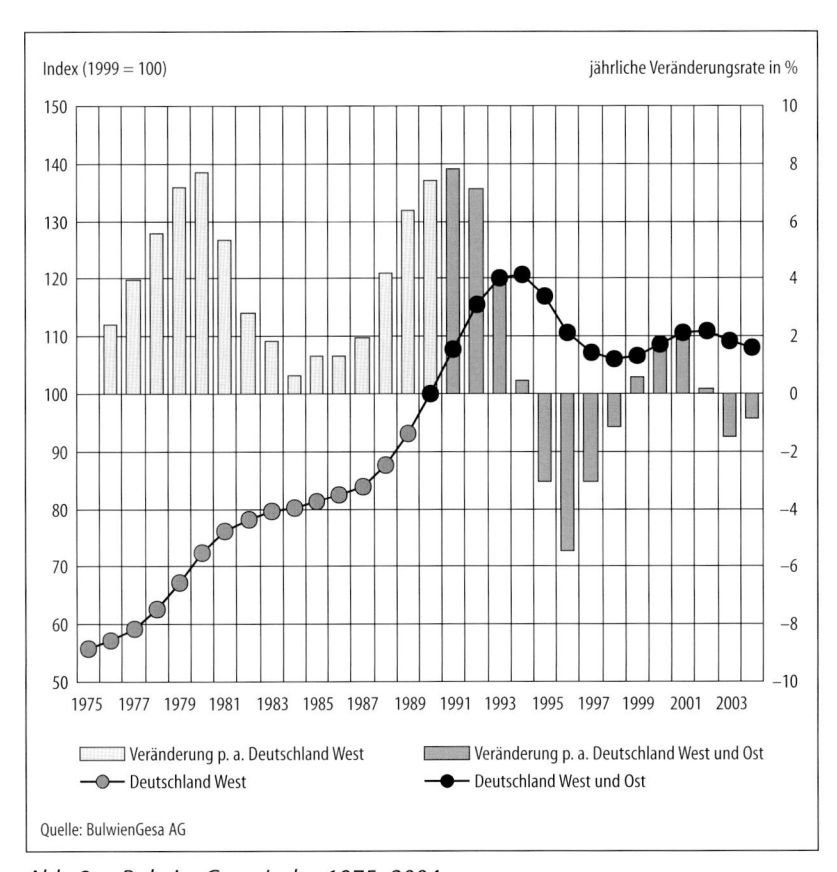

Abb. 2: BulwienGesa-Index 1975–2004

Alternativ bietet der Immobilienindex für Mieten und Preise der BulwienGesa AG, getrennt nach Wohnen und Gewerbe für 125 Städte in Deutschland, eine umfassende Übersicht über die Entwicklungen auf den sektoralen und regionalen Immobilienteilmärkten.

**Zeitspanne von
3 Jahrzehnten**

Mit dem Zeitrahmen von 1975 bis 2004 wird eine Zeitspanne von nahezu drei Jahrzehnten berücksichtigt, die mehrere Konjunktur- und Immobilienzyklen umfasst und in der Immobilienwirtschaft in diesem Detaillierungsgrad nicht vorhanden ist.

Die Qualität dieser Datenbasis wurde erst kürzlich von der Deutschen Bundesbank bestätigt [1]. Sie hat die verschiedenen sowohl amtlichen und halbamtlichen Datenreihen als auch die Veröffentlichungen privater Institutionen einer Prüfung unterzogen. Für die im Rahmen der Europäischen Zentralbank notwendigen internationalen Vergleiche wird sie zukünftig den BulwienGesa-Index verwenden.

Für den Zeitraum von 1975 bis 1990 errechnet sich für das frühere Bundesgebiet eine Zuwachsrate von jährlich 4,2 % pro Jahr, wobei Gewerbe- und Wohnimmobilien etwa ähnliche Wachstumsraten aufweisen. Die Preise für Eigentumswohnungen sind in diesem Zeitraum mit durchschnittlich 3,0 % pro Jahr am geringsten gestiegen, Grundstückspreise für Einfamilienhäuser mit 5,7 % pro Jahr am stärksten.

Von 1975 bis 1981 hatten Wohnimmobilien deutlich höhere Entwicklungsraten als Gewerbeimmobilien. Von 1982 bis 1987 verharrten dann die Wohnimmobilien auf dem erreichten Niveau, während die Gewerbeimmobilien deutlich aufholten.

Von 1989 bis 1993/1994 waren die Immobilienmärkte u. a. vom Wiedervereinigungsboom geprägt. Die Gewerbeimmobilien haben nach dieser Boomphase bis 1998 deutliche Miet- und Preisrückgänge hinnehmen müssen, der Index fiel 1997 auf das Niveau von 1990. Seitdem war eine leichte Erholung des gewerblichen Marktes erkennbar, zeigte aber seit 2002 einen erneuten Rückgang auf. Der Indexwert für 2004 liegt damit mit 93,1 Indexpunkten deutlich unter dem von 1990.

Die Wohnimmobilien haben die „Nach-Boomphase" mit wesentlich geringeren Abschlägen überstanden. So ist seit 1994 eine Öffnung der Schere im Kurvenverlauf zugunsten der Wohnimmobilien erkennbar. 2004 war auch für dieses Segment eine negative Entwicklung festzustellen, sie fällt jedoch mit –0,2 % relativ gering aus.

3.2 Daten zur Standortqualität und -entwicklung

Externe Daten

Die Standortanalyse auf Mikro- und Makroebene (Objektumfeld und regionalwirtschaftliche Rahmenbedingungen) muss dem Umstand gerecht werden, dass der Erfolg einer Immobilieninvestition i. d. R. auf Jahrzehnte von diesen Parametern und ihrer Projektion in die Zukunft abhängig ist, ohne dass sie – wie etwa Flächenstruktur, Betreiberkonzept oder Marketingaufwand – nachträglich beeinflussbar oder korrigierbar sind. Auch hier spielen die Objektivität sowie ein strukturiertes und damit vergleichbares Vorgehen in der Analyse eine Rolle. Es werden in den einzelnen Analysephasen differenzierte Einflussfaktoren auf den Immobilienmarkt und die Standortqualität quantitativ und qualitativ dargestellt. Für die Bewertung der infrastrukturellen, soziodemographischen und ökonomischen Ausgangsbedingungen werden externe, also nicht immobilienmarktrelevante, Daten herangezogen.

Standortmerkmal Mikro-/Makroebene	Beispiele für Daten- und Informationsquellen
Rahmenbedingungen Lage/Verkehr (Verkehrsnetze und Infrastruktur, Lagemerkmale und Gebietsstruktur)	Regionalentwicklungspläne, Bundesamt für Bauwesen und Raumordnung, lokale Wirtschaftsförderung, aktuelle Grundkarte 1 : 5.000
Rahmenbedingungen Soziodemographie (Einwohnerzahl und -entwicklung, Wanderungen, Haushalte, Einkommen)	Statistische Landesämter, Statistisches Bundesamt, GfK, Nürnberg, BEE, Köln
Rahmenbedingungen Regionalwirtschaft (Beschäftigte, Wirtschaftskraft, -struktur, Arbeitsmarkt)	Statistische Landesämter, Statistisches Bundesamt, Hoppenstedt-Verlag, Bundesagentur für Arbeit, lokale Wirtschaftsförderung und IHK

Abb. 3: Aufbau einer Standortanalyse

Amtliche Statistik in Deutschland

Zur amtlichen Statistik zählt man speziell für statistische Arbeiten aus der allgemeinen Staatsverwaltung „ausgelöste" Behörden, wie das Statistische Bundesamt, die Statistischen Landesämter (der Bundesländer) und die Statistischen Ämter der Gemeinden. Hinzu kommen mit Statistiken befasste Behördenteile, d. h., statistische Abteilungen von Ämtern, Behörden usw., die an sich nicht primär für Statistik zuständig sind, wie z. B. die Deutsche Bundesbank, die Bundesagentur für Arbeit.

In der Erstellung der amtlichen Statistik finden Hauptgruppen (Fachserien und Reihen) Berücksichtigung, von denen für den Immobilienmarkt folgende von besonderer Bedeutung sind:

- Bautätigkeit und Wohnungswesen,
- Bevölkerung und Erwerbstätigkeit,
- Unternehmen und Arbeitsstätten,
- Preisindizes,
- Teilsegmente (Tourismus, Verkehr, Gastgewerbe usw.) für Spezialfragen.

Zählungen und Bautätigkeitsstatistik

Informationen über Gebäude- und Wohnungen werden in der amtlichen Statistik aus unterschiedlichen Quellen bereitgestellt. Grundsätzlich kann dabei unterschieden werden zwischen Angaben aus Zählungen bzw. Stichproben und denen aus der Bautätigkeit. Erstere stellen Bestands- und Strukturangaben für Gebäude und Wohnungen sowie zur Wohnsituation von Haushalten für einen bestimmten Zeitpunkt bereit, die zweiten liefern Informationen über das aktuelle monatliche oder jährliche Baugeschehen (Baugenehmigungen, Baufertigstellungen u. Ä.) sowie – auf den Ergebnissen der letzten Zählungen aufbauend und diese fortschreibend – aktuelle Informationen über den Bestand an Gebäuden mit Wohnraum, Wohnungen sowie Raumzahl und Wohnflächen zum Jahresende. Auf der Grundlage der Hochbaustatistik aus dem Jahre 1998 werden die Statistiken der Bautätigkeit durchgeführt. Gegenstand der Bautätigkeitsstatistik sind u. a. Baugenehmigungen und Baufertigstellungen im Hochbau, der Bauüberhang am Jahresende und die Fortschreibung des Wohngebäude- und Wohnungsbestandes.

Weitere regionalwirtschaftliche Datenquellen

Eine der wichtigsten deutschen Instanzen für Fragen der Regionalentwicklung ist das Bundesamt für Bauwesen und Raumordnung (BBR), das sowohl differenzierte Standarddaten zu verschiedenen Aspekten der Regionalentwicklung bereitstellt (aktuelle Daten für Kreise und kreisfreie Städte verschiedener Jahrgänge) [2] als auch Periodika und Aufsätze zu aktuellen, oftmals immobilienmarktrelevanten Themen veröffentlicht. Besonders auf lokaler Ebene gehören zu den weiteren Informationsquellen Wirtschaftsförderungsämter und -gesellschaften, Planungsämter mit Grundsatzpapieren zur Stadt- und Regionalentwicklung sowie Unternehmensdatenbanken (Hoppenstedt-Verlag, Creditreform, IHK). Daneben ist für die regionale Analyse auch volkswirtschaftliche Grundlagenforschung unmittelbar relevant, besonders in Hinblick auf impulsgebende Wirtschaftszweige, Fragen des regionalen Strukturwandels oder demographische Entwicklungsmuster.

3.3 Immobilienmarktdaten: Mieter, Eigennutzer

Im engeren Sinne umfassen Immobilienmarktdaten lokale, auf einen kurzen Zeitraum bezogene Verhältnisse von Angebot und Nachfrage in bestimmten Nutzungssegmenten wie Büro, Einzelhandel oder Wohnen. Dabei stehen die Zyklen von Miet- und Preisniveaus stark im Vordergrund des Interesses. Zum Verständnis der Märkte sind aber die diese Zyklen bedingenden Transaktions- oder Vermietungsvolumina in Relation zu den Flächenbeständen und Neubauangeboten (und zu daraus sich möglicherweise ergebendem Leerstand) mindestens genauso wichtig. Daten- und Informationsquellen für diese nutzungsspezifischen Märkte sind:

Gutachterausschüsse für Grundstückswerte

Besonders fokussierte und leicht zugängliche Immobilienmarktdaten bieten in Deutschland die lokalen Gutachterausschüsse für Grundstückswerte, die die notariell beglaubigten Grundstücks- und Teileigentumsverkäufe aufbereiten, sodass in den Grundstücksmarktberichten eine Marktentwicklung im Zeitverlauf und in den Bodenrichtwertkarten eine lokale Differenzierung von Standortqualitäten bereitgestellt wird. Nachteil ist, dass eine standardisierte Vorgehensweise für Gesamtdeutschland bislang nicht verwirklicht werden konnte. Besonders in Bayern und Baden-Württemberg, zwei Bundesländern mit erheblicher Bedeutung für den deutschen Immobilienmarkt, verhindert die Zuordnung der Gutachterausschüsse zu den Gemeinden (anstatt zu Landkreisen) eine flächendeckend hohe Qualität der Daten.

Fachzeitschriften

Viele Marktdaten und vergleichende Benchmarkdaten zu Detailfragestellungen sind nicht Bestandteil von regelmäßigen Informationsservices, sondern Resultat von wissenschaftlichen Arbeiten, Beratungsprojekten und unternehmensinternen Auswertungen. Printmedien, die Daten solcher Art publizieren, sind u. a. Immobilien Zeitung, Immobilien Manager, Immobilien Wirtschaft, Grundstücksmarkt und Grundstückswert, Der langfristige Kredit, Zeitschrift für Immobilienwirtschaft, Bodenpolitik und Wertermittlung oder Euro Property. Allerdings ist eine systematische Arbeit mit diesen Informationen meistens nur dann möglich, wenn sie systematisch ausgewertet werden und fachlich strukturiert abrufbar sind.

Internetportale

Marktberichte zu sehr stark im Fokus von institutionellen Investoren stehenden Märkten sowie Angebots- und Preisstrukturen in lokalen Wohnungsmärkten können seit wenigen Jahren auch über Internetportale abgerufen werden. Neben kostenpflichtigen Portalen sind die hier aufgeführten Seiten eine Auswahl von qualitativ hochwertigen Angeboten:

- www.immobilienscout24.de,
- www.hvbrealestate.de,
- www.joneslanglasalle.com,
- www.cbre.com,
- www.atisreal.com.

Zeitungsanalysen

Breiter noch als aus Internetangeboten sind vor allem Wohnungsmarktstrukturen ablesbar aus Immobilienanzeigen der Presse: Angebotsvielfalt, Preise, Miethöhe (Ableitung ortsüblicher Entwicklungstendenzen). Daneben sind zur Beurteilung von Investitionspotenzialen und Entwicklungstendenzen von Wirtschaftsregionen wichtig: regionale Tageszeitungen, überregionale Zeitungen und Zeitschriften, Immobilienbeilagen der großen Wirtschaftszeitungen (Frankfurter Allgemeine Zeitung, Handelsblatt, Die Welt und andere).

Direkte Ermittlung von Daten

Eine professionelle Markterhebung basiert zusätzlich zu den Informationen aus Medien und Sekundärquellen auf direkten projektbezogenen Erhebungen, wie der Erstellung einer Wettbewerbsanalyse durch Begehungen, Makler- und Bauherrengesprächen, Flächenaufnahmen (im Einzelhandel) und der Auswertung von Projekt-Exposés. Nachhaltig nutzbare Vergleichsdatenermittlungen über ähnlich strukturierte Projekte/Objekte erfolgen zumeist durch Aufbau von Datenbanken, in die Expertengespräche und Medieninformationen systematisch einfließen.

Zur direkten Ermittlung von Immobilienmarktdaten gehört in sehr detaillierten Arbeiten die systematische Ermittlung von Stärken und Schwächen von Objekten im Wettbewerbsumfeld im Hinblick auf Zielgruppen, Vertragsmodalitäten oder bauliche Abläufe.

Für Immobilien mit besonderem Nutzungsprofil, etwa im Bereich Einzelhandel, Unterhaltung usw., sind darüber hinaus eigene Zielgruppenbefragungen üblich, die systematisch auf der klassischen empirischen Sozialforschung aufbauen.

4. Datenaufbereitung

Wie in den vorangegangenen Abschnitten klar geworden ist, haben sich aus der anfänglichen Datenunterversorgung bei immobilienwirtschaftlichen Themen höchst unterschiedliche Datenquellen entwickelt. So begrüßenswert diese Vielfalt an Datenanbietern auch ist, so ist damit auch ein gravierendes Problem für Benutzer unterschiedlicher Quellen verbunden: Da statistische Institutionen den Immobilienmarkt bei ihrer Analyse weitgehend unberücksichtigt lassen, existieren meist keine allgemein gültigen Definitionen für bestimmte immobilienrelevante Dateninformationen. Dieses Problem wird dadurch verschärft, dass jeder Marktteilnehmer glaubt, sowieso zu wissen, wovon er spricht. Beispielhaft kann dies am gängigen Begriff einer „Spitzenmiete" festgemacht werden:

So versteht der eine hierunter den höchsten Wert, der innerhalb eines Jahres in einer Region für ein bestimmtes Objekt gezahlt worden ist, während der andere hiermit einen Wert verbindet, der die Markttransaktionen der 3 oder 5 % der teuersten Objekte wiedergibt.

Mittlerweile hat sich mit der Gesellschaft für Immobilienwirtschaftliche Forschung gif e. V. eine Vereinigung konstituiert, die sich u. a. für einen wissenschaftlicheren Zugang zu derartigen immobilienrelevanten Themen einsetzt. Daher ist zu erwarten, dass sich diese Probleme in Zukunft zumindest verringern werden.

Vielfalt der Datenqualität

Unabhängig von der definitorischen Problematik muss auch festgehalten werden, dass Datenanbieter mit sehr unterschiedlichen Qualitätsanforderungen, Herangehensweisen und Zielsetzungen agieren. Aus dieser Vielfalt resultiert eine gewisse Unübersichtlichkeit, in der auch der bewanderte Marktteilnehmer leicht die Orientierung zu verlieren droht. Um sich nicht in dieser „Datenwüste" zu verlaufen, ist es zwingend notwendig, sich zunächst klarzumachen, welche Fragestellung man sich von den Dateninformationen zu beantworten hofft, mit Hilfe welcher Informationen dieses Ziel erreicht werden kann sowie welche konkreten Daten diese Informationen enthalten. Hat man sich dahingehend festgelegt, ist zu prüfen, welche alternativen Anbieter derartige Daten zur Verfügung stellen, welches Vertrauen man in die Validität dieser Daten (sprich: des Anbieters) legen kann und schließlich, ob die Qualität den Preisen dafür angemessen ist.

Inkonsistenzen

Doch auch wenn man es vermeiden kann, Daten unterschiedlicher Herkunft zusammen zu verwenden, so ist man vor Inkonsistenzen nicht gefeit. Diese beruhen teilweise auf methodischen Veränderungen bei der Erhebung oder Berechnung von Daten, teilweise beruhen sie auch einfach auf veränderten Beobachtungsobjekten, deren Veränderung die Daten – völlig zu Recht, aber unangenehmerweise für den Researcher – Rechnung tragen.

Die Entwicklung des Bruttoinlandsproduktes in Deutschland im Zeitablauf ist hierfür ein Beispiel.

Hier ist der Grund der Inkonsistenz offensichtlich – durch die Wiedervereinigung entstand quasi zwangsläufig eine absolut gesehen höhere Wirtschaftsleistung. Doch können derartige Besonderheiten auch wesentlich versteckter auftreten, was das Aufspüren deutlich erschwert.

Speziell die Immobilienbranche ist auf Daten angewiesen, die Informationen über relativ eng abgegrenzte Regionen liefert. So nützt einem Wohnungsbaukonzern, der beispielsweise in München eine Investition in der Sparte Geschosswohnungsbau plant, eine Aussage über die zukünftige Haushaltszahl in Deutschland insgesamt wenig. Er ist auf regional disaggregierte Informationen angewiesen, sodass er einen geeigneten Schlüssel finden muss, der regional übergeordnete Informationen möglichst realitätsnah auf die interessierende Aggregationsebene umrechnet.

Datenverwendung

In der Regel interessieren den Akteur auf dem Immobilienmarkt statistische Daten nicht unmittelbar. Stattdessen steht er typischerweise vor Fragestellungen, zu deren Beantwortung er sich von bestimmten Daten eine Hilfestellung verspricht. Nun kann diese von den Daten alleine in den seltensten Fällen geleistet werden. Stattdessen wird üblicherweise ein Datenauswertungsprozess in Gang gesetzt werden müssen, um aus dem Datenmaterial die entsprechende Information herauszufiltern. Die dazu zur Verfügung stehenden Methoden sind fast so vielfältig wie die Art der möglichen Fragestellungen. Daher sollen im Folgenden nur einige Techniken kurz skizziert werden. Dabei ist grundsätzlich zwischen einer Analyse verschiedener Objekte zu einem Zeitpunkt (Querschnittsanalyse), einer Betrachtung eines Objektes im Zeitverlauf (Zeitreihenverfahren) und einer Mischform (Paneldaten) zu unterscheiden.

Querschnittsanalysen

In vielen Fällen beziehen sich die Fragestellungen von Marktteilnehmern auf einen Vergleich von Standorten hinsichtlich bestimmter Merkmale. Im einfachsten Fall könnte das beispielsweise die Erstellung einer Rangliste von Regionen mit besonders hohen Renditen sein.

Meist ist jedoch die Frage- und somit auch die Aufgabenstellung ungleich komplexer und erfordert dementsprechend auch fortgeschrittenere Techniken. Möchte man etwa Mietzuwachspotenziale für einzelne Standorte anhand von statistischen Daten ermitteln, so kann man versuchen, mit einem ganzen Kranz an Informationen Gesetzmäßigkeiten zur Bestimmung von Miethöhen zu modellieren und daraus für jeden Standort Zuwachsmöglichkeiten oder Preisüberhänge abzubilden. Hierfür sind Korrelationsrechnungen oder – im multivariaten Fall – statistische Regressionen notwendig, die allerdings einer tiefer gehenden Beschäftigung mit der Materie bedürfen.

Eine andere Herangehensweise an die oben skizzierte Frage der Mietzuwachspotenziale stellt die Einführung eines Scoringmodells dar, das ebenfalls eine Anzahl von Informationen bündeln und bewerten möchte, um zu einer Aussage zu gelangen. Der Unterschied zur oben dargestellten Methode besteht darin, dass hier die Bewertung der Einzelinformationen nicht automatisiert im Rahmen des Modells erfolgt, sondern von außen (vom Anwender) kommen muss.

Längsschnittanalysen (Zeitreihenverfahren)

Oft sind immobilienwirtschaftliche Fragestellungen zukunftsgerichtet, haben also eine zeitliche Dimension. Hier liegt es nahe, die Entwicklung eines Objektes im Zeitablauf zu untersuchen. Die schon angesprochene aktuelle Position eines Immobilienmarktes im Marktzyklus ist eine klassische Anwendung dafür. Schon der Begriff des Zyklus unterstellt ja ein Marktverhalten, das aus sich selbst heraus wiederkehrende Verhaltensmuster der Marktteilnehmer generiert (vgl. auch Kapitel A1). Falls es solche Gesetzmäßigkeiten gibt, können sie durch die Analyse des Verlaufes einer Größe, etwa der Entwicklung der Spitzenmiete für Büroraum in Frankfurt City, um bei dem bekannten Beispiel zu bleiben, erkannt werden.

5. Mängel aktuell genutzter Daten

Einige Hinweise auf die wichtigsten Mängel deutscher Immobilienmarktdaten sollen hier gleichzeitig den jeweiligen zulässigen Kontext ihrer Anwendung und ihre Grenzen aufzeigen.

Investmentmarkt Die Investmentmarktberichte für die deutschen Immobilienmärkte sind stark fokussiert auf die maximal sechs oder sieben wichtigsten Großstadtregionen. Sowohl die Großstadtlastigkeit des DIX als auch die Arbeit der großen gewerblichen Maklerhäuser in diesen Städten lassen z. B. durchaus beobachtbare Renditeveränderungen (Nettoanfangsrendite) im Marktzyklus für zweitklassige Immobilien, wie Shoppingcenter oder Bürokomplexe in Randlagen oder kleineren Städten, kaum in publizierten Daten erkennbar werden. Oftmals sind die Märkte schlicht zu klein, um aus Einzeltransaktionen Trends für einen lokalen Markt abzuleiten. Gleichzeitig stammen die Angaben über Renditen oder Vervielfacher in kleineren Märkten zumeist aus wenig professionellen Quellen.

Abhilfe wird dem Problem mit deutschen Renditedaten lediglich eine weithin praktizierte Veröffentlichung von Transaktionsdaten bringen, wie sie in Großbritannien und den USA üblich ist.

Neben dem aktuellen Niveau sind sowohl Zeitreihen zu Renditen noch ungenau als auch Renditeangaben zu besonderen Typen von Immobilien, wie z. B. unterschiedlich strukturierten Fachmarktzentren, verschiedenen Bürogebäudetypen usw. Lediglich Institutionen mit großen Datenmengen wie die DID können diesem Mangel langfristig Abhilfe schaffen.

Standortqualität In der amtlichen Statistik ist der größte Mangel auf unabsehbare Dauer die Zeitnähe der Daten sowie oftmals eine mangelnde Regionalisierung etwa auf Stadtteil- oder Gemeindeebene. Eine Alternative und Ergänzung können hier langfristig von Unternehmen erhobene Daten sein, wie sie etwa heute schon von der Gesellschaft für Konsumforschung (Einzelhandel), der Deutschen Telekom (Haushalte) oder Anbietern von Daten zu geplanten Bauprojekten angeboten werden.

Zu berücksichtigen sind besonders für Laien abweichende Definitionen und Interpretationen etwa in der Bevölkerungsstatistik (Haupt- und Nebenwohnsitze, wohnberechtigte Bevölkerung, Einwohner in Privathaushalten – Strukturmerkmale der Haushaltsdefinitionen). Auch Beschäftigtendaten werden nur hilfsweise über die Erfassung der sozialversicherungspflichtig Beschäftigten ermittelt, wobei Selbstständige, mithelfende Familienangehörige, Beamte (einschließlich Richter und Soldaten) sowie Geistliche nicht berücksichtigt sind. Für die Bestimmung von Marktvolumina in absoluten Größenordnungen sind hier ergänzende Schätzungen weiterhin notwendig und zulässig.

Mietermarkt Daten über erfolgte Bürovermietungen, Neubelegung von Einzelhandelsflächen oder etwa Wohnungsleerstände haben in den vergangenen Jahren stark an Qualität gewonnen. Damit verbunden ist auch hier jedoch wieder das Problem der Zuverlässigkeit langer Zeitreihen. Datenreihen über Vermietungsleistungen sind nicht nur in Deutschland, sondern auch in einem sehr reifen und transparenten Immobilienmarkt wie Großbritannien lange Zeit, vermutlich bis in die frühen 90er Jahre, untererfasst worden. Dies ist zu beachten bei Korrelationen mit zuverlässigeren Reihen etwa aus der volkswirtschaftlichen Gesamtrechnung.

6. Künftige Entwicklung bei deutschen Immobilienmarktdaten

Internationale Standards

Ein sehr wichtiger erkennbarer Trend ist die immer breitere Anwendung von internationalen Standards und Methodiken bei Immobilienmarktdaten in Deutschland. Sowohl die Investment Property Datenbank mit ihren Tochterunternehmen in europäischen Ländern als auch die international tätigen Beratungs- und Maklerhäuser stellen die zuverlässige und direkte Vergleichbarkeit von Immobilienmärkten in unterschiedlichen Ländern stark in den Vordergrund. Auf der Basis der Standortforschung, die sich stärker als der Investment- und Mietermarkt auf statistische Daten stützt, ist dieser Prozess der Harmonisierung zäher.

Mit zunehmender Verfügbarkeit von Marktdaten wird gleichzeitig aber auch die Frage nach der Validität der Daten ernster genommen. Die intelligente Zusammenführung und Verknüpfung von Immobilienmarktdaten mit zahlreichen anderen Daten aus anderen volkswirtschaftlichen Bereichen ermöglicht erst die Modellierung von Prognosen und Szenarien (vgl. weiterführend Kapitel A7). Dies ist ein Feld, das sich im deutschen Immobilienmarkt sehr schnell etablieren wird.

Dass der typische zyklische Verlauf von Immobilienmärkten durch zunehmenden Dateneinsatz und durch wachsende Transparenz des Marktes künftig weniger stark volatil sein wird, bleibt zu wünschen. Angesichts der Vielzahl von Faktoren, die sowohl auf die Mieter- als auch auf die Investmentmärkte wirken, ist dieses Szenario jedoch eher unwahrscheinlich. Auch der deutliche Nachfragerückgang bei Gewerbeimmobilien in den Jahren 2001 bis 2004, der deutlich dokumentiert war, hätte ein Nachlassen des Investmentinteresses bewirken müssen – der Anlagedruck erwies sich indes als stärkere Kraft.

7. Literaturverzeichnis

[1] Deutsche Bundesbank (Hrsg.): Monatsbericht September 2003, Frankfurt/M. 2003, S. 39.

[2] Bundesamt für Bauwesen und Raumordnung (Hrsg.): Berichte, Aktuelle Daten zur Entwicklung der Städte, Kreise und Gemeinden, verschiedene Jahrgänge.

7 Prognoseverfahren und ihre Grenzen

Martin Wernecke

Inhaltsverzeichnis

1.	**Einleitung**	126
2.	**Prognosearten und Eignungskriterien**	128
2.1	Punkt-, Bandbreiten- und Wendepunktprognosen	128
2.2	Klassifikation der Methoden	129
2.3	Eignungskriterien	131
3.	**Zeitreihenmodelle**	132
3.1	Definition und Notation	132
3.2	ARIMA-Modelle	133
3.3	Stochastische Strukturmodelle	135
4.	**Ökonometrische Strukturgleichungsmodelle**	139
4.1	Prinzip und Aufbau	139
4.2	Beispiel für ein ökonometrisches Prognosemodell für Deutschland	140
4.3	Fallstudie: Vereinfachtes ökonometrisches Zyklenmodell	141
4.4	Grenzen ökonometrischer Prognosen	142
5.	**Qualitative Verfahren**	142
5.1	Abgrenzung zu quantitativen Ansätzen	142
5.2	Subjektive Einschätzung	144
5.3	Expertenbefragung	144
5.4	Szenarioanalyse	145
5.5	Historische Analogien	146
5.6	Standort- und Marktanalyse	147
6.	**Synthese in einer dokumentierten Projektion**	147
6.1	Hintergrund	147
6.2	Vorschlag für den inhaltlichen Aufbau	147
7.	**Zusammenfassung**	149
8.	**Literaturverzeichnis**	150

1. Einleitung

Abgrenzung der Ansätze

Dieses Kapitel gibt einen Einblick in verschiedene Prognoseverfahren, wobei der Schwerpunkt in der Abgrenzung der Ansätze und der Beantwortung der Frage liegt, ob und wie zyklische Schwankungen Bestandteil von Vorhersagen sein können. Der Bedarf an Prognosen ergibt sich aus der Natur von Investitionsentscheidungen, die immer auf der Basis von unsicheren Zahlungs- bzw. Renditeerwartungen getroffen werden müssen.

Fraglich ist grundsätzlich, ob eine Immobilienmarktprognose überhaupt möglich ist. Auf die analoge Frage nach der prinzipiellen Möglichkeit einer Konjunkturprognose antwortet Tichy mit der Forderung nach der Erfüllung folgender Bedingungen:

- Es existiert eine gesicherte Konjunkturtheorie (hier: für den Immobiliensektor) und

- die endogenen Fortpflanzungsmechanismen haben mehr Gewicht als die „zwangsläufig kaum erfassbaren Anstöße von außen" [1].

Für den Immobilienmarkt ist die erste Forderung bislang nur in Ansätzen erfüllt (ein Beitrag für ein besseres Verständnis der konjunkturellen Einbindung des Immobilienmarktes am Beispiel des Büroimmobilienmarktes liegt vor [2]). Und die Frage, ob exogene oder endogene Faktoren bei der Ausbildung von Immobilienzyklen in Zukunft überwiegen werden, lässt sich nicht mit Sicherheit beantworten. Fest steht aber immerhin, dass der überwiegende Teil der endogenen Mechanismen, die für die Fortpflanzung exogen verursachter Zyklen verantwortlich sind, auch zukünftig wirksam bleiben wird. Dies gilt nach den Erkenntnissen der Verhaltensökonomie, die in Kapitel A3 bis A5 vorgestellt wurden, sogar auch für viele vom Postulat des rationalen Akteurs abweichende Verhaltensmuster.

Notwendigkeit von Prognosen für Immobilieninvestitionsentscheidungen

Für Immobilieninvestitionsentscheidungen werden Prognosen benötigt, und zwar umso dringender, je unsicherer die Marktlage ist. Greb stellt hierzu fest: „Der Grund für falsche Prognosen liegt nicht zuletzt darin, dass sie in aller Regel dann gefragt sind, wenn die Unsicherheit der Einschätzung zukünftiger Entwicklungen besonders groß ist." [3] Daher wird oft die steigende Unsicherheit für die wachsende Nachfrage nach Prognosen verantwortlich gemacht. Beim Erwerb beispielsweise einer Büroimmobilie sind die durch Mietverträge festgelegten zukünftigen Zahlungen in Abhängigkeit von der Bonität der Mieter einigermaßen sicher, die weitere Ertrags-, Kosten- und Wertentwicklung sowie die steuerlichen Rahmenbedingungen dagegen nicht. Diese Unsicherheit steigt mit wachsendem Betrachtungshorizont. Rottke und Wernecke vertreten die These, dass Prognosen deshalb nicht über einen Zeitraum von mehr als fünf Jahren abgegeben werden sollten, da dieser Bereich angebotsseitig noch einigermaßen absehbar sei [4]. Diesem Vorsichtsargument ist der Bedarf entgegenzuhalten: Für Immobilieninvestitionsrechnungen werden explizite Prognosen für den gesamten Betrachtungshorizont unter Einschluss zyklischer Einflüsse benötigt [5]. Wer diese nicht abgeben bzw. übernehmen möchte, kann auch keine Investitionsrechnung durchführen.

		Vorhersagbarkeit: „Sind Zyklen prognostizierbar?"				
		gut	kurz- bis mittelfristig	kurzfristig	kaum	gesamt
Chance/Risiko: Ich sehe in Immobilienzyklen …	… zunächst Chancen	1	7	–	1	9
	… eher Chancen	5	8	1	4	18
	… Chancen und Risiken	6	38	17	16	77
	… eher Risiken	–	5	1	1	7
	… zunächst Risiken	–	1	–	1	2
	gesamt	12	59	19	23	113

Quelle: Wernecke, M./Rottke, N./Holzmann, C.: Incorporating the real estate cycle into management decisions – Evidence from Germany, in: Journal of Real Estate Portfolio Management, Vol. 10, Nr. 3, 2004, S. 182

Abb. 1: Prognostizierbarkeit und Chancen-Risiko-Relation

Die hohe Bedeutung von Prognosen für die Immobilienwirtschaft lässt sich statistisch belegen. Abbildung 1 zeigt die Ergebnisse einer Befragung von Marktteilnehmern zu ihrer Einschätzung in Bezug auf Prognostizierbarkeit und die Chancen-Risiko-Relation von Immobilienzyklen. Im Wesentlichen scheint in der Praxis gegenüber beiden Aspekten vorsichtiger Optimismus zu bestehen – darüber hinaus lässt sich ein Zusammenhang zwischen Bewertung der Prognostizierbarkeit und der Einstellung gegenüber Chancen und Risiken von Zyklen erkennen: Je positiver die Einstellung gegenüber der Prognosemöglichkeit ist, desto eher überwiegt auch die Meinung, dass die sich aus Immobilienzyklen ergebenden Chancen die Risiken überwiegen. Ein einseitiger Signifikanztest der Korrelation zwischen der Bewertung der Prognostizierbarkeit und der Einstellung gegenüber dem Chancen- und Risikoverhältnis, der mit Hilfe des Spearman-Korrelationskoeffizienten durchgeführt wurde, ist signifikant auf dem 5%-Niveau [6].

Kritischer Überblick

Die nachfolgenden Ausführungen bieten einen kritischen Überblick über verschiedene Prognoseverfahren. Dabei finden zyklische Schwankungen und ihre Integration besondere Berücksichtigung. In Abschnitt 2 wird zunächst eine einfache Klassifizierung der Verfahren vorgenommen und eine Reihe von Kriterien werden vorgestellt, die Immobilienmarktprognosen erfüllen sollten. In Abschnitt 3 und 4 werden als Vertreter der quantitativen Verfahren reine Zeitreihenmodelle und ökonometrische Modelle vorgestellt, in Abschnitt 5 eine Auswahl qualitativer Methoden. Wegen der unterschiedlichen Vor- und Nachteile werden für Entscheidungen idealerweise die Ergebnisse mehrerer Prognosen berücksichtigt. Abschnitt 6 zeigt den Ansatz für eine dokumentierte Projektion, welche die nachvollziehbare Gestaltung dieser Zusammenführung gewährleisten soll. Abschließend werden die Ergebnisse dieses Kapitels zusammengefasst.

2. Prognosearten und Eignungskriterien

2.1 Punkt-, Bandbreiten- und Wendepunktprognosen

Differenzierung nach Art der Vorhersage

Zunächst lassen sich verschiedene Prognosearten nach der Art der Vorhersage unterscheiden. Eine Punktprognose liefert einen Erwartungswert für die betrachtete Variable in Bezug auf genau festgelegte Zeitpunkte. Solche Punktprognosen werden beispielsweise in der Investitionsrechnung benötigt.

Bei einer Bandbreitenschätzung wird neben dem erwarteten Wert noch ein Wertebereich angegeben, innerhalb dessen sich die Prognosegröße mit einer bestimmten Wahrscheinlichkeit, der sog. Konfidenz, bewegt. Diese Bandbreite kann in Risikoanalysen für „Worst-Case-/Best-Case"-Szenarien genutzt werden.

Eine noch allgemeinere Form der Prognose stellt die Vorhersage von Wendepunkten dar – hier geht es nicht mehr um Werte, sondern um den Zeitpunkt, für den eine Änderung einer bestehenden Bewegungsrichtung erwartet wird. Implizit wird dabei die Ausbildung zumindest mittelfristig fortbestehender Trends unterstellt. Wendepunktprognosen eignen sich beispielsweise zum Timing des optimalen Starts eines Neuprojekts.

2.2 Klassifikation der Methoden

Formalisierungsgrad und Datenniveau

Es existiert eine Fülle unterschiedlicher Prognosemethoden, welche sich prinzipiell für die Immobilienmarktprognose eignen. Für eine einfache Klassifizierung dieser Methoden eignen sich zwei Merkmale: der Formalisierungsgrad und das Datenniveau der in das Verfahren eingehenden Informationen. Je formalisierter ein Verfahren ist, desto geringer ist der subjektive Einfluss des Prognostikers auf seine Durchführung, wodurch zumindest theoretisch eine Objektivierung erreicht wird. Und die Höhe des Datenniveaus entscheidet u. a. über den Bedarf an quantitativ erfassten Zeitreihen, deren Mangel in Bezug auf den Immobilienmarkt eine wichtige Einschränkung darstellt.

In Abbildung 2 wird eine Einstufung wichtiger Verfahren nach diesen zwei Kriterien graphisch dargestellt. Als Pole stehen sich dabei die reinen Zeitreihenmodelle und die subjektive Einschätzung gegenüber. Die Gründe für die Einordnung der in diesem Kapitel besprochenen Verfahren werden im Weiteren noch angesprochen, deshalb erfolgt hier nur eine kurze Diskussion der nicht weiter behandelten Verfahren.

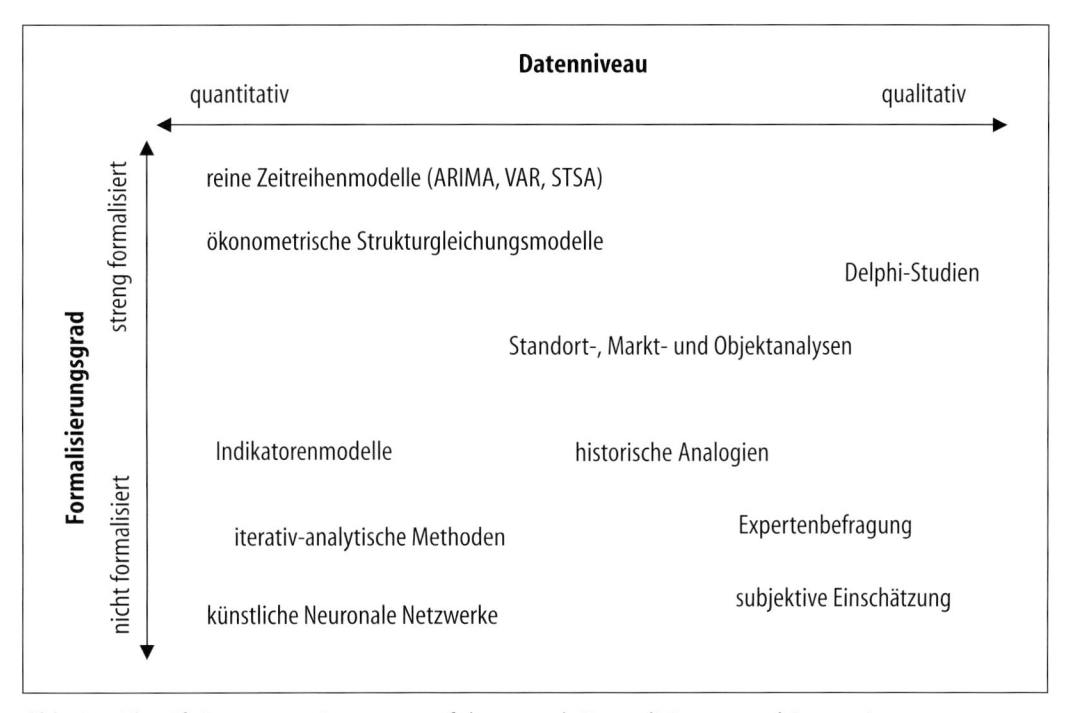

Abb. 2: Klassifizierung von Prognoseverfahren nach Formalisierung und Datenniveau

Künstliche neuronale Netzwerke

Künstliche neuronale Netzwerke (KNN) sind der Versuch, die biologische Funktionsweise des Gehirns durch Simulation von Neuronen und Synapsen nachzuahmen. Dabei wird wie bei einer Regression der Versuch unternommen, Eingangs- und Ausgangsdaten aufeinander abzubilden. Dies geschieht rein quantitativ, die Art und Weise, wie ein KNN in Abhängigkeit von einer Problemstellung aufgebaut wird, ist nicht formalisiert.

Abgesehen von dieser Schwäche könnten KNN durch geeignete mathematische Transformationen von ökonometrischen und Zeitreihenmodellen ersetzt werden, weshalb auf sie nicht weiter eingegangen wird. Ebenfalls nicht näher beleuchtet werden die iterativen Verfahren und die Indikatorenmodelle. Bei den iterativen Verfahren wird aus einem nicht durchgehend formalisierten Marktmodell heraus ein argumentativer Schluss in die Zukunft gezogen. Indikatorenmodelle stützen sich auf den temporären Zusammenhang auch kausal verbundener Indikatoren, mit dessen Hilfe insbesondere auch Wendepunkte prognostiziert werden sollen. Häufig werden diese Prognosen mit Hilfe eines Modells aus Gesamtindikatoren erstellt, ohne dass verschiedene Interdependenzen mathematisch ausformuliert sein müssen. Indikatorenmodelle sind insbesondere in der Konjunkturprognose weit verbreitet. So basiert beispielsweise der seit 1989 publizierte Frankfurter-Allgemeine-Zeitung-Konjunkturindikator auf dem Indikatorenmodell.

Besonderheit durch Zeitwertbetrachtung Im Zusammenhang mit der Bewertung von Prognosen für Investitionsrechnungen entsteht eine Besonderheit durch die Zeitwertbetrachtung: Mit steigendem Prognosehorizont nimmt zwar einerseits ihre Güte schnell ab, andererseits sinkt durch die Abdiskontierung von aus Prognosen abgeleiteten Erwartungswerten die Auswirkung dieser Unsicherheit [7]. In Abbildung 3 wird dieser Zusammenhang graphisch veranschaulicht.

Die gepunktete Kurve zeigt den Barwert eines festgelegten Geldbetrages in Abhängigkeit vom Zeithorizont. Durch die Abzinsung entsteht ein asymptotischer Verlauf. Als durchgehende Kurve wird die Prognosegüte idealisiert dargestellt.

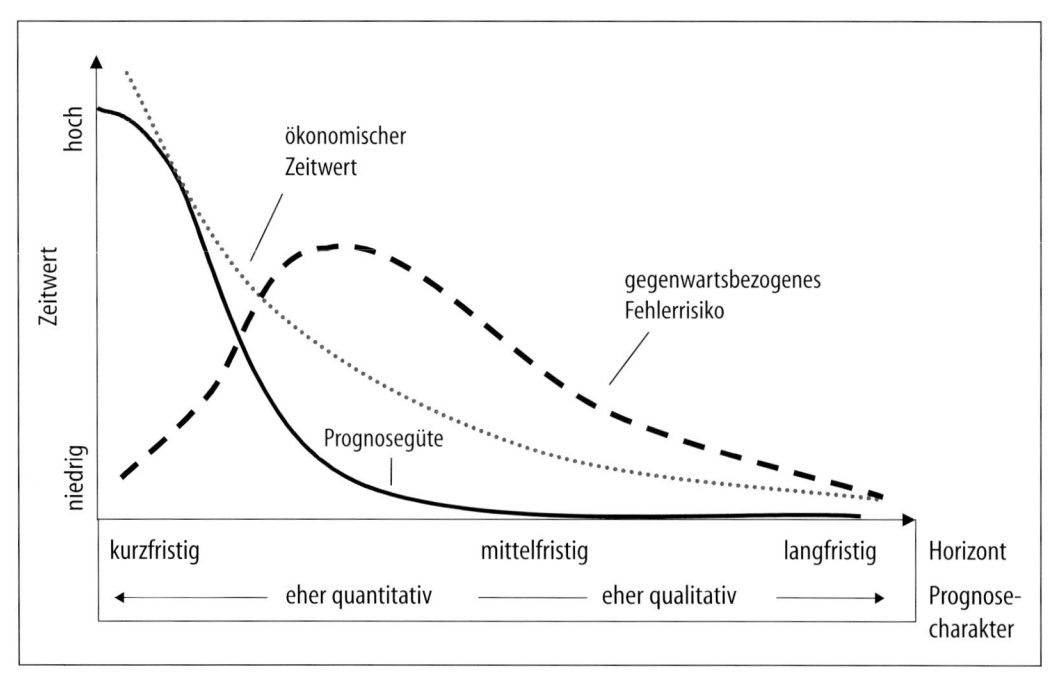

Abb. 3:   Prognosehorizont, Zeitwert und gegenwartsbezogenes Fehlerrisiko

Für das Verständnis wird hier keine explizite Definition für die Prognosegüte benötigt. Ein möglicher Güteindikator wäre der Kehrwert des erwarteten Prognosefehlers RMSE [8]. Im kurzfristigen Bereich nimmt sie bedingt durch die relativ gute angebotsseitige Abschätzbarkeit noch relativ langsam, dann aber sehr schnell ab, weil die endogenen Einflüsse nicht mehr fortbestehen. Daraus ergibt sich, dass bei der Prognose der regelmäßigen Ein- und Auszahlungen besondere Sorgfalt auf den kurz- und mittelfristigen Bereich aufgewendet werden sollte.

2.3 Eignungskriterien

Zur Beurteilung der Eignung der besprochenen Prognosemethoden werden folgende Kriterien festgelegt:

Beurteilung der Eignung

- Stabilität: Hierunter versteht man die Eigenschaft, dass prognostizierte Werte immer innerhalb ökonomisch sinnvoller Grenzen liegen. So dürfen viele Größen, wie beispielsweise die Bautätigkeit, nicht negativ oder unrealistisch hoch werden. Gerade dynamische Modelle neigen bei bestimmten Parameterkonstellationen aber zur Instabilität.

- Praktikabilität und Verständlichkeit: Dieses Kriterium dient dem Ausschluss von Verfahren, die von vorneherein nur Spezialisten zugänglich sind und deren Ergebnisse aus Sicht des Empfängers (i. d. R. des Praktikers) nicht nachvollziehbar sind (Vermeidung einer „Black Box") [9].

- Gute Performance-Historie: Ein Prognoseverfahren sollte wenigstens über eine gute Performance-Historie verfügen, wenn man schon nichts über seine zukünftige Qualität sagen kann. Zur Bewertung der historischen Performance gibt es eine Reihe von Verfahren. In der Regel werden dabei die vergangenen Prognosen des zu bewertenden Modells mit den Ergebnissen einer einfachen Referenzmethode, beispielsweise der naiven Prognose in Form einer „No-change"- oder „Same-change"-Prognose, verglichen. Ein verbreiteter Maßstab ist der sog. Theilsche Ungleichheitskoeffizient (oder U-Statistik). Eine U-Statistik < 1 bedeutet eine bessere relative Performance als das alternative naive Modell, U > 1 eine schlechtere Performance [10].

- Ein weiteres Kriterium ergibt sich aus dem Thema dieses Handbuches: Das betrachtete Verfahren muss in der Lage sein, zumindest im kurzfristigen Bereich zyklische Schwankungen zu integrieren. Dies impliziert u. a. die grundsätzliche Eignung für Wendepunktprognosen. Auch für die Güte von Wendepunktprognosen gibt es spezielle Teststatistiken, z. B. die Wendepunktfehlerquote 1. Art (Anteil der nicht eingetroffenen Wendepunkte an allen vorhergesagten Wendepunkten), die Wendepunktfehlerquote 2. Art (Anteil der prognostizierten Wendepunkte, an den tatsächlich aufgetretenen) und die Trefferquote (Anteil der richtig erfassten Entwicklungstendenzen an allen Prognosen) [11]. Eine in diesem Sinne geeignete Methode darf sich daher beispielsweise nicht auf reine lineare Extrapolationen beschränken.

Dieser Kriterienkatalog entspricht bis auf die Forderung nach Integration zyklischer Schwankungen dem von Harvey, der sich diesbezüglich auf breite Anerkennung in der ökonometrischen Literatur beruft [12].

3. Zeitreihenmodelle

3.1 Definition und Notation

Univariate Zeitreihenanalyse

Eine univariate Zeitreihe der Länge T ist eine Liste von Beobachtungen einer einzelnen variablen Größe y zu T verschiedenen Zeitpunkten. Die einzelne Beobachtung wird mit y_t abgekürzt, wobei t ein Zeitindex ist (t = 1, 2, ..., T).

Bei der univariaten Zeitreihenanalyse ist es das primäre Ziel, die Haupteigenschaften der Zeitreihe zu extrahieren und Zufallselemente („Rauschen", engl. „noise") zu entfernen, die den Blick auf das Gesamtbild stören. Die Rauschentfernung kann mit oder ohne explizites statistisches Modell des zugrunde liegenden Daten erzeugenden Prozesses geschehen. Geschieht diese ohne statistisches Modell, wird das Verfahren in Anlehnung an Harvey als Ad-hoc-Verfahren bezeichnet [13]. Zu den Ad-hoc-Verfahren gehören gleitende Durchschnittsmethoden, wie der exponentielle gleitende Durchschnitt oder der Hodrick-Prescott-Filter, aber auch die einfache lineare und nicht lineare Zeitregression.

Im Verlauf des Kapitels B3 „Immobilieninvestition" soll eine Integration des Wissens um Immobilienzyklen in die Investitionsanalyse erfolgen. Zur Investitionsanalyse gehört neben der reinen Investitionsrechnung auch die Risikoanalyse, für die Annahmen über die stochastischen Eigenschaften der betrachteten Variablen getroffen werden müssen. Das Treffen solcher Annahmen wird von den Ad-hoc-Verfahren wegen des fehlenden statistischen Modells nicht unterstützt. Daher werden diese Verfahren im Folgenden nicht weiter betrachtet. Stattdessen werden zwei wichtige Vertreter der stochastischen Modelle, nämlich die Familie der ARIMA-Verfahren und stochastische Trendmodelle, vorgestellt.

Fehlendes theoretisches Fundament

Die Ergebnisse der Zeitreihenanalyse werden häufig zur Erstellung von Prognosen genutzt. Dabei wird unterstellt, dass der zugrunde liegende Prozess sich so fortsetzt, wie er es in der Vergangenheit getan hat [14]. Dieses Vorgehen wird häufig kritisiert, weil im Gegensatz zu den ökonometrischen Modellen Zeitreihenmodelle kein theoretisches Fundament besitzen und die Vorhersagen nicht aus einer Kausalkette ableiten können. Stattdessen stützt sich die Prognose auf nichts anderes als die Zeitreihenwerte der Vergangenheit selbst. Da die Zukunft dazu tendiert, anders zu sein als die Vergangenheit, stellt sich die Frage nach dem Sinn einer reinen Zeitreihenprognose.

Ein wichtiges Argument zugunsten der Zeitreihenprognose nennt Harvey: „Prediction from a univariate model is naïve in the sense that it is just an extrapolation of past movements. Nevertheless it is often quite effective and it provides a yardstick against which the performance of more elaborate models may be assessed." [15] Ihre Effektivität im Sinne von Einfachheit und Genauigkeit war einer der Gründe, warum ARIMA-Modelle in den 70er Jahren bei der kurzfristigen Konjunkturprognose sehr populär wurden – im Gegensatz zu den teilweise riesigen ökonometrischen Modellen der 60er Jahre, die ungeachtet ihrer theoretischen Brillanz sehr unbefriedigende Ergebnisse lieferten.

Ein anderes Argument bezieht sich auf die reichhaltige theoretische und statistische Fundierung des Phänomens von Immobilienzyklen. Ihre Essenz besteht in der Erkenntnis, dass Immobilienmärkte dazu tendieren, auf externe Störungen mit zyklischen Fluktuationen zu reagieren. Die Extrapolation von – eventuell gedämpften – zyklischen Schwankungen um einen geschätzten längerfristigen Entwicklungspfad hat somit eine theoretische Fundierung. Mit entsprechend vorsichtiger Bewertung kann die Extrapolation deshalb nach Meinung des Autors ein wichtiger quantitativer Hinweis sein.

Immobilienmärkte reagieren mit zyklischen Schwankungen

3.2 ARIMA-Modelle

Die Abkürzung ARIMA steht für „Autoregressive Integrated Moving Average", ARMA für „Autoregressive Moving Average". Ein ARMA(p, q)-Prozess ist definiert als

$$y_t = \Phi_1 y_{t-1} + \ldots \Phi_p y_{t-p} + \varepsilon_t + \theta_1 \varepsilon_{t-1} + \ldots + \theta_q \varepsilon_{t-q},$$

wobei ε_t für die Realisation einer normal verteilten Zufallsvariablen mit einem Mittelwert von 0 und einer Varianz von σ^2_ε zum Zeitpunkt t steht. Die Parameter Φ_1 bis Φ_p stellen den autoregressiven (selbstbezüglichen) und θ_1 bis θ_q den gleitenden Durchschnitt (Moving Average) dar. Ein ARIMA(p, d, q)-Prozess kann durch d-maliges differenzieren in einen ARMA(p, q)-Prozess transformiert werden, wobei d den sog. Integrationsgrad bezeichnet.

Die Klasse der ARIMA-Modelle wurde von Box und Jenkins in einer Reihe von Veröffentlichungen in den 60er Jahren entwickelt und in ihrem Standardwerk von 1976 detailliert beschrieben [16].

ARIMA-Modelle stellen ein Rahmengerüst für eine weite Klasse von Zeitreihen auf und werden verbreitet für kurz- und mittelfristige ökonomische Prognosen verwendet. Dabei hat die Tatsache, dass sie auf einem explizit formulierten statistischen Modell basieren, viele willkommene Implikationen – sowohl für den Modellierungsprozess als auch für die anschließende Verwendung der Ergebnisse für Prognosen und Simulationen. Die Parameter Φ_1 bis Φ_p und θ_1 bis θ_q sind zwar konstant, die integrierte Zeitreihe kann sich aber während ihres Verlaufes entwickeln und bekannte Muster, wie Trends und Zyklen, enthalten [17].

ARIMA-Modelle als Rahmengerüst

Die Modellierungsstrategie zielt darauf ab, für die gegebene Zeitreihe einen geeigneten ARIMA-Prozess zu finden. Dieser Vorgang besteht aus vier Schritten:

- Identifikation,
- Parameterschätzung,
- Diagnose,
- (ggf.) Anpassung [18].

Die Identifikation besteht in der Auswahl geeigneter Werte für die drei Hauptparameter eines ARIMA-Modells: die Ordnung des autoregressiven Teils p, die Ordnung des gleitenden Durchschnittsteils q und den Integrationsgrad i. Es gibt mehrere Methoden, um Hypothesen auf verschiedene Integrationsgrade zu prüfen. Dazu gehören der Augmented-Dickey-Fuller- und der Phillips-Perron-Test. Box und Jenkins haben außerdem standardisierte Vorgehensweisen für die Auswahl der AR- und MA-Komponenten vorgeschlagen. Diese beruhen auf der Analyse der Autokorrelationsfunktion und der partiellen Autokorrelationsfunktion der Zeitreihe [19].

Maximum-Likelihood-Methoden

Die Parameterschätzung eines spezifizierten Modells findet normalerweise über Maximum-Likelihood-Methoden statt. Bei diesen Verfahren werden iterativ Werte für Parameter und Hyperparameter gesucht, bei denen die Wahrscheinlichkeit für das Auftreten der vorliegenden Zeitreihe maximal ist. Als Hyperparameter werden neben den eigentlichen Gleichungsparametern zu bestimmende Größen, wie beispielsweise die Varianz der Störterme, bezeichnet.

Bei der Diagnose werden die Signifikanz der Parameter, der „Fit" der gesamten Gleichung, die Normalitätseigenschaften der Residuen und die Qualität von In-sample-predictions geprüft. Allerdings ist es grundsätzlich immer möglich, für eine gegebene Zeitreihe mehrere Spezifikationen zu finden, die sogar ähnliche Diagnoseergebnisse erzielen. Dies bedeutet, dass man leicht eine falsche Modellspezifikation wählen kann. Harvey und Todd geben Beispiele für ungeeignete Modellspezifikation durch Überparametrisierung und Überdifferenzierung [20].

Ein weiterer Nachteil liegt in der Tatsache begründet, dass die Parameter keine intuitive Interpretation zulassen. Ohne Transformation ist es in den meisten Fällen unmöglich, visuell unterscheidbare Komponenten, wie Trends oder Zyklen, zu identifizieren. In der Konsequenz bedeutet dies, dass eine gegebene ARIMA-Gleichung für den Praktiker keine Information bereitstellt – außer der, dass sie den Verlauf der Zeitreihe gut abbildet.

Erwartungswert 0

Bei der Prognose werden alle zukünftigen Störterme auf ihren Erwartungswert 0 gesetzt. Deshalb hat die MA-Komponente als gleitender Durchschnitt nach einigen Perioden keinen weiteren Einfluss auf den prognostizierten Verlauf. Entscheidend sind dann die Parameter des AR-Teils, welche je nach Ausprägung dazu führen, dass die zukünftigen Werte

- einseitig oder oszillierend gegen einen Grenzwert konvergieren oder
- einseitig bzw. oszillierend eskalieren.

Für Zwecke der Risikosimulation können die zukünftigen Störterme durch Zufallsstichproben erzeugt und in die Zeitreihengleichung eingesetzt werden. Die sich ergebenden Werte werden in die Investitionsrechnung übernommen und die Entscheidungsgrößen ermittelt. Dieser Vorgang wird so häufig wiederholt, bis sich die Verteilungsparameter der Entscheidungsgrößen stabilisieren.

3.3 Stochastische Strukturmodelle

Ein univariates strukturelles Zeitreihenmodell besteht aus unbeobachteten Komponenten, wie Trends und Zyklen, die direkt interpretiert werden können. Ein Beispiel ist das „Trend-plus-Zyklus"-Modell, wie es u. a. von Metz [21] vorgestellt wird. Im Folgenden sind alle Störterme normal, identisch und unabhängig verteilte Zufallsgrößen mit einem Erwartungswert von 0. Aus den englischen Begriffen „normally", „identically", „independently" und „distributed" ergibt sich die abgekürzte Notation mit Angabe von Erwartungswert und Varianz der Zufallsvariablen: $NID(\mu, \sigma^2)$.

„Trend-plus-Zyklus"-Modell

$$y_t = T_t + C_t + \upsilon_t \quad t = 1, \ldots, T \qquad \upsilon_t \sim NID(0, \sigma^2)$$

Die Trendkomponente T_t repräsentiert die längerfristigen Bewegungen der Zeitreihe, deren Bewegungsrichtung sich immer wieder ändern darf. Zur Erreichung einer solchen Flexibilität wird die Trendkomponente als „Random Walk plus variabler Drift" modelliert:

$$T_t = T_{t-1} + \mu_{t-1} + \eta_t \qquad \eta_t \sim NID(0, \sigma^2_\eta)$$
$$\mu_t = \mu_{t-1} + \zeta_t \qquad \zeta_t \sim NID(0, \sigma^2_\zeta)$$

Hier steht μ_t für den variablen Drift, also die momentane Bewegungsrichtung der Trendkomponente, deren Vorzeichen sich in Abhängigkeit von den kumulierten Einflüssen der Zufallsvariablen ζ_t von Zeit zu Zeit ändern kann. Demgegenüber verursachen die Einflüsse η_t direkte Niveauverschiebungen (Random Walk). Je größer die Varianzen σ^2_η und σ^2_ζ der beiden untereinander und seriell unkorrelierten Störterme sind, desto unregelmäßiger ist das Erscheinungsbild der erzeugten Zeitreihen. Sind dagegen beide Varianzen 0, so „kollabiert" die Trendkomponente zum klassischen deterministischen Trend mit der Steigung μ_0, wie er auch bei der klassischen linearen Regression ohne stochastische Annahmen modelliert wird. Der stochastische Trend kann also als Verallgemeinerung der linearen Regressionsgerade gesehen werden.

Variabler Drift

Die stochastische Zykluskomponente C_t wird an dieser Stelle noch um einen Dämpfungsfaktor erweitert. Sie besteht aus den folgenden zwei Differenzengleichungen:

$$C_t = \rho(\cos\lambda_c C_{t-1} + \sin\lambda_c C^\star_{t-1}) + \kappa_t \qquad \kappa_t \sim NID(0, \sigma^2_\kappa)$$
$$C^\star_t = \rho(-\sin\lambda_c C_{t-1} + \cos\lambda_c C^\star_{t-1}) + \kappa^\star_t \qquad \kappa^\star_t \sim NID(0, \sigma^2_\kappa)$$

Dabei steht λ_c für die Frequenz und ρ ist ein Dämpfungsfaktor mit möglichen Werten zwischen 0 und 1. Ein Dämpfungsfaktor von 1 bedeutet, dass jede Störung der Zykluskomponente einen dauerhaften Effekt auf die Zyklusamplitude hat, also nur durch Störungen mit umgekehrtem Vorzeichen wieder ausgeglichen werden kann (vgl. Abbildung 4).

Es ist beeindruckend, wie gut das Konzept eines stochastischen Zyklus zur RICS-Definition von Immobilienzyklen (vgl. Kapitel A1) als wiederkehrendes, aber unregelmäßiges Phänomen passt. Zu keinem Zeitpunkt ist es möglich vorherzusehen, ob die bestehende Bewegungsrichtung fortgesetzt wird, aber dennoch bildet sich eine visuell eindeutig als zyklisches Muster erkennbare Struktur heraus. Darüber hinaus ist dieses Konzept offen für externe Schocks, wie sie in der Realität jederzeit auftreten können. Und die konstanten Parameter,

Stochastischer Zyklus und RICS-Definition

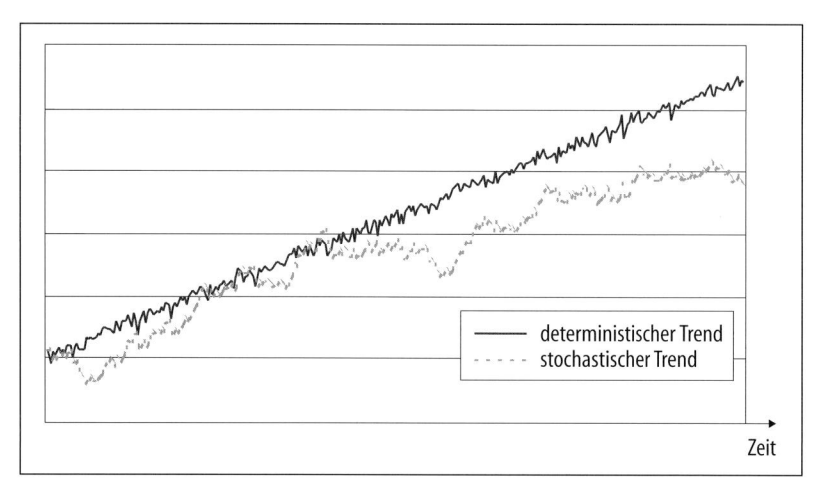

Abb. 4: Deterministischer vs. stochastischer Trend

die Frequenz λ_c und der Dämpfungsfaktor ρ, können als Abbild verzögerter Reaktionen und des Lernens aus Überreaktionen interpretiert werden.

Erweiterungen Ein univariates strukturelles Zeitreihenmodell kann dahin gehend erweitert werden, dass saisonale, wöchentliche oder tägliche Effekte (die bei immobilienbezogenen Zeitreihen allerdings selten eine Rolle spielen) sowie zusätzliche Zykluskomponenten berücksichtigt werden. Das Modell ist zwar additiv, wird aber wie andere Regressionsmodelle durch Logarithmieren der Zeitreihe multiplikativ.

Eine wichtige Feststellung ergibt sich in diesem Zusammenhang aus dem Vergleich dieser Prognoseform mit der von Ropeter gewählten Methode, mit der wichtige Größen, wie Zinsen, Inflation und Quadratmetermieten, und ihre Schwankungen simuliert werden. Ropeter unterstellt beispielsweise für die Entwicklung des Guthabenzinses einen geometrischen Wiener Prozess, in dem die Verteilung des Zinses der betrachteten Periode als Erwartungswert den Wert der Vorperiode übernimmt und eine konstante Varianz aufweist [22]. Hier hat der STSA-Ansatz neben der realitätsnäheren Abbildung den Vorteil, dass er den Ropeter-Ansatz als Spezialfall einschließt.

STAMP-Paket Die Parameterschätzung erfolgt wie bei den ARIMA-Modellen über den Maximum-Likelihood-Ansatz. Dazu steht mit dem STAMP-Paket eine spezialisierte Software zur Verfügung, die auch alle für die Auswahl des bestgeeigneten Modells notwendigen Indikatoren errechnet. Zu diesen Indikatoren gehören das Akaike-Informationskriterium (AIK) sowie das Bayes-Informationskritierium (BIK). Sie beurteilen die Gesamtwahrscheinlichkeit der errechneten Parameter unter Berücksichtigung ihrer Anzahl – auf diese Weise können auch Modelle mit unterschiedlich vielen Parametern miteinander verglichen werden [23].

Wie bei der ARIMA-Prognose entfallen bei der Prognose mit dem STSA-Ansatz die stochastischen Komponenten, weil ihr Erwartungswert 0 beträgt. Dadurch werden die Komponenten zu deterministischen Funktionen in Abhängigkeit von der Zeit reduziert. Prognosen des „Trend-plus-Zyklus"-Modells schreiben daher den momentanen Trend fort und die Zykluskomponente erzeugt in Abhängigkeit vom Dämpfungsfaktor ρ entweder reine oder sich abschwächende Oszillationen.

Signifikanzbänder

Die stochastischen Elemente haben die Funktion, eine Evolution im Zeitverlauf zuzulassen. Dadurch wird es bei der Prognose möglich, auch Erwartungen für mögliche Abweichungen und damit einen Einblick in die Unsicherheit der Prognose zu bilden. Üblicherweise wird diese Vorausschau durch die Verwendung von Signifikanzbändern gegeben, die indizieren, dass die Werte mit einer vorgegebenen Wahrscheinlichkeit (beispielsweise zu 90, 95 oder 99 %) innerhalb dieses Bereiches liegen (zur Forderung der Angabe von Konfidenzintervallen auch bei der Angabe von Wertschätzungen vgl. Brown [24]).

Schwerpunktmieten

Im Folgenden soll nun ein stochastisches Trendmodell anhand eines Fallbeispieles verdeutlicht werden: Die Beispiel-Zeitreihe besteht in den Schwerpunktmieten (pro Quadratmeter und Monat) für hochwertige Büroflächen in Frankfurt am Main, die für neu abgeschlossene Standardverträge mit zehn Jahren Laufzeit vereinbart werden, die vom RDM seit 1971 publiziert werden und damit die längste derartige Zeitreihe sein dürfte [25]. Diese Schwerpunktmieten (Modalwerte) werden für jede Stadt von mehreren unabhängigen Maklern jeweils für das zweite Quartal berichtet.

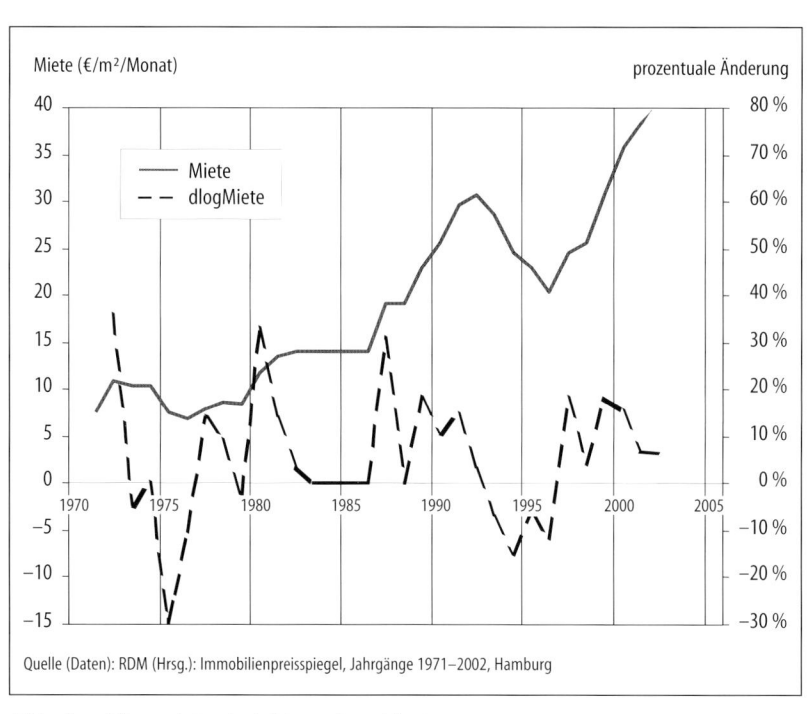

Abb. 5: Büromietentwicklung Frankfurt

In Abbildung 5 wird die Entwicklung der Zeitreihe dargestellt, die neben einem Aufwärtstrend auch deutliche zyklische Fluktuationen zeigt. Die Amplitude der Schwankungen ist erheblich, wie die gestrichelte Linie mit den prozentualen Änderungen verdeutlicht.

Berücksichtigung der Zykluskomponente Bei der Entscheidung über die Wahl der Strukturkomponenten ist ein Blick auf das Periodogramm der Zeitreihe hilfreich (vgl. Abbildung 6). Es zeigt sich ein deutlicher Hochpunkt des Varianzanteils für Zyklen von einer Länge zwischen acht und fünfzehn Jahren. Zur Modellierung sollte also neben einer Trendkomponente eine Zykluskomponente zunächst ausreichen.

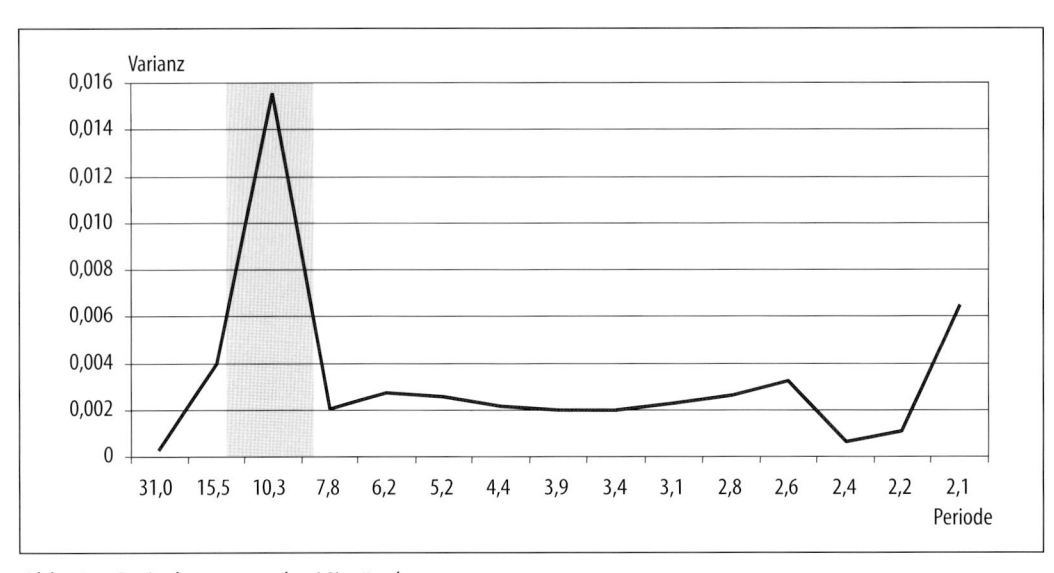

Abb. 6: Periodogramm der Mietänderungen

Determinationskoeffizienten Das Ergebnis der Parameterschätzung ($r^2 = 0{,}96$) bietet eine insgesamt sehr gute Abbildung der Zeitreihe. Es darf allerdings nicht überbewertet werden, da dies bei trendbehafteten Reihen sehr häufig der Fall ist. Beim Determinationskoeffizienten wird der Durchschnitt der Zeitreihe als Referenzpunkt genommen. Dies führt bei trendbehafteten Reihen tendenziell zu einem hohen Erklärungsanteil. Eine Alternative bietet der Determinationskoeffizient auf Basis der ersten Differenzen, bei dem nicht die erklärten Abweichungen von einem Mittelwert, sondern von den Ausprägungen eines stochastischen Trends relevant sind.

In jedem Fall werden die Hauptbewegungen erfasst und die Ergebnisse für die geschätzten Parameter sind sehr informativ. So wird ein großer Teil der Varianz auf Zyklen einer Länge von 11,3 Jahren mit einer Amplitude von 6,30 Euro/m² zurückgeführt, während der stochastische Trend zuletzt eine Steigerungsrate von etwa 1 Euro pro Jahr aufweist.

Verwendet man die Ergebnisse der Schätzgleichung für eine Extrapolation, so ergibt sich die in Abbildung 7 dargestellte Mietprognose für das gehobene Bürosegment in Frankfurt. Entsprechend der Fortschreibung des bisherigen langfristigen Trends und der zyklischen Entwicklung werden demnach noch bis 2007 sinkende Mieten erwartet. Die Bänder ober- und unterhalb der Prognose geben den Bereich in Höhe des mittleren Prognosefehlers an. Dies entspricht einem Konfidenzintervall von ungefähr 65 %.

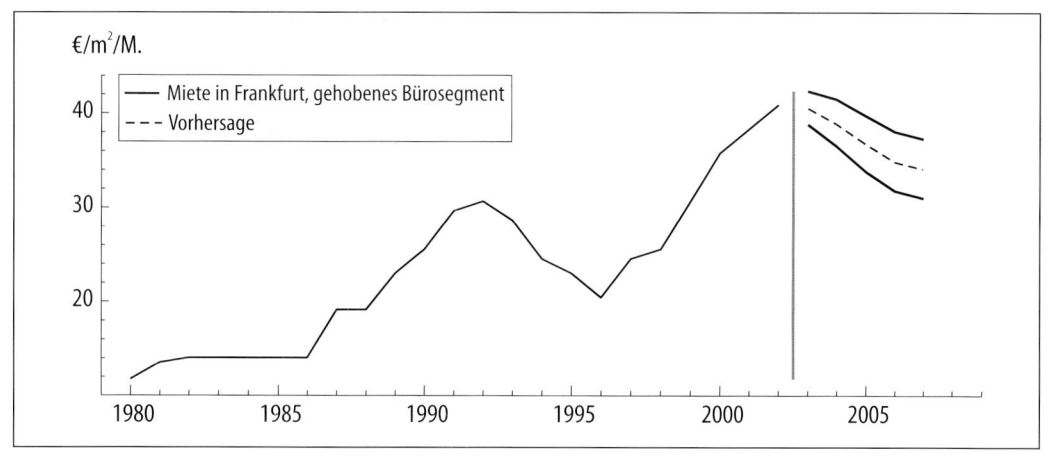

Abb. 7: Mietprognose Frankfurt mit dem STSA-Modell mit 1-σ-Fehlerbereich

4. Ökonometrische Strukturgleichungsmodelle

4.1 Prinzip und Aufbau

Die Grundlage eines ökonometrischen Strukturgleichungsmodells bildet eine ökonomische Theorie, die in Form von Reaktionsgleichungen, definitorischen Identitäten und Gleichgewichtsbedingungen mathematisch dargestellt wird [26]. Diese Darstellung erfolgt mit Hilfe von Parametern und Variablen. Als Parameter werden diejenigen Größen bezeichnet, die über den Betrachtungszeitraum als konstant angenommen werden, wohingegen alle veränderlichen Größen in Variablen erfasst werden.

Bei den Variablen kann zwischen modellendogenen (kurz: endogenen) und modellexogenen (kurz: exogenen) unterschieden werden. Endogene Variablen werden durch das Modell erklärt, während exogene Variablen nur zur Erklärung dienen und ihr Verlauf gänzlich als außerhalb des Modellzusammenhangs stehend angesehen wird (vgl. Kapitel A4 „Marktzyklen in Deutschland"). Endogene und exogene Variablen können sowohl unverzögert als auch verzögert in den Erklärungsansatz eingehen. Treten lediglich unverzögerte Variablen auf, handelt es sich um ein statisches, andernfalls um ein dynamisches Modell.

Endogene und exogene Variablen

Im Anschluss an die Erstellung des Modells erfolgt der Test mit Hilfe von tatsächlichen Daten. Dazu werden zunächst die Parameter, meist mit Hilfe eines Regressionsverfahrens, geschätzt und anschließend auf ihre Eignung überprüft, wobei die Eignung i. d. R. durch die statistische Anpassung (beispielsweise anhand des Determinationskoeffizienten r^2) beurteilt wird [27].

Test mit tatsächlichen Daten

Diese Schätzgleichungen können auch für Prognosezwecke herangezogen werden. Im Fall von zeitverzögerten exogenen Variablen ist diese Verwendung unmittelbar möglich, wobei der Prognosehorizont durch den kleinsten auftretenden Lag determiniert wird. Darüber hinaus lassen sich Prognosen nur abgeben, indem die exogenen Variablen wiederum selbst prognostiziert oder extern verfügbare Prognosen eingesetzt werden. Implizit wird bei der Erstellung der Prognose davon ausgegangen, dass die vereinfachenden Zusammenhänge des Modells für den Zeitraum des Prognosehorizontes bestehen bleiben [28].

In der angloamerikanischen Literatur existiert eine Fülle von Veröffentlichungen zu ökonometrischen Strukturgleichungsmodellen für den Büromarkt, welche allesamt prinzipiell aus einem Gleichgewichtsmodell, eventuell ergänzt um dynamische Anpassungskomponenten, bestehen [29]. Aufgrund Datenmangels stellt dort wie hierzulande die Prognose auf regionalem Niveau ein großes Problem dar.

4.2 Beispiel für ein ökonometrisches Prognosemodell für Deutschland

Beratungsunternehmen liefern Prognosemodelle

Die Erstellung von Prognosemodellen für den gewerblichen Immobilienmarkt wird in Deutschland vornehmlich von privaten Beratungsunternehmen, wie der Bulwien AG, der Feri Research GmbH oder Jones Lang LaSalle, betrieben [30]. Der hohe intellektuelle und finanzielle Aufwand, der zur Datenbeschaffung, Modellerstellung und -pflege betrieben werden muss, lässt sich häufig bislang nur durch Drittverwertung der Ergebnisse rechtfertigen. Im Folgenden soll als Beispiel das Modell der Bulwien AG vorgestellt werden, das in Abbildung 8 schematisch dargestellt wird.

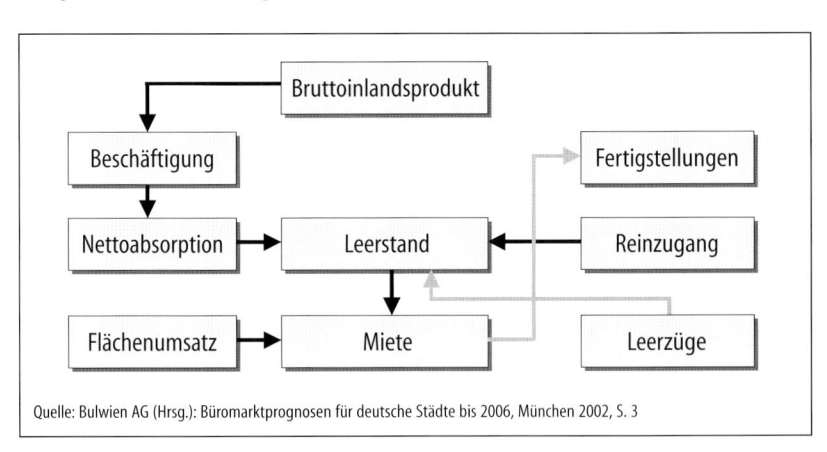

Quelle: Bulwien AG (Hrsg.): Büromarktprognosen für deutsche Städte bis 2006, München 2002, S. 3

Abb. 8: Büromarktmodell der Bulwien AG

Modelliert werden die kurzfristigen Angebots- und Nachfrageveränderungen auf dem Flächenmarkt. Die (kurzfristigen) Nachfrageveränderungen werden durch das Bruttoinlandsprodukt (BIP) über die Veränderung der Bürobeschäftigung und ihre Wirkung auf die Nettoabsorption erfasst. Dabei wird der enge Zusammenhang zwischen BIP und Bürobeschäftigung bestätigt: „Nach

Auswertung des vorhandenen Informationsmaterials wurde die durch wirtschaftliche Wachstumsprozesse ausgelöste Bürobeschäftigtenveränderung als ein wesentliches Kriterium zur Bestimmung zukünftiger Mietniveaus identifiziert. Da zwischen dem Wachstum des BIP und der Anzahl der Bürobeschäftigten ein deutlicher Zusammenhang erkennbar ist, wurde anhand der von Wirtschaftsinstituten prognostizierten Wachstumsraten in Regressionen die Beschäftigtenentwicklung berechnet." [31] Angebotsseitig geschehen kurzfristige Änderungen durch Fertigstellungen bereits begonnener Objekte sowie mietinduzierter Neubauvorhaben. Kurzfristig ändert sich dadurch der Leerstand, der wiederum das Mietniveau beeinflusst.

In Abbildung 9 wird das Ergebnis der Bulwien-Mietprognose für den Zeitraum von 2003 bis 2007 dargestellt, die einen Abwärtstrend bis 2005 und eine Erholung im Anschluss erwarten lässt.

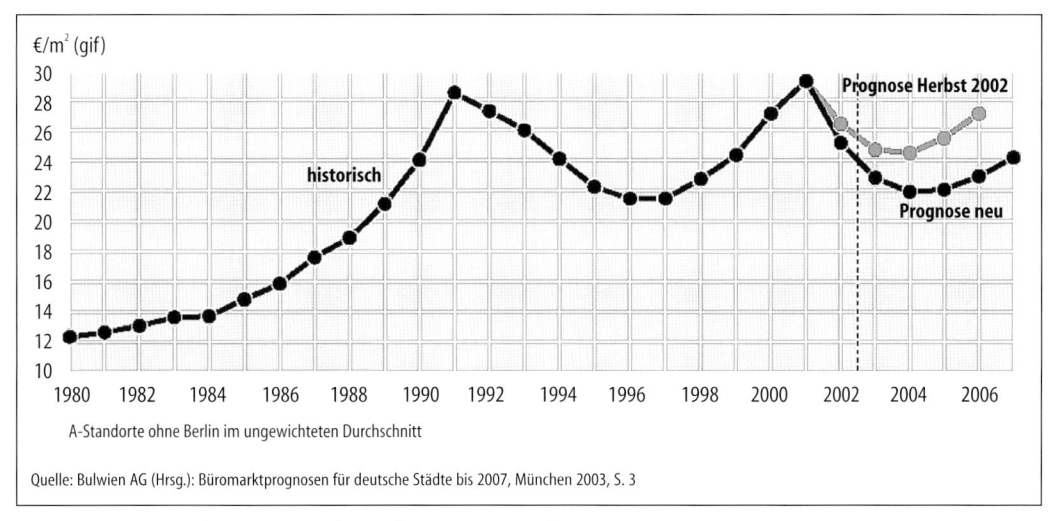

Abb. 9: Büromarktprognose der Bulwien AG 2003 bis 2007

4.3 Fallstudie: Vereinfachtes ökonometrisches Zyklenmodell

Im Folgenden soll am Beispiel des Büroimmobilienmarktes ein sehr vereinfachtes ökonometrisches Prognosemodell vorgestellt werden, das aus einer Kombination von einem reinen stochastischen Zeitreihenmodell und einer einzigen exogenen Variablen besteht.

BIP-Änderungen und Mietniveau

Die Büroflächennachfrage kann über ihre Abhängigkeit von der Bürobeschäftigung und deren konjunkturelle Verflechtung sehr gut durch die Entwicklung des BIP beschrieben werden [32]. Dadurch wirken sich BIP-Änderungen auf das Mietniveau aus, welches wiederum die Neubautätigkeit induziert, die ihrerseits Rückwirkungen auf das Mietniveau hat. Bedingt durch die in den Kapiteln A2 bis A4 theoretisch postulierten Überreaktionen verläuft dieser Anpassungsprozess in einem Zyklus, sodass ein sehr einfaches Mietmodell wie folgt aufgestellt werden kann:

$$pm_t = f(Y_{t-1}, Y_{t-2}, ..., Y_{t-n}) + T_t + C_t + \upsilon_t \qquad \upsilon_t \sim NID(0, \sigma^2)$$

Dabei entspricht pm_t der Quadratmetermiete für Büroflächen, Y_{t-1} bis Y_{t-n} dem BIP der letzten n Jahre, T_t und C_t sind stochastische Trend- bzw. Zykluskomponenten, wie sie bereits in Abschnitt 3.3 vorgestellt wurden, und υ_t ist eine normal verteilte Störgröße.

BIP-Schätzwerte Alle endogenen Anpassungsprozesse, also auch die angebotsseitige Reaktion und ihre Auswirkungen auf das Mietniveau, sollen somit in der stochastischen Zykluskomponente erfasst werden. Um dieses Modell für eine Prognose nutzen zu können, werden Schätzungen für das BIP benötigt. Dazu wird das BIP ebenfalls als stochastischer Trend modelliert. Dies entspricht der von Harvey vorgestellten Methodik. Alternativ dazu könnten beispielsweise Schätzwerte von Wirtschaftsforschungsinstituten verwendet werden, die allerdings regelmäßig nur für einen Zeitraum von ein bis zwei Jahren vorliegen [33].

In Abbildung 10 wird das Ergebnis der Modellprognose graphisch wiedergegeben. Dabei zeigt der obere Graph die Entwicklung des Mietindexes und der untere die des westdeutschen BIP.

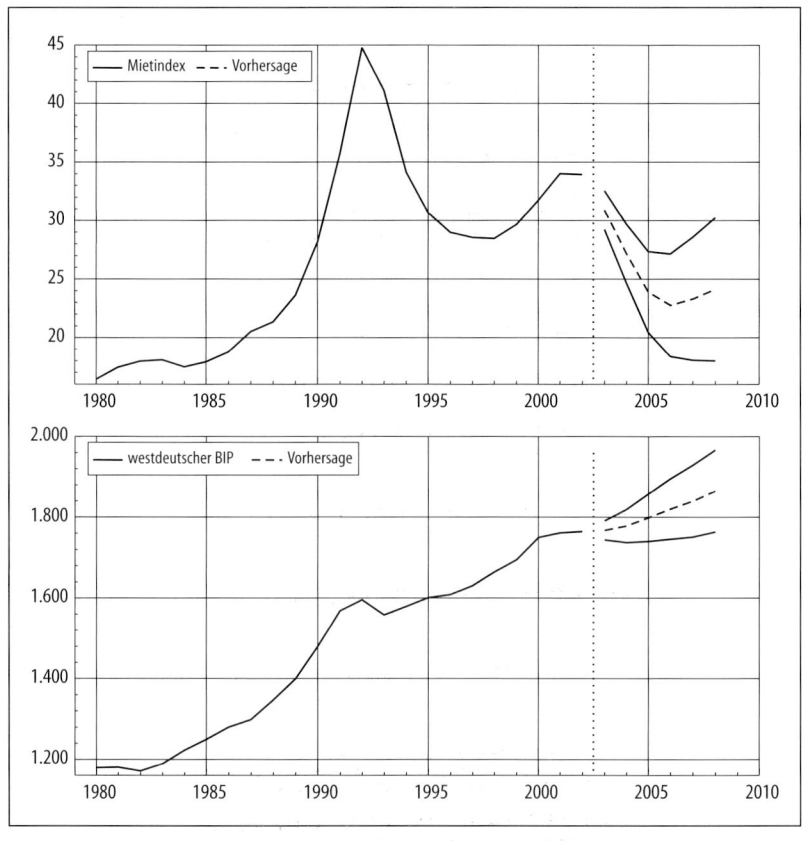

Abb. 10: Prognose mit dem vereinfachten „BIP-plus-Zyklus"-Modell

Der Prognosehorizont wurde hier mit sechs Jahren angesetzt, um die zyklische Dynamik zu veranschaulichen. Demnach ergeben sich aus der extrapolierten BIP-Entwicklung und der Fortschreibung der geschätzten Zyklen noch bis zum Jahr 2006 sinkende Mieten.

4.4 Grenzen ökonometrischer Prognosen

Prognosen aus ökonometrischen Strukturgleichungsmodellen haben zwar einerseits den Vorteil, dass sie eindeutige, quantifizierte und ökonomisch interpretierbare Ergebnisse produzieren, werfen aber andererseits einige Probleme auf:

Datenquantität und -qualität als Problem

- Der Aufwand für die Datenbeschaffung (insbesondere auf regionalem Niveau) und Prognoseerstellung ist sehr hoch.
- Die Qualität regionaler Zeitreihen ist normalerweise nicht ausreichend. Den abgeleiteten Prognosen ist daher mit Skepsis zu begegnen. Selbst die regionale Wertschöpfung ist nur für wenige Standorte und dann nur als kurze Zeitreihen mit hoher zeitlicher Verzögerung erhältlich.
- Gerade ihr quantitativer Charakter kann aber dazu verleiten, eine ökonometrische Prognose für besonders verlässlich zu halten.
- Der Zeithorizont einer ökonometrischen Immobilienmarktprognose liegt bei ungefähr drei bis fünf Jahren, das ist in den meisten Fällen für eine Investitionsanalyse zu kurz. Eine wichtige Ausnahme stellt die Projektentwicklung dar, da hier der Betrachtungshorizont tatsächlich meist zwischen zwei und fünf Jahren liegt. Dies gilt vor allem für Service- und Trader-Developer [34].

5. Qualitative Verfahren

5.1 Abgrenzung zu quantitativen Ansätzen

In diesem Kapitel basiert die Abgrenzung der qualitativen zu den quantitativen Prognoseverfahren, wie sie in Abbildung 2 vorgenommen wurde, nicht auf dem Datenniveau der Ergebnisse, sondern auf dem der einfließenden Daten und ihrer Konsolidierung zu einer für Zwecke der Investitionsanalyse notwendigerweise quantitativen Prognose.

Bedeutung der qualitativen Ansätze

In Anbetracht der Tatsache, dass die Grenzen der quantitativen Ansätze bei der Immobilienmarktprognose etwa bei fünf Jahren liegen, kommt den qualitativen Verfahren eine besondere Bedeutung bei der längerfristigen Abschätzung zu. Es geht bei diesen Grenzen nicht darum, dass mit den quantitativen Prognosemethoden nicht auch längere Zeiträume erfasst werden könnten. Es kann aber nicht davon ausgegangen werden, dass die Modellparameter über solche Zeiträume Bestand haben – damit entfällt der Erklärungszusammenhang. Aber auch im kurzfristigen Bereich sind qualitative Prognosen von hoher Bedeutung. Dazu schreibt Hüther: „Volkswirte sollten weniger naiv sein und bei allem methodischen Fortschritt der Disziplin die Bedeutung von Werturteilen für die volkswirtschaftliche Analyse nicht ignorieren oder leichtfertig beiseite schieben, die historische Bedingtheit ökonomischer Probleme und Theorien nicht übersehen, die Grenzen ökonometrisch-empirischer Arbeiten realistisch einschätzen und beachten [...]". [35]

Mit wachsendem Betrachtungshorizont sinkt die Bedeutung von Zyklen und es steigt die Bedeutung genereller Tendenzen. Der Grund für diese langfristig abnehmende Bedeutung von Zyklen liegt vor allem in der Unsicherheit in Bezug auf das Timing der künftigen Wendepunkte. Diese Unsicherheit kumuliert schnell dahin gehend, dass an jedem folgenden Zeitpunkt ebenso gut ein Hoch- wie ein Tiefpunkt liegen könnte. Wird beispielsweise der nächste Tiefpunkt in zwei bis fünf Jahren erwartet, so liegt der Erwartungshorizont für den nächsten Hochpunkt bereits bei vier bis zehn Jahren, der des anschließenden Tiefpunktes bei sechs bis fünfzehn Jahren usw. Es kommt also zur Überlappung der Erwartungsbereiche. Aus diesem Grund erfolgt die Vorstellung der qualitativen Verfahren trotz ihrer Bedeutung nur als Überblick.

5.2 Subjektive Einschätzung

Psychologische Faktoren

Die subjektive Einschätzung von zukünftigen Entwicklungen ist unabhängig von ihrer Beeinflussung durch psychologische Faktoren eine wichtige Form der Prognose. Dies gilt besonders für die langfristige Betrachtung über Zeiträume von 20 und mehr Jahren, wo selbst der langsam verlaufende Strukturwandel kaum mehr mit objektiv-wissenschaftlicher Methodik abgeschätzt werden kann. Eine der Schwächen der subjektiven Einschätzung ist ihre schlechte Nachvollziehbarkeit. Diese Intransparenz kann verringert werden, indem die Einschätzung und ihre Motive explizit formuliert werden, wie es in Abschnitt 6 im Rahmen einer dokumentierten Projektion vorgeschlagen wird.

5.3 Expertenbefragung

Externes Fachwissen

Hinter der Expertenbefragung steht der Versuch, durch Hinzuziehen von externem Fachwissen und die Aggregation mehrerer für sich genommen subjektiver Einschätzungen eine Objektivierung zu erreichen. Die Expertenbefragung tritt in vielen Formen auf, beispielsweise als unstrukturiertes oder strukturiertes Interview, als standardisierter Fragebogen, in Form einer Delphi-Studie, als Panel-Consensus-Verfahren oder als Stimmungsindex.

Das Experteninterview findet in einem interaktiven Dialog statt, wobei der Gesprächsinhalt und die Fragestellungen beim strukturierten Interview bereits vorformuliert sind. Die Verwendung standardisierter Fragebögen erfolgt nicht im Dialog und hat demzufolge meist eine noch strengere Struktur. Im Rahmen von Mietprognosen können Experten (Makler, Immobilienberater, Bewerter, Wissenschaftler) explizit nach ihrer Einschätzung künftiger Mieten einschließlich Bandbreiten, aber auch zu erwartenden Wendepunkten („Für welches Jahr erwarten Sie den Tiefpunkt auf dem Frankfurter Büroflächenmarkt?") und generellen Wachstumstrends befragt werden. Ein Beispiel für den Einsatz von standardisierten Fragebögen zur Ermittlung von Zukunftstrends für den Büromarkt in Deutschland ist der „Büromarkt Report" der SK Corpus GmbH [36].

Die Delphi-Methode wurde in den 50er Jahren von der RAND Corporation mit dem Ziel entwickelt, Prozesse der Meinungsbildung in Gruppen zur Vorbereitung von wirtschaftlichen und wirtschaftspolitischen Entscheidungen zu nutzen. Dies geschieht durch mehrstufige Befragung mit vorformulierten Thesen, wobei die Experten untereinander anonym bleiben. Die Studie über das Anlageverhalten institutioneller Anleger, die von der Prognos AG in Zusammenarbeit mit der ebs Immobilienakademie durchgeführt wurde, ist ein Beispiel für die Anwendung der Delphi-Methodik. Im Gegensatz dazu arbeiten die Experten beim Panel-Consensus-Verfahren gemeinsam an einer Prognose.

Bei einem Stimmungsindex, wie etwa dem ifo-Geschäftsklimaindex, werden die Ergebnisse einer regelmäßigen Expertenbefragung zu einer einzigen Zahl aggregiert, die als vorlaufender Indikator dienen soll und somit im Wesentlichen für die Kurzfristprognose zum Einsatz kommt.

5.4 Szenarioanalyse

Die Szenarioanalyse wurde Ende der 60er Jahre von Kahn und Wiener entwickelt. Sie ist ein Planungsverfahren für Situationen, in denen Punktprognosen schwierig oder unmöglich sind, und wird beispielsweise in der Unternehmensplanung, der Stadtentwicklungsplanung oder bei Klimaprognosen eingesetzt. Sie besteht aus drei Schritten: der Extrapolation des heutigen Zustands als Normalentwicklung, der Analyse von Schlüsselparametern und der Definition von Alternativszenarien durch Variation der Schlüsselparameter.

Punktprognosen schwierig

In der immobilienwirtschaftlichen Literatur kommt die Szenarioanalyse in deutlich vereinfachter Form für die Risikoanalyse zum Einsatz, beispielsweise als „Trader-Matrix" in der Projektentwicklungsrechnung. In der Trader-Matrix werden Veräußerungserlöse für verschiedene Mietertrags- und Nettoanfangsrenditen errechnet [37]. Rottke und Wernecke setzen das Verfahren beispielhaft bei der Entwicklung von Mietentwicklungsszenarien ein (vgl. Abbildung 11). Auch hier ist ein Einsatz der Szenarioanalyse nur dann sinnvoll, wenn Prognosen und wahrscheinlichkeitstheoretisch fundierte Risikobetrachtungsmethoden nicht möglich sind.

Trader-Matrix

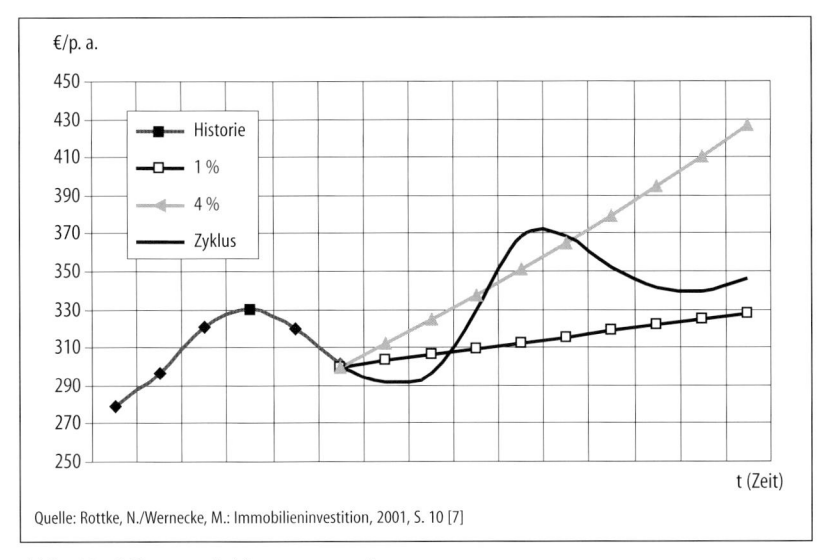

Quelle: Rottke, N./Wernecke, M.: Immobilieninvestition, 2001, S. 10 [7]

Abb. 11: Mietentwicklungsszenarien

5.5 Historische Analogien

Lernen aus der Geschichte

Hilfreich bei der Entwicklung von qualitativen Prognosen ist der Rückgriff auf vergleichbare Vorgänge in der Vergangenheit – das sprichwörtliche „Lernen aus der Geschichte". Auch hinter den quantitativen Ansätzen steht ein historischer Lernprozess, der sich aber zwangsläufig auf Zahlenmaterial beschränkt. Bei der qualitativen Betrachtung steht jedoch das große Bild insbesondere bei starken externen Veränderungen (Strukturbrüchen) im Vordergrund. Zu solchen Änderungen können Kriege oder Naturkatastrophen, aber auch sprunghafte technologische Fortschritte gehören.

Wie bereits in den Ausführungen zur Verhaltensökonomie beschrieben wurde, neigen Menschen gerade in solchen Situationen zu übertriebenen Einschätzungen in Bezug auf die zukünftige Entwicklung. Dann kann es hilfreich sein, für die aufgetretene Situation eine historisch einigermaßen vergleichbare Situation zu finden und ihren weiteren Verlauf auf die aktuelle Situation zu übertragen.

Auch für Zwecke der Risikoanalyse kann die historische Analogie dienen. In Abbildung 12 sind drei Graphen dargestellt, die jeweils die Obergrenze, die Untergrenze und das harmonische Mittel der prozentualen Büromietveränderungen in Frankfurt über n Jahre wiedergeben. So hat es in keinem Zehn-Jahreszeitraum eine Mietsteigerung von weniger als 28 % oder mehr als 173 % gegeben, im Mittel lag die Steigerung über zehn Jahre bei 69 % (bzw. 5,4 % p. a.).

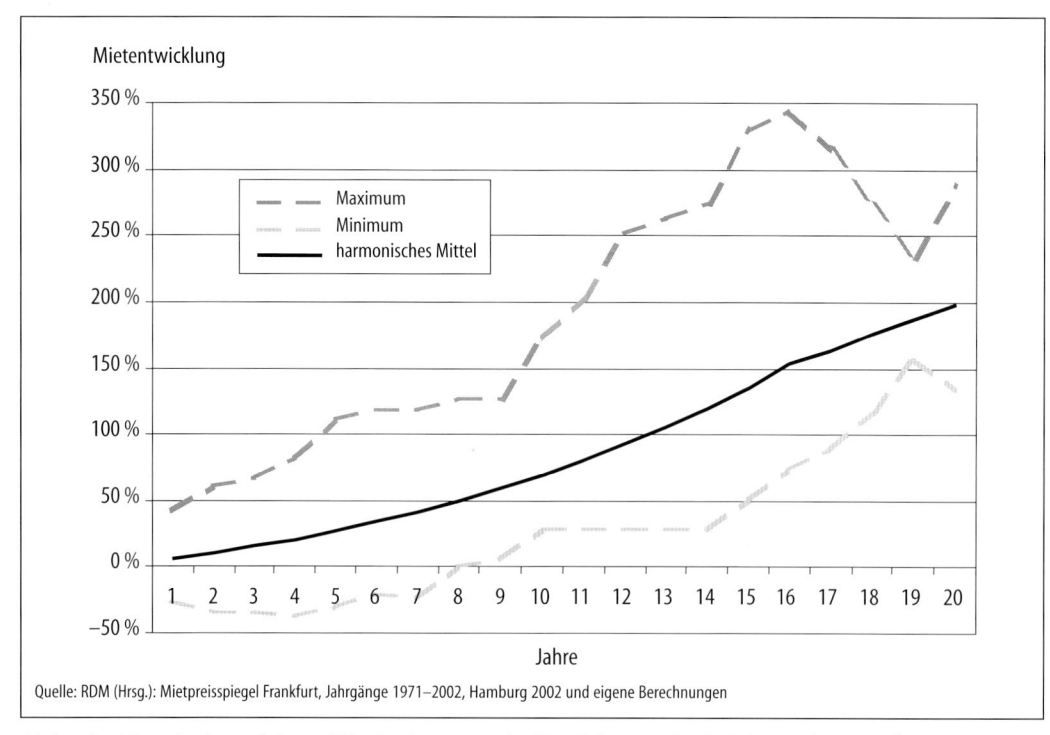

Quelle: RDM (Hrsg.): Mietpreisspiegel Frankfurt, Jahrgänge 1971–2002, Hamburg 2002 und eigene Berechnungen

Abb. 12: Historische n-Jahres-Mietänderungen in Frankfurt a. M. als Schwankungsreferenz

5.6 Standort- und Marktanalyse

Die Markt- und Objektanalyse ist die Basis jeder Immobilien-Direktinvestition. Sie ist das „systematische Sammeln, Gewichten und Auswerten von direkt und indirekt mit einer Immobilie im Zusammenhang stehenden Informationen" [38]. Auch wenn dies nicht immer explizit so formuliert wird – es handelt sich dennoch um ein Prognoseinstrument. Fast alle quantitativen Verfahren arbeiten mit Aggregaten, also bestenfalls auf geographische Teilmärkte bezogenen Durchschnittswerten. Dadurch wird ihre Aussagekraft bereits aufgrund von Datenmangel umso geringer, je kleiner der betrachtete Teilmarkt ist. Durch die stark ausgeprägte Mikrostandort- und Objektbezogenheit kann es aber auch innerhalb eines Teilmarktes zu größeren Abweichungen der erzielbaren Miete von dem jeweiligen prognostizierten Durchschnitts- oder Spitzenwert kommen. Die notwendigen Korrekturen der Prognosedaten sollten daher auf Basis der Standort-, Markt- und Objektanalyse vorgenommen werden.

Sammeln, Gewichten und Auswerten

6. Synthese in einer dokumentierten Projektion

6.1 Hintergrund

In den vorangegangenen Ausführungen hat sich gezeigt, dass quantitative und qualitative Prognoseverfahren unterschiedliche Vor- und Nachteile haben. Auch aus Gründen der Absicherung sollten immer mehrere Verfahren zu einer Gesamtprognose zusammengeführt werden. Eine Befragung von Wirtschaftsprognostikern hat ergeben, dass diese sich in der Mehrheit nicht auf einzelne Methoden verlassen, sondern vielmehr mehrere Verfahren unter Vornahme persönlicher Korrekturen einsetzen [39]. Auch bei der Erstellung von Immobilienmarktprognosen sollte es das Ziel sein, die Ergebnisse aus einer möglichst großen Zahl unterschiedlicher Quellen und Verfahren zu einer nachvollziehbaren Synthese zusammenzuführen.

Große Anzahl unterschiedlicher Quellen und Verfahren

Die Nachvollziehbarkeit kann beispielsweise dadurch erreicht werden, dass alle einbezogenen Ergebnisse und die begründete Synthese in einem Dokument zusammengefasst werden. Dieses Vorgehen soll hier als „dokumentierte Projektion" bezeichnet werden. Die dokumentierte Projektion ist im Kern ein auf das betrachtete Projekt zugeschnittener Marktbericht, der als zwingende Zusatzelemente eine Offenlegung der Interessenlage des Autors, der ergriffenen Maßnahmen zur Vermeidung der daraus möglicherweise entstehenden Erwartungsverzerrungen sowie explizite Angaben zur periodenbezogenen Risikoerwartung beinhaltet.

6.2 Vorschlag für den inhaltlichen Aufbau

In Abbildung 13 wird ein Beispiel für den Aufbau einer dokumentierten Projektion gegeben.

Die Aussagen zu Ziel und Gegenstand der Prognose beinhalten den Anlass sowie genaue Angaben, welche Größen prognostiziert werden sollen (Mieten, Preissteigerungsraten, Nettoanfangsrenditen, Zinsen, Kosten usw.). Weiterhin wird erläutert, welcher Betrachtungshorizont gewählt wird und woraus sich

1. Ausgangslage
   a) Ziel und Gegenstand der Prognose
   b) Angaben zum Betrachtungshorizont
   c) Darstellung und Bewertung der eigenen Interessenlage

2. Teilprognosen
   a) Externe Quellen
   b) Eigene Prognosen

3. Begründete Synthese
   a) Erläuterung des Synthesevorgangs
   b) Ergebnisse der Synthese

4. Ergebnisse der Standort-, Markt- und Objektanalyse
   a) Zusammenfassung der Ergebnisse
   b) Bestimmung des relativen Mietniveaus

5. Angaben für die Risikoanalyse
   a) Verwendetes Modell zur Risikobetrachtung
   b) Schätzwerte für die Risikoanalyse

Abb. 13: Beispielhafter Aufbau einer dokumentierten Projektion

dieser ergibt. Ein wichtiger Bestandteil zu Beginn ist die Einordnung der eigenen Interessenlage. Dies dient zum einen der Transparenz gegenüber dem möglicherweise externen Nutzer der Prognose.

Selbstkontrolle des Analysten Zum anderen dient es auch der Selbstkontrolle des Analysten, um damit die Risiken eines Fehlverhaltens, wie es von der Verhaltensökonomie postuliert wird, zu reduzieren.

Im zweiten Teil werden die Ergebnisse der Prognosen aus verschiedenen Quellen einzeln dargestellt. Dabei findet noch keinerlei Wertung oder Gewichtung statt, es wird lediglich alles Material in Kurzform zusammengetragen, das Aussagen für den Betrachtungsgegenstand innerhalb des Betrachtungshorizontes erlaubt.

Die Zusammenführung der einzelnen Prognosen erfolgt im dritten Teil. Dabei ist zunächst zu erläutern und zu begründen, wie dieser Vorgang gestaltet wird. So ist beispielsweise zu klären, ob das Ergebnis der Zusammenführung eine Spitzen- oder eine Durchschnittsmiete repräsentieren soll und wie diese zu interpretieren ist. Liegen mehrere Prognosen für gleiche Zeitpunkte vor, ist die Gewichtung zu klären. Des Weiteren können aufgrund von qualitativen Kriterien Korrekturen an den Prognosedaten vorgenommen werden. Der nächste Teil fasst die Ergebnisse einer Standort-, Markt- und Objektanalyse zusammen. Er entfällt, wenn die Prognose nicht auf eine konkrete Immobilie, sondern den Gesamtmarkt bezogen ist. Die Ergebnisse dienen dazu, die zusammengeführten Prognosedaten für das Objekt anzupassen. Für die Mietschätzung kann dies beispielsweise eine Reihe von Prozentsätzen sein.

Der letzte Teil liefert Angaben für die Risikoanalyse. Dabei wird zunächst festgelegt, ob sich diese Angaben auf ein stochastisches Modell oder auf ein Szenariomodell stützen. Für den Fall eines stochastischen Modells ist das Modell selbst vorzustellen und die Schätzwerte für die Störungsparameter sind anzugeben. Im Falle eines Szenariomodells werden für jedes Szenario Ausprägungen der Prognosegrößen festgelegt.

Stochastisches Modell oder Szenariomodell

Mit einem solchen Aufbau liefert die dokumentierte Projektion einen wesentlichen Teil der Angaben, die für eine Investitionsanalyse benötigt werden. Das Ergebnis ist explizit formuliert, begründet und jederzeit nachträglich überprüfbar. Damit kann sie auch als Basis für spätere Fortschreibungen dienen.

7. Zusammenfassung

In diesem Kapitel wurden verschiedene Prognoseverfahren vorgestellt, wobei zwischen quantitativen und qualitativen Methoden unterschieden wurde. Die wesentlichen Ergebnisse lauten:

- Mit den quantitativen Verfahren lassen sich Zyklen analysieren und prognostizieren, der Prognosezeitraum sollte aber auf drei bis fünf Jahre beschränkt bleiben. Generell leidet der Einsatz quantitativer Verfahren nach wie vor an der unzureichenden Datenlage.
- Die mathematische Genauigkeit der quantitativen Verfahren darf nicht automatisch als Zeichen für eine besondere Güte missverstanden werden.
- Qualitativen Verfahren kommt insbesondere bei der längerfristigen Prognose eine wichtige Funktion zu. Die Bedeutung von Immobilienzyklen nimmt dabei mit wachsendem Betrachtungshorizont ab.
- Als Grundlage für eine Entscheidung sollten mehrere Prognosen zu einem Gesamtbild nachvollziehbar zusammengeführt und die Interessenlage des Analysten offen gelegt werden (dokumentierte Projektion).

Ungeachtet des mit der Erstellung von Prognosen verbundenen Aufwands muss die Notwendigkeit der Entwicklung einer eigenen Markteinschätzung deutlich betont werden. Der alleinige Zukauf von externen Prognosen reicht insbesondere angesichts der geringen Anbieterzahl nicht aus, wie auch die Bulwien AG betont:

Eigene Markteinschätzung

„Wie alle Prognosen unterliegen auch unsere Berechnungen Unsicherheiten. Diese resultieren aus Datenungenauigkeiten, Fehlertoleranzen der Berechnungen oder bereits übernommenen Differenzen (BIP-Prognose). Zudem ist die Realisierung von Einzelprojekten aus der Erfahrung heraus nicht immer hundertprozentig abschätzbar und orientiert sich an Zyklen, die unter anderem auch von Prognosen wie dieser beeinflusst werden." [40]

8. Literaturverzeichnis

[1] Tichy, G.: Konjunktur. Stilisierte Fakten, Theorie, Prognose, 2. Aufl., Berlin/Heidelberg 1994, S. 197.

[2] Wernecke, M.: Büroimmobilienzyklen, Diss., Kap. 3 und 4, in: Schulte, K.-W./Bone-Winkel, S. (Hrsg.): Schriften zur Immobilienökonomie, Bd. 31, Köln 2004.

[3] Vgl. Greb, R.: Neue Länder/Märkte bewegen sich im „Schweinezyklus". Branche rechnet mit steigenden Preisen ab dem Jahr 2000, in: Handelsblatt, Nr. 88, 1997, S. b01.

[4] Vgl. dazu Rottke, N./Wernecke, M.: Prognosemodelle: nur ein Teil der Wirklichkeit – doch unverzichtbar, in: Immobilien Zeitung, Nr. 18, 2001, S. 10.

[5] Vgl. Bone-Winkel, S.: Wertschöpfung durch Projektentwicklung – Möglichkeiten für Immobilieninvestoren, in: Schulte, K.-W./Bone-Winkel, S. (Hrsg.): Handbuch Immobilien-Projektentwicklung, Köln 1996, S. 136.

[6] Vgl. dazu Wernecke, M./Rottke, N./Holzmann, C.: Incorporating the Real Estate Cycle into Management Decisions – Evidence from Germany, in: Journal of Real Estate Portfolio Management, Vol. 10, Nr. 3, 2004, S. 179.

[7] Vgl. Rottke, N./Wernecke, M.: Immobilieninvestition: Je weiter der Blick in die Zukunft, desto trüber wird er, in: Immobilien Zeitung, Nr. 24, 2001, S. 10.

[8] Vgl. dazu Schröder, M.: Finanzmarkt-Ökonometrie: Basistechniken, Fortgeschrittene Verfahren, Prognosemodelle, Stuttgart 2002, S. 449.

[9] Vgl. Frohn, J.: Grundausbildung in Ökonometrie, 2. Aufl., Berlin 1995, S. 5.

[10] Vgl. beispielsweise Newell, G./McAllister, P./Brown, S.: The Accuracy of Property Forecasting in the UK, Paper presented at the 10th European Real Estate Society Conference, 10.–13. Juni, Helsinki 2003, S. 5.

[11] Vgl. dazu Andres, P./Spiwoks, M.: Prognosegütemaße – State of the Art der statistischen Ex-Post-Beurteilung von Prognosen, Sofia-Studien zur Institutionenanalyse, Nr. 00-1, Darmstadt 2000, S. 34–36.

[12] Vgl. Harvey, A.: Forecasting, structural time series models and the Kalman filter, Cambridge 1989, S. 13.

[13] Vgl. Hamilton, J.: Time Series Analysis, Princeton 1994, S. 23.

[14] Vgl. Brown, G.: Real Estate Cycles Alter the Valuation Perspective, in: The Appraisal Journal, Vol. 52, Nr. 4, 1984, S. 541.

[15] Vgl. Harvey, A., a. a. O., S. 3.

[16] Vgl. Box, G./Jenkins, G.: Time Series Analysis: Forecasting and Control, San Francisco 1976.

[17] Vgl. Shilton, L.: Patterns of Office Employment Cycles, in: Journal of Real Estate Research, Vol. 15, Nr. 3, 1998, S. 342.

[18] Vgl. Hamilton, J., a. a. O., S. 110.

[19] Vgl. Hamilton, J., a. a. O., S. 109–113.

[20] Vgl. Harvey, A./Todd, P.: Forecasting economic time series with structural and Box-Jenkins models, in: Journal of Business and Economic Statistics, Vol. 1, 1983, S. 299–315, zitiert nach: Harvey, A., a. a. O., S. 80.

[21] Metz, R.: Langfristige Wachstumsschwankungen – Trends, Zyklen, Strukturbrühe oder Zufall?, in: Thomas, H./Nefiodow, L. (Hrsg.): Kondratieffs – Zyklen der Wirtschaft, Herford 1998, S. 283–307.

[22] Vgl. Ropeter, S.: Investitionsanalyse für Gewerbeimmobilien, Diss., in: Schulte, K.-W. (Hrsg.): Schriften zur Immobilienökonomie, Bd. 5, Köln 1998, S. 327.

[23] Vgl. Harvey, A., a. a. O., S. 80.

[24] Brown, G., a. a. O., S. 548.

[25] Vgl. Hübner, R./Kurzhals, A.: Zur Prognose regionaler Immobilienmärkte – eine empirische Analyse des Zusammenhangs zur Konjunkturentwicklung, Potsdam 2000, S. 8.

[26] Vgl. Frohn, J., a. a. O., S. 5.

[27] Vgl. Ball, M./Lizieri, C./MacGregor, B.: The Economics of Commercial Property Markets, Reprinted Ed., New York 2001, S. 221 f.

[28] Vgl. Brown, G., a. a. O., S. 540.

[29] Zu diesen Veröffentlichungen zählen beispielsweise Rosen, K.: Towards a Model of the Office Building Sector, in: Journal of the American Real Estate and Urban Economics Association, Vol. 12, Nr. 3, 1984, S. 261–269; Wheaton, W.: The cyclic behavior of the national office market, in: Journal of the American Real Estate and Urban Economics Association, Vol. 15, Nr. 4, 1987, S. 281–299; Hendershott, P./Lizieri, C./Matysiak, G.: The workings of the London office market: model estimation and simulation, Real Estate Research Institute, Working Paper Nr. 63, 1997; Wheaton, W./Torto, R./Evans, P.: The Cyclic Behavior of the Greater London Office Market, in: Journal of Real Estate Finance and Economics, Vol. 15, Nr. 1, 1997, S. 77–92.

[30] Vgl. Friedemann, J.: Ein Radarschirm für die Immobilienmärkte, in: Frankfurter Allgemeine Zeitung, Nr. 159, 2002, S. 49, sowie Rottke, N./Wernecke, M.: Prognosemodelle, a. a. O., S. 10.

[31] Vgl. Bulwien AG (Hrsg.): Büromarktprognosen für deutsche Städte bis 2005, München 2001, S. 2.

[32] Vgl. Wernecke, M., a. a. O., Kap. 4.

[33] Vgl. Harvey, A., a. a. O., S. 3.

[34] Vgl. Rottke, N./Wernecke, M.: Antizyklische Projektentwicklung: Schnellboote und Eigenkapitaldinosaurier, in: Immobilien Zeitung, Nr. 26, 2001, S. 12.

[35] Vgl. Hüther, M.: Das Kartell der Naivität durchbrechen, in: Frankfurter Allgemeine Zeitung, Nr. 267, 2002, S. 15.

[36] Vgl. SK Corpus GmbH (Hrsg.): Büromarkt Report, Köln 2000.

[37] Vgl. Bone-Winkel, S./Isenhöfer, B./Hofmann, P.: Projektentwicklung, in: Schulte, K.-W. (Hrsg.): Immobilienökonomie, Bd. I, Betriebswirtschaftliche Grundlagen, 3. überarb. Aufl., München 2005, S. 291 ff.

[38] Vgl. Muncke, G./Dziomba, M./Walther, M.: Standort- und Marktanalysen in der Immobilienwirtschaft – Ziele, Gegenstand, methodische Grundlagen und Informationsbeschaffung, in: Schulte, K.-W./Bone-Winkel, S. (Hrsg.): Handbuch Immobilien-Projektentwicklung, 2. akt. und erw. Aufl., Köln 2002, S. 133.

[39] Vgl. Tichy, G., a. a. O., S. 225.

[40] Bulwien AG, a. a. O., S. 5.

B Immobilienzyklen und Managementpraxis

1 Immobilienanalyse

Günter Muncke
Lars Rybak

Inhaltsverzeichnis

1.	**Einleitung**	154
1.1	Bedeutung und Begriffsverständnis der Immobilienanalyse	154
1.2	Systematisierung und Implikationen	155
2.	**Markt- und Standortanalyse**	158
2.1	Elemente und Methoden der Standortanalyse	158
2.2	Elemente und Methoden der Marktanalyse	163
2.2.1	Flächenangebot/Wettbewerb	166
2.2.2	Nachfrage	166
2.2.3	Preis	167
2.2.4	Zusammenfassung	168
3.	**Objektanalyse im engeren Sinne**	169
3.1	Grundstücks- und Gebäudeanalyse	170
3.2	Mietvertragsanalyse und Mieterbeurteilung	172
3.3	Analyse der rechtlichen Rahmenbedingungen	173
3.4	Analyse der Zahlungsströme/finanzwirtschaftliche Analyse	174
4.	**Fazit**	174
5.	**Literaturverzeichnis**	175

1. Einleitung

1.1 Bedeutung und Begriffsverständnis der Immobilienanalyse

Immobilien repräsentieren die „gebaute Umwelt" einer Gesellschaft und geben den physischen Rahmen zivilisatorischer Aktivität vor. Sie fungieren als Produktionsfaktor von privaten Unternehmen und öffentlichen Institutionen und spielen auch „für private Anleger wie institutionelle Investoren als Kapitalanlage eine herausragende Rolle." [1] Aktuellen Schätzungen zufolge beläuft sich der Kapitalwert dieses Vermögens in der Bundesrepublik auf 5,5 Bio. Euro – ohne Grundstücke [2]. Doch nicht lediglich das sich aus der Gesamtbetrachtung ergebende Volumen, sondern bereits die durchschnittlichen monetären Dimensionen einzelner Objekte verlangen eine auf hinreichender Expertise aufbauende Auseinandersetzung mit diesen.

Elemente der Immobilienanalyse

Besondere Bedeutung kommt dabei der analytischen Betrachtung, kurz: Immobilienanalyse zu. Ein brancheneinheitliches Begriffsverständnis ist nicht feststellbar; die Immobilienanalyse lässt sich jedoch definieren als systematische, methodisch fundierte und objektiv nachvollziehbare Erhebung bzw. Beschreibung der im jeweiligen Kontext relevanten Spezifikationen und Rahmenbedingungen einer Immobilie (in der Praxis findet zunehmend auch der – aus dem Kontext von Unternehmenskäufen stammende – Begriff der „Due-Diligence-Prüfung" Anwendung). Diese lassen sich in solche, die aus dem für das zu betrachtende Objekt relevanten Immobilienmarkt und Standort resultieren, und solche, die das unmittelbare Objekt betreffen, unterteilen. Grundlegende Elemente der Immobilienanalyse sind insofern die

- Markt- und Standortanalyse, die in Abschnitt 2 näher beschrieben wird, und
- die Objektanalyse im engeren Sinne, die Gegenstand des Abschnitt 3 ist.

Vollends gerechtfertigt ist die Bezeichnung „Analyse" jedoch erst dann, wenn über die Beschreibung bestimmter Größen hinaus auch eine Ableitung von Schlussfolgerungen erfolgt, die entsprechenden Fakten also auch in Hinblick auf das Untersuchungsziel „gedeutet" und – sinnhaftigerweise im Vergleich mit ähnlichen Objekten – bewertet werden. Eine derartige Induktion enthebt die Immobilienanalyse dem Status einer bloßen „Fleißarbeit" und stellt umfangreiche Anforderungen an denjenigen, der sie erstellt. Nicht selten jedoch lassen sich in der immobilienwirtschaftlichen Praxis gerade an dieser Stelle Defizite feststellen.

Ableitung von Schlussfolgerungen

Dies vorausgeschickt, stellt sich vor dem Hintergrund der übergeordneten Themenstellung des vorliegenden Buches die Frage, welche Auswirkungen zyklische Entwicklungen auf die Anfertigung von Immobilienanalysen haben bzw. in welcher Weise diese Berücksichtigung erfahren müssen. Um diese Frage beantworten zu können, wird zunächst eine Systematisierung der möglichen Ausprägungen einer Immobilienanalyse vorgenommen, der eine differenzierte Betrachtung ihrer inhaltlichen Teilbereiche folgt.

Abgestellt wird dabei auf die Betrachtung von Objekten, d. h. bereits fertig gestellten (aber nicht zwangsläufig bereits vollständig vermieteten bzw. wirtschaftlich optimal genutzten) Immobilien. Betreffend die Betrachtung von Projekten bzw. die Berücksichtigung zyklischer Entwicklungen im Rahmen von Projekt- oder Machbarkeitsstudien sei insofern auf Kapitel B5 verwiesen.

1.2 Systematisierung und Implikationen

Immobilienanalysen werden in verschiedensten Zusammenhängen angefertigt, aus denen sich Auswirkungen auf ihre spezifische Ausgestaltung ergeben. Eine Systematisierung lässt sich insbesondere anhand

- der Natur des Adressaten und
- des jeweiligen Verwendungszweckes der Analyse

vornehmen (bezüglich einer alternativen, in der Praxis jedoch nicht verbreiteten Differenzierung siehe Isenhöfer et al. [3]); darüber hinaus ist zwischen Einzelobjektanalysen und solchen zu differenzieren, die sich auf eine (größere) Menge an Immobilien beziehen – sog. Portfolioanalysen (dazu ausführlich Kapitel B6).

In Hinblick auf die Natur des Adressaten kann zwischen Mietern, Eigennutzern und Investoren bzw. finanzierenden Instanzen unterschieden werden. Mieter beurteilen eine Immobilie primär unter funktionalen Aspekten bzw. werten deren Funktionalität in Hinblick auf den geforderten Mietzins. Da dieser mit der Verfassung des relevanten Immobilienmarktes bzw. der jeweiligen Zyklusstellung korrespondiert, sind auch Anmietungsentscheidungen sinnvollerweise

Unterschiedliche Adressaten – Mieter, Investoren, Eigennutzer

entsprechend zu orientieren. Die zeitliche Tragweite dieser Entscheidungen ist dabei äquivalent der Geltungsdauer des Mietverhältnisses, insofern also begrenzt. Gleiches gilt für die mit den Mietzahlungen einhergehende Kapitalbindung, die deutlich unter derjenigen liegt, die sich bei Erwerb eines Gebäudes ergibt.

In Konsequenz lässt sich eine weitreichendere Analysenotwendigkeit seitens derjenigen ableiten, deren Kapitalbindung umfangreicher und potenziell langfristiger ist – Eigennutzern und Investors. Eigennutzer sehen sich dabei per definitionem nicht mit Mietforderungen konfrontiert; sie müssen jedoch die mit dem Gebäudeeigentum einhergehenden Opportunitätskosten und überdies die Marktfähigkeit des in Rede stehenden Objektes für den Fall der nicht fortgesetzten Nutzung berücksichtigen.

Maßstab der nachfolgenden Ausführungen sollen jedoch die inhaltlichen Anforderungen von Investoren sein: Auch sie müssen die Funktionalität der in Rede stehenden Immobilie berücksichtigen, um deren nachhaltige Vermietungsperspektiven beurteilen zu können. Darüber hinaus stellt die Immobilieninvestition jedoch lediglich eine unter verschiedenen Möglichkeiten der Kapitalanlage dar. Insofern hat sich die entsprechende Analyse an der Bestimmung der wesentlichen Zieldimensionen einer Investition und deren Einflussgrößen zu orientieren, um einen Vergleich mit alternativen Investments zu ermöglichen.

Zieldimensionen investitionsorientierter Analysen

Der generellen Motivation einer Kapitalanlage entsprechend strebt ein Investor im Rahmen der Immobilieninvestition die Erzielung bzw. Maximierung eines monetären Gewinns an [4]. Er dient als „Ausgleich" einer nicht bzw. erst zeitversetzt erfolgenden konsumtiven Verwendung verfügbarer Mittel [5] und wird realisiert im Wege

- einer positiven laufenden Rendite (d. h. einer positiven Differenz aus laufenden Erträgen und Aufwendungen) sowie
- einer Wertsteigerung (d. h. einer positiven Differenz aus Zeitwert bzw. Veräußerungserlös und Anschaffungskosten) der Kapitalanlage.

Darüber hinaus sind die Sicherheit der Anlage (bzw. das mit dem – potenziellen – Gewinn einhergehende Risiko eines Einkommens- und/oder Kapitalverlustes), ihre Liquidität bzw. Fungibilität sowie zumeist auch steuerliche Aspekte betrachtungsrelevant [6]. Die Realisierung von Steuervorteilen lässt sich jedoch unter der Renditedimension subsumieren; die Fungibilität einer Anlage stellt eine spezifische Ausprägung ihres Risikos dar. Da schließlich auch die Wertsteigerung einer Immobilie in einer Renditekennzahl ausgedrückt werden kann (sog. Wertänderungsrendite), ist den – positiv korrelierenden – Parametern „Rendite" und „Risiko" in diesem Rahmen zentrale Bedeutung beizumessen.

Rendite und Risiko

Vor diesem Hintergrund sind im Rahmen einer kapitalanlageorientierten Immobilienanalyse die Ausprägungen der genannten Zielgrößen und ihrer jeweiligen Determinanten zu untersuchen. Das in Teil A dieses Buches erläuterte Verständnis des Zyklus-Begriffes gemäß RICS harmoniert dabei mit der hier beschriebenen Zielsetzung der Immobilienanalyse insofern, als es auf Veränderungen der Gesamtrendite im Zeitverlauf abstellt. Die Immobilienanalyse stellt damit ein Instrument zur Bestimmung der zyklischen Verläufe der Renditedimension – bzw. der damit korrelierenden Risikoaspekte – dar.

In Konsequenz ist festzustellen, dass Immobilienanalysen nicht lediglich die zum Zeitpunkt ihrer Anfertigung gegebenen Fakten berücksichtigen dürfen – wie in der Praxis oftmals zu beobachten. Vielmehr sind, um die perspektivische Entwicklung des Investments beurteilen zu können, auch prognostische Betrachtungen anzustellen. Dabei ergeben sich unmittelbare Auswirkungen immobilien-, aber auch übergeordneter konjunkturzyklischer Entwicklungen, die im weiteren Verlauf des Kapitels beschrieben werden. Ihre konkrete Antizipation im Rahmen der Analyse kann deutliche Konkurrenzvorteile bei der Investitionstätigkeit im Sinne antizyklischen Handelns und damit das Nutzen wirtschaftlicher Chancen ermöglichen.

In Hinblick auf den Verwendungszweck einer Immobilienanalyse kann ferner – unter Beibehaltung der Perspektive eines Investors – unterschieden werden zwischen der Anfertigung im Vorfeld eines Objektankaufs bzw. Investments und innerhalb der Phase, in der sich das Objekt im Bestand befindet. Diese Ausgangspunkte können als Phasen im Investitionszyklus einer Immobilie (Investment, Management und Desinvestment) verstanden werden.

Unterschiede im Investitionszyklus

Diese jeweiligen Phasen haben maßgebliche Auswirkungen auf das Untersuchungsziel. So stellen sich dem potenziellen Erwerber im Vorfeld des Objektankaufs im Wesentlichen zwei Fragen: Zum einen interessiert ihn die absolute Vorteilhaftigkeit des Objekterwerbs, ob also die Investition durch die Eigenschaften des Investitionsgegenstandes „gerechtfertigt" ist. Zum anderen ist, sofern alternative Investitionsmöglichkeiten zur Auswahl stehen, die relative Vorteilhaftigkeit des Engagements zu überprüfen.

Eine Objektanalyse in der Bestandsphase dagegen ist üblicherweise durch den Anspruch motiviert, für den Werterhalt und die Realisierung etwaiger Wertsteigerungspotenziale erforderliche Maßnahmen zu identifizieren. Diese Betrachtung lässt sich generalisieren, indem untersucht wird, ob bzw. in welchem Maße das Objekt noch immer (d. h. im Vergleich zum Zeitpunkt des Erwerbs oder einer früheren Untersuchung) den Anlagekriterien des Eigentümers entspricht. Auch hier ist ein einheitliches und inhaltlich fundiertes Analyseraster unverzichtbar, um die Plausibilität und objektive Nachvollziehbarkeit der getroffenen Entscheidungen zu gewährleisten. Darüber hinaus ergibt sich unmittelbar die Sinnhaftigkeit einer Ex-post-Analyse für den Fall, dass im Anschluss an die Ursprungsuntersuchung bestimmte Maßnahmen ergriffen wurden, deren Erfolg es zu messen gilt.

Da insofern gewisse Zeitspannen zwischen den verschiedenen Untersuchungen (Ankaufsprüfung – Bestandsanalyse – erneute Bestandsanalyse nach Ergreifen von Maßnahmen) liegen, innerhalb derer sich die beurteilungsrelevanten Rahmenbedingungen und Sachverhalte verändern (können), spiegeln auch die Ergebnisse der Analysen die immobilienzyklischen Entwicklungen wider.

2. Markt- und Standortanalyse

2.1 Elemente und Methoden der Standortanalyse

Aufgabe und Inhalte der Standortanalyse

Der Standort einer Immobilie, an den diese zwangsläufig gebunden ist, ist zunächst nicht mehr als ein geographisch festgelegter Punkt, der bestimmten Rahmenbedingungen, wie etwa Topographie, Verkehrsanbindung, Baurecht und Umfeldstruktur, unterliegt. Eine Bewertung der erhobenen Standortfaktoren sollte jedoch immer vor dem Hintergrund der geplanten oder vorhandenen Nutzungsstrukturen der Immobilie erfolgen. Kein Standort ist „per se" gut oder schlecht. Beispielsweise kann ein verkehrsarmer und dennoch innenstadtnaher Standort zwar eine gute Wohnlage, aber noch längst keine geeignete Einzelhandelslage ausmachen.

Standortfaktoren

Die grundsätzliche Aufgabe der Standortanalyse besteht vor diesem Hintergrund darin, alle derzeitigen sowie zukünftig absehbaren Gegebenheiten im räumlichen Umfeld einer Immobilie zu erheben. Sowohl im Wohnungs- wie auch im Handels- oder Bürosektor müssen demnach die Ausprägungen derselben fundamentalen Rahmenbedingungen, wie verkehrliche Erreichbarkeit, Umgebung, „weiche" Faktoren usw., ermittelt werden. Diese Gegebenheiten können auch als Standortfaktoren bezeichnet werden (vgl. Abbildung 1).

Dennoch haben sich Standortanalysen für die unterschiedlichen Immobiliensektoren insofern zu unterscheiden, als unterschiedliche Schwerpunkte gesetzt werden müssen – z. B. bei Einzelhandelsobjekten auf die Aspekte Fußgängerfrequenz, Anbindung an öffentlichen und Individualverkehr, Parkplatzsituation und bei gewerblichen Objekten eher auf die Aspekte Nachbarschaft oder Erreichbarkeit für Schwerlastverkehr. Überdies sind bei der Bewertung der Faktoren(-ausprägungen) jeweils andere Gewichtungen zu setzen, die sich aus den Anforderungen der künftigen Immobiliennutzer ableiten lassen. Leider lässt sich in der Praxis (noch immer) beobachten, dass dieser elementaren Anforderung nicht hinreichend Rechnung getragen wird.

Objekte und Projekte

Eine weitere Differenzierung ergibt sich aus der Unterscheidung zwischen Standortanalysen für Objekte und für Projekte. So wird man bei einer projektbezogenen Analyse i. d. R. bereits im Rahmen einer ersten Überprüfung feststellen können, ob die vorgesehene Nutzung am Standort geeignete Rahmenbedingungen vorfindet bzw. ungeeignete Nutzungen identifizieren und ausschließen können. Man kann sich dann in einer zweiten Stufe auf die Aspekte konzentrieren, die für den jeweils standortgeeigneten Sektor Bedeutung haben. Hingegen wird man bei einer objektbezogenen Analyse intensiv überprüfen, ob die Standortfaktoren für die vorhandenen Nutzungen günstig oder ungünstig sind (vgl. Abbildung 2).

Harte und weiche Faktoren

Als Standortfaktoren bezeichnet man alle für eine Immobilie bedeutsamen räumlichen Rahmenbedingungen, die den Standort prägen und somit die nutzungsspezifische Lagequalität mitbestimmen. Sie lassen sich einteilen in „harte" oder physische Faktoren (u. a. geographische Faktoren, Verkehrsstruktur) und „weiche" oder sozioökonomische und psychologische Faktoren (u. a. Wirtschafts- und Bevölkerungsstruktur, Image) (vgl. Abbildung 1). Nur scheinbar lassen sich „weiche" Faktoren leichter als „harte" beeinflussen: Eine fehlende

Immobilienanalyse

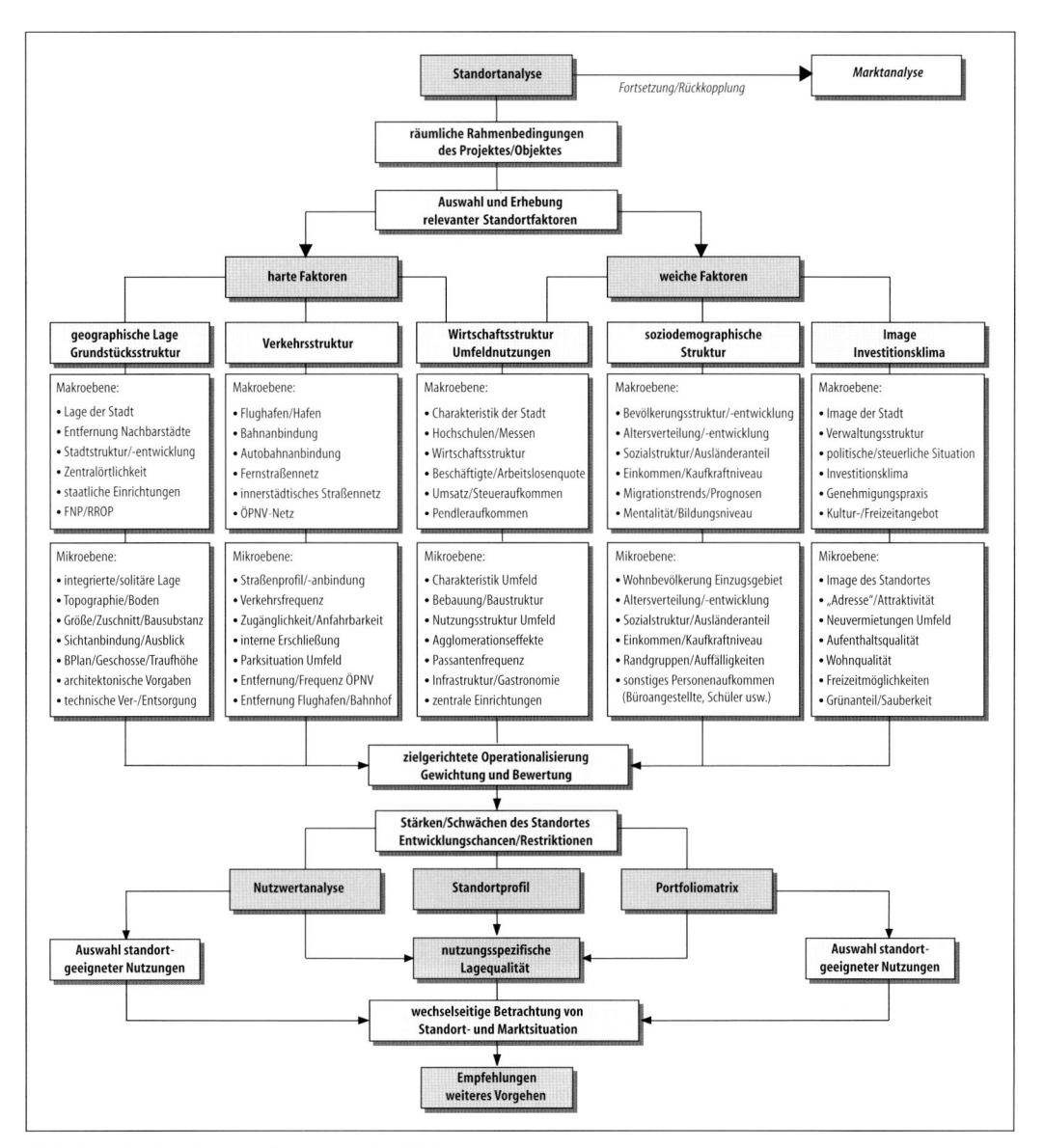

Abb. 1: Aufbau immobilienwirtschaftlicher Standortanalysen

Erschließungsstraße lässt sich bauen, eine Haltestelle verlegen, der Lärm einer nahe gelegenen Hauptstraße durch einen Wall abschirmen – das negative Image eines Standortes aber, das sich über Jahre in den Köpfen der Menschen festgesetzt hat, ist bestenfalls mittelfristig und nur mit erheblichem Aufwand wieder umzukehren.

Mikro- und Makrostandort

Hinsichtlich der räumlichen Bezugsbasis der Standortanalyse wird unterschieden zwischen dem Makrostandort, also dem großräumlichen Verflechtungsgebiet (Stadt, Gemeinde, Region), und dem Mikrostandort, also der unmittelbaren Umgebung des Projektstandortes (nahes Umfeld, Stadtteil, Entwicklungsgebiet, Teilraum mit ähnlichen Merkmalen). Es erfolgt somit in aller Regel eine zweistufige Erfassung der Standortfaktoren (vgl. Abbildung 1). Die Makrostandortfaktoren sind i. d. R. kaum veränderbar; als strukturelle Gegebenheiten unterliegen sie zumeist langfristigen Entwicklungen infolge wirtschaftlicher und politischer Weichenstellungen. Von überragender Bedeutung für den Erfolg einer Immobilie ist dabei die Qualität des Mikrostandorts, der – je nach Nutzungssektor – durchaus unterschiedlichen Anforderungen genügen muss (vgl. Abbildung 2).

Oft wird anstelle von „Standort" von „Lage" gesprochen. Hier gibt es allerdings einen Unterschied, der mit folgendem Bonmot umschrieben werden kann: Jede Lage hat einen Standort – aber nicht jeder Standort hat eine Lage. „Lage"

Mikrostandortanforderungen verschiedener Nutzergruppen	Nutzer:	Rechtsanwalt, Consultant	Vertriebsniederlassung	Versicherung (Hauptverwaltung)	IT Start-up
	durchschnittl. Flächenbedarf:	200–1.000 m²	500–3.000 m²	3.000–8.000 m²	100–300 m²
		●	◇	★	□

	Ausprägungen von Standortfaktoren	unbedingt erwünscht	„nice to have"	egal, unwichtig	tolerabel	keinesfalls erwünscht
räumliche Lage	Innenstadt, 1a-Lage	●	★			□◇
	Stadtteillage	□			★●◇	
	periphere Lage, „grüne Wiese"	◇		★	□	●
Verkehrsanbindung	Erreichbarkeit mit öffentlichen Verkehrsmitteln	□★	●	◇		
	direkte Autobahnanbindung	◇	★	●	□	
	Nähe zum Flughafen		◇●	★	□	
Umfeldgestaltung/-nutzungen	Gastronomie, Einzelhandel, öffentliche Einrichtungen	□	●	◇★		
	sog. Szeneviertel, Nachtleben, Flair	□		●	◇	★
	monofunktionaler Bürostandort		★◇		●	□
	gewachsener Altbaubestand, auch Wohnnutzung			□	●	★
	weitere Unternehmen der eigenen Branche	□	★◇●			
Image	„gute Adresse", teure Lage	●		★	◇	□
	ungewöhnlicher, ausgefallener Standort (Hafen, Loft usw.)	□		●	◇	★

Abb. 2: Nutzerprofile – Standortanforderungen verschiedener Nutzergruppen

Immobilienanalyse

ist eine qualifizierende Standortbeschreibung. Sie drückt die Eignung eines Standortes für bestimmte Nutzungen aus. Erst im Lichte der vorgesehenen Nutzung und der nutzungsspezifisch unterschiedlich zu beurteilenden Umfeldbedingungen wird aus einem Standort eine Lage – z. B. eine gute Hotellage oder eine 1b-Lage für den Einzelhandel. Erst aus der Bewertung der Standortfaktoren ergibt sich also eine Lageeinschätzung.

Auch (Mikro- und Makro-)Standorte entwickeln sich entsprechend den regional- sowie immobilienwirtschaftlichen Verlaufszyklen, die sich oft sehr stark überlagern: An einem Standort mit positiven regionalwirtschaftlichen Perspektiven (begründet durch die Existenz wachsender, profitabler Unternehmen) wird investiert. Darauf entwickeln sich die Immobilienpreise i. d. R. nach oben. Wenn aber ein solcher Standort eine ausgeprägte Monostruktur aufweist und sich den wirtschaftsstrukturellen Veränderungen nicht rasch genug anpasst, dann entwickelt sich die Investitionsneigung einer Immobilieninvestition parallel zum Verlauf des vorherrschenden Wirtschaftssektors, also i. d. R. in Form einer Gauß'schen Kurve. Die Investition selbst in einen prosperierenden Standort ist umso riskanter, je einseitiger seine Struktur ist. Regionalwirtschaftliche Entwicklungen hängen somit nur begrenzt mit konjunkturellen Zyklen zusammen: Sie werden mehr und mehr von Branchen- und Unternehmenskonjunkturen geprägt, die sich von der nationalen Wirtschaftsentwicklung abkoppeln können.

Zyklische Betrachtung von Standortfaktoren

Die noch immer anzutreffende Auffassung, der Standort einer Immobilie und seine Rahmenbedingungen bedürften als „Quasi-Konstante" nur eingeschränkter Beachtung im Zeitverlauf, ist also nicht zutreffend. Dies gilt umso mehr, als mittlerweile auch in der Bundesrepublik nicht nur Regionen, sondern auch einzelne Stadtquartiere innerhalb weniger Jahre ihr Gesicht fundamental verändert haben.

Insofern ist einer der wesentlichen Aspekte der Analyse von Makrostandorten die Erfassung der regionalen sozial- und wirtschaftsstrukturellen Gegebenheiten: Wer sind die Treiber der Regionalwirtschaft? Wachsen diese relativ zum nationalen Durchschnitt oder nimmt ihre Bedeutung ab? Gibt es in nennenswertem Maße Neugründer und Zuzüge? Ist die wirtschaftliche Struktur einseitig oder differenziert? Welche Konsequenzen haben diese Aspekte für die Bevölkerungsentwicklung und -struktur? Dieses gilt es, nicht nur auf Makro-, sondern auch auf Mikroebene zu untersuchen.

Unter dem Gesichtspunkt zyklischer Verläufe geht es also insbesondere darum, den aktuellen Entwicklungsstand der am Standort vorherrschenden Wirtschaftssektoren (Wachstum, Reife, Abschwung z. B. wegen mangelnder Wettbewerbsfähigkeit) zu ermitteln. Denn letzten Endes entscheiden nicht Flächenangebot und -nachfrage über den Erfolg auf dem Immobilienmarkt, sondern die zugrunde liegenden wirtschaftlichen Entwicklungen, basierend auf der Prosperität der dominierenden Wirtschaftssektoren und Unternehmen. Eine besonders hohe Erklärungskraft von Standort- und Marktanalysen dürfte daher durch die analytische Überlagerung von Kennziffern für regionalwirtschaftliche Trends und konjunkturelle Zyklen erzielt werden. Hierfür aufschlussreich sind insbesondere regionalwirtschaftliche Vergleichsindizes – als Beispiel sei auf das halbjährlich aktualisierte „E-Regi"-Modell von Jones Lang

Regionalwirtschaftliche Zyklen

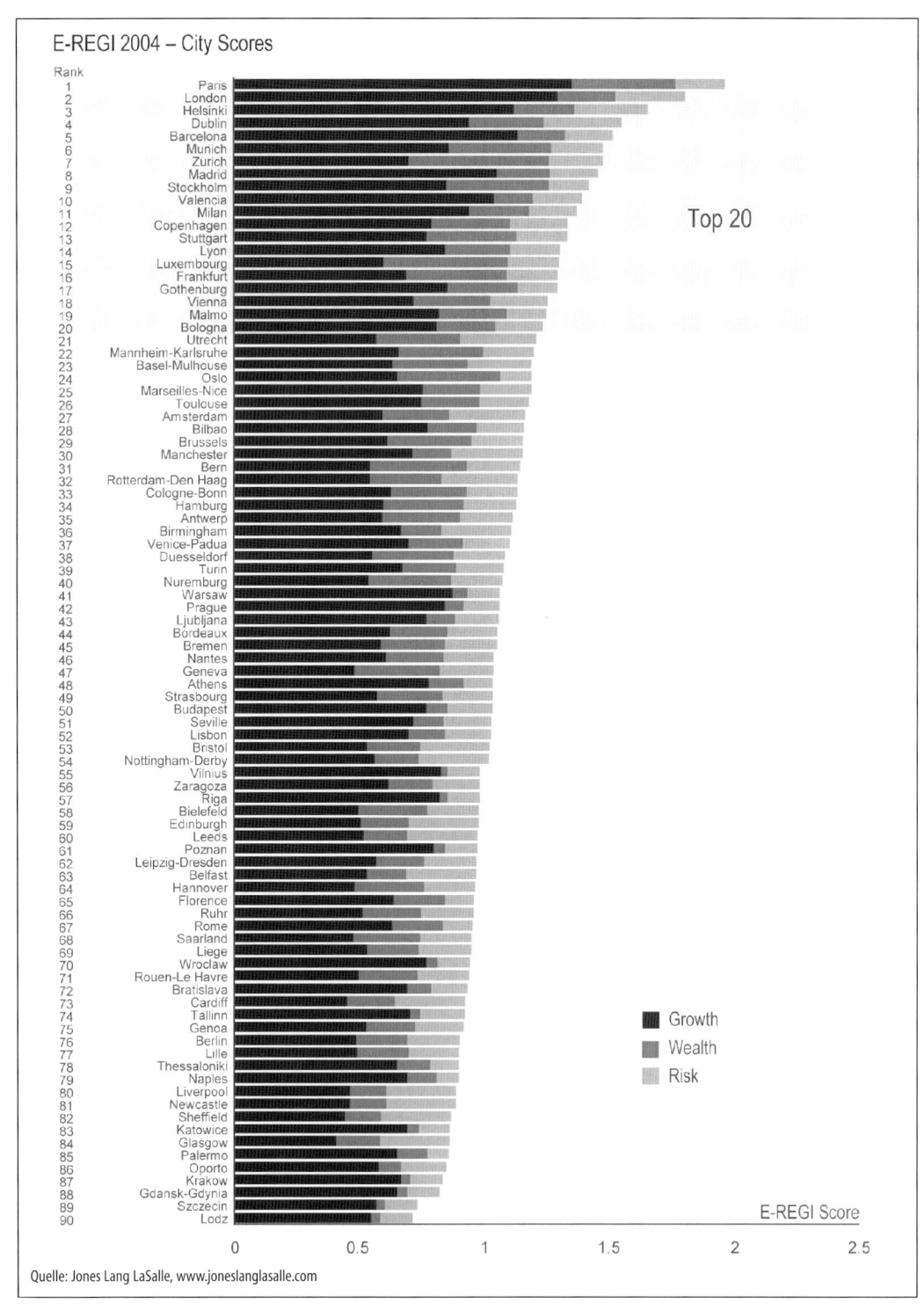

Abb. 3: Europäischer Wachstumsindex E-Regi von Jones Lang LaSalle

LaSalle (vgl. Abbildung 3) verwiesen. In diesem Modell sind u. a. die folgenden wesentlichen wachstumsbeeinflussenden Faktoren identifiziert:

- Entwicklung der Dienstleistungsbeschäftigung,
- regionale Profitabilität,
- Ausgaben für Forschung und Entwicklung,
- Wohlstand,
- wirtschaftspolitisches Umfeld (gewerkschaftliche und politische Einflüsse).

2.2 Elemente und Methoden der Marktanalyse

Unter einem Markt versteht man die Gesamtheit der Tauschbeziehungen zwischen Anbietern und Nachfragern von Sachgütern, Dienstleistungen und Kapital. In marktwirtschaftlich ausgerichteten Volkswirtschaften erfolgt diese Koordination durch den Preismechanismus. Die einzelnen Wirtschaftseinheiten orientieren ihre Pläne und Entscheidungen an den Erwartungen über die Entwicklungstendenzen der Mengen und Preise auf den Einzelmärkten.

Marktwirtschaftliche Lenkungsmechanismen

Der Preis hat die Aufgabe, Angebot und Nachfrage auf einem Markt zum Ausgleich zu bringen. Das Prinzip des Gleichgewichtspreises funktioniert jedoch nur unter den idealtypischen Bedingungen vollständiger Konkurrenz und Transparenz.

Im Immobilienbereich reagiert die Nachfrage in den meisten Sektoren nicht sehr elastisch auf Preisentwicklungen – schon gar nicht in der Form zusätzlicher Nachfrage bzw. höheren Flächenbedarfes. Nur wenige Sektoren (z. B. Büronutzer, die nicht standortsensibel sind) orientieren sich in der räumlichen Ausrichtung der Nachfrage am jeweiligen Preisniveau in den infrage kommenden Marktgebieten. So ist in Phasen des Flächenüberangebotes im Bürosektor zu beobachten, dass niedrige Preise doch des Öfteren zum Umzug in modernere, funktionalere Flächen motivieren. Die meisten Immobiliennachfrager haben allerdings sehr feste Vorstellungen von der gewünschten oder erforderlichen Lagequalität ihrer Standorte – insbesondere Wohnungssuchende, der Einzelhandel, anspruchsvolle Büronutzer, große Industriebetriebe –, sodass sie wenig elastisch auf Preisänderungen reagieren.

Eingeschränkte Preiselastizität von Immobilien

Dass das Marktmodell im Immobiliensektor nur begrenzt angewendet werden kann, zeigt insbesondere der Wohnungsmarkt: Steigende Nachfrage, z. B. durch Bevölkerungswachstum, führt nicht unbedingt zu steigenden Preisen und in der Folge Wohnungsneubau, wenn Einkommen und Mietpreise nicht in einem ausgewogenen Verhältnis zueinander stehen (siehe Elendsviertel in Entwicklungsländern); andererseits regen Überproduktion und in der Folge sinkende Preise die Nachfrage nach Wohnungen nur begrenzt an, was man am derzeitigen Leerstand in Ostdeutschland beobachten kann. Wohnungssuchende und -anbieter treffen wegen der Immobilität des Wirtschaftsgutes in oft sehr engen regionalen Teilmärkten mit unterschiedlichen Angebots- und Nachfragebedingungen aufeinander. Auf nationaler Ebene wird der Marktmechanismus zusätzlich noch durch oft kontraproduktive Regulierungen und Anreizsysteme außer Kraft gesetzt.

Diese Vorbemerkungen kreisen alle um die drei zentralen Aspekte des Marktmechanismus: Angebot, Nachfrage und Preis. Hieraus wird deutlich, dass diese Aspekte auch im Mittelpunkt der Analyse des Immobilienmarktes stehen müssen (vgl. Abbildung 4).

Abgrenzung relevanter Nutzungssektoren Normalerweise konzentriert sich die Immobilienmarktanalyse auf konkret festgelegte oder feststehende Nutzungssektoren – insbesondere bei bereits fertig gestellten Objekten. Nur bei neu zu entwickelnden Arealen oder umzustrukturierenden Objekten steht der Nutzungszweck noch nicht fest und muss daher in einem iterativen Prozess ermittelt werden. Hierzu liefert eine ent-

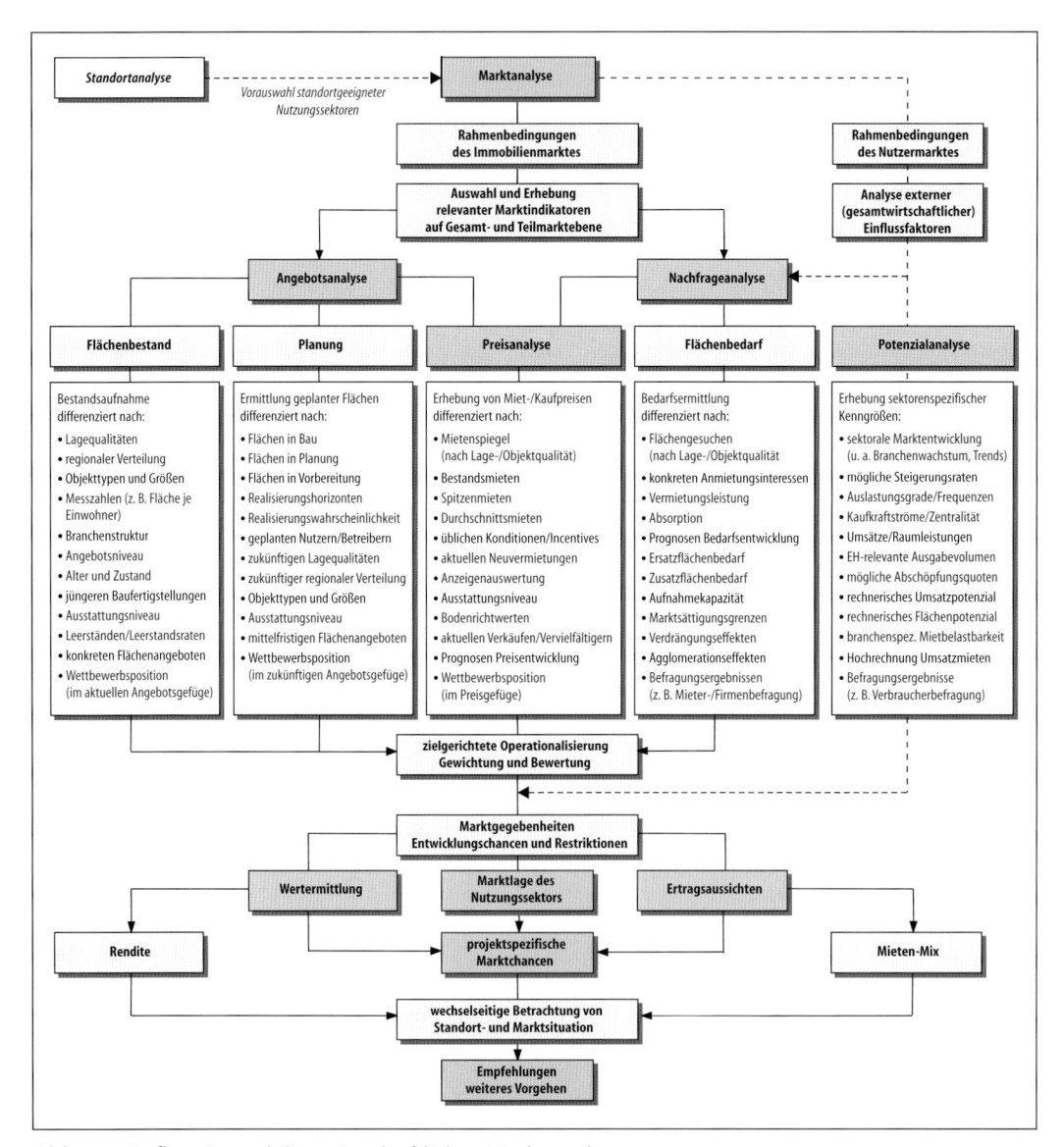

Abb. 4: Aufbau immobilienwirtschaftlicher Marktanalysen

sprechend angelegte Standortanalyse (vgl. Abschnitt 2.1) wesentliche Anhaltspunkte. Je heterogener ein Umfeld strukturiert ist, desto mehr wird es darauf ankommen, unterschiedliche Nutzungen erst einmal auf ihre standörtliche Eignung zu untersuchen, bevor sie marktseitig analysiert werden. In einem reinen Bürogebiet oder in einer 1a-Handelslage hingegen dürfte der prospektive Nutzungszweck i. d. R. feststehen und man kann direkt mit der Marktanalyse beginnen.

Die Marktanalyse dient vor allem dem Zweck, die modelltheoretische Bedingung der Transparenz zumindest annähernd zu erfüllen. Mit ihrer Hilfe sollen Informationen über die für das untersuchte Objekt/Projekt relevante Nachfrage, das konkurrierende Flächenangebot sowie das einschlägige Miet- oder Kaufpreisniveau geliefert werden.

Vom Marktbericht zur Marktanalyse

Es ist dabei zu unterscheiden zwischen einer allgemeinen Marktübersicht einerseits und der objekt- bzw. projektbezogenen Marktanalyse andererseits. Erstere liegt z. B. in Form der Marktberichte großer Maklerhäuser, Verbände und mancher Banken und Investoren vor, die mehr oder weniger differenziert Daten zu einem Gesamtraum (Region, Kommune, zusammengehöriges Marktgebiet) und zu einem Marktsektor (Büro, Einzelhandel, Wohnen, Industrie/Logistik) liefern. Im besten Falle sind darin nicht nur Daten zur abgelaufenen Periode, sondern auch über eine Zeitreihe enthalten – meist in folgender Systematik:

- sozioökonomische und Makrostandort-Rahmendaten,
- Flächenbestände,
- Flächenangebot: Leerstand, im Bau befindlich, geplant („Pipeline"),
- Umsätze: Transaktionen, mehr oder weniger stark untergliedert nach Teilmärkten, Branchen/Investorengruppen, Gebäudequalitätsklassen, Größenordnung usw.,
- Miet- oder Kaufpreise, eventuell auch Renditen – ähnlich untergliedert wie Umsätze.

Auch wenn sie selten über einen rein deskriptiven Ansatz hinaus reichen, sind diese Marktberichte für objektbezogene Marktanalysen unerlässlich, da ansonsten der Untersuchungsaufwand für die Ermittlung der Rahmenbedingungen enorm steigen würde. In der Regel wird in den Berichten dargestellt, ob Primär- oder Sekundärdaten erfasst werden. Bei den Büromarktberichten setzt sich immer mehr durch, die Anzahl der erfassten Transaktionen darzustellen.

Zeitreihen – Basis zyklischer Betrachtung

Objektbezogene Analysen betrachten die Marktverhältnisse – Angebot, Nachfrage und Preise, möglichst mit Blick auf die absehbare Zukunft – aus dem Blickwinkel eines Objektes oder Projektes, konzentrieren sich also auf das räumlich und/oder sektoral relevante Umfeld. Sie benötigen dazu allerdings stets auch Daten zum Gesamtmarkt, um die Mikroanalyse richtig einordnen zu können. Wenn also beispielsweise in regionalen Marktberichten hohe Spitzenmieten und eine rege Flächennachfrage ausgewiesen werden, heißt das noch nicht, dass dies auch unter den spezifischen Lage- und Wettbewerbsbedingungen im näheren Umfeld einer untersuchten Immobilie gilt.

Im Folgenden seien nun einige Hinweise zu regelmäßig auftauchenden Problemstellungen bei der zyklenbezogenen Analyse der erwähnten drei zentralen Aspekte des Immobilienmarktes aufgeführt.

2.2.1 Flächenangebot/Wettbewerb

Projektiertes Volumen zyklusabhängig

Die mit dem eigenen Objekt oder Projekt konkurrierenden, zur Vermietung anstehenden, leeren, geplanten oder im Bau befindlichen Flächen sind räumlich, zeitlich und qualitativ möglichst vollständig zu erfassen, um Chancen und Risiken des eigenen Projektes bestmöglich einordnen zu können. Während der genutzte Immobilienbestand in toto als relativ stabil angesehen werden kann, reagiert insbesondere das projektierte Volumen stark zyklusabhängig. Projekte lassen sich vorziehen oder verzögern. Man kann damit auf sich abzeichnende Zyklusentwicklungen viel direkter reagieren als im Bestand – das wichtigste Erfolgsgeheimnis gelungener Projektentwicklungen mit disziplinierter Strategie. Unbestreitbar ist allerdings auch, dass viele Projektentwickler durchaus prozyklisch agieren, dem Herdenverhalten folgen und damit wirtschaftlich starke Nachteile für sich und andere verursachen.

2.2.2 Nachfrage

Die Nachfrage im eigentlichen Sinne wird meist etwas stiefmütterlich behandelt, weil sie am schwierigsten zu ermitteln ist. Entsprechend der Büromarktdefinition der Gesellschaft für Immobilienwirtschaftliche Forschung e. V. (gif) [7] wird zwischen allgemeinem Bedarf und konkreter Nachfrage unterschieden. Analog der Büroimmobilien-Bedarfsdefinition von Von Einem/Tonndorf [8] können drei maßgebliche Bedarfskomponenten unterschieden werden:

- der Ersatzbedarf, d. h. die Substitution abgängiger Gebäude – wobei man je nach Nutzungsdauer und „Alterspyramide" des Gebäudebestandes von 1 bis 2,5 % des Bestandes p. a. ausgehen kann,

- der strukturelle Zusatzbedarf, der aus den wachsenden Flächenansprüchen pro Beschäftigten oder pro Wirtschaftseinheit resultiert (eine der wichtigsten Wachstumsursachen in allen Immobiliensektoren),

- der aus der Beschäftigtenentwicklung pro Sektor resultierende Zusatz- oder Minderbedarf (die Beschäftigtenentwicklung kann konjunkturelle wie strukturelle Ursachen haben).

Vom Bedarf ...

Sinngemäß lässt sich diese Bedarfsdefinition auch auf andere gewerbliche Immobiliensektoren übertragen, wobei noch weitere strukturelle Komponenten, wie Lagerhaltung, Produktionstechnik und technische Ausstattung, eine maßgebliche Rolle spielen. Da die Ermittlung der Bedarfskomponenten sehr aufwendig ist, wird sie nur noch bei strukturellen Gesamtanalysen angewendet. Außerdem zeigt die Erfahrung, dass man nicht direkt von Bedarf auf Nachfrage schließen kann: Immobilienbedarf kann man zeitlich strecken, vorziehen, in Verbindung mit strukturellen Entscheidungen lösen – man kann ihn also kurzfristig kaum und auch mittelfristig nur in Bandbreiten („Szenarien") prognostizieren.

Doch auch die Nachfrage lässt sich nicht leicht ermitteln. Am ehesten manifestiert sie sich durch die bei den führenden Maklern registrierten, im Markt bekannten Anfragen von Nutzern. Falsch wäre es, die Flächenanfragen der einzelnen Maklerhäuser zu einer „Gesamtnachfrage" aufzuaddieren, denn anmietwillige Nutzer melden sich i. d. R. bei mehreren Maklern, bevor sie sich für eine Fläche entscheiden. Dennoch gibt die Analyse der eingehenden Anfragen bei den führenden Häusern z. B. Aufschluss über die marktgängigen Flächengrößen, die nachgefragten Lagen und die besonders expansiven Branchen, ferner erlaubt die Analyse von einschlägigen Zeitreihen konjunkturelle bzw. zyklische Rückschlüsse.

... über die Nachfrage ...

Bei den gängigen Marktanalysen setzt man häufig den Umsatz mit der Nachfrage gleich, begnügt sich also mit der Ermittlung des relevanten Flächenumsatzes in früheren Perioden. Da im gewerblichen Bereich nicht selten Umsätze in einer bestimmten Periode durch einzelne Groß-Transaktionen geprägt und verzerrt werden, wird es darauf ankommen, auch in kleineren Untersuchungsräumen über längere Zeiträume möglichst genau das Transaktionsvolumen und seine Charakteristika zu ermitteln, um hieraus plausible Schlussfolgerungen für die Zukunft ziehen zu können.

... zur Absorption

In angelsächsischen Ländern ist im Zusammenhang mit Nachfrage und Umsatz ein Indikator von besonderer Bedeutung, dessen Verwendung sich hierzulande nun allmählich durchsetzt: die Absorption. Für den Investor ist diese Kennziffer von besonderer Bedeutung, zeigt sie doch auf, ob Flächenumsatz tatsächlich Fläche absorbiert, also aus dem Marktangebot herausnimmt, oder ob es nur um Flächentausch geht. Entsprechend der gif-Büromarktdefinition ist Absorption die „Veränderung der genutzten Fläche in einer Periode" [9]. Nimmt man einen Markt ohne Neubau- und Abrissaktivität an, in dem viel vermietet wird, aber am Ende genauso viel leer steht wie vorher, dann hat keine Absorption stattgefunden. Hat sich aber der Leerstand definitiv verringert und sind keine Flächen z. B. durch Abriss aus dem Markt herausgenommen worden, kann positive Absorption unterstellt werden; ist der Leerstand unter diesen Bedingungen gestiegen, geht es um negative Absorption. Die Absorption steigt i. d. R. in Zeiten des konjunkturellen Wachstums, weil dann Raum für neue Arbeitsplätze gesucht wird. Hohe Vermietungsumsätze allein sind hingegen noch nicht ausreichend für Absorption.

2.2.3 Preis

Den wesentlichsten Faktor im Rahmen der Immobilienmarktanalyse stellt sicherlich die (Miet- und Kauf-)Preisanalyse dar. Sie ist angesichts der angestammten Rituale der Vertraulichkeit und Geheimhaltung auf dem deutschen Immobilienmarkt keine einfache Aufgabe. Im Bürosektor ist man auf die Angaben der großen Makler angewiesen, die in ihren Marktberichten i. d. R. Spitzen- und gewichtete Durchschnittsmieten für den Gesamtmarkt sowie individuell definierte Teilmärkte aufzeigen. Hier ist inzwischen eine recht hohe Übereinstimmung in den veröffentlichten Daten festzustellen, wozu sicherlich auch der von der gif seit 1997 durchgeführte Abgleich der Bürovermietungsdaten beigetragen hat [10]. Auch im Hinblick auf die Unterscheidung zwischen hypothetisch angenommener und empirisch festgestellter Spitzenmiete hat die Arbeit der gif mehr Klarheit geschaffen [11].

Probleme mit der Markttransparenz

Im Einzelhandelssektor erschwert die geringe Anzahl der Transaktionen (und ihre nur selten vergleichbaren Rahmenbedingungen, wie Lage, Gebäudeart, Frontbreite, Struktur des Mietobjektes) sowie die noch stärkere Tendenz zur Geheimhaltung eine Markttransparenz. Hier beziehen sich die veröffentlichten (Spitzen-)Mietpreise i. d. R. auf ein fiktives Ideal-Geschäftslokal in bester Lage und Annahmen über den denkbaren Mietpreis, den die leistungsfähigsten Einzelhändler dafür zu zahlen bereit sein könnten. Um diesen Preis ins Verhältnis zu dem zu analysierenden Standort setzen zu können, sind die oben bereits erwähnten unterschiedlichen Standort- und Marktparameter zu analysieren und zu bewerten.

Neuere Untersuchungen haben die Erfahrung bestätigt, dass die Miete am stärksten von der Passantenfrequenz (und -struktur) abhängt, weil diese den erzielbaren Umsatz und damit die Mietbelastungsfähigkeit bestimmt. Letztlich lassen sich die verschiedenen Bestimmungsfaktoren also weitgehend auf dieses entscheidende Kriterium reduzieren.

Noch schwieriger ist eine Preisanalyse bei Investmenttransaktionen: Hier verbieten es i. d. R. die Kaufverträge selbst, Daten zu veröffentlichen. Nur langjährig im Markt aktive Investment-Professionals verfügen über halbwegs verlässliche Informationen über Preise und Renditen. Hierzu liefern Marktberichte von großen Maklerhäusern (z. B. Atisreal, Jones Lang LaSalle, Aengevelt) und Immobilienbanken (z. B. Deutsche Bank, Dresdner Bank, Hypo-Vereinsbank) überschlägige Daten.

Sicherlich werden die Deutsche Immobilien Datenbank (DID) mit ihrem Deutschen Immobilienindex (DIX) und der laufenden Performancemessung sowie der Druck auf Fonds und Immobilien-Aktiengesellschaften im Hinblick auf mehr Transparenz hier Besserung schaffen. Auch die Vermietungsdatenbank der DID, in der Makler und Vermieter ihre Transaktionen speichern, kann hierzu beitragen.

2.2.4 Zusammenfassung

Zukunftseinschätzung über zyklische Betrachtung

Es lässt sich zusammenfassen: Die Marktanalyse soll ermöglichen, das untersuchte Vorhaben in Bezug auf den Stand des Immobilienzyklus zu positionieren bzw. die Marktgängigkeit von Miete oder Kaufpreis eines existierenden Objektes zu überprüfen. Die zyklenorientierte Marktanalyse dient damit als Entscheidungsgrundlage für Ankauf, Verkauf, Finanzierung, Anmietung oder Modernisierung in der Zeit. Die unmittelbare Bedeutung zyklischer Entwicklungen für die Analyse eines Immobilienmarktes lässt sich aus Schwankungen von Angebot und Nachfrage ableiten, die auf einem solchen Markt zu verzeichnen sind. Hierzu ist es notwendig, aus der Vergangenheit zu lernen: Je längere Zeitreihen mit Daten über zurückliegende Perioden gebildet werden können, desto eher erkennt man lineare, zyklische oder einmalige Verläufe von Faktoren, die die Statistik abbildet (und zwar sowohl von sozialen, demographischen und wirtschaftlichen wie auch von immobilienwirtschaftlichen Faktoren). Dann kann man begründete Annahmen treffen, wie sich die Rahmenbedingungen am Projektstandort in Zukunft voraussichtlich darstellen werden.

Gerade in Zeiten hoher wirtschaftlicher Unsicherheit oder struktureller Umbrüche sollte man sich besonders genau mit den regionalwirtschaftlichen Fundamentaldaten, der Positionierung auf dem Mietzyklus (siehe z. B. die „Immobilienuhr" von Jones Lang LaSalle), dem Verhältnis von Umsatz/Flächenangebot/Absorption und deren Entwicklung auseinander setzen. Dann hätte man sicherlich in Berlin – wie auch in anderen Städten in Ostdeutschland – die spekulative Blasenbildung nach der Wende in den 90er Jahren mindestens abmindern können.

Ökonometrische Modelle

Für immobilienwirtschaftliche Prognosen machen ökonometrische Modelle sicherlich am meisten Sinn. Sie versuchen, über lange Zeitreihen die Korrelation zwischen regionalwirtschaftlicher und gewerblicher Immobilienmarktentwicklung verlässlich abzubilden, wie z. B. Prognosemodelle für die Büromärkte der Feri AG oder der BulwienGesa AG. Auch hier sind jedoch exogene Einflüsse aus der Politik oder der Weltwirtschaft nicht vorhersehbar. Als adäquates Instrument, mit diesen Unwägbarkeiten des wirtschaftlich-politischen Umfeldes umzugehen, erweist sich die Szenariotechnik. Hierbei werden z. B. optimistische, realistische und pessimistische Einschätzungen der zukünftigen Entwicklung einander gegenübergestellt. Damit wird beispielsweise einem Investor die Möglichkeit gegeben, in Bezug auf eine Projektentwicklung die plausibelste und/ oder risikoärmste Alternative selbst auszuwählen, wobei es keine Sicherheit über das Eintreten gibt.

Nutzermarkt prägt den Immobilienmarkt

Bei der Betrachtung des Immobilienmarktes gibt es zwei Ebenen, die sich gegenseitig stark beeinflussen und daher nicht isoliert untersucht werden dürfen: den eigentlichen Flächenmarkt und den ihm zugrunde liegenden Nutzermarkt. Die wesentliche Bestimmungsgröße für Immobiliennachfrage kommt aus dem sog. Nutzermarkt, also den wirtschaftlichen Rahmenbedingungen in den für die jeweilige Immobiliennutzung relevanten Sektoren: Geht es z. B. den Banken gut, fragen sie in aller Regel auch (Büro-)Flächen nach, und in der Folge steigt auch die Nachfrage der Bankbeschäftigten nach Wohnungen und des Einzelhandels im Umfeld nach Ladenflächen.

Auskunft über die fundamentalen Grundlagen der Immobiliennachfrage liefert also nicht die Immobilienmarktanalyse an sich, sondern die Beschäftigung mit den wirtschaftlichen Entwicklungsperspektiven der Nutzer und ihrem Verhalten. Marktanalyse darf sich somit nicht nur auf die Erscheinungen an der Oberfläche des Immobilienmarktes verlassen, sondern muss sich auf die Erfassung der Nutzerbedürfnisse bzw. deren wirtschaftliche Perspektiven konzentrieren [12].

3. Objektanalyse im engeren Sinne

Betrachtungsbereiche der Objektanalyse

Wie zuvor erläutert, ist bei der kapitalanlageorientierten Immobilienanalyse auf die Bestimmung der Zielgrößen Rendite und – korrespondierend – Risiko der Investition und ihrer jeweiligen Einflussgrößen abzustellen. Die Rendite ist dabei derjenige Parameter, dessen Veränderungen im Zeitverlauf den Gegenstand des Zyklusbegriffes in der Definition der RICS bilden. Die jeweiligen Einflussgrößen lassen sich für die Analyse des konkreten Objektes in vier maßgebliche Betrachtungsbereiche unterteilen, deren Inhalte nachfolgend skizziert werden:

- die Grundstücks- und Gebäudeanalyse,
- die Mietvertragsanalyse und Mieterbeurteilung,
- die Analyse der rechtlichen Rahmenbedingungen,
- die finanzwirtschaftliche Analyse der Zahlungsströme.

Dabei ist, wie bereits zuvor im Rahmen der Ausführungen zur Markt- und Standortanalyse erwähnt, zu berücksichtigen, dass unterschiedliche Objektarten auf jeder Betrachtungsebene unterschiedliche Erfolgsfaktoren aufweisen, die sich sowohl auf Eigenschaften des Standortes als auch des Objektes selbst beziehen. Diese Faktoren bedürfen insofern einer differenzierten Betrachtung bzw. Gewichtung im Rahmen der Analyse. Gleichwohl impliziert allein ihr Vorhandensein nicht bereits eine erfolgreiche Immobilieninvestition, da auch in diesem Fall die Nachfrage nach Flächen bzw. Kaufobjekten, mithin die jeweilig gegebene Zyklusphase, zu berücksichtigen ist.

Untersuchungsbreite und -tiefe

Die einzelnen Betrachtungsbereiche bzw. -sphären können in Abhängigkeit vom Analyseziel durch mehr oder minder zahlreiche Parameter (Untersuchungsbreite/Umfang der erfassten Dimensionen) und in einem bestimmten und kontextual geeigneten Detaillierungsgrad (Untersuchungstiefe) beschrieben werden. Überdies können die verschiedenen Parameter hinsichtlich ihres Charakters in qualitative und quantitative differenziert werden. Die letztendliche Ausgestaltung der Analyse kann beispielsweise von dem zeitlichen Status der Prüfung (z. B. erste überblicksartige Betrachtung im Vergleich zu einer Detailprüfung im Vorfeld der Angebotsabgabe), dem Investitionsvolumen und/oder dem Alter des Objektes abhängig gemacht werden.

Wie bereits angedeutet ist schließlich relevant, dass bei der Anfertigung von Immobilienanalysen – neben den unmittelbaren Auswirkungen von Immobilienzyklen auf die einzelnen Betrachtungsbereiche – regelmäßig auch Veränderungen sonstiger Einflussfaktoren im Zeitverlauf zu berücksichtigen sind, die jedoch nicht zwangsläufig zyklisch verlaufen. Die nachfolgenden Ausführungen skizzieren diese beiden Aspekte, wobei im Vorfeld auf die Notwendigkeit eines Abwägens zwischen zeitlichem und finanziellem Erhebungsaufwand und damit verbundenem Erkenntnisgewinn hingewiesen sei.

3.1   Grundstücks- und Gebäudeanalyse

Physische und technische Analyse

Versteht man eine Immobilie als Bestandteil der gebauten Umwelt, ergibt sich die Notwendigkeit einer Untersuchung ihrer physischen Kennzeichen bzw. deren Beschaffenheit. Diese Sphäre lässt sich als „Grundstücks- und Gebäudeanalyse" im ingenieurwissenschaftlich-technischen Sinne bezeichnen. Die Grundstücksanalyse beinhaltet dabei die Betrachtung insbesondere der

- Lage (siehe Standortanalyse),
- Qualität der Umfeldbebauung,
- Grundstücksgröße und des Zuschnitts,
- Erschließung,

- Topographie,
- Bodenbeschaffenheit (Grundwasser, Statik, Altlasten),
- Grundstücksbelastungen durch Emission (Lärm, Geruch und dergleichen) und
- planungsrechtlichen Nutzungs- und Bebauungsmöglichkeiten mit Parkplatz- und Erweiterungs- bzw. Verdichtungsmöglichkeiten.

Die Gebäudeanalyse umfasst insbesondere:

- allgemeine (architektonische und qualitative) Erscheinung des Gebäudes,
- Bauweise/konstruktives System,
- Gebäudestruktur (Geschoss- und Nutzflächen, Raumhöhen und -tiefen, Flexibilität hinsichtlich Umnutzung, Teilung und Erweiterbarkeit),
- Art und Zustand der verwendeten Materialien,
- Art und Zustand der haustechnischen Anlagen,
- klimatische, akustische und Belichtungsverhältnisse,
- Zuwegungssituation,
- Ausstattungsstandard der Miet- und Allgemeinflächen (Beleuchtung, Verkabelung usw.) sowie
- etwaige Denkmalschutzauflagen, da diese besondere Aufwendungen der Erhaltung bedingen können.

Zyklische Einflussgrößen

Auswirkungen zyklischer Entwicklungen auf die Grundstücks- und Gebäudeanalyse lassen sich insofern identifizieren, als sowohl Untersuchungsbreite als auch -tiefe sinnvollerweise an der Stellung des zu untersuchenden Objektes innerhalb seines Lebenszyklus orientiert werden. Abzustellen ist dabei jedoch weniger auf den Nutzungsstatus als vielmehr auf das Gebäudealter, d. h. den technischen Lebenszeitraum der Immobilie. Eine Ausweitung von Untersuchungsbreite und -tiefe mit zunehmendem Objektalter ist insofern angezeigt.

Darüber hinaus korrelieren die Anforderungen (potenzieller) Mieter an das Erscheinungsbild und die Funktionalität einer Immobilie regelmäßig mit der Verfassung des relevanten Immobilienmarktes: Fällt die Nachfrage nach (Miet-)Flächen im Verhältnis zum Angebot – und damit auch das Preisniveau –, finden üblicherweise Flächensubstitutionen zulasten von Angeboten niedriger Qualität statt. Die Gebäudeanalyse hat – in Verbindung mit der Marktanalyse – insofern eine Aussage dahin gehend zu ermöglichen, inwieweit das zu untersuchende Objekt aufgrund seines Standards von entsprechenden Entwicklungen tangiert werden könnte. Entsprechende Überlegungen finden jedoch nicht immer Berücksichtigung, wenn die technisch orientierten Betrachtungen („Technical Due Diligence") durch Ingenieurbüros mit eingeschränkter immobilienökonomischer Perspektive erbracht werden.

3.2 Mietvertragsanalyse und Mieterbeurteilung

Bedeutung der Mietvertragsklauseln für Vermieter

Den Status eines Investitionsgegenstandes erreicht eine Immobilie erst durch die mit ihr generierten (Miet-)Erträge. Folgerichtig stellen einerseits die jeweiligen Mietverträge und die sich aus diesen ergebenden Einnahmen, andererseits die Mieter selbst eine weitere Untersuchungssphäre dar. Ziel ist dabei, Aussagen über die Qualität der geschlossenen Mietverträge und der jeweiligen Mietparteien zu erlangen. Der Begriff lässt sich zum einen durch die Bedeutung der mietvertraglichen Klauseln für den Vermieter bzw. Eigentümer präzisieren. Betrachtungsrelevant sind hier insbesondere

- der Vermietungsgrad als solcher,
- die Art, Höhe und damit Angemessenheit der Mietpreise (bzw. aus diesen resultierende Mietsteigerungspotenziale oder -minderungsrisiken),
- die (bei Gewerbemietverträgen üblicherweise fixierten) Laufzeiten bzw. Kündigungsmodalitäten/Verlängerungsoptionen der Verträge,
- die Vereinbarung von Mietanpassungen und
- die Verteilung (Umlage) der Bewirtschaftungskosten.

Mieterbonität

Zum anderen ist die Zuverlässigkeit der Mieter in Hinblick auf die Einhaltung der vertraglich fixierten Mietkonditionen (bzw. deren Bonität) zu eruieren, das sog. Mietausfallwagnis. Entsprechend umfasst die Analyse Sachverhalte wie Gegenstand, Größe und Historie der Unternehmen, deren Zahlungsverhalten (feststellbar z. B. im Rahmen von Kredit-Ratings) und Prognosen über den zukünftigen Geschäftsverlauf.

Primäre Implikationen zyklischer Entwicklungen resultieren in der immer wieder zu beobachtenden Verschiebung des „Marktschwerpunktes" zwischen Vermieter und Mieter: Bei Flächenüberangeboten, d. h. Vorliegen eines Mietermarktes, sind die eigentümerseitigen Spielräume bezüglich der Vertragsgestaltung per definitionem eingeschränkt. Demgegenüber erlaubt das Vorliegen eines Vermietermarktes den Abschluss von den Mieter tendenziell benachteiligenden Verträgen.

Branchenentwicklung

In abstrahierter Betrachtung lässt sich ferner auch in Hinblick auf die Beurteilung der einzelnen Mieter eine Relevanz (konjunktur-)zyklischer Entwicklungen feststellen (siehe Abschnitt 2.2): Derartige Entwicklungen determinieren deren Zahlungsfähigkeit auch in Hinblick auf Verbindlichkeiten aus Mietverträgen. Breite und Tiefe der Mietvertrags-/Mieteranalyse werden jedoch nicht vom Zeitpunkt innerhalb des Zyklus bestimmt, zu dem die Untersuchung vorgenommen wird. Vielmehr sind die relevanten Parameter in jedem Fall zu erheben. Mit anderen Worten: Die Gesamtverfassung einer Branche, der der jeweilige Mieter zuzuordnen ist, bildet zwar einen Rahmen für dessen Beurteilung; ein Umkehrschluss im Sinne der zwangsläufigen Identität von einzel- und gesamtwirtschaftlichem Geschäftsverlauf ist jedoch problematisch. Gerade an dieser Stelle lassen sich in der Praxis immer wieder unzureichende Betrachtungstiefen feststellen; vor allem in Zeiten rückläufiger Mietniveaus ignorieren Eigentümer bei Aussicht auf einen Vertragsabschluss häufig das individuelle wirtschaftliche Fundament der potenziellen Vertragspartner.

3.3 Analyse der rechtlichen Rahmenbedingungen

In rechtlicher Hinsicht sind bei der Analyse des (potenziellen) Investitionsgegenstandes bau-, planungs- und grundbuchrechtliche sowie steuerliche Aspekte zu berücksichtigen. Zwar ließen sich diese in bestimmtem Maße bereits der Grundstücks- und Gebäudeanalyse bzw. der mietvertraglichen Analyse zuordnen; mit Blick auf die geringe Beeinflussbarkeit der jeweiligen Regelungen, ihre teilweise langfristige Bedeutung für die Investitionsentscheidung und die unternehmerische Eigenständigkeit der – ggf. in Anspruch zu nehmenden – Rechts- und Steuerberatung ist eine separate Betrachtung jedoch gerechtfertigt. Dies gilt umso mehr, als die rechtlichen Aspekte der Analyse – als sog. „Legal Due Diligence" – mittlerweile intensive Bearbeitung durch spezialisierte Anwaltskanzleien erfahren.

Legal Due Diligence

In Hinblick auf eine etwaige perspektivische Intensivierung der Grundstücksnutzung bzw. mögliche Nutzungsbeschränkungen sind die geltenden Flächennutzungs- und Bebauungspläne, umweltrechtliche Regelungen und etwaige Denkmalschutzbestimmungen zu untersuchen. Darüber hinaus haben die sich aus dem jeweiligen Grundbuch ergebenden Rechte und Belastungen (wie Grunddienstbarkeiten, Erbbaurechte, Hypotheken und Grundschulden) Berücksichtigung zu erfahren. Neben ihrer Beurteilung im engeren juristischen Sinne ist den finanziell wirksamen Implikationen (wie sie sich beispielsweise bei Erbbaurechten ergeben) und solchen betreffend die Bebau- und Nutzbarkeit des Grundstückes Rechnung zu tragen. In steuerlicher Hinsicht sind Steuerarten betreffend

Bau-, Planungs- und Steuerrecht

- den unmittelbaren Immobilienerwerb (Grunderwerbsteuer, ggf. Umsatzsteuer),
- die laufende Betriebsphase (Einkommens- und Substanzbesteuerung) und
- die (entgeltliche) Übertragung von Immobilienvermögen (ggf. Besteuerung von Veräußerungsgewinnen)

zu berücksichtigen [13], des Weiteren die Abschreibungsmöglichkeiten.

In weit gefasstem Sinne zählt hierzu auch die Untersuchung der mit der Verwaltung bzw. Bewirtschaftung des Objektes verbundenen Verträge (hinsichtlich Gestaltung, Umfang, Konditionen usw.).

Auch bei der rechtlichen Analyse einer Immobilie sind Veränderungen der zu betrachtenden Sachverhalte im Zeitverlauf zu berücksichtigen – ist doch die Gesetzgebung eines Landes Ausdruck dessen gesellschaftlich-politischer Rahmenbedingungen. Veränderungen im (steuer- und abgaben-)rechtlichen Umfeld können die Neubautätigkeit und somit indirekt auch die zyklische Marktfähigkeit von Bestandsobjekten tangieren. Bei entsprechenden prognostischen Aussagen hat der Immobilienanalytiker daher zumindest aktuelle Entwicklungen zu verfolgen und deren perspektivische Implikationen für die Investitionstätigkeit zu berücksichtigen.

3.4 Analyse der Zahlungsströme/ finanzwirtschaftliche Analyse

Einflussgrößen des Cashflows

Der kapitalanlageorientierten Perspektive folgend münden die zuvor beschriebenen Betrachtungsbereiche der Objektanalyse letztlich in eine finanzwirtschaftliche Analyse bzw. Bewertung des jeweiligen Objektes. Insofern geht der Ermittlung der Rendite (als monetärer Zielgröße der Investition) – insbesondere bei Zugrundelegung eines an den erzielbaren Zahlungsströmen orientierten Bewertungsverfahrens – die Betrachtung der Gesamt-Zahlungsströme voraus. Die zu berücksichtigenden Positionen lassen sich in

- direkte Zahlungen (Investitions- bzw. Anschaffungsausgabe(n), laufende Ausgaben und Einnahmen in den Perioden und der Veräußerungserlös am Ende der vorgesehenen Haltedauer) sowie
- indirekte Zahlungen (Verwendung von Einnahmeüberschüssen, Ausgleich von Ausgabeüberschüssen, Ertrag- und Substanzsteuern)

differenzieren. Die laufenden Einnahmen und Ausgaben ergeben sich dabei weitgehend aus den zuvor beschriebenen Analysebereichen: Aus der Betrachtung der physischen Gegebenheiten einer Immobilie resultiert die Kenntnis der mit der Gebäudebewirtschaftung und Instandhaltung sowie etwaigen Instandsetzungserfordernissen verbundenen Ausgaben, aus der Mietvertragsanalyse diejenige der sich aus der Vermietung ergebenden Einnahmen. Ergänzend sind die aus etwaigen Finanzierungen resultierenden Aufwendungen in die Berechnung einzustellen.

Marktzyklen und Lebenszyklus der Immobilie

Die Ermittlung des Cashflows erfordert eine Prognose des zeitlichen Anfallens und der Höhe der einzelnen monetären Größen, die zwangsläufig einer Berücksichtigung perspektivischer zyklischer Entwicklungen bedarf. In besonderem Maße gilt dies hinsichtlich der (Miet-)Einnahmen: Marktzyklen bestimmen die Wahrscheinlichkeit, den Zeitbedarf sowie die Kosten und Konditionen ggf. erforderlich werdender Nach- bzw. Anschlussvermietungen. Doch auch die Stellung einer Immobilie innerhalb ihres Lebenszyklus (abermals auf technische Aspekte bzw. das Gebäudealter bezogen) kann Auswirkungen auf den erzielbaren Mietertrag haben. Diesem Umstand ist bei der Prognose der gebäudebezogenen Aufwandspositionen Rechnung zu tragen, da Instandhaltungs- und -setzungsbedarf wie auch die Notwendigkeit einer Renovierung oder Modernisierung mit zunehmendem Alter eines Gebäudes steigen. Bei der Prognose zukünftiger Zinsbelastungen schließlich ergibt sich ein unmittelbarer konjunktureller Zusammenhang.

4. Fazit

Zusammenfassend kann festgestellt werden, dass sich Objekt-, Standort- und Marktanalysen im Zuge der zunehmenden Dynamisierung der Immobilienwirtschaft von der rein statisch-deskriptiven Vergangenheitsbetrachtung verabschieden müssen, wenn sie ihre Relevanz im Transaktions- und Finanzierungsgeschehen behalten wollen.

Zyklisch-dynamische Erfassung

Auf allen drei Betrachtungsebenen kommt es daher immer mehr darauf an, den Status einer Immobilie zyklisch-dynamisch zu erfassen – also die technische und wirtschaftliche Beschaffenheit in einem sich permanent verändernden Standort- und Marktumfeld unter Berücksichtigung zyklischer Verläufe. Hier geht es um die absolute und relative Restnutzungsdauer ebenso wie um regionale Wirtschaftsverläufe und um die absehbare Entwicklung lokaler Immobilienmarktzyklen als Parameter für Entscheidungen bei An- und Verkauf, bei Anmietung und Umzug sowie insbesondere auch bei Finanzierungen. Letzteres hat vermutlich die wesentlichsten Auswirkungen auf diese Verschiebung des Blickwinkels: Die Immobilie wird immer weniger als eine besondere Investitionsform angesehen, sie muss im Wettbewerb mit anderen Anlageklassen direkt bestehen – und dabei gewinnt die Beachtung von Zyklen auf den dargestellten drei Betrachtungsebenen ausschlaggebende Bedeutung.

5.   Literaturverzeichnis

[1] Bone-Winkel, S./Müller, T.: Bedeutung der Immobilienwirtschaft, in: Schulte, K.-W. (Hrsg.): Immobilienökonomie, Bd. I, Betriebswirtschaftliche Grundlagen, 3. Aufl., München/Wien 2005, S. 31.

[2] ifo Institut für Wirtschaftsforschung e. V.: Die volkswirtschaftliche Bedeutung der Immobilienwirtschaft; vorläufige Fassung des Schlussberichts, Kap. 6, München 2005.

[3] Isenhöfer, B./Väth, A./Hofmann, P.: Immobilienanalyse, in: Schulte, K.-W. (Hrsg.): Immobilienökonomie, Bd. I, Betriebswirtschaftliche Grundlagen, 3. Aufl., München/Wien 2005, S. 391–451.

[4] Jaffe, A. J./Sirmans, C. F.: Fundamentals of Real Estate Investment, 3. Aufl., Englewood Cliffs, NJ 1995, S. 77.

[5] Isaac, D.: Property Investment, in: Macmillan building and surveying series, Basingstoke 1998, S. 19.

[6] Maier, K. (u. Mitarb. von Graf, K. und Steinbrenner, H.): Risikomanagement im Immobilien- und Finanzwesen. Ein Leitfaden für Theorie und Praxis, 2. Aufl., Frankfurt/M. 2004, S. 3, 44 f.

[7] Gesellschaft für Immobilienwirtschaftliche Forschung e. V. (gif), Definitionssammlung zum Büromarkt, Wiesbaden 2004.

[8] Von Einem, E./Tonndorf, T.: Büroflächenentwicklung im regionalen Vergleich, Schriftenreihe Forschung des Bundesministers für Raumordnung, Bauwesen und Städtebau, Heft Nr. 484, Berlin 1990.

[9] Gesellschaft für immobilienwirtschaftliche Forschung e. V. (gif), a. a. O.

[10] www.gif-ev.de, Arbeitskreis 02.

[11] Gesellschaft für immobilienwirtschaftliche Forschung e. V. (gif), a. a. O.

[12] Muncke, G./Dziomba, M./Walther, M.: Standort- und Marktanalysen in der Immobilienwirtschaft – Ziele, Gegenstand, methodische Grundlagen und Informationsbeschaffung, in: Schulte, K.-W./Bone-Winkel, S. (Hrsg.): Handbuch Immobilien-Projektentwicklung, 2. Aufl., Köln 2002, S. 148 ff.

[13] Sigloch, J.: Steuerliche Behandlung von Immobilien, in: Schulte, K.-W. (Hrsg.): Immobilienökonomie, Bd. II, Rechtliche Grundlagen, München/Wien 2001, S. 761–790.

2 Immobilienbewertung

Gerrit Leopoldsberger

Inhaltsverzeichnis

1. Ausgangssituation 178
2. Bewertungsphilosophie 178
3. **Bewertungsmethoden** 179
3.1 Vergleichswertverfahren 179
3.2 Sachwertverfahren 181
3.3 Ertragswertverfahren 186
3.4 Residualverfahren 190
3.5 Liquidationswertverfahren 193
3.6 Discounted-Cashflow-Verfahren 195
4. Schlussbemerkungen 198
5. Literaturverzeichnis 198

1. Ausgangssituation

Auch wenn in Deutschland bei vielen Bürgern die Vorstellung vorherrscht, der Wert von Immobilien würde immer nur steigen, so ist die tatsächliche Wertentwicklung eher zyklisch geprägt. Auch für die kommenden Jahre ist nicht mit einer stetigen Wertentwicklung zu rechnen.

Kein einheitlicher Markt Erschwerend kommt hinzu, dass von einer bundeseinheitlichen Preisentwicklung nicht die Rede sein kann. Während der Markt an einem Standort sich quasi im freien Fall befindet, weil beispielsweise der größte Arbeitgeber der Region in Konkurs gegangen ist, herrscht andernorts eine euphorische Stimmung mit steigenden Preisen.

Welche Auswirkung haben diese zyklischen Marktentwicklungen auf die Bewertung von Immobilien?

2. Bewertungsphilosophie

Subjektive Wertermittlung Es gibt verschiedene Möglichkeiten, „Wert" zu definieren. Zum einen kann der Betrag gesucht werden, den ein Individuum bereit ist, für ein Gut zu bezahlen. Man spricht dann von der subjektiven Wertermittlung und kann alle Umstände, die für dieses Individuum eine Rolle spielen, mit in die Berechnung einbeziehen.

Objektive Wertermittlung In Deutschland wird unter Bewertung oder Wertermittlung allerdings überwiegend die Ermittlung eines objektiven Wertes verstanden: Ermittelt werden soll der Betrag, der üblicherweise von rational handelnden Marktteilnehmern gezahlt werden würde. Besonderheiten, die nur für ein Individuum gelten, werden außer Acht gelassen. Man spricht daher von einer objektiven oder objektivierten Wertermittlung.

Inwieweit können Überlegungen zur Marktentwicklung, mit anderen Worten zum Marktzyklus, in der objektivierten Wertermittlung berücksichtigt werden? Die Antwort muss lauten: Soweit die Marktentwicklung von einem Teil der

Marktteilnehmer gleich eingeschätzt wird und sich diese auch an Markttransaktionen beteiligt haben, ist diese Einschätzung auch in der Bewertung mit zu berücksichtigen. Allerdings kommen Transaktionen theoretisch nur dadurch zustande, dass Käufer und Verkäufer unterschiedliche Vorstellungen davon haben, wie sich die Märkte entwickeln werden.

Insofern ist in der Theorie davon auszugehen, dass Käufer und Verkäufer unterschiedliche Vorstellungen davon haben, an welchem Punkt im Immobilienmarktzyklus sich der Markt gerade befindet.

In diesem Kapitel werden die Methoden, derer man sich in der Wertermittlung bedient, näher erläutert.

3. Bewertungsmethoden

3.1 Vergleichswertverfahren

Das Vergleichswertverfahren basiert auf dem zeitnahen Vergleich bereits realisierter und unter Marktbedingungen zustande gekommener Kaufpreise vergleichbarer Grundstücke mit dem zu bewertenden Objekt. Der schematische Ablauf des Vergleichswertverfahrens wird in Abbildung 1 auf der folgenden Seite wiedergegeben.

Fehlende Vergleichsgrundstücke

Das Vergleichswertverfahren ist in den §§ 13 und 14 Wertermittlungsverordnung (WertV) geregelt und gilt im Schrifttum als das geeignetste Verfahren, da eine Anpassung des Vergleichswertes an den Marktwert (Verkehrswert) mittels Zu- und Abschlägen entfallen kann, wenn eine ausreichende Anzahl von Vergleichsobjekten und die nötige zeitliche Nähe der Vergleichsfälle gegeben sind. Diese beiden Prämissen werden durch den Grundstücksmarkt allerdings häufig nicht erfüllt.

Für die Bewertung sowohl des unbebauten als auch des bebauten Bodens ist das Vergleichswertverfahren das vorherrschende Verfahren.

Sofern sich genügend vergleichbare Grundstücke finden lassen – dies ist i. d. R. nur bei Eigentumswohnungen und standardisierten Reihenhäusern der Fall –, kann es auch für die Verkehrswertermittlung von bebauten Grundstücken angewendet werden. In der Praxis stellt die Bewertung von bebauten Grundstücken im Vergleichswertverfahren eine Ausnahme dar.

Preisvergleich

Beim unmittelbaren Preisvergleich ist der Marktwert aus tatsächlich realisierten Kaufpreisen vergleichbarer Grundstücke abzuleiten, die „hinreichend" mit dem zu bewertenden Grundstück übereinstimmen. Hinreichende Übereinstimmung ist ein unbestimmter Rechtsbegriff. Die Literatur geht davon aus, dass hinreichende Übereinstimmung gegeben ist, wenn sich die Grundstücke hinsichtlich der nachfolgenden Merkmale entsprechen [1]:

- Ortslage,
- Grundstückslage,
- Art und Maß der baulichen Nutzung,
- Grundstücksgestalt bzw. Grundstückszuschnitt,
- Erschließungszustand.

```
┌─────────────────────────────┐         ┌─────────────────────────────┐
│ Vergleichspreise hinreichend│         │       Bodenrichtwert        │
│       übereinstimmender     │         │ (nur bei unbebauten Grund-  │
│     Vergleichsgrundstücke   │         │          stücken)           │
│         § 13 Abs. 1 WertV   │         │       § 13 Abs. 2 WertV     │
└──────────────┬──────────────┘         └──────────────┬──────────────┘
              [+ –]                                   [+ –]
               │                                       │
┌──────────────┴───────────────────────────────────────┴──────────────┐
│        Berücksichtigung von Abweichungen (§ 14 WertV)               │
│        a) bezüglich des Grundstückszustands                         │
│        b) bezüglich allgemeiner Wertverhältnisse auf dem Grund-     │
│           stücksmarkt                                               │
└─────────────────────────────────────────────────────────────────────┘
                               │
┌──────────────────────────────┴──────────────────────────────────────┐
│        Prüfung bezüglich ungewöhnlicher                             │
│        oder persönlicher Verhältnisse                               │
│        a) Ausschluss von Vergleichspreisen                          │
│        b) Berücksichtigung des Einflusses nach § 6 WertV            │
└─────────────────────────────────────────────────────────────────────┘
                               [=]
                    ┌────────────────────────┐
            [+ –]───│     Vergleichswert     │───[+ –]
                    └───────────┬────────────┘
┌────────────────────┐          │          ┌────────────────────┐
│ Heranziehung anderer│         │          │ Berücksichtigung der Lage │
│ Verfahrensergebnisse│        [=]         │ auf dem Grundstücksmarkt │
│ § 7 Abs. 1 Satz 3 WertV│      │          │ § 7 Abs. 1 Satz 2 WertV │
└──────────┬──────────┘         │          └──────────┬──────────┘
          [=]         ┌─────────┴──────────┐         [=]
           └──────────│     Verkehrswert   │──────────┘
                      └────────────────────┘
```

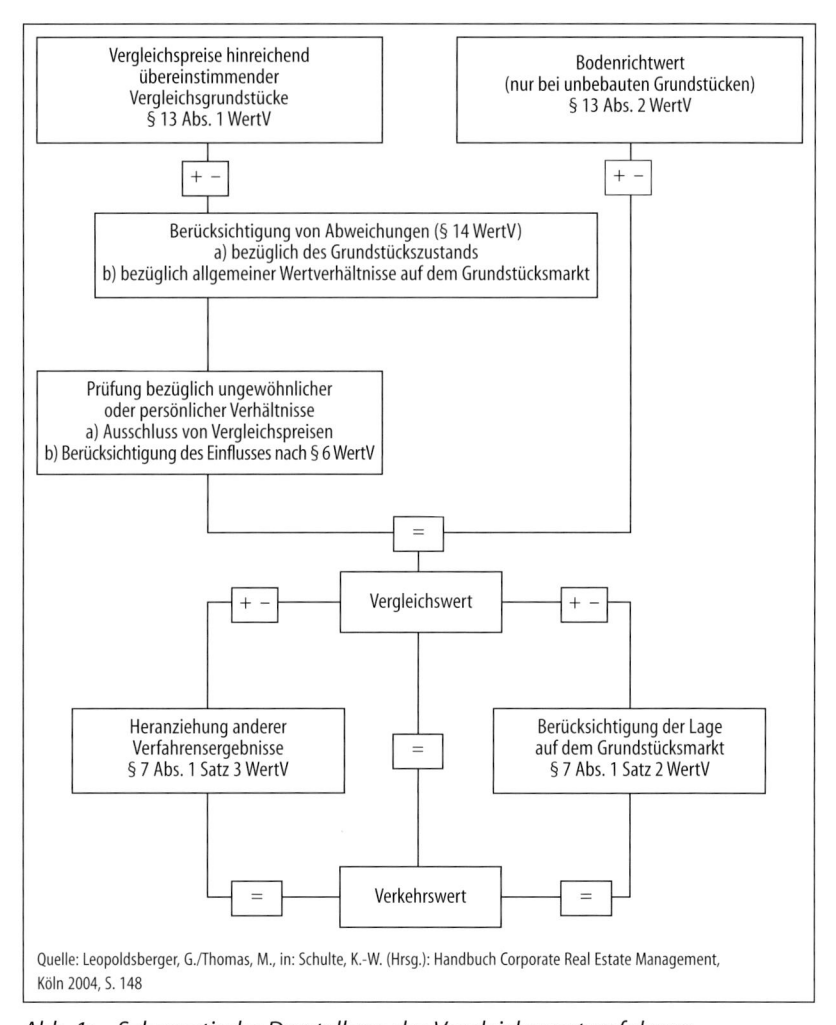

Quelle: Leopoldsberger, G./Thomas, M., in: Schulte, K.-W. (Hrsg.): Handbuch Corporate Real Estate Management, Köln 2004, S. 148

Abb. 1:   Schematische Darstellung des Vergleichswertverfahrens

Da aufgrund der sehr individuellen Charakteristika von Grundstücken eine vollständige Übereinstimmung zwischen Bewertungsobjekt und Vergleichsgrundstücken nur sehr selten gegeben sein wird, können Abweichungen – für jedes Merkmal gesondert – durch Zu- und Abschläge dargestellt werden.

Bodenrichtwerte Lassen sich für den unmittelbaren Vergleich nicht genügend Vergleichsfälle finden, so stehen für die Bodenwertermittlung noch zwei mittelbare Vergleichsverfahren zur Verfügung: zum einen die Wertermittlung mittels Bodenrichtwerten, zum anderen die Bodenwertermittlung mittels Vergleichsgebieten. Nachfolgend wird nur auf die Bodenrichtwerte näher eingegangen.

Zonenwerte Die Ermittlung der Bodenwerte mittels Bodenrichtwerten wird in § 12 Abs. 1 Satz 1 WertV für zulässig erklärt. Bodenrichtwerte sind in § 196 Baugesetzbuch (BauGB) als „Lagewerte für den Boden unter Berücksichtigung des unterschiedlichen Entwicklungszustands" definiert. Sie sind von den Gutachterausschüssen jährlich mindestens für erschließungsbeitragspflichtiges bzw. erschließungsbeitragsfreies Bauland zu ermitteln. Dabei wird für im Wesentlichen in der Nutzung und Lage übereinstimmende Grundstücke ein durchschnittlicher Wert, bezogen auf 1 m² Grundstücksfläche, errechnet. Da sich Bodenrichtwerte immer auf eine Gruppe von Grundstücken beziehen, ist der Bodenrichtwert der Durchschnittswert für ein idealtypisches Grundstück einer sog. Bodenrichtwertzone. Die besonderen Eigenschaften des individuell zu bewertenden Grundstücks sind ebenfalls über Zu- und Abschläge zu berücksichtigen. Da für die Ermittlung der Bodenrichtwerte bis zu zwei Jahre vergehen können, müssen die Richtwerte ggf. noch an die aktuelle Marktentwicklung angepasst werden.

Fazit

Das Vergleichswertverfahren ist zur Ermittlung von Verkehrswerten theoretisch sehr gut geeignet. Da allerdings der Grundstücksmarkt im Allgemeinen keine ausreichende Anzahl an Vergleichstransaktionen für alle Marktsegmente zur Verfügung stellt, müssen bei Wertermittlungen mittels Vergleichswertverfahren Umrechnungen und Anpassungen von Wertermittlungsgrundstück und Vergleichsgrundstücken vorgenommen werden.

Durch diese Umrechnungen geht die theoretische Überlegenheit des Vergleichswertverfahrens verloren, weshalb das Vergleichswertverfahren in der Bewertungspraxis von bebauten Grundstücken kaum Bedeutung erlangt hat.

Für die Bodenwertermittlung kann auf Bodenrichtwerte zurückgegriffen werden, für die Bewertung von bebauten Grundstücken kommt eine Bewertung mit Hilfe von Vergleichsfaktoren in Frage. Sind die Richtwerte bzw. Faktoren hinreichend exakt ermittelt worden, so bietet die Wertermittlung mittels Vergleichswertverfahren marktgerechte Ergebnisse. Die hinreichende Übereinstimmung lässt sich aber nur dann überprüfen, wenn die Vergleichsfaktoren detailliert ermittelt werden – hieran mangelt es jedoch in der Praxis, da die Vergleichsfaktorenermittlung nicht zu den Pflichtaufgaben der Gutachterausschüsse gehört.

3.2 Sachwertverfahren

Marktferne Werte

Das Sachwertverfahren ist in den §§ 21 bis 25 WertV beschrieben. Es steht in der Verordnung gleichrangig neben dem Vergleichs- und Ertragswertverfahren. Während aber die anderen Verfahren Werte ausweisen, die aufgrund von Marktbewegungen ermittelt worden sind, werden beim Sachwertverfahren marktferne Werte errechnet, die sog. Herstellungswerte. Deshalb ist anschließend an eine Bewertung nach dem Sachwertverfahren zu überprüfen, ob die ermittelten Werte vom Markt akzeptiert würden. Ggf. ist eine Anpassung der Sachwerte an den Marktwert vorzunehmen. Diese Marktanpassung ist auch beim Vergleichswertverfahren und beim Ertragswertverfahren vorgesehen, doch ist der Anpassungsbedarf beim Sachwertverfahren ungleich höher.

Der Ablauf des Sachwertverfahrens wird in Abbildung 2 auf der folgenden Seite schematisch dargestellt.

Traditionellerweise wurde das Sachwertverfahren zur Wertermittlung von eigengenutzten Gebäuden verwendet. Ob es sich bei diesen Gebäuden um Einfamilienhäuser, Lagerhallen oder große Industriekomplexe handelte, wurde als

```
┌─────────────────────────┐    ┌─────────────────────────┐    ┌─────────────────────────┐
│  Herstellungswert der   │    │ Wert der sonstigen Anlagen │    │       Bodenwert         │
│    baulichen Anlagen    │    └─────────────────────────┘    └─────────────────────────┘
└─────────────────────────┘
           │ −
 ┌─────────┼──────────┐
 │         │          │
Herstel-  Herstel-   Herstel-
lungs-    lungs-     lungs-
wert der  wert der   wert der
Gebäude   baulichen  besonderen
          Außen-     Betriebs-
          anlagen    einrichtungen
           │ −
┌─────────────────────────┐
│ Wertminderung wegen Alters│
└─────────────────────────┘
           │ −
┌─────────────────────────┐
│  Wertminderung wegen     │
│ Baumängeln und Bauschäden│
└─────────────────────────┘
           │ + −
┌─────────────────────────┐
│ Berücksichtigung sonstiger│
│ wertbeeinflussender Umstände│
└─────────────────────────┘
           │ =
┌─────────────────────────┐
│ Wert der baulichen Anlagen│
└─────────────────────────┘
           │ +           │ +
           └──────┬──────┘
                  │ =
┌──────┐  ┌─────────────────┐  ┌──────┐
│ + −  │──│Sachwert des Grundstücks│──│ + −  │
└──────┘  └─────────────────┘  └──────┘
    │              │ =                 │
┌─────────────────┐ │      ┌─────────────────────┐
│Berücksichtigung │ │      │ Heranziehung anderer│
│der Lage auf dem │ │      │ Verfahrensergebnisse│
│Grundstücksmarkt │ │      └─────────────────────┘
└─────────────────┘ │
        = ┌─────────────┐ =
          │ Verkehrswert│
          └─────────────┘
```

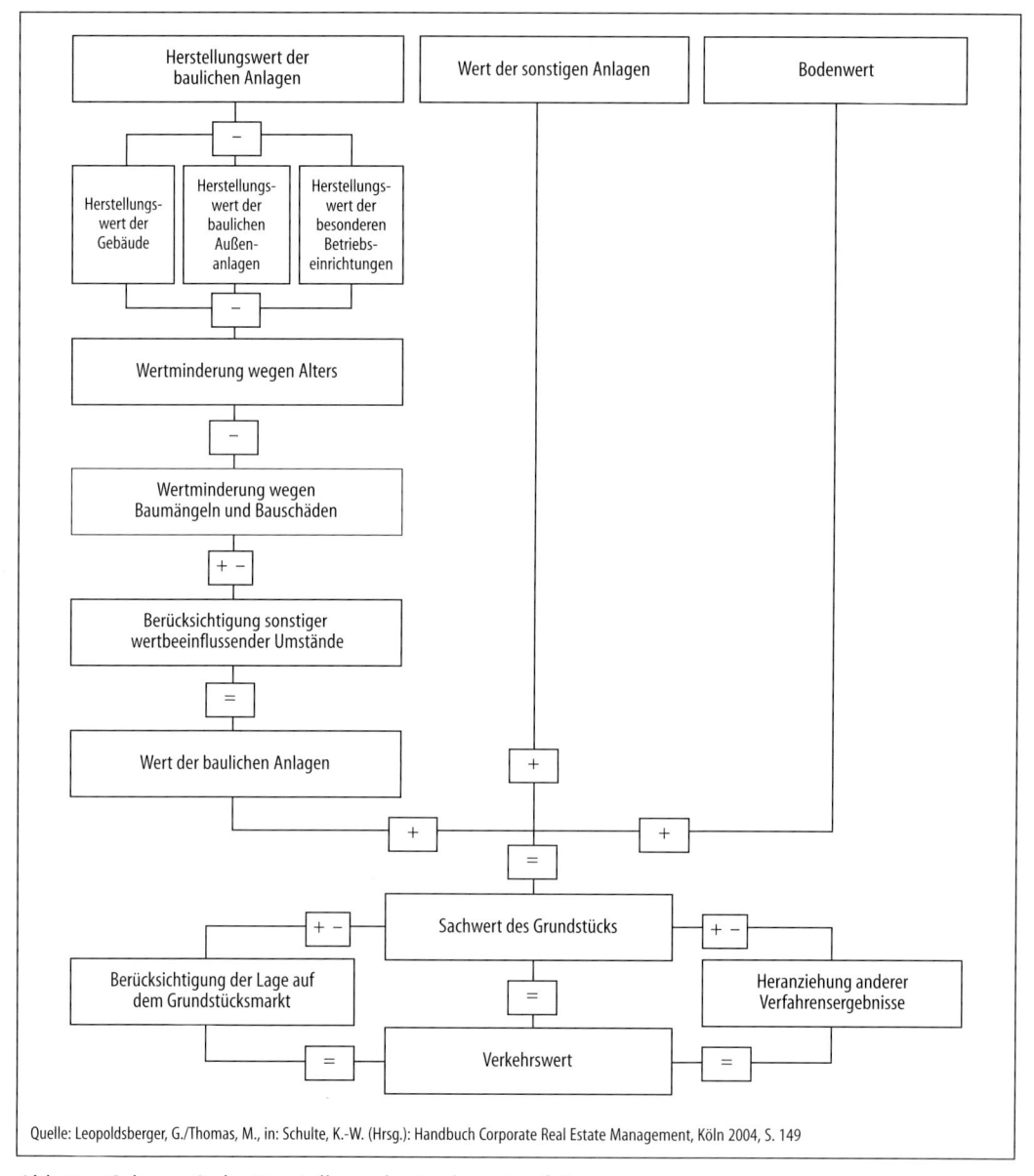

Quelle: Leopoldsberger, G./Thomas, M., in: Schulte, K.-W. (Hrsg.): Handbuch Corporate Real Estate Management, Köln 2004, S. 149

Abb. 2: Schematische Darstellung des Sachwertverfahrens

nebensächlich erachtet. In jüngster Zeit hat ein Umdenken stattgefunden. Das Sachwertverfahren soll nur dann angewandt werden, wenn der Sachwert auch preisbestimmend für einen Erwerber ist. Aktuell wird unterstellt, dass dies bei Ein- und Zweifamilienhäusern der Fall ist.

Bauliche Anlagen Der Wert der baulichen Anlagen ist nach § 21 Abs. 1 WertV auf der Grundlage ihrer Herstellungskosten zu ermitteln. Unter baulichen Anlagen versteht die Verordnung Gebäude, Außenanlagen und besondere Betriebseinrichtungen.

Innerhalb dieser Aufzählung sind die Gebäude der bedeutendste Einzelposten. Der korrekten Ermittlung des Gebäudeherstellungswertes muss daher besonderes Augenmerk gewidmet werden.

Unter Außenanlagen sind nur die baulichen Außenanlagen zu verstehen, da die nicht baulichen Außenanlagen der Systematik des Gesetzes folgend zu den sonstigen Anlagen zu rechnen sind.

§ 21 Abs. 3 WertV schreibt vor, dass die Herstellungswerte von Gebäuden unter Berücksichtigung ihres Alters, baulicher Mängel und Schäden sowie sonstiger wertbeeinflussender Umstände zu ermitteln sind. Ausgegangen wird dabei von den Normalherstellungskosten. Die Legaldefinition in § 22 Abs. 1 WertV legt den Begriff der Normalherstellungskosten auf eine einzelne Raum- oder Flächeneinheit fest. In § 22 Abs. 2 WertV wird die Definition um die Baunebenkosten, insbesondere die Kosten für Planung, Baudurchführung, behördliche Prüfungen und Genehmigungen und Finanzierungskosten, ergänzt.

Gebäude-sachwert

Die Ermittlung der einzelnen Positionen wird im Folgenden detailliert dargestellt.

Zur Ermittlung der Normalherstellungskosten wird im Regelfall entweder die Bruttogrundfläche oder die Kubikmeteranzahl des umbauten Raumes zugrunde gelegt. Dieser Wert wird mit den Erfahrungswerten für die entsprechende Einheit und für ein bestimmtes Basisjahr multipliziert und das Ergebnis mit dem Baupreisindex des Basisjahres umgerechnet.

Normal-herstellungs-kosten

Alle Bauteile, die nicht in der Bruttogrundfläche oder in der Kubatur enthalten sind, sind durch Zu- oder Abschläge zu bewerten. Um auf die Normalherstellungskosten zu kommen, müssen schließlich die Baunebenkosten hinzugerechnet werden.

Die Erfahrungswerte sind in der Literatur häufig tabellarisch dargestellt. In vielen Fällen wird die Definition des umbauten Raumes nach DIN 277 in der Fassung von 1950 zugrunde gelegt, wobei unbeachtet bleibt, dass die DIN 277 bereits mehrfach geändert wurde. Die tabellierten Erfahrungswerte unterscheiden sich aber nicht nur in der Fassung der DIN-Norm, sondern auch in den Bezugsjahren. Sie sind häufig für 1913, 1914, 1936, 1958, 1964 und 1980 ausgerechnet. Je nach Autor sind dabei Baunebenkosten bereits eingerechnet oder auch nicht. Zu beachten ist auch, ob die Mehrwertsteuer in den Werten bereits enthalten ist.

Tabellenwerte

Die aktuellen Veröffentlichungen zu den Herstellungskosten stammen aus den Jahren 1995 (DM) bzw. 2000 (Euro). Nicht alle Bauteile sind jedoch in der Bruttogrundfläche bzw. der Kubatur enthalten. Beispielhaft seien genannt: Eingangstreppen, Dachausbauten und -gauben, Lichtschächte für Kellerfenster und Vordächer, ggf. auch Balkone.

Die Baunebenkosten werden – soweit sie nicht bereits in den Erfahrungswerten berücksichtigt sind – über einen prozentualen Zuschlag ausgewiesen. Zu den Baunebenkosten gehören nach § 22 WertV die Kosten für die Planung und die Baudurchführung, die behördlichen Genehmigungskosten und die in unmittelbarem Zusammenhang mit der Herstellung erforderlichen Finanzierungs- und Versicherungskosten.

Baunebenkosten

Die Wertermittlungsverordnung kennt noch zwei weitere Verfahren, nach denen in Ausnahmefällen die Herstellungskosten ermittelt werden können. Zum einen können die tatsächlich bei Bau des Gebäudes angefallenen Herstellungskosten Verwendung finden, zum anderen können sie auf Grundlage der gewöhnlichen Herstellungskosten einzelner Bauleistungen berechnet werden.

Die Bewertung mittels tatsächlicher Herstellungskosten kann nur angewandt werden, wenn diese den gewöhnlichen Herstellungskosten entsprechen. Eine solche Wertermittlung kann man durchführen, wenn es sich um ein relativ neues Gebäude handelt und Art und Ausstattung Herstellungskosten im üblichen Rahmen erwarten lassen.

Die Wertermittlung mittels der Kosten einzelner Bauteile entspricht der einer Kostenermittlung gemäß Leistungsverzeichnis. Dieser Weg ist zu beschreiten, wenn es sich um Bauteile oder Gebäude handelt, für die keine Erfahrungssätze vorliegen.

Alterswertminderung Die Wertminderung wird über das Verhältnis von verbleibender Nutzungsdauer (Restnutzungsdauer) zu Gesamtnutzungsdauer als prozentualer Wert ausgedrückt. § 23 WertV lässt es offen, ob man einen linearen Verlauf der Abnutzung unterstellt oder „von einer mit zunehmendem Alter sich verändernden Wertminderung" ausgeht. Es sind zwar von verschiedenen Autoren progressive und degressive Wertminderungsverläufe aufgestellt worden – sie sind aber entweder nicht empirisch belegt oder sie unterscheiden sich nur minimal vom linearen Werteverzehr. Da die Restnutzungsdauer und die Gesamtnutzungsdauer ohnehin nur grobe Schätzungen darstellen, sollte der linearen Wertminderung der Vorzug gegeben werden. So wird ein Vortäuschen von Exaktheit vermieden.

Außenanlagen Der Begriff der Außenanlagen ist in der DIN 276 definiert: Demnach werden zu den Außenanlagen alle baulichen Maßnahmen, die nicht Gebäude sind, gerechnet. Neben Wegen und Stellflächen sind dies u. a. Spielplätze, Tore und Türen, Kunst am Bau, Ver- und Entsorgungsleitungen vom Gebäude bis zur Grundstücksgrenze und Stützmauern, aber auch Grünflächen und Wasserbecken.

Betriebseinrichtungen Unter dem Begriff „besondere Betriebseinrichtungen" werden Personen- und Lastenaufzüge, Müllbeseitigungsanlagen, Haussprechanlagen, Förderanlagen, Gleisanlagen u. Ä. zusammengefasst. Die Herstellungswerte für die besonderen Betriebseinrichtungen sind analog zu den Verfahren zur Ermittlung der Herstellungswerte bei Gebäuden zu errechnen. Für die wichtigsten Betriebseinrichtungen kann auf tabellierte Erfahrungswerte zurückgegriffen werden.

Sonstige Anlagen Der Begriff der „sonstigen Anlagen" ist etwas irreführend. Gemeint sind hier Nutz- und Ziergärten. Laut der amtlichen Begründung zu § 21 WertV ist der Wert von Nutz- und Ziergärten bereits im Bodenwert enthalten. Dies entspricht den Marktbeobachtungen. Auf eine besondere Wertfeststellung kann daher verzichtet werden, wenn es sich nicht um besonders wertvolle, parkartige Anpflanzungen handelt.

Sachwert Der Sachwert eines Grundstücks ergibt sich aus der Summe der Werte, die für den Boden, die baulichen Anlagen und ggf. für die sonstigen Anlagen ermittelt worden sind. Dieser Wert stellt auf den Substanzwert des Grundstücks zum

Wertermittlungsstichtag ab. Das heißt, es handelt sich eher um einen Wiederherstellungs„preis" als um einen Preis, der am Grundstücksmarkt zu erzielen wäre. Deshalb ist eine Marktanpassung durchzuführen, um zum Verkehrswert zu gelangen.

Zur Ermittlung des Verkehrswertes aus dem Sachwert schreibt Möckel:

Ableitung des Verkehrswertes

„Sind im Sachwertverfahren die Wert beeinflussenden Ansätze, insbesondere die Herstellungskosten, die Alterswertminderung sowie die Wertminderung wegen Baumängeln oder Bauschäden bereits in einer dem entsprechenden Teilmarkt angemessenen Weise berücksichtigt, so kann der Sachwert des Grundstücks dem Verkehrswert gleichgesetzt werden." [2]

Dass diese Voraussetzungen nur in den wenigsten Fällen gegeben sein dürften, verkennt Möckel nicht. Nach § 7 Abs. 1 Satz 2 WertV ist der Verkehrswert aus dem Sachwert unter Berücksichtigung des aktuellen Grundstücksmarktes herzuleiten.

Diese Überleitung von Sachwerten zu Marktwerten ist dringend geboten, da die vom Sachwert repräsentierten Kosten oftmals für den Erwerber nicht von Interesse sind.

Der Sachwert wird zum Zwecke der Marktanpassung dem Ertrags- bzw. Vergleichswert gegenübergestellt. Der Verkehrswert wird im Ergebnis mehr oder weniger nah am Sach- oder Ertragswert (bzw. Vergleichswert) liegen. Warum der eine Wert stärker als der andere berücksichtigt wird, ist ausführlich zu begründen, eine mathematische Durchschnittsbildung ist unzulässig.

Fazit

In dieser Marktanpassung liegt ein Schwachpunkt des Sachwertverfahrens, da diese Anpassung einen Verfahrensbruch darstellt. Während der Substanzwert nach mehr oder weniger exakten Verfahren berechnet worden ist, wird bei der Marktanpassung vom Sachverständigen quasi verlangt, dass er den Verkehrswert praktisch bereits kennt, um den Substanzwert an den Verkehrswert anzugleichen.

Wenn hilfsweise das Ertragswertverfahren (bzw. Vergleichswertverfahren) verwendet werden muss, um den Verkehrswert zu ermitteln, ist die Frage zu stellen, weshalb nicht gleich und ausschließlich ein marktkonformes Wertermittlungsverfahren gewählt wird.

Es erscheint daher angebracht, das Sachwertverfahren i. d. R. nur dann anzuwenden, wenn es um die Ermittlung von Wiederherstellungskosten geht. Dies kann beispielsweise bei der Ermittlung von Versicherungswerten der Fall sein. Nach Möglichkeit sind hierzu Basisjahre zu verwenden, die dem Baujahr bzw. dem Wertermittlungsstichtag nahe liegen.

Auch wenn das Sachwertverfahren in der Wertermittlungsverordnung gleichberechtigt neben dem Ertragswertverfahren und dem Vergleichswertverfahren steht, so ist generell zum Zwecke der Marktwertermittlung den marktnäheren Verfahren der Vorzug zu geben.

3.3 Ertragswertverfahren

Ertrag bestimmt den Wert

Der zweite Abschnitt der Wertermittlungsverordnung regelt in den §§ 15 bis 20 das Ertragswertverfahren. Ausgangsüberlegung für die Verkehrswertermittlung mit Hilfe des Ertragswertverfahrens ist die Feststellung, dass der Wert eines unter Renditeaspekten erworbenen Grundstücks von den Erträgen, die sich mit dem Grundstück erzielen lassen, bestimmt wird.

Das Ertragswertverfahren geht zweigliedrig vor. Zum einen wird der Barwert der für die Restnutzungsdauer des Gebäudes zu erzielenden Erträge berechnet, zum anderen der Bodenwert getrennt ermittelt, da bei ihm unterstellt wird, dass er auf ewig Bestand habe.

Bodenwert und Wert der baulichen Anlagen zusammen ergeben den Ertragswert des Grundstücks. Einen Überblick über das Ertragswertverfahren gibt Abbildung 3.

Weil das Bodenwertniveau nicht nur aus den Erträgen des Grundstücks erklärbar ist [3], schreibt die Wertermittlungsverordnung die Methode des Preisvergleichs als Regelverfahren für die Bodenwertermittlung vor.

Der Wert des Bodens ist nach dem Vergleichswertverfahren festzustellen, unabhängig davon, ob das Grundstück unbebaut oder bebaut ist.

Aufspaltung des Reinertrages

Die Ertragswertermittlung der baulichen Anlagen wird in der rechten Spalte der Abbildung 3 dargestellt. Die Berechnung des Gebäudeertrages bestimmt sich infolgedessen nach § 16 WertV. Zunächst sind vom Rohertrag die Bewirtschaftungskosten abzuziehen, um zum Reinertrag zu gelangen. Der Bodenwert ist anschließend mit dem Liegenschaftszinssatz zu kapitalisieren. Der Jahresreinertrag des Grundstücks abzüglich der Bodenwertverzinsung ergibt den Jahresreinertrag der baulichen Anlagen.

Dieser Gebäudeertragswert ist um wertbeeinflussende Umstände zu berichtigen, um zum Wert der baulichen Anlage zu gelangen.

Im Folgenden sind die einzelnen Schritte zur Ermittlung des Gebäudeertragswertes detailliert beschrieben.

Rohertrag des Grundstücks

Der Rohertrag ist in § 17 Abs. 1 WertV definiert: „Der Rohertrag umfasst alle bei ordnungsgemäßer Bewirtschaftung und zulässiger Nutzung nachhaltig erzielbaren Einnahmen aus dem Grundstück, insbesondere Mieten und Pachten einschließlich Vergütungen."

Zu Einnahmen in diesem Sinne gehören Wohnungs- und Gewerbemieten, die regelmäßigen Einnahmen aus der Vermietung von Werbeträgern sowie die wiederkehrenden Einnahmen aus sonstigen Nutzungen, beispielsweise als Ausgleich für Nutzungsbeschränkungen aufgrund von eingeräumten Rechten. Da die Einnahmen aus Werbeträgern und aufgrund von eingeräumten Rechten eine von der Restnutzungsdauer abweichende Vertragsdauer haben können, werden diese – entgegen dem Wortlaut – im Allgemeinen nicht bei der Ermittlung des Rohertrages berücksichtigt.

Von der Vertragsgestaltung hängt die Bewertung der Betriebskosten ab. Sind diese in der Miete enthalten, werden sie bei der Rohertragsermittlung mit ein-

Immobilienbewertung 187

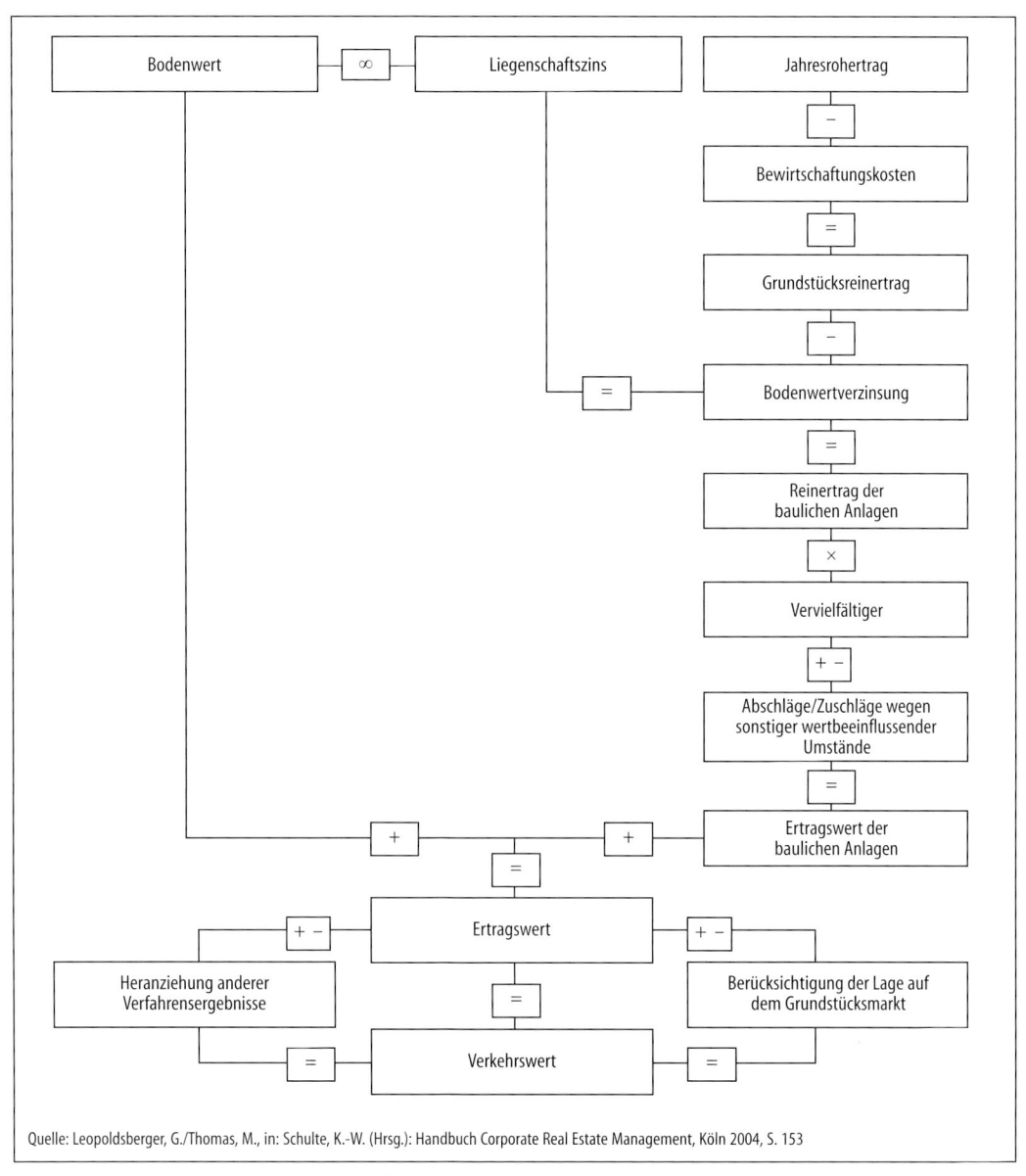

Abb. 3: Schematische Darstellung des Ertragswertverfahrens

bezogen. Sind die Betriebskosten dagegen zusätzlich zur Miete in Form einer Umlage zu zahlen, werden sie nicht zu den Roherträgen gerechnet.

Die Dauer der Nachhaltigkeit wird von der Restnutzungsdauer bestimmt. Ob die Nachhaltigkeit der tatsächlichen Erträge gegeben ist, lässt sich nur anhand der Originalmietverträge überprüfen. Ggf. ist auch die langfristige Solvenz des Mieters zu beurteilen, wenn die tatsächlichen Erträge über den ortsüb-

Nachhaltigkeit

lichen Mieten liegen und dies aufgrund der Vertragsgestaltung auch für einen längeren Zeitraum noch so bleiben wird.

Die Bewirtschaftungskosten sind nach § 18 WertV wie folgt gegliedert:

- Abschreibungen,
- Verwaltungskosten,
- Betriebskosten,
- Instandhaltungskosten,
- Mietausfallwagnis.

Bodenwertverzinsung § 16 Abs. 2 WertV schreibt vor, dass der Reinertrag des Grundstücks um den Betrag zu mindern ist, der sich durch eine angemessene Verzinsung des Bodenwertes ergibt. Hierzu muss der Bodenwert zunächst ermittelt werden, wie dies oben beschrieben worden ist.

Die getrennte Betrachtung von Ertragsanteilen des Bodens und des Grundstücks ist notwendig, da sich die Nutzungszeiträume von Boden und Gebäude unterscheiden. Beim Boden wird unterstellt, dass dieser auf ewig Bestand habe. Deshalb ist der Wert des Bodens zunächst für eine unendliche Nutzungsdauer zu kapitalisieren. Dafür ist der den Merkmalen des Grundstücks entsprechende Liegenschaftszinssatz zu verwenden. Es ist im Regelfall der gleiche Liegenschaftszinssatz zu verwenden, der für die Kapitalisierung des Gebäudereinertrages genutzt werden soll.

Liegenschaftszinssatz Der Liegenschaftszinssatz ist in § 11 Abs. 1 WertV definiert: „Der Liegenschaftszinssatz ist der Zinssatz, mit dem der Verkehrswert von Liegenschaften im Durchschnitt marktüblich verzinst wird." Das Zitat macht deutlich, dass Liegenschaftszins und Kapitalmarktzins voneinander zu unterscheiden sind. Der Kapitalmarktzins ist aber eine der Komponenten, die den Liegenschaftszins bestimmen. Klocke drückt dies so aus: „Die Höhe des (Liegenschafts-) Zinssatzes ist abhängig von der Art der Nutzung, Bebauung und Restnutzungsdauer sowie der Lage am Grundstücksmarkt unter Berücksichtigung des Kapitalmarktes und eventueller künftiger überschaubarer Entwicklungen." [4]

Berechnet wird der Liegenschaftszinssatz durch die mathematische Umkehrung des Ertragswertes aus realisierten Kauffällen. Dazu werden die Vertragskopien verwandt, die den Gutachterausschüssen von den beurkundenden Stellen eingereicht werden müssen.

Der Bodenwert – als absoluter Betrag – wird beim Ertragswertverfahren in einem späteren Schritt zum Ertragswert der baulichen Anlagen addiert, um den Ertragswert des Grundstücks zu erhalten.

Reinertrag Der Reinertrag der baulichen Anlagen bzw. Gebäudereinertrag ergibt sich aus dem Reinertrag des Grundstücks abzüglich der Bodenwertverzinsung.

Vervielfältiger Der Gebäudereinertrag ist mit einem Vervielfältiger zu multiplizieren, der sich aus dem – auch für die Bodenwertkapitalisierung gewählten – Liegenschaftszinssatz und der Restnutzungsdauer des Gebäudes ergibt.

Unter Restnutzungsdauer wird in der Wertermittlungsverordnung die Anzahl an Jahren verstanden, welche die Immobilie bei ordnungsgemäßer Instandhaltung und Bewirtschaftung noch wirtschaftlich genutzt werden kann. Unterlassene Instandhaltungen verkürzen folglich die Restnutzungsdauer, während umfangreiche Modernisierungen i. d. R. zu einer Verlängerung führen. Mathematisch gesehen stellt der Vervielfältiger einen Rentenbarwertfaktor dar. Das Ergebnis der Multiplikation von Vervielfältiger und Jahresreinertrag des Gebäudes ist der Ertragswert der baulichen Anlagen oder, anders ausgedrückt, der Barwert der auf das Gebäude entfallenden zukünftigen Erträge des Grundstücks.

Die Multiplikation von Vervielfältiger und Jahresreinertrag der baulichen Anlagen führt zum Ertragswert der baulichen Anlagen. Im Normalfall ist der Ertragswert der baulichen Anlagen identisch mit dem Marktwert der baulichen Anlagen. Voraussetzung ist, dass bei dem Wertermittlungsobjekt keine wertbeeinflussenden Merkmale vorhanden sind.

Ertragswert der baulichen Anlagen

Nach § 19 WertV sind Umstände, die durch die bisher durchgeführten Schritte des Ertragswertverfahrens nicht erfasst sind, mittels Zu- und Abschlägen zu berücksichtigen. Ausdrücklich genannt sind Erträge aus der Nutzung für Werbezwecke, mietrechtliche Bindungen und Abweichungen von dem baulichen Zustand, die nicht durch geänderte Ansätze des Ertrages bzw. der Restnutzungsdauer beachtet worden sind.

Sonstige wertbeeinflussende Umstände

Nachhaltige Erträge aus Werbezwecken können grundsätzlich bei der Ermittlung des Rohertrags berücksichtigt werden. Dies geschieht jedoch im Regelfall aus praktischen Erwägungen heraus nicht. Zum einen können Restvertragsdauer und Gebäuderestnutzungsdauer voneinander abweichen, zum anderen fallen für die Werbenutzung i. d. R. nur Verwaltungskosten als Bewirtschaftungskosten an. Für die Ermittlung des Barwertes der Werbeerträge wird darüber hinaus in der Praxis ein vom Liegenschaftszinssatz abweichender Kapitalisierungszinssatz gewählt.

Wie Abbildung 3 zeigt, ist zum Wert der baulichen Anlagen der Bodenwert zu addieren, um den Ertragswert des Grundstücks zu erhalten, wobei die sonstigen wertbeeinflussenden Umstände zu berücksichtigen sind. Da Ertragswert und Verkehrswert nicht unbedingt identisch sind, muss der Verkehrswert aus dem Ertragswert noch abgeleitet werden.

Ermittlung des Ertragswertes

Wie bei den anderen in der Wertermittlungsverordnung beschriebenen Methoden ist aus dem – aufgrund der oben aufgeführten Schritte – ermittelten Wert unter Heranziehung etwaiger anderer Verfahrensergebnisse und der Berücksichtigung der Lage am Grundstücksmarkt der Verkehrswert festzustellen. Der Gesetzgeber hat diese Anpassung nur allgemein aufgeführt und auf eine detaillierte Beschreibung verzichtet.

Ableitung des Verkehrswertes

Inwieweit eine Betrachtung von anderen Verfahren möglich ist, muss überprüft werden. Genügend Vergleichsobjekte zur Anwendung des Vergleichswertverfahrens stehen im Regelfall nicht zur Verfügung und der Sachwert ist bei Objekten, die unter Renditegesichtspunkten erworben wurden, i. d. R. von geringer Bedeutung. Durch einen differenzierten und marktgerechten Ansatz des Liegenschaftszinssatzes kann daher auf die Anpassung bei Ertragswertverfahren weitgehend verzichtet werden.

3.4 Residualverfahren

Das Residualverfahren, gelegentlich auch Residualwertverfahren, ist nicht in der Wertermittlungsverordnung geregelt. Es ist in jüngerer Zeit im Schrifttum stark diskutiert worden als ergänzendes Verfahren vor allem zur Feststellung des Bodenwertes [5]. Das Residualverfahren ist an sich kein neues Verfahren. Vielmehr war es unter dem Begriff „Wertermittlung über einen mutmaßlichen Ertrag" bereits bekannt, konnte sich aber wegen seiner Schwächen in der Grundstückswertermittlung nicht durchsetzen. Der neue Begriff lehnt sich an den angelsächsischen Sprachgebrauch an, da dort der Residual Approach häufiger als in Deutschland zur Anwendung kommt.

Die grundsätzliche Vorgehensweise ist in Abbildung 4 dargestellt.

```
    Ertragswert          oder          Vergleichswert
         =                                   =
    Wert nach Abschluss der Projektentwicklung
                         −
    Entwicklungskosten des Gebäudes und der Außenanlagen einschließlich der Baunebenkosten
                         −
    Bauzeitzinsen und Projektentwicklungsgewinn
                         =
    Residuum
                         ×
    Diskontierungsfaktor entsprechend der Projektentwicklungsdauer
                         =
    kalkulatorisch maximal tragbarer Bodenwert
```

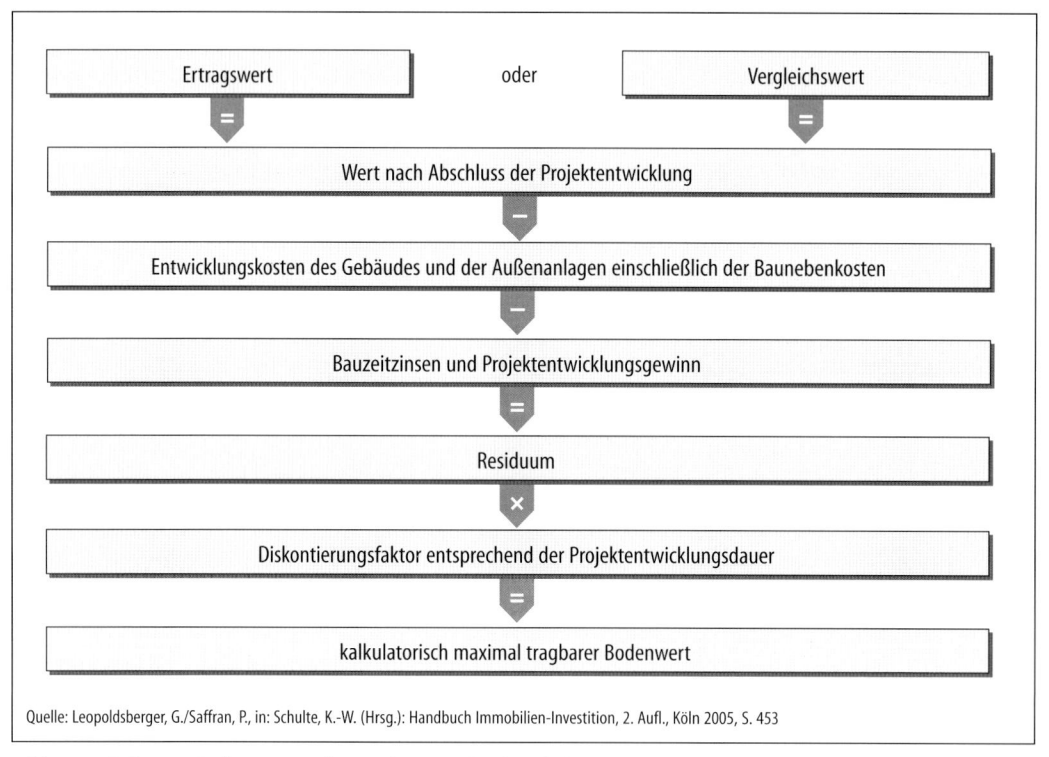

Quelle: Leopoldsberger, G./Saffran, P., in: Schulte, K.-W. (Hrsg.): Handbuch Immobilien-Investition, 2. Aufl., Köln 2005, S. 453

Abb. 4: Schematische Darstellung des Residualverfahrens

Geschätzter Ertrag — Ausgehend von dem vom Ertragswertverfahren bekannten Sachverhalt, dass sich der Ertrag eines Grundstücks aus Ertrag des Gebäudes und Ertrag des Bodens zusammensetzt, wird zunächst der Ertrag des noch zu entwickelnden Immobilienprojektes geschätzt. Dieser fiktive Ertrag ist als Gesamtertrag des Grundstücks zu betrachten und daher in einen Gebäude- und einen Bodenanteil aufzuteilen.

Dazu werden die erwarteten Baukosten für das Gebäude und die Außenanlagen einschließlich aller Baunebenkosten sowie die Bauzeitfinanzierungskosten und der Projektentwicklungsgewinn geschätzt. Diese Entwicklungskosten werden vom Wert nach Fertigstellung abgezogen.

Das verbleibende Residuum ergibt den Betrag, den der Projektentwickler bzw. Investor für das zu bewertende Grundstück zahlen kann. Dieser Betrag wird – auf den Bewertungsstichtag diskontiert – mit dem Wert des Grundstücks gleichgesetzt.

Flächen schätzen

Für die Ermittlung des Wertes nach Fertigstellung wird i. d. R. das Ertragswertverfahren angewandt. Dazu müssen die vermietbaren Flächen einerseits und die nachhaltig erzielbaren Mieten andererseits bekannt sein. Zu dem Zeitpunkt, in dem Wertgutachten, denen das Residualverfahren zugrunde gelegt wird, im Allgemeinen durchgeführt werden, liegt häufig nicht einmal ein grobplanerisches Konzept vor. Somit sind die benötigten Flächen auf Grundlage der Grundstücksgröße und der zulässigen Baumaße zu schätzen. Abschläge von den geschätzten Bruttoflächen zur Ermittlung der vermietbaren Flächeneinheiten sind anschließend noch vorzunehmen.

Mieterträge schätzen

Die anzusetzenden Mieterträge sind für den Zeitpunkt der Erstvermietung zu kalkulieren und somit über einen mehrjährigen Zeitraum hinweg zu prognostizieren. Der als Produkt von vermietbarer Fläche und nachhaltigem Mietzins bestimmte Rohertrag ist nach dem klassischen Ertragswertverfahren um pauschalierte Bewirtschaftungskosten zu vermindern. Der so ermittelte Reinertrag ist mit dem aus geschätzter Gesamtnutzungsdauer und angenommenem Liegenschaftszinssatz berechneten Vervielfältiger zu multiplizieren.

Es ergibt sich der geschätzte Ertragswert des Immobilieninvestments nach Fertigstellung, wobei eine vollständige Vermietung innerhalb eines bestimmten Zeitraumes angenommen wird. Die Länge dieses Zeitraumes wird bei der Ermittlung der Entwicklungskosten festgesetzt.

Als Alternative zum Ertragswertverfahren findet gelegentlich das Vergleichswertverfahren Verwendung, zumeist in der Ausgestaltung des Gebäudefaktorenvergleichs.

Entwicklungskosten schätzen

Die Entwicklungskosten setzen sich aus den Baukosten für das Gebäude und die Außenanlagen, den Erwerbsnebenkosten, den Finanzierungskosten für die Bauzeit, den Vermarktungskosten und einem Entwicklungsgewinn zusammen. Für jede einzelne Kostenart gilt, dass die Kosten nur in angemessenem Rahmen Berücksichtigung finden können.

Je nach dem Stadium der Planung kann die Kostenschätzung in verschiedenen Exaktheitsgraden erfolgen: angefangen bei einer überschlägigen Ermittlung über die Geschossflächenzahl bis hin zu einer Kostenermittlung gemäß DIN 276. Abhängig vom Planungsstand und damit der noch verbleibenden Projektdauer sind die Finanzierungskosten für die Bauzeit zu ermitteln. Die Vermarktungskosten können bei Verkaufsabsicht als Prozentsatz des Wertes nach Fertigstellung angenommen werden, bei einer geplanten Vermietung durch Ansatz einer sachlich gerechtfertigten Anzahl von Monatsmieten. Die Vorstellung von einem angemessenen Entwicklergewinn ist subjektiv.

Ermittlung des Residuums

Der Restwert, also die Differenz aus Grundstückswert nach Fertigstellung und Entwicklungskosten, wird als Residuum bezeichnet und entspricht dem

Bodenwert zum Zeitpunkt des Beginns der Nutzung. Das Residuum ist folglich auf den Bewertungsstichtag zu diskontieren. Für die Dauer der Projektentwicklung ist ein marktüblicher Zinssatz als Abzinsungsfaktor zu verwenden.

Varianten des Residualverfahrens

Neben der dargestellten Bodenwertbestimmung gibt es noch zwei weitere Bereiche, in denen das Residualverfahren zum Einsatz kommen kann: Zum einen ist eine Umstellung des Verfahrens möglich, sodass bei gegebenem Bodenwert die Ermittlung der maximalen Baukosten erfolgen kann, zum anderen kann es zur Ermittlung von Bauerwartungslandpreisen, ausgehend von Baulandpreisen abzüglich Erschließungskosten, verwandt werden.

Fehleranfälligkeit

Die Größen Ertragswert und Baukosten sind – im Verhältnis zu dem zu ermittelnden Bodenwert – annähernd gleich groß. Aufgrund der mathematischen Verknüpfung wird jede minimale Änderung an den Eingangsdaten zu einer relativ viel größeren Änderung des Residuums führen. Beträgt der Bodenwert etwa 10 % des Gesamtwertes, so führt eine gegenläufige Veränderung von Verkaufserlös und Herstellungskosten um 5 % zu einer Veränderung des Residuums – also des zu ermittelnden Bodenwertes – um 95 %. Ertragswert und Baukosten müssten sich daher sehr exakt ermitteln lassen, um zu vertretbaren Ergebnissen zu kommen. Gerade dies ist aber nicht der Fall.

Kleiber, Simon und Weyers betonen, dass das Residualverfahren äußerst fehleranfällig ist: „Kleinste und noch innerhalb der Ermittlungsgenauigkeit (des Liegenschaftszinssatzes) liegende Fehler können das Ergebnis bis zur Unkenntlichkeit verfälschen." [6]

Wird das Residualverfahren zur Bodenwertbestimmung eingesetzt, ohne dass verschiedene Investoren im Wettbewerb um den Zuschlag stehen, trägt der Veräußerer vereinfacht ausgedrückt das Entwicklungsrisiko, während der Investor alle nicht eingetretenen Kosten und Wagnisse als zusätzlichen Gewinn vereinnahmt und somit ausschließlich an den Chancen partizipiert. Dabei spiegeln die zu veranschlagenden Bauzeitzinsen und Gewinnvorstellungen der Investoren stärker individuelle Aspekte wider, als dies für die objektivierende Verkehrswertermittlung zulässig ist.

Fazit

In Deutschland wird das Residualverfahren zur Bewertung von entwicklungsreifen – d. h. unbebauten oder abrissfähigen – Grundstücken herangezogen, vorzugsweise wenn keine Vergleichsgrundstücke zur Verfügung stehen und eine Anwendung des Vergleichswertverfahrens als undurchführbar erscheint. In Großbritannien wird der Residual Approach für die gleichen Grundstückstransaktionen eingesetzt mit dem Unterschied, dass im Regelfall mehrere Investoren sich um das Grundstück bemühen und den Residual Approach dazu einsetzen, den maximal von ihnen bezahlbaren Grundstückspreis zu errechnen. Der Residual Approach wird also zur individuellen Preisermittlung unter Wettbewerb eingesetzt.

Dagegen wird in Deutschland das Residualverfahren oft zur Wertermittlung verwandt, wobei die Verkäuferseite häufig die öffentliche Hand ist, nicht selten ist dies zusätzlich auf der Käuferseite der Fall. Als Beispiel sei hier die Umnutzung von Kasernengelände genannt, das aus Bundesbesitz in das Eigentum der Gemeinde übergehen soll, wobei als Veräußerungspreis der Verkehrswert angenommen werden soll. Es fehlt hier an der für den angelsächsischen Residual Approach typischen Wettbewerbssituation.

Im Ergebnis muss festgestellt werden, dass die Schwachstellen, die beim Residualverfahren unter seiner alten Bezeichnung zu einem Nischendasein führten, keineswegs überwunden sind. Die Fehleranfälligkeit liegt deutlich über den in der Wertermittlungsverordnung verankerten Verfahren. Wenn in Ausnahmefällen das Residualverfahren verwandt werden soll, so ist eine Wettbewerbssituation zu fordern, in der jeder Investor für sich mittels Residualverfahren den Preis bestimmt, den er für das infrage kommende Grundstück maximal bereit ist zu zahlen. Diese Maximalkaufpreisbestimmung ist naturgemäß nicht als Verkehrswert zu bezeichnen. Aus diesem Grund ist dem Begriff des Residualverfahrens gegenüber dem des Residualwertverfahrens der Vorzug zu geben.

Aus oben Dargestelltem ergibt sich, dass es sich bei dem Residualverfahren um ein Investitionsrechenverfahren und nicht um ein Verkehrswertverfahren handelt. Folglich ist es von Investoren gut zur Bestimmung des maximalen Ankaufspreises geeignet, nicht jedoch zur objektiven Wertermittlung.

Investitionsrechnung

3.5 Liquidationswertverfahren

Die Anwendung des Liquidationswertverfahrens kommt nur in den Fällen infrage, in denen der Reinertrag von Boden und Gebäude zusammen geringer ist als der Verzinsungsbetrag des Bodenwerts nach § 16 Abs. 2 WertV 88. Diese Voraussetzung kann gegeben sein, wenn ein wirtschaftlich überaltertes Gebäude auf einem hochwertigen Grundstück, beispielsweise in einer innerstädtischen Lage oder einer bevorzugten Wohnlage, steht.

Abbildung 5 auf der folgenden Seite gibt einen schematischen Überblick über den Ablauf im Liquidationsverfahren.

In der WertV 88 wird der Begriff des Liquidationswertverfahrens nicht verwandt. Stattdessen wird vom Ertragswert in besonderen Fällen gesprochen. Im Schrifttum hat sich der Begriff des Liquidationswertverfahrens durchgesetzt, der auch im Folgenden verwendet wird.

Je nachdem, ob und wann die überalterte Gebäudesubstanz entfernt werden kann, muss eine der drei Ausgestaltungen des Liquidationswertverfahrens angewendet werden:

Abriss möglich?

- Ein Abbruch des Gebäudes kann jederzeit erfolgen: Dann ergibt sich der Grundstückswert aus dem Bodenwert abzüglich der Abrisskosten. Der Bodenwert wird dann durch den Umfang der Neubebauungsmöglichkeit beeinflusst.
- Ein Abbruch des Gebäudes kann nicht sofort, aber in absehbarer Zeit erfolgen: Aus Abbildung 5 wird deutlich, dass einerseits der Barwert des Reinertrags für die Zeit bis zum möglichen Abbruch des Gebäudes zu berechnen ist und andererseits der Bodenwert abzüglich der gewöhnlichen Freilegungskosten zum Abbruchzeitpunkt auf den Wertermittlungsstichtag zu diskontieren ist. Beide Werte müssen addiert werden und bilden den Liquidationswert zum Wertermittlungsstichtag.

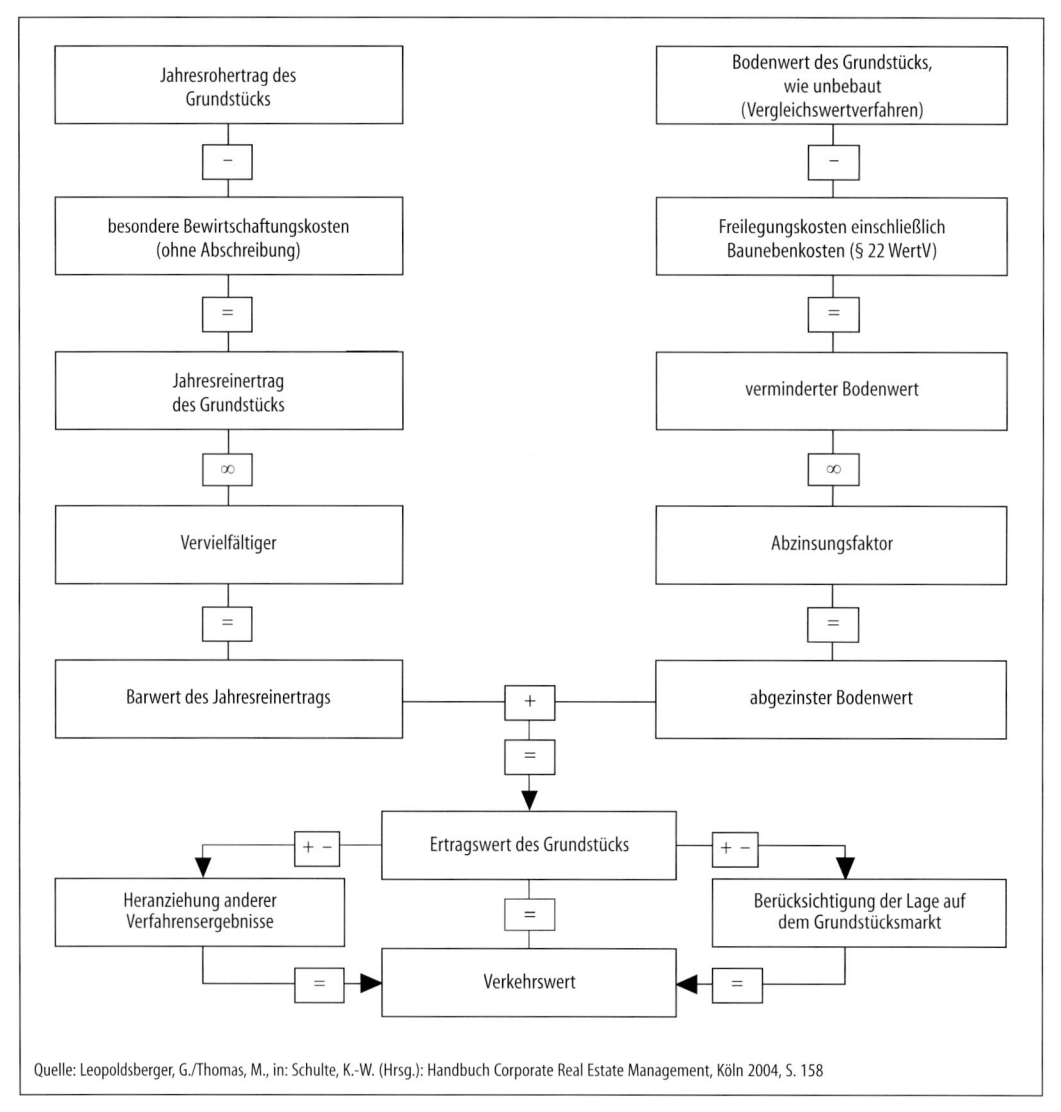

```
┌─────────────────────────────┐         ┌─────────────────────────────┐
│   Jahresrohertrag des       │         │  Bodenwert des Grundstücks, │
│      Grundstücks            │         │        wie unbebaut         │
│                             │         │   (Vergleichswertverfahren) │
└──────────────┬──────────────┘         └──────────────┬──────────────┘
              [-]                                      [-]
┌─────────────────────────────┐         ┌─────────────────────────────┐
│ besondere Bewirtschaftungs- │         │ Freilegungskosten einschließ-│
│   kosten (ohne Abschreibung)│         │  lich Baunebenkosten (§ 22   │
│                             │         │          WertV)             │
└──────────────┬──────────────┘         └──────────────┬──────────────┘
              [=]                                      [=]
┌─────────────────────────────┐         ┌─────────────────────────────┐
│     Jahresreinertrag        │         │     verminderter Bodenwert  │
│      des Grundstücks        │         │                             │
└──────────────┬──────────────┘         └──────────────┬──────────────┘
              [∞]                                      [∞]
┌─────────────────────────────┐         ┌─────────────────────────────┐
│       Vervielfältiger       │         │       Abzinsungsfaktor      │
└──────────────┬──────────────┘         └──────────────┬──────────────┘
              [=]                                      [=]
┌─────────────────────────────┐   [+]   ┌─────────────────────────────┐
│ Barwert des Jahresreinertrags├────────┤     abgezinster Bodenwert   │
└─────────────────────────────┘         └─────────────────────────────┘
                             [=]
                ┌─────────────────────────────┐
        [+ -]   │  Ertragswert des Grundstücks│   [+ -]
     ┌──────────┤                             ├──────────┐
     ▼          └─────────────┬───────────────┘          ▼
┌──────────────┐             [=]              ┌──────────────────────┐
│ Heranziehung │                               │ Berücksichtigung der │
│    anderer   │                               │  Lage auf dem        │
│Verfahrens-   │                               │  Grundstücksmarkt    │
│ergebnisse    │                               │                      │
└──────┬───────┘                               └──────────┬───────────┘
      [=]     ┌─────────────────────┐               [=]
       └─────▶│     Verkehrswert    │◀──────────────────┘
              └─────────────────────┘
```

Quelle: Leopoldsberger, G./Thomas, M., in: Schulte, K.-W. (Hrsg.): Handbuch Corporate Real Estate Management, Köln 2004, S. 158

Abb. 5: Schematische Darstellung des Liquidationswertverfahrens

- Das Gebäude ist noch längerfristig zu unterhalten: Nach den Vorschriften des § 20 Abs. 3 WertV 88 ist ein anderer Bodenwert anzusetzen, wenn das Gebäude längerfristig nicht abgerissen werden kann, als er üblicherweise nach § 15 Abs. 2 WertV 88 im Ertragswertverfahren anzuwenden wäre. Über die Art der Ermittlung des sog. gedämpften Bodenwerts macht die Wertermittlungsverordnung 88 keinerlei Angaben. Die Regelung ist praktisch bedeutungslos, da es kein anerkanntes Verfahren zur Ermittlung des gedämpften Bodenwerts gibt. Statt der Anwendung des § 20 Abs. 3 WertV 88 sollte daher das klassische Ertragswertverfahren zur Anwendung kommen.

Auch wenn es als Verfahren für Ausnahmesituationen gedacht ist, kommt die „Ausnahmesituation" im Rahmen von Umnutzungen regelmäßig zur Anwendung.

Fazit

3.6 Discounted-Cashflow-Verfahren

Die Discounted-Cashflow-Methode (DCF-Methode) ist ein international verbreitetes Wertermittlungsverfahren, das insbesondere in angelsächsischen Ländern Anwendung findet. In Übereinstimmung mit dem in der Wertermittlungsverordnung geregelten Ertragswertverfahren versucht die DCF-Methode, den in Geldeinheiten bewerteten Nutzen einer Immobilie zu bestimmen. Das Ergebnis beider Verfahren ist die Ermittlung des auf den Bewertungszeitpunkt bezogenen Barwerts sämtlicher Einnahmen und Ausgaben. Die Verfahren unterscheiden sich hinsichtlich der einfließenden Bewertungsparameter. Während beim normierten Ertragswertverfahren alle Eingangsgrößen durch Erhebung gegenwärtiger Marktansätze ermittelt werden, fließt in das DCF-Verfahren eine Vielzahl von Prognosegrößen ein. Darin kann zum einen die Schwäche des Verfahrens gesehen werden, umgekehrt lässt sich jedoch auch die besondere Stärke ableiten, da die Einschätzung zukünftiger wertbeeinflussender Faktoren explizit in die Wertermittlung einbezogen wird.

Die rechnerische Behandlung der Zahlungsreihe bei der DCF-Methode ist relativ einfach. Die Problematik des Verfahrens liegt in der Bestimmung des Cashflows und in der Wahl des Diskontierungszinssatzes.

Eine exemplarische Darstellung einer Discounted-Cashflow-Rechnung gibt Abbildung 6 auf der folgenden Seite.

Der Cashflow sollte aus einer fundierten Analyse von Marktdaten und Grundstücksdaten hervorgehen. Die Schätzung der Einflussparameter ist der komplexeste Teil der Bewertung. Je marktgerechter die Eingabeparameter sind, desto zuverlässiger sind die Ergebnisse des DCF-Verfahrens. Computer und Tabellenkalkulationsprogramme machen die technische Handhabung der Methode einfach. Es ist daher umso wichtiger, das Augenmerk auf die Eingabedaten zu richten.

Cashflow-Bestimmung

Die folgenden Absätze stellen den DCF-Verfahrensablauf in seinen Einzelschritten dar:

Der Beginn einer DCF-Analyse ist die Prognose der potenziellen Bruttokaltmieteinnahmen unter der Annahme, dass sämtliche Flächen vermietet werden. Hinzu kommen die zusätzlichen Einnahmen der Immobilie (z. B. Verkaufsautomaten, Werbeträger). Die Mieteinnahmen werden anhand von existierenden Verträgen, von Vergleichsmieten oder unter Berücksichtigung von makro- und mikroökonomischen Einflussfaktoren geschätzt. Auch konjunkturelle Trends können dabei berücksichtigt werden. Das DCF-Verfahren bietet die Möglichkeit, unterschiedliche Mieteinnahmen zu verschiedenen Zeitpunkten zu prognostizieren.

Bruttokaltmiete

Von den Bruttokaltmieteinnahmen sind die voraussichtlichen Mietausfälle durch Leerstand abzuziehen. Die Höhe der kalkulierten Mietausfälle sollte sich zum einen am durchschnittlichen Leerstand der Immobilie orientieren. Zum

Mietausfall

		DCF-Verfahren										
Periode	0	1	2	3	4	5	6	7	8	9	10	11
Erlöse Mietvertrag 1		3.500.000	3.600.000	3.700.000	3.800.000	3.900.000	4.000.000	1.875.000	3.825.000	3.901.500	3.979.530	4.059.121
Erlöse Mietvertrag 2		1.500.000	1.530.000	1.560.600	1.591.812	1.623.648	1.656.121	1.689.244	1.723.029	1.757.489	1.792.639	1.700.000
Mietausfall		–100.000	–102.600	–105.212	–107.836	–110.473	–113.122	–71.285	–110.961	–113.180	–115.443	–115.182
Netto-Betriebskosten		–10.000	–10.350	–10.712	–11.087	–11.475	–11.877	–12.293	–12.723	–13.168	–13.629	–14.106
Netto-Verwaltungskosten		–150.000	–153.900	–157.818	–161.754	–165.709	–169.684	–106.927	–166.441	–169.770	–173.165	–172.774
Netto-Instandhaltungskosten		–144.000	–149.760	–155.750	–161.980	–168.460	–175.198	–182.206	–189.494	–197.074	–204.957	–213.155
Summe Netto-Bewirtschaftungskosten		–404.000	–416.610	–429.493	–442.658	–456.117	–469.881	–372.711	–479.618	–493.191	–507.194	–515.217
Netto-Verkaufserlös											76.367.525	
Netto-Cashflow		4.596.000	4.713.390	4.831.107	4.949.154	5.067.531	5.186.240	3.191.533	5.068.410	5.165.798	81.632.500	3.543.903
abdiskontierter Netto-Cashflow		4.275.349	4.078.650	3.888.851	3.705.929	3.529.832	3.360.484	1.923.712	2.841.869	2.694.395	39.607.593	3.543.903
Summe Barwert zu t0	73.450.568											

Kennzahlen	
Anteil Barwert Verkaufserlös	50 %
Anteil Barwert existierende Mietvertr.	41 %
Anteil Barwert angenom. Mietvertr.	9 %
Wert pro m²	3.673
Faktor (Ertragsw. / Net.-C.-Fl. i.J.1)	15,98

Inputgrößen	
Diskontierungszinssatz	7,50 %
Inflationsrate	2 % p.a.
Mietausfall	2 % der Mieteinnahmen
Netto-Betriebskosten	10.000 im Jahr 1
Steigerungsrate der Betriebskosten	3,50 % p.a.
Verwaltungskosten	3 % der Mieteinnahmen
Instandhaltungskosten	0,60 pro m² und Monat im Jahr 1
Steigerungsrate der Instandhaltungskosten	4 % p.a.
Verkaufsfaktor	15fache der Netto-Jahresmiete (Jahr 11)
Verkaufsnebenkosten	3 %

Mietvertrag 1		Mietvertrag 2	
Mietfläche	14.000 m²	Mietfläche	6.000 m²
Miete	20,83 pro m² und Monat	Miete	20,83 pro m² und Monat
Staffel	100.000 p.a.	Indexierung	voll indexiert
Ende des Mietvertrages	Jahr 6	Ende des Mietvertrages	Jahr 10
Anschlussmiete	22,32 pro m² und Monat voll indexiert	Anschlussmiete	1.700.000 p.a.
Leerstand wegen Neuvermietung	6 Monate	Leerstand wegen Neuvermietung	keiner
entgangene Miete	1.875.000	entgangene Miete	keine

Quelle: Leopoldsberger, G./Thomas, M., in: Schulte, K.-W. (Hrsg.): Handbuch Corporate Real Estate Management, Köln 2004, S. 165

Abb. 6: Schematische Darstellung des Discounted-Cashflow-Verfahrens

anderen müssen sämtliche Konzessionen seitens des Vermieters bezüglich mietfreier Zeiträume sowie anderer Sondervereinbarungen berücksichtigt werden. Bei einer bereits vorhandenen Mieterstruktur sind die einzelnen Mietverträge genau zu analysieren. Mietverträge, die innerhalb des Betrachtungszeitraums auslaufen, bergen ein besonderes Anschlussvermietungsrisiko.

Betriebskosten Alle Betriebskosten, die vom Vermieter nicht auf die Mieter umgelegt werden, sind von den Bruttokaltmieteinnahmen abzuziehen. Dies sind beispielsweise die anteiligen fixen Betriebskosten (wie Grundsteuer oder Versicherungsprämien) bei Leerständen. In der Regel werden die umlagefähigen Betriebskosten gesondert abgerechnet und werden auch bei der Prognose der Bruttokaltmieteinnahmen nicht berücksichtigt. Wichtig hierbei ist die Feststellung, dass bei Leerstand einer Immobilie der Eigentümer mit Betriebskosten belastet wird, die zwar grundsätzlich umlagefähig sind, wie beispielsweise die Grundsteuer, wenn aber eben kein Mieter vorhanden ist, muss der Vermieter die Grundsteuer tragen.

Alle Betriebskosten werden mit ihren voraussichtlichen Kostenverläufen einzeln oder pauschal berücksichtigt. Das DCF-Verfahren eignet sich insbesondere dazu, den unterschiedlichen Verlauf der Mieteinnahmen und Betriebskosten abzubilden. Zwar unterliegen beide gleichermaßen der Inflation, jedoch tendieren die Betriebskosten dazu, mit zunehmendem Alter des Gebäudes schneller anzusteigen.

Als Betrachtungshorizont sollte der Zeitraum gewählt werden, der erforderlich ist, um die Abbildung prognostizierter Diskontinuitäten im Cashflow zu ermöglichen. Es ist unwahrscheinlich, dass eine weitere Ausdehnung des Zeitrahmens die Genauigkeit des DCF-Verfahrens erhöht. Für die Ausdehnung des Betrachtungshorizonts spricht dagegen die Tatsache, dass der Einfluss der gewählten Annahmen hinsichtlich der Veränderung der Mieten, der Bewirtschaftungskosten sowie des Veräußerungserlöses auf den Barwert bei zunehmendem Betrachtungszeitraum sinkt. Für fertig gestellte Objekte sollte daher ein Betrachtungshorizont von acht bis zwölf Jahren gewählt werden bzw. der Zeitraum, in dem jede Mieteinheit zumindest einmal dem Anschlussvermietungsrisiko ausgesetzt worden ist. Für Projekte in der Entwicklung sollte der Zeitraum von der Grundstücksakquisition bis zur Vollvermietung als Betrachtungshorizont angesetzt werden.

Betrachtungshorizont

Falls keine genaueren Prognosen darüber vorliegen, geht man davon aus, dass ein zukünftiger Investor einen ähnlichen Preis für einen zukünftigen Cashflow bezahlen wird wie der bisherige. Für die Bewertung bedeutet dies, dass der Multiplikator bei der Prognose des Bruttoverkaufserlöses am Ende des Betrachtungshorizonts gleich wie oder leicht niedriger liegen sollte als beim Kauf.

Bruttoverkaufserlös

Verkaufsnebenkosten beinhalten Verkaufsprovisionen und andere vom Verkäufer zu tragende Gebühren. Sie sind mit einem marktüblichen Wert anzusetzen und vom Bruttoverkaufserlös abzuziehen.

Verkaufsnebenkosten

In Analogie zur Ermittlung des Liegenschaftszinssatzes aus dem Markt beim normierten Ertragswertverfahren kann der Diskontierungszinssatz beim DCF-Verfahren ebenfalls durch rückwärtsgerichtete Anwendung des Verfahrens auf Grundlage geeigneter Kaufpreise für gleichartig bebaute und genutzte Grundstücke ermittelt werden. Hierbei ist dringend zu beachten, dass der ermittelte Diskontierungszins bei der DCF-Methode nicht mit dem Liegenschaftszins bei der normierten Ertragswertmethode zu verwechseln ist. Daher kann der Liegenschaftszinssatz auch nicht als Diskontierungszinssatz für die DCF-Methode verwendet werden.

Diskontierungszinssatz ungleich Liegenschaftszinssatz

Die Ermittlung des Diskontierungszinssatzes aus dem Markt setzt die Kenntnis des prognostizierten Cashflows der Vergleichsobjekte voraus. Da diese Voraussetzung jedoch nicht in allen Fällen gegeben ist, kann der Diskontierungszinssatz alternativ auch aus dem Kapitalmarkt abgeleitet werden. Der Diskontierungszinssatz sollte sich am Zinsniveau allgemein erzielbarer Alternativrenditen bei vergleichbarer Risikoklasse und Laufzeit orientieren.

Durch die explizite Berücksichtigung aller Parameter lässt sich der Cashflow detaillierter als bei dem klassischen Ertragswertverfahren darstellen. Dieser Detailgrad verhindert gleichzeitig eine einfache Überprüfung der ermittelten Ergebnisse.

Fazit

4. Schlussbemerkungen

Verfahrenswahl Da die Wahl des Verfahrens immer nur Mittel zum Zweck der Bestimmung des Marktwertes ist, hat sie jedoch keine Auswirkung auf den Wert. Das Ergebnis „Marktwert" wird durch eine andere Verfahrenswahl lediglich anders dargestellt.

Realisierte Kaufpreise Wertermittlung muss immer auf realisierten Kaufpreisen basieren. Die Fragestellung ist: Was wird für Objekte dieser und jener Art bezahlt? und nicht: Was sollte für sie bezahlt werden? Es ist durchaus häufig in der Praxis anzutreffen, dass Beträge für Objekte gezahlt worden sind, die man nicht bezahlen hätte sollen, aber für die man so viel bezahlen muss, wenn man diese Objekte erwerben will. Rein rational betrachtet sollte man dann von dem Erwerb solcher Objekte Abstand nehmen – doch entspricht es auch der Praxis, dass nicht alle Transaktionen nur auf rationalen Erwägungen basieren.

Wenn aufgrund von theoretisch-wissenschaftlichen Überlegungen mit einem Marktauf- oder Marktabschwung zu rechnen ist, müssen diese Überlegungen so lange in der Wertermittlung ignoriert werden, bis sie von Marktteilnehmern aufgegriffen und – im Sinne von Kauffällen – umgesetzt werden.

5. Literaturverzeichnis

[1] Keunecke, K. P.: Immobilienbewertung, Berlin 1994, S. 57.

[2] Möckel, R.: Sachwertverfahren, in: Gerady, T./Troff, H. (Hrsg.): Praxis der Grundstücksbewertung, Loseblattsammlung, München 2005, Abschnitt 4.4.7, S. 1.

[3] BGH, Urteil vom 30. September 1976, Az. III ZR 149/75.

[4] Klocke, W.: Wertermittlungsverordnung, Walluf 1990, S. 80.

[5] Vgl. Groß, R.: Das Residualverfahren, in: Grundstücksmarkt und Grundstückswert, 1996, S. 24–25; vgl. Kleiber, W.: Residualpreis versus Residualwert, in: Grundstücksmarkt und Grundstückswert, 1996, S. 16–23; vgl. Reck, H.: Residualwertverfahren, in: Grundstücksmarkt und Grundstückswert, 1995, S. 234–235.

[6] Kleiber, W./Simon, J./Weyers, G.: Verkehrswertermittlung von Grundstücken, Köln 2002, S. 1158.

3   Immobilieninvestition

Marcus Cieleback
Tina Baab

Inhaltsverzeichnis

1. Ausgangssituation 200
2. Immobilien als Investitionsobjekte 200
3. Zyklische Investitionsanalyse 203
4. Zyklische Schwankungen der Investitionsvariablen 206
5. Rechnerische Berücksichtigung zyklischer Schwankungen 212
6. Risikoanalyse 216
7. Literaturverzeichnis 219

1. Ausgangssituation

Warum sind einige Investitionen so erfolgreich und warum erweisen sich andere hingegen als Fehlinvestition? Liegt es am falschen Timing? Wie kann in einer Investitionsanalyse herausgefunden werden, ob es sich um einen guten Investitionszeitpunkt handelt, und wie kann man den Immobilienzyklus in der Investitionsrechnung abbilden? Mit diesen Fragen beschäftigt sich dieses Kapitel. Vorgestellt werden die Ergebnisse einer Untersuchung, welche Variablen – wie beispielsweise Miete und Finanzierungskosten – den größten Schwankungen unterliegen und welche wie und vor allem wie schwer zu prognostizieren sind. Darauf aufbauend wird gezeigt, auf welche Weise die zyklischen Schwankungen von Variablen in die Investitionsrechnung integriert werden können und wie diese gestaltet werden kann, dass sie sowohl noch übersichtlich als auch äußerst flexibel ist, um Veränderungen einfach und schnell widerzuspiegeln. Im Sinne der Risiko-Rendite-Optimierung wird abschließend gezeigt, welche verschiedenen Risiken in der Immobilieninvestition vorherrschen und wie diese am besten analysiert werden können.

2. Immobilien als Investitionsobjekte

Definition Immobilieninvestition

Wenn von der Immobilie als Investitionsobjekt gesprochen wird, fällt häufig der Begriff „Immobilieninvestition". Dieser an sich einfach klingende Begriff hat jedoch viele Facetten. Eine Immobilieninvestition ist nicht nur die Investition in eine Immobilie, sondern auch die Investition in Anteile an Immobilien, sprich in Immobilienfonds oder in Immobilien-Aktiengesellschaften. Auch ist eine Investition in Immobilien im Gegensatz zur Kapitalmarktinvestition in den meisten Fällen eine langfristige Kapitalanlage. Darüber hinaus unterscheidet sich die Immobilieninvestition im Gegensatz zu anderen Investitionen hinsichtlich der Zusammensetzung der Rendite. Sie verspricht nicht nur laufende Auszahlungen, sondern ist bei einer guten Auswahl des Investitionsobjekts in vielen Fällen auch mit einem höheren Rückzahlungswert, einer Wertsteigerung, verbunden. Wie später gezeigt wird, sind es genau diese Punkte, die Zyklen bei der Investition in Immobilien eine so wichtige Rolle spielen lassen. An dieser Stelle soll daher der Begriff der Immobilieninvestition definiert werden: Eine Immobilieninvestition ist die „Transformation von

Kapital in eine Immobilie (direkt oder indirekt) mit den Konsequenzen einer langfristigen Kapitalbindung, sowie einer Abfolge von Zahlungen und dem Ziel, ein individuell festgelegtes Risiko-Rendite-Verhältnis zu optimieren" [1].

Volkswirtschaftliche Bedeutung

Investitionen sind volkswirtschaftlich von großer Bedeutung. Sie bieten nicht nur auf Unternehmensebene Wachstumschancen und sichern das Fortbestehen des Unternehmens durch die mit ihnen verbundenen zukünftigen Erträge, sondern dienen auf privater Ebene auch zur Mehrung des Vermögens und somit der Altersvorsorge. Gerade in der heutigen Zeit gewinnt die Immobilie als Investitionsobjekt wieder verstärkt an Bedeutung. Dies ist im privaten Bereich bedingt durch die immer noch anhaltende Verunsicherung der Bevölkerung in Bezug auf den letzten Einbruch des Aktienmarktes, die gegenwärtig trüben wirtschaftlichen Perspektiven sowie eine in den letzten Jahren aufkommende Sorge über eine ausreichende Altersvorsorge. Auf institutioneller Ebene spiegelte sich dies vor allem in den hohen Mittelzuflüssen bei den Immobilien-Kapitalanlagegesellschaften in den Jahren 2002 und 2003 wider. Auch hat die Einführung des Euros durch den damit verbundenen Wegfall einer Reihe von Wechselkursen und der damit verbundenen Risiken den Euroraum für Investoren interessanter gemacht. Zusätzlich eröffnet das 4. Finanzmarktförderungsgesetz neue Möglichkeiten für deutsche Investoren im Ausland und die Gesetzgebungsbestrebungen zu G-REITs bieten weitere potenzielle Investitionsmöglichkeiten in Immobilien.

Die Immobilie als Investitionsobjekt steht mit einer Vielzahl von anderen Investitionsmöglichkeiten am Kapitalmarkt in Wettbewerb, die oft höhere Renditen vorweisen können. Wenn die Immobilie aber in Bezug auf die Rendite nicht mit den anderen Investitionsmöglichkeiten konkurriert, so erwartet der Anleger als Gegenleistung ein geringeres Risiko, also eine hohe Sicherheit seines angelegten Kapitals in Form einer stabilen erwarteten Rendite und/oder eine geringe Korrelation zu den anderen Asset-Klassen, um Diversifikationseffekte zu realisieren. Der Sicherheitsaspekt setzt jedoch voraus, dass Fehlinvestitionen vermieden werden, deren Ursache meist in der Fehleinschätzung der Marktentwicklung zu finden ist. Die Marktmiete sowie die Angebots- und Nachfragesituation auf der Investitionsseite bestimmen zum großen Teil die Wertentwicklung eines Objektes und damit den Erfolg einer Investition. Die Entwicklung eines Marktes folgt bestimmten Mustern in Form von sich wiederholenden, aber unregelmäßigen Schwankungen. Hierin liegt eindeutig die Herausforderung der Immobilieninvestition: die richtige Markteinschätzung und Prognose von Zyklen.

Richtiger Zeitpunkt

Es schließt sich die Frage an: Was macht eine Immobilie als Investitionsobjekt interessant, wenn die Marktentwicklungen unsicher sind und die Rendite im Vergleich zu anderen Kapitalanlagen nicht sonderlich hoch ist? Zum einen gibt es auch auf dem Kapitalmarkt Marktbewegungen, die nur schwer einzuschätzen sind. Gerade die Ineffizienz des Immobilienmarktes bietet Chancen, sich bei einer genauen Analyse der Marktentwicklung einen Informationsvorsprung zu erarbeiten und daraus Profit zu schlagen. Zum anderen bietet sich bei einer Immobilieninvestition die Möglichkeit, durch langfristige Mietverträge den Einfluss der Marktentwicklung auf die Rendite abzuschwächen. Eines haben jedoch alle Investitionen gemeinsam: Der richtige Zeitpunkt ist entscheidend. Für den Investor bedeutet dies zu wissen, wie sich der Immobilienzyklus im jeweiligen Markt verhält und wann die Wendepunkte, also die Hoch- und Tiefpunkte des Zyklus, zu erwarten sind. Der Kauf einer Immobilie sollte dann kurz vor dem Tiefpunkt des Zyklus liegen – hier gehen die meisten Marktteilnehmer noch von einem weiter negativen Trend aus – und der Verkauf kurz vor dem Hochpunkt des Zyklus – hier gehen die meisten Marktteilnehmer noch von einem weiter positiven Trend aus (vgl. Abbildung 1).

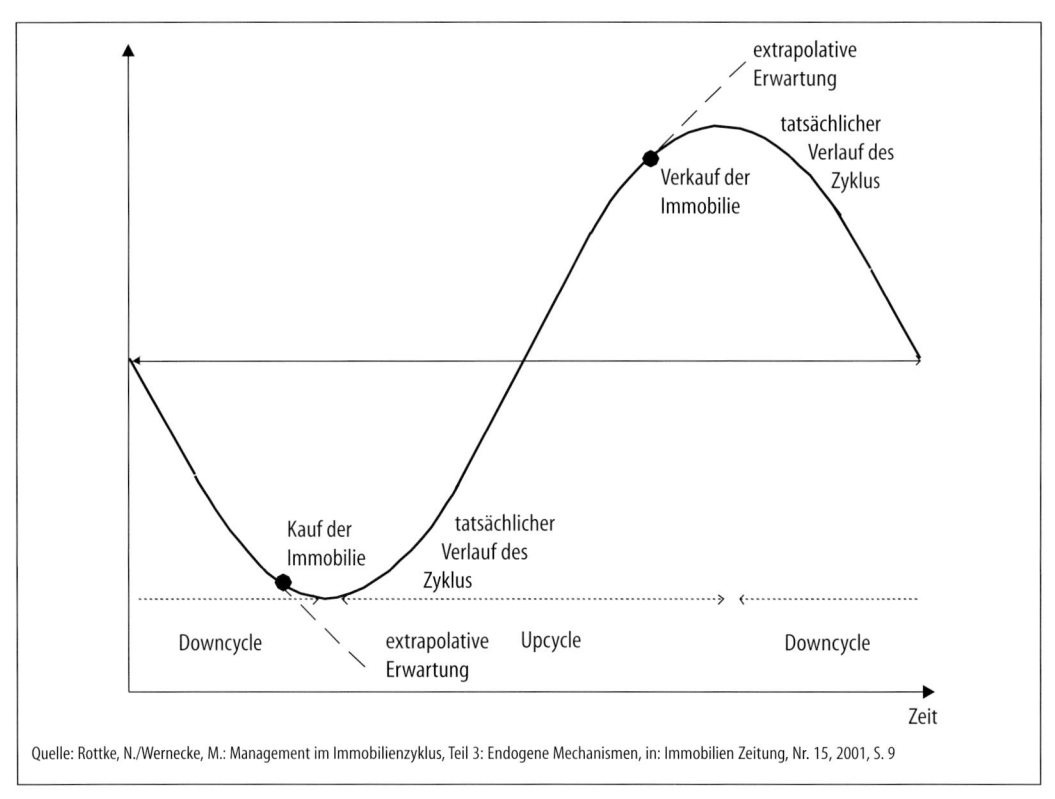

Quelle: Rottke, N./Wernecke, M.: Management im Immobilienzyklus, Teil 3: Endogene Mechanismen, in: Immobilien Zeitung, Nr. 15, 2001, S. 9

Abb. 1: Kauf und Verkauf im Immobilienzyklus

Timing erfolgs-entscheidend Diesen Zeitpunkt in der Praxis genau vorherzusagen ist aber so gut wie unmöglich, nicht zuletzt aufgrund der schwierigen Datenlage bezüglich Verfügbarkeit und Aktualität auf den Immobilienmärkten. Gerade der Zeitpunkt des An- und Verkaufs ist jedoch für den Erfolg einer Immobilieninvestition von entscheidender Bedeutung. Er bestimmt nicht nur die Höhe der Gesamtrendite (laufende Rendite und Wertsteigerung), sondern auch das Risiko einer Investition. In einen aufschwingenden und wachstumsstarken Markt zu investieren bietet nicht nur die Chance, hohe Mieten und hohe Wiederverkaufspreise zu erzielen, also die Rendite zu maximieren, sondern auch die Möglichkeit, einen hohen Vermietungsgrad mit geringer Leerstandswahrscheinlichkeit zu erreichen, da selbst bei Ausfall eines Mieters die Wiedervermietung leer stehender Flächen wahrscheinlich ist.

Immobilieninvestition

Wie entscheidend das richtige Timing bei einer Immobilieninvestition sein kann, verdeutlicht das Beispiel des Empire State Buildings: Anfang 1929 kaufte die Empire State Company ein Grundstück von 197 Fuß auf 425 Fuß in New York mit dem Ziel, darauf ein monumentales Hochhaus zu errichten. Kurz darauf, im Oktober 1929, erfolgte der große Börsenkrach. Die Empire State Company missinterpretierte den Crash an der Börse als eine kurzfristige Wirtschaftsflaute und entschied sich, das 45 Mio. US-Dollar teure Bauprojekt fortzuführen. Der Büromarkt in den USA brach jedoch komplett zusammen. Erschwerend kam hinzu, dass das Empire State Building weder Vorvermietungen noch eine besonders gute Lage zu bieten hatte. Im Ergebnis stand das Gebäude während den 30er Jahren größtenteils leer und war nur noch unter dem Spitznamen „Empty State Building" bekannt. Erst in den 40er Jahren, mit dem Erstarken der Wirtschaft, füllte sich das Empire State Building mit Leben. Heute, nach 70 Jahren, ist das Empire State Building zu Spitzenmieten voll vermietet und gilt als Symbol für den kommerziellen Immobilienmarkt.

Beispiel Empire State Building

3. Zyklische Investitionsanalyse

Die Investitionsanalyse ist definiert als „die zielgerichtete und systematische Auseinandersetzung mit den sich aus der Realisation eines Investitionsvorhabens ergebenden wirtschaftlichen Konsequenzen" [2]. Sie dient dazu herauszufinden, welche finanziellen Auswirkungen eine Investition für den Investor hat. Hierbei muss hervorgehoben werden, dass die Investitionsanalyse kein Instrument der Entscheidungsfindung ist, sondern vielmehr dazu dienen soll, die Entscheidung des Investors zu begründen. Die Investitionsanalyse ist nicht allein die Entscheidungsgrundlage, sondern muss ergänzt werden durch die Abwägung von weiteren qualitativen Merkmalen (Lage, Prestige, Architektur), welche gemeinsam zur Entscheidung des Investors beitragen.

Auswirkungen für Investor

Die Investitionsanalyse umfasst fünf Schritte:

1. Analyse der Eingabedaten,
2. Treffen von Annahmen und Erstellen von Prognosen,
3. Aufstellung einer Investitionsrechnung,
4. Risikoanalyse sowie
5. Auswertung und Interpretation der sich aus der Investitionsrechnung ergebenden Resultate.

Der wichtigste Schritt der Investitionsrechnung ist dabei die Analyse der Eingabedaten. Es ist zwecklos, eine noch so gute und detaillierte Investitionsrechnung aufzustellen, wenn die Daten und Annahmen, auf der diese basiert, nicht richtig sind (vgl. auch Kapitel B1 „Immobilienanalyse").

Die verschiedenen Anforderungen an eine zyklusorientierte Investitionsanalyse ergeben sich aus den zyklusrelevanten Charakteristika von Immobilien. Als zyklusrelevante Charakteristika können solche Eigenschaften aufgefasst werden, durch die eine Immobilie in den Markt eingebettet ist und die den zyklischen Marktschwankungen unterliegen [3]. Denn gäbe es keine zyklusrelevanten

Zyklusrelevante Charakteristika

Charakteristika, so wäre die Immobilie nicht vom Marktzyklus abhängig. Zu diesen Charakteristika von Immobilien zählen

- die technische Lebensdauer,
- die wirtschaftliche Lebensdauer,
- das hohe Investitionsvolumen sowie
- die hohen Transaktionskosten.

Die technische Nutzungsdauer ist bedingt durch die Langlebigkeit der Substanz von Immobilien und beträgt meist mehrere Jahrzehnte. Dahingegen ist durch die Schnelllebigkeit unserer heutigen Zeit und die sich ständig wandelnden Anforderungen von Mietern an Wohn- und Arbeitsflächen die wirtschaftliche Nutzungsdauer auf eine wesentlich kürzere Zeitspanne beschränkt. Durch das hohe Investitionsvolumen und die hohen Transaktionskosten ergibt sich eine sehr hohe und langfristige Kapitalanlage, da ein häufiges Umschichten der Investition durch die hohen Kosten nicht rentabel erscheint.

Die zyklusrelevanten Charakteristika haben drei Konsequenzen für die Investitionsanalyse:

- Die lange Kapitalbindungsdauer und das hohe Investitionsvolumen einer Investition erfordern eine hohe Qualität der Investitionsrechnung.
- Die kurze wirtschaftliche Lebensdauer verlangt, dass Extrapolationen, etwa in Form einer Trendfortschreibung, vermieden werden.
- Aufgrund der hohen Transaktionskosten erscheint es nur wenig sinnvoll, eine Investitionsrechnung über einen kurzen Zeitraum zu erstellen.

Konsequenzen für die Investitionsrechnung

Was impliziert dies für die Investitionsrechnung? Die ersten beiden Punkte verlangen, dass die Investitionsanalyse auf einer fundierten Marktanalyse und Prognose basiert, da eine zyklusorientierte Investitionsanalyse mehrere verschiedene Prognosereihen aufweisen sollte. Wie später gezeigt wird, erfordert dies eine detaillierte, vollständige und übersichtliche Darstellung der Annahmen, der Prognosereihen und der verwendeten Daten. Dies ist wichtig, da nur auf diesem Weg die zugrunde liegenden Prämissen für Dritte kenntlich gemacht werden, sodass sie in die Lage versetzt werden, Entscheidungen mitzutragen und die Berechnung auf Vollständigkeit und Inhalt zu überprüfen. Es entsteht keine Black Box.

In diesem Zusammenhang ist gerade bei einer zyklusorientierten Investitionsanalyse darauf zu achten, dass die Investitionsanalyse nicht unübersichtlich und undurchschaubar wird. Dies ist im Hinblick auf einen Vergleich der Immobilieninvestition mit anderen Investitionen nötig. Für Dritte ist es wichtig, überprüfen zu können, auf welchen Annahmen verschiedene Investitionsrechnungen basieren, da eine Vergleichbarkeit nur gegeben ist, wenn gleiche Rahmenbedingungen angenommen werden.

Bezüglich der hohen Transaktionskosten lässt sich festhalten, dass sie in Verbindung mit der Erwartung einer Wertsteigerung für eine längerfristige Investitionsanalyse sprechen, insbesondere weil Wertsteigerungen i. d. R. nur über einen längeren Zeitraum zu erreichen sind und dann einen nicht unerheblichen Teil der Gesamtrendite einer Immobilieninvestition ausmachen können.

Immobilieninvestition

Gegen eine langfristig angelegte Investitionsanalyse spricht, dass niemand die Zukunft voraussehen kann und spätestens nach drei bis fünf Jahren eine genaue Prognose sehr schwierig wird. Dieser Aussage ist prinzipiell nichts entgegenzusetzen. Jedoch ist eine kurzfristige Investitionsanalyse nicht die Antwort auf die Prognoseungenauigkeit, da der Wiederverkaufswert am Ende einer Fünf-Jahresperiode implizit die Prognose potenzieller Käufer zu diesem Zeitpunkt widerspiegelt. Eine Investitionsanalyse sollte daher über den Zeitraum der Investitionsdauer durchgeführt werden, auch wenn damit eine zunehmende Prognoseungenauigkeit verbunden ist.

Methoden der Investitionsrechnung

Nach Erläuterung der Anforderungen an eine Investitionsanalyse stellt sich dem Investor die Frage, welche der vielen Methoden der Investitionsrechnung angewandt werden soll und welche Methode im Rahmen einer zyklusorientierten Investitionsrechnung überhaupt sinnvoll ist. Zur Beantwortung dieser Frage bietet Abbildung 2 eine Übersicht über die möglichen Methoden der In-

Quelle: Ropeter, S.-E.: Investitionsanalyse für Gewerbeimmobilien, S. 89

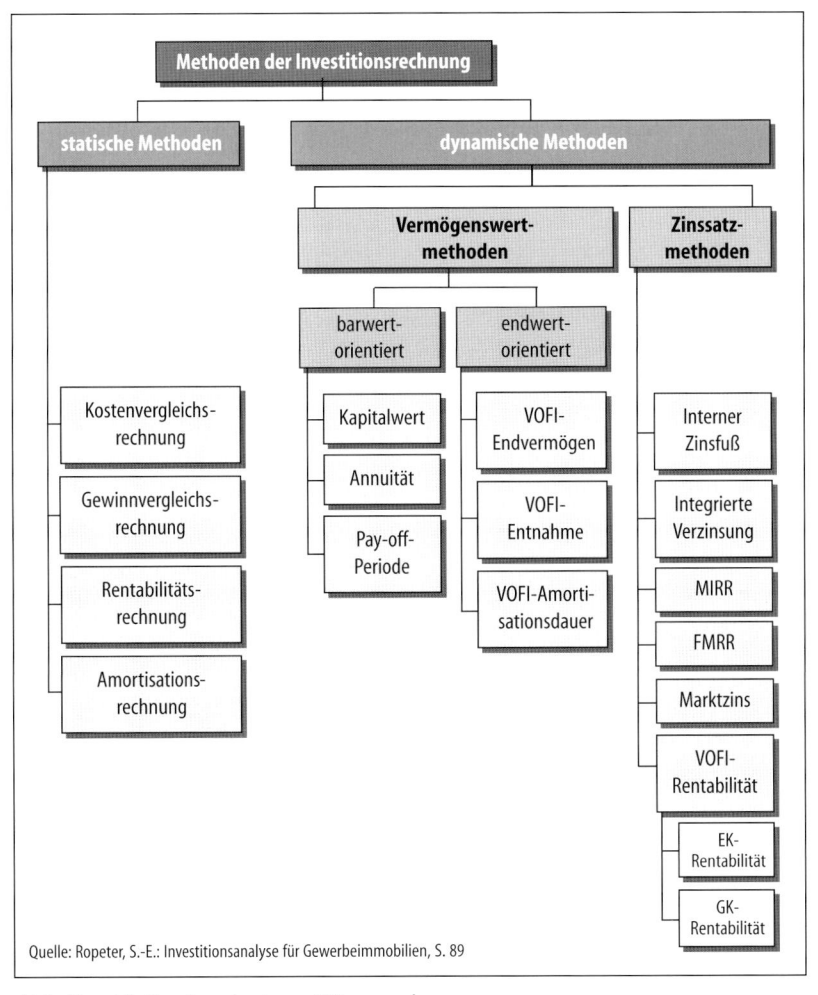

Abb. 2: Methoden der Investitionsrechnung

vestitionsrechnung [4]. Grundsätzlich unterscheidet man in einem ersten Schritt zwischen statischen und dynamischen Methoden. Statische Methoden sind im Gegensatz zu dynamischen Methoden rein zeitpunktbezogen und somit für eine zyklusorientierte Investitionsanalyse ungeeignet.

Dynamische und endwertorientierte Methoden

Dynamische Methoden berücksichtigen explizit die zeitliche Struktur der einzelnen Ein- und Auszahlungen einer Investition. Es wird unterschieden zwischen Vermögenswert- und Zinssatzmethoden, wobei beide Methoden äquivalent zu sehen sind. Erstere stellen das Ergebnis in absoluten Zahlen dar, Letztere in einer relativen (Prozent-)Zahl. Ausschlaggebend bei der Auswahl ist die Unterscheidung nach Methoden, die auf der Annahme eines vollkommenen und unbeschränkten Kapitalmarktes basieren und somit von einem einheitlichen Zinssatz sowohl für die Geldanlage als auch für die Finanzierung ausgehen, und Methoden, die Soll- und Haben-Zinsen differenzieren. Die Annahme eines vollkommenen Kapitalmarktes mit gleichen Zinssätzen für die Geldanlage und Geldausleihe ist unrealistisch und widerspricht damit dem Ziel einer realitätsorientierten Investitionsanalyse. Deshalb sollte bei der Investitionsanalyse eine Methode angewandt werden, die unterschiedliche Zinssätze für kurzfristige und langfristige Anleihen und Anlagen berücksichtigt. Zu diesen Methoden zählen alle endwertorientierten Methoden, wie beispielsweise die Methode des vollständigen Finanzplans (VOFI), und die VOFI-Rentabilität.

Noch findet man in der Praxis eher selten Investitionsanalysen, die mittels eines VOFI berechnet sind. Dies kann auf die geringe Vertrautheit mit dem Verfahren und auf die schnellere und einfachere Anwendung der anderen Verfahren zurückzuführen sein. Alternativ kann eine Cashflow-Berechnung mit differenzierten Zinssätzen angewandt werden.

4. Zyklische Schwankungen der Investitionsvariablen

Zahlungsströme

Eine Investitionsrechnung basiert immer auf verschiedenen Ein- und Auszahlungsströmen. Genau diese sollen Fokus des folgenden Abschnittes sein, da sie die zentralen Einflussgrößen der Rentabilität einer Investition darstellen. Eine Investition hat drei wesentliche Arten von Zahlungsströmen:

- die Anfangsauszahlung beim Erwerb der Immobilie,
- die periodischen Ein- und Auszahlungen, wie Mieten und Bewirtschaftungskosten,
- die Endeinzahlung beim Verkauf der Immobilie (vgl. Abbildung 3).

Die verschiedenen Zahlungsströme sollen auf zwei Fragen hin untersucht werden: Unterliegen bestimmte Ein- und Auszahlungen zyklischen Schwankungen und wenn ja, wie stark sind diese Schwankungen ausgeprägt? Die Volatilität der einzelnen Variablen steht hierbei im Vordergrund der Betrachtung. Eine weitere Frage lautet: Wie gut lassen sich die Variablen (und deren Schwankungen) prognostizieren und wovon hängt die Prognosegenauigkeit ab?

Der Überprüfung der Variablen einer Investitionsrechnung auf zyklische Schwankungen liegt die Überlegung zugrunde, dass zyklische Komponenten nur dann vorzufinden sein sollten, wenn exogene Größen, die selbst zyklischen Schwankungen unterliegen, auf diese Variablen einwirken. Es soll folglich

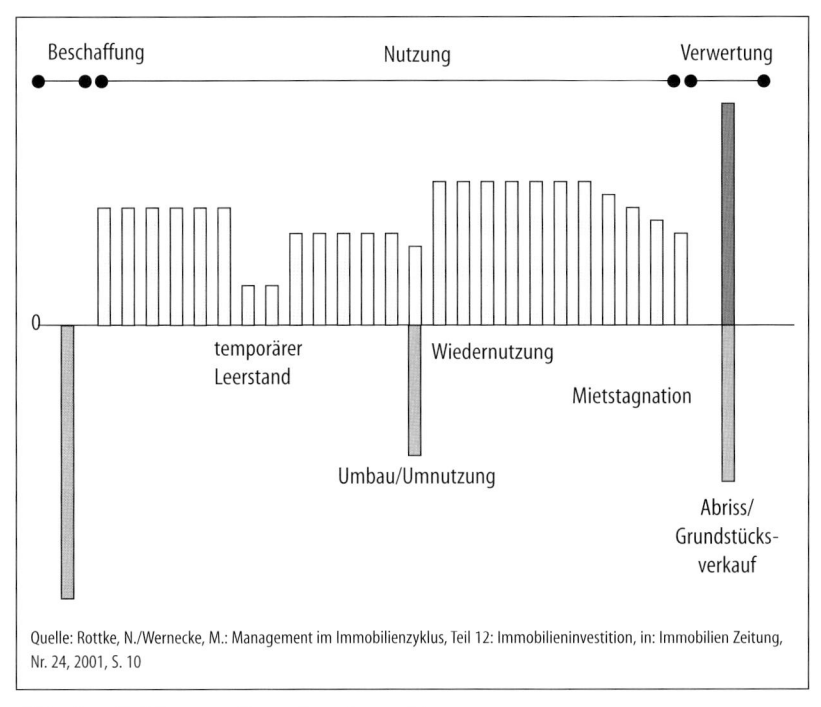

Abb. 3: Zahlungsströme einer Investition

Quelle: Rottke, N./Wernecke, M.: Management im Immobilienzyklus, Teil 12: Immobilieninvestition, in: Immobilien Zeitung, Nr. 24, 2001, S. 10

überprüft werden, ob ein Zusammenhang zwischen den Marktzyklen und den Variablen der Investitionsrechnung besteht, wie der Marktzyklus die Variablen beeinflusst und daraus folgernd, wie man die Schwankungen der Variablen minimieren oder berücksichtigen kann.

Die Frage nach der Prognostizierbarkeit von Variablen der Investitionsrechnung ist deshalb von Bedeutung, da in einer Investitionsrechnung explizite Werte angegeben werden müssen und somit keine Unsicherheiten oder mögliche Abweichungen des tatsächlich eintretenden Wertes von dem prognostizierten Wert berücksichtigt werden. Man geht also davon aus, dass der prognostizierte Wert auch eintritt. Wird festgestellt, dass eine Variable in der Investitionsrechnung nur sehr schwer zu prognostizieren ist, so sollte man gerade in Bezug auf diese Variable mehrere Szenarien durchlaufen. Prinzipiell lässt sich die Prognostizierbarkeit von Variablen anhand von zwei Faktoren bestimmen: Je mehr Einflussgrößen auf eine Variable einwirken und je disaggregierter diese Einflussfaktoren sind, desto schwieriger ist eine genaue Prognose dieser Variablen. Hierin liegt genau das Problem der Immobilieninvestition: Viele Einflussfaktoren, die auf eine Immobilie einwirken, sind von regionalem oder sogar lokalem Charakter. Im Gegensatz zu makroökonomischen Größen, die aggregiert sind und bei denen somit ein statistischer Glättungseffekt entsteht, sind regionale und lokale Größen disaggregiert und führen somit zu nur schwer vorhersehbaren Schwankungen [5].

Prognostizierbarkeit von Variablen

Aufbauend auf dieser Grundidee der Investitionsrechnung soll im Folgenden dargestellt werden, wie sich die Variablen einer Investitionsrechnung in Bezug auf Volatilität und Prognostizierbarkeit verhalten.

Mieteinnahmen und Leerstand

Mieteinnahmen und Leerstand bilden die erste Untersuchungsgruppe. Sie werden zwar getrennt in der Investitionsrechnung berücksichtigt, sind jedoch eng miteinander verknüpft und werden deshalb im Zusammenhang betrachtet. Es gibt zwei Ebenen, auf denen Mieteinnahmen und Leerstand analysiert werden können: auf der individuellen Ebene, also aus der Sicht des einzelnen Investors, und auf der Marktebene, also aus regionalwirtschaftlicher bzw. gesamtwirtschaftlicher Sicht. Im ersten Fall kann Leerstand nur auftreten, wenn Mietverträge auslaufen oder wenn aus anderen Gründen, wie beispielsweise Insolvenz eines Mieters, Flächen frei werden. Auf regionaler bzw. gesamtwirtschaftlicher Ebene stellt der Mietzins den Preis des Gutes „Raum" dar. Leerstand tritt hier immer dann auf, wenn der am Markt verlangte Mietpreis über dem sich aus Angebot und Nachfrage ergebenden Gleichgewichtspreis liegt. Es besteht also eine Wechselwirkung zwischen Marktmiete und Leerstand [6].

Auf dem Immobilienmarkt lassen sich bei Miete und Leerstand die größten zyklischen Schwankungen beobachten. Dies bedeutet für die Investitionsanalyse, dass Daten, die Mieten und Leerstand betreffen, äußerst volatil und nur selten als sicher anzusehen sind. Diese Aussage trifft allerdings nur so lange zu, wie der zyklische Einfluss auf die Variablen der Investitionsanalyse nicht durch bestehende Verträge gedämpft ist. So können beispielsweise langfristige Mietverträge zu einer gewissen Unabhängigkeit des Objektes vom Marktzyklus führen und Schwankungen in den Mieteinnahmen reduzieren.

Makroökonomische und lokale Faktoren

Um die Frage der Prognostizierbarkeit von Miete und Leerstand zu beantworten, müssen die Ursachen der zyklischen Schwankungen näher betrachtet werden. So ergab eine Untersuchung der europäischen Büromärkte, dass Mieten von makroökonomischen Faktoren, wie der allgemeinen Wirtschaftskonjunktur, beeinflusst werden, dass sie aber vorwiegend von lokalen Faktoren abhängig sind. Im Büroimmobilienmarkt kommt der lokalen Beschäftigung eine große Bedeutung zu. Expandieren Unternehmen und steigt die Bürobeschäftigung, so wird mehr Fläche nachgefragt und die Mieten steigen. Dies hat zur Folge, dass die Mieten umso volatiler sind, je dynamischer der Markt in Bezug auf die Zu- und Abgänge von Unternehmen und Beschäftigten ist, da das Angebot nicht flexibel reagieren kann [7]. Es kann z. B. die Vermutung aufkommen, dass Frankfurt am Main durch den Flughafen und die kurzfristig agierende Finanzwelt ein sehr dynamischer Markt ist, wohingegen Hamburg als Hafen- und Medienstadt eher einem weniger volatilen Markt gleichkommt.

Wären die Mieten allerdings nur von der Beschäftigung abhängig, so dürfte es letztlich keine großen Hindernisse bezüglich der Prognose geben. Jedoch gibt es keine eindeutige Relation zwischen Beschäftigung und Büroflächennachfrage und folglich der Miethöhe, da sich die Pro-Kopf-Bürofläche im Zeitverlauf ändert. Steigen nämlich die Mieten durch beispielsweise eine sehr geringe Bautätigkeit und steigt somit der Mangel an qualitativer Bürofläche, sinkt die Pro-Kopf-Bürofläche, da die Miete als eine Art Preis für den Produktionsfaktor Fläche gesehen wird [8]. Auch bei Wohnimmobilien ist der Wohnflächenkonsum pro Kopf keinesfalls stabil. So zeigt beispielsweise eine Statistik von Frankfurt am Main, dass der Wohnflächenkonsum pro Kopf in den Jahren von 1977 bis 1994 um durchschnittlich 0,7 % pro Jahr gestiegen ist, allerdings mit sehr unterschiedlichen Ausprägungen in den einzelnen Jahren. So gab es beispielsweise im Jahr 1992 einen extremen Rückgang des Wohnflächenkonsums in Frankfurt von vormals knapp 34 m^2 auf 32,5 m^2 pro Person. Diese Differenz ist hauptsächlich auf die deutsche Wiedervereinigung 1990 und die hohe Bevölkerungszuwanderung zurückzuführen.

Es hat sich also in der Vergangenheit gezeigt, dass Mieten und Leerstand sehr starken Schwankungen unterliegen. Die Vielzahl an Einflussfaktoren und besonders die starke gegenseitige Abhängigkeit von Miete und Leerstand auf regionaler Ebene machen beide Parameter zu schwer prognostizierbaren Größen. Für den Investor bedeutet dies, dass Marktmiete und der natürliche Leerstand einer Region mit Vorsicht bestimmt werden sollten und keinesfalls als sichere Größen gelten dürfen. Es sollte von daher immer versucht werden, eine Möglichkeit zu finden, die Mietzahlungen zumindest für einen gewissen Zeitraum aus dem Marktgeschehen herauszulösen. Hier bietet sich das Eingehen von langfristigen Mietverträgen an. Es wird erreicht, dass Mieten und Leerstand auf längere Sicht gut vorhersehbar sind. Zu achten ist zusätzlich auf die Bonität des Mieters, damit dieser in schlechten konjunkturellen Zeiten, in denen er noch an die bestehenden Mietverträge mit optimalerweise hohen Mieten gebunden ist, nicht in Konkurs geht. Andererseits bedeuten langfristige Mietverträge auch, dass gerade in sehr volatilen Märkten möglicherweise Chancen zu Mieterhöhungen nicht genutzt werden können.

Starke Schwankungen

Bei der Untersuchung der Bewirtschaftungskosten sollte keine Trennung zwischen auf den Mieter umlagefähigen und nicht umlagefähigen Kosten erfolgen. Erstere werden zwar von den Mietern getragen und beeinflussen somit nicht direkt die Rendite einer Investition, allerdings werden sie von den Mietern als eine Art „zweite Miete" gesehen und beeinflussen sowohl die Miethöhe als auch den Leerstand im Gebäude aufgrund der Konkurrenzsituation zu anderen Gebäuden.

Bewirtschaftungskosten

Generell überwiegt die Ansicht, dass Bewirtschaftungskosten den geringsten zyklischen Schwankungen unterliegen. Eine genaue Analyse von Jones Lang LaSalle und Creis ergab jedoch, dass innerhalb der Bewirtschaftungskosten erhebliche Unterschiede in den Schwankungsbreiten festzustellen sind. So schwanken beispielsweise die Kosten für öffentliche Abgaben, Wartung und Bewachung der Gebäude am meisten, während die Kosten für die Be- und Entsorgungsservices für das Gebäude nur geringe Schwankungen aufzeigen. Unterschiede wurden auch hinsichtlich der Größe von Immobilien gefunden. So haben größere Immobilien auf Quadratmeterbasis geringere Bewirtschaftungskosten, wobei jedoch gerade die stark schwankenden Kosten, wie Wartung und Bewachung, einen größeren Prozentsatz an den Gesamtkosten ausmachen. Dies würde bedeuten, dass größere Immobilien in Bezug auf die Bewirtschaftungskosten höheren Schwankungen unterliegen. Hierzu liegen jedoch noch keine empirischen Ergebnisse vor [9].

Bei der Prognose von Bewirtschaftungskosten wird oftmals der Zusammenhang zwischen Kosten und Preisindex zugrunde gelegt. Dies ist durchaus sinnvoll, allerdings besteht hierbei die Schwierigkeit, im Zeitablauf auftretende

Qualitäts- und Aufgabenänderungen abzubilden. So kann z. B. der Wachmann durch eine Videokamera ersetzt werden, wodurch sich Kostenverschiebungen ergeben, die sich nicht in der allgemeinen Preisentwicklung wiederfinden.

Stabile Größe Insgesamt gesehen bilden die Bewirtschaftungskosten aber eine sehr stabile Größe und lassen sich auch gut prognostizieren. Dies ist auch auf die meist langfristigen Versorgungs- und Versicherungsverträge zurückzuführen. Allerdings sollte trotzdem nicht auf eine disaggregierte Analyse der einzelnen Kostenblöcke verzichtet werden, wobei besonders die Entwicklung in Teilmärkten relevant ist. Dies gilt besonders für Personalkosten und öffentliche Abgaben, die nicht nur einen großen, sondern auch einen stark volatilen Kostenblock darstellen. Zusätzlich zu der Vertragsgestaltung als risikoreduzierendes Mittel bietet sich bei den Bewirtschaftungskosten die Möglichkeit des Sourcings, des Outsourcings und der Leistungsbündelung an.

Kapitalkosten Bei der Bestimmung der Volatilität und Prognostizierbarkeit von Kapitalkosten ist zwischen den Marktkosten und den individuell verhandelten Kapitalkosten zu unterscheiden. Die Marktzinsentwicklung hängt einerseits von der allgemeinen wirtschaftlichen Lage ab, steht aber andererseits auch in einer Wechselbeziehung mit der Bautätigkeit, sodass die Höhe der Hypothekenzinsen auch von der jeweiligen Phase im Immobilienzyklus beeinflusst wird. Die Höhe und die Volatilität der Finanzierungskosten ist damit sowohl an die allgemeine Konjunkturentwicklung als auch an die (regionalen) Immobilienzyklen gekoppelt.

Analysiert man dagegen jedoch die individuell verhandelten Finanzierungskosten, so sind diese in den meisten Fällen durch langfristige Kreditverträge vorgegeben. Auf diese Weise entstehen eine sehr gute Prognostizierbarkeit der Zinszahlungen und eine Dämpfung der zyklischen Schwankungen der Zinszahlungen. Andererseits bedeuten die langfristige Zinsfestschreibung und die damit verbundene Abkopplung vom Marktzinsniveau, dass die Chancen sinkender Zinsen nicht genutzt werden können. Diese Chance kann sich für einen Investor schnell zu einem existenziellen Risiko wandeln, wenn zum Refinanzierungszeitpunkt die Zinsen im Vergleich zu seinen Erwartungen so stark gestiegen sind, dass er die Kredite aus den Erträgen seiner Investition nicht mehr decken kann. Eine gute Finanzierung sollte daher, wenn möglich und aufgrund der Zinssituation angebracht, immer eine Kombination verschiedener Laufzeiten beinhalten, auch wenn damit ein erhöhter Prognoseaufwand verbunden ist.

Mäßige Schwankungen Zusammenfassend lässt sich festhalten, dass die Kapitalkosten nur mäßige zyklische Schwankungen aufweisen und dadurch relativ gut zu prognostizieren sind. Eine Möglichkeit, sich Zinsschwankungen zu entziehen, ist, auf Eigenkapital zurückgreifen zu können. Dies ist auch besonders im Hinblick auf das prozyklische Verhalten der Banken wichtig, die gerade in Rezessionen, in denen eine Neubautätigkeit sinnvoll erscheint, hohe Risikoprämien auf die Zinssätze aufschlagen. Mit einem gewissen Maß an Eigenkapital wäre dem Investor auch in einer Rezessionsphase die Möglichkeit gegeben, billig kaufen und bauen zu können und somit einen Kostenvorteil zu erlangen. Allerdings entsteht bei dieser Strategie ein Zielkonflikt: Durch die Reduzierung des Fremdkapitalanteils wird zwar das Markt- und Insolvenzrisiko reduziert, jedoch geht dies einher mit einer Reduzierung der Rendite durch die Minimierung des Leverage-Effekts. Um diesen Zielkonflikt zu minimieren, sollte die in der Rezession mit einem höheren Eigenkapitalanteil durchgeführte Investition im Aufschwung refinanziert werden. Dies hat außerdem den Nebeneffekt, wieder neues Eigenkapital für Investitionen freizusetzen.

Ausländische Währung

Anders verhält es sich bei Investitionen in ausländischer Währung. Hier muss bei der Wahl des Eigenkapitalanteils berücksichtigt werden, dass das Eigenkapital gehedgt werden muss, was einen Ertrag oder Kosten darstellen kann. Wird Fremdkapital in ausländischer Währung aufgenommen, so muss dieser Anteil nicht gehedgt werden. In beiden Varianten – mit und ohne Fremdkapital – müssen die Zinsen beider Währungen – der in- und der ausländischen – prognostiziert werden, da die Zinsdifferenzen zweier Währungen die Hedging-Kosten bestimmen, die wiederum einen erheblichen Einfluss auf die Performance einer Immobilieninvestition haben. Ein langfristig festgeschriebener Kreditzins und ein langfristig abgeschlossener Hedging-Kontrakt würden das Problem sich ändernder Zinsdifferenz über einige Jahre lösen, allerdings meist zu hohen Kosten und auch nur, wenn keine Market-to-Market-Bewertung der Kontrakte vorliegt, wie es z. B. bei offenen Immobilienfonds der Fall ist.

Eine andere Möglichkeit wäre die Unterlassungsalternative, also nicht zu hedgen und das Eigenkapital den vollen Kursschwankungen zu unterwerfen. Dies macht eine Geldanlage allerdings äußerst risikoreich und spekulativ. Zu beachten wären in einem solchen Fall über den Immobilienmarktzyklus hinaus auch die Zyklen der ausländischen und der heimischen Volkswirtschaft, um beispielsweise Wechselkursentwicklungen zu prognostizieren.

Anschaffungskosten und Wiederverkaufspreis

Anschaffungskosten und Wiederverkaufspreis werden durch Angebot und Nachfrage auf den Immobilienmärkten bestimmt. Somit unterliegen die Immobilienpreise zyklischen Schwankungen, die sich durch die ständig vorherrschenden Ungleichgewichte von Angebot und Nachfrage ergeben. Dadurch aber, dass Immobilienzyklen definiert sind als „die Veränderung der Gesamtrendite von Immobilien", also die Veränderung der periodischen Zahlungsströme und die Veränderung der Preise von Immobilien, werden die Immobilienpreise nicht nur von Immobilienzyklen beeinflusst, sondern stellen selbst eine der Hauptkomponenten dieser Zyklen dar. Daraus ist zu folgern, dass Anschaffungskosten und Wiederverkaufspreis sehr starken zyklischen Schwankungen unterliegen, wie dies auch für die Mieten der Fall ist.

Problematisch wird in diesem Zusammenhang auch die Prognose des Wiederverkaufspreises. Durch die starken zyklischen Schwankungen kann es schnell zu einer gravierenden Fehleinschätzung des Wiederverkaufspreises kommen. Je kürzer der Betrachtungshorizont bis zur geplanten Veräußerung ist, desto größer ist die relative Bedeutung des erzielbaren Preises und desto stärker wirkt sich auch ein Prognosefehler auf die Rentabilität des Objektes aus. Zwar nimmt mit zunehmendem Betrachtungshorizont die relative Bedeutung des Wiederverkaufspreises ab, jedoch steigt auch die Prognoseungenauigkeit und damit die Wahrscheinlichkeit einer Fehleinschätzung. Liegt der Wiederverkaufszeitpunkt weit in der Zukunft, sodass eine Prognose des Zyklus sehr schwierig ist, kann der Wiederverkaufspreis auf der Basis einer Wertentwicklungsprognose ermittelt werden. Dieser Überlegung liegt die Annahme zugrunde, dass sich die zyklischen Schwankungen um einen langfristigen Trend bewegen und somit langfristig die Prognose des Trends die beste Orientierungsgröße darstellt. Dabei sollte man sich an der historischen Wertentwicklung, einer langfristigen Inflationsprognose und einer allgemeinen Markteinschätzung orientieren. Kurzfristig weist diese Strategie einen eher geringen Erfolg auf. In diesem Fall sollte eine Prognose, die zyklische Schwankungen in Betracht zieht, allein schon wegen des großen Einflusses des Wiederverkaufspreises erfolgen. Zusätzlich sollten Faktoren verstärkt beobachtet werden, die den Einfluss von Zyklen auf den Wiederverkaufspreis reduzieren. Wichtig ist es deshalb, in einen besonders nachfragestarken Immobilienmarkt zu investieren und, wenn möglich, indexierte Mietverträge auszuhandeln.

Regressionsanalyse Ein quantitatives Werkzeug der Prognoseerstellung ist die Regressionsanalyse, bei der auf Basis historischer Zeitreihen mit Hilfe mathematisch-statistischer Verfahren untersucht wird, welche Auswirkung die Veränderung einer Variablen auf eine Zielgröße hat. Auf die Regressionsanalyse soll an dieser Stelle jedoch nicht weiter eingegangen werden, da es sich um ein sehr komplexes Verfahren handelt, das ausführlicher Erläuterung bedarf. Bei der Anwendung derartiger Analysemethoden ist jedoch zu beachten, dass sie gewissen Restriktionen unterliegen, da bei der Anwendung i. d. R. eine Konstanz der strukturellen Zusammenhänge im Zeitablauf unterstellt wird [10]. Mit Hilfe neuerer Entwicklungen lassen sich aber auch diese Schwächen relativ gut kompensieren.

Zusammenfassend wird bei der Erstellung einer guten Investitionsanalyse besonders die Qualität der Eingabedaten hervorgehoben, obwohl diese meist nur sehr schwer vorherzubestimmen sind. Wichtig für ein aktives Investment, welches die Marktperformance übertrifft, ist die ständige Analyse der Marktereignisse, damit Indikatoren auf globaler, nationaler und regionaler Ebene entdeckt werden können, die gegen die allgemeine Markterwartung sprechen und so ein antizyklisches Handeln ermöglichen. Dies gilt insbesondere für Investoren, die sich oft auf ihre langjährige Erfahrung berufen – „das war schon immer so" – und gern übersehen, dass die Zukunft nicht unbedingt ein Spiegelbild oder eine Fortschreibung der Vergangenheit ist.

5. Rechnerische Berücksichtigung zyklischer Schwankungen

Beispiel basierend auf VOFI Die rechnerische Berücksichtigung zyklischer Schwankungen findet in der Investitionsrechnung statt. Wie bereits erwähnt, eignen sich dazu nur dynamische Investitionsverfahren, da diese die im Zeitablauf entstehenden Ein- und Auszahlungen periodengerecht berücksichtigen. Im Folgenden soll die Vorgehensweise anhand eines Beispiels, basierend auf dem vollständigen Finanzplan, erklärt werden, da dieser durch die Berücksichtigung von unterschiedlichen Zinssätzen die Realität am besten widerspiegelt [11].

Um von einer Trendprognose Abstand zu nehmen und eine zyklische Komponente in die Investitionsrechnung zu integrieren, müssen die prognostizierten Marktdaten, wie die Entwicklung der Inflationsrate und der Leerstandsrate, periodenspezifisch und differenziert aufgeführt werden. So sollte auch bei der Wertsteigerung eine periodenspezifische Annahme getroffen werden. Anstatt der ursprünglichen Trendprognose in Form einer Formel: „neuer Wert = Vorjahreswert × (1 + 2 %)", bei der von einer jährlichen Wertsteigerung von 2 % ausgegangen wurde, wird nunmehr in einer Tabelle übersichtlich dargestellt, welche Wertsteigerung jedes Jahr erwartet wird. Dies ist sinnvoll, da die Wertsteigerung selbst von anderen Größen, wie der Inflationsrate und der Konjunktur, abhängig ist und nicht kontinuierlich verlaufen wird.

Somit ergeben sich verschiedene Eingabetabellen (vgl. Abbildung 4), die jede einzelne prognostizierte Größe der Investitionsrechnung periodenspezifisch auflisten. Eingabetabellen können für verschiedenste Marktdaten erstellt werden, welche die Rentabilität einer Investition beeinflussen. Im vorliegenden Beispiel wurden die Tabellen Basisdaten, Marktprognosen, Mietverträge und Kostendaten verwendet. In Abbildung 4 ist als Beispiel die Eingabetabelle der Marktprognosen dargestellt, die neben der Inflationsrate und Konjunkturprognose auch Erwartungen bezüglich der Zinsentwicklung und der Steuern enthält.

Verschiedene Eingabetabellen

Marktdaten	2002	2003	2004	2005	2006	2007	2008	2009	2010	2011
Inflationsrate	2,00 %	2,00 %	2,00 %	2,00 %	2,00 %	2,00 %	2,00 %	2,00 %	2,00 %	2,00 %
Konjunkturwachstum	0,70 %	0,70 %	0,70 %	0,70 %	0,70 %	0,70 %	0,70 %	0,70 %	0,70 %	1,00 %
Leerstandsrate	3,00 %	2,50 %	1,50 %	1,50 %	2,00 %	2,50 %	3,00 %	5,50 %	7,00 %	6,50 %
Wiederverkaufswert										
Wertsteigerung	2,00 %	2,00 %	2,00 %	2,00 %	2,00 %	2,00 %	1,00 %	1,00 %	1,00 %	1,00 %
kum. Wertsteigerung	2,00 %	4,04 %	6,12 %	8,24 %	10,40 %	12,60 %	13,70 %	14,80 %	16,00 %	17,10 %
Verkaufspreis (in T€)	60.690	61.903	63.141	64.404	65.692	67.006	67.676	68.353	69.037	69.727
Finanzierung										
Guthabenzinsen	3,50 %	3,50 %	3,50 %	3,50 %	3,50 %	3,50 %	2,00 %	2,00 %	2,00 %	2,00 %
Soll-Zinsen (Refi.)	7,25 %	7,25 %	7,25 %	7,25 %	7,25 %	7,25 %	8,00 %	8,00 %	8,00 %	8,00 %
Guthabenzinsen (lgfr.)	5,25 %	5,25 %	5,25 %	5,25 %	5,25 %	5,25 %	5,25 %	5,25 %	5,25 %	5,25 %
Steuern und AfA										
Steuersatz	45,00 %	45,00 %	45,00 %	40,00 %	40,00 %	40,00 %	40,00 %	40,00 %	40,00 %	40,00 %
AfA	4,00 %	4,00 %	4,00 %	4,00 %	4,00 %	4,00 %	4,00 %	4,00 %	4,00 %	4,00 %

Abb. 4: Marktprognosen

Durch die übersichtliche Darstellung ist auch Dritten die Möglichkeit gegeben, jede Annahme direkt nachzuvollziehen und zu überprüfen. Außerdem werden durch die Verknüpfung der Eingabetabellen mit dem VOFI Veränderungen in den prognostizierten Marktdaten direkt in die Investitionsrechnung übernommen. Eine einfache und schnelle Variation der Daten ist gewährleistet. Verschiedene Szenarien können kreiert werden, um darzustellen, welche Rentabilität sich bei wechselnden Umwelteinflüssen ergibt. Somit sind auch das rechtzeitige Abbilden und das schnelle Reagieren auf veränderte Marktsituationen möglich. Ein vereinfachtes Modell einer zyklusorientierten Investi-

Einfache Datenvariation

tionsanalyse bietet Abbildung 5. An oberster Stelle stehen die verschiedenen Eingabetabellen, wie Basisdaten und Prognosen. Diese werden durch Verknüpfungen in der eigentlichen Investitionsrechnung, dem VOFI, widergespiegelt. Durch das Variieren der Eingabedaten entstehen dann die verschiedenen Szenarien, die in einem Übersichtsbericht parallel dargestellt werden können.

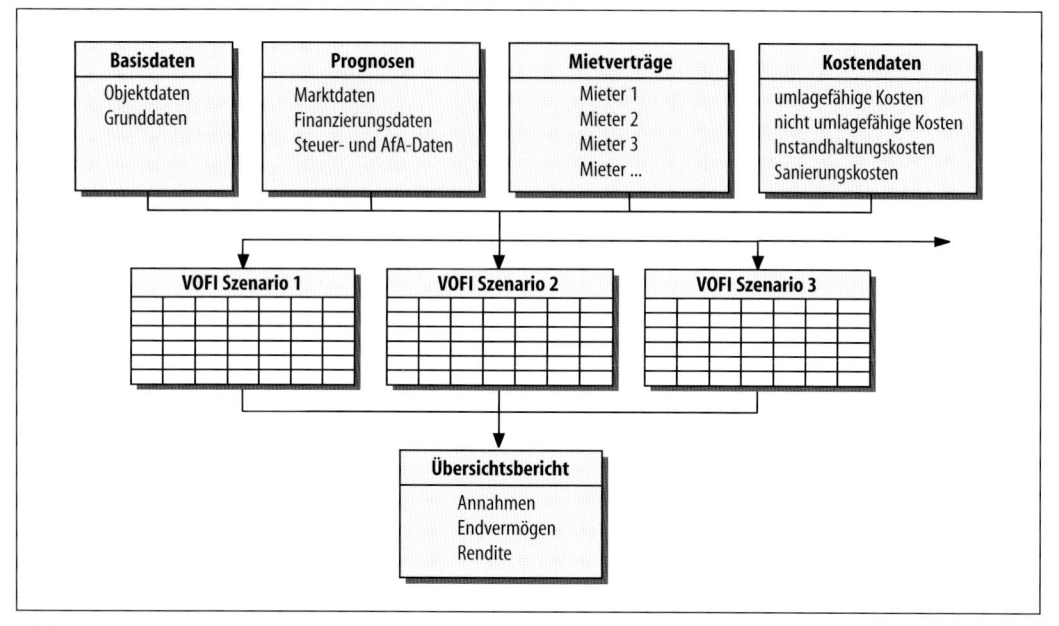

Abb. 5: Schema einer variablen Investitionsrechnung

Drei Prognosen Wie können nun die zyklischen Schwankungen auf dem Immobilienmarkt in die Investitionsrechnung integriert werden? Die Beantwortung dieser Frage soll am Beispiel der Mieten dargestellt werden, da sie abhängig von ihrer Höhe im Zeitablauf die Rendite einer Investition sehr stark beeinflussen. Voraussetzung für die Abbildung der zyklischen Schwankungen der Mieten ist eine Prognose. Es werden drei verschiedene Prognosen angenommen: eine Trend-Prognose, eine Prognose, die auf einem Sieben-Jahreszyklus basiert, und eine dritte Prognose, die von einem Zehn-Jahreszyklus ausgeht (vgl. Abbildung 6).

Vernachlässigt wurde bei diesen drei Szenarien, dass sich die Amplitude und die Länge der Zyklen im Zeitverlauf ändern können und eine Reihe weiterer externer Faktoren dazu führen können, dass einzelne Phasen des Zyklus verkürzt oder verlängert werden.

Doch diese drei unterschiedlichen Szenarien würden nicht zur Folge haben, dass man drei verschiedene Finanzpläne aufstellen muss, die jeder für sich komplett unterschiedliche Zeitreihen von Mieteinnahmen haben. Zwar würde die Marktmiete in jedem dieser drei Szenarien unterschiedliche Werte für die einzelnen Perioden annehmen, allerdings sind die Mieten im Investitionsobjekt i. d. R. durch Mietverträge fixiert. Das heißt, die Mieteinnahmen, die in

Immobilieninvestition 215

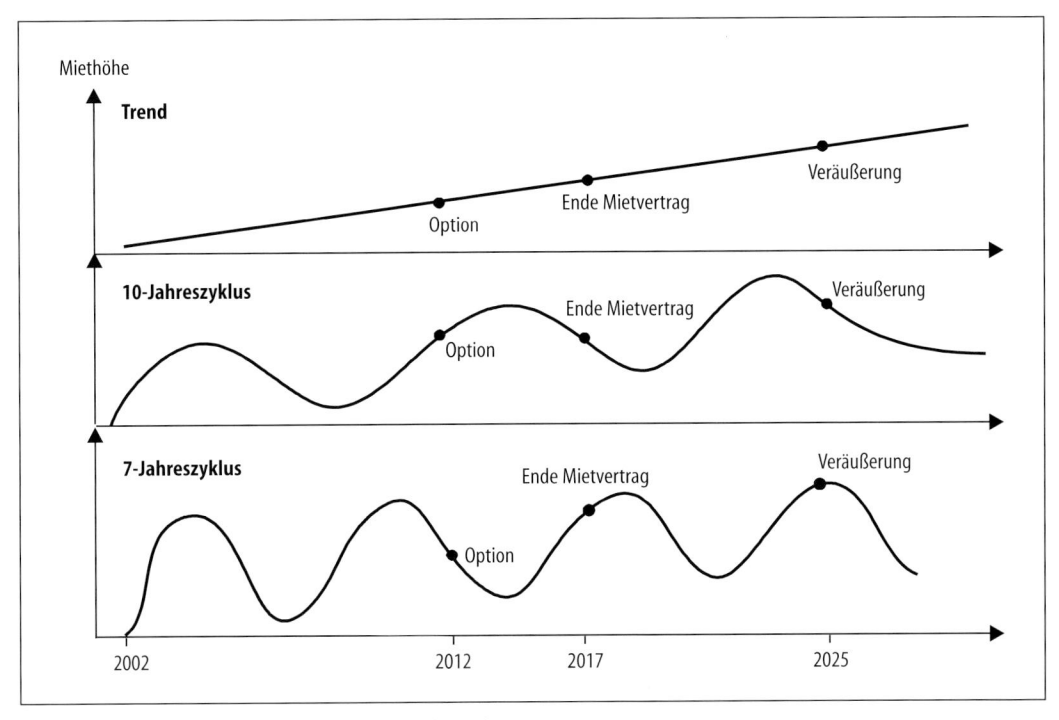

Abb. 6: Szenarien im Rahmen einer Fallstudie

die Investitionsrechnung eingehen, sind während der Mietvertragslaufzeit unabhängig vom Markt und für alle drei Szenarien gleich. Erst beim Auslaufen der Mietverträge bzw. zum Zeitpunkt einer Verlängerungsoption greift die Marktsituation auf die Investitionsrechnung durch. Diese Termine und der Veräußerungszeitpunkt sind durch die Punkte auf dem jeweiligen Trend bzw. Zyklus in Abbildung 6 gekennzeichnet. Läuft ein Mietvertrag aus, so muss zur Marktmiete wieder vermietet werden. In unserem Beispiel ist bei einer Ablehnung der Option im Jahr 2015 seitens des Mieters die Neuvermietung im Zehn-Jahreszyklus zu höheren Mieten möglich als im Falle des Sieben-Jahreszyklus. Es ist also wichtig zu wissen, wie der Zyklus in einem Markt verläuft, um ungefähr bestimmen zu können, mit welcher Marktmiete im Jahr 2015 gerechnet werden muss. In ähnlicher Weise wird sich die Mietentwicklung auch auf den Wiederverkaufspreis auswirken. In Abbildung 6 wird je nach Szenario ersichtlich, an welcher Stelle im Mietzyklus sich die Immobilien zum Wiederverkaufszeitpunkt befinden. Auf diese Weise kann der Wiederverkaufspreis und damit die jährliche Wertsteigerung ermittelt werden. Hierbei sollte jedoch mit äußerster Vorsicht vorgegangen werden, da schon eine kleine Veränderung im Preis zu großen Veränderungen in der Rendite führen kann. Bei den anderen Variablen, wie Bewirtschaftungskosten, Leerstandsraten und Finanzierungskosten, kann analog vorgegangen werden.

6. Risikoanalyse

Prognose-ungenauigkeiten

Abschluss aller Investitionsanalysen und auch einer zyklische Schwankungen berücksichtigenden Investitionsanalyse bildet die Risikobetrachtung. Diese ist Teil der rechnerischen Berücksichtigung, da eine Investitionsrechnung immer von sicheren Daten ausgeht, es aber keine perfekten Prognosen gibt. Selbst bei einer zyklischen Prognose verbleibt eine mehr oder weniger große Prognoseungenauigkeit. Wird diese nicht berücksichtigt, so schränkt dies die Aussagekraft einer Investitionsanalyse ein. So wie die Investitionsanalyse die erwartete Rendite einer Investition bestimmt, muss die Risikoanalyse das erwartete Risiko zu dieser Rendite ermitteln. Rendite und Risiko sind zwei Seiten einer Medaille. Erst das Risiko-Rendite-Profil einer Investition lässt Vergleiche mit anderen Investitionen zu. Ein weiterer Grund zur Aufstellung einer Risikoanalyse sind die komplexen Wirkungszusammenhänge bei Immobilienprognosen. Dadurch, dass Prognosen der Investitionsvariablen auf makroökonomischen Prognosen basieren, kann es zu einer Potenzierung der Prognoseungenauigkeit kommen.

Systematische und unsystematische Risiken

Risiken bei der Immobilieninvestition lassen sich in existenzielle und finanzielle Geschäftsrisiken untergliedern (vgl. Abbildung 7). Erstere beinhalten das Risiko von ausbleibenden oder zu geringen Cashflows, während Letztere das Risiko zu hoher Finanzierungskosten darstellen. Wichtiger jedoch ist die Unterscheidung zwischen systematischen und unsystematischen Risiken. Unsystematische Risiken befinden sich außerhalb der Kontrolle des Investors, können aber durch Versicherungen auf Dritte abgewälzt werden oder durch eine gute Standort- und Objektanalyse reduziert werden. Strategien, welche die finanziellen unsystematischen Risiken betreffen, sind die Wahl des Eigenkapitalanteils und der Finanzierungsstruktur [12].

Wichtiger in der Betrachtung der Risikoanalyse sind die systematischen Risiken. Die systematischen Risiken beinhalten z. B. das Inflationsrisiko, das Konjunkturrisiko und das Zinsänderungsrisiko und werden durch die zyklischen Verläufe der Marktgrößen verursacht. Ziel einer Risikoanalyse im Rahmen der an Zyklen orientierten Investitionsanalyse sollte folglich das Management der systematischen Risiken sein. Dies wird auch aus der Tatsache ersichtlich, dass die Investitionsanalyse und Prognosen hauptsächlich Potenziale zur Vermeidung unsystematischer Risiken bieten, da beispielsweise das Objektrisiko und das Standortrisiko durch eine gute Analyse und Auswahl der Immobilie minimiert werden können. Dahingegen wird das Erkennen und Managen von systematischen Risiken, wie des Zinsänderungsrisikos, mit zunehmendem Zeithorizont immer schwieriger.

Es gibt zwei Quellen des Risikos, die betrachtet werden müssen:
- das Risiko, dass die Prognosen selbst falsch sind, und
- die Variation der prognostizierten Werte um den Prognosepfad.

Das größte Risiko hierbei liegt in der falschen Prognose und nicht in der Variation der Werte um den Prognosepfad. Das Risiko einer falschen Prognose kann durch die richtige Anwendung von geeigneten Prognoseverfahren verringert werden, während es Inhalt und Ziel der Risikoanalyse sein muss, die

Immobilieninvestition

	systematische Risiken	unsystematische Risiken
existentielle Risiken	administratives Risiko Arbeitsmarktrisiko Beschäftigungsrisiko Einkommensrisiko Inflationsrisiko Kommunikationsrisiko Konjunkturrisiko Kulturrisiko Länderrisiko Naturrisiko Ordnungsrisiko politisches Risiko Preisänderungsrisiko rechtliches Risiko soziodemographisches Risiko steuerliches Risiko	Altlastenrisiko Bausubstanzrisiko Besteuerungsrisiko Betreiberrisiko Bodenrisiko Ertragsrisiko Fertigstellungsrisiko Investitionsrisiko Kostenüberschreitungsrisiko Managementrisiko Markttransparenzrisiko Objektrisiko Risiko des zufälligen Untergangs Standortrisiko Umweltrisiko Wertänderungsrisiko
finanzielle Risiken	Basisrisiko Kapitalmarktrisiko Konvertierungsrisiko Transferrisiko Währungsrisiko Wechselkursrisiko Zinsänderungsrisiko Zinsstrukturrisiko Zinsvolatilitätsrisiko	Beleihungswertrisiko Beratungsrisiko Bewertungsrisiko Bonitätsrisiko Geschäftspartnerrisiko Kapitalstrukturrisiko Know-how-Risiko Konditionsrisiko Kreditausfallrisiko Leverage-Risiko Liquiditätsrisiko Planungsrisiko Verwertungsrisiko Zinsfestschreibungsrisiko

Quelle: Maier, K.: Risikomanagement im Immobilienwesen, S. 15

Abb. 7: Arten von Immobilienrisiken

Variation der Prognosewerte zu beurteilen. Dabei sollten drei Verfahren zur Analyse des Risikos in folgender Reihenfolge angewandt werden:

1. die Sensitivitätsanalyse,
2. die Szenarioanalyse,
3. die Monte-Carlo- bzw. die Latin-Hypercube-Methode [13].

In einem ersten Schritt wird anhand einer Sensitivitätsanalyse untersucht, welche Konsequenz die Variation einer Inputgröße auf den Zielwert hat. Dazu werden die Variablen der Investitionsrechnung nacheinander um einen einheitlichen Prozentsatz erhöht und reduziert oder alternativ jeweils in einer realistischen Bandbreite der maximale und minimale Wert angenommen. Die sich aus der Variation der Renditen ergebenden Werte werden sortiert in einem Tornadodiagramm visualisiert, um die unterschiedliche Stärke des Einflusses der Variablen auf die Rendite deutlich zu machen. Dadurch lassen sich

Sensitivitätsanalyse

die wichtigsten Werttreiber für die Rendite ausfindig machen und es lässt sich erkennen, inwieweit sich eine Variable marktbedingt ändern darf, bevor das Investitionsvorhaben unrentabel wird.

Szenarioanalyse Ergänzt wird die Sensitivitätsanalyse durch die Szenarioanalyse, die mindestens die drei Szenarien der pessimistischsten, optimistischsten und realistischsten Annahmen abbildet. Im Gegensatz zur Sensitivitätsanalyse werden hierbei nicht die Variablen und ihr Einfluss auf die Rendite getrennt untersucht, sondern alle Variablen gleichzeitig verändert, um die Folgen bestimmter Ereigniskombinationen abzuschätzen. Durch die Szenarioanalyse lässt sich auf eine einfache und schnelle Weise das Spektrum der möglichen Ergebnisse einer bestimmten Konstellation von exogenen Einflussfaktoren ermitteln. Sie ermöglicht, Interdependenzen zu berücksichtigen, wie beispielsweise die Auswirkung steigender Zinsen auf die Mieteinnahmen (langfristig höhere Mieten durch geringere Bautätigkeit) und auf die Refinanzierung (höhere Kosten). Dies ist eine Analyse, die im Rahmen der Sensitivitätsanalyse nicht möglich ist, da hier entweder die Mieten oder die Finanzierungskosten betrachtet werden.

Monte-Carlo-Analyse oder Latin-Hypercube-Simulation Allerdings liefern die Sensitivitätsanalyse und die Szenarioanalyse keine Aussagen über die Wahrscheinlichkeit des Eintritts eines bestimmten Ergebnisses, weshalb abschließend eine Ermittlung der Wahrscheinlichkeitsverteilung der Ergebnisse der Investitionsrechnung stattfinden muss. Wahlweise kann dies in Form der Monte-Carlo-Analyse oder durch die Latin-Hypercube-Simulation erfolgen. Allerdings ist für die Immobilieninvestition die Latin-Hypercube-Simulation zu empfehlen, da sie durch das Zerlegen der Grundgesamtheit in gleich große Intervalle, aus denen jeweils eine Stichprobe gezogen wird, eine besonders genaue Bestimmung der Wahrscheinlichkeitsverteilung zulässt. Sie wurde explizit entwickelt, um auch bei wenigen Simulationsdurchläufen die Grundgesamtheit adäquat abzubilden, und ist somit mit weniger Rechenaufwand durchführbar. So kann der Investor erkennen, wie wahrscheinlich ein Szenario ist und mit welchem Risiko es einhergeht.

Prinzipiell dienen alle Schritte der Investitionsanalyse dem Ziel, Risiken zu vermeiden oder zu reduzieren. Grundsätzlich sollte zur Vermeidung von Risiken jegliche Investition in Immobilien unter Beachtung von Immobilienzyklen erfolgen. Die Forderung, im Tief zu kaufen und im Hoch zu verkaufen, lässt sich – wenn überhaupt – nur mit einer guten Prognose erfüllen. Selbst wenn eine Immobilie als Investitionsobjekt viel versprechend erscheint, kann es ratsam sein, nicht zu investieren oder die Investition zu verschieben, wenn ein ungünstiger Zeitpunkt im Zyklus vorliegt. Ebenso sollten bestimmte Regionen und Typen von Immobilien gemieden werden, wenn in diesen Märkten aufgrund ihrer volatilen Entwicklung mit erhöhten Risiken zu rechnen ist. Im Gegensatz zu den systematischen Risiken, die zyklen- bzw. marktbezogen sind, sollten unsystematische Risiken bei annehmbaren Kosten auf Dritte übertragen werden. So kann das Risiko des zufälligen Untergangs durch Versicherungen abgedeckt werden, während viele finanzielle Risiken durch innovative Finanzierungen und das Eingehen von Partnerschaften gemildert werden können (vgl. Kapitel B4 „Immobilienfinanzierung"). Zur Reduzierung der verbleibenden Risiken hat der Investor eine Reihe von Möglichkeiten. So kann z. B. das Gesamtrisiko eines Immobilieninvestors durch Portfoliodiversifikation hinsichtlich Nutzungsarten und Regionen gesenkt werden (vgl. Kapitel B6

„Portfoliomanagement"). Auf Ebene der einzelnen Immobilie gelingt dies durch einen entsprechenden Mietermix. Durch eine gute Marktforschung, ständige Überwachung der Situation und ein gutes Objektmanagement können Marktveränderungen und Risiken rechtzeitig erkannt werden, um gezielt Maßnahmen einzuleiten, die das Objekt bestmöglich im Markt platzieren, auch wenn dies von der allgemeinen Marktmeinung abweicht.

7. Literaturverzeichnis

[1] Baab, T.: Immobilieninvestition und Marktzyklen – Analyse und rechnerische Berücksichtigung von Marktungleichgewichten, Diplomarbeit an der European Business School, Oestrich-Winkel 2002.

[2] Ropeter, S.-E.: Investitionsanalyse für Gewerbeimmobilien, Diss., in: Schulte, K.-W. (Hrsg.): Schriften zur Immobilienökonomie, Bd. 5, Köln 1998, S. 60.

[3] Schulte, K.-W. et al.: Betrachtungsgegenstand der Immobilienökonomie, in: Schulte, K.-W. (Hrsg.): Immobilienökonomie, Bd. 1, Betriebswirtschaftliche Grundlagen, 2. überarb. Aufl., München 2000, S. 20 f.

[4] Ropeter, S.-E., a. a. O., S. 88 ff., und Kruschwitz, L.: Investitionsrechnung, 6. Aufl., Berlin/New York 1995, S. 31 ff.

[5] Becker, K.: Analyse des konjunkturellen Musters von wohnungswirtschaftlichen und gewerblich-industriellen Bauinvestitionen, Diss., in: Teichmann, U./Wulff, J. (Hrsg.): Wissenschaftliche Schriften zur Wohnungs-, Immobilien- und Bauwirtschaft, Dortmund 1998, S. 46 f.

[6] Wheaton, W./Torto, R. G.: Vaccancy rates and the future of office rents, in: AREUEA Journal, Vol. 16, 1988, S. 430–436. Hendershott, P. H./Lizieri, C. M./Matysiak, G. A.: The working of the London office market, in: Real Estate Economics, Vol. 27, 1999, S. 365–387.

[7] Grayson, C. W. et al.: The Office Sector, in: Pagliari, J. L. (Hrsg.): The Handbook of Real Estate Portfolio Management, Boston 1995, S. 340–390.

[8] Giussani, B./Hasia, M./Tsolacos, S.: A comparative analysis of the major determinants of office rental values in Europe, in: Journal of Property Valuation & Investment, Vol. 11, 1993, S. 157–173.

[9] Jones Lang LaSalle (Hrsg.): Office Service Charge Analysis Report, Büronebenkostenanalyse, Hamburg 2000 ff.

[10] Schulze, P. M.: Beschreibende Statistik, 3. Aufl., München 1998; Green, W. H.: Econometric Analysis, 3. Aufl., London 1997.

[11] Grob, H. L.: Einführung in die Investitionsrechnung: Eine Fallstudiengeschichte, 2. Aufl., München 1994, S. 183–196.

[12] Maier, K.: Risikomanagement im Immobilienwesen – Leitfaden für Theorie und Praxis, Frankfurt 1999, S. 15.

[13] Ropeter, S.-E., a. a. O., S. 204 ff.

4 Immobilienfinanzierung

Nico B. Rottke

Inhaltsverzeichnis

1.	Prozyklisches Verhalten deutscher Banken	222
2.	Änderungen an diversen Schnittstellen	225
2.1	Alternative Finanzierungswege: Banken- vs. Kapitalmarkt	225
2.2	Einsatz innovativer Finanzierungsinstrumente	226
2.2.1	Übersicht	226
2.2.2	Mezzanin-Finanzierung	227
2.2.3	Real Estate Private Equity	228
2.2.4	Joint-Venture-Finanzierung	229
2.2.5	Participating Mortgage	230
2.2.6	Convertible Mortgage	231
2.2.7	Bewertung des Marktes innovativer Finanzierungsinstrumente	232
2.3	Anpassung der Anreizsysteme	235
3.	Fazit	236
4.	Literaturverzeichnis	237

1. Prozyklisches Verhalten deutscher Banken

Prozyklische Bankenfinanzierung als Basisproblem

„Banken können in oder kurz nach einer Rezession nicht finanzieren, da sie noch die Abschreibungen der letzten Verluste in den Büchern haben. In der Baisse müssten sie aber gemäß der zyklischen Logik wieder Projekte finanzieren. Ein Entscheider einer Kreditvergabeabteilung wird dem aber nicht zustimmen, mit der Begründung ‚das kann ich keinem erklären'. Sagt man einem Kapitalanleger ‚Finanzieren Sie mir ein Bürohaus in Leipzig, wir müssen antizyklisch handeln!' wird er antworten: ‚Ich habe bereits drei Objekte in Leipzig, an denen wäre ich fast bankrott gegangen, da habe ich ein Jahr lang Steuern gespart und danach hatte ich nichts mehr. Dann ist der Mieter pleite gegangen, dann ist der Mietgarantiegeber ausgefallen, dann habe ich Verluste steuerlich nicht anerkannt bekommen, und jetzt sitze ich auf einem leeren Bürohaus in Leipzig mit mangelhafter Bauausführung und Sie wollen, dass ich dort wieder investiere?' Die Investoren stellen ihr Geld erst wieder zur Verfügung, wenn die Mieten wieder steigen, aber dann ist eine Investition schon wieder zu spät." [1]

Dieses Zitat nach Becker zeigt kurz und prägnant eines der wichtigsten Problemfelder der deutschen Immobilienfinanzierung auf: Deutsche Immobilienbanken finanzieren prozyklisch. Vergleicht man die internationalen Unternehmensfinanzierungsstrukturen, so fällt auf, dass Deutschland in 2002 zu über 70 % durch Bankenkredite und nur zu weniger als 30 % durch den Kapitalmarkt finanziert war, im Gegensatz zu den USA oder dem U. K., die zum gleichen Zeitpunkt zu 90 % (U. K.) respektive 82 % (USA) kapitalmarktfinanziert waren [2].

Monopolentstehung

Dieses starke Bankenfinanzierungsmonopol liegt vor allem in der deutschen Bankenrefinanzierung durch den Pfandbrief begründet. Dieser günstige Refinanzierungstypus existierte bis zur Entstehung des britischen Covered Bond Markets um 2000 nur in Deutschland und erlaubte den deutschen Banken, speziell den Sparkassen und Landesbanken, auf der einen Seite, sich durch die – nun nicht mehr existierende – staatliche Gewährträgerhaftung sehr günstig zu refinanzieren. Sie wurden somit in die Lage versetzt, sehr kompetitive Zinsangebote darzustellen. Dies stellte für den Markt faktisch eine hohe Eintrittsbarriere für internationale Banken dar. Auf der anderen Seite führte die exzessive Kreditvergabe in den Zeiten der deutschen Wiedervereinigung aber auch zu einer fehlenden Eigenkapitalrentabilität und Profitabilität deutscher Banken durch zu geringe Margen und der Entstehung eines hohen Volumens an Not leidenden Immobilienkrediten [3].

Durch die Bankenabhängigkeit der Immobilienbranche bedingt, fehlt es, wie bereits theoretisch dargestellt, in Baisse-Zeiten an Finanzierungen für gut konzeptionierte, intelligente Immobilienprojektentwicklungen, aber auch für Immobilienbestand. Dies verdeutlicht Abbildung 1.

Finanzierungs-mangel in der Baisse

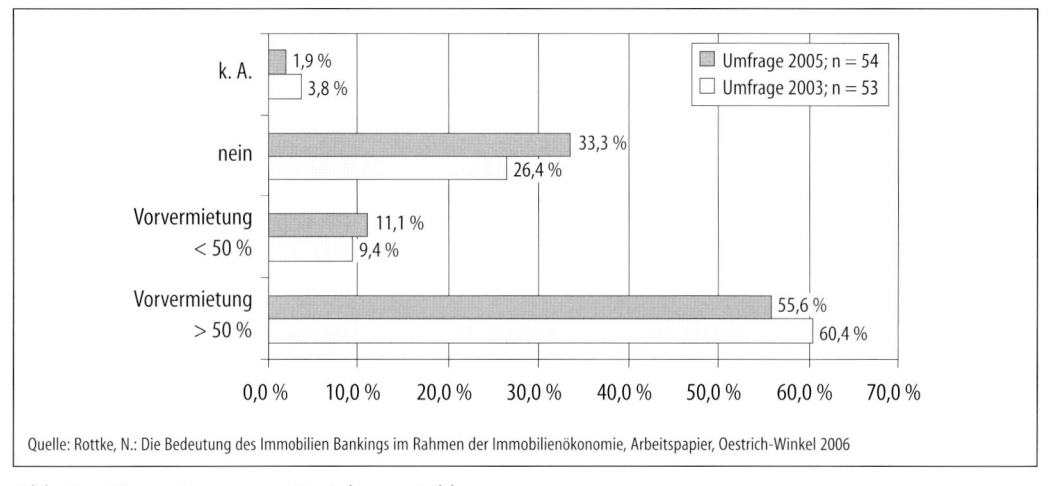

Quelle: Rottke, N.: Die Bedeutung des Immobilien Bankings im Rahmen der Immobilienökonomie, Arbeitspapier, Oestrich-Winkel 2006

Abb. 1: Finanzierung von Projektentwicklungen

Beide für den deutschen Immobilienbankenmarkt repräsentativen Umfragen der Jahre 2003 und 2005 (die Umfrage 2003 wurde von Pitschke und Breidenbach durchgeführt [4], die Umfrage 2005 von Rottke [5]) zeigen die grundsätzlich hohe Ablehnungswahrscheinlichkeit der Bankenfinanzierung einer Projektentwicklung. So finanzieren in 2005 (2003) rd. 89 % (rd. 87 %) der Banken Projektentwicklungen entweder nicht oder nur bei einer Vorvermietungsquote von über 50 %. Die grundsätzliche Ablehnung der Finanzierung von Projektentwicklungen hat sich von 2003 auf 2005 sogar noch etwa von einem Viertel der Beteiligten auf ein Drittel erhöht. Gilt dies für die grundsätzliche Einstellung, fällt die Vorstellung nicht schwer, wie die Zahlen erst in der Baisse aussehen. In den gleichen Umfragen bestätigen etwa 39 % (2005) respektive etwa 47 % (2003) mit „voll und ganz" respektive „eher ja", dass die regulatorischen Veränderungen im deutschen Bankenmarkt – sicherlich mit dem Schwerpunkt auf den Änderungen von Basel II zum 1. Januar 2007 – bereits jetzt zu einer Verstärkung prozyklischen Kreditvergabeverhaltens geführt haben. Dieses Argument lehnen lediglich rd. 19 % (2005) respektive rd. 15 % (2003) ab (vgl. Abbildung 2).

Ablehnungs-wahrscheinlich-keit hoch

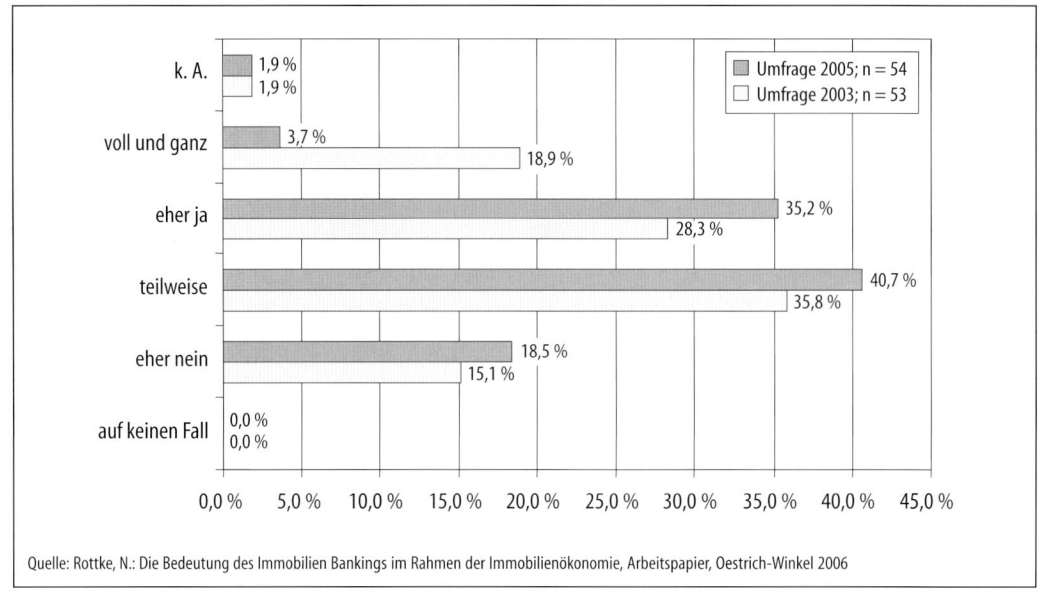

Abb. 2: Verstärkung prozyklischen Kreditvergabeverhaltens

Eigenmittel-knappheit und prozyklisches Verhalten

Das offensichtliche Problem: Zur Eigenmittelknappheit von Projektentwicklern kommt das prozyklische Verhalten der Financiers. Die immer größeren Projekte überfordern die Eigenkapitalbasis kleiner und mittelständischer Developer – selbst die Großen der Branche haben zunehmend Schwierigkeiten und sind auf Kapital von außen angewiesen.

Andererseits ist es eine der Grundthesen dieses Handbuches, dass durch antizyklisches Agieren auf dem Immobilienmarkt überdurchschnittliche Erträge erwirtschaftet werden können. Deshalb ist es verständlich, dass angesichts des starren Erscheinungsbildes klassischer Eigenkapital-Fremdkapital-Schemata die Forderung nach neuen Instrumenten für die Immobilienfinanzierung erhoben wird, bei denen auch die zyklisch bedingten Schwankungen der Rendite anhand von Gewinnbeteiligungen oder Mitspracherechten berücksichtigt werden.

Es stellt sich die Frage nach der Ursächlichkeit: Worin ist das vorherrschende Verhalten der Banken begründet und an welchen Schnittstellen muss angesetzt werden, um neue Lösungswege zu finden, das prozyklische Verhalten zu modifizieren oder zu umgehen, um Projekte zeitlich sinnvoller am Markt zu platzieren?

Provisions-zahlungen als falscher Anreiz

„Cui bono – Wem nützt es?", fragte der griechische Rhetoriker und Philosoph Ravilla um etwa 250 vor Christus: Wenn der Kreditsachbearbeiter bzw. die ganze Abteilung über Provisionszahlungen von jeder Kreditvergabe profitieren, wirken nur Beschränkungen durch die interne Revision oder die Bankenaufsicht als Bremsfaktor. Im Boom aber bestanden solche Beschränkungen in der Vergangenheit praktisch nicht. Die zu Rate gezogenen Wirtschaftlichkeitsanalysen operierten meist mit linearer Trendfortschreibung bei den Mieteinnahmen und suggerierten hohe Projektentwicklerprofite und entsprechende Kreditsicherheit. Es gab deshalb keinen Anreiz für die Berücksichtigung längerfristiger Zusammenhänge – wer das Risiko einer plötzlichen Angebotsausweitung und nachlassender Flächennachfrage nicht verdrängen konnte, verpasste das große Geschäft.

In Abschwungphasen dann wurden aus großen Geschäften oft massive Konkursfälle. Die gezahlten Provisionen verblieben bei den Vergabeverantwortlichen, die Verluste bei der Bank. Diese sah ihre einzige Handlungsoption in einer nunmehr rigiden Straffung der Vergabekriterien für Immobilienprojekte. Zu der Zeit, da Time-Lag-bedingt gebaut werden sollte, weil das Projekt bei normalem Konjunkturverlauf genau in der Aufschwung- oder Boomphase an den Markt kommen würde, waren die Banken restriktiv. Eine Umfrage des Basler Ausschusses für Bankenaufsicht hat ergeben, dass bankinterne Ratings im Wesentlichen auf die aktuelle Situation des Kreditnehmers abstellen. Viele Projektentwickler haben in der Baisse noch problembehaftete Immobilien im Bestand, die über den Umweg des subjektbezogenen Rating-Prozederes auch auf viel versprechende Neuprojekte negativ abstrahlen. Über die Finanzierungsabsage kann sie der Gedanke kaum hinwegtrösten, dass sich die Banken durch ihre Sicherungsinstrumente in Teilen selbst schädigen [6].

Schädigung durch Sicherungsinstrumente?

Welche Wege können dazu führen, dass trotz Eigenmittelknappheit von Projektentwicklern als die Nachfrager mit dem höchsten Fremdkapitalbedarf, aber auch von Bestandsinvestoren, und der zusätzlichen „Finanzierungsmüdigkeit" von Banken Projekte mit einem guten Nutzungskonzept und hoher Nutzungsflexibilität zum richtigen Zeitpunkt an den Markt kommen respektive Immobilien(portfolio)investments zum für den Investor richtigen Zeitpunkt von Banken begleitet werden? Wie kann das prozyklische Bankenverhalten abgemindert respektive umgangen werden?

2. Änderungen an diversen Schnittstellen

2.1 Alternative Finanzierungswege: Banken- vs. Kapitalmarkt

Der Blick in die USA und nach dem U. K. zeigt, dass eine Abkopplung vom Bankenmarkt möglich ist: In diesen Ländern hat eine Disintermediation dergestalt stattgefunden, dass, wie oben zitiert, Banken als Fremdkapitalintermediär nicht mehr die dominierende Rolle spielen, sondern durch den Kapitalmarkt abgelöst wurden.

Abkopplung vom Bankenmarkt möglich

Die Verbriefung von Kreditschulden (Mortgage-Backed Securities) respektive die Verbriefung von Aktiva, für den Immobilienbereich i. d. R. Miet-Cashflows, über den Kapitalmarkt löst die Abhängigkeit vom Bankensystem. Banken verdienen nur noch bankneutral als Dienstleister, sog. Arranger, an den durchzuführenden Transaktionen.

Einer Zusammenstellung von Breidenbach [7] folgend hat sich der europäische Markt für Commercial Mortgage-Backed Securities (CMBS) von 1996 (1,36 Mrd. Euro) bis November 2004 (15,56 Mrd. Euro) fast verzwölffacht und hat in 2002 sogar das derzeitige Höchstniveau an Neuemissionen in Höhe von 27,75 Mrd. Euro erreicht (vgl. Abbildung 3).

Quelle: Breidenbach, M.: Real Estate Securitisation, S. 377

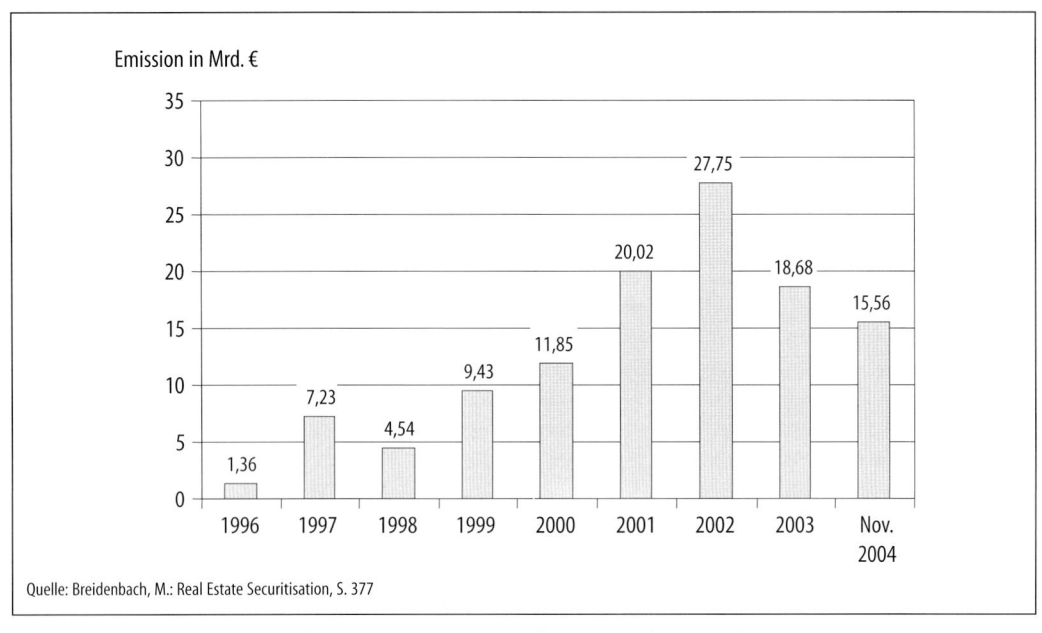

Abb. 3: Neuemissionen europäischer CMBS (1996 bis November 2004)

2.2 Einsatz innovativer Finanzierungsinstrumente

2.2.1 Übersicht

Private vs. Public/ Equity vs. Debt

Mit Real Estate Securitisation wurde eine innovative Finanzierungsart aufgezeigt (vgl. ausführlich Kapitel C4), die in einer Matrix aus „Eigen- und Fremdkapital" (Equity and Debt) sowie „Börsennotierung und Nicht-Börsennotierung" (Public and Private) dem börsennotierten Fremdkapital zugeordnet werden kann. Beispiele aus dem Bereich der Public-Debt-Verbriefung sind Asset-Backed Securities (ABS) und vor allem Mortgage-Backed Securities (MBS).

Den Quadranten ergänzen die Formen des börsennotierten Eigenkapitals (Public Equity, z. B. Immobilien-Aktiengesellschaften, u. U. in 2007 REITs für Deutschland). Vervollständigt wird er durch nicht börsennotiertes Fremdkapital (Private Debt, z. B. Hypothekendarlehen) und durch nicht börsennotiertes Eigenkapital (Private Equity, z. B. stille Beteiligungen, aber auch geschlossene Immobilienfonds).

Seit 2002 existiert in Deutschland zudem auch zunehmend die Möglichkeit, sich durch externes, meist angloamerikanisches Eigenkapital in Form von Private Equity beispielsweise von Opportunity Funds, Mezzanin-Fonds, aber auch von (Investment-)Banken zu finanzieren und durch eine derart gestärkte Eigenkapitalbasis neue Fremdkapitalquellen, vor allem auch aus dem Ausland, zu erschließen.

Die RICS-Definition kennzeichnet Immobilienzyklen als „wiederkehrend, aber unregelmäßig". Man kann kaum bestreiten, dass die Baisse spürbare Risiken birgt, wenngleich diese in der allgemeinen Stimmungslage überschätzt werden. Ein markt- und objektadäquates Rating kann Übertreibungen vermeiden, aber das Risiko des falschen Timings der Projektentwicklung oder der Investition in Bestandsobjekte bleibt erhalten. Als häufigste Konsequenz wird ein höherer Eigenkapitalanteil gefordert oder das Darlehen schlichtweg abgelehnt.

Zyklen wiederkehrend, aber unregelmäßig

Es gibt aber durchaus Alternativen: In der Folge sollen nun fünf innovative Instrumente vorgestellt werden, die es dem Kreditnehmer erleichtern, durch Teilung von Risiko, Haftung oder Erlös die sich ergebende Fremdkapitalfinanzierungslücke zu schließen. Dies sind:

- Mezzanin-Finanzierung,
- Real Estate Private Equity,
- Joint-Venture-Finanzierung,
- Participating Mortgages,
- Convertible Mortgages [8].

Alle fünf Instrumente können aus den verschiedensten Quellen akquiriert werden, beispielsweise von bankenunabhängigen oder bankenabhängigen Fonds, von Industrieunternehmen, Versicherungen, Investmentbanken oder Immobilienbanken selbst, d. h. der prozyklische Bankeneinfluss kann entweder ganz umgangen oder durch die – noch vorzustellende – Struktur des jeweiligen Instrumentes abgemindert werden.

Abminderung oder Neutralisieren der prozyklischen Effekte

An welcher Stelle zu welchem Grad der Fremd- respektive Eigenkapitalgeber der oben genannten innovativen Produkte an Risiko, Haftung und Erlös partizipiert, ist die zu beantwortende Frage.

Werden die oben genannten Produkte von Banken vergeben, stellt sich zudem die Frage, ob dies mit der volkswirtschaftlichen Fremdfinanzierungsfunktion von Banken im Grundsatz vereinbar ist und ob Banken durch die Vergabe von Nachrangkapital oder unbesichertem Eigenkapital im weiteren Sinne tatsächlich unternehmerisch tätig werden sollten oder ob dies nicht auf andere Weise zu einer langfristigen Verstärkung von Immobilienzyklen führen kann, da die Objektivität der Banken in der Beurteilung der Projektengagements leiden könnte.

2.2.2 Mezzanin-Finanzierung

Mezzanin-Finanzierung ist die in Deutschland am weitesten verbreitete Form der innovativen Immobilienfinanzierung. Im eigentlichen Wortsinn bezeichnet der aus der Architektur stammende Fachbegriff (ital.: mezzanino) das Zwischengeschoss zwischen zwei Hauptstockwerken. Finanzierungstechnisch stellt Mezzanin-Kapital selbst kein eigenständiges Finanzierungsinstrument dar, sondern ist ein Oberbegriff für eine Vielzahl von hybriden Finanzierungsformen, die als Nachrangkapitalinstrument eine Stellung zwischen Eigen- und Fremdkapital einnehmen und Charakteristika beider Kapitalformen aufweisen. Mezzanin-Kapital soll die auftretenden Lücken zwischen Eigen- und

Mezzanino = Zwischengeschoss

Fremdkapital schließen und wird i. d. R. in Tranchen von 10 bis 25 % des gesamten Finanzierungsvolumens eingesetzt.

Für Mezzanin-Kapital typisch ist die Nachrangigkeit zu Fremd- und die Vorrangigkeit zu Eigenkapital. Es existieren keine ausdrücklichen Mitspracherechte. Die Kapitalüberlassung ist mit zwischen fünf und zehn Jahren regelmäßig eher kurz- bis mittelfristig. Die Zinsaufwendungen von Mezzanin-Kapital sind steuerlich als Betriebsausgaben abzugsfähig. Der Cashflow wird i. d. R. durch die Endfälligkeit des Darlehens geschont.

Genussscheine und Nachrangdarlehen
Dem Risiko entsprechend fordert Mezzanin-Kapital eine höhere Verzinsung als Fremd-, aber eine geringere Verzinsung als Eigenkapital. Typische Formen in Deutschland können beispielsweise Genussscheine oder Nachrangdarlehen sein.

Durch Mezzanin-Kapital erhält der Darlehensnehmer den Vorteil, dass dieses – da nachrangig zu Fremdkapital – wirtschaftlich dem Eigenkapital zugerechnet wird und damit die Bonität erhöht. Steuerlich findet dagegen eine Zuordnung zu Fremdkapital statt. Zudem wird der Kreditspielraum durch Mezzanin-Kapital nicht eingeengt, da üblicherweise keine Besicherung erfolgt und so kein Rückgriff auf die Immobilie möglich ist. In Bezug auf Mitspracherechte ist Mezzanin-Kapital sehr flexibel: Es wird zwischen Debt und Equity Mezzanine unterschieden: Das Erste hat mehr Fremdkapitalcharakter, räumt wenig Mitspracherechte ein und verlangt einen vergleichsweise höheren Zins, das Zweite hat eher Eigenkapitalcharakter zu einem vergleichsweise geringeren Zins, aber ein höheres Maß an Mitspracherechten. Ausprägungen können unbesicherte Darlehen mit hoher Verzinsung oder unbesicherte Darlehen mit vergleichsweise niedrigerer Verzinsung, aber Gewinnbeteiligung (Equity Kicker) sein.

Vorteile der Darlehensgeber liegen in dem zu reinen Fremdkapitaltranchen vergleichsweise hohen Zins begründet, in eventuellen Mitspracherechten sowie einer eventuellen Gewinnbeteiligung.

Die Mezzanin-Finanzierung wird gewählt, wenn ein Immobilienprojekt genügend Cashflow generiert, um die Forderungen der Kapitalgeber zu bedienen, und keine weiteren traditionellen Kredite erhältlich sind.

2.2.3 Real Estate Private Equity

Veräußerungsabsicht zum Erwerbszeitpunkt
Real Estate Private Equity ist eine Finanzierungsart, bei welcher externe Investoren i. d. R. über nicht regulierte Fondslösungen mit einem meist hohen Fremdkapitaleinsatz für kurz- bis mittelfristige Investitionen in allen typologischen und geografischen Immobilienmärkten Eigenkapital zur Verfügung stellen. Bei Bedarf wird aktive Managementunterstützung geleistet. Anlagekategorien können etablierte Bestands- und Entwicklungsobjekte oder -portfolios, Not leidende Immobilienkredite sowie Immobilienunternehmen sein. Zur Realisierung einer anhand der internen Eigenkapitalverzinsung berechneten, überdurchschnittlich hohen Eigenkapitalrendite besteht von vornerein die Notwendigkeit zur Veräußerung.

Real-Estate-Private-Equity-Kapital, das hauptsächlich von Opportunity Funds eingesetzt wird, geht mit hohem Risiko einher. Regelmäßig wird ein sehr hoher Fremdkapitalhebel von bis zu 90 % und in Einzelfällen darüber hinausgehend eingesetzt, es existieren jedoch keinerlei Verwertungsrechte in Bezug auf die Immobilien. Daher wird eine sehr hohe Verzinsung verlangt, die üblicherweise als interne Eigenkapitalverzinsung per annum (IRR) berechnet wird. Real-Estate-Private-Equity-Investitionen werden anhand einer überproportionalen Incentivierung der Managementgesellschaft, z. B. eines Opportunity Funds, ebenso wie der ihrer operativen Joint-Venture-Partner vor Ort, beispielsweise lokale Projektentwickler oder Asset Manager, strukturiert.

Das Ziel des Fonds und seiner Partner (= Investoren) ist es, Wertschöpfung über einen hohen Fremdkapitalhebel, Performance-, Finanz- und Turnaround-Management sowie in Teilen (Kern-)Sanierung oder Refurbishment zu leisten. Dies wird auch dadurch erreicht, dass viele Wertschöpfungsstufen an weitere Partner fremd vergeben werden und somit Risiko an Dritte weitergegeben wird. Das Ziel des Private-Equity-Gebers in Form der hinter dem Fonds stehenden originären Investoren hingegen ist die Beteiligung an erfolgreichen Projekten, die mit einer sehr hohen Eigenkapitalverzinsung einhergeht.

In Bezug auf die Aufgabenbereiche handelt der Opportunity Fund als Intermediär und ist Vertragspartner der originären Investoren, z. B. amerikanischen Pensionskassen. Er übernimmt die Aufgaben des Schließens der Eigenkapitallücke, steuert seine Finanzierungsexpertise bei, agiert als Risikomanager und -kontrolleur und nimmt durch seinen hohen Eigenkapitaleinsatz einen großen Einfluss auf Managemententscheidungen.

Real Estate Private Equity ist in dem Moment eine weit verbreitete Finanzierungsmethode, wenn es darum geht, in eigenkapitalarmen Situationen, beispielsweise bedingt durch die Auswirkungen von Basel II auf die Projektentwicklung, Eigenkapitalmittel zusätzlich zu weiterer strukturierter Finanzierung zu beschaffen, ist aber, aufgrund der Nachrangigkeit und des damit einhergehenden Risikos, auch das Kapital mit dem höchsten Verzinsungsanspruch.

Private Equity in eigenkapitalarmen Situationen

2.2.4 Joint-Venture-Finanzierung

Eine von der klassischen Finanzierung stark abweichende Form stellt auch die Joint-Venture-Finanzierung dar, da der Financier hier als Eigenkapitalgeber in Erscheinung tritt. Das Kreditinstitut wird am Unternehmensrisiko beteiligt, aber auch am Gewinn und den unternehmerischen Entscheidungen. Dies beschränkt natürlich Handlungsspielraum und Gewinn z. B. eines Projektentwicklers. In der Regel wird das Eigentum am Objekt von einer eigens zum Zwecke der Projektentwicklung gegründeten Projektgesellschaft gehalten. Die finanzierende Bank und das Projektentwicklungsunternehmen sind an der Projektgesellschaft beteiligt, die i. d. R. die Rechtsform einer Kapitalgesellschaft aufweist.

Das Erstverwertungsrecht an der Immobilie bleibt erhalten, dafür vergibt die Bank einen Kreditzins zu Marktkonditionen – oft auch darunter – für den gleichen Beleihungswert. Ebenfalls können sehr hohe Beleihungsgrenzen von

Gewinnbeteiligung für höhere Beleihungsgrenzen

90 bis 95 % genutzt werden, die eine nicht wandlungsberechtigte Bank nicht akzeptieren würde. Zusätzlich zur Position des Darlehensgebers wird die Bank auch Joint-Venture-Partner, also Eigenkapitalgeber, was die Möglichkeiten eröffnet, sich an Managemententscheidungen zu beteiligen oder auf diese Einfluss zu nehmen und am Erfolg der Immobilie zu partizipieren. Dies wird durch das höhere Risiko der Beteiligung erkauft.

Das Ziel des Darlehensnehmers besteht in dem Ausnutzen einer höheren Beleihungsgrenze bei weniger Eigenkapital, was im Erfolgsfall durch den Fremdkapitalhebel zu einer höheren Eigenkapitalrendite führt. Das Ziel des Darlehensgebers besteht in der Erfolgsbeteiligung an der Immobilieninvestition. Das eingegangene Risiko der Beteiligung wird reduziert durch die eingeräumten Mitspracherechte.

Joint-Venture-Finanzierungen verlangen vom Darlehensgeber nicht nur den Aufbau von Kreditwissen, sondern auch von Immobilienwissen, um mögliche Investitionsrisiken zu minimieren. Dies ist eine Unwägbarkeit dieser Finanzierungsart, da Darlehensgeber ihre Kernkompetenzen eher in den Bereichen der Fremdkapitalvergabe haben.

2.2.5 Participating Mortgage

Eine Participating Mortgage, zu Deutsch in etwa ein partizipierendes Hypothekendarlehen, ist ein vorrangiges Hypothekendarlehen, das zusätzlich zur normalen Verzinsung des Kredits auch am Erfolg des Projektes teilhat. Es ermöglicht eine Verbindung der besicherten Gläubigerstellung der Bank mit dem zusätzlichen Ertragspotenzial eines beschränkt haftenden Gesellschafters, ohne dass die Bank in eine vertragliche Mitgesellschafterposition treten muss.

Partizipation am Cashflow oder am Veräußerungserlös

Oft werden hohe Beleihungswerte – bis zu 90 % der Investitionssumme – angenommen. Zur Besicherung dienen die künftigen Zahlungsströme aus dem Objekt sowie die Eintragung einer Grundschuld. Die Partizipation kann in Form einer Cashflow-Partizipation oder anhand einer Beteiligung am Veräußerungserlös strukturiert werden.

Die Bank gewährt einen niedrigeren Zins unter Marktniveau für den gleichen Beleihungswert und erhält dafür die Option auf eine Gewinnbeteiligung. Die oben genannte zusätzliche Beteiligung an Cashflow oder Veräußerungserlös (Shared Appreciation Mortgage) vergütet den Darlehensgeber für das höhere Risiko.

Das Ziel des Darlehensgebers besteht darin, am Erfolg der Immobilie teilzuhaben und sich gegen Inflation (= Sicherheitenverfall) abzusichern, indem ein Teil des Fremdkapitals durch Eigenkapital ersetzt wird. Als Gegenleistung für die Beteiligung ist der Zins oft unter Marktniveau.

Nachteilig für den Darlehensgeber wirkt sich das höhere Risiko aufgrund der Beteiligung bei geringerem Kreditzins aus: Die Volatilität des Ertrages wird erhöht und zudem ist kein Einfluss auf das Management durch Stimmrechte möglich.

Das Ziel des Darlehensnehmers besteht in einer geringen Zinszahlung zu Beginn der Investition. Dies ist ebenso wie bei der noch vorzustellenden Convertible Mortgage sehr wichtig, da ein eventuell zu Beginn vorhandener geringer Vermietungsstand einen geringen Cashflow und somit einen geringen Kapitaldienstdeckungsgrad impliziert. Die Beleihungswertgrenze wird durch eine Participating Mortgage für den Darlehensnehmer zudem erhöht und der Darlehensnehmer trifft Managemententscheidungen selbstständig. Zudem sind die zu zahlenden Zinsen als Fremdkapital steuerlich absetzbar. Nachteilig für den Darlehensnehmer wirkt sich dagegen aus, dass ein Teil des Cashflows der Immobilie sowie ein Teil der Wertsteigerung an den Darlehensgeber abgetreten werden muss.

Als Fazit bleibt festzuhalten, dass der überproportionale, asymmetrische Anstieg des Risikos auf der Seite des Darlehensgebers, vor allem auch durch die derzeit geringe Inflation in Deutschland, zu einer recht geringen Marktbedeutung führt.

2.2.6 Convertible Mortgage

Bei einer Convertible Mortgage handelt es sich um ein vorrangiges Hypothekendarlehen, das eine Wandeloption beinhaltet. Im Darlehensvertrag wird der ausreichenden Bank das Recht eingeräumt, zu einem vordefinierten Zeitpunkt einen Teil des Fremdkapitals in Eigenkapital umzuwandeln. Für dieses Beteiligungsrecht gesteht die finanzierende Bank dem Darlehensnehmer einen geringeren Zinssatz als den marktüblichen Zins zu.

Das höhere Risiko ist jedoch vor der Wandlung nicht mit Stimmrechten verbunden, es ist kein Einfluss des Darlehensgebers auf Entwicklung und Management möglich. Die Convertible Mortgage ist wie die Participating Mortgage ein Instrument zur Absicherung gegen Inflation und zur Steuerung der Rentabilität.

Keine Stimmrechte trotz höheren Risikos

Convertible Mortgages sind in ihren Eigenschaften ähnlich einer Wechselanleihe: Sie geben dem Darlehensgeber die Option, seinen Fremdkapitaleinsatz in Eigenkapital an der Immobilie umzuwandeln, wenn er eine höhere Rendite erwartet oder sich gegen Inflation absichern will. Als nachteilig für den Darlehensgeber ist das höhere Risiko in Form von einer höher erwarteten Volatilität der Erträge zu nennen: Der Darlehensgeber tauscht sicherere Zinserträge gegen ein ungewisses zukünftiges Einkommen.

Das dadurch überproportionale, asymmetrische Risiko auf Seiten des Darlehensgebers hat auch für dieses Instrument zu einer derzeit recht geringen Bedeutung für den deutschen Markt geführt.

Das Ziel des Darlehensnehmers ist eine geringe Zinszahlung zu Beginn der Investition. Dies ist für ihn relevant, da – analog zur Participating Mortgage – ein ggf. noch geringer Vermietungsstand einen geringen Cashflow nach sich zieht, der einen geringen Kapitaldienstdeckungsgrad impliziert.

Die Darlehensnehmervorteile liegen in einem höheren Beleihungswert und einem vergleichsweise geringen Kreditzins. Auch sind die Zinsen als Fremdkapital steuerlich abzugsfähig. Nach der Ausübung der Option ist der Darlehensnehmer mit dem Nachteil konfrontiert, dass er einen Teil seines Eigenkapitals in Form von zukünftigem Cashflow sowie Wertsteigerung an den Darlehensgeber abtritt und durch die Ausübung der Option einen Verlust an Flexibilität im Management durch die durch Umwandlung erlangten Mitspracherechte des Darlehensgebers erleidet.

2.2.7 Bewertung des Marktes innovativer Finanzierungsinstrumente

Die aufgeführten Instrumente und daraus resultierenden Finanzierungsmöglichkeiten sind vielfältig, doch finden sie in der deutschen Finanzierungsrealität eher bescheidene Anwendung.

Mezzanin und Private Equity als Vorreiter

Abbildung 4 verdeutlicht für Dezember 2005 ein mittleres bis hohes Interesse der potenziellen Kreditnehmer vor allem für Mezzanin-Kapital, aber auch für Private Equity und Joint-Venture-Beteiligungen. Die Nachfrage nach Convertible und Participating Mortgages hingegen ist bisher eher unbedeutend.

Finanzierungsform	Wert (Umfrage 2005; n = 54)
klassische Immobilienfinanzierung	3,9
Convertible Mortgage	1,5
Participating Mortgage	1,6
Joint Venture	2,3
Private Equity	2,6
Mezzanin-Kapital	3,1

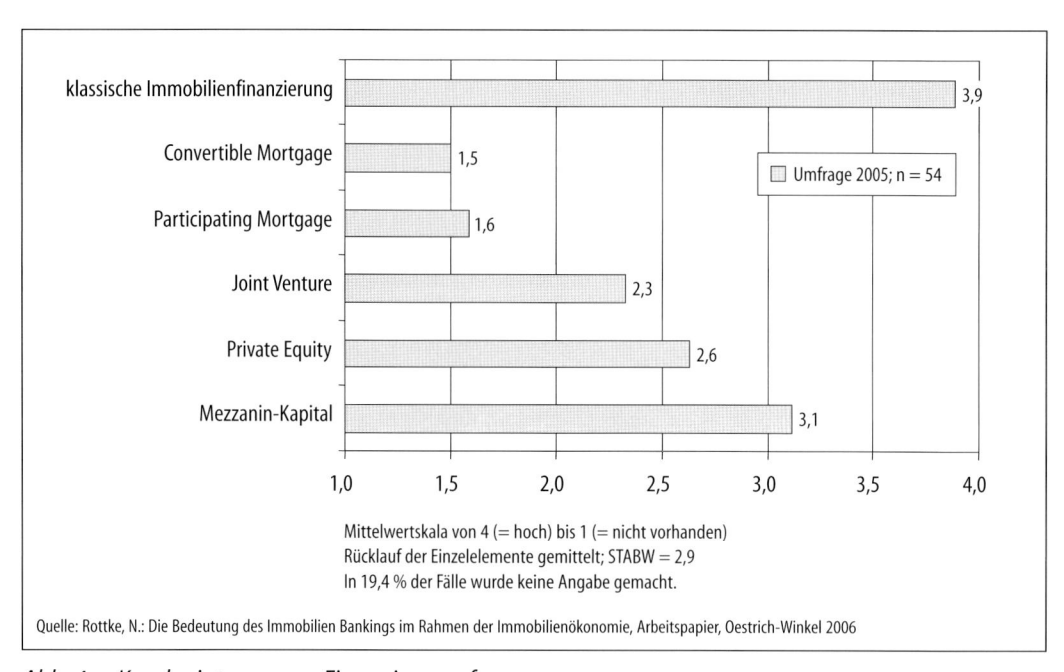

Mittelwertskala von 4 (= hoch) bis 1 (= nicht vorhanden)
Rücklauf der Einzelelemente gemittelt; STABW = 2,9
In 19,4 % der Fälle wurde keine Angabe gemacht.

Quelle: Rottke, N.: Die Bedeutung des Immobilien Bankings im Rahmen der Immobilienökonomie, Arbeitspapier, Oestrich-Winkel 2006

Abb. 4: Kundeninteresse an Finanzierungsformen

Steigendes Interesse

Für das Angebot an innovativen Finanzierungsinstrumenten stehen Daten dreier Studien der Jahre 2001, 2003 und 2005 zur Verfügung. Eindeutig ist ein Trend zu innovativen Finanzierungsformen zu erkennen:

Noch in 2001 (die Umfrage wurde von Iblher und Lucius durchgeführt [9]) boten lediglich 32 % der Banken ihren Kunden Mezzanin-Kapital an, Joint-Venture-Beteiligungen folgten mit 23 %, alle anderen Formen wurden in nicht nennenswertem Umfang angeboten respektive 2001 aufgrund von damaliger Bedeutungslosigkeit noch nicht erhoben (Private Equity). Ein Drittel der teilnehmenden Banken bot keine innovativen Finanzierungswege an.

In 2003 findet eine Verschiebung statt: Zwar steigt die Anzahl der Banken, die keine innovativen Finanzierungsmöglichkeiten bieten (42 %), doch steigt ebenfalls das Angebot an Mezzanin-Kapital auf 42 %. Daten für Private Equity werden erstmals erhoben und belegen mit 43 % Angebot ebenfalls einen sehr hohen Wert, was umso erstaunlicher ist, als (deutsche) Banken nicht die typischen Anbieter für Private Equity sind. Auch das Angebot an Joint-Venture-Beteiligungen nimmt auf 30 % zu.

In 2005 bestätigt sich dieser Trend: Vor allem die Mezzanin-Finanzierung sticht heraus: Über die Hälfte der Banken (54 %) bietet Mezzanin-Finanzierungsmöglichkeiten an, gefolgt von leicht abnehmendem Private Equity (37 %) sowie Joint Ventures auf etwa gleichem Niveau (31 %). Der Anteil der Banken, die keine innovative Finanzierung anbieten, sinkt wieder auf derzeit 37 % (vgl. Abbildung 5).

Bestätigung des Trends in 2005

Es lässt sich festhalten, dass sich aus Bankensicht vor allem die Mezzanin-Finanzierung über die letzten fünf Jahre als Alternative zur Schließung der Finanzierungslücke etabliert hat. Ein weiterer Trend ist sicherlich die Finanzierung durch Private Equity: Hier sind allerdings eher Opportunity Funds sowie ausländische (Investment-)Banken als deutsche Banken die hauptsächlichen Akteure. Convertible und Participating Mortgages spielen sowohl in der Nachfrage als auch im Angebot (noch) keine wesentliche Rolle. Insgesamt nimmt die Zahl der Banken, die keine innovativen Finanzierungsmöglichkeiten anbieten, auf etwas über ein Drittel ab.

Instrument	Umfrage 2005; n = 54	Umfrage 2003; n = 53	Umfrage 2001; n = 22
k. A.	4 %	0 %	0 %
Convertible Mortgage	4 %	2 %	0 %
Participating Mortgage	7 %	21 %	9 %
Joint Venture	31 %	30 %	23 %
Private Equity	37 %	43 %	k. A.
Mezzanin-Kapital	54 %	42 %	32 %
keine (nur traditionelle Immobilienfinanzierung)	37 %	42 %	32 %

Private Equity wurde in 2001 noch nicht erhoben.

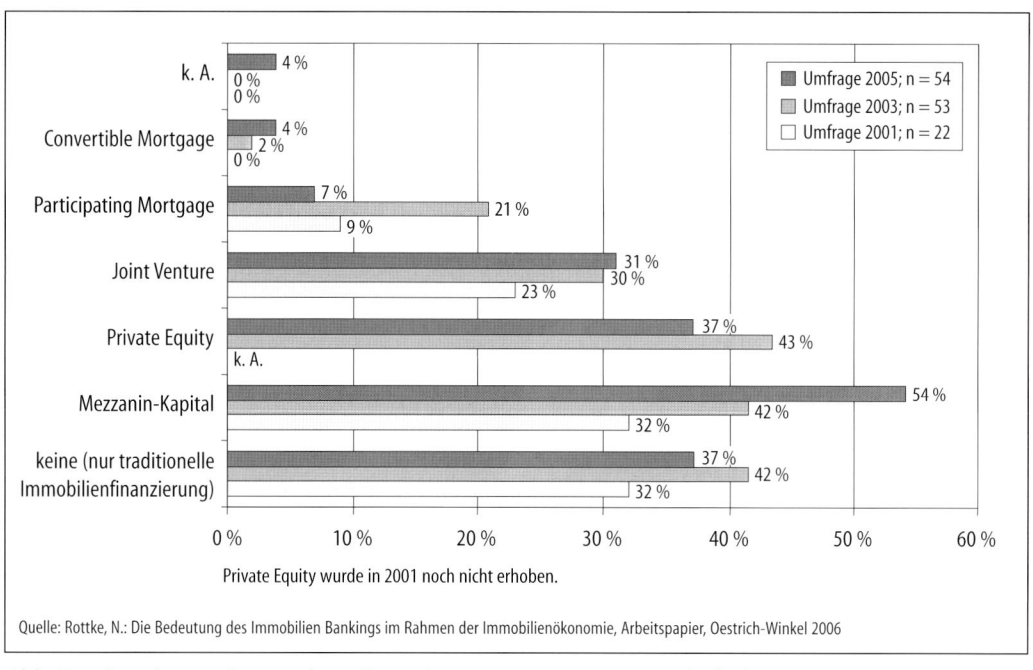

Quelle: Rottke, N.: Die Bedeutung des Immobilien Bankings im Rahmen der Immobilienökonomie, Arbeitspapier, Oestrich-Winkel 2006

Abb. 5: Angebot an innovativen Finanzierungsinstrumenten (Mehrfachnennungen)

Unterschiede zwischen Angebot und Umsetzung

Da ein Unterschied zwischen grundsätzlichem Angebot und tatsächlichem Finanzierungsengagement besteht, wurde in 2003 für die Projektentwicklung und in 2005 für verschiedene Finanzierungsanlässe die tatsächliche Bereitschaft der Banken zur Beteiligungsfinanzierung zusätzlich zu einer erstrangigen Kreditvergabe erfragt (vgl. Abbildung 6).

	gewerblicher Bestand 2005	Wohnbestand 2005	NPL/SPL 2005	Projektentwicklungen 2005	Projektentwicklungen 2003
k. A.	11 %	9 %	9 %	11 %	4 %
auf keinen Fall	17 %	13 %	—	24 %	11 %
eher nicht	13 %	15 %	39 %	22 %	19 %
eher ja	31 %	43 %	35 %	26 %	55 %
auf jeden Fall	28 %	20 %	13 %	17 %	11 %
			4 %		

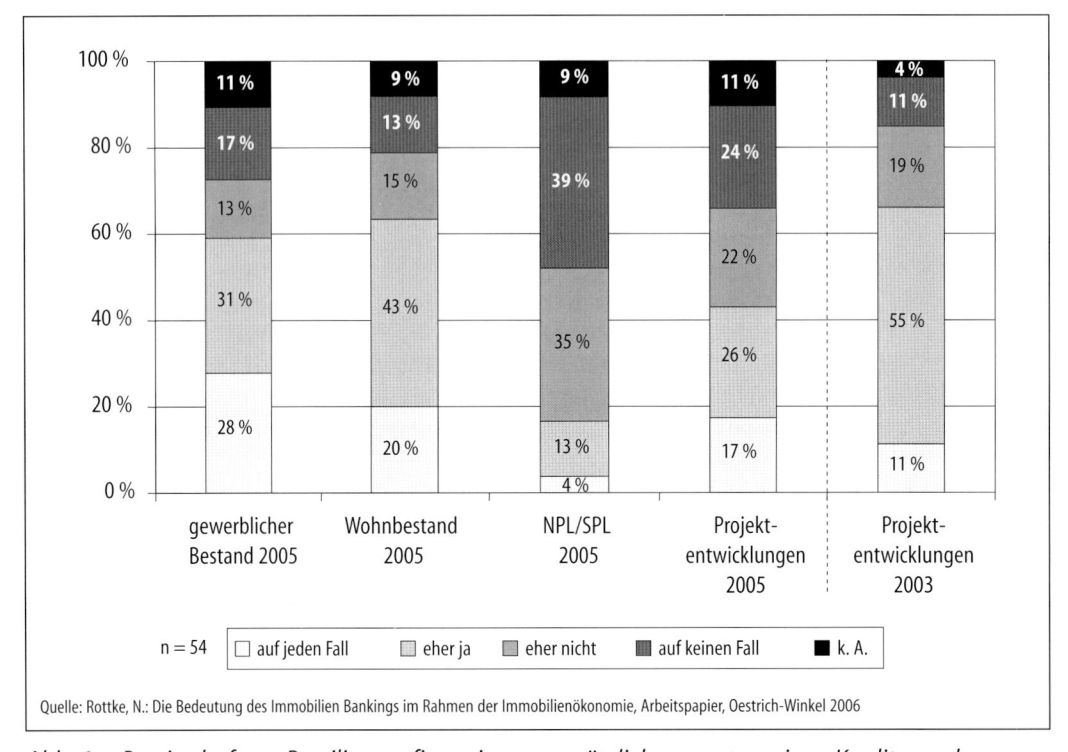

n = 54

Quelle: Rottke, N.: Die Bedeutung des Immobilien Bankings im Rahmen der Immobilienökonomie, Arbeitspapier, Oestrich-Winkel 2006

Abb. 6: Bereitschaft zur Beteiligungsfinanzierung zusätzlich zur erstrangigen Kreditvergabe

Diese gaben im Jahr 2005 mit „auf jeden Fall" oder „eher ja" für gewerblichen Bestand etwa 60 % an, für Wohnbestand waren ebenfalls fast zwei Drittel der befragten Unternehmen. Eine positive Beurteilung wird Not leidenden Immobilienkreditengagements (NPL) nur zu 15 % zuteil, Projektentwicklungen zu 43 %.

Insgesamt auffällig sind zwei Dinge: Einerseits die hohe grundsätzliche Bereitschaftsverweigerung zur Finanzierung von NPL mit 72 %, andererseits der Vergleich der Projektentwicklungswerte mit 2003: Hier waren noch zwei Drittel der Befragten der Beteiligungsfinanzierung für Projektentwicklungen aufgeschlossen, während dieser Wert in 2005 um über 20 % gesunken ist. Lehnten 2003 nur 30 % Beteiligungsfinanzierung zusätzlich zur erstrangigen Kreditvergabe ab, sind es 2005 über 45 %, ein Indiz dafür, dass die Mechanismen von Basel II schon vor Implementierung in 2007 zu greifen beginnen (vgl. Kapitel C2).

Aus der von Iblher und Lucius [10] in 2001 beschriebenen „Finanzwüste" in Bezug auf den Einsatz innovativer Finanzierungsinstrumente deutscher Kreditinstitute ist zwar fünf Jahre später noch keine „blühende Landschaft" geworden, doch zumindest – um im gleichen Sprachgebrauch zu bleiben – scheint der Acker für spätere Prosperität mittlerweile eher mehr als weniger bestellt.

2.3 Anpassung der Anreizsysteme

Neben der Finanzierung über den Kapitalmarkt und dem Einsatz innovativer Finanzierungsinstrumente, wie Mezzanin-Kapital oder Private Equity, durch Banken oder Nicht-Banken könnten aber ebenfalls Veränderungen innerhalb des Bankensystems durchgeführt werden, um eine prozyklische Finanzierung abzumindern. Dies kann zum einen über ein auf den Finanzierungsanlass abgestimmtes, Zyklen in Betracht ziehendes Rating geschehen, doch ist dies aufgrund der nun weitestgehend feststehenden Regularien von Basel II zurzeit nicht zu erwarten. Zum anderen kann dies über eine Anpassung der Anreizsysteme innerhalb des Kreditinstituts sowie an der Schnittstelle zum Kreditnehmer geschehen:

Änderungen des Anreizsystems in Kreditabteilungen

Ein erster Schritt liegt in der Änderung des Anreizsystems der Kreditabteilungen begründet. Ein moderner Teilbereich der Betriebswirtschaftslehre, der sog. Principal-Agent-Ansatz, beschäftigt sich mit solchen Problemstellungen: Wie kann man durch geeignete Belohnung die Interessen von Auftraggeber (Bank) und Beauftragten (Kreditabteilung/-sachbearbeiter) zur Deckung bringen? Wenn Banken durch zu hohe Boom-Engagements ebenso Schaden nehmen wie durch zu restriktive Vergaben in der Baisse, ist das System von „Provision plus Restriktion" nicht zielgerichtet. Lösungen, die in richtige Richtungen gehen und teilweise beispielsweise in der Versicherungsbranche praktiziert werden, sind u. a.:

- Provisionszahlung unter Vorbehalt,
- zeitverzögerte Provision,
- Kopplung der Provision an die einzelne Annuitätszahlung,
- Kopplung an verbesserte, auf das Objekt und die längerfristigen Marktrisiken fokussierte Rating-Verfahren.

Verhältnis Bank zu Darlehensnehmer

Ein zweiter Schritt bezieht sich auf das Verhältnis der Bank zum Darlehensnehmer: In der bereits zitierten Bankenstudie 2005 wurde dieser Punkt über die Erfassung der Vergütungsformen zusätzlich zur klassischen Finanzierung aufgegriffen:

Die beliebtesten Mittel, Risiken adäquat zu bewerten und Anreize für den Kreditnehmer zu setzen, sind höhere laufende Margen für Teiltranchen (n = 28), die Kostenerstattung für die Finanzierungsprüfung (n = 24) sowie eine höhere Commitment-Gebühr (n = 19) und ein Gewinnanteil (n = 18) oder Risikoprämien bei Nicht-Erreichen bestimmter Meilensteine (n = 15). Die Einräumung von Cashflow-Anteilen (n = 4) oder verschiedene Eigenkapitaloptionen (n = 2 respektive 3) kommen jedoch noch nicht häufig zum Einsatz.

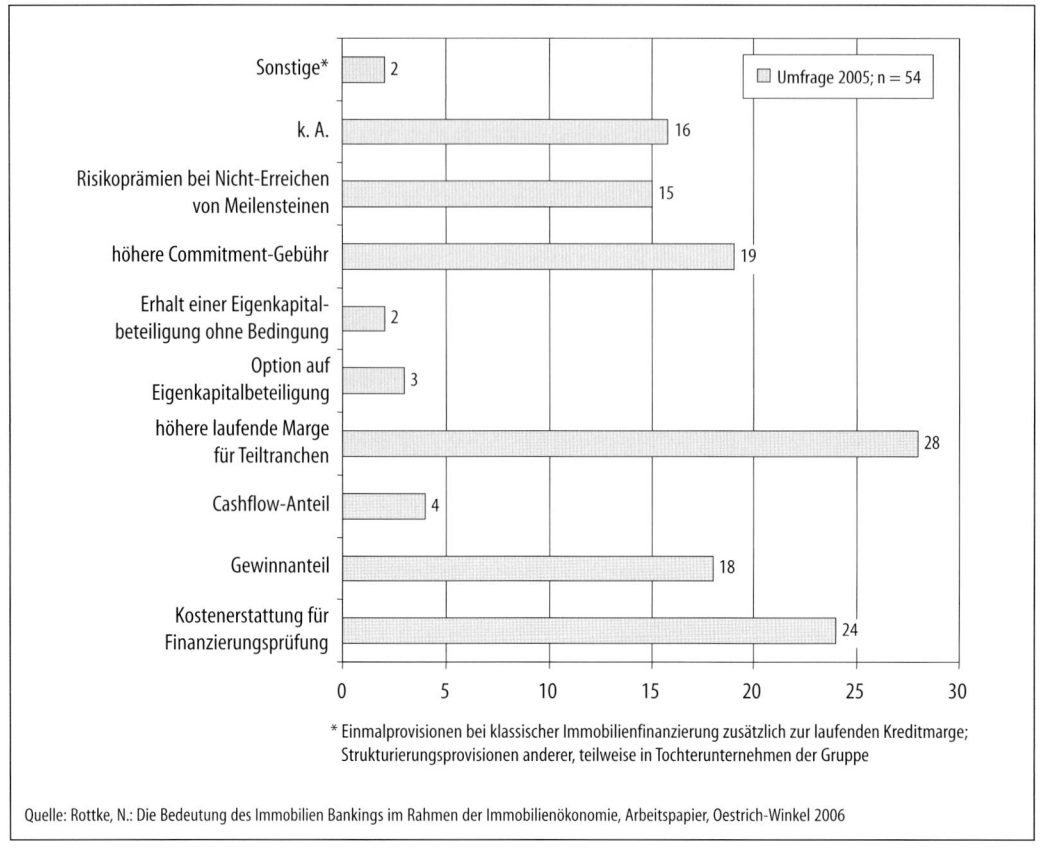

Abb. 7: Vergütungsformen zusätzlich zur klassischen Finanzierung (Mehrfachnennungen)

3. Fazit

Das prozyklische Verhalten der deutschen Banken könnte intern durch Maßnahmen wie objektbezogenes Rating und veränderte Anreizsysteme gemildert werden. Auch für den Eigenmittelengpass von Kreditnehmern, insbesondere Projektentwicklern, gibt es über den Kapitalmarkt sowie durch innovative Finanzierungstechniken, wie Mezzanin-Finanzierung oder Private Equity, mögliche Auswege, die zum aktuellen Zeitpunkt auf dem Weg sind, sich in der deutschen Finanzierungslandschaft zu etablieren. Bereits jetzt, spätestens aber mit dem In-Kraft-Treten von Basel II zum 1. Januar 2007 in Deutschland, werden vor allem innovative Finanzierungstechniken nicht nur interessant, sondern für die Kreditsuchenden notwendig werden, um gute Portfolios, Objekte und Projekte zu finanzieren.

Projektauswahl und risikoadäquates Pricing Die im Grunde selbstverständliche Voraussetzung bleibt nach wie vor das richtige Projekt, Objekt oder Portfolio, das dem Risiko tatsächlich entsprechende Chancen gegenübergestellt, sowie eine gerechtfertigte Aufteilung der vorhandenen Risiken und Renditechancen unter Banken, Kapitalsuchenden und weiteren Beteiligten.

Dass es die innovativen Leistungen, wie beispielsweise Immobilienprojektfinanzierungen, Real Estate Structured Finance, Securitisation, Real Estate Private Equity oder Immobilien-Asset-Management sind, die zukünftig im Spektrum des Bankenangebotes in den Vordergrund rücken, realisieren die deutschen Banken selbst. Die 2005-Befragung ergibt, dass die Banken die innovativen Leistungen als für die Zukunft weitaus wichtiger einschätzen als die klassischen oder bankneutralen Leistungen (vgl. Abbildung 8).

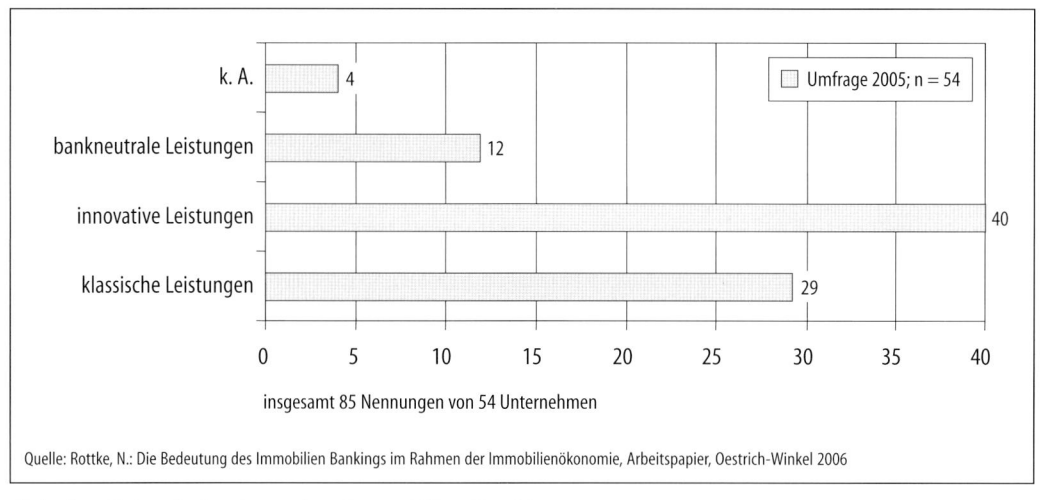

Abb. 8: Zukunft des deutschen Immobilien-Bankings

4. Literaturverzeichnis

[1] Becker, K., in: Rottke, N./Wernecke, M.: Management im Immobilienzyklus, Teil 11: Immobilienfinanzierung. Alle reden davon, doch keiner tut's: Antizyklisch investieren, in: Immobilien Zeitung, Nr. 23, 2001, S. 10.

[2] Vgl. Hagen, L.: Mortgage Loans unter Basel II, in: Association of German Mortgage Banks (Hrsg.): Real Estate Banking – Committed to Professionalism, Vol. 1, Berlin 2002, S. 41.

[3] Vgl. Breidenbach, M.: Real Estate Securitisation, Diss., in: Schulte, K.-W./Bone-Winkel, S. (Hrsg.): Schriften zur Immobilienökonomie, Bd. 34, Köln 2005, S. 13.

[4] Vgl. Pitschke, C.: Die Finanzierung gewerblicher Immobilien-Projektentwicklungen unter Basel II, Diss., in: Schulte, K.-W./ Bone-Winkel, S. (Hrsg.): Schriften zur Immobilienökonomie, Bd. 30, Köln 2004; Breidenbach, M.: Real Estate Securitisation, Diss., in: Schulte, K.-W./Bone-Winkel, S. (Hrsg.): Schriften zur Immobilienökonomie, Bd. 34, Köln 2005.

[5] Rottke, N.: Die Bedeutung des Immobilien-Bankings im Rahmen der Immobilienökonomie, Arbeitspapier, Oestrich-Winkel 2006.

[6] Vgl. Rottke, N./Wernecke, M., a. a. O., S. 10.

[7] Breidenbach, M., a. a. O., S. 377.

[8] Begriffserläuterungen in Teilen in Anlehnung an: Glossar zur „Empirische Studie zur gewerblichen Immobilienfinanzierung: Basel II, Kredit-Risikomanagement, innovative Finanzierungsformen & Securitization", Oestrich-Winkel, 29. Mai 2003 des Department of Real Estate an der European Business School. Die oben zitierte zweite Banken-Studie des Departments of Real Estate wurde für die Dissertationen von Pitschke, C. (2004): Die Finanzierung gewerblicher Immobilien-Projektentwicklungen unter Basel II, in: Schulte, K.-W./Bone-Winkel, S. (Hrsg.): Schriften zur Immobilienökonomie, Diss., Bd. 30 sowie Breidenbach, M. (2005): Real Estate Securitisation, in: Schulte, K.-W./Bone-Winkel, S. (Hrsg.): Schriften zur Immobilienökonomie, Diss., Bd. 34 verwandt.

[9] Vgl. Iblher, F./Lucius, D.: Innovative Real Estate Financing in Germany – A financial desert?, in: Property Management, Vol. 21, Nr. 1, 2003, S. 82–96.

[10] Vgl. Iblher, F./Lucius, D., a. a. O., S. 82.

5 Projektentwicklung

Stephan Bone-Winkel
Gabriele Köppel

Inhaltsverzeichnis

1.	**Einleitung**	240
1.1	Projektentwicklung als dynamischer Prozess	241
1.2	Produzenten und Nutzer auf dem Büroflächenmarkt	241
2.	**Rahmenbedingungen für antizyklisches Handeln**	242
2.1	Grundstücksmarkt	243
2.2	Mietmarkt	243
2.3	Entscheidung über Projektstart	244
3.	**Strategien für Projektentwickler**	246
3.1	Erschließung neuer Geschäftsfelder	247
3.2	Vertiefung bestehender Geschäftsfelder	251
3.3	Erschließung alternativer Finanzierungsquellen	251
3.4	Timing im Lebenszyklus	252
4.	**Chancen und Grenzen antizyklischen Handelns**	254
5.	**Literaturverzeichnis**	255

1. Einleitung

Flächenangebot und -nachfrage

Der Zusammenhang zwischen Immobilienzyklen und Projektentwicklung ist vielschichtig und von hoher Relevanz für die Erklärung realer Phänomene auf den Immobilienteilmärkten, wurde in der Forschung jedoch bislang nur wenig beachtet. Die Entstehung und der Erfolg eines Immobilienprojektes beruhen immer auf der Einschätzung zur Entwicklung des Flächenangebots und der -nachfrage. Die besondere Bedeutung zyklischer Effekte wird allein dadurch offensichtlich, dass die Phasen von der Initiierung bis zur Realisierung von Neubauprojekten einen Zeitraum von regelmäßig zwei bis fünf Jahren erfordern. In dieser Zeit verändern sich die Nachfrage nach Flächen, aber auch das Angebot im Bestand und damit erzielbare Mieten und Vermarktungszeiträume. Diese häufig konjunkturell bedingten zyklischen Veränderungen der Märkte führen zu erheblichen Konsequenzen für den Erfolg eines Bauvorhabens. Bereits kleinere Schwankungen von Mietansätzen von 10 bis 15 % führen in der Praxis dazu, dass die vom Entwickler kalkulierte Marge für Wagnis und Gewinn (Trading Profit) aufgebraucht wird. Bei abschwächender Konjunktur verlängern sich darüber hinaus die Vermarktungszeiträume, sodass die Wahrscheinlichkeit einer Illiquidität ansteigt.

Während bis heute davon ausgegangen wurde, dass dieses Dilemma nur für die spekulative Projektentwicklung (auch Vorratsbau für noch nicht vertraglich gebundene Nutzer genannt) gilt, wird zukünftig der gesamte vermietete Bestand stärker durch zyklische Phänomene geprägt. Verstärker dieser Entwicklung sind kürzere Mietvertragslaufzeiten, erhöhte Umzugsbereitschaft von Nutzern, beschleunigter technologischer Wandel (insbesondere im Bereich der Energieeffizienz), höheres Kostenbewusstsein und steigende Anforderungen an die Arbeitsplatzproduktivität. Neben Auswirkungen von Konjunkturzyklen sind insofern auch die Aspekte von Projekt- und Produktlebenszyklen zu erforschen.

Projektentwicklung

Das Thema Projektentwicklung und Immobilienzyklen soll nachfolgend anhand des wichtigsten Projektentwicklungserzeugnisses im Portfolio institutioneller Immobilieninvestoren, der Bürofläche, erläutert werden.

1.1 Projektentwicklung als dynamischer Prozess

Die weit verbreitete Begriffsauffassung der Projektentwicklung als Faktorkombination von Standort, Projektidee und Kapital stellt primär auf die Ausgangslage für neue Projekte ab. Sie lässt den Faktor Zeit außer Acht und erscheint für diesen Beitrag weniger geeignet.

Um der zunehmenden Prozessorientierung und der lebenszyklussteuernden Funktion der Projektentwicklung gerecht zu werden, soll hier die dynamische Begriffsauffassung der Projektentwicklung zugrunde gelegt werden. Danach lässt sich Projektentwicklung definieren als das interdisziplinäre Management von planungs- und baubezogenen Wertschöpfungsprozessen im Lebenszyklus der Immobilie. Dazu gehören die Bausteine Akquisition, Nutzungskonzeption und Machbarkeitsanalyse, Baurechtschaffung, Eigen- und Fremdkapitalbeschaffung, Marketing und Vermietung sowie die Verwertung der Immobilie.

Neues Verständnis der Projektentwicklung

1.2 Produzenten und Nutzer auf dem Büroflächenmarkt

Angebot und Nachfrage auf dem Büroflächenmarkt werden von verschiedenen Akteuren bestimmt: Zunächst sind hier die drei verschiedenen Developer-Typen zu nennen, die neuen Büroraum produzieren oder bestehende Flächen revitalisieren: der reine Trader Developer, der von Initiierung bis Fertigstellung für das Projekt verantwortlich ist und den Verkauf des Projektes in einer der Entwicklungsphasen zum Ziel hat, der Investor-Developer, der die Immobilie nach Fertigstellung in seinen Bestand übernimmt, sowie der in Deutschland noch wenig verbreitete Service-Developer, der als reiner Dienstleister für eine oder mehrere Phasen der Projektentwicklung verantwortlich ist [1]. Eine ausgeprägte Abhängigkeit vom Marktzyklus ist bei reinen Absatzentwicklern zu beobachten – besonders, wenn sie auf Produkte hoher zyklischer Nachfrage wie Bürogebäude spezialisiert sind.

Akteure

Für den Developer ist der Nutzer der wesentliche Akteur im Markt. Seine Anmietungsentscheidung erzeugt erst die erwünschte Verzinsung der Anfangsinvestition durch laufende Mietzahlungen. Weitere hier nur aufzuzählende Akteure sind die Finanzinstitute, Investoren und Grundstückseigentümer sowie Makler, Immobiliendienstleister, Bauunternehmen, Architekten und Ingenieure.

Nutzer

Das Angebot umfasst den gesamten vermieteten und unvermieteten Flächenbestand. Vermietete Flächen müssen einbezogen werden, da es jederzeit zu Untervermietungen kommen kann [2]. Dies ist in Zeiten des Konjunkturrückgangs und des Personalabbaus, vor allem in Städten mit starker Branchenfokussierung wie Frankfurt am Main, verstärkt zu beobachten. Büroflächen stehen also nicht nur mit leer stehenden Flächen, sondern ebenso mit allen anderen Flächen im Wettbewerb. Durch Projektentwicklungen wird das Angebot von Flächen auf dem Markt vermehrt. Aufgrund des bereits erwähnten „Time Lags" von der ersten Konzeption bis zur Vermietung der fertigen Immobilie

Angebot

lässt sich feststellen, dass das Angebot an Flächen kurzfristig konstant bleibt und nur durch Leerstandsabbau genährt wird. Mittelfristig können Umwidmungen das Angebot erweitern. Aufgrund der engen baurechtlichen Grenzen und der hohen Umnutzungskosten kommt dies in Deutschland nur selten vor. Langfristig ist das Angebot von den auf den Markt kommenden fertig gestellten Projektentwicklungen bestimmt und ist damit von diversen Faktoren, wie wirtschaftliche Rahmenbedingungen, Grundstücks- und Baukosten, Miet- und Renditehöhen sowie Finanzierungskosten, abhängig. So wurde z. B. durch die gewährten Sonderabschreibungen und Fördermaßnahmen sowie optimistischen Wachstumsprognosen in den neuen Bundesländern nach der Wiedervereinigung das Angebot an Flächen drastisch vermehrt. Schon bald führte das steigende Investitionsverhalten zu einem Überangebot und damit zu hohen Leerständen und Preisverfall [3].

Zusammenfassend lässt sich feststellen, dass das Büroflächenangebot kurz- bis mittelfristig kaum veränderbar und demnach preisunelastisch ist [4].

Nachfrage Die Nachfrage wird durch die tatsächlich genutzte Fläche bestimmt. Diese muss nicht unbedingt der vermieteten Fläche entsprechen, da vermietete, aber ungenutzte Fläche faktisch nicht nachgefragt wird [5].

Die Bestimmungsfaktoren der Büroflächennachfrage sind in ihrer Ausprägung und ihren Wechselwirkungen noch weitgehend unerforscht. Es ist allerdings feststellbar, dass die Nachfrage nach Büroflächen heute an den meisten Standorten zu großen Teilen aus Erweiterungs- bzw. Ersatzbedarf von bereits vor Ort vorhandenen Unternehmen besteht. Folglich hängt sie weitgehend von der allgemeinen und der branchenspezifischen Situation am Standort ab. Innerbetrieblicher Bedarf bestimmt die Flächennachfrage. Bei Dienstleistungsunternehmen stehen die Raumkosten im Verhältnis zu den Personalkosten in einem Verhältnis von etwa 1 zu 10. Unternehmerische Entscheidungen sind daher in viel höherem Maße abhängig von dem Arbeitsplatz und seinen Kosten als von den davon erzeugten Raumkosten. Die Nachfrage reagiert daher ebenfalls relativ preisunelastisch [6]. Sinkende Nachfrage führt folglich bei stabilem Angebot zu teilweise drastischen Preissenkungen, da es bei Büroflächen nicht zu Bevorratungen aufgrund günstiger Einstandspreise kommt.

Ebenso führt der Wegfall von Arbeitsplätzen unmittelbar zu einem starken Marktdruck auf Flächen. Unternehmen bemühen sich um Untervermietung zu prinzipiell jedem Preis, da jede auch unterhalb des offiziellen Marktniveaus liegende Miete einen Deckungsbeitrag für die Restlaufzeit des Mietvertrages liefert.

2. Rahmenbedingungen für antizyklisches Handeln

Antizyklische Projektentwicklung Da Angebot und Nachfrage weitgehend preisunelastisch sind, kommt es zu Immobilienmarktzyklen mit übermäßigen Preissteigerungen und -minderungen [7]. Diese haben einen sehr großen Einfluss auf den Erfolg oder Misserfolg einer Projektentwicklung, da die Miethöhe der wichtigste Hebel in der Developerrechnung ist. Daher kommt es auf das richtige Timing für die Platzierung einer Immobilie sowie die richtige Einschätzung der Vermietbarkeit im Marktzyklus an. Optimal wären demnach der günstige Einkauf von Grundstücken und Bauleistungen in der Rezession, Fertigstellung und Verkauf der Immobilie bei Erreichen der Marktphase, in der durch hohe Nachfrage hohe Mieten und über den Mietmultiplikator hohe Verkaufspreise erzielt werden können. Die Projektentwicklung sollte demnach idealerweise antizyklisch erfolgen. In der Praxis ist hingegen zyklusverstärkendes Verhalten beobachtbar. Der erhebliche Herstellungsaufwand, die lange Erstellungsdauer einer Immobilie und die Dynamik der Märkte erschweren perfektes Timing. Daneben beeinflussen die Rahmenbedingungen, insbesondere bei der Finanzierung und beim Einkauf auf dem Grundstücksmarkt, die Handlungsmöglichkeiten des Projektentwicklers maßgeblich.

2.1 Grundstücksmarkt

Um ertragsreich bauen zu können, muss der Projektentwickler zunächst das passende, entwicklungsfähige Grundstück finden – sonst findet keine Entwicklung statt. Das heißt, neben der richtigen Lage müssen nicht nur Faktoren wie Zuschnitt und Größe sowie Erschließung und Bodenbeschaffenheit den Erfordernissen für den geplanten Immobilientyp entsprechen. Die Grundstücks- und Erschließungskosten machen gewöhnlich ca. 20 bis 25 % der Gesamtkosten aus und wirken sich damit maßgeblich auf den Projektentwicklungsgewinn aus. Darum ist zur Ermittlung des angemessenen Preises neben der allgemeinen Bodenwertentwicklung auch auf grundstücksindividuelle Aspekte, wie Altlasten, Nutzungseinschränkungen und baurechtliche Rahmenbedingungen, zu achten. Kostenerhöhung durch erforderliche zusätzliche Gutachten bzw. besondere Sicherungsmaßnahmen können unentbehrliche Margen verbrauchen und somit die Existenz des Projektentwicklers bedrohen.

Ermittlung des angemessenen Preises

2.2 Mietmarkt

Neben dem grundsätzlichen Erfordernis eines passenden Grundstücks ist der Projektentwicklungserfolg hauptsächlich von den Vermietungsaussichten abhängig, da die Ertragswertbetrachtung für Banken im Zusammenhang mit der Immobilienbewertung, aber auch für Investoren zum Zwecke der Kaufpreisermittlung im Vordergrund steht. Eine Büroimmobilie ist demnach nur etwas wert, wenn sie zeitnah und zum kalkulierten Mietansatz vermietet werden kann. Der erzielbare Mietpreis muss daher im Vorfeld der Projektentwicklung sehr sorgfältig kalkuliert werden. Dies gilt umso mehr, da der Mietmarkt seit längerem auch ein Mietermarkt ist und dies aufgrund der pessimistischen Grundstimmung der Unternehmen wohl vorerst auch bleiben wird [8]. Im Gegensatz zum Bestandshalter, der bereits investiert ist und notfalls zu einem geringeren Preis vermietet bzw. eine geringere Rendite in Kauf nehmen kann, ist der Projektentwickler sehr stark vom Erhalt eines bestimmten Mietpreises abhängig. Kann eine Vermietung nur weit unter dem kalkulierten Mietzins erfolgen, büßt der Projektentwickler nicht nur seinen Projektentwicklungsgewinn ein, sondern bringt damit u. U. seine Finanzierung und im Ernstfall den Fortbestand seines Unternehmens in Gefahr. Lokale Developer, die über eine hervorragende Marktkenntnis verfügen, sind hier gegenüber großen Unternehmen im Vorteil. Durch die intensive Bearbeitung ihres Marktes kennen sie diesen entsprechend genau, wissen von Einstellungen, Erwartungen und Kri-

Ertragswertbetrachtung

tik von Nutzern und Investoren und sind in der Lage, Veränderungen und Nachfrageverschiebungen bereits frühzeitig zu spüren.

2.3 Entscheidung über Projektstart

Am Anfang eines Projektes stehen das Grundstück und die Projektidee, die dann zu einem Nutzungskonzept weiterentwickelt und durch eine Machbarkeitsstudie fundiert wird. Daraufhin kann eine Realisierungsentscheidung getroffen werden, die den Einsatz von Eigen- und regelmäßig auch von Fremdkapital erfordert. Die richtige Einschätzung des Marktumfeldes und der Erfolgsaussichten für ein Projekt zum Zeitpunkt der Realisierungsentscheidung auf Kapitalgeberseite ist von objektiven und subjektiven, von markt- und unternehmensbezogenen Faktoren abhängig. Diese können nachfolgend nur schlaglichtartig beleuchtet werden.

Risikoteilung Bei der Gewährung der Finanzierung steht die Fähigkeit des Projektes, einen belastbaren und sicheren Cashflow zu erzielen, für den Darlehensgeber im Vordergrund. Dazu wird u. a. anhand von Projektkosten und Vermarktungsmöglichkeiten das Chancen-Risiko-Verhältnis eines Projektes eingeschätzt. Ein wichtiges Kriterium sind die Refinanzierungsmöglichkeiten der Banken, die abhängig von Güte und Risiko des Darlehens sind. Chancen und Risiken werden schließlich zwischen Bank und Developer geteilt. Dies wird über die Höhe der Eigenkapital- und Fremdkapitalanteile, einen risikoadjustierten Kreditzins sowie die Aufnahme verschiedener Vereinbarungen in den Darlehensvertrag (etwa Zinsausfalldeckungszusagen oder Baukostenabsicherungsgarantien) erreicht.

Engpass Finanzierung Erfahrungsgemäß werden Kreditentscheidungen der Banken stärker an den aktuellen Verhältnissen auf den Immobilienmärkten orientiert, sodass in Phasen hoher Leerstände und sinkender Mieten kaum Vorratsbauten genehmigt werden. Dies wäre jedoch häufig angeraten, da das früh genehmigte Projekt bei Fertigstellung potenziell einem geringeren Wettbewerb in einem wieder erstarkenden Markt ausgesetzt ist.

Gleichzeitig werden in sehr guten Marktphasen Signale des Mietpreisrückgangs nicht wahrgenommen und Projekte trotz des Entwicklungs-Lags noch genehmigt. Dieses prozyklische Verhalten der Finanzinstitute wird trotz Basel II und der Erfahrungen mit Marktschwankungen in der Vergangenheit voraussichtlich auch weiterhin zu beobachten sein.

Psychologische Erklärungsmuster Die Kreditentscheidungen von Banken, die Ankaufsentscheidungen von Investoren, die Verkaufsentscheidungen von Grundstückseigentümern sowie die Arbeit der Projektentwickler können ex-post nur eingeschränkt auf rein rationale und marktbezogene Verhaltensweisen zurückgeführt werden. Vielmehr führen neben rationalen auch emotionale und psychologische Erklärungsmuster zu einer besseren Erklärbarkeit von realen Phänomenen in der Projektentwicklung. Dazu zählen etwa die folgenden Muster, die im Übrigen auch gleichförmig auf andere Wirtschaftsbereiche übertragbar sind [9]:

- „Goldgräbermentalität": Versuch, diejenigen nachzuahmen, die ihre Projekte durch günstige Terminierung im Zyklus erfolgreich und gewinnbringend platzieren konnten;

- „Gambler's Fallacy": nicht nur Nachahmung von erfolgreichen Projektentwicklern, sondern Glaube, deren Gewinne sogar noch steigern zu können;
- „Midas-Syndrom": Missachtung der Marktzeichen aufgrund von Selbstüberschätzung und daher Beginn eigener Projekte, obwohl andere bereits vor Vermarktungsproblemen stehen;
- „Greater-Fool-Glaube": Selbst für schlechte Immobilien gibt es einen Käufer;
- Selbstverwirklichung durch Planung und Errichtung einer Immobilie und Faszination für das eigene Projekt.

Darüber hinaus soll hier noch ein Aspekt hervorgehoben werden, der in besonderer Weise zyklusverstärkend wirkt. Es handelt sich um den zunehmenden „Corporatismus" in Unternehmen, d. h. die Trennung von Aufbereitung, Entscheidung, Verantwortung und Durchführung von Projekten durch Bildung von Gremien. In Entscheidungsinstanzen, die auf Geschäftsleitungs-, Vorstands- oder Aufsichtsratsebene in einer Gruppe von häufig geschäftsfremden Personen über Bauvorhaben konsensorientiert und risikoavers abstimmen, kommt es häufig zu von außen schwer nachvollziehbaren Beschlüssen.

Gremien als Verstärker

Die allseits bekannten und in der Wirtschaftspsychologie weithin erforschten Gruppeneffekte führen dazu, dass neuartige oder innovative, antizyklische Projekte nur schwer ein positives Votum erhalten können. Diese Situation wird dadurch verstärkt, dass bei den Mitarbeitern tendenziell ein vorauseilender Gehorsam festzustellen ist. Bei der Frage, welche Projekte denn verfolgt und den Gremien vorgelegt werden, orientiert man sich an den Projekten, die auch in der Vergangenheit Zustimmung fanden. Oder es wird der führende und den Gremien bekannte Wettbewerber nachgeahmt, der aktuell mit einem vergleichbaren Nutzungskonzept Markterfolg hatte. Dabei wird häufig die Einzigartigkeit der Situation vernachlässigt und die Gegenwart linear in die Zukunft projiziert. Dieses Verhalten ist zutiefst menschlich.

Das prozyklische Verhalten der Banken wird durch verschiedene interne Begebenheiten verstärkt. Hier sind beispielhaft die gängigen Wirtschaftlichkeitsanalysen zu nennen, die regelmäßig keine zyklische Komponente beinhalten und selbst bei DCF-Analysen über zehn Jahre alle Eingangsgrößen häufig mit dem gleichen Satz indexieren, sowie standardisierte Objekt-Rating-Systeme, die den spezifischen Objektmerkmalen des zu finanzierenden Objekts nur unzureichend Rechnung tragen [10]. Auch in einem rezessiven Markt kann es herausragende Objekte geben, die dem Zyklus nicht folgen und sich aufgrund ihrer spezifischen Merkmale exzellent entwickeln.

Wirtschaftlichkeitsanalysen

Eine weitere Hürde hinsichtlich Finanzierungsentscheidung und -konditionen findet sich für den Projektentwickler in der für die Finanzierung erforderlichen Beleihungswertermittlung durch die Bank oder einen von ihr beauftragten Sachverständigen. Da es bei dessen Berechnung immer um den nachhaltigen Mietertrag geht, können innovative Projekte und Konzepte, die sich noch nicht erfolgreich am Markt bewiesen haben, gebremst werden. Abschläge bei der Berechnung des Beleihungswerts müssen hingenommen wer-

Ertragsorientierte Bewertung

den [11]. Dementsprechend wird der Fremdkapitalanteil vermutlich niedriger ausfallen als benötigt.

Ungeachtet dessen beruht die Einschätzung der nachhaltigen Miete auf Annahmen und Ermessensentscheidungen. Für vermietete Bestandsobjekte orientieren sich die Gutachter hier an den abgeschlossenen Mietverträgen, bei unvermieteten Objekten an der aktuellen Marktmiete. Selbst wenn diese derzeit deutlich unter das durchschnittliche Niveau der letzten Jahre gefallen ist, werden Gutachter erfahrungsgemäß kaum deutliche Mietwertsteigerungen bereits heute einpreisen.

Prozyklische Verhaltensmuster

Grundsätzlich ist mithin festzustellen, dass Financiers aus verschiedenen Erklärungsmustern heraus zu prozyklischem Verhalten tendieren. In Märkte, die Verluste brachten, investiert i. d. R. niemand. Dazu kommt, dass die Finanzierungsvergabe anhand der aktuellen Situation des Kreditnehmers erfolgt, nicht anhand dessen Potenzials. In der Rezession sind oft problembehaftete Immobilien noch im Bestand, die sich negativ auf die Eigenkapitalsituation sowie die Liquidität des Projektentwicklers und damit auch auf viel versprechende Projekte auswirken. Für den Projektentwickler ist Fremdkapitalknappheit zum optimalen Entwicklungszeitpunkt die Folge. Investiert wird erst, wenn Altlasten abgebaut und Leerstände vermietet werden, d. h. wenn auch die Mieten am Markt absehbar steigen – also prozyklisch [12]. Eigenkapitalstarke Unternehmen und mittelständische Projektentwickler mit ausreichender Eigenkapitaldecke und stetigem Cashflow haben die höchsten Chancen, auch während einer rezessiven Marktlage eine entsprechende Projektfinanzierung zu erhalten. Mit einer geringen Eigenkapitaldecke bleibt dem Projektentwickler oft nur die Möglichkeit der prozyklischen Entwicklung in der Hoffnung, sich von den Konkurrenzobjekten über einen hohen Qualitätsstandard abheben zu können und dem Risiko des Leerstandes dadurch zu entgehen [13].

3. Strategien für Projektentwickler

Strategieentwicklung

Die richtige Positionierung des Unternehmens im Wettbewerb stellt in Zeiten permanenten Wandels einen entscheidenden Erfolgsfaktor dar. Erfahrungsgemäß beruht der Erfolg eines Unternehmens zu einem großen Teil auf einer klar gegliederten Struktur sowie einer unverkennbaren Unternehmensstrategie. In der Vergangenheit ließ sich beobachten, dass viele Unternehmen ihre strategische Ausrichtung verändern, um der Dynamik und Komplexität der Märkte gerecht zu werden.

Wachstumsstrategien

Angesichts der erörterten Rahmenbedingungen werden Strategien benötigt, die dem Projektentwickler zu einer stärkeren Unabhängigkeit vom Marktzyklus verhelfen. Dabei bieten sich vor allem Wachstumsstrategien an [14], die gemäß der Porter'schen Produkt-Markt-Matrix in vier strategische Stoßrichtungen zu unterscheiden sind: die Marktdurchdringung, die aus der intensiveren Bearbeitung bestehender Märkte und Produkte besteht, die Strategie der Marktentwicklung, die einen Vorstoß in neue Märkte zum Inhalt hat, die Strategie der Produktentwicklung, bei der völlig neue Produktbereiche bearbeitet werden, sowie die Diversifikation, welche die letzten beiden Strategien zusammenführt.

		Markt	
		bestehend	neu
Produkt	bestehend	**Marktdurchdringung** Projektentwicklung von Büroimmobilien im bestehenden Markt	**Marktentwicklung** Projektentwicklung von Büroimmobilien in neuen Märkten
	neu	**Produktentwicklung** Projektentwicklung von Wohnimmobilien sowie Redevelopments im bestehenden Markt	**Diversifikation** Immobilienberatung und/oder Facilities Management in neuen Märkten

Quelle: In Anlehnung an Isenhöfer, B.: Strategisches Management von Projektentwicklungsunternehmen, in: Schulte, K.-W./Bone-Winkel, S. (Hrsg.): Handbuch Immobilien-Projektentwicklung, 2. Aufl., Köln 2002, S. 576

Abb. 1: Wachstumsstrategien/Produkt-Markt-Matrix

3.1 Erschließung neuer Geschäftsfelder

Um die zyklischen Gegebenheiten am bearbeiteten Immobilienmarkt auszugleichen, bietet es sich an, neue Märkte zu entwickeln, die sich in einem optimaleren Zyklusverlauf befinden und aufgrund der ökonomischen Rahmenbedingungen über ein hohes Entwicklungspotenzial verfügen. Dies müssen nicht zwingend nationale Märkte sein. Ausländische Investoren haben in der Vergangenheit bewiesen, dass die Entwicklung internationaler Märkte durchaus eine strategische Alternative darstellt – auch wenn hierbei zusätzliche Markteintrittsbarrieren, z. B. hinsichtlich der unterschiedlichen Landeskultur, Genehmigungsverfahren sowie Steuersysteme, zu überwinden sind. Häufig wird hier das Risiko der mangelnden Markt- und Standortkenntnis des Projektentwicklers problematisch. In der Praxis zeigt sich jedoch regelmäßig, dass einige Entwickler aufgrund ihres besonderen prozessualen Know-hows auch in neuen Märkten Fuß fassen und erfolgreich operieren können.

Marktentwicklung

Dem Risiko der Marktnähe begegneten ausländische Investoren erfolgreich mittels lokaler Joint-Venture-Partner, die für die Steuerung des operativen Geschäfts verantwortlich sind und über die entsprechende Marktkenntnis und das fachliche Know-how verfügen, um einen erfolgreichen Projektverlauf zu gewährleisten [15]. Bisher sind jedoch nur wenige deutsche Immobilienproduzenten im Ausland aktiv.

Gegenüber der Marktentwicklung birgt die Strategie, neue Produkte auf bestehenden Märkten zu entwickeln, ein höheres Risiko. Zur Reduzierung der Abhängigkeit vom Zyklus des bearbeiteten Immobilienproduktes ist theoretisch die Entwicklung eines anderen Produktes oder eines neuen Geschäftsmodells sinnvoll – beispielsweise für einen Entwickler von Büroimmobilien die Entwicklung von Wohnimmobilien oder der Schritt von der reinen Neubauentwicklung zum Ankauf von ggf. teilvermieteten Bestandsobjekten. Jedoch setzt dies das Vorhandensein von entsprechendem Produkt-Know-how voraus. Wissen über Markt und Standort kann i. d. R. leichter und schneller erworben

Produktentwicklung

werden als Wissen über die Erstellung von bestimmten Immobilientypen, die sich auch hinsichtlich Finanzierungstechniken, Vermarktungsmethoden und Nutzerstrukturen unterscheiden [16]. Teilweise gehen Projektentwickler auch dazu über, anstelle einer kompletten Neuentwicklung Wohnungsbestände zu kaufen mit dem Ziel, diese durch Sanierung oder Revitalisierung einer höherwertigen Nutzung zuzuführen, um sie im Anschluss an Investoren oder Mieter zu verkaufen. Der Ankauf von teilvermieteten Bestandsobjekten oder Portfolien mit Entwicklungspotenzial bietet unabhängig vom gewählten Immobiliensegment den Vorteil, über den vorhandenen Miet-Cashflow die Finanzierung wenigstens zu einem Teil sichern zu können, während die unvermieteten Flächen saniert und dann vermietet bzw. unbebaute Flächen entwickelt werden. Die Wertsteigerung wird durch den anschließenden Einzelverkauf oder den Verkauf kleinerer Portfolios realisiert. Der Projektentwickler übernimmt demnach das Risiko der unvermieteten/unbebauten Flächen sowie das Objektmanagement und macht die Immobilie(n) wieder marktfähig. Dies ist z. B. die gängige Verfahrensweise bei Sale-and-lease-back-Geschäften.

Diversifikation Eine weitere Möglichkeit, sich vom bearbeiteten Markt- bzw. Produktzyklus unabhängiger zu machen, bietet sich dem Projektentwickler mit dem Aufbau von zusätzlichen Geschäftsfeldern. Dazu gehören z. B. die Erweiterung des Geschäftes um die Bereiche Asset Management oder Facilities Management, das Angebot von Beratungsleistungen, aber auch der Aufbau eines eigenen Portfolios zum Risikoausgleich und zur Sicherung eines stetigen laufenden Cashflows. Ein eigenes Portfolio ausgewählter Objekte sichert auch in Krisenzeiten ein stetiges Einkommen, was die Bonität des Projektentwicklers erhöht und seine Chancen steigert, zum richtigen Zeitpunkt für ein neues Projekt eine Finanzierung von seiner Bank zu bekommen. Diese Erfolg versprechende, aber nicht weniger risikoreiche Strategie wird als Diversifikation bezeichnet. Diese unternehmerisch grundsätzlich sinnvolle Vorgehensweise erzeugt jedoch u. U. höhere Risikozuschläge bei den Finanzierern, da eine klare Zuordnung zu Risikoklassen erschwert wird und eine Überkreuzung von Sicherheiten in der Finanzierung wenig sinnvoll erscheint.

Konzentration Das Gegenteil der Diversifikation stellt die Konzentration auf nur ein Kompetenzfeld dar. Diese seit der Entwicklung der Shareholder-Value-Orientierung favorisierte Strategie führt zu einer Konzentration auf Schlüsselqualifikationen und zur Preisgabe von Aktivitäten, die nicht der gewählten Strategie dienen. Demnach würde ein Developer beispielsweise die In-House-Architekten aufgeben, die Projektsteuerung nach außen vergeben und auch keine eigenen Juristen beschäftigen. Darüber hinaus würde sich der Entwickler „fokussieren" auf Nutzungskonzepte, die er beherrscht und am Markt getestet hat. Die Gefahr ist groß, dass diese Verhaltensweise die Konjunkturabhängigkeit verstärkt, ebenfalls prozyklisch wirkt und die Shareholder das Kapital bei Marktabschwächung abziehen und in potenziell ertragreichere Verwendungen investieren.

Angebot von Dienstleistungen Die Beratungsleistung kann jede Stufe der Wertschöpfungskette zum Inhalt haben – also neben der reinen Entwicklungsleistung auch das Wissen des Projektentwicklers über Markt und Standort, über Immobilien und Vermarktung. Nachfrager solcher Beratungsleistungen sind u. a. Banken, Investoren und Eigentümer. Die Nachfrage nach Beratungsleistung hat den Vorteil, dass sie besonders in Krisenzeiten steigt, was dem Projektentwickler einen Ausgleich zu dem derweil brachliegenden Kerngeschäft der Projektentwicklung bietet und die gleichmäßigere Ausnutzung der Kapazitäten ermöglicht. Für Banken kommt die beratende Funktion vor allem bezüglich Not leidend gewordener Objekte und Projekte infrage, z. B. für die Erstellung von Machbarkeitsstudien und Nutzungskonzepten. Hier bietet sich möglicherweise auch ein Joint Venture zwischen Bank und Projektentwickler unter Erfolgsbeteiligung des Projektentwicklers an [17].

Natürlich findet sich auch in der Beratungsbranche Konkurrenz in etablierten Beratern. Wissen und Erfahrung des Projektentwicklers sollten jedoch für sich sprechen. Naturgemäß wird es bekannten Projektentwicklern mit guten Track Records leichter fallen, Beratungsaufträge zu erhalten.

Des Weiteren können auch Teilaufgaben für Grundstückseigentümer, Investoren, Bestandshalter und sogar Banken vom Projektentwickler übernommen werden [18], beispielsweise die Entwicklung von Nutzungskonzepten, die Baurechtschaffung für Eigentümer großer Areale wie ehemalige Bundesunternehmen, Städte und Industrieunternehmen. Auf diese Weise können ungenutzt liegende Grundstücke wieder investmentfähig gemacht werden.

Revitalisierung

Bestandsobjekte mit drohenden Leerständen wieder marktfähig zu machen, ist zu einer Kernaufgabe für das Portfolio-Management geworden. Hier eröffnet sich dem Projektentwickler die Möglichkeit, seine Dienstleistung im Sinne eines reinen Service-Developing anzubieten. Während die Aufgabe der Revitalisierung früher lediglich als technische Aufgabe der Modernisierung oder Instandsetzung begriffen und an ein Planungsbüro vergeben wurde, wird sie heute eher als interdisziplinäre Teamleistung gesehen. Dabei arbeiten Entwickler im Team mit Architekten und Projektmanagern, um das Ziel einer nachhaltigen Vermietbarkeit wieder zu erreichen. Der zugrunde liegende Dienstleistungsvertrag orientiert sich hier i. d. R. an fest vereinbarten Meilensteinen und enthält stark erfolgsbezogene Vergütungskomponenten.

Kooperationen

Für die Erschließung neuer Geschäftsfelder – Märkte und/oder Produkte – ist die Kooperation mit einem erfahrenen Partner eine Alternative zur Risikominderung. Dazu bietet sich ein Joint Venture mit einem oder mehreren kapitalstarken Partnern, Equity-Partnern oder Investoren, an. Jeder Partner bleibt dabei rechtlich und wirtschaftlich selbstständig und bringt zur Erreichung einer Win-Win-Situation seine individuellen Stärken und/oder Kapital ein. Das Projekt kann dabei durch die Beteiligung beider Partner an einer Objektgesellschaft durchgeführt werden, die als Eigentümerin des Projektes auftritt und häufig die alleinige Haftung (Non-Recourse) übernimmt.

Aufgabenteilung

Teilweise treten die Partner des Projektentwicklers mit ihm gemeinsam als Projektinitiatoren auf und steuern ihr Wissen aktiv in die Kooperation bei [19]. Oft bringt der Projektentwickler jedoch sein fachliches Know-how in das Joint Venture ein, während der Equity-Partner gegen Kontroll- und Mitspracherechte ausschließlich das Kapital zur Verfügung stellt. Die Aufgabe des Projektentwicklers besteht dabei in der Vorbereitung eines Projektes. Er führt Analysen und Machbarkeitsstudien durch, entwirft eine Projektstrategie und schlägt das Projekt als Investment für das Joint Venture vor. Auf der Basis der Vorarbeit des Projektentwicklers entscheidet der Equity-Partner über seine Beteiligung. Es ist ersichtlich, dass sich zwischen den Joint-Venture-Partnern – schon begründet durch die asymmetrische Informationsverteilung mit dem deutlichen Wissensvorsprung des Projektentwicklers – verschiedene Interessenkonflikte und Verhaltensunsicherheiten ergeben. Zu einem Teil kann diesem komplexen Thema über verschiedene Anreiz- und Kontrollsysteme begegnet werden [20]. Dazu zählen beispielsweise erfolgsabhängige Honorare und überproportionale Gewinnpartizipation des Projektentwicklers in Abhängigkeit von der erreichten Rendite.

Kooperationspartner
Als Partner des Developers kommen grundsätzlich sämtliche Marktteilnehmer infrage: institutionelle Investoren, die aufgrund des wachsenden Anlagedrucks und der mangelnden Verfügbarkeit von den Anlagekriterien entsprechenden Objekten neue Investmentmöglichkeiten suchen [21], Grundstückseigentümer, die ihre Grundstücke wieder investmentfähig machen wollen, Non-Property-Unternehmen, die zum Zwecke des Verkaufs eine Aufwertung ihrer nicht betriebsnotwendigen Liegenschaften anstreben [22]. Ein Joint Venture mit einem institutionellen Investor, der das Objekt finanziert und es nach Fertigstellung in den eigenen Bestand übernimmt, ist jedoch gemäß den Anlagekriterien dieser Investorengruppe auf hervorragende Lagen, Objekte mit Vorvermietung oder auf Sektoren wie Einzelhandel und Hotel beschränkt. Besonders hinzuweisen ist auch auf ausländische Investoren (insbesondere Opportunity Funds), die nicht über eigene lokale Teams verfügen und den Projektentwickler als sog. „Operating Platform" nutzen. Der Entwickler übernimmt, wie beschrieben, als operativer Partner mit lokaler Marktkenntnis und entsprechendem Fachwissen die notwendigen Schritte, wie Projektakquisition, Due Diligence, Asset Management sowie Entwicklung und Verkauf. Der Investor fungiert meist als reiner Equity-Partner, bringt aber als Investmentfachmann nicht selten auch sein Wissen hinsichtlich der wirtschaftlichen Projektanalyse ein.

Nutzerpartnerschaften
Eine interessante Möglichkeit für die zukünftige Projektentwicklung stellen Nutzerpartnerschaften dar. Da nur zufriedene und langfristige Nutzer den Investoren einen entsprechenden Mehrwert bringen, sind sie sozusagen die Schlüsselfiguren des Immobilienmarktes. Die frühzeitige Bindung an einen Mieter reduziert nicht nur die Projektrisiken erheblich. Die Bank ist aufgrund der reduzierten Risikostruktur des Projektes in der Lage, günstigere Finanzierungskonditionen anzubieten. Die Kosten und damit der Kapitaleinsatz werden maßgeblich reduziert, da weitaus geringere Aktivitäten für die Vermietung und Vermarktung der Immobilie vonnöten sind. Empirisch gesehen entfallen bei investmentfähigen Büroprojekten 20 bis 35 % der Gesamtkosten auf Marketing, Zinsen, Fees, Reserven, Leerstandsannahme sowie Wagnis und Gewinn. Die enge Zusammenarbeit mit dem Nutzer ermöglicht dem Projektentwickler ein neues Verständnis auch in Bezug auf künftige Projektentwicklungen. Nutzerpartnerschaften sind auf dem Markt bereits in Form von Public Private Partnerships zu finden.

Projektentwicklung 251

3.2 Vertiefung bestehender Geschäftsfelder

Die Strategie der intensiveren Bearbeitung bereits bestehender Produkte und Märkte hat die Erreichung eines höheren Marktanteils zum Ziel [23]. Diese Erhöhung des Marktanteils führt zu zunehmender Anerkennung des Projektentwicklers bei den Marktteilnehmern und stärkt die Verhandlungsposition gegenüber Mietern, Investoren, Banken und anderen Projektbeteiligten. Die dazu benötigten Wettbewerbsvorteile gegenüber den Konkurrenten lassen sich insbesondere mittels Differenzierungsstrategien erreichen. Ansatz hierfür sind die Optimierung der Qualität bzw. des Nutzwertes der Immobilie und die Senkung der Kosten für den Nutzer [24].

Marktdurchdringung

Eine Erhöhung des Marktanteils kann neben der Neubauentwicklung durch verstärktes Engagement im Bereich Redevelopment von Bestandsimmobilien im bearbeiteten Markt erfolgen. Dies ist gegenüber dem Neubau eine schnelle und kostengünstige Alternative, die sich außerdem leichter finanzieren lässt. In Zeiten hoher Leerstände wird sich der Schwerpunkt absehbar verstärkt in Richtung Bestandsentwicklung verlagern.

Die Strategie der Marktdurchdringung ist die sicherste der vier Wachstumsstrategien, da sich der Projektentwickler mit bekannten Produkten in bekannten Märkten bewegt. Er verfügt über entsprechend genaue Marktkenntnis und ausreichend erprobte Ressourcen. Diese Strategie macht den Projektentwickler zwar nicht unabhängig vom jeweiligen Marktzyklus, sie trägt jedoch dazu bei, dessen Bedeutung für das Unternehmen zumindest zu verringern [25]. Lokale Marktdurchdringung macht die Marktzyklen frühzeitig erkennbar und ermöglicht auf diese Weise eine schnelle Reaktion auf Veränderungen.

In der Praxis sind diese Strategien vor allem für managementintensive Immobilien Erfolg versprechend und auch beobachtbar, so etwa bei den Shoppingcentern in Europa, den Regional Malls in den USA oder Gewerbeparks in Deutschland.

3.3 Erschließung alternativer Finanzierungsquellen

Klassische Finanzierungsinstrumente, wie grundpfandrechtlich gesicherte Darlehen, die Finanzierung durch geschlossene Immobilienfonds sowie das Immobilienleasing – auch über eine Fondslösung –, haben sich bei der Projektfinanzierung seit langem bewährt. Für große Immobilienprojekte ist die klassische Art der Finanzierung jedoch inzwischen nicht mehr flexibel genug. Die Probleme liegen meist in der Beschaffung des notwendigen Eigenkapitals, um die Bank als Financier zu gewinnen. Alternative Finanzierungsquellen sollen die klassische Darlehensfinanzierung durch die Bank nicht ersetzen, aber ergänzen bzw. die Aufnahme von Fremdkapital erleichtern. Dazu stehen verschiedene innovative Finanzierungsformen (vgl. vertiefend Kapitel B4) zur Auswahl, die hier nur kurz genannt werden können:

Neue Finanzierungsformen

- Joint-Venture-Finanzierung,
- Real Estate Private Equity,
- Mezzanin-Finanzierung,

- strukturierte Finanzierung,
- Kapitalmarktfinanzierung (z. B. CMBS, ABS, vgl. Kapitel C4).

Für die sichere Durchführung einer Projektentwicklung ist die Schaffung einer robusten Finanzierungsgrundlage von elementarer Bedeutung. Darunter sind einmal die Gewährung ausreichender Budgetreserven für den Fall der Verlängerung der Projektlaufzeit zu fassen, der sichere Zugriff auf die notwendigen Kapitaleinzahlungen und ggf. Regelungen zur Nachschusspflicht sowie zum anderen die Sicherung der Handlungsfähigkeit der Projektleitung bei abweichenden Gesellschafterinteressen angesichts marktbedingt notwendiger Veränderungen im Geschäftsplan.

3.4 Timing im Lebenszyklus

Vorausschauende Planung

Die lange Erstellungsdauer einer Immobilie macht das Timing zum wichtigen Erfolgsfaktor für ihre Vermarktungschancen. Das Vorplanen der Nutzung, die am Markt noch nicht nachgefragt wird, ist somit unumgänglich. Es birgt aber auch verstärkt das Risiko, am Markt „vorbei zu bauen", weshalb Faktoren wie Nutzungsflexibilität und Standort von entscheidender Bedeutung bleiben [26].

„Buy low and sell high"

Grundlage für jede Investition ist zunächst das „Buy-low-and-sell-high"-Prinzip. Das heißt, nicht nur beim Exit kommt es auf das richtige Timing an, sondern auch beim Einkauf. Der vorteilhafte Einkauf von Grundstücken hängt ebenso wie die erfolgreiche Vermarktung der fertig gestellten Immobilie vom Marktzyklus ab. Im betriebswirtschaftlichen Sinne bemühen sich Entwickler um Maximierung der Wertschöpfung entlang des Entwicklungsprozesses. Jeder Entwicklungsbaustein muss zu einem Mehrwert der Immobilie führen. Über dem Marktpreis liegende Grundstücke, Planungen ohne Drittverwendungsfähigkeit, Altlasten oder etwa statische Einschränkungen, Nachbarrechte oder Beschränkungen der Bebaubarkeit, können vom Entwickler kaum toleriert werden, da sie bei Bewertung durch den sog. Endinvestor zu Abschlägen oder zur Ablehnung führen.

Möglichkeiten für eine Projektentwicklung zeigen sich jedoch nicht nur im Neubau. Denkbar ist beispielsweise der günstige Einkauf von Objekten mit nicht mehr zeitgemäßer Ausstattung an sich entwickelnden Standorten. Durch gezieltes Redevelopment kann auf diese Weise eine Wertsteigerung erzielt werden, die weit über den Modernisierungskosten liegt.

Ein günstiger Immobilienerwerb lässt sich auch durch die Erzielung von Paketabschlägen beim Ankauf von großen Portfolios darstellen. Nach der Aufwertung der Immobilien können einzelne Objekte verkauft oder neue, kleinere Portfolios geschnürt und in einer günstigen Marktsituation angeboten werden. Unter Umständen bietet sich auch der Abriss und anschließende Neubau von Immobilien an. Interessante Objekte können außerdem zur Generierung stetiger Cashflows in den Bestand übernommen werden mit der Option, sie zu verkaufen, sobald sich eine entsprechend gute Marktsituation zeigt.

Vermietung und Veräußerung des Projektes können – ebenso wie der Ankauf – grundsätzlich in jedem Entwicklungsstadium erfolgen [27]. Der Prozess der Projektentwicklung setzt sich aus mehreren Wertschöpfungsstufen zusammen, die von der Akquisitionsvorprüfung bis zum Objektverkauf reichen. Es bietet sich also die Gelegenheit eines Entry oder Exit auf jeder dieser Stufen. Möglich ist diesbezüglich der Ankauf eines bereits über eine Vorstudie beplanten Grundstücks oder eines Grundstücks mit vorliegendem Nutzungskonzept, bei dem der Initiator entweder gar nicht (mehr) oder nicht allein dazu in der Lage ist, die geplante Projektentwicklung durchzuführen. Generell werthaltiger wird das Projekt jedoch, wenn das Nutzungskonzept nicht nur aufgestellt, sondern auch baurechtlich in geeigneter Form belegt ist (z. B. städtebaulicher Vertrag, Bauvorbescheid, -genehmigung).

Projektverkauf

Bei Beobachtung zyklischer Marktabschwächung wird der Verkauf des Projektes vor bzw. mit Baubeginn für den Developer häufig zu einer wichtigen (Überlebens-)Strategie. Er kann auf diese Weise gebundenes Kapital früher freisetzen und einen unsicheren Trading-Profit durch einen kalkulierbaren Ertrag als Generalübernehmer ersetzen. Für den Investor ergibt sich aufgrund der Übernahme der Vermarktungsrisiken ein deutlicher Abschlag vom ursprünglich kalkulierten Verkaufswert, er muss jedoch die Risiken in geeigneter Form einpreisen. Darüber hinaus sichert er sich i. d. R. die Vermietungsleistung des Entwicklers und macht einen Teil des Kaufpreises vom bis nach Fertigstellung erzielten Vermietungsstand abhängig. Auf die früher bei Verkauf unvermieteter Objekte üblichen Vermietungsgarantien wird heute nahezu gänzlich verzichtet, da sie nicht eine tatsächliche Mietgarantie ersetzen können.

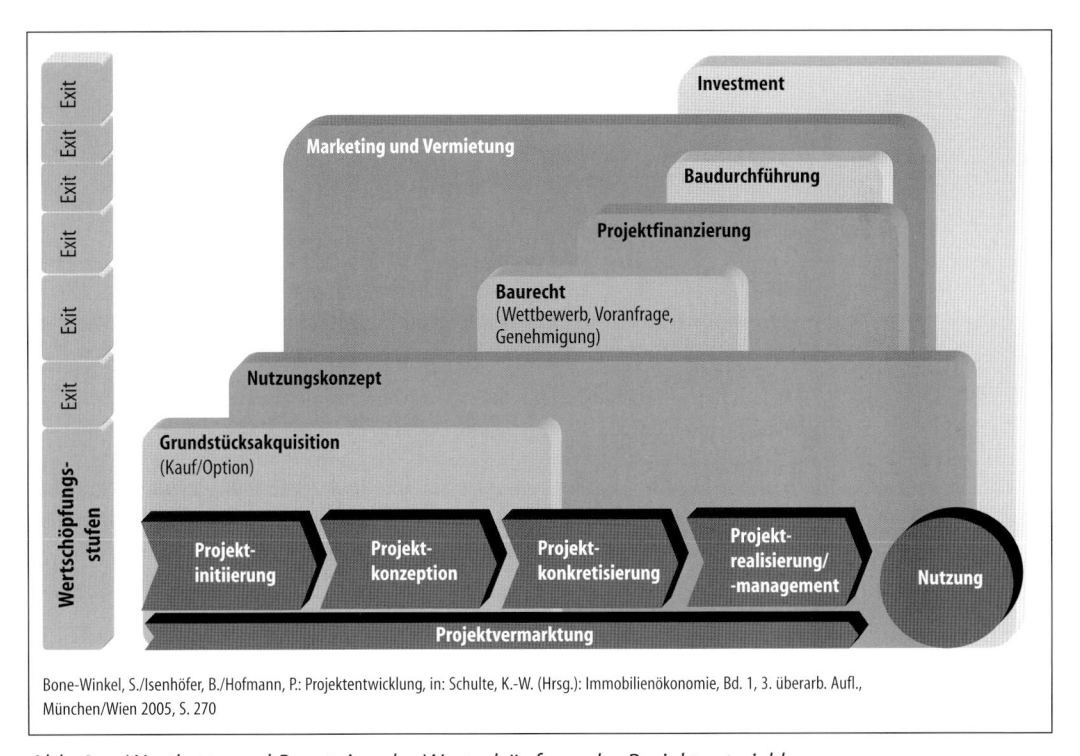

Bone-Winkel, S./Isenhöfer, B./Hofmann, P.: Projektentwicklung, in: Schulte, K.-W. (Hrsg.): Immobilienökonomie, Bd. 1, 3. überarb. Aufl., München/Wien 2005, S. 270

Abb. 2:   Wertkette und Bausteine der Wertschöpfung der Projektentwicklung

4. Chancen und Grenzen antizyklischen Handelns

Keine zielsicheren Prognosen

Die Ausnutzung von unterschiedlichen Marktzyklen war schon immer ein zentrales Thema bei der Konzeption von Immobilienprojekten. Das „Ausnutzen von Immobilienzyklen" findet sich als Schlagwort in den meisten Unternehmensstrategien. Trotz Orientierungshilfen, wie der zu Recht umstrittenen Immobilienuhr eines Maklerhauses, ist die Nutzung des Marktzyklus in der praktischen Umsetzung oft sehr schwierig. Die Prognose der Länge und Stärke der weiteren Zyklusphasen und ihrer jeweiligen Wendepunkte gelingt nicht zielsicher, da neben den allgemeinen konjunkturellen Faktoren bei allen Marktteilnehmern stets eine hohe Unsicherheit über strukturelle Änderungen des Flächenbedarfs bei den Nutzern herrscht. Dabei spielen Fragen der demographischen Entwicklung genauso eine Rolle wie der Wandel von Arbeitswelten oder technologischer Wandel sowie Aspekte auf gesamtwirtschaftlicher Ebene (z. B. Globalisierung, vgl. Kapitel C5). Aufgrund der recht mangelhaften Datenlage in Deutschland und der hohen Komplexität und Dynamik von Büromarktzyklen ist eine Prognose auch nur über kurz- bis mittelfristige Zeiträume vertretbar [28].

Professionalisierung

Neben den oben geschilderten markt- und unternehmensbezogenen Strategien für den Umgang mit Zyklen setzen Entwickler verstärkt auf die Professionalisierung ihrer Leistungen und Prozesse. Diese reichen von der verstärkten Orientierung an und Bewertung von Wertschöpfungsbausteinen über den Ausbau von Risikomanagementsystemen bis hin zur Nutzung dynamischer Verfahren in allen Prozessphasen. Neben den klassischen Erfolgsfaktoren, wie technischen, kaufmännischen und juristischen Kenntnissen, soziale Kompetenz und produktive Kreativität, muss ein Projektentwickler heute mehr als zuvor auch analytisch tätig werden, d. h. Angebot und Nachfrage auf den betreffenden Immobilienmärkten quantitativ und qualitativ erfassen und sich mit dem Wettbewerb auseinander setzen. Er muss dazu in der Lage sein, die verschiedenen Trends auf diesen Märkten zu erkennen, seine Kunden und Nutzer zu kennen und aus diesem Wissen entsprechend Handlungsalternativen abzuleiten. Ein gutes Research, der professionelle Umgang mit Analyse- und Prognosetools sowie eine fundierte Planung mit Szenarien und Simulationen können die wirtschaftlichen Risiken beachtlich reduzieren.

Ein antizyklisches Agieren wird von den benannten internen (z. B. fehlende Liquidität) und externen (z. B. zurückhaltende Partner) Rahmenbedingungen jedoch faktisch begrenzt und wird in der gewünschten Ausprägung wohl kaum erreichbar sein. Vielmehr setzen Entwickler in schwierigen Zeiten auf robuste Eckwerte ihrer Kalkulation, die auch eine weitere Marktabschwächung verkraften. Gleichzeitig setzen sie in Aufschwungphasen kaum auf steigende Werte. Dieses Grundprinzip des vorsichtigen Kaufmanns führt angesichts stärkerer Konjunkturschwankungen jedoch leicht dazu, dass sich Entwickler aus dem Markt preisen, weil der Wettbewerb wieder optimistischer an neue Akquisitionen herangeht.

5. Literaturverzeichnis

[1] Isenhöfer, B./Väth, A.: Projektentwicklung, in: Schulte, K.-W. (Hrsg.): Immobilienökonomie Bd. 1, 2. überarb. Aufl., München/Wien 2000, S. 160.

[2] Bone-Winkel, S./Sotelo, R.: Warum werden Büroflächen (nicht) vermietet?, in: Grundstücksmarkt und Grundstückswert (GuG) Nr. 4, 1995, S. 200.

[3] Wernecke, M.: Büroimmobilienzyklen, in: Schulte, K.-W. (Hrsg.): Schriften zur Immobilienökonomie, Bd. 31, Köln 2004, S. 87.

[4] Bone-Winkel, S./Sotelo, R., a. a. O., S. 201.

[5] Bone-Winkel, S./Sotelo, R., a. a. O., S. 201.

[6] Bone-Winkel, S./Sotelo, R., a. a. O., S. 202.

[7] Bone-Winkel, S./Sotelo, R., a. a. O., S. 203.

[8] von Nell, J.: „The Real Estate Game"-2005, in: Immobilien Manager, Nr. 1 u. 2, 2005, S. 20.

[9] Dobberstein, M.: Das prozyklische Verhalten der Büromarktakteure – Interessen, Zwänge und mögliche Alternativen, Arbeitspapier zur Gewerbeplanung, Dortmund 2000, S. 3–4.

[10] Rottke, N./Wernecke, M.: Immobilienfinanzierung und Immobilienzyklen, in: Immobilien Zeitung, Nr. 6, 2001 bis Nr. 1, 2002, Folge 11.

[11] Schäfer, J./Conzen, G.: Praxishandbuch der Immobilienprojektentwicklung, München 2002, S. 103.

[12] Rottke, N./Wernecke, M., a. a. O.

[13] Schulte, K.-W./Bone-Winkel, S./Rottke, N.: Grundlagen der Projektentwicklung aus immobilienwirtschaftlicher Sicht, in: Schulte, K.-W./Bone-Winkel, S. (Hrsg.): Handbuch Immobilienprojektentwicklung, 2. akt. u. erw. Aufl., Köln 2002, S. 84.

[14] Isenhöfer, B.: Strategisches Management von Projektentwicklungsunternehmen, in: Schulte, K.-W./Bone-Winkel, S. (Hrsg.): Handbuch Immobilienprojektentwicklung, 2. Aufl., Köln 2002, S. 576.

[15] Isenhöfer, B., a. a. O., S. 579.

[16] Isenhöfer, B., a. a. O., S. 580.

[17] Isenhöfer, B., a. a. O., S. 582.

[18] Isenhöfer, B., a. a. O., S. 582.

[19] Bone-Winkel, S./Fischer, C.: Leistungsprofil und Honorarstrukturen in der Projektentwicklung, in: Schulte, K.-W./Bone-Winkel, S. (Hrsg.): Handbuch Immobilienprojektentwicklung, 2. Aufl., Köln 2002, S. 612.

[20] Bone-Winkel, S./Fischer, C., a. a. O., S. 617.

[21] Isenhöfer, B., a. a. O., S. 596.

[22] Isenhöfer, B., a. a. O., S. 600.
[23] Isenhöfer, B., a. a. O., S. 577.
[24] Isenhöfer, B., a. a. O., S. 585.
[25] Isenhöfer, B., a. a. O., S. 577.
[26] Schulte, K.-W./Bone-Winkel, S./Rottke, N., a. a. O., S. 85.
[27] Schulte, K.-W./Bone-Winkel, S./Rottke, N., a. a. O., S. 56.
[28] Wernecke, M., a. a. O., S. 244.

6 Portfoliomanagement

Matthias Thomas
Christoph Holzmann

Inhaltsverzeichnis

1.	Ausgangssituation	258
2.	**Grundlagen des antizyklischen Portfoliomanagements**	259
2.1	Immobilien-Portfoliomanagement	259
2.2	Strategisches und operatives Portfoliomanagement	260
2.3	Passives und aktives Portfoliomanagement	260
3.	**Basisentscheidungen im Immobilienzyklus**	261
3.1	Investorenprofile als Ausgangspunkt der Strategieentwicklung	261
3.2	Direkte und indirekte Immobilieninvestition	263
3.3	Nationaler und internationaler Fokus	265
3.4	Zeitliche Dimensionen einer Strategie	267
4.	**Objektbezogene Strategien im Immobilienzyklus**	269
4.1	Nutzungsart	269
4.2	Standort	270
4.3	Attraktivität	272
4.4	Handelbarkeit	273
4.5	Vermietung	273
4.6	Finanzierung	274
5.	**Transaktionsbezogene Strategien im Immobilienzyklus**	274
5.1	„Buy-and-hold"-Strategie	275
5.2	„Buy-and-sell"-Strategie	276
5.3	Wertschöpfungsstrategie	278
5.4	Projektentwicklungsstrategie	280
6.	**Kritische Würdigung und Ausblick**	281
7.	**Literaturverzeichnis**	283

1. Ausgangssituation

Bedeutung der Marktentwicklung

In einer in 2001 veröffentlichten Studie der Universität Hamburg gaben deutsche institutionelle Anleger als Hauptgrund für den Misserfolg vergangener Immobilieninvestitionen die Marktentwicklung, insbesondere der Mietpreise, an [1]. Forscher und Marktteilnehmer vertreten häufig die Auffassung, dass Schwankungen in Mietpreisen und Immobilienwerten einen zyklischen Verlauf aufweisen. Gegenwärtig bestehen zur Erklärung des Phänomens der Immobilienzyklen noch keine zufrieden stellenden Ansätze. Dennoch sollten Marktteilnehmer imstande sein, die jeweilige Position eines Marktes in seinem Zyklus sowie den unterliegenden Trend zu bestimmen.

2. Grundlagen des antizyklischen Portfoliomanagements

2.1 Immobilien-Portfoliomanagement

Immobilien-Portfoliomanagement ist definiert als die „systematische Planung, Steuerung und Kontrolle eines Bestandes von Grundstücken und Gebäuden mit dem Ziel, Erfolgspotenziale aufzubauen" [2]. Die einzelnen Aufgaben im Rahmen des Portfoliomanagement-Prozesses können unter den folgenden Oberpunkten subsumiert werden:

Aufgaben

- Struktur,
- Ziele,
- Prognosen,
- Umsetzung,
- Performancemessung,
- Kontrolle.

Antizyklischem Immobilien-Portfoliomanagement liegt die Annahme zugrunde, dass es ohne Zyklus keinen günstigen Zeitpunkt zum Kauf gäbe und dass es ohne einen günstigen Zeitpunkt zum Kauf nicht möglich wäre, einen günstigen Zeitpunkt zum Verkauf zu ermitteln. Während prozyklische Immobilieninvestoren im Immobilienzyklus vermeintlich schlechtere Entscheidungen treffen, da sie sich an dem Handeln der Allgemeinheit orientieren, folgt eine antizyklisch orientierte Portfoliostrategie einem der Masse entgegengesetzten Pfad und versucht, unter Berücksichtigung des Timings Renditen oberhalb des Marktniveaus zu erzielen.

Antizyklisches Portfoliomanagement

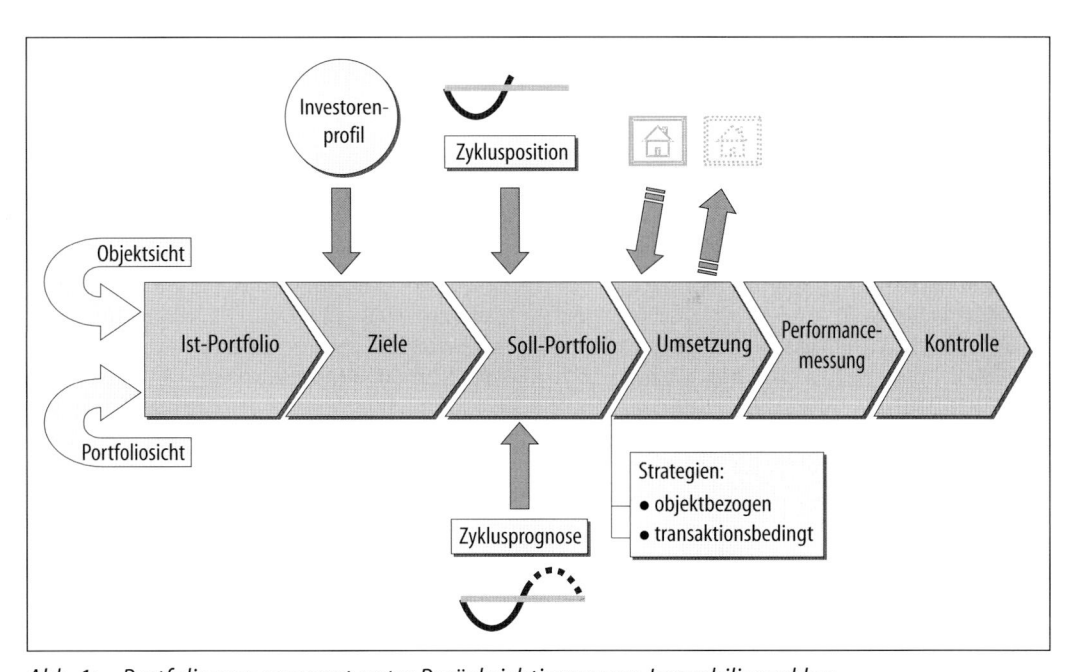

Abb. 1: Portfoliomanagement unter Berücksichtigung von Immobilienzyklen

2.2 Strategisches und operatives Portfoliomanagement

Konzeptionell lässt sich Immobilien-Portfoliomanagement in zwei Bereiche aufteilen: das operative und das strategische Portfoliomanagement. Beide Bereiche werden im Folgenden erörtert.

Strategisches Portfoliomanagement

Im Rahmen des strategischen Portfoliomanagements werden die im Portfolio enthaltenen, teilweise sehr differenzierten Immobilienarten verschiedener Regionen systematisch erfasst und zu strategischen Geschäftsfeldern zusammengefasst. Auf diese Weise werden planbare, homogene Einheiten bzw. Subsysteme gebildet, welche eine strukturierte Übersicht über den gesamten Immobilienbestand gewähren. Inhaltlich setzt das strategische Portfoliomanagement an den unter Abschnitt 2.1 aufgeführten Punkten „Struktur", „Ziele" und „Prognose" an. Auf Basis dieser Analyse, der Ziele des Investors sowie der Marktlage wird ein Soll-Portfolio aufgestellt, welches den Charakter eines optimalen Portfolios besitzt und eine Zielvorgabe für das operative Portfoliomanagement darstellt.

Operatives Portfoliomanagement

Das operative Portfoliomanagement verfolgt die Erreichung des Soll-Portfolios sowohl in Bezug auf den Bestand als auch in Bezug auf Neuanlagen. Inhaltlich setzt das operative Portfoliomanagement an den unter Abschnitt 2.1 aufgeführten Punkten „Umsetzung", „Performancemessung" und „Kontrolle" an. Im Einzelnen beinhaltet es die folgenden Aufgaben:

- Begleitung des Erwerbsprozesses von der Angebotsprüfung bis zum Vertragsabschluss,
- Abwicklung von Desinvestitionen,
- Objektmanagement von Bestandsimmobilien,
- Projektmanagement im Rahmen von Projektentwicklungen bzw. Restrukturierungen,
- Controlling der Anlagen,
- Analyse der Bestands- und Marktentwicklungen als Informationsbasis für die strategische Planung.

2.3 Passives und aktives Portfoliomanagement

Notwendigkeit einer Benchmark

Unabhängig von der Effizienz des Marktes ist es notwendig, einen zuverlässigen Index der Performance des Gesamtmarktes zu besitzen, der Rückschlüsse auf den gegenwärtigen Zyklusstand erlaubt, Einblick in die historischen Schwankungen des Marktes gewährt und eine Analyse des Erfolges des Investmentportfolios ermöglicht. Die Annahmen über die Effizienz des jeweiligen Marktes bestimmen jedoch darüber, ob ein passives oder ein aktives Portfoliomanagement als aussichtsreicher anzusehen ist.

Passives Portfoliomanagement

Passives Portfoliomanagement unterstellt eine mittlere bis hohe Markteffizienz, durch die keine Informationsvorteile in Bezug auf den weiteren Zyklusverlauf oder in Bezug auf die vor diesem Hintergrund über- und unterbewertet erscheinenden Segmente des Immobilienmarktes bestehen. Vor diesem Hintergrund entwickelt sich die Marktrendite zur maximal erzielbaren Rendite am Markt, sodass für den Portfoliomanager eine Nachbildung des Marktportfolios, dargestellt durch einen Referenzindex, zum dominanten Ziel wird [3].

Aktives Portfoliomanagement geht von niedriger bis mittlerer Markteffizienz aus, wodurch Informationsvorteile über den weiteren Zyklusverlauf bzw. über Preisverzerrungen in einzelnen Immobilienmarktsegmenten möglich sind. In einem solchen Markt kann die gezielte Über- bzw. Untergewichtung einzelner Segmente im Vergleich zum Referenzindex zu einer Überrendite führen. Dies gestattet es, zyklusbedingte Chancen am Markt zu erkennen und wahrzunehmen [4].

Aktives Portfoliomanagement

Während an Aktienmärkten schon seit Anfang des vergangenen Jahrhunderts verschiedenste Indizes etabliert sind, erweist sich die Entwicklung anerkannter Immobilienindizes aufgrund der heterogenen, lokalen und intransparenten Natur der Immobilienmärkte als schwierig [5]. Ausreichend Informationen bestehen zumeist nur für das Marktsegment institutionell gehaltener Immobilienbestände.

Für antizyklisches Immobilien-Portfoliomanagement entsteht somit die Problematik, dass aufgrund der Intransparenz des Immobilienmarktes und seiner einzelnen Segmente eine aktive Portfoliostrategie prinzipiell möglich ist, jedoch gleichzeitig für viele Investorenprofile passende Indizes fehlen, an denen sie sich orientieren können. Somit bleibt vielen Anlegern häufig keine andere Möglichkeit, als auf Grundlage der ihnen zugänglichen Informationen zu investieren oder sich der Strategie der naiven Diversifikation, d. h. der Aufteilung der Anlagesumme auf möglichst viele verschiedene Einzelanlagen ohne Kenntnis über die Korrelation der erwarteten Renditen, zu bedienen.

3. Basisentscheidungen im Immobilienzyklus

3.1 Investorenprofile als Ausgangspunkt der Strategieentwicklung

Die Immobilienanlagepolitik eines Investors wird u. a. von dessen steuerlicher und aufsichtsrechtlicher Stellung beeinflusst. Eine genaue Untersuchung bestehender externer und interner Restriktionen ist daher unerlässlich und bildet den Ausgangspunkt jeder Strategieentwicklung. Vor allem private und institutionelle Investoren weisen gegensätzliche Charakteristika auf (vgl. Abbildung 2).

Private und institutionelle Investorenprofile

Im Rahmen einer idealtypischen Klassifizierung liegt es nahe, dass private Investoren nicht die Volumina für eine Investition in Top-Immobilien aufbringen können. Sie können daher unter Optimierung steuerlicher Gesichtspunkte und unter Ausnutzung eines hohen Leverage-Effektes in problembehaftete, kleinere Objekte von geringerer Qualität investieren, bei denen durch Management und Restrukturierung eine Erhöhung der Cashflows und des Immobilienwertes erzielt werden kann. Institutionelle Investoren erweisen sich demgegenüber häufig als risikoscheuere Anleger, die unter steuerlicher Begünstigung und unter Berücksichtigung aufsichtsrechtlicher Auflagen haupt-

Attribut	Investorenklasse		strategische Auswirkung
	privat	institutionell	
Größe	klein	groß	institutionelle Investoren: Reaktionsträge/Marktmacht/finanzielle Ressourcen/große Volumina bewältigbar private Investoren: reaktionsschnell/Vorteil bei kleinen Volumina (zu illiquide bzw. unwirtschaftlich für Institutionelle)
Steuern	steuerbar	teilweise steuerbefreit	Je nach steuerlichem Umfeld haben Investorenklassen Vorteile/Nachteile.
Management/Verwaltung	oft direkt	indirekt: Arbeit durch Intermediäre	Direkter Mieterkontakt ist oft kräftezehrend. Institutionelle weichen daher einem Mieterkontakt eher aus.
primäres Motiv	Wachstum	Kapitalerhalt	Vermeintliche Langfristigkeit institutioneller Investitionen ist oft nicht gegeben. Notwendiges Reporting führt zu kurzfristigem Denken.
Auflagen	keine	aufsichtsrechtliche Auflagen/Reporting	Private sind bei der Wahl der Immobilieninvestitionsform freier.
Rechenschaft	Eigenverantwortung	Dritten gegenüber	Für viele Institutionelle sind Konsequenzen von Misserfolgen negativer als die von Erfolgen positiv sind.
Risikotoleranz • Theorie • Anwendung	 niedrig hoch	 hoch niedrig	Institutionelle Anleger können das hohe Maß an unsystematischen Risiken einer Immobilieninvestition eher durch Diversifikation eliminieren. In der Praxis verfolgen private Investoren oft eine unverhältnismäßig risikoreiche Strategie, während sich institutionelle Anleger oft konservativer verhalten als notwendig scheint.
äußere Einflüsse	unterschiedlich	unterschiedlich, Tendenz: gering	Die Sensitivität gegenüber Kräften des Umfelds steht tendenziell in umgekehrter Proportionalität zur Größe.
Stil	Unternehmer	Treuhänder	Private schaffen vielfach durch aggressivere Strategien Mehrwert.

Quelle: Roulac, S.: Individual Versus Institutional Real Estate Investing Strategies, S. 35, 50 f.

Abb. 2: Private und institutionelle Investoren

Bedeutung von Anlagezielen

sächlich mit Eigenkapital erstrangige Immobilien erwerben und diese dann durch Dritte managen lassen.

Getrennt davon zu analysieren sind die Ziele des einzelnen Anlegers, die i. d. R. selbst für Mitglieder aufsichtsrechtlich homogener Gruppen unterschiedlich ausfallen und beispielsweise die folgenden Schwerpunkte annehmen können (für eine weiterführende Diskussion möglicher Immobilienanlageziele institutioneller Investoren siehe Walbröhl [6]):

- Realkapitalerhalt: Den Hauptgrund für eine Immobilieninvestition stellt der Erhalt des angelegten Kapitals unter Ausnutzung der inflationsschützenden Eigenschaften einer Immobilie dar.

- Performanceziel: Das Hauptaugenmerk liegt hier auf der Gesamtertragsentwicklung, d. h. auf der Entwicklung des Immobilienwertes und der Ausschüttungsrendite. Sobald vorwiegend die Ausschüttungsrendite die

Zielgröße darstellt, wird das Renditeziel – ein Unterziel des Performanceziels – verfolgt, also die Erwirtschaftung einer Rendite, die ohne Substanzverluste entnommen werden kann.

- Wachstumsziel: Kennzeichnend für das Wachstumsziel ist das Streben nach einer Steigerung der Ausschüttungsrendite über beispielsweise Indexmietverträge, Staffel- oder Umsatzmieten sowie nach einer Steigerung des Wertes durch bspw. Modernisierungsvorhaben oder Managementleistungen.

3.2 Direkte und indirekte Immobilieninvestition

Ausgehend von dem Profil des Investors und seinen Zielen ist die grundlegende Form der Immobilieninvestition festzulegen. Unterschieden wird nach direkten und indirekten Immobilieninvestitionen.

Direkte Immobilieninvestments umfassen den Ankauf bestehender Gebäude und Projektentwicklungen durch einzelne Investoren oder Joint Ventures. Als Folge des Erwerbs wird der Erwerber unmittelbar wirtschaftlich sowie rechtlich berechtigt und i. d. R. findet eine Eigentumsumschreibung im Grundbuch statt. Bei der Entscheidung über die Eignung von direkten Immobilieninvestments für eine zyklussensitive Portfoliostrategie sind die folgenden Kriterien von Bedeutung:

Direkte Immobilieninvestments

- Flexibilität: Geringe Liquidität, hoher Verwaltungsaufwand sowie hohe Such- und Bewertungskosten führen zu einer eingeschränkten Flexibilität in Bezug auf Zyklen. Zudem erstreckt sich die Spekulationsfrist für direkten Immobilienbesitz im Privatvermögen in Deutschland über zehn Jahre, sodass kurzfristige, antizyklisch orientierte Strategien steuerlich schlechter gestellt werden.

- Diversifikation: Direkter Immobilienbesitz erfordert eine hohe Kapitalbindung bei jeder einzelnen Investition, sodass eine wirkungsvolle Diversifikation erschwert wird.

- Risiko: Durch die fehlende Haftungsbeschränkung im Rahmen einer Direktanlage besteht ein großes zyklusabhängiges finanzielles Risiko für den Anleger.

- Benchmarks: Die Anwendbarkeit bestehender Immobilienindizes beschränkt sich oft auf institutionelle Immobilienportfolios, sodass für die Marktsegmente, an denen private Investoren agieren, weniger Transparenz besteht. Ohne geeignete Benchmark erweist sich die Durchführung eines antizyklischen Portfoliomanagements als sehr schwierig.

- Kontrolle: Die direkte Kontrolle über das Objekt und die Zeitpunkte seines Erwerbs und Verkaufs birgt große Erfolgschancen im Rahmen einer zyklusberücksichtigenden Portfoliostrategie.

Im Zuge eines indirekten Immobilieninvestments erwirbt der Investor einen mittelbaren wirtschaftlichen Anspruch, indem er sich an einer Gesellschaft oder einem Sondervermögen beteiligt, die oder das Eigentümer der Immobilie ist. Als Konsequenz können dadurch Investitionen mit hoher Kapitalbildung

Indirekte Immobilieninvestments

in kleinere Einheiten zerlegt werden, wodurch sich die bereits angeführten Restriktionen im Anlageuniversum kleiner und großer Investoren ausgleichen. Indirekte Immobilieninvestitionen besitzen oft vielfältige Rendite- und Risikocharakteristika, von denen manche dem Immobilienmarkt und andere dem Wertpapiermarkt zuzurechnen sind. Folgende Charakteristika von indirektem Immobilienbesitz sollten in Bezug auf die Bildung antizyklischer Strategien beachtet werden:

- Flexibilität: Höhere Liquidität, geringere Managementintensität und ggf. geringere Verwaltungskosten im Vergleich zum Direktbesitz ermöglichen eine höhere Flexibilität des Investors. Auf der anderen Seite kann ein Ausgabeaufschlag, wie er beispielsweise bei offenen Immobilienfonds in Deutschland die Regel bildet, eine kurzfristige Flexibilität stark einschränken. Auch sind nicht alle indirekten Immobilienanlagen fungibel, da beispielsweise für geschlossene Fonds und Spezialfonds nur in sehr eingeschränktem Umfang ein Zweitmarkt existiert.

- Diversifikation: Privaten Investoren wird ermöglicht, ihre Investitionen nach Nutzungsart und Standort zu diversifizieren, ohne große Mengen von Kapital aufbringen zu müssen.

- Kontrolle: Der indirekte Immobilieninvestor verfügt im Regelfall über keinen Einfluss auf den Kauf- und Verkaufszeitpunkt einzelner Objekte des Immobilienbestandes und kann nur global entscheiden, am Immobilienmarkt teilzunehmen oder nicht.

- Risiko: Börsengehandelte Immobilienwertpapiere unterliegen dem Wertpapiermarktrisiko, sodass nicht ausgeschlossen werden kann, dass diese auch während einer allgemeinen Hausse am Immobilienmarkt schlechter als Direktinvestitionen abschneiden. Andererseits ist bei einem börsennotierten Immobilienwertpapier (mit Eigenkapitalrechten) zumindest der potenzielle Verlust begrenzt, da Anleger i. d. R. schlimmstenfalls in Höhe ihrer Einlage haften.

- Benchmarks: Indizes für Immobilienwertpapiere sind im Rahmen antizyklischer Strategien oft aufgrund eines variierenden Abschlags auf den Nettosubstanzwert nur begrenzt aussagefähig, da sie in einem solchen Fall nicht unmittelbar und ausschließlich die Wertentwicklung der unterliegenden Immobilien abbilden. Auch sie sind daher als Benchmarks im Rahmen einer antizyklischen Portfoliostrategie nur bedingt aussagefähig.

- Aktive Indexstrategien gestalten sich aufgrund der höheren Informationseffizienz der Wertpapiermärkte schwieriger.

- Passive Indexstrategien erweisen sich häufig als schwer durchführbar, da die üblicherweise genutzten Indizes mit der Marktkapitalisierung der einzelnen Wertpapiere gewichtet sind, diese Gewichtungen aber wegen langfristig haltender strategischer Investoren und daraus resultierendem niedrigem Streubesitz sowie allgemein geringer Handelsvolumina nur unter erhöhtem Kosten- und Zeitaufwand replizierbar sind.

3.3 Nationaler und internationaler Fokus

Geographische Perspektiven

Im Rahmen der Strukturierung und des Managements eines Immobilienportfolios stellt der nationale oder internationale Fokus eine weitere grundlegende Ausrichtung dar. Er ist von großer Bedeutung, da verschiedene Länder bzw. verschiedene Städte innerhalb eines Landes unterschiedliche Immobilienrisiken und Erfolgschancen bergen und sich auf unterschiedlichen Positionen in ihren jeweiligen Zyklen befinden können. Eine Diversifikationsstrategie nach geographischen Gesichtspunkten ist erst dann erreicht, wenn der Investor in Gebiete investiert, die unterschiedlichen Rahmenbedingungen unterliegen, über eine fundamental andersartige Wirtschaftsstruktur verfügen und damit nicht vollständig positiv korreliert sind. Die nächsten Abschnitte beschreiben daher, auf welche Kriterien besonderer Wert gelegt werden sollte und welche Vor- und Nachteile mit den jeweiligen strategischen Stoßrichtungen verbunden sind.

Reifegrade internationaler Anlagemärkte

Im Rahmen eines internationalen Fokus wird vor allem zwischen der Immobilieninvestition in reife Immobilienmärkte (beispielsweise Deutschland), aufstrebende Märkte (beispielsweise Portugal) und Märkte im Übergang (beispielsweise Tschechien) unterschieden. Der Reifegrad ist hierbei von großer Bedeutung, da er sowohl die Strukturierung des Anlagevehikels als auch die Anlagestrategie beeinflusst. Er richtet sich nach den folgenden Kriterien:

- politische Stabilität,
- Währungsstabilität,
- Größe des Immobilienmarktes,
- Qualität der lokal angebotenen Immobiliendienstleistungen,
- Liquidität des Immobilienmarktes,
- Markttransparenz.

Zwar kann die Ausschüttungsrendite einer ausländischen Immobilienanlage durch Hedging vor Währungsrisiken bewahrt werden, jedoch fällt es schwer, den Verkaufspreis zu immunisieren, was allein schon in der Ungewissheit des zukünftigen Wertes des Objekts begründet ist.

Eigenschaften einzelner Anlageräume

Neben dem Reifegrad bestehen jedoch noch andere wichtige Gesichtspunkte, die in Bezug auf Marktzyklen bedeutsam sind und aus diesem Grund in die strategische Planung mit einbezogen werden müssen:

- Zyklusverlauf: Verschiedene Länder weisen oftmals unterschiedlich verlaufende Marktzyklen auf, wodurch im Rahmen eines aktiven Portfoliomanagements Erfolgspotenziale realisiert werden können.
- Regulierungsdichte: Ein hohes Maß an baugesetzlichen und planungsrechtlichen Vorschriften begrenzt oft die Höhe möglicher zyklischer Schwankungen.
- Finanzierungspraxis: Ein konservatives, langfristiges Finanzierungsverhalten wirkt sich marktstabilisierend aus. Zu beachten ist in diesem Zusammenhang jedoch die Tatsache, dass sich in unterschiedlichen Ländern verschiedene Finanzierungsinstrumente etabliert haben, sodass ein festverzinstes Darlehen mit einer Laufzeit von 15 Jahren, wie es bei-

spielsweise in Frankreich die Regel bildet, nicht überall verhandelbar ist. Auf der anderen Seite hat in den letzten Jahren im Zuge der Internationalisierung der Immobilienwirtschaft das Volumen der grenzüberschreitenden Fremdfinanzierungsvolumina stark zugenommen, sodass lokale Konditionen an Bedeutung verlieren.

- Mietvertragsgestaltung: Die Länge und Konditionen eines Mietvertrages können die Sensitivität einer Investition gegenüber Zyklen stark verringern. Während in britischen Verträgen eine im Regelfall unkündbare durchschnittliche Laufzeit von zehn bis 15 Jahren vereinbart wird und eine alle fünf Jahre erfolgende, ausschließlich nach oben an die gegenwärtige Marktmiete hin durchführbare Mietanpassung möglich ist, bestimmen französische Verträge mehrheitlich eine alle drei Jahre kündbare Laufzeit von neun Jahren und eine an den Baukostenindex gebundene Mietindexierung [7]. Im Allgemeinen wird man in Erwartung steigender Mietpreise als Vermieter kurzfristige Mietverträge abschließen wollen, während Vermieter in Erwartung fallender Märkte sich das heutige Mietpreisniveau langfristig sichern wollen.

- Globale Zyklen: Erste Studien kamen zu dem Ergebnis, dass die zunehmende Integration der weltweiten Finanzmärkte und der immer ungebundenere grenzüberschreitende Fluss von Kapital die weltweiten Immobilienmärkte tendenziell gleichschalten und die Entstehung von globalen Immobilienzyklen ermöglichen könnten [8].

- Grenzüberschreitende Immobilieninvestitionen: In der Vergangenheit fiel das Engagement ausländischer Anleger am deutschen Markt eingeschränkt aus [9] [10]. Hier trat jedoch eine Trendwende ein. Vor diesem Hintergrund stellt sich die Frage, inwiefern die Internationalisierung der Immobilieninvestition und der Immobilienwirtschaft potenziell neue zyklische Risiken sowohl am Heimatmarkt als auch an ausländischen Standorten schafft.

- Marktkenntnis: Daten über die Vergangenheitswerte sowie Prognosen über Mietentwicklung und Immobilienpreisentwicklung in den einzelnen nationalen Märkten und ihren Teilmärkten sind für ein erfolgreiches zyklische Schwankungen berücksichtigendes Portfoliomanagement unverzichtbar. Diese stehen ausländischen Investoren jedoch häufig nicht zur Verfügung. Angesichts der Tatsache, dass bessere Informationen antizyklisches Portfoliomanagement erst ermöglichen, stellt sich die Frage, ob sich ausländische Investoren in diesem Feld gegen inländische Investoren überhaupt durchsetzen können und ob nicht eine nationale Strategie mehr Erfolgspotenzial aufweisen könnte.

Gliederung nationaler Immobilienanlagen

Im Rahmen eines nationalen Fokus liegt es nahe, eine Investitionsstrategie nach Ballungsgebieten zu gliedern, da diese eher als eine unter verwaltungspolitischen Gesichtspunkten getroffene Einteilung geeignet sind, die strukturellen Unterschiede einzelner Regionen zu erfassen. Auch die Analyse von Ballungsgebieten sollte bestimmte Kriterien berücksichtigen, welche eine Zyklussensitivität erhöhen bzw. dämpfen können:

- Ausgeprägte Größe, hohe Dichte und hohe Reife eines Ballungsgebietes gelten als Indikatoren von Stabilität und können eine verstärkte Unempfindlichkeit des Standortes gegenüber Immobilienzyklen bewirken.
- Langfristige Wachstumsperspektiven eines Ballungsgebietes stellen ein besonders wichtiges Kriterium dar, da – absolut und relativ gesehen – wachstumsstarke Gebiete zwar während Rezessionen in gleichem Maße getroffen werden wie wachstumsschwache Gebiete, sich die wachstumsstarken Gebiete jedoch schneller erholen.
- Die Vielschichtigkeit der wirtschaftlichen Basis eines Ballungsgebietes führt zu einer geringeren Verletzlichkeit durch zyklische Schwankungen in einzelnen Wirtschaftssektoren.
- Ein hoher Dienstleistungsanteil der lokalen Wirtschaft ist bedeutsam, da der tertiäre Sektor den am stärksten wachsenden Sektor der Wirtschaft darstellt und vor diesem Hintergrund die gleiche Argumentation wie für die langfristigen Wachstumsperspektiven gilt.
- Ein hoher Anteil des produzierenden Gewerbes an der lokalen Wirtschaft wird oftmals von Investoren als risikoreicher eingestuft, da dieser die Abhängigkeit von konjunkturellen Schwankungen erhöht.

Unter Berücksichtigung der angeführten Faktoren bleibt für den antizyklischen Investor zu beachten, dass eine Großstadt mehr infrastrukturelle, industrielle, soziale und politische Zentrumsvorteile auf sich vereint als eine Kleinstadt, wohingegen die langfristigen Wachstumschancen einer Kleinstadt meist höher sind.

3.4 Zeitliche Dimensionen einer Strategie

Auch wenn höherwertige Informationen in der Theorie bessere Zyklusprojektionen ermöglichen, ist es bisher nicht gelungen, ökonometrische oder andere Modelle zu entwickeln, die es erlauben, Hoch- und Tiefpunkte eines Immobilienzyklus im Voraus exakt zu bestimmen. Für das Portfoliomanagement bedeutet dieser Tatbestand, dass die gegenwärtige Position im Zyklus in das Zentrum der Betrachtung rückt und dass der Flexibilität der einzelnen Anlage zur Anpassung an Schwankungen der Marktaktivität ein besonderer Stellenwert beigemessen werden muss. Die Genauigkeit einer solchen Positionsanalyse nimmt zu, sobald von der Makro- zur Mikroebene auf die Stadt- und Grundstücksebene übergegangen wird [11]. **Probleme der Zyklusbestimmung**

Auf der Makroebene müssen alle wichtigen makroökonomischen Einflussfaktoren, wie z. B. Wirtschaftswachstum, Inflation, Beschäftigungswachstum, Zinsniveau, Steuern und staatliche Regulierungen, erfasst und auf ihren Einfluss auf den Immobilienmarkt abgeschätzt werden. Aufgrund dieser Einschätzung des Immobilienzyklus ergibt sich die Zusammensetzung des Gesamtportfolios unter Risikogesichtspunkten. An dieser Stelle gilt es zu berücksichtigen, dass die Stärke des Einflusses einzelner Faktoren auf den Zyklusverlauf sich im Zeitablauf ändern kann [12] und selbst innerhalb der Phasen eines einzelnen Zyklus verschiedene Variablen jeweils eine unterschiedlich starke Wirkung erzielen können. Ausgehend von dieser generellen Richtlinie kann die Risiko- **Betrachtungen der Makroebene** struktur des Portfolios optimiert werden, indem die Asynchronität lokaler Zyklen ausgenutzt und in Märkte mit einer unterschiedlichen Position im Zyklus investiert wird. Hilfestellung bietet die Analyse auf der Mikroebene.

Betrachtungen der Mikroebene

Auf der Mikroebene ist die Projektion des Wachstums der lokalen Nachfrage von großer Bedeutung, welche auf Basis fundamentaler wirtschaftlicher Einflüsse, wie der Bevölkerung, der Zahl der Haushalte, der Beschäftigung und der regionalen Exporte, erfolgen sollte. Der Fokus der Untersuchung ist auf die Intensität von Käufen, Verkäufen, Vermietung und Projektentwicklung gerichtet, da diese den jeweiligen Stand im Zyklus in geeigneter Weise widerspiegeln. Es kommt hierbei darauf an, die diesen Veränderungen zugrunde liegenden fundamentalen Einflüsse, wie die Anzahl spekulativer Bauprojekte, die Summe der sich im Bau befindlichen Flächen, die Mietaktivität sowie die Reaktionen von Angebot und Nachfrage auf Veränderungen der Marktparameter, zu erkennen und zu projizieren.

Indikatoren des Mietmarktzyklus

Es existieren einige spezielle Indikatoren, wie die Mietwachstumsrate und die natürliche Leerstandsrate, die bei der Orientierung im Mietmarktzyklus besonders hilfreich sind. Die Analyse der Mietwachstumsrate kann sich als nützlich erweisen, da diese, sobald sie die Wachstumsrate des Baukostenindexes überschritten hat, grundsätzlich profitable Development-Aktivitäten ermöglicht und Hinweise auf eine verstärkte Projektentwicklung gewährt. Ähnlich vorteilhaft ist das Konzept der langfristigen, durchschnittlichen Leerstandsrate, die folgendermaßen definiert ist: „The optimal or natural vacancy rate in any market can be defined as that rate at which there is no excess demand nor excess supply and hence the rent is at its long-run equilibrium." [13] Clapp bezeichnete 1993 die Entdeckung der natürlichen Leerstandsrate auf Büroimmobilienmärkten als den wichtigsten wissenschaftlichen Fortschritt in der Büromarktforschung während der vergangenen 15 Jahre [14]. In den USA liefern natürliche Leerstandsraten bereits einen Ausgangspunkt für die Ermittlung von Marktpotenzialen, jedoch können sie in Europa aufgrund einer unzureichenden Datenbasis noch nicht präzise genug ermittelt werden.

Objektbezogene Strategien

Sobald der gegenwärtige Stand im Zyklus ermittelt ist und Annahmen über die zukünftige Entwicklung der nationalen und regionalen Zyklustriebkräfte getroffen wurden, können darauf aufbauend, wie in Abschnitt 2.1 beschrieben, Einzelstrategien abgeleitet werden. Diese beinhalten neben der zeitlichen noch zwei weitere strategische Dimensionen, die Ebene des einzelnen Objektes und die Ebene der Transaktionsform, welche nachfolgend getrennt voneinander dargestellt werden. Beide Dimensionen umfassen jeweils verschiedene Parameter, die es erlauben, eine Anlagestrategie auf die jeweils aktuelle Zyklusposition abzustimmen bzw. das Portfolio gegenüber zyklischen Schwankungen unempfindlicher zu machen. Die objektbezogenen Strategien umfassen die Komponenten:

- Nutzungsart,
- Standort,
- Attraktivität,
- Handelbarkeit,
- Vermietung sowie
- Finanzierung.

Die transaktionsbezogenen Strategien beinhalten die Ausprägungen

- Buy and hold,
- Buy and sell,
- Wertschöpfung sowie
- Projektentwicklung.

Transaktionsbezogene Strategien

Typischerweise beinhaltet eine „Buy-and-hold"-Strategie den langfristig orientierten Erwerb von Objekten. Diese Strategie ermöglicht es, kurzfristige zyklische Schwankungen zu vernachlässigen und die Rückkehr zur langfristigen, durchschnittlichen Leerstandsrate abzuwarten. Demgegenüber beinhaltet eine „Buy-and-sell"-Strategie den kurzfristig angelegten Erwerb von Objekten, der darauf ausgerichtet ist, Wertzuwächse in der Stabilisierungs- oder Projektentwicklungsphase eines Zyklus gezielt abzuschöpfen. Die Wertschöpfungsstrategie verfolgt ähnliche Ziele, jedoch versucht sie, den Wertzuwachs und damit den zu erzielenden Gewinn durch den Erwerb von Objekten mit Optimierungspotenzial bzw. Redevelopmentbedarf zu erhöhen. Schließlich beinhaltet die Projektentwicklungsstrategie den Kauf eines Grundstücks sowie den Abriss eventuell bestehender Strukturen mit dem Ziel der Durchführung eines Gebäudeneubaus.

Da erst auf der Ebene des einzelnen Objekts wirklich antizyklisch gehandelt werden kann, werden im folgenden Abschnitt zuerst die objektbezogenen Strategien dargestellt, wobei Bezug auf das Zusammenspiel mit den transaktionsbezogenen Strategien genommen wird.

4. Objektbezogene Strategien im Immobilienzyklus

In Abhängigkeit von der Position im Immobilienzyklus stehen dem Portfoliomanager verschiedene objektbezogene Strategien zur Wahl, wobei die Aufteilung in die nachfolgend dargestellten exemplarischen sechs Aspekte vor allem die verschiedenen strategischen Dimensionen verdeutlichen soll. In der Praxis ist eine klare Trennung in dieser Form nicht immer möglich, da sich die einzelnen Faktoren gegenseitig beeinflussen.

4.1 Nutzungsart

Bei der Wahl der Nutzungsart spielen Risiko-, Rendite-, Vermietbarkeits-, Verwaltungs- und Veräußerbarkeitskriterien eine Rolle. Abgesehen von der allgemeinen Wirtschaftslage sind unterschiedliche Objekttypologien tendenziell divergierenden Entwicklungen der jeweiligen Wirtschaft unterworfen. Beispielhaft können hier genannt werden:

Antriebskräfte der Flächennachfrage

- Büroflächen: Entwicklungen des Finanz- und Dienstleistungssektors,
- Industrieflächen: Schwankungen des sekundären Sektors, Umweltgesetzgebungen,
- Einzelhandelsflächen: Schwankungen im Konsumverhalten, Sparquote, Kaufkraft, Haushaltseinkommen,
- Hotels: Schwankungen des Tourismussektors.

Die Wahl des Objekttyps hängt somit mit der Feststellung der derzeitigen Zykluspositon einzelner Immobilientypen sowie mit der Projektion des weiteren Zyklusverlaufes zusammen und sollte unter Berücksichtigung der einzelnen relevanten Wirtschaftssektoren erfolgen.

Zyklische Verläufe einzelner Objekttypen

Aus den in Abschnitt 2.3 dargestellten Gründen sollten bei der Investition in mehrere Immobilien diejenigen Nutzungsarten ausgewählt werden, die schwach positiv oder negativ korreliert sind. Studien haben gezeigt, dass auf nationaler Ebene Renditen von Büroimmobilien negativ mit den Renditen von Einzelhandelsimmobilien korreliert waren, während Hotelrenditen und die Renditen von Büroprojekten über eine positive Korrelation verfügten [15]. Auch wenn diese Zusammenhänge nicht zwangsläufig für Deutschland gelten und ein allgemein gültiges Verhalten verschiedener Objektzyklen in einer Stadt zueinander bisher nicht nachgewiesen werden konnte, steht doch fest, dass Zyklen verschiedener Objekttypen nicht identisch verlaufen. Die Konsequenz ist, dass sich im Einzelfall die Asynchronität der Zyklusverläufe ausnutzen lässt, um überlegene Investitionsentscheidungen zu treffen.

Unterschiede zwischen Objekttypen

Trotz dieser Orientierungshilfe darf die Zyklusposition bei der Entscheidungsfindung nicht als einzige Orientierungsgröße in Bezug auf den Objekttyp genutzt werden, da unterschiedliche Objekttypen tendenziell mit verschiedenen Risiken behaftet sind und daher ggf. nur bedingt im Rahmen des Ziels des Realkapitalerhalts für Investoren geeignet sind. Auch in Bezug auf das Performanceziel weisen die verschiedenen Immobilientypen unterschiedliche Eigenschaften auf, die vor dem Hintergrund zyklischer Veränderungen Berücksichtigung finden sollten.

4.2 Standort

Während früher „Lage, Lage, Lage" als Entscheidungskriterium für eine Immobilieninvestition von zentraler Bedeutung war, hat sich mittlerweile die Erkenntnis durchgesetzt, dass die Standorte nicht isoliert betrachtet werden können.

Bedeutung des Standortkriteriums

Im Hinblick auf Immobilienzyklen stellt der Standort eine wichtige Größe dar, da bestimmte Lagen in der Aufschwungsphase eines Zyklus verstärkt nachgefragt werden, während dieselben Lagen in der Abschwungphase am wenigsten von den allgemeinen negativen Entwicklungen des Marktes betroffen sind. Derartige Charakteristika müssen in die Entscheidungsfindung einfließen, da sie die Reaktionsfähigkeit auf zyklische Schwankungen beeinflussen und auf der anderen Seite Chancen und Risiken für Wertschöpfungsstrategien bzw. Projektentwicklungsstrategien bergen.

Zwei Beschränkungen gelten in diesem Zusammenhang. Erstens ist auch der Faktor Standort über den Investitionszeitraum hinweg positiven und negativen Veränderungen unterworfen, da sich die Charakteristika und die Attraktivität eines Standortes im Verlauf ändern können. Zum Zweiten hängt die Attraktivität des Standortes von der Wahrnehmung der Marktteilnehmer ab, die dazu führen kann, dass ein Standort im Aufschwung positiver beurteilt wird als im Abschwung, obwohl dieser in beiden Phasen dieselben Charakteristika aufweist (vgl. Kapitel B1 „Immobilienanalyse").

Im Rahmen der Diversifikation verschiedener Standorte innerhalb einer Stadt sollten Aspekte Berücksichtigung finden, die Anhaltspunkte für antizyklisches Vorgehen bieten.

Für Investitionen in Innenstadtlagen gilt: **Innenstadtlagen**

- Europäische Innenstädte beherbergen i. d. R. die größten, ältesten, dichtesten und wichtigsten Büromärkte innerhalb einer Stadt. Ein Mangel an Baugrundstücken und hohe Baulandpreise schränken die Möglichkeit neuer Projektentwicklungen ein und begrenzen dadurch die Gefahr zyklischer Fluktuationen am Standort.
- Innenstädte verfügen aufgrund der Intensität des Wettbewerbs um den begrenzten Raum regelmäßig über eine stabile und ausgewogene Mieterbasis, die in zyklischen Abschwüngen konstantere Einkommensströme als andere Standorte gewährleistet.
- Für Immobilieninvestitionen in Innenstädten stehen oft mehr Daten zur Verfügung, sodass die Informationsgrundlage für eine antizyklische Strategie theoretisch besser ist.
- Innenstädte stellen ein bevorzugtes Ziel internationaler Investoren dar, da ausländische Stadtkerne in ihren Charakteristika noch am ehesten einschätzbar erscheinen.
- Für gewöhnlich zeichnen sich Innenstadtobjekte bzw. -projekte durch eine leichtere Finanzierbarkeit aus.
- Durch die Größe und das Investitionsvolumen von Immobilien in Innenstadtlagen ist eine wirkungsvolle Diversifikation beispielsweise nach Objekttypen für die meisten Investoren schwer durchführbar.

Bei Investitionen in Randlagen sollten die folgenden Punkte Beachtung finden: **Randlagen**

- Grund und Boden und Objekte sind weniger teuer, sodass eine wirkungsvollere Diversifikation bei gleichem Investitionsvolumen ermöglicht wird.
- Randlagen eignen sich für Back Offices und Verwaltungsabteilungen großer Unternehmen, deren Zentralen in der Innenstadt liegen, sodass an manchen Standorten eine gewisse Sockelnachfrage gewährleistet werden kann. Prinzipiell fallen die Einkommensströme in Randlagen jedoch volatiler als in der Innenstadt aus.
- Höhere potenzielle Wertzuwächse für Projekte in Wachstumsmärkten können für das höhere zyklische Risiko entschädigen.
- Bauland ist oft reichlich vorhanden, sodass weniger Marktzutrittsbarrieren für neue Wettbewerber bestehen. Ein bestehendes Objekt kann somit leicht durch neue Projekte dupliziert werden.
- Eine Finanzierung ist schwieriger zu erhalten, insbesondere in Abschwungphasen.
- Die Mieterbasis ist aufgrund des Überflusses an bebaubarem Raum weniger stabil und ausgewogen, sodass schon der Wegzug einiger

weniger Mieter oder der konjunkturelle Abschwung in einem bestimmten Wirtschaftssektor den Standort schwer schädigen können.
- Projekte in Randlagen sind durch eine schlechtere Kalkulierbarkeit aufgrund einer mangelnden Datenbasis gekennzeichnet.

4.3 Attraktivität

Die Attraktivität des Investitionsobjektes wirkt sich unmittelbar auf die mit ihm verbundenen Chancen und Risiken im Immobilienzyklus aus und umfasst die Aspekte Nutzungsflexibilität, Lebenszyklus und Differenzierung.

Nutzungsflexibilität Die Nutzungsflexibilität ermöglicht es, die Immobilie den wandelnden Bedürfnissen der Mieter anzupassen und somit auf Änderungen im Zusammenhang mit Zyklen besser reagieren zu können. Sie stellt eine der wichtigsten Variablen im Rahmen einer Wertschöpfungsstrategie dar und sollte gerade bei älteren Objekten genau überprüft werden, da sich Raumaufteilungsmöglichkeiten, Belichtung, Raumhöhe und weitere Merkmale seit etwa 1970 einer modernen langfristigen Nutzung angepasst haben. Zwar können spezifische Grundrisse für einzelne Nutzungsarten wertsteigernd wirken, allgemein jedoch gilt, dass zu spezielle und unflexible Raumaufteilungen einer raschen Wiederveräußerung entgegenstehen.

Lebenszyklus In Bezug auf die Vor- und Nachteiligkeit einer Investition hat der Lebenszyklus verschiedene Ausprägungen:

- Der mit dem Alter verbundene Instandhaltungs- und Modernisierungsbedarf kann im Rahmen einer Wertschöpfungsstrategie erfolgsfördernd genutzt werden.
- Zunehmendes Alter hemmt die Mieterhöhungsspielräume und erschwert die Vermietung.
- Ältere Objekte bieten geringere Wertsteigerungspotenziale bzw. sind durch zukünftige Wertrückgänge bedroht, verfügen deswegen aber auch oft über eine höhere Ausschüttungsrendite.

Idealtypische Charakteristika eines Objektes, welches sich am Anfang des Lebenszyklus befindet, sind:

- Nutzungsadäquate Objekte sind i. d. R. besser vermietbar.
- Anfänglich ergibt sich häufig eine geringere Kostenbelastung des Nutzers bzw. Investors durch Bewirtschaftungskosten.
- Neuere Objekte sind tendenziell fungibler.
- Gerade fertig gestellte Projekte verfügen oft über die aktuellste technische Ausstattung.

Differenzierung Die Differenzierung stellt die letzte wichtige Ebene der Attraktivität dar, da dadurch einem Objekt ermöglicht wird, sich den Kräften des Wettbewerbs, insbesondere des Preiswettbewerbs, zu entziehen [16]. Ziel ist es, ein Objekt gegenüber zyklischen Schwankungen zu desensibilisieren und so seine Vermietbarkeit auch in Phasen schwächerer Nachfrage zu erleichtern.

4.4 Handelbarkeit

Im Rahmen eines antizyklischen Portfoliomanagements ist der Aspekt der Handelbarkeit von herausragender Bedeutung, da das Investitionsobjekt einen aktiven Absatzmarkt besitzen muss, um unter verschiedenen Marktumständen wieder verkauft werden zu können. Beeinflusst wird die Handelbarkeit außer von den Aspekten der Vermietung, der Attraktivität und der Finanzierung vor allem von der Nutzungsart und vom Investitionsvolumen.

Unterschiede einzelner Objekttypen

In Bezug auf die Nutzungsart werden Bürogebäude und Einzelhandelsimmobilien tendenziell als leichter handelbar angesehen, während beispielsweise Hotels und Industriebauten als weniger liquide gelten, solange sie nicht auf lange Zeit an bonitätsstarke Mieter vermietet sind. Abhängig ist eine solche Klassifizierung vor allem von der Entwicklung der Investorenpräferenzen, die im Zeitablauf ebenfalls Wandlungen unterliegen können.

Investitionsvolumina

Das Investitionsvolumen ist zu beachten, weil für Gebäude mit einem geringeren Volumen viele verschiedene Käufer infrage kommen, während sich der Käuferkreis bei hohen Summen hauptsächlich auf institutionelle Großanleger beschränkt. Andererseits kommen Objekte, deren Investitionsvolumen bestimmte Untergrenzen nicht erreichen, ebenfalls für institutionelle Investoren aus Gründen der Verwaltungsintensität nicht in Betracht.

Werden die verschiedenen Größen, die eine Handelbarkeit bedingen, zusammengeführt, so wird deutlich, dass schon bei der Investitionsentscheidung die zukünftige Absatzstrategie explizit mit ins Kalkül einbezogen werden muss. Dies erfordert, dass der Verkauf schon beim Kauf geplant wird und dass genau zu analysieren ist, welche Teile des Soll-Portfolios in welcher Form und an wen am besten veräußert werden können.

4.5 Vermietung

Vermietung ist ein zentraler Aspekt für die Flexibilität, mit der auf zyklische Veränderungen der Marktlage reagiert werden kann, und beinhaltet mieterbezogene Kriterien, wie Mieterzahl, Mieterbonität, Mieterbranche sowie die Mietvertragsgestaltung.

Mieterbezogene Entscheidungskriterien

Die erstgenannten drei Kriterien nehmen vor allem Einfluss auf die Höhe des Risikos, dass Ausfälle oder Wegzüge einzelner Mieter das Investitionsobjekt bedrohen. Eine große Anzahl an Mietern, eine hohe Mieterbonität und die Zugehörigkeit der Mieter zu verschiedenen Branchen senken dieses Risiko und erhöhen die Stabilität und Qualität der Kapitalrückflüsse.

Die Variable mit dem höheren Gestaltungsspielraum wird durch die Mietvertragsgestaltung an sich eingenommen. Gewerbliche Objekte lassen i. d. R. eine freiere, weniger eingeschränkte und individuellere Mietvertragsgestaltung zu, sodass flexibler mit Zyklen umgegangen werden kann.

Die Zahl der Leerstände und die Art sowie Gestaltung der Mietverträge wirken sich unmittelbar auch auf die erhältliche Finanzierung und auf die Handelbarkeit der Immobilie aus.

4.6 Finanzierung

Im Zusammenhang mit der Finanzierung einer Immobilie sind zwei Aspekte zu beachten: einerseits die Finanzierungsintensität und andererseits die Finanzierungsstruktur.

Finanzierungsintensität

Die Finanzierungsintensität ist relevant, da eine starke Fremdfinanzierung wegen der hohen Tilgungsleistungen das Insolvenzrisiko des Anlegers erhöht und andererseits aufgrund des positiven Leverage-Effektes zu einer Verbesserung der Eigenkapitalrendite beitragen kann. Kommt es im Abschwung des Zyklus zu Mietausfällen, können diese den Erfolg der Investition gefährden. Vor diesem Hintergrund und unter Berücksichtigung der Tatsache, dass Fremdkapital in Überbauungs- und Marktbereinigungsphasen oft schwer erhältlich ist [17], empfiehlt es sich, im Abschwung Objekte mit einem höheren Eigenkapitalanteil zu akquirieren und die Eigenkapitalrendite im Aufschwung durch Refinanzierung zu erhöhen.

Finanzierungsstruktur und Leverage

Im Rahmen der Finanzierungsstruktur besteht die Möglichkeit, die Cashflows aufzuteilen oder zyklusspezifische Risiken, wie Zinsrisiken und Marktentwicklungsrisiken, durch Zinsderivate oder Participating Mortgages an andere Marktteilnehmer weiterzugeben. Zudem können Investoren, die kein Fremdkapital im Rahmen ihrer direkten Immobilieninvestments aufnehmen, durch Einsatz geeigneter Vehikel in den Genuss von Leverage kommen, ohne gegen aufsichtsrechtliche Bestimmungen zu verstoßen [18]. Das Risikoprofil sowie der strategische Handlungsspielraum im Immobilienzyklus können durch Financial Engineering für den einzelnen Investor erweitert und optimiert werden (vgl. Kapitel B4).

Im Folgenden werden die transaktionsbezogenen Strategien im Immobilienzyklus dargestellt, wobei für jede einzelne transaktionsbezogene Strategie das Zusammenspiel mit allen sechs objektbezogenen Strategien sowie die daraus resultierenden Chancen und Risiken erläutert werden.

5. Transaktionsbezogene Strategien im Immobilienzyklus

Die primäre Aufgabe des Managements ist es, für jedes einzelne Immobilienprojekt in Abhängigkeit von der Marktsituation und der strategischen Ausgangslage eine auf die Erreichung der Unternehmensziele gerichtete Transaktionsform zu entwickeln. Dasselbe gilt für das Immobilienportfolio insgesamt, welches als Portfolio von Einzeltransaktionen aufgefasst werden kann. Dies legt in Abhängigkeit von der gegenwärtigen Position im Immobilienzyklus entweder eine konservativere oder eine offensivere, kollektive Transaktionsstruktur nahe.

Bedeutung verschiedener Transaktionen

Die im Anschluss an diesen Abschnitt angeführten möglichen transaktionsbezogenen Strategien integrieren jeweils die unter Abschnitt 4 diskutierten objektbezogenen Strategien. Die Klassifizierung ist auch in diesem Falle als idealtypisch anzusehen und dient der Verdeutlichung verschiedener Handlungsoptionen im Immobilienzyklus. In der Realität sind einzelne Handlungsoptionen nicht immer strikt voneinander zu trennen, da spezifische Situationen Kombinationen transaktionsbezogener Strategien erfordern können und eine veränderte Marktlage bzw. veränderte Ziele und Restriktionen des Investors für einzelne Investitionsobjekte oft eine Modifikation der Strategie bedingen. Welche Strategie anzuwenden ist, kann auch davon abhängen, ob sich aufgrund neuer Informationen frühere Prognosen und die auf ihnen basierenden strategischen Stoßrichtungen als falsch erweisen. Wird ein nahe stehender Eintritt in die Überbauungsphase plötzlich offenbar, so verbleibt möglicherweise keine Zeit mehr für eine Wertschöpfungsstrategie und als einzige Alternativen zum Umgang mit einer Problemimmobilie erweisen sich „Buy and sell" oder „Buy and hold".

5.1 „Buy-and-hold"-Strategie

Im Rahmen der „Buy-and-hold"-Strategie ist im Hinblick auf die verfolgten Ziele zwischen zwei grundlegend verschiedenen Varianten zu differenzieren.

Die klassische und in Bezug auf Zyklen risikoarme Variante des „Buy and hold" trägt dem Realkapitalerhalt bzw. dem Renditeziel Rechnung und beinhaltet vorrangig den Erwerb von Immobilien, die Wettbewerbsvorteile besitzen und sich längerfristig behaupten können. Der geplante Investitionszeitraum ist in diesem Fall oft länger als die Dauer eines Zyklus. Dadurch können temporäre Schwankungen vernachlässigt werden. Investoren, deren Zielsystem einer solchen Strategie entspricht, werden 10- bis 20-jährige Mietverträge in Toplagen bevorzugen, da diese Immobilienzyklen abfedern und stetige und inflationsgeschützte Mieteinnahmen sichern, oder sich beispielsweise auf Wohnimmobilien konzentrieren, da diese am schwächsten auf konjunkturelle Veränderungen reagieren.

Idealtypische Charakterisierung

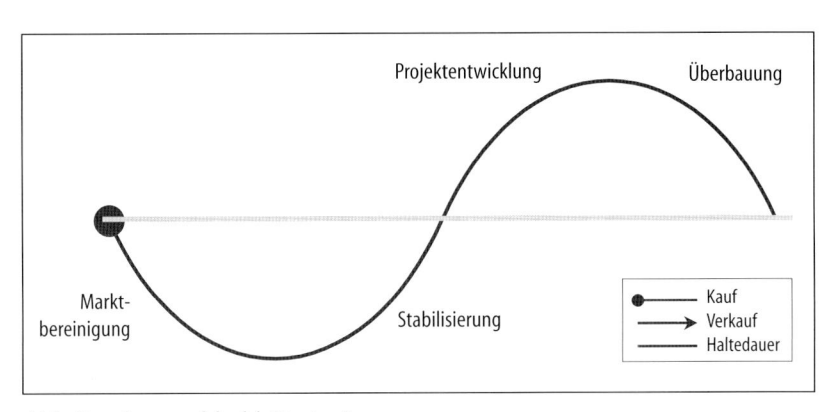

Abb. 3: Buy-and-hold-Strategie

Die spekulative Variante verfolgt tendenziell das Wachstumsziel bzw. das Performanceziel und zeichnet sich durch den Erwerb von Immobilienprodukten mit langfristigen, aber unsicheren Wertsteigerungspotenzialen aus.

Spekulative Variante

Strategische Aspekte

Für beide Alternativen einer „Buy-and-hold"-Strategie sind die folgenden Aspekte von Relevanz, wenn auch oftmals in gegensätzlicher Weise:

- Nutzungsart: Die Gewährleistung des Realkapitalerhalts- und Renditeziels legt die Investition in einen relativ risikoarmen Objekttyp, dessen Nachfragestruktur eine langfristige Vermietbarkeit und Rentabilität gewährleistet, nahe.

- Standort: Im Rahmen der traditionellen Ausprägung der Strategie würde Sicherheit vor allem von einem Standort abhängen, der langfristig stabil und nachgefragt bleibt. Die Wahl würde auf einen Standort mit mittel- bis langfristigem Wachstumspotenzial fallen.

- Handelbarkeit: Kurz- bis mittelfristig ist das Kriterium der Handelbarkeit von nachrangiger Bedeutung. Langfristig gesehen sollte es jedoch nicht außer Acht gelassen werden, da selbst eine konservative „Buy-and-hold"-Strategie, die moderaten und stabilen Wertzuwachs der Immobilie bewirkt, diesen potenziell irgendwann realisieren wird.

- Attraktivität: Aufgrund der langfristigen Haltedauer sind die Differenzierung und die Nutzungsflexibilität des Investitionsobjektes von immenser Bedeutung, um die Wettbewerbfähigkeit des Investitionsobjektes angesichts sich ändernder Marktumstände erhalten zu können. Zudem durchläuft die Immobilie über den Investitionsraum hinweg verschiedene Stadien ihres Lebenszyklus und erfordert daher steigende Instandhaltungs- und Bewirtschaftungskosten, die ein professionelles Facilities Management unerlässlich machen.

- Vermietung: Für eine klassische „Buy-and-hold"-Strategie sind langfristige Mietverträge mit bonitätsstarken Mietern günstig, da sie die Immobilie für die Dauer der Vertragsverhältnisse gegen zyklisches Marktgeschehen immunisieren. Im Rahmen einer spekulativen langfristigen Haltestrategie sind kurzfristige Vertragsverhältnisse vorteilhafter, da sie durch Erhöhung der Miete und Veränderung der Mieterschaft im Verlauf der Entwicklung eines Standortes die sequentielle Wertsteigerung einer Investition ermöglichen.

- Finanzierung: Aufgrund der besseren Kalkulierbarkeit ist unter der Annahme eines günstigen Zinsniveaus zum Abschlusszeitpunkt eine langfristige Finanzierung für beide strategische Ausprägungen von Vorteil.

5.2 „Buy-and-sell"-Strategie

Marktänderungs- und Kostenrisiko kalkulierbar

Die Strategie des „Buy and sell" kann als kurz- bis mittelfristige Variante der spekulativen „Buy-and-hold"-Strategie verstanden werden. Sie ist am kontrollierbarsten in Bezug auf das Marktänderungsrisiko – die Entwicklung des Marktes zwischen dem Beginn der Transaktion und ihrer Beendigung. Außerdem ist sie am kalkulierbarsten in Bezug auf das Kostenrisiko – die bis zum Ende der Transaktion entstehenden Kosten – da Erwerbskosten, Erwerbsnebenkosten sowie Verkaufsnebenkosten leichter einschätzbar sind als beispielsweise Baukosten.

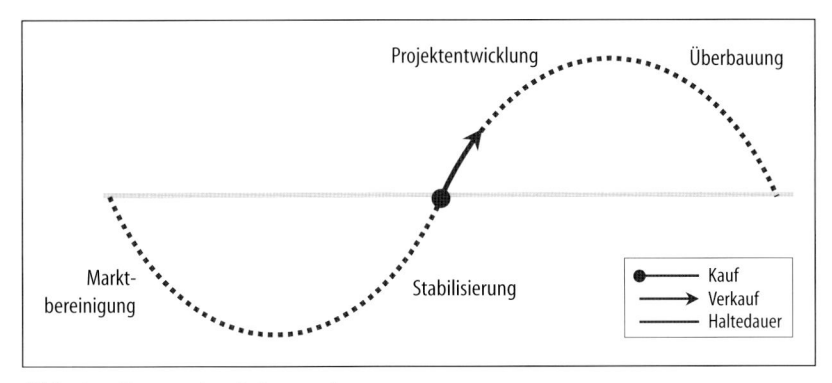

Abb. 4: Buy-and-sell-Strategie

Wie wirkungsvoll die Strategie im Immobilienzyklus umgesetzt werden kann, wird von der Struktur und der Größe des Portfolios beeinflusst. Vor allem bei kleineren Portfolios mit einer geringeren Anzahl an Objekten fällt es leichter, bei erwarteten veränderten Marktbedingungen relativ große Portfolioteile schnell umzuschichten. Im Gegensatz zu anderen transaktionsbezogenen Strategien kann eine „Buy-and-sell"-Strategie nicht nur die Realisierung von Marktchancen verfolgen, sondern auch eingesetzt werden, um kurzfristige Risiken auszuschalten. Darüber hinaus kann sie das Korrektiv zu einer verfehlten „Buy-and-hold"-Strategie darstellen, sobald absehbar wird, dass die der Prognosephase entstammenden Szenarien nicht eintreten. Die objektbezogenen Aspekte sind daher teilweise als Frühwarnindikatoren aufzufassen:

Strategische Aspekte

- Nutzungsart: Zu unterscheiden ist hier zwischen der Desinvestition eines Objekttyps, der sich schlechter entwickelt, und der Investition in eine Nutzungsart, die sich besser entwickelt. Von Bedeutung ist in diesem Zusammenhang vor allem die Branchenentwicklung in einzelnen Wirtschaftssektoren.

- Standort: Den Anlass zum Verkauf können sowohl die Realisierung von Gewinnen aus einer Standortverbesserung als auch die Vermeidung von Wertverlusten aus einer Standortverschlechterung oder aber attraktive Alternativanlagen bieten.

- Attraktivität: Altersbedingte Instandhaltungsrückstaus, rapide Kostensteigerungen bei der Verwaltung, eine zu geringe Nutzungsflexibilität oder eine mangelnde Differenzierung können zu einer höheren Sensitivität gegenüber Immobilienzyklen führen.

- Handelbarkeit: Um „Buy-and-sell"-Strategien langfristig umsetzen zu können, sind gute Kontakte zu potenziellen Käufern, die richtige Wahl der Investitionsform und handelbare Volumina notwendig. Relevant ist des Weiteren die Erfüllung der bereits unter Abschnitt 4.4 diskutierten Präferenz der Kapitalanleger.

- Vermietung: Werden für das Investitionsobjekt aufgrund eines nahe stehenden Umschwungs des Zyklus nur noch geringe Steigerungen der Marktmiete erwartet, so steht auch ein Stagnieren des über das Ertragswertverfahren ermittelten Objektwertes bevor. In diesem Fall kann ein Verkauf des Objektes geboten sein.

- Finanzierung: Die Rentabilität einer „Buy-and-sell"-Strategie kann durch Ausnutzung eines sehr hohen Verschuldungsgrades und eines damit verbundenen starken Leverage-Effektes gesteigert werden.

Fest steht, dass die Umschichtung, solange sie in Abstimmung mit dem Gesamtportfolio erfolgt, ein wichtiges Element der Anlagepolitik bildet. Dennoch darf realistischerweise nicht unterschätzt werden, dass die geringe Liquidität und die daraus resultierenden hohen Transaktionskosten einer Immobilienanlage eine häufige Umstrukturierung des Immobilienportfolios erheblich erschweren können.

5.3 Wertschöpfungsstrategie

Objekte mit Optimierungsbedarf

Der Wertschöpfungsansatz kann als Variante des originären „Buy and sell" angesehen werden, zieht aber beim Kauf nur Objekte mit Optimierungsbedarf in Betracht. Die objektspezifischen Potenziale lassen das Objekt günstiger erscheinen, bergen jedoch auch die üblichen wertbeeinflussenden Risiken sowie ein erhöhtes Zyklusrisiko, da eine Restrukturierung Zeit in Anspruch nimmt und eine fertigstellungsbedingte Verzögerung impliziert.

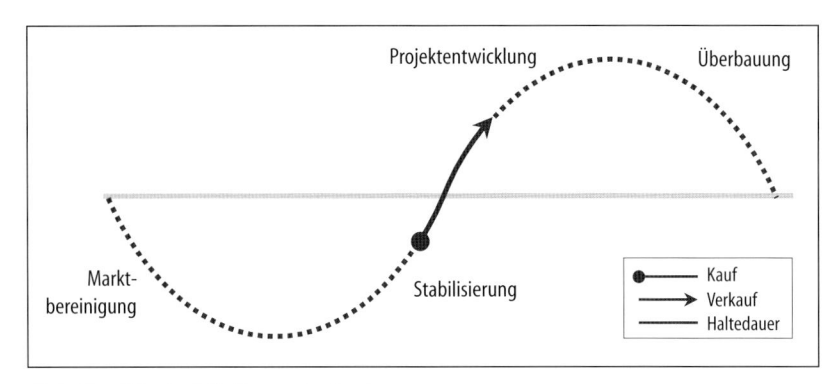

Abb. 5:   Wertschöpfungsstrategie

Strategische Aspekte

Neben dem Zyklusstand können sich vor allem die Bauleitplanung und der Denkmalschutz einschränkend auf die Durchführbarkeit einer solchen Strategie auswirken, da nicht jede vom Investor gewünschte oder vom Markt nachgefragte bauliche Änderung des bestehenden Objektes notwendigerweise auch baurechtlich zulässig ist. Anders betrachtet kann jedoch auch die Bauleitplanung an sich Anlass für eine Wertschöpfungsstrategie geben und die Umstrukturierung in eine sowohl technisch als auch ökonomisch tragfähige Nutzung nahe legen. Zu unterscheiden sind die folgenden Varianten einer Wertschöpfungsstrategie:

- Nutzungsart: Im Zusammenhang mit der Nutzungsart muss zwischen zwei Ansatzpunkten unterschieden werden. Zum einen kann die Dichte einer bestehenden Nutzung erhöht und zum anderen kann innerhalb eines bestehenden Gebäudes eine Konversion von einer Nutzungsart in eine andere durchgeführt werden. Mögliche Konversionen wären beispielsweise die Umwandlung von Industrieflächen in Loftwohnungen oder die Konversion eines Hotels in ein Bürogebäude, was beispielsweise im Rahmen des Biltmore Hotels in Midtown Atlanta, USA, sehr erfolgreich durchgeführt worden ist.

- Standort: Wenn sich das Standortumfeld geändert hat, muss die Immobilie dem Rechnung tragen, um weiterhin eine attraktive Rendite erwirtschaften zu können. Während dieser Fall die Regel bildet, kann ein dominanter Marktteilnehmer mit seinem Handeln auch am Standort selbst anknüpfen. Eine gelungene Restrukturierung des Objekts, begleitet von einer positiven Darstellung in den Medien, kann im Einzelfall dazu führen, dass andere Anleger ebenfalls in den Standort investieren und diesen aufwerten.

- Attraktivität: Die Durchführung dieser Variante beinhaltet die Akquisition eines modernisierungsbedürftigen Objektes zu einem niedrigen Preis mit dem Ziel, das Gebäude zu renovieren und mit Gewinn wieder zu verkaufen.

- Handelbarkeit: Grundsätzlich kann eine Erhöhung der Handelbarkeit durch Marketingmaßnahmen erreicht werden. Eine aufwendigere Ausprägung wäre die Akquisition eines umfangreichen Immobilienportfolios zu einem Preis unter dem Nettosubstanzwert mit dem Ziel, den Bestand zu teilen, eventuell zu modernisieren und die Objekte einzeln zum Nettosubstanzwert zu verkaufen. Statt über Aufteilung könnte die mangelnde Liquidität von umfangreichen Immobilienbeständen auch durch eine Refinanzierung über Verbriefung oder den Verkauf an ein Investitionsvehikel, welches die Gelder mehrerer Anleger vereinigt, überwunden werden [19].

- Vermietung: Der durch das jetzige Niveau der Marktmieten beeinflusste Kapitalfluss und das Mietsteigerungspotenzial stellen oft zentrale Variablen für die Erfolgsaussichten einer Wertschöpfungsstrategie dar. Angestrebt wird der Erwerb von Objekten, die eine Steigerung des Mietniveaus bzw. günstigere Mietkonditionen bei einer Neuvermietung erwarten lassen. Die Güte der Projektion des weiteren Zyklusverlaufes und der damit verbundenen Entwicklung der Marktmiete sind hierbei entscheidend für den Erfolg.

- Finanzierung: Gerade Wertschöpfungsstrategien erfordern oft ein hohes Maß an Financial Engineering, mit dem investorenspezifische Lösungen erreicht werden sollen.

Die Voraussetzung für eine erfolgreiche Anwendung der Wertschöpfungsstrategien ist eine richtige Einschätzung der globalen und lokalen Entwicklung. Darüber hinaus erfordern die einzelnen Ausprägungen jeweils ein hohes Maß an Erfahrung und Spezialisierung, sodass gewisse Optionen in Bezug auf Handelbarkeit und Finanzierung nur Spezialisten wie Investmentbanken zur Verfügung stehen. In jedem Fall muss schon vor dem Kauf die Exit-Strategie fest-

Voraussetzung erfolgreicher Anwendung

stehen, um den in begrenztem Maße ungewissen notwendigen Einsatz von finanziellen Mitteln und den erhöhten Zeitaufwand im Zyklus zu rechtfertigen.

5.4 Projektentwicklungsstrategie

Risikoreichste Strategie

Die Projektentwicklungsstrategie stellt die stärkste Ausprägung einer Wertschöpfungsstrategie dar. Unter ihr werden an dieser Stelle der Kauf eines Grundstücks sowie ein eventueller Abriss bestehender Strukturen mit dem Ziel der Durchführung eines Gebäudebaus verstanden. Sie kann als risikoreichste Strategie im Zyklus bezeichnet werden, da sie alle zyklusfördernden zeitlichen Verzögerungen voll in Kauf nimmt und durch einen hohen und schwierig abschätzbaren finanziellen Gesamtkostenaufwand gekennzeichnet ist, wobei Bauzeiten und Renditen je nach Objekttyp variieren.

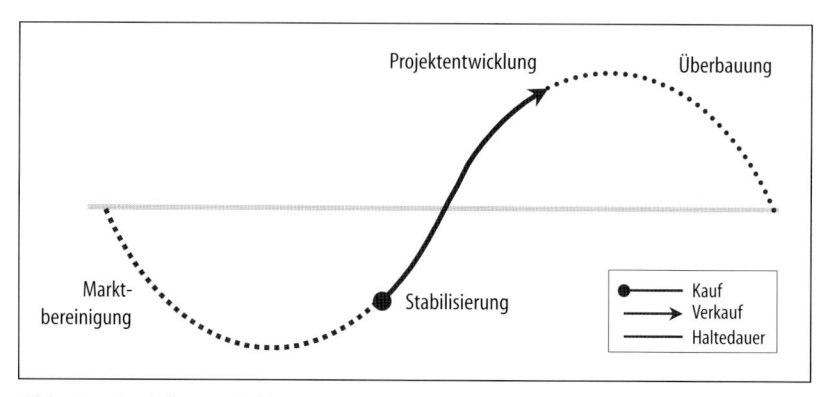

Abb. 6: Projektentwicklungsstrategie

Strategische Aspekte

Bei der Projektentwicklung ist auf folgende objektbezogene Aspekte zu achten:

- Nutzungsart: Die Wahl der Nutzungsart erhöht oder verringert zu einem großen Teil das Risiko zyklusbedingter Schwankungen, da die Entwicklung eines industriellen Gebäudes beispielsweise schon nach drei Monaten beendet sein kann, während für manche Büroprojekte bis zur Fertigstellung fünf oder sechs Jahre vergehen.

- Standort: Die Wahl des Standortes kann zusätzliches zyklisches Risiko bergen, wenn eine Projektentwicklung die Änderung der Bauleitplanung voraussetzt, diese jedoch beispielsweise im Rahmen eines vorhabenbezogenen Bebauungsplans erst beantragt werden muss. Um dieser Problematik zu entgehen und eine günstige Position im Zyklus durch Projektentwicklung ausnutzen zu können, ist es von Vorteil, einen gewissen Bestand an baureifen Grundstücken im Portfolio zu halten. Auch an dieser Stelle ist zu beachten, dass derartigen Strategien Grenzen gesetzt sein können und ein zu hoher Anteil an unbebauten Grundstücken im Portfolio beispielsweise offenen Immobilienfonds gesetzlich untersagt ist. In diesem Fall bietet sich eine häufig in Amerika anzutreffende Variante dieser Strategie an, nämlich die Akquisition eines Nutzungstyps mit geringer Baudichte.

- Attraktivität: Wie bei jeder anderen Strategie gilt auch hier der Grundsatz, dass Nutzungsflexibilität und Differenzierung ein Objekt gegen zyklische Schwankungen abschirmen können. Es muss jedoch bei einer Projektentwicklungsstrategie zusätzlich in Betracht gezogen werden, dass das Umfeld bzw. der Standort aufgrund seiner Zyklussensitivität in besonderem Maße eine differenzierte Gestaltung der Immobilie erfordern kann. Dies ist vor allem dann der Fall, wenn der Standort über keinerlei Wettbewerbsbeschränkungen verfügt.

- Handelbarkeit: Während der Portfoliomanager bei anderen transaktionsbezogenen Strategien entscheiden muss, ob das Objekt handelbar ist, hat er bei der vorliegenden Strategie zu bestimmen, in welcher Rechtsform und Transaktionsstruktur das Objekt handelbar sein kann.

- Vermietung: Um sich unabhängiger vom Zyklus zu machen und um eine bessere Ausgangsposition für Finanzierung und Handelbarkeit zu schaffen, sollte der Projektentwickler versuchen, ein möglichst hohes Maß an Vorvermietung zu erreichen. Je nach erwarteter Entwicklung des Zyklus sollte versucht werden, ein Mietwachstum bis zur Fertigstellung zu berücksichtigen oder den gegenwärtigen Mietzins zu sichern.

- Finanzierung: Fremdfinanzierung ist für die Durchführbarkeit einer Projektentwicklung oft notwendig, erhöht jedoch das Risiko der Projektentwicklung deutlich und damit verbunden sogar das Risiko des Gesamtportfolios an sich. Dieser Effekt droht sich vor allem wegen eines Ungleichgewichts zwischen Einzahlungen und Auszahlungen einzustellen, da ein Projekt in der Entwicklungsphase noch keine Kapitalrückflüsse erwirtschaftet.

6. Kritische Würdigung und Ausblick

Um den nötigen Freiraum für eine schnelle Anpassung an sich wandelnde Marktlagen zu besitzen, ist es erforderlich, dass ein Portfoliomanager die Immobilienbestände des Investors „discretionary", also mit weit reichendem Ermessensspielraum, aktiv lenken kann. Ist dies nicht der Fall, so unterliegt auch der Portfoliomanager einer entscheidungsbedingten Verzögerung, die rechtzeitiges Handeln behindern kann. Diese Herausforderung an die Reaktionsfähigkeit besteht vor allem bei institutionellen Investoren, deren Anlagepolitik über einen Anlageausschuss gesteuert wird, während private Investoren sich oft schneller an Veränderungen der Marktbedingungen anpassen können [20].

Rechtzeitiges Handeln

Eine weitere Beschränkung der Handlungsfreiheit ist in der Natur des Investors begründet, da dieser, wie es z. B. bei Versicherungen und Pensionskassen der Fall ist, gesetzlich an die Minimierung des Verlustrisikos gebunden sein kann und ihm vor diesem Hintergrund manche als risikoreich einzustufenden Strategien des antizyklischen Portfoliomanagements nicht zur Verfügung stehen [21]. Die Person des Investors bzw. das Vehikel der Investition ist außerdem bedeutsam, da der Gewinn aus der Veräußerung einer in Form einer Kapitalgesellschaft gehaltenen Immobilie für Kapitalgesellschaften seit der Steuerreform 2002 steuerfrei ist. Auf der anderen Seite unterliegen Personengesellschaften für direkten Immobilienbesitz der Spekulationsfrist von zehn

Rechtliche Einschränkungen

Jahren, was diesen Investorenkreis in Bezug auf ein antizyklisches Portfoliomanagement steuerlich schlechter stellt.

Bedeutung eines weit reichenden Netzwerkes

Um auch in der Abschwungphase des Zyklus auf Fremdfinanzierung zurückgreifen zu können, sind auf der einen Seite gute Beziehungen zu Banken nötig, die oft erst durch jahrelange Zusammenarbeit entstehen. Es bestehen somit deutliche Marktzutrittbarrieren für Akteure, die neu am Markt sind und nicht über größere Mengen an Eigenkapital verfügen. Auf der anderen Seite wird die Beziehung zwischen Kapitalnehmer und Kapitalgeber durch das neue Baseler Eigenkapitalabkommen, Basel II, zunehmend objektiviert, sodass Ratings den Zugang zu Kapital noch weiter erschweren werden. Darüber hinaus fordert das Abkommen eine höhere Eigenkapitalhinterlegung für Darlehen mit einer Restlaufzeit von mehr als drei Jahren, was bei einer tatsächlichen Realisierung dazu führen würde, dass in Deutschland übliche, längerfristige Kredite teurer würden. Eine weitere Konsequenz dieser Regelung wäre, dass Immobilieninvestitionen die notwendige langfristig orientierte Kalkulationsbasis entzogen wird, wenn langfristige Investitionsvorhaben kurzfristig finanziert werden müssten.

Notwendigkeit von umfassenden Informationen

Letztlich hängt die Fähigkeit, erfolgreich antizyklisch zu investieren, davon ab, ob der Betreffende über Zugang zu relativ gesehen höherwertigen Informationen verfügt, diese richtig auswerten und abgeleitete Strategien wirkungsvoll umsetzen kann. Sind diese Voraussetzungen gegeben, hat ein Portfoliomanager die Möglichkeit, in einem begrenzt effizienten Markt aktive und antizyklische Strategien durchzuführen, Referenzindizes zu schlagen und dadurch den höchsten Mehrwert zu schaffen. Dies kann jedoch schon daran scheitern, dass der Betroffene keinen Zugang zu den relevanten Marktdaten besitzt und sich somit keine ausreichenden Urteile über die gegenwärtige Position im Zyklus bilden kann. Insbesondere am deutschen Immobilienmarkt kommt hinzu, dass längere, qualitativ hochwertige Zeitreihen de facto nicht existieren und dadurch die Möglichkeiten, konjunkturbezogene Analysen durchzuführen, sehr eingeschränkt werden [22].

Größenbetrachtungen

Auf der einen Seite spielt die eingangs erwähnte Größe des Investors für die Durchführbarkeit antizyklischen Verhaltens eine Rolle, da nur Investoren und Portfoliomanager mit einer breiten Erfahrung im Umgang mit verschiedenen Objekttypen und Standorten sich einer Vielzahl der Instrumente antizyklischen Investierens bedienen können. Auf der anderen Seite verfügen private Investoren in einem Umfeld, in dem Flexibilität, Wendigkeit, Entscheidungsfreiheit und -schnelligkeit grundlegende Chancen bedeuten können, gegenüber den zwar erfahrenen, aber eher unflexiblen, gewichtigen und trägen Institutionellen über einen Vorteil. Vor diesem Hintergrund scheint es, dass antizyklisches Investieren eher im Rahmen einer Konzentration auf einzelne objektbezogene und transaktionsbezogene Schwerpunkte als Strategie privater Investoren durchführbar ist. Mögliche ihnen zur Verfügung stehende Strategien wären in diesem Zusammenhang beispielsweise:

- eine lokale „Buy-and-sell"-Strategie im Kontext eines Mixed-Asset-Portfolios – die zentrale zu treffende Entscheidung wäre folglich die, zu welchem Zeitpunkt der Investor überhaupt in Immobilien investiert und zu welchem Zeitpunkt er es vorzieht, seine Mittel in Aktien oder Anleihen zu halten;

- eine lokale Objekttyp-Strategie mit einer Konzentration auf kleinere Volumina,
- ein regionaler bzw. nationaler Wertschöpfungsansatz mit einer Konzentration auf nur eine Nutzungsart.

Eine interessante Fragestellung ergibt sich im Zusammenhang mit dem oft geäußerten Wunsch nach mehr Transparenz am Immobilienmarkt. In Bezug auf antizyklisches Portfoliomanagement könnte man annehmen, dass eine bessere Informationsbasis mit einer besseren Einschätzbarkeit des Verlaufes des Zyklus sowie einem besseren Verständnis der Ursachen und Wirkungen von Immobilienzyklen einhergeht und daher der Nutzen und die Erfolgsaussichten eines solchen Handelns zunehmen werden. Auf der anderen Seite ist es jedoch wahrscheinlich, dass besser informierte Marktakteure Fehler ihrer Vorgänger vermeiden und mit verkürzten zeitlichen Verzögerungen auf Marktsignale reagieren werden, sodass sich neue Informationen schneller in den Preisen niederschlagen. Das Konzept des „besten Zeitpunktes für antizyklisches Handeln" könnte somit losgelöst von individuellen Zyklen auch auf eine kollektive Lernkurve der Marktteilnehmer bezogen werden, wobei sich die Frage stellt, wie weit das antizyklische Handeln an sich noch von seinem Zenit entfernt ist und wann die Zeit für passive Strategien gekommen ist.

Konsequenzen von Transparenz

7. Literaturverzeichnis

[1] Vgl. Pfnür, A./Armonat, S.: Ergebnisbericht Immobilienkapitalanlage institutioneller Investoren – Risikomanagement und Portfolioplanung, in: Universität Hamburg, Arbeitsbereich Öffentliche Wirtschaft am Fachbereich Wirtschaftswissenschaften (Hrsg.): Arbeitspapier Nr. 26, Hamburg 2001, S. 41.

[2] Bone-Winkel, S.: Immobilienportfoliomanagement, in: Schulte, K.-W./ Bone-Winkel, S./Thomas, M. (Hrsg.): Handbuch Immobilien-Investition, Köln 1998, S. 219.

[3] Vgl. Walbröhl, V.: Die Immobilienanlageentscheidung im Rahmen des Kapitalanlagemanagements institutioneller Anleger – eine Untersuchung am Beispiel deutscher Lebensversicherungsunternehmen und Pensionskassen, in: Schulte, K.-W. (Hrsg.): Schriften zur Immobilienökonomie, Bd. 15, Köln 2001, S. 222.

[4] Vgl. Walbröhl, V., a. a. O., S. 221.

[5] Vgl. Thomas, M.: Die Entwicklung eines Performanceindexes für den deutschen Immobilienmarkt, in: Schulte, K.-W. (Hrsg.): Schriften zur Immobilienökonomie, Bd. 2, Köln 1997, S. 28.

[6] Walbröhl, V., a. a. O., S. 77 ff.

[7] Vgl. Maguire, D./Axcell, A.: Real Estate Finance: France, Germany and the UK, in: Journal of Property Finance, Vol. 5, Nr. 1, 1994, S. 39.

[8] Baum, A.: Evidence of cycles in European commercial real estate markets – and some hypotheses, in: University of Reading (Hrsg.): Working Papers in Land Management and Development, Nr. 5, Reading 2000, S. 8; Case, B./Goetzmann, W./Rouwenhurst, G.: Global Real Estate Markets: Cycles and Fundamentals, in: National Bureau of Economic Research (Hrsg.): NBER Working Paper Nr. 7566, Cambridge 2000; Pyhrr, S./Roulac, S./Born, W.: Real Estate Cycles and Their Strategic Implications for Investors and Portfolio Managers in the Global Economy, in: Journal of Real Estate Research, Vol. 18, Nr. 1, 1999, S. 52–54; Renaud, B.: The 1985–1994 Global Real Estate Cycle: Are There Lasting Behavioral and Regulatory Lessons?, in: Journal of Real Estate Literature, Vol. 5, Nr. 1, 1997, S. 13–44; Goetzmann, W./Wachter, S.: The Global Real Estate Crash: Evidence From an International Database, in: Yale School of Management (Hrsg.): Working Papers, New Haven 1995.

[9] Vgl. Bulwien, H.: Der Immobilienmarkt in Deutschland. Struktur und Funktionsweise, Verband deutscher Hypothekenbanken (Hrsg.), Berlin 2004, S. 41–43.

[10] Bulwien, H.: Handbuch Immobilien-Research in Deutschland, Bulwien AG (Hrsg.), München 2003, S. 40–42.

[11] Vgl. Pyhrr, S./Roulac, S./Born, W., a. a. O., S. 17.

[12] Vgl. Grissom, T./DeLisle, J.: A Multiple Index Analysis of Real Estate Cycles and Structural Change, in: Journal of Real Estate Research, Vol. 18, Nr. 1, 1999, S. 123.

[13] Vgl. Rosen, K./Smith, L.: The Price-Adjustment Process for Rental Housing and the Natural Vacancy Rate, in: American Economic Review, Vol. 73, Nr. 4, 1983, S. 782.

[14] Vgl. Clapp, J.: Dynamics of Office Markets. Empirical Findings and Research Issues, AREUEA Monograph Series, Bd. 1, Washington D. C. 1993, S. 27.

[15] Vgl. Del Casino, J.: Portfolio Diversification Considerations, in: Pagliari, J. (Hrsg.): The Handbook of Real Estate Portfolio Management, Boston 1995, S. 929.

[16] Vgl. Bone-Winkel, S.: Das strategische Management von offenen Immobilienfonds, in: Schulte, K.-W. (Hrsg.): Schriften zur Immobilienökonomie, Bd. 1, Köln 1994, S. 209.

[17] Vgl. Grissom, T./DeLisle, J., a. a. O., S. 97.

[18] Vgl. Roulac, S.: Implications of Individual Versus Institutional Real Estate Investing Strategies, in: Schwartz, A./Kapplin, S. (Hrsg.): Alternative Ideas in Real Estate Investment, Real Estate Research Issues, Bd. 2, Boston 1995, S. 55.

[19] Vgl. Walbröhl, V., a. a. O., S. 228.

[20] Vgl. Roulac, S., a. a. O., S. 47.

[21] Vgl. Walbröhl, V., a. a. O., S. 76 f.

[22] Vgl. Wernecke, M.: Büroimmobilienzyklen. Eine Analyse der Ursachen, der Ausprägungen in Deutschland und der Bedeutung für Investitionsentscheidungen, in: Schulte, K.-W./Bone-Winkel, S. (Hrsg.): Schriften zur Immobilienökonomie, Bd. 31, Köln 2004, S. 136.

7 Corporate Real Estate Management

Petra Brockhoff

Inhaltsverzeichnis

1. Grundlagen des Corporate Real Estate Managements 288
2. Einfluss von Immobilienzyklen auf einzelne CREM-Phasen 290
2.1 Überblick 290
2.2 Standortentscheidung 291
2.3 Immobilienbereitstellung 294
2.4 Immobilienbewirtschaftung 298
2.5 Immobilienverwertung 299
3. Fazit 302
4. Literaturverzeichnis 303

1. Grundlagen des Corporate Real Estate Managements

Mittels Corporate Real Estate Management (CREM) werden die Immobilienaktivitäten von Unternehmen gesteuert, die diese Immobilien im Kerngeschäft zur Produktion oder zum Absatz von Gütern einsetzen. Die Immobilien werden hierbei nicht rein aus finanziellen Gesichtspunkten gehalten, sondern sie bilden eine notwendige Ressource im Leistungserstellungsprozess.

Kerngeschäft Auslöser von Immobilienaktivität

Während im Portfoliomanagement der Immobilienzyklus gezielt genutzt wird, um über günstige Kaufpreise in der Baisse und hohe Verkaufspreise im Boom die Rendite der Immobilienanlage zu steigern, sind im Rahmen des CREM weitere Faktoren zu berücksichtigen. Denn die Immobilienaktivitäten werden im CREM meist vom Kerngeschäft ausgelöst:

- Ein konjunktureller Aufschwung führt bei steigenden Absatzzahlen zu einem größeren Flächenbedarf in der Produktion.
- Während einer Krise im Kerngeschäft werden von vielen Unternehmen Möglichkeiten gesucht, Immobilien zu verwerten, um den Erlös in das Kerngeschäft zu investieren.

Die einzelnen Phasen des CREM mit der Standortentscheidung, der Bereitstellung, Bewirtschaftung und Verwertung von Immobilien werden in unterschiedlicher Weise von der Situation des Immobilienzyklus beeinflusst. Dies soll im Folgenden dargestellt werden.

Viele deutsche Unternehmen in der Industrie, im Handel oder im Dienstleistungsgewerbe stehen vor der gleichen Situation: Sie haben im Laufe ihrer Geschäftstätigkeit ein beträchtliches Immobilienvermögen aufgebaut, das sie benötigen, um ihre Produkte herzustellen und abzusetzen. Sie nutzen hierzu Verwaltungsgebäude, Fertigungsstätten ebenso wie Logistik- oder Einzelhandelsimmobilien. Das Immobilienmanagement zählt meist nicht zum Kerngeschäft; daher war lange Zeit das Interesse an den unternehmenseigenen Immobilien recht gering ausgeprägt.

Dennoch ist der Zusammenhang zwischen betrieblicher Leistungserstellung und Immobilienmanagement existent; dieser ist nicht immer so offensichtlich wie bei Handelsunternehmen, bei denen die Lage und die Ausstattung der Immobilien direkte Auswirkungen auf den Umsatz und somit auf den Erfolg der Geschäftstätigkeit haben. Gleichwohl haben die meisten deutschen Unternehmen in den letzten Jahren erkannt, dass sich hinter ihrer Bilanzposition Grundstücke und Gebäude wertvolle Ressourcen verbergen. Auch wenn der durchschnittliche Anteil der betrieblichen Immobilien an der Bilanzsumme auf Buchwertbasis lediglich 10 % beträgt, kann diese Relation bei Betrachtung der Verkehrswerte auf über 40 % steigen. Auch die Immobilienkosten sind nicht unbeträchtlich. Sie können einen Anteil von 5 bis 15 % an den Gesamtkosten und 3 bis 10 % an den Umsatzerlösen ausmachen.

Die Notwendigkeit, die betrieblichen Immobilienbestände in das strategische Management der Unternehmung einzubinden, sollte bei Kenntnis ihrer Vermögens- und Kostenwirksamkeit unumstritten sein. Mittels CREM kann diese Integration erfolgen. Es handelt sich hierbei um eine Konzeption für Unternehmen, deren Kernaktivitäten nicht im Immobiliensektor, sondern in Industrie, Dienstleistung oder Handel angesiedelt sind, d. h. für sog. Non-Property-Companies [1].

Non-Property-Companies

Für diese Unternehmen stellen die betrieblichen Immobilien in wirtschaftlicher Hinsicht langfristige Sachinvestitionen dar, die dem dauerhaften Geschäftsbetrieb dienen sollen. Die Immobilien sind als Betriebsmittel eine notwendige Voraussetzung für den leistungswirtschaftlichen Faktorkombinationsprozess. Nur durch die Kombination von Arbeit, Boden und Kapital kann die Produktion von Sachgütern und Dienstleistungen in den Unternehmen erfolgen [2]. Daher gelten für diese betriebsnotwendigen Immobilien andere Entscheidungskriterien als bei einer reinen Kapitalanlage in Immobilien. Erfolgsmaßstab für betriebsnotwendige Immobilien ist ihre möglichst optimale Einsetzbarkeit im Herstellungsprozess. Bei betriebsentbehrlichen Immobilien gelten die gleichen Erfolgskriterien von Kapitalanlagen: Rendite, Sicherheit und Fungibilität.

CREM umfasst somit das strategische und operative Management der Immobilienbestände eines Unternehmens mit dem Ziel, sie über ihre gesamte Nutzungsdauer effizient und in Abstimmung mit den Unternehmenszielen zu nutzen. Die Unternehmensimmobilien werden als strategischer Erfolgsfaktor und nicht ausschließlich als notwendige Infrastruktur für die Leistungserstellung oder schlichtweg als stille Reserve für schlechte Zeiten betrachtet [3]. Der meist heterogene Immobilienbestand soll der Non-Property-Company nutzungsoptimal für die Durchführung des betrieblichen Leistungserstellungsprozesses zur Verfügung gestellt werden. Enthalten sind dabei die Phasen der Standortselektion sowie der Bereitstellung, Bewirtschaftung und Verwertung betrieblicher Liegenschaften [4].

Unternehmensimmobilien strategischer Erfolgsfaktor

Ein effizientes CREM kann folgende positive Wirkungen haben [5]:

- Reduzierung der immobilienbezogenen Kosten durch ein effizientes Facilities Management,
- Verstärkung der Synergien zwischen den einzelnen Geschäftsbereichen und folglich der Produktivität des Unternehmens durch eine optimierte Layoutplanung,

- Steigerung der Flexibilität durch eine auf die langfristige Produktions- und Absatzplanung abgestimmte Bereitstellungsstrategie,
- Erhöhung des Shareholder Values.

Wertbeitrag zum Geschäftsprozess Die Aufgabe des aktiven Immobilienmanagements besteht darin, einen Wertbeitrag zum Geschäftsprozess der Non-Property-Company zu leisten. Über die Identifikation von Kostensenkungs- und Ertragssteigerungspotenzialen soll ein Beitrag zur nachhaltigen Sicherung und Stärkung der Wettbewerbsfähigkeit der Unternehmung auf nationaler und internationaler Ebene geleistet werden. Es erfolgt eine systematische Analyse, Planung und Kontrolle aller immobilienbezogenen Aktivitäten vor dem Hintergrund der Steigerung des Unternehmenswertes [6].

2. Einfluss von Immobilienzyklen auf einzelne CREM-Phasen

2.1 Überblick

CREM orientiert sich zur Optimierung des weltweiten Immobilienportfolios einer Non-Property-Company am gesamten CREM-Zyklus. Die einzelnen Phasen des CREM-Zyklus sind in Abbildung 1 dargestellt.

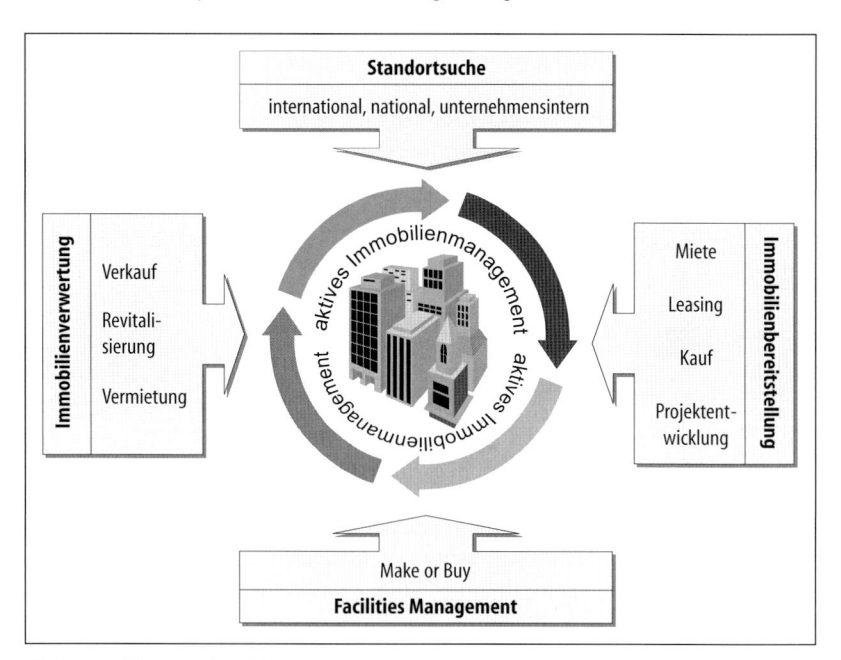

Abb. 1: Phasen des CREM

Interdependenzen Die Phaseneinteilung verdeutlicht dabei idealtypische, in logischer und zeitlicher Hinsicht abgrenzbare Abschnitte [7]. Dennoch kann der CREM-Zyklus nicht als eine lineare Abfolge voneinander unabhängiger Phasen verstanden werden, da vielfältige Interdependenzen und Rückkopplungen zwischen den einzelnen Phasen vorkommen und im Rahmen des CREM zu berücksichtigen sind. Ein Verwaltungsgebäude kann beispielsweise über einen langen Zeitraum unternehmensintern genutzt und bewirtschaftet werden. Wird diese Immobilie durch Restrukturierungsmaßnahmen betriebsentbehrlich, stellt sich die Frage der Verwertung. Ist eine Anschlussnutzung der Flächen durch ein anderes Unternehmen möglich und wirtschaftlich sinnvoll, dann folgt auf die Verwertungsphase eine erneute Nutzungsphase. Ist dies nicht der Fall, kann das Objekt abgerissen und auf dem Grundstück eine Projektentwicklung (Bereitstellungsphase) durchgeführt werden [8].

Der Übergang von einer Phase zur folgenden kann durch verschiedene Faktoren eingeleitet werden, beispielsweise durch:

- die unternehmensinterne Entscheidung, eine Immobilie auf einem bestimmten Standort bereitzustellen,
- bautechnische Gegebenheiten, wie die Fertigstellung der Immobilie, oder
- Wirtschaftlichkeitsrechnungen, die über eine Weiternutzung oder den Abriss bestimmen [9].

Für die einzelnen Phasen des Immobilienlebenszyklus soll nachfolgend untersucht werden, wie sich die aktuelle Situation und die Veränderungen von Konjunktur- und Immobilienzyklen auf die unternehmerischen Entscheidungen auswirken. Von weiterem Interesse ist die Fragestellung, inwieweit Entscheidungen im Rahmen des CREM wiederum Immobilienzyklen beeinflussen, z. B. verstärken können.

Als endogener Einflussfaktor auf Immobilienzyklen wurde neben dem Preismechanismus- und dem Konstruktions-Lag der Entscheider-Lag aufgeführt (vgl. Kapitel A4) [10]. Insbesondere der Entscheider-Lag sollte im Rahmen des CREM nicht vernachlässigt werden. In der unternehmerischen Praxis ist häufig zu beobachten, dass immobilienbezogene Entscheidungen sehr langwierig sind. Dies ist i. d. R. damit begründet, dass sich Immobilienentscheidungen nicht nur kurz-, sondern oft auch langfristig auf den Leistungserstellungsprozess auswirken. Es handelt sich nicht selten um grundsätzliche Entscheidungen, wo und in welcher Form Kapazitäten aufgebaut werden sollen, wie das Facilities Management organisiert werden soll oder welche Standorte aufgelöst werden sollen. Diese Entscheidungen werden meist von den Immobilienabteilungen des Unternehmens vorbereitet, aber letztlich von der Unternehmensführung getroffen.

Entscheider-Lag

2.2 Standortentscheidung

Am Anfang des CREM-Zyklus steht die Standortwahl. Viele deutsche Großunternehmen, aber auch Mittelständler sind nicht nur national, sondern europaweit oder sogar international tätig. Damit verfügen sie über mehrere, häufig weltweit gestreute Standorte. Die Standortwahl ist eine Entscheidung mit langfristiger Wirkung und folglich für die Unternehmung von besonderer Bedeutung. Mit ihr wird entschieden, wo die Produktion und der Absatz der Produkte erfolgen soll. Auslöser für Standortentscheidungen kann das Vorhandensein von Kapazitätsbedarf, von Kapazitätsüberschüssen oder von unternehmensinternen oder -externen Standortunzulänglichkeiten sein [11].

Langfristige Wirkung

Standortentscheidungen beinhalten somit die Veränderungen der Anforderungen an Unternehmenskapazitäten sowie deren räumliche Verteilung. Daher wird die räumliche Dimension von Investitions- und Desinvestitionsentscheidungen innerhalb des Kerngeschäfts abgebildet. Im Rahmen der strategischen Standortplanung wird die langfristig angestrebte, internationale Verteilung der zur Realisierung des Leistungserstellungsprozesses notwendigen Produktionskapazitäten festgelegt. Sie ist folglich aus der strategischen Unternehmensplanung abzuleiten und mit der Investitionsplanung zu verzahnen [12]. Haupteinflussfaktor ist hierbei die wirtschaftliche Situation im Heimatland sowie in den Gastländern, also der Konjunkturzyklus. Durch ihn wird auf internationaler und nationaler Ebene bestimmt, wo die Leistungserstellung bestmöglich erfolgen soll und wo die Produkte abgesetzt werden können. Von den zyklischen Schwankungen werden diese grundsätzlichen Entscheidungen nur nachrangig beeinflusst. Dies wäre beispielsweise dann der Fall, wenn der Immobilienmarkt des Zielgebietes derart überhitzt ist, dass die notwendigen Flächen nicht zu adäquaten Preisen bereitgestellt werden können. Somit wird die generelle Standortstrategie von dem Kerngeschäft und den damit verbundenen wirtschaftlichen Faktoren bestimmt. Für die Umsetzung dieser Grundsatzentscheidung treten die immobilienbezogenen Kriterien in den Vordergrund.

Fünf Phasen Der klassische Ablauf der Standortplanung lässt sich, wie in Abbildung 2 verdeutlicht, in fünf Phasen einteilen. Zunächst wird ein allgemeiner Standortfaktorenkatalog aufgestellt, der aus Sicht des Entscheidungsträgers alle Kriterien enthält, welche die Eignung der Standorte im Hinblick auf die Unternehmensziele beeinflussen.

Ausgehend von diesem allgemeinen Standortfaktorenkatalog kann anschließend ein Soll-Anforderungsprofil mit den Merkmalsausprägungen der verschiedenen Faktoren für den gesuchten Standort erarbeitet werden. Damit wird festgelegt, welche Standortfaktoren in welcher Ausprägung vom gesuchten Standort erfüllt werden sollen.

Schließlich wird der geeignetste Standort für die betriebliche Leistungserstellung ausgewählt. Die Auswahl kann methodisch durch unterschiedliche Modelle unterstützt werden, obwohl in der Realität oftmals intuitive Elemente von Bedeutung sind. Neben den Wirtschaftlichkeitsberechnungen, in die quantitative Faktoren eingehen, können Entscheidungsmethoden wie Scoring-Modelle und Nutzwertanalysen zur Berücksichtigung qualitativer Standortfaktoren angewandt werden [13].

Bestimmung relevanter Faktoren Eine kritische Rolle im Prozess der Standortplanung spielt die erste Phase, die Bestimmung der relevanten Standortfaktoren, da sie maßgeblich durch das Kerngeschäft der Non-Property-Company beeinflusst wird. In der Literatur lassen sich zahlreiche Beispiele für allgemein gehaltene Standortfaktorenkataloge finden, die als Ausgangspunkt für die individuellen Anforderungen des Unternehmens genutzt werden können. Allgemein kann hierbei zwischen quantitativen und qualitativen Standortfaktoren unterschieden werden. Beispiele für solche Standortfaktoren bietet Abbildung 3.

Die Gewichtung unterschiedlicher Standortkriterien ist von der Branche des Kerngeschäfts der Non-Property-Company abhängig. Ein Industrieunterneh-

Corporate Real Estate Management

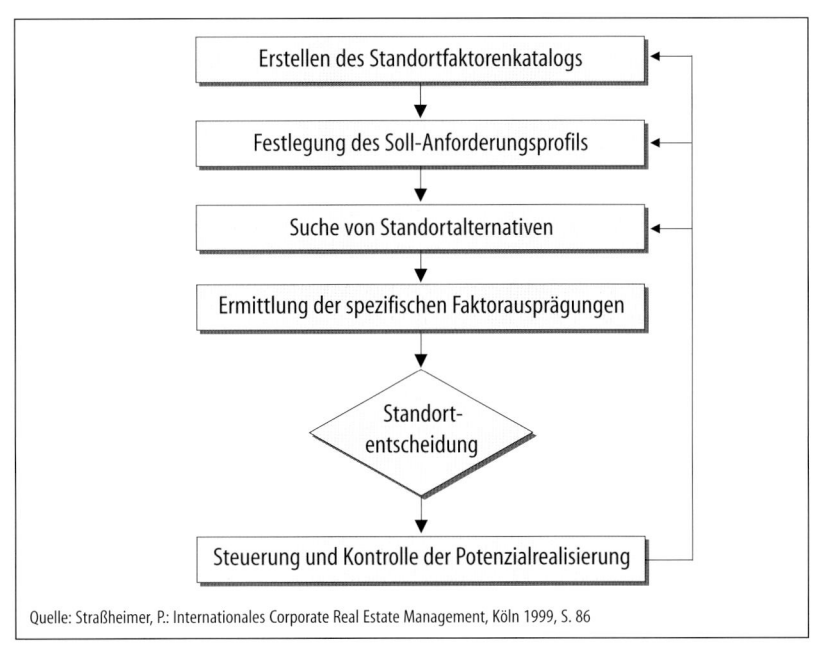

```
┌─────────────────────────────────────┐
│ Erstellen des Standortfaktorenkatalogs │◄─┐
└─────────────────────────────────────┘  │
                  ▼                       │
┌─────────────────────────────────────┐  │
│ Festlegung des Soll-Anforderungsprofils │◄─┤
└─────────────────────────────────────┘  │
                  ▼                       │
┌─────────────────────────────────────┐  │
│     Suche von Standortalternativen   │◄─┤
└─────────────────────────────────────┘  │
                  ▼                       │
┌─────────────────────────────────────┐  │
│ Ermittlung der spezifischen Faktorausprägungen │
└─────────────────────────────────────┘  │
                  ▼                       │
              ╱Standort-╲                 │
              ╲entscheidung╱              │
                  ▼                       │
┌─────────────────────────────────────┐  │
│ Steuerung und Kontrolle der Potenzialrealisierung │──┘
└─────────────────────────────────────┘
```

Quelle: Straßheimer, P.: Internationales Corporate Real Estate Management, Köln 1999, S. 86

Abb. 2: Ablauf der Standortplanung

men kann i. d. R. durch die Standortwahl zwar die Kosten der Produktion und des Transports, nicht aber die Nachfrage nach den Produkten bestimmen. Bei Handelsunternehmen hingegen wird der Absatz häufig entscheidend durch den Standort beeinflusst. Während bei Industriegebäuden neben der optimalen

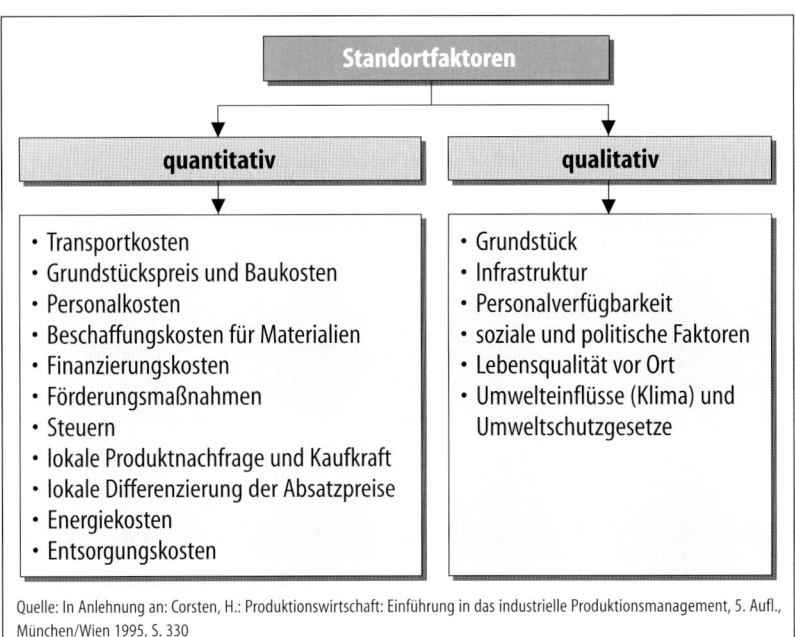

Standortfaktoren

quantitativ	qualitativ
• Transportkosten • Grundstückspreis und Baukosten • Personalkosten • Beschaffungskosten für Materialien • Finanzierungskosten • Förderungsmaßnahmen • Steuern • lokale Produktnachfrage und Kaufkraft • lokale Differenzierung der Absatzpreise • Energiekosten • Entsorgungskosten	• Grundstück • Infrastruktur • Personalverfügbarkeit • soziale und politische Faktoren • Lebensqualität vor Ort • Umwelteinflüsse (Klima) und Umweltschutzgesetze

Quelle: In Anlehnung an: Corsten, H.: Produktionswirtschaft: Einführung in das industrielle Produktionsmanagement, 5. Aufl., München/Wien 1995, S. 330

Abb. 3: Systematik von Standortfaktoren

Verkehrsanbindung an das Straßen- und Eisenbahnnetz sowie an Flüsse und Seehäfen die Verfügbarkeit von Fachkräften und Rohstoffen sowie Steuervorteile und Subventionen von besonderer Relevanz sind, liegt bei Handelsimmobilien der Schwerpunkt auf der Verkehrsanbindung, der Passantenfrequenz, der Kaufkraft innerhalb des Einzugsgebietes und auf einer dichten Konzentration von leistungsfähigen Handelsbetrieben.

Büroimmobilien Im Bereich der Büroimmobilien hängt die Standortqualität im Wesentlichen von der Verfügbarkeit qualifizierter Mitarbeiter und der verkehrstechnischen Anbindung ab. Des Weiteren wird die Attraktivität des Standorts vom Miet- und Kaufpreisniveau sowie vom Image der unmittelbaren Umgebung geprägt. In Abhängigkeit von der Nutzergruppe können zentrale oder auch dezentrale Standorte bevorzugt werden. Sind die Büronutzer vorwiegend vom Kundenverkehr abhängig, wie beispielsweise Rechtsanwälte und Steuerberater, ist ein zentraler Standort wichtig für den Geschäftserfolg. Demgegenüber können z. B. Verwaltungseinheiten in dezentraler Lage von einem geringeren Mietpreisniveau profitieren; besonders attraktiv sind solche Lagen, wenn eine gute Verkehrsanbindung vorliegt. Bezüglich der Sensitivität in Bezug auf Veränderungen von Immobilienzyklen lassen sich Unterschiede feststellen: Die Volatilität hängt von der geographischen Lage und der Nutzungsart ab [14].

Konjunkturzyklen stärkere Auslöser Als Zwischenfazit lässt sich festhalten, dass Standortentscheidungen im Rahmen des CREM stärker von Konjunktur- als von Immobilienzyklen ausgelöst werden. Eine positive Entwicklung der Konjunktur führt zu gesteigerten Produktions- und Absatzzahlen. Sofern bestehende Kapazitäten ausgeschöpft sind und die positive Konjunkturlage als nachhaltig eingeschätzt wird, besteht ein Bedarf an neuen Flächen. Kann der Aufbau zusätzlicher Kapazitäten nicht an vorhandenen Standorten (On Site Expansion) erfolgen, wird von dem Unternehmen eine neue Standortentscheidung getroffen.

Der Einfluss von Immobilienzyklen auf die Standortentscheidung einer Non-Property-Company soll am Beispiel von Büroflächen für Verwaltungsgebäude dargestellt werden. Neben der räumlichen Nähe zum Kerngeschäft und zu den Kunden sind die absolute Höhe des Preisniveaus sowie dessen erwartete Veränderung in der Zukunft von zentraler Bedeutung. Insbesondere in Zeiten hohen Kostendrucks in den Unternehmen werden die zyklischen Potenziale zur Kostenreduzierung genutzt und es wird geprüft, inwieweit von dem geringeren Preisniveau dezentraler Lagen profitiert werden kann. So werden beispielsweise reine Verwaltungseinheiten ohne Kundenkontakt aus der Innenstadt in Nebenlagen oder sogar aus den Großstädten heraus in mittelgroße Städte verlagert.

2.3 Immobilienbereitstellung

Im Rahmen der Immobilienbereitstellung stehen dem Unternehmen die Alternativen Miete, Leasing, Kauf und Projektentwicklung zur Verfügung. Die Charakteristika dieser Alternativen und ihre Beeinflussung durch Immobilienzyklen sollen nachgehend vorgestellt werden.

Miete Durch die Anmietung von Immobilien erhält der Mieter ein zeitlich befristetes Nutzungsrecht an der im Mietvertrag vereinbarten Sache. Die Mietobjekte sind i. d. R. nicht auf einen bestimmten Nutzer zugeschnitten, sondern sie zeichnen sich durch vielseitige Verwendungsmöglichkeiten aus [15].

Die Vorteile der Anmietung liegen bei der flexiblen Anpassung der Flächenbereitstellung an den Flächenbedarf sowie in der Reduktion von Mobilitätsbarrieren, da die Betriebsbereitschaft – bei entsprechender Gestaltung des Mietvertrags – auch kurzfristig wieder abgebaut werden kann. Der Kapitalbedarf und die Kapitalbindung sind bei der Miete wesentlich geringer als bei den anderen Bereitstellungsarten, doch muss im Einzelfall überprüft werden, ob Miete auch langfristig zu geringeren Ausgaben führt. Desgleichen wird die Non-Property-Company als Mieter von jeglichen Risiken freigestellt, die mit der Errichtung oder dem Eigentum von Immobilien verbunden sind. Die Nachteile liegen in der mangelnden Kontrolle über die Immobilie und ihrer Nutzung sowie der geringen Möglichkeit, Objektveränderungen hinsichtlich der eigenen Anforderungen durchführen zu können. Ferner besteht das Risiko von extern induzierten Standortverlagerungen, wenn der Mietvertrag nicht verlängert wird [16].

Die aktuelle Situation eines Immobilienzyklus wirkt einerseits auf die effektive Miethöhe (Vertragsmiete unter Berücksichtigung von Incentives) und andererseits auf die Mietvertragslaufzeiten. Je größer der Angebotsüberschuss an dem entsprechenden Immobilienteilmarkt ist, desto geringer sind die Mietforderungen und desto größer ist die Flexibilität bezüglich der Vertragslaufzeiten. Während einer Baisse können somit auslaufende Mietverträge neu verhandelt werden, um vom Mietmarkt zu profitieren. Immobilienzyklen beeinflussen somit neben den Nutzungskosten auch die unternehmerische Flexibilität.

Immobilienleasing

Immobilienleasing bedeutet die langfristige, entgeltliche Vermietung oder Verpachtung von Grundstücken, Gebäuden oder Betriebsanlagen, sofern diese an einen festen Standort gebunden sind. Der Leasinggeber verpflichtet sich in diesem Vertrag, das Leasingobjekt gegen regelmäßige Zahlung der Leasingraten für eine vereinbarte, feste Grundmietzeit zur Nutzung zu überlassen. Der Unterschied zum Kauf besteht darin, dass der Leasinggeber rechtlicher und regelmäßig auch wirtschaftlicher Eigentümer des Leasingobjektes ist und es daher auch bilanziert [17].

Das Hauptmotiv für Leasing ist meist eine langfristige Flächenbereitstellung bei gleichzeitiger Finanzierung der Immobilie. Durch den Abschluss langfristiger Leasingverträge kann die Non-Property-Company einige der Vorteile des Immobilieneigentums erzielen, ohne sämtliche Nachteile in Kauf nehmen zu müssen. Die Vorteile bestehen in der Möglichkeit, durch den Abschluss einer Mietverlängerungs- oder Kaufoption Kosten von Anschlussverträgen und Standortverlagerungen zu vermeiden oder an dem Wertsteigerungspotenzial der Immobilie zu partizipieren. Ebenso wie bei der Miete werden die Kosten der Immobiliennutzung offen gelegt und Opportunitätskosten vermieden, doch erfolgt bei längerfristiger Orientierung eine Stabilisierung der Flächenbereitstellung [18].

Der Leasingnehmer kann auf die Gestaltung der Immobilie Einfluss nehmen, doch sollten die steuerlichen Konsequenzen des Spezialleasings beachtet werden, wenn das Leasingobjekt sinnvollerweise nur von einem Unternehmen zu einem bestimmten Zweck genutzt werden kann [19]. Der Kapitalbedarf und die Kapitalbindung liegen zwischen den Bereitstellungsalternativen Miete und Kauf.

Durch die Langfristigkeit und oftmals hohe Nutzerprägung des Leasings ist die Abhängigkeit von Veränderungen von Immobilienzyklen wesentlich geringer ausgeprägt als bei der Miete. Dies betrifft die Höhe der Leasingraten ebenso wie die Laufzeit der Leasingverträge.

Kauf Im Unterschied zu Miete und Leasing wird durch den Kauf kein Nutzungsrecht, sondern rechtliches und wirtschaftliches Eigentum erworben. Die Vorteile des Kaufs bestehen in der langfristigen, stabilen Flächenbereitstellung sowie in der unternehmerischen Kontrolle der Immobilie. Die Betriebsbereitschaft kann schnell erreicht werden, doch sind Kapitalbedarf und -bindung vergleichbar hoch. Die Nachteile können in Anpassungsproblemen der Flächenbereitstellung an geringfügig fallenden Flächenbedarf sowie in der technologischen Obsoleszenz begründet sein [20].

Die Verfügbarkeit, Qualität und Ausstattung von Kaufobjekten sowie die Höhe der Kaufpreise hängen wesentlich von der Situation im Immobilienzyklus ab. Die Nachfrage nach zusätzlichen Flächen wird bei den Unternehmen durch das Kerngeschäft, d. h. durch den Mehrbedarf an Produktions- oder Absatzkapazitäten, bestimmt. Vorratskäufe in Baissezeiten werden meist wegen der hohen Kapitalbindung, der hohen laufenden Kosten und der bilanziellen Auswirkungen vermieden. Der Einfluss von Immobilienzyklen auf den Kauf von betriebsnotwendigen Immobilien ist somit als gering einzuschätzen. Werden von der Non-Property-Company auch Kapitalanlagen in Immobilien getätigt, wird sie die durch Immobilienzyklen verursachten Schwankungen nutzen, um über günstige Kaufpreise in einer Baisse und die darauf folgende Wertsteigerung während der Haltedauer die Rendite zu erhöhen.

Projekt- Die Aufgabe der Projektentwicklung besteht darin, die Faktoren Standort, Pro-
entwicklung jektidee, Kapital und Zeit so miteinander zu kombinieren, dass einzelwirtschaftlich wettbewerbsfähige, arbeitsplatzschaffende und -sichernde sowie gemeinwirtschaftlich sozial- und umweltverträgliche Immobilienobjekte geschaffen und dauerhaft rentabel genutzt werden können [21].

Die strategischen Implikationen der Projektentwicklung entsprechen grundsätzlich denen des Kaufs, doch gibt die Projektentwicklung dem Unternehmen die Möglichkeit, eine genau auf seine Bedürfnisse zugeschnittene Immobilie zu schaffen und damit das „Build-to-suit"-Konzept zu realisieren. Somit kann das Unternehmen die Immobilie derart gestalten, dass es möglichst flexibel auf Marktveränderungen im Kerngeschäft reagieren und die jeweilige Flächennutzung optimieren kann. Der Kapitalbedarf und die Kapitalbindung sind mit einem Kauf vergleichbar, jedoch wird zum Erreichen der Betriebsbereitschaft eine längere Zeitspanne benötigt. Auch bezüglich der Auswirkungen der einzelnen Phasen von Immobilienzyklen ist die Projektentwicklung mit dem Kauf vergleichbar [22].

Beurteilung der Die Entscheidung, welche von den vier Bereitstellungsalternativen für be-
Bereitstellungs- triebsnotwendige Flächen von dem Unternehmen gewählt wird, hängt insbe-
alternativen sondere von zwei Faktoren ab:

- Spezifität und Drittverwendungsfähigkeit der benötigten Flächen: Während übliche Nutzungen – wie Büro- und Verwaltungsgebäude – am Markt angemietet, geleast oder erworben werden können, steht bei sehr spezifischen Nutzungen häufig nur die Alternative der Projektentwicklung zur Verfügung.

- Situation im Immobilienzyklus: Sie wirkt sich nicht nur auf quantitative Kriterien, wie Miet- und Kaufpreise, sondern auch auf qualitative Kriterien, wie die unternehmerische Flexibilität aus. Damit beeinflusst der Immobilienzyklus ganz wesentlich die Auswahl einer Bereitstellungsalternative.

Quantitative und qualitative Kriterien

Bei der Entscheidungsfindung über die Immobilienbereitstellung sind, wie oben erwähnt, quantitative und qualitative Kriterien zu berücksichtigen. Für die quantitativen Kriterien bietet sich der vollständige Finanzplan als geeignetes Verfahren an, da in ihm transparente, differenzierte und realitätsnahe Annahmen zugrunde gelegt werden können [23]. Er enthält explizit alle Zahlungen, die den einzelnen Bereitstellungsalternativen während des Lebenszyklus der Immobilie direkt und indirekt zuzurechnen sind. Die qualitativen Daten, d. h. nicht monetär erfassbare Kriterien, können in einer Nutzwertanalyse zusammengeführt werden. Dabei werden den einzelnen zu beurteilenden Strategiealternativen hinsichtlich der Beurteilungskriterien Punkte zugeordnet; diese werden dann, nach der Bedeutung der Kriterien gewichtet, aufaddiert. Die Reihenfolge ergibt sich schließlich aus der Gesamtpunktzahl der einzelnen Strategien [24].

Umwelt-, unternehmens- und immobilienbezogene Aspekte

Die qualitativen Daten lassen sich in umwelt-, unternehmens- und immobilienbezogene Aspekte einteilen. Zu den umweltbezogenen Faktoren gehören die gesamtwirtschaftliche und technologische Entwicklung, die bau-, bilanz- und steuerrechtlichen Rahmenbedingungen sowie die gegenwärtige und zukünftige Situation auf dem lokalen Immobilienmarkt und das Wertsteigerungspotenzial der Immobilie. Somit sind Immobilienzyklen sowie ihre erwartete Weiterentwicklung ein wesentlicher Bestandteil der umweltbezogenen Kriterien. Die unternehmensbezogenen Kriterien umfassen die strategische Zielsetzung der Unternehmung, die sich in Art, Form und Dauer der Immobilienbereitstellung sowie der Risikobereitschaft äußert, in immobilienspezifischem Know-how, in der Verfügbarkeit von Ressourcen sowie in Liquiditäts- und Flexibilitätsanforderungen. Die immobilienbezogenen Kriterien fokussieren die gewünschte Kontrolle über die Immobilie, ihre Verwertbarkeit, die Reversibilität und Einsatzflexibilität der jeweiligen Strategie der Immobilienbereitstellung sowie den Abbau von immobilienspezifischen Kosten und Risiken [25]. Abbildung 4 fasst die Kriterien und Methoden der Entscheidungsfindung in der Immobilienbereitstellung zusammen.

Als Zwischenfazit lässt sich zusammenfassen, dass die Entscheidung über die optimale Bereitstellungsalternative von vielfältigen Faktoren abhängt: Nutzungs- und Flexibilitätsanforderungen des Kerngeschäfts, Liquiditätslage, Finanzierungsmöglichkeiten, bilanzielle und steuerliche Restriktionen sowie die durch Zyklen geprägte Lage auf den Immobilienmärkten. Die aktuelle Situation eines Immobilienzyklus sowie seine zukünftige Entwicklung werden in der vorgestellten Systematik als umweltbezogene Kriterien bei den qualitativen

```
┌─────────────────────────────────────────────────────────────────┐
│           Evaluierung der Bereitstellungsalternativen            │
└─────────────────────────────────────────────────────────────────┘
         │                              │
┌──────────────────┐          ┌──────────────────┐
│ quantitative     │          │ qualitative      │
│ Kriterien        │          │ Kriterien        │
└──────────────────┘          └──────────────────┘
         │                              │
┌──────────────────┐   ┌──────────────┬──────────────┬──────────────┐
│ vollständiger    │   │ umweltbezo-  │ unternehmens-│ immobilien-  │
│ Finanzplan       │   │ gene         │ bezogene     │ bezogene     │
│                  │   │ Kriterien    │ Kriterien    │ Kriterien    │
└──────────────────┘   ├──────────────┼──────────────┼──────────────┤
                       │ • Situation  │ • Strategie  │ • Reversibi- │
                       │   auf dem    │ • Immobilien-│   lität      │
                       │   Immobilien-│   Know-how   │ • Einsatz-   │
                       │   markt      │ • Liquidität │   flexibilität│
                       │ • Wertsteige-│   und        │ • usw.       │
                       │   rungs-     │   Flexibilität│             │
                       │   potenzial  │ • usw.       │              │
                       │   von        │              │              │
                       │   Immobilien │              │              │
                       │ • usw.       │              │              │
                       └──────────────┴──────────────┴──────────────┘
                             │              │              │
                       ┌──────────────────────────────────────────┐
                       │ Zusammenführung in einer Nutzwertanalyse │
                       └──────────────────────────────────────────┘
```

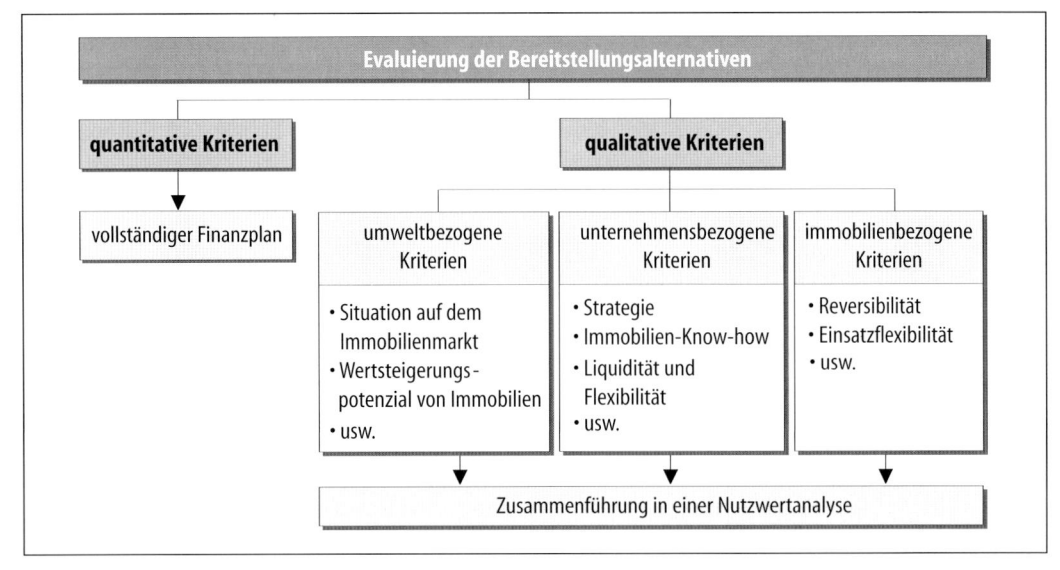

Abb. 4: Evaluierung der Bereitstellungsalternativen

Kriterien berücksichtigt. Des Weiteren wirken sich Immobilienzyklen auch auf die quantitativen Faktoren aus. Das Miet- und Kaufpreisniveau fließen mit ihren entsprechenden Preisen in den vollständigen Finanzplan und somit in die Wirtschaftlichkeitsanalyse ein.

Wird der Faktor „Immobilienzyklus" betrachtet, ergeben sich folgende Grundsatzstrategien:

- Anmietung bzw. Leasing während eines Angebotsüberschusses am Mietmarkt,
- Kauf von Objekten bei einer Erholung des Investmentmarktes,
- Projektentwicklungen während einer Rezession am Neubaumarkt.

2.4 Immobilienbewirtschaftung

Facilities Management
Facilities Management ist ein Konzept zur ganzheitlichen Bewirtschaftung von Gebäuden. Es fließt bereits während der Planungsphase in die Immobilienkonzeption ein und beinhaltet neben den kaufmännischen, technischen und infrastrukturellen Dienstleistungen ein Immobilieninformationssystem, das zum koordinierten und zukunftsorientierten Betreiben von Immobilien erforderlich ist. Facilities Management hat zum Ziel, die Nutzungsintensität, die Ertragsfähigkeit und die Kostentransparenz der Immobilie zu erhöhen [26].

Optimale Leistungstiefe
Für die organisatorische Umsetzung des Facilities Managements stellt sich der Non-Property-Company die Frage der optimalen Leistungstiefe. Das Spannungsverhältnis besteht zwischen der vollständigen Eigenerstellung (Make) aller Facilities-Management-Leistungen und der vollständigen Fremdvergabe (Buy) [27]. In dem Spektrum zwischen „Make or Buy" stehen der Unterneh-

mung – wie Abbildung 5 zeigt – die Strategien des Insourcings, des Outtaskings sowie des Outsourcings zur Verfügung, die Gegenstand der nachfolgenden Untersuchung sind.

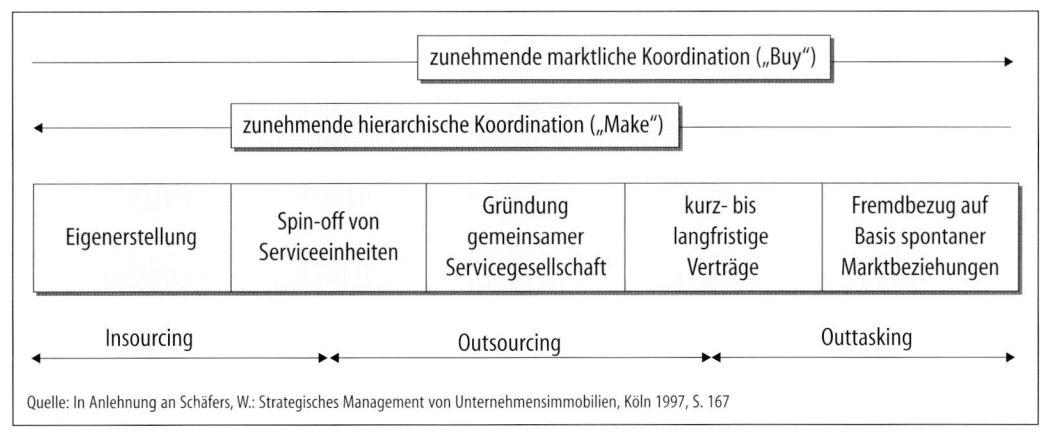

	zunehmende marktliche Koordination („Buy") →			
← zunehmende hierarchische Koordination („Make")				
Eigenerstellung	Spin-off von Serviceeinheiten	Gründung gemeinsamer Servicegesellschaft	kurz- bis langfristige Verträge	Fremdbezug auf Basis spontaner Marktbeziehungen
← Insourcing →	← Outsourcing →			← Outtasking →

Quelle: In Anlehnung an Schäfers, W.: Strategisches Management von Unternehmensimmobilien, Köln 1997, S. 167

Abb. 5: Alternativen der Immobilienbewirtschaftung

Die Fragestellung der organisatorischen Gestaltung des Facilities Managements ist grundsätzlicher Natur. Von der Unternehmensführung ist die Entscheidung der gewünschten Leistungstiefe im Facilities Management zu treffen. Sie wird somit nur nachrangig von Immobilienzyklen beeinflusst. Dennoch zeigt sich in der Unternehmenspraxis, dass die Lage im Immobilienzyklus in die Betrachtung der Nutzungskosten mit einfließt: Die absolute Höhe der Immobiliennutzungskosten des Unternehmens hängt beispielsweise im Falle der Anmietung von der Höhe der Kaltmiete sowie den Nebenkosten ab. In einer Boomphase des Immobilienmarktes mit entsprechend hohen Kaltmieten steigt die Kostensensitivität der Unternehmen. Sie achten stärker auf die zusätzliche Belastung durch die Nebenkosten, d. h. sie werden preissensibler. Immobilien mit niedrigen Nebenkosten haben in diesem Fall deutlich bessere Vermarktungschancen.

Unternehmensführungsentscheidung

In Zeiten einer Baisse hingegen treten Zusatzleistungen, die ohne Zusatzkosten bereitgestellt werden, verstärkt in den Mittelpunkt der Betrachtung. Dies kann beispielsweise die Übernahme von Umzugsleistungen oder anderen infrastrukturellen Facilities-Management-Leistungen betreffen.

2.5 Immobilienverwertung

Die vierte Phase des CREM behandelt die Verwertung von nicht betriebsnotwendigen Immobilien in Form von Vermietung, Verkauf oder Redevelopment. Ehemals betriebsnotwendiges Immobilienvermögen kann durch die Anwendung von Methoden zur Senkung der Kosten oder Steigerung der Durchlaufgeschwindigkeit wie Lean Management und Colocation zumindest teilweise freigesetzt oder im Rahmen einer internationalen Reallokation verlagert werden. Daraus ergibt sich die Notwendigkeit, dieses betriebsentbehrliche Immobilienvermögen einer Verwertungsstrategie zuzuführen [28].

Vermietung und Verkauf

Vermietung und Verkauf zielen auf eine unmittelbare Verwertung der Immobilie ohne Inhalts- und Strukturveränderungen ab. Der zentrale Vorteil liegt bei schneller Veräußerung zu einem angemessenen Preis in der Verfügbarkeit von liquiden Mitteln, die in profitablen Investitionen beispielsweise im Kerngeschäft angelegt werden können. Es werden – wenn die aktuelle Marktlage eine passive Verwertungsstrategie zu angemessenem Preis zulässt – weder Ressourcen für die Renovierung oder Modernisierung der Immobilie benötigt noch Kapazitäten des CREM über eine längere Zeitdauer beansprucht. Bei der Verwertung durch Verkauf werden die mit der Immobilie verbundenen Fixkosten eliminiert, die Liquidität verbessert und der Veräußerungsgewinn führt über außerordentliche Erträge zu einer Erhöhung des Jahresergebnisses [29]. Allerdings vergibt das Unternehmen die Chance, höhere Erträge mit Hilfe einer aktiven Verwertungsstrategie zu erzielen. Der Erfolg dieser beiden Strategien hängt einerseits stark von der Qualität der Immobilie und ihres Standortes, aber andererseits auch von der Situation des Immobilienzyklus ab. Während in einem überhitzten Immobilienmarkt auch ältere, wenig effiziente und technologisch veraltete Immobilien zu adäquaten Preisen vermarktet werden können, ist dies in einer Phase des Überangebots meist nicht zu erreichen. Als Alternativen verbleiben das Redevelopment, der Abriss oder das Warten auf eine stärkere Nachfrage nach Flächen.

Mit der Strategie der Vermietung behält die Non-Property-Company die Kontrolle über die Immobilie. Dies ist relevant, wenn das verbleibende Betriebsvermögen an diese Immobilie grenzt und eine Beeinträchtigung durch Wettbewerber nicht auszuschließen ist. Diese Strategie kann weiterhin vorteilhaft sein, wenn der Flächenüberschuss von nur vorübergehender Dauer ist [30]. Die Non-Property-Company kann eine Liquiditätsschöpfung aus den Mieteinnahmen betreiben, eine aktive Verwertung zu einem späteren Zeitpunkt anstreben oder die Immobilie nach Vermietung zu einem höheren Preis verkaufen, da der Käufer mit kontinuierlichen Mieteinnahmen rechnen kann. Die potenziellen Nachteile bestehen einerseits in den Opportunitätskosten einer vergleichbar unrentablen Investition und andererseits in dem Risiko, die Immobilie später zu geringeren Erlösen vermarkten oder zu hohen Kosten modernisieren zu müssen.

Redevelopment

Das Redevelopment hat die optimale Aufwertung der zu verwertenden Immobilien zur Zielsetzung. Es ist eine Strategie zur Realisation des Gewinnpotenzials von betrieblichen Immobilienbeständen, die den Nutzungsanforderungen, beispielsweise wegen Obsoleszenz, nicht mehr entsprechen. Der Vorteil dieser Strategie kann in der Erzielung einer deutlichen Verkaufspreissteigerung im Vergleich zu der Vermietung oder dem Verkauf begründet sein. Die primären Nachteile bestehen in dem gesteigerten Ressourcenbedarf und Risiko sowie in der möglicherweise ungewünschten Ausweitung der Kernaktivitäten, wenn Redevelopments für unternehmensexterne Nutzungen durchgeführt werden [31]. Für nicht vermarktungsfähige Objekte ist die Durchführung von Redevelopment-Maßnahmen die einzige Alternative zum Abriss. Lediglich eine Überhitzung durch zyklische Marktschwankungen kann bei solchen Immobilien den Verkauf oder die Vermietung ermöglichen.

Eine Zusammenstellung der Kriterien der verschiedenen Verwertungsalternativen Vermietung, Verkauf und Redevelopment ist in Abbildung 6 visualisiert.

Corporate Real Estate Management

Bei der Entscheidung für eine der drei Verwertungsalternativen sind ebenso wie bei der Immobilienbereitstellung neben den quantitativen die qualitativen Kriterien in Form von umwelt-, unternehmens- und immobilienbezogenen Faktoren zu berücksichtigen. Als entscheidungsunterstützende Methoden stehen der vollständige Finanzplan sowie die Nutzwertanalyse zur Verfügung. Diesen Zusammenhang gibt Abbildung 7 wieder.

Entscheidungsfindung

Zu den umweltbezogenen Kriterien gehört die aktuelle Situation auf dem entsprechenden räumlichen und sachlichen Teilmarkt, da der Erfolg der Vermietung und des Verkaufs ohne strukturelle Veränderungen an der Immobilie von der Lage auf dem Immobilienmarkt und damit vom Verlauf von Immobilienzyklen abhängt. Kann wegen eines temporären Angebotsüberschusses auf dem lokalen Immobilienmarkt der erwartete Verkaufspreis nicht erzielt werden, besteht die Möglichkeit, die Immobilie zu vermieten oder ein Redevelopment durchzuführen. Geht dagegen ein Nachfrageüberschuss mit hohen Verkaufspreisen einher, kann die Strategie des Verkaufs vorteilhaft sein [32].

Aktuelle Teilmarktsituation

Kriterien der Verwertungsalternativen

Vermietung	Verkauf	Redevelopment
• Kontrolle • Liquiditätsschöpfung • Opportunitätskosten • Marktabhängigkeit • usw.	• Kapitalfreisetzung • Verbesserung des Jahresergebnisses • keine Inanspruchnahme von Ressourcen • Marktabhängigkeit • usw.	• Immobilienaufwertung • Know-how- und Ressourcenbedarf • Ausweitung des Kerngeschäfts • usw.

Abb. 6: Kriterien der Verwertungsalternativen

Wichtiger Bestandteil der unternehmensbezogenen Kriterien ist die strategische Zielsetzung der Non-Property-Company. Während bei der Alternative des Verkaufs das betriebliche Immobilienmanagement einzig auf die Unterstützung des Kerngeschäftes ausgerichtet ist, kann sich die Unternehmung mit den Strategien der Vermietung oder des Redevelopments auf ein Geschäftsfeld außerhalb des Kerngeschäftes begeben [33]. Daher ist bei der Entscheidungsfindung zu berücksichtigen, ob eine Ausweitung der Aktivitäten in Einklang mit der Unternehmensstrategie steht. Anhand der immobilienbezogenen Entscheidungskriterien lässt sich ersehen, ob eine flexible Anpassung der bisherigen Flächenbereitstellung und -nutzung an die sich ändernden Anforderungen des Kerngeschäftes erfolgen kann. Wesentliche Aspekte sind hierbei die Einsatzflexibilität, Reversibilität sowie die Drittverwendungsfähigkeit der Immobilien und ihrer Nutzung.

Unternehmensstrategie

Als Zwischenergebnis lässt sich zu dem Bereich der Immobilienverwertung festhalten, dass der Erfolg der Verwertungsstrategien maßgeblich von der

Situation und der Entwicklung von Immobilienzyklen abhängt. Durch sie wird nicht nur die Höhe der Mieterträge oder Verkaufspreise bestimmt, sondern auch die Verwertbarkeit der Immobilien. Immobilienzyklen beeinflussen somit:

- die grundsätzliche Möglichkeit, einzelne Strategien zu dem Verwertungszeitpunkt wählen zu können,
- die wirtschaftliche Vorteilhaftigkeit der verschiedenen Strategien,
- die qualitative Beurteilung der Verwertungsalternativen.

```
                    Evaluierung der Verwertungsalternativen
                    ┌──────────────────┴──────────────────┐
            quantitative Kriterien              qualitative Kriterien
                    │                    ┌─────────────┼─────────────┐
         vollständiger Finanzplan   umweltbezogene  unternehmens-  immobilien-
                                      Kriterien    bezogene       bezogene
                                                   Kriterien      Kriterien
                                   • Situation auf • Strategie    • Verwertungs-
                                     dem           • Immobilien-    potenzial
                                     Immobilien-     Know-how     • Drittverwendungs-
                                     markt         • Liquidität     fähigkeit
                                   • Konkurrenz-     und          • usw.
                                     situation      Flexibilität
                                   • usw.         • usw.
                                            ↓         ↓            ↓
                              Zusammenführung in einer Nutzwertanalyse
```

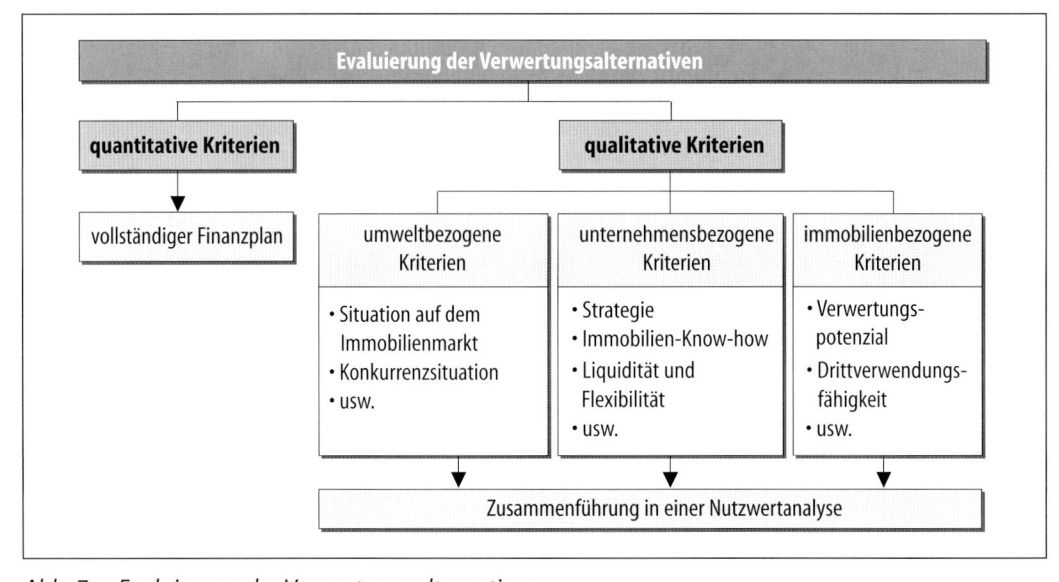

Abb. 7: Evaluierung der Verwertungsalternativen

3. Fazit

Einfluss in unterschiedlicher Intensität

Im Rahmen des CREM werden die unternehmerischen Entscheidungen durch die Situation im Immobilienzyklus in unterschiedlicher Intensität beeinflusst. Während die Standortwahl maßgeblich durch das Kerngeschäft geprägt und die Entscheidung über die optimale Leistungstiefe im Facilities Management von der Unternehmensführung getroffen wird, ist bei den Phasen der Immobilienbereitstellung und -verwertung eine enge Abhängigkeit von Immobilienzyklen gegeben. Die Immobiliennutzungskosten wie auch die Verwertungserlöse werden durch die aktuelle Situation im Immobilienzyklus bestimmt.

In der unternehmerischen Praxis lässt sich beobachten, dass die Potenziale von Immobilienzyklen bisher von den meisten Non-Property-Companies nicht aktiv genutzt werden. Durch eine stärkere Einbeziehung der Erkenntnisse über zyklische Schwankungen ließen sich Unternehmens- und Immobilienstrategie besser aufeinander abstimmen, immobilienbezogene Kosten reduzieren, Verwertungserlöse optimieren und den Anforderungen des Kerngeschäfts ließe sich besser Rechnung tragen.

4. Literaturverzeichnis

[1] Vgl. Silverman, R.: Preface, in: Silverman, R. A. (Hrsg.): Corporate Real Estate Handbook, Baskerville 1987, S. XI.

[2] Vgl. Straßheimer, P.: Internationales Corporate Real Estate Management – Implikationen der Internationalisierung von Unternehmen auf das betriebliche Immobilienmanagement, Diss., in: Schulte, K.-W. (Hrsg.): Schriften zur Immobilienökonomie, Bd. 12, Köln 1999, S. 73.

[3] Vgl. Roland Berger & Partner, Neue Wege der betrieblichen Immobiliennutzung durch Corporate Real Estate-Management, nicht veröffentlichte Studie, München, S. 5.

[4] Vgl. Brown, R. et al.: Managing Corporate Real Estate, New York 1993, S. 5; Joroff, M. et al.: Strategic Management of the Fifth Ressource: Corporate Real Estate, Industrial Development Research Foundation, o. O. 1992, S. 23.

[5] Vgl. Schäfers, W.: Strategisches Management von Unternehmensimmobilien – Bausteine einer theoretischen Konzeption und Ergebnisse einer empirischen Untersuchung, in: Schulte, K.-W. (Hrsg.): Schriften zur Immobilienökonomie, Bd. 3, Köln 1997, S. 81.

[6] Vgl. Ernst & Young AG (Hrsg.): Corporate Real Estate 2000 European Survey, Industrial Development Research Council, o. O. 1996, S. 2.

[7] Vgl. Schäfers, W., a. a. O., S. 26 und 30.

[8] Vgl. Straßheimer, P., a. a. O., S. 83.

[9] Vgl. Straßheimer, P., a. a. O., S. 83.

[10] Vgl. Rottke, N./Wernecke, M.: Endogene Mechanismen: Marktmechanismen begünstigen Überreaktionen „nach oben" und „nach unten", in: Immobilien Zeitung, Nr. 15, 2001, S. 9.

[11] Vgl. Küpper, W.: Standortentscheidungsprozesse transnationaler industrieller Großunternehmen, in: Lück, W./Trommsdorff, V. (Hrsg.): Internationalisierung der Unternehmung als Problem der Betriebswirtschaftslehre, Berlin 1982, S. 44.

[12] Vgl. Stein, I.: Die Theorien der Multinationalen Unternehmung, in: Schoppe, S. (Hrsg.): Kompendium der internationalen Betriebswirtschaftslehre, 3. Aufl., München/Wien 1994, S. 119.

[13] Vgl. Lüder, K.: Standortwahl: Verfahren zur Planung betrieblicher Standorte, in: Jacob, H. (Hrsg.): Betriebswirtschaftslehre, 4. Aufl., Wiesbaden 1990, S. 36.

[14] Vgl. Straßheimer, P., a. a. O., S. 91 f.

[15] Vgl. Alexander, A. A./Muhlebach, R. F.: Managing and Leasing Commercial Properties, New York 1990, S. 236.

[16] Vgl. Straßheimer, P., a. a. O., S. 93.

[17] Vgl. Tacke, H.: Leasing, 2. Aufl., Stuttgart 1993, S. 207.

[18] Vgl. Straßheimer, P., a. a. O., S. 94.

[19] Vgl. Gabele, E./Dannenberg, J./Kroll, M.: Immobilien-Leasing: Vertragsformen, Vor- und Nachteile, steuerliche Analyse, 2. Aufl., Wiesbaden 1995, S. 26.

[20] Vgl. Nourse, H.: Corporate Real Estate Ownership as a Form of Vertical Integration, in: Real Estate Review, Vol. 20, Nr. 3, 1990, S. 68.

[21] Vgl. Diederichs, C.: Grundlagen der Projektentwicklung, in: Schulte, K.-W. (Hrsg.): Handbuch Immobilien-Projektentwicklung, Köln 1996, S. 29.

[22] Vgl. Straßheimer, P., a. a. O., S. 97.

[23] Vgl. Schulte, K.-W.: Betriebliche Finanz- und Investitionsplanung, in: Datenverarbeitung, Steuer, Wirtschaft, Recht, 8. Jg., 1991, Sonderheft, S. 103.

[24] Vgl. Nicolai, C.: Die Nutzwertanalyse, in: Das Wirtschaftsstudium, 23. Jg., Nr. 5, 1994, S. 423; Schulte, K.-W.: Wirtschaftlichkeitsrechnung, 4. Aufl., Heidelberg/Wien 1985, S. 177.

[25] Vgl. Straßheimer, P., a. a. O., S. 100.

[26] Pierschke, B.: Facilities Management, in: Schulte, K.-W./Schäfers, W. (Hrsg.): Handbuch Corporate Real Estate Management, Köln 1998, S. 280.

[27] Vgl. Straßheimer, P., a. a. O., S. 102.

[28] Vgl. Bergsman, S.: Corporate Real Estate Managers Become Reluctant Disciples of Downsizing, in: National Real Estate Investor, Vol. 36, Nr. 2, 1994, S. 84.

[29] Vgl. Straßheimer, P., a. a. O., S. 110.

[30] Vgl. Nourse, H. O./Kingery, D.: Marketing Surplus Corporate Real Estate, in: Industrial Development, Vol. 156, Nr. 4, 1987, S. 22.

[31] Vgl. Nourse, H. O./Kingery, D., a. a. O., S. 23.

[32] Vgl. Straßheimer, P., a. a. O., S. 112 f.

[33] Vgl. Nourse, H. O./Kingery, D., a. a. O., S. 23.

8 Immobilienmarketing

Stephan Kippes
Philipp Bach

Inhaltsverzeichnis

1.	Einleitung	306
2.	Zyklen und Wettbewerbskräfte in der Immobilienwirtschaft	307
2.1	Baisse	307
2.2	Boom	308
3.	Doppeltes Marketing	308
4.	Strategischer Marketingansatz	309
5.	Marketinginstrumente	311
5.1	Produktpolitik	311
5.2	Servicepolitik	314
5.3	Kommunikationspolitik	317
5.4	Absatzwegepolitik	320
5.5	Preispolitik	322
6.	Zusammenfassung und Handlungsempfehlung	324
7.	Literaturverzeichnis	325

1. Einleitung

Wechsel vom Verkäufer- zum Käufermarkt

Das folgende Kapitel wird sich mit einem weiteren Managementaspekt der Immobilienwirtschaft auseinander setzen, dem Immobilienmarketing. Dieser Aspekt des Immobilienmanagements ist in letzter Zeit in vielen Marktsegmenten immer weiter in den Vordergrund des Geschehens hervorgestoßen, bedingt durch einen spürbaren Wechsel vom Verkäufer- zum Käufermarkt, welcher sich in gestiegenen und differenzierteren Anforderungen der Mieter abzeichnet. Gleichzeitig wird Marketing vielfach noch „mit Werbung oder Kommunikationspolitik gleichgesetzt. Dabei umfasst Marketing wesentlich mehr" [1], nämlich die Preis-, Absatzwege- und Produktpolitik, wobei bei Letzterer je nach Fokus der Betrachtung die Servicepolitik aus der Produktpolitik ausgegliedert und als eigener Teilbereich gesehen werden kann.

Marketing in unterschiedlichen Zyklusphasen

Für ein effektives Immobilienmarketing ist der Einfluss von Immobilienzyklen, ihren Wirkungsweisen und hieraus erwachsenden Chancen und Risiken nicht zu unterschätzen. In diesem Zusammenhang gilt es demzufolge zu klären, wie das Wissen um die zyklischen Bewegungen in den Entscheidungsprozess des Marketings mit einbezogen werden kann, aber auch, wie ein Marketing in den unterschiedlichen Zyklenphasen eingesetzt werden sollte.

Ziel dieses Kapitels ist es, zum einen den Zusammenhang zwischen Immobilienmarketing und Immobilienzyklen darzulegen und zum anderen dem Praktiker einen Ansatz an die Hand zu geben, der es ihm mittels eines gezielten Einsatzes der Marketinginstrumente ermöglicht, den zyklischen Bewegungen des Immobilienmarktes entgegenzuwirken.

Vor der Analyse der fünf Teilpolitiken werden in den Abschnitten 2 und 3 kurz die für Immobilienzyklen relevanten Grundlagen des Marketings erläutert.

2. Zyklen und Wettbewerbskräfte in der Immobilienwirtschaft

Immobilienzyklen müssen zu Marketingzwecken vor dem Hintergrund der Wettbewerbskräfte in der Immobilienwirtschaft untersucht werden. Wenn man von den „Extremphasen", d. h. Boom oder Baisse, ausgeht, zwischen denen die übrigen Zyklenphasen angesiedelt sind, gibt es hier je nach Zyklenlage erhebliche Verschiebungen.

Extremphasen Boom und Baisse

Quelle: Kippes, S.: Professionelles Immobilienmarketing, S. 6

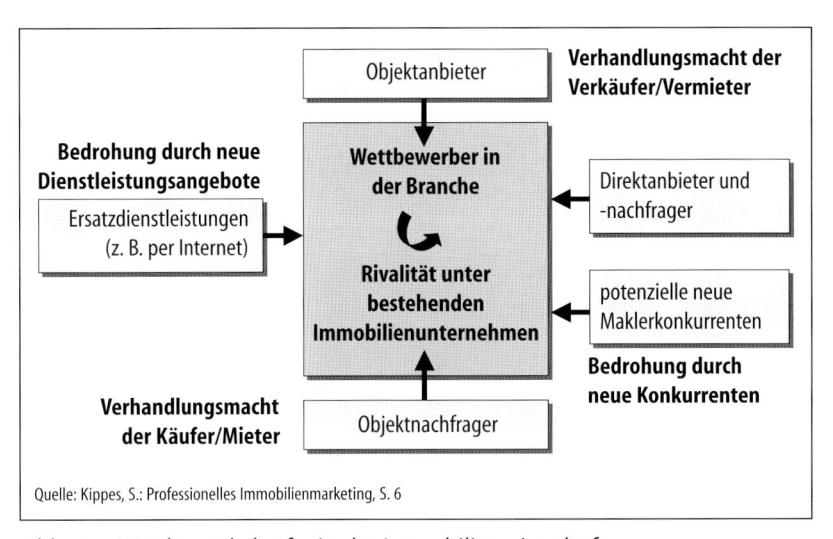

Abb. 1: Wettbewerbskräfte in der Immobilienwirtschaft

2.1 Baisse

Auf der einen Seite ist in der Baisse die Handlungsmacht der Objektanbieter deutlich schwächer, was Immobilienunternehmen einerseits erleichtert, Provisionen auf der Eigentümer- bzw. Vermieterseite durchzusetzen; gleichzeitig können Immobilienunternehmen hier auch nachhaltiger mit dem Ablehnen eines Auftrages „drohen" bzw. diesen dann auch wirklich ablehnen, wenn die Angebotsbedingungen nicht marktgerecht sind.

Handlungsmacht der Objektanbieter schwächer

Diese Entwicklung korrespondiert mit einer stärkeren Marktmacht der Objektnachfrager, die sich einerseits in deren sinkender Bereitschaft äußert, die Courtage zu tragen, andererseits auch in einem teilweise preisaggressiven Verhalten. Verbunden ist diese Situation häufig mit einer deutlich längeren Vermarktungsdauer; Kauf- bzw. Mietinteressenten sind nicht gezwungen, innerhalb kurzer Zeit zu entscheiden, und gehen vielfach davon aus, durch gezieltes Hinwarten weitere Zugeständnisse abtrotzen zu können.

In der Baissephase findet häufig eine Marktbereinigung hinsichtlich der Wettbewerber in der Branche statt, d. h. schwächere Immobilienunternehmen werden vom Markt verdrängt; die Stärke dieser Entwicklung hängt von der Ertragssituation in der Boomphase, der Länge der Baissephase und der Dynamik der vorausgehenden Abwärtsbewegungen ab. In dieser Situation ist die

Immobilienwirtschaft auch für die Gründung neuer Immobilienunternehmen weniger attraktiv.

2.2 Boom

Dominanz der Objektanbieter

In der Boomphase ist eine Dominanz der Objektanbieter festzustellen, was deren Bereitschaft zur Provisionszahlung gegenüber dem Makler reduziert – wiewohl es unabhängig von der Marktsituation vielfach sinnvoll wäre, wie in anderen europäischen Ländern und auch im angelsächsischen Bereich seitens des Objektanbieters die Provisionszahlung zu übernehmen. Dies würde die Vermarktung käuferseits deutlich erleichtern und andererseits auch den vielfach herrschenden Interessenwahrnehmungsgepflogenheiten entsprechen.

Die Boomphase ist geprägt durch die Gründung neuer Immobilienunternehmen bzw. den Markteintritt anderer Immobilienunternehmen, die dann klassische immobilienwirtschaftliche Tätigkeiten übernehmen. Gerade in der Baissephase ist ein verstärkter Rationalisierungsprozess festzustellen, der sich insbesondere in einem verstärkten Einsatz von neuen EDV-Technologien bzw. der Nutzung von Internetportalen niederschlägt. Gerade in der Baissephase ist eine Bedrohung durch neue Dienstleistungsangebote, d. h. Ersatzdienstleistung, weniger gegeben, da in diesen schwierigen Vermarktungszeiten eine Tätigkeit, die den spezifischen Vermarktungsproblemen Rechnung trägt, besonders gefragt und notwendig ist.

Ausgehend von diesen Rahmenbedingungen soll nun das doppelte Marketing in der Immobilienwirtschaft analysiert werden.

3. Doppeltes Marketing

Das Marketing von Immobiliendienstleistungen umfasst im Gegensatz zu vielen anderen Branchen zwei verschiedene Stoßrichtungen:

- bei Maklern, Hausverwaltern und Sachverständigen zum einen das eigene Marketing des Immobilienunternehmens (originäres Marketing) für seine eigene Dienstleistung,
- bei Maklern darüber hinaus zum anderen das Marketing für ihre Kunden (derivates Marketing). Im Zentrum steht in diesem Fall Marketing für das Objekt, d. h. die Immobilie [2].

Abbildung 2 verdeutlicht in diesem Zusammenhang exemplarisch das doppelte Marketing von Maklerunternehmen.

Tätigkeit auf beiden Seiten des Absatzkanals

Im Gegensatz zu vielen anderen Branchen handelt es sich in der Immobilienwirtschaft, speziell bei Maklerunternehmen, also nicht nur um ein einzelnes Marketing, denn Maklerunternehmen müssen auf beiden Seiten des Absatzkanals ein intensives Marketing betreiben. Soweit sie auf der einen oder anderen Seite, d. h. gegenüber dem Objektanbieter bzw. -nachfrager, erfolgreich waren, ist es ihre Aufgabe, den Absatzkanal in die andere Richtung entsprechend mit oder ohne Absatzmittler zu strukturieren. Sachverständige dagegen zielen mit ihrem Marketing nur in Richtung des eigenen Unternehmens.

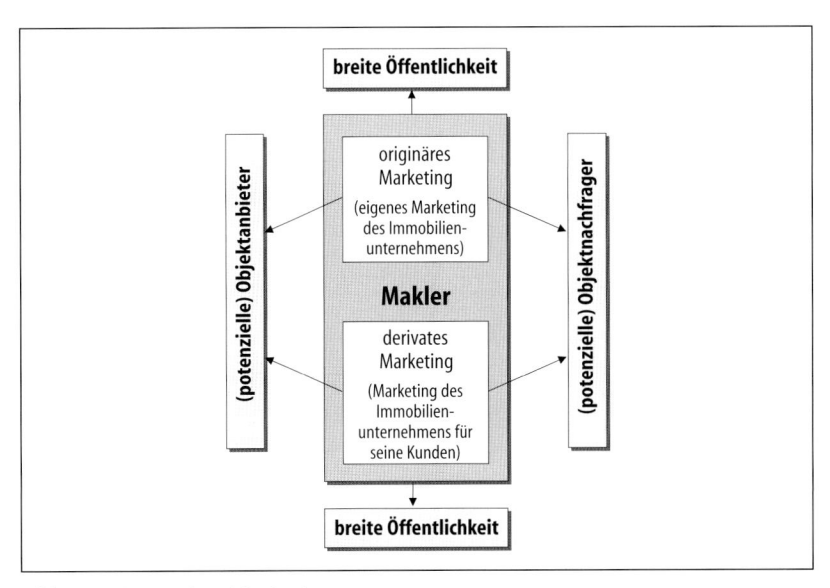

Abb. 2: Doppeltes Marketing

Auch bei Bauträgern kann man von einer Art doppeltem Marketing ausgehen, da diese, um überhaupt ein Projekt durchführen zu können, auf die Akquisition von entsprechendem Baugrund angewiesen sind, was gerade in interessanten Lagen ausgesprochen schwierig ist.

Diese Marketingfelder, das originäre und derivate Marketing, zielen in erster Linie auf potenzielle Käufer/Verkäufer, Mieter/Vermieter, Kapitalanleger sowie Bauträger; damit also auf zwei Marktrichtungen: auf den Markt der Objektanbieter und den der Nachfrager. Die Marketingstoßrichtungen müssen, insbesondere im Hinblick auf das Auftreten des Immobilienunternehmens auf beiden Märkten, unbedingt aufeinander abgestimmt werden. Es ergibt sich dabei zwangsläufig ein Marketingmix.

Originäres und derivates Marketing

4. Strategischer Marketingansatz

Bei dem strategischen Marketingansatz handelt es sich um die gewünschte Soll-Situation am deutschen Immobilienmarkt. Das strategische Marketing findet eine starke Anlehnung an das strategische Management. Die Übergänge sind fließend, wobei durch die strategische Unternehmensplanung die grundsätzliche Stoßrichtung vorgegeben wird [3] (eine Erläuterung der Begriffe strategische Unternehmensplanung und strategisches Management findet sich bei Kreikebaum [4]). Aufgrund dieses Zusammenhangs kann das strategische Immobilienmarketing als Prozess der Planung, Steuerung und Kontrolle der Marketingmaßnahmen mit dem Ziel der langfristigen Unternehmenssicherung verstanden werden. Die Aufgaben des strategischen Marketings bestehen in der Erfolgssicherung, Chancenidentifikation, Komplexitätsreduktion, Flexibilitätserhöhung und Schaffung von Synergieeffekten [5].

Anlehnung an das strategische Management

```
┌─────────────────────────────────────────┐
│              Planungsanstoß             │
│                    ↕                    │
│             Situationsanalyse           │ ┐
│                    ↕                    │ │ konzeptionelle
│              Zielplanung                │ │ Phase
│                    ↕                    │ │
│            Strategieplanung             │ ┘
│                    ↕                    │
│           Marketinginstrumente          │ ┐ gestalterische
│                    ↕                    │ ┘ Phase
│          Kontrolle des Marketings       │
└─────────────────────────────────────────┘
```

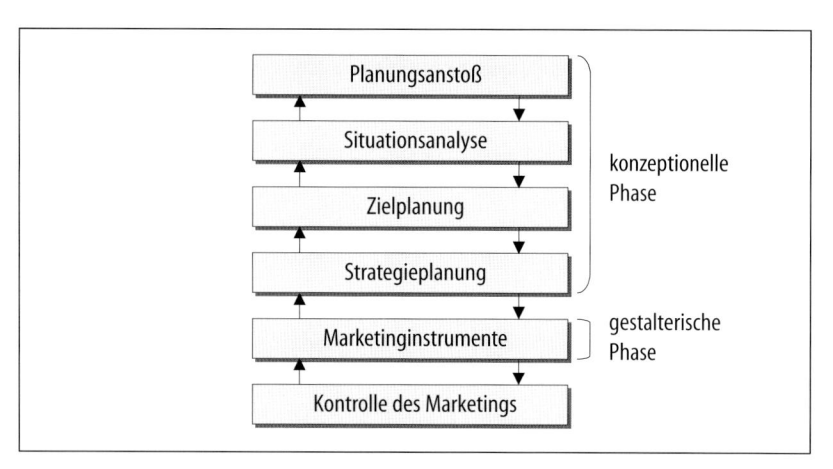

Abb. 3: Strategischer Marketingprozess

Sechs Ebenen — Der strategische Marketingprozess umfasst sechs Ebenen: Planungsanstoß, Situationsanalyse, Zielplanung, Strategieplanung, Marketinginstrumente und Kontrolle des Marketings. Hierbei lässt sich eine Unterteilung in eine konzeptionelle Phase (Phase eins bis vier) und eine Gestaltungsphase (Phase fünf) vornehmen (vgl. Abbildung 3) [6]. Trotz der im weiteren Verlauf noch zu erläuternden formalen Planungsabfolge ist an dieser Stelle festzuhalten, dass das strategische Immobilienmarketing flexibel angelegt sein muss, um auf die Veränderungen in einem dynamischen Immobilienmarkt reagieren zu können. Des Weiteren soll dieser Marketingansatz nicht das unternehmerische Gespür ersetzen, sondern lediglich die Abhängigkeit von Zufallstreffern mindern.

Planungsanstoß und Situationsanalyse — Als erster, wichtiger Schritt des strategischen Immobilienmarketings im Anschluss an den eigentlichen Planungsanstoß ist die Situationsanalyse zu nennen. Das Ziel ist es, durch eine sorgfältige und umfassende Analyse entscheidende Entwicklungen zu prognostizieren [7]. Der Marktforschung kommt dadurch eine hohe Bedeutung zu. Gegenstand der Untersuchung sind hierbei nicht nur das Unternehmen und potenzielle Kunden, sondern es gilt, eine ganzheitliche Betrachtung anzuwenden.

Zielplanung — Nachdem durch die Situationsanalyse der Ausgangszustand festgehalten wurde, ist mittels der Zielplanung der angestrebte Zustand festzulegen. Bei der Definition der Ziele sollten alle Unternehmensebenen mit einbezogen werden. Es entsteht auf diese Weise eine Zielpyramide [8]. Die Festlegung dieses Zielsystems gewinnt vor dem Hintergrund der Interessenvielfalt in einem Unternehmen seine Bedeutung. Bei einem derartig pluralistischen Zielsystem würde andernfalls die Unternehmensführung zu einem „Muddling through" zu degenerieren drohen [9].

Strategieplanung — Nach der Festlegung der Ziele schließt sich die Strategieplanung an. Die Strategie soll einer längerfristigen Sicherung des Unternehmenserfolges dienen, indem sie eine Art Bindeglied zwischen den Ergebnissen aus der Situationsanalyse, den gesetzten Zielen und den resultierenden Maßnahmen darstellt [10]. Es handelt sich um mittel- bis langfristig bindende Grundsatzentscheidungen über Schwerpunkte und Stoßrichtung der Unternehmensaktivitäten. Ziel einer

Strategie ist es, eine „Unique Selling Proposition" zu erstellen und zu halten, welche eine Differenzierung von der Konkurrenz ermöglicht [11].

An die Strategieplanung schließt sich die Gestaltungsphase an, die sich mit der Wahl der Marketinginstrumente beschäftigt. Hierbei gilt es, Entscheidungen bezüglich der Produktpolitik, Servicepolitik, Kommunikationspolitik, Distributionspolitik und Kontrahierungspolitik zu treffen [12]. Die folgenden Abschnitte werden sich noch ausführlich mit den einzelnen Instrumenten und deren Anwendung beschäftigen.

Marketing-instrumente

Wichtig für den gesamten strategischen Marketingprozess ist die abschließende Kontrollphase. Es handelt sich hierbei um den Vergleich von Soll- und Ist-Werten, welcher Rückschlüsse auf die Marketingarbeit erlaubt.

Kontrollphase

Dieses Marketing-Controlling gewinnt vor dem Hintergrund der wachsenden Komplexität des Immobilienmarktes zunehmend an Bedeutung. Es besitzt eine Koordinations-, Informations-, Steuerungs- und Frühwarnfunktion zur fortwährenden Erfolgssicherung des Unternehmens [13]. Folglich wird an dieser Stelle deutlich, dass die Aufteilung in verschiedene Planungsebenen keine strikte Trennung der zeitlichen Teilbereiche bedeutet. Vielmehr bestehen Vor- und Rückkopplungsprozesse, die eine kritische Reflexion der vorangegangenen Schritte erlauben [14].

Es lässt sich die folgende Bilanz ziehen: Immobilienmarketing kann als ausschließlich kurzfristiges und vertriebsorientiertes Instrument keine Wunder bewirken. Es ist ein ganzheitlicher, strategischer und somit langfristiger Marketingansatz zu verfolgen. Ein solcher Ansatz ist aufgrund seiner Langfristigkeit den zyklischen Bewegungen der Immobilienmärkte ausgesetzt. Im Folgenden werden nun die Zusammenhänge zwischen den zyklischen Bewegungen der Märkte und dem Immobilienmarketing genauer betrachtet. Der Fokus liegt hierbei auf der Gestaltungsphase.

5. Marketinginstrumente

5.1 Produktpolitik

Bevor dieser Abschnitt auf die Auswirkungen der zyklischen Marktbewegungen auf diesen Teilaspekt des Marketingmix eingeht, sind die Grundlagen der Produktpolitik kurz zu erläutern. Bei der Produktpolitik handelt es sich um ein traditionelles Teilgebiet des Marketings, wobei sie im Rahmen des gesamten Marketingmix eine dominante Stellung einnimmt. Alle anderen Teilpolitiken bauen auf den an dieser Stelle getroffenen Entscheidungen auf. Der Fokus der Produktpolitik ruht auf dem Vermarktungsgegenstand, der Immobilie selbst. In diesem Rahmen werden Entscheidungen hinsichtlich der Beschaffung, Entwicklung und Gestaltung der Immobilie getroffen.

Traditionelles Teilgebiet des Marketings

Die Produkt- oder auch Angebotspolitik des Immobilienunternehmens ist die konsequente, kontrollierte Ausrichtung einerseits des Objektsortiments (d. h. Objektauswahlpolitik) und andererseits der immobilienwirtschaftlichen Dienstleistungen, speziell seiner Service- und Konditionenpolitik, auf die Anforderungen, die vom Markt her an das Immobilienunternehmen herangetragen werden [15].

Fragen produkt-politischer Entscheidungen

Im Einzelnen beziehen sich produktpolitische Entscheidungen auf Fragen der Sortimentspolitik, Standortwahl, Formen der Akquisition, Objektgestaltung, Ausstattung, Nutzungsflexibilität sowie der Markenpolitik [16]. Hierbei sollten nicht alleine die physikalisch-technischen Aspekte, sondern auch der Nutzerbedarf mit eingebunden werden. Letzterer entscheidet maßgeblich über den Erfolg der Immobilie [17]. Es ist an dieser Stelle festzuhalten, dass die Produktpolitik eines der wichtigsten Instrumente zur Schaffung von einzigartigen Leistungsangeboten verkörpert, welche das eigene Produkt von der Konkurrenz abheben sollen [18]. Die Suche nach einem Erfolgskonzept bei der Produktpolitik stellt sich jedoch als durchaus anspruchsvoll heraus. Jede Immobilie ist ein Unikat und die Zielsetzungen der Interessengruppen variieren oft. Angesichts der heute zunehmenden Angebotserweiterung durch Dienstleistungen wird die Produktpolitik oft zusammen mit der Servicepolitik unter dem Begriff der Leistungspolitik zusammengefasst. Es besteht also ein enger Zusammenhang zwischen diesen beiden Komponenten des Marketingmix [19].

Es stellt sich nun die Frage, wie sich die Schwerpunkte im zeitlichen Verlauf verlagern. Betrachtet man zunächst die Verwendung der Produktpolitik entlang des Produktlebenszyklus der Immobilie, so lässt sich erkennen, dass die Produktpolitik vornehmlich in Phasen eingesetzt wird, in denen eine neue Nachfrage generiert werden muss (vgl. Abbildung 4). Bei Beginn eines neuen Projektes müssen in der ersten Phase die produktpolitischen Grundlagen gelegt werden, welche zu einer vollständigen Erstvermietung führen. In der Leerstandsphase, der Umstrukturierungsphase und schließlich auch der Abrissphase ist es aufgrund einer abgesunkenen Nachfrage die Aufgabe der Pro-

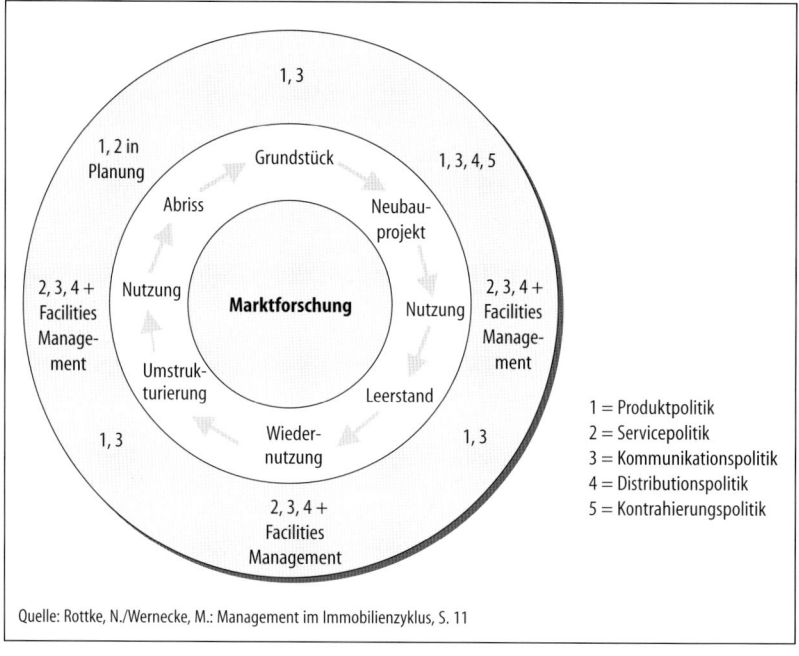

Abb. 4: Marketingmix im Verlauf des Immobilienlebenszyklus

duktpolitik, durch Produktmodifikationen eine neue Nachfrage zu generieren [20].

Dieses Anwendungsmuster lässt sich im Folgenden auch auf den Immobilienzyklus übertragen. Der Immobilienzyklus durchläuft Phasen des Angebotsüberhangs (Baisse) und Phasen des Nachfrageüberhangs (Boom). In der Baisse ist es angesichts der gesunkenen Nachfrage besonders wichtig, dass sich das eigene Objekt durch eine gute Platzierung am Markt von den Objekten der Wettbewerber abhebt. Produktpolitische Maßnahmen können hier maßgeblich zu einer Differenzierung des Produktes beitragen. Das Ziel ist es, durch diese Differenzierung den Marktanteil zu erhöhen. Qualität und Lage sind in diesem Zusammenhang zwei wichtige Faktoren, denn in der Vergangenheit hat sich gezeigt, dass in Phasen des Überangebotes als Erstes die Flächen in guten Lagen vermietet werden.

Übertragen des Anwendungsmusters

Der konservative deutsche Anlegermarkt bietet einem risikofreudigen Marktteilnehmer zusätzlich eine besonders gute Möglichkeit zur Differenzierung. Der Großteil der Initiatoren und Kapitalanleger sucht sichere Kapitalanlagen und erweist sich somit als risikoavers. Es wird auf bewährte Produkte gesetzt und somit wird Sicherheit über eine gute Rendite gestellt. Der Immobilienzyklus wird von diesen Marktteilnehmern als unabänderbare Größe angesehen und fallende Erträge in der Baisse werden als gegeben hingenommen. In einer derartigen Situation bietet sich für „innovative Schnellboote" eine Chance, durch neue Produkte, die sich am Nutzer orientieren, diese „großen Tanker" zu überholen [21].

Bei produktpolitischen Veränderungen ist jedoch besonders in der Baisse auch Vorsicht geboten, da Fehlentscheidungen nicht durch einen Nachfrageüberschuss abgefedert werden. Es besteht die Gefahr, die eigenen Kompetenzgrenzen zu überschreiten. Unüberlegtes Handeln könnte hier mehr Schaden anrichten als Gewinn schaffen. Es ist nicht einfach, zukünftige Nutzungsanforderungen richtig vorherzusagen. Ein gutes Beispiel ist der bereits verebbte E-Commerce-Boom. Für viele Marktteilnehmer war es nicht vorauszusehen, dass dieser Trend derartig abrupt zu Ende gehen würde. Es gilt demzufolge, Modeerscheinungen, wie z. B. den Boom der CinemaxX-Theater in 1994 und 1995, rechtzeitig zu erkennen und zu meiden. Außerdem ist darauf zu achten, dass die Gefahr einer fehlenden Drittverwendungsmöglichkeit mit dem Spezialisierungsgrad der Immobilie ansteigt. Antizipiert man jedoch richtig, können Projekte wie die Frankfurter Welle in Frankfurt am Main durchaus zum Erfolg führen. Hier wurden letztendlich durch die richtige Vorhersage von Nutzeranforderungen Topmietpreise erzielt.

Vorsicht in der Baisse

Die alleinige Konzentration der Produktpolitik auf die Baisse ist jedoch noch nicht ausreichend. Auch in Boomphasen kommt ihr eine besondere Bedeutung zu. Betrachtet man den Produktlebenszyklus, so wird deutlich, dass die Entscheidungsflexibilität bezüglich der Produktpolitik mit dem Fortschreiten der Entwicklung eines Projektes entscheidend abnimmt. Während zu Beginn des Projektes noch viele Entscheidungsaspekte veränderbar sind, werden Veränderungen des Produktes gegen Fertigstellung zunehmend schwieriger. Zu der Frage der Durchführbarkeit kommt der Kostenaspekt hinzu. Veränderungen am fertigen Produkt sind, wenn überhaupt, nur unter sehr hohen finanziellen

Abnehmende Entscheidungsflexibilität

Aufwendungen durchführbar. Es kann also in Bezug auf die Produktpolitik zwischen Neubauprojekten und bereits bestehenden Immobilien unterschieden werden. Der Aktionsradius ist bei Neubauprojekten erheblich höher, wohingegen bei bestehenden Objekten nur geringfügige Anpassungen vorgenommen werden können.

Aus dieser im zeitlichen Verlauf abnehmenden Entscheidungsflexibilität folgt, dass besonders bei Neubauprojekten die produktpolitischen Entscheidungen wohl durchdacht sein müssen, da hier die Grundlagen für den gesamten Lebenszyklus der Immobilie beschlossen werden. Es sind Entscheidungen bezüglich der Sortimentsbreite und -tiefe sowie des Standorts zu treffen [22]. Es muss von Anbeginn an, völlig unabhängig vom Immobilienzyklus, ein solider Grundstein gelegt werden. Leider werden in diesem Bereich immer noch die gravierendsten Fehler gemacht. Wird aufgrund der starken Nachfrage im Boom die Produktpolitik bei einem Neubauprojekt vernachlässigt, kann sich dies auf die Performance der Immobilie in der Baisse auswirken. Hierbei gilt es, besonders auf die Nutzenflexibilität des Objektes zu achten, da diese in der Baisse zur Anpassung des Produktes unerlässlich ist [23]. Unabhängig davon, ob das Projekt nach der Fertigstellung zum Verkauf angeboten wird oder nicht, wirkt sich eine mangelnde Nutzenflexibilität entweder auf die Weitervermietung oder den Verkaufspreis aus. Produktpolitischen Entscheidungen kommt folglich auch in Phasen des Angebotsüberhangs eine wichtige Bedeutung zu.

Wichtigkeit der Produktpolitik im gesamten Lebenszyklus

Es lässt sich festhalten, dass die Produktpolitik im gesamten Verlauf des Lebenszyklus eine Rolle spielt. Sie erstreckt sich von der Konzeption über die Vermarktung bis hin zur Projektsteuerung. Sicherlich geben die produktpolitischen Entscheidungen der Konzeptionsphase die grundlegende Richtung an, es sollte jedoch weiterhin eine notwendige Sensibilität an den Tag gelegt werden, die es ermöglicht, Veränderungen der Nutzeranforderungen zu erkennen und dementsprechende produktpolitische Entscheidungen zu treffen [24]. Um derartige Veränderungen wahrzunehmen, ist im gesamten Verlauf des Produktlebenszyklus ein intensiver Kontakt zum Kunden zu unterhalten. Die Produktpolitik ist dementsprechend langfristig und kontinuierlich ausgerichtet und erstreckt sich entlang des Produktlebenszyklus über alle Phasen des Immobilienzyklus hinweg. Sie eignet sich weniger als opportunes Instrument für den Einsatz in der Baisse, da der Mangel an Flexibilität im Vergleich zu anderen Instrumenten sowie die langen Entwicklungszeiten, welche die Implementierungszeiten einer produktpolitischen Entscheidung verlängern, einer derartigen Verwendung entgegenstehen. Dennoch spielt sie, langfristig ausgelegt, die entscheidende Rolle bei der Differenzierung des Produktes auf dem Markt und führt somit, richtig angewendet, zu einem erhöhten Marktanteil. Eine gute Positionierung des Produktes ist eine Grundlage zur Reduktion der Einflüsse durch den Immobilienzyklus.

5.2 Servicepolitik

Produktvielfalt von Immobilienunternehmen

Die Produkte der Immobilienunternehmen sind Nachweis, Vermittlung, Immobilienverwaltung und Consulting (unmittelbar ertragsorientierte Leistungen) sowie Beratung, Betreuung und Service (mittelbar ertragsorientierte Leistungen) [25]. Die nicht unmittelbar ertragsorientierte Servicepolitik stellt, wie bereits erwähnt, eine Ergänzung zur allgemeinen Produktpolitik dar. Durch das Angebot von immateriellen Leistungen wird das Produkt abgerundet und somit der Kundennutzen gesteigert [26]. Es entsteht ein Zusatznutzen, wobei sich auch hier die Maßnahmen direkt am Kunden bzw. an dessen Bedürfnissen orientieren sollten. Es gilt, einen Servicemix zu finden, der den Erwartungen der Zielgruppe entspricht, wobei neben Art und Anzahl der Leistungen der Servicequalität eine ausschlaggebende Rolle zukommt [27].

Die Frankfurter Welle ist an dieser Stelle ein gutes Beispiel eines Projektes, das die Produkt- und Servicepolitik von Anfang an konsequent auf den Endnutzer ausgerichtet hat [28]. Die Steigerung des Nutzens wird durch besondere Leistungen im Bereich des Verkaufs-, Vermietungs- oder Facilities Managements erreicht [29]. Serviceleistungen besitzen vor allem in der heutigen Zeit eine hohe Relevanz, da sich die Arbeitswelt in den vergangenen Jahren stark gewandelt hat. Als Beispiel sind die Verschmelzungen von Arbeit und Freizeit sowie Leistung und Vergnügen zu nennen. Mit den steigenden Arbeitszeiten kommt das Verlangen nach Freizeitwerten am Arbeitsplatz auf. Die Servicepolitik kann hier einen bedeutenden Teil beisteuern.

Ergänzung zu eigentlichen Produkten

Bis Ende der 90er Jahre waren Serviceleistungen als Ergänzung des eigentlichen Produktes zum größten Teil vernachlässigt worden. Viele Kunden waren Kapitalanleger, die in der Immobilie lediglich steuerliche Vorteile sahen. Der eigentliche Mieternutzen geriet durch diese Betrachtungsweise völlig aus dem Sichtfeld der Betreiber von Immobilien. Mit der späteren Veränderung des Blickwinkels weg von dem Ziel der Steuerersparnis, hin zur Renditeentwicklung und Wertsteigerung als Anlagekriterium entstand das Verlangen nach neuen Konzepten. Diese sollten sich auf den Mieter und seine Bedürfnisse konzentrieren. Der RDM hat diesbezüglich festgestellt, dass die Mieterforderungen in Richtung eines erhöhten Dienstleistungsangebotes von Seiten der Vermieter oder Verwalter gehen. Individuelle Behandlung und schnelle Leistungen sind gefragt [30].

In einer schwierigen Marktlage gehen folglich immer mehr Immobilienanbieter dazu über, sich durch ein umfangreiches Serviceangebot hervorzuheben. Es gilt, dem Kunden maßgeschneiderte Servicepakete anzubieten. Im Gegensatz zur Produktpolitik ist die Servicepolitik sehr kurzfristig einsetzbar und stellt daher gerade in der Baisse ein flexibles Tool zur Differenzierung gegenüber der Konkurrenz bzw. ihren Produkten dar.

Frage der Durchführbarkeit

Es entsteht jedoch an dieser Stelle die Frage der Durchführbarkeit, denn in einem schwachen Markt befinden sich generell Anbieter und Nachfrager, also Mieter und Vermieter, in einer schlechten finanziellen Lage. Sinkende Märkte bedeuten sinkende Einkommen. Serviceleistungen verursachen jedoch Kosten, welche von einer der beiden Parteien übernommen werden müssen. Betrachtet man dieses Problem aus der Perspektive des Anbieters, so bedeutet eine Baisse sinkende Mieten, der erhöhte Kosten durch die zusätzlichen Servicekosten gegenüberstehen. Die Kostenschere geht in diesem Fall auf.

Des Weiteren könnten Dienstleistungen, welche in der Baisse kostenlos angeboten wurden, im Boom nicht oder nur relativ schwer kostenpflichtig gestaltet werden. Eine derartige Servicepolitik in der Baisse würde unökonomische Verträge im Boom bedeuten. Um dies zu vermeiden, wäre eine Konzentration auf kostenlose akquisitionsbezogene Serviceleistungen, wie z. B. Wirtschaftlichkeitsvergleiche, ratsam. Diese haben keine langfristige Wirkung auf die Kosten der folgenden Nutzungsphase. Betrachtet man die zusätzlichen Serviceleistungen in der Baisse aus der Mieterperspektive, so wird auch hier die gleiche Problematik deutlich. Eine Umwälzung der Servicekosten auf den durch die Baisse finanziell geschwächten Nachfrager wirkt sich negativ auf die Attraktivität der Immobilie aus. Denn in schwachen Marktphasen schaut der Mieter nicht nur auf den Preis, sondern auch auf die Nebenkosten. Die Soll-Größe, welche letztendlich von Interesse ist, ist Aufwand pro Jahr und Arbeitsplatz.

Eine mögliche Lösung dieser Kostenproblematik wäre, bereits im Boom Rückstellungen für Servicekosten in der Baisse zu bilden, um schließlich in der Krise die Möglichkeit zu haben, sich durch die angebotenen Leistungen zu differenzieren. Ein weiterer Ausweg besteht in der Verwendung von neuen Servicekonzepten, die nicht unbedingt eine Erhöhung der Kosten für Mieter und Eigentümer mit sich ziehen. Ein Beispiel an dieser Stelle ist das integrierte Wohnen, bei dem sogar ein Ertragssteigerungspotenzial für den Anbieter vorliegt [31].

Lebenszyklusbegleitende Servicepolitik

Die Servicepolitik sollte sich allerdings, ähnlich wie die Produktpolitik, nicht ausschließlich auf die Baisse konzentrieren. Ein Beispiel in diesem Rahmen ist das Facilities Management. Hier gilt es, 100%ige Leistungsfähigkeit während der gesamten Nutzungsphase zu bieten, unabhängig von der Marktlage [32]. Es wäre ein Trugschluss zu behaupten, dass man im Boom auf Serviceleistungen verzichten kann. Derartige Einsparungen können sich schnell als ein Nachteil im Wettbewerb mit anderen Objekten herausstellen. Generell sollte festgehalten werden, dass Kurzfristigkeit vom Kunden als sehr negativ empfunden wird. Des Weiteren trägt ein konstantes und optimales Serviceniveau zur Image- oder auch Markenbildung bei, welche im Boom, aber vor allem in der Baisse von Vorteil ist. Auf diese Weise wird eine erhöhte Objektidentifikation geschaffen, die zu einer niedrigeren Mieterfluktuation in der Baisse führt [33]. Völlig losgelöst von den zyklischen Bewegungen des Immobilienmarktes sollten die Nutzeranforderungen verfolgt werden. Diese unterliegen einem andauernden Wandel, da es sich bei der Immobilie heute nicht mehr um ein Gebäude handelt, welches lediglich den Primärnutzen des Schutzes anbietet, sondern vielmehr um einen Produktionsfaktor. Verändern sich die Wirtschaftsstrukturen, so verändern sich auch die Ansprüche an die Immobilie [34]. Auf diese Veränderungen gilt es zu reagieren.

Kritische Einwände zur Servicepolitik

Kritisch einzuwenden ist, dass die Serviceleistungen sicherlich ihren Beitrag zur Differenzierung des gesamten Produktes und somit zum Ausgleich von Nachfragedefiziten leisten, dennoch sollten sie auch nicht überbewertet werden. In den vergangenen Jahren waren umfassende Servicepakete gewiss immer wieder ein gutes Verkaufs- oder Anmietungsargument. Am Ende wurden durch den Mieter jedoch eher wirtschaftliche Präferenzen gesetzt. Übertriebene Dienstleistungen rechnen sich selten. Es sollte kein maximaler, sondern ein langfristiger, optimaler Servicelevel angestrebt werden. Ein gutes Konzept wäre das Angebot von Zusatzdienstleistungen, welche der Kunde neben den Standardleistungen bei individuellem Bedarf in Anspruch nehmen kann. Ein entsprechendes Beispiel wäre eine Reinigung in einem Büropark. Diese Leistung könnte individuell je nach Bedarf des Einzelnen genutzt und bezahlt werden.

5.3 Kommunikationspolitik

Unter Kommunikation wird der Prozess des Austausches von Informationen zwischen einem Sender und einem Empfänger verstanden. Intention der Kommunikationspolitik ist die langfristige Einflussnahme auf die Unternehmensumwelt im Allgemeinen und die zielgerichtete Beeinflussung des potenziellen Kunden sowie die systematische Erhaltung von sozialen Bindungen im Speziellen [35]. Das Ziel ist demnach, den Markt über das Unternehmen und seine Produkte zu informieren und die angebotenen Leistungen für den Kunden transparent zu machen. In diesem Zusammenhang kommt der Kommunikation zwischen Unternehmen und Kunden im Immobilienbereich aufgrund der hohen Erklärungsbedürftigkeit des Produktes sowie der starken Öffentlichkeitswirkung eine gewichtige Rolle zu [36]. Weiterhin zielt die Kommunikationspolitik auf die Steuerung von Kenntnissen, Einstellungen und Verhaltensweisen der Marktteilnehmer ab. Für eine erfolgreiche Vermarktung ist ein Image anzustreben, dass die Immobilie als einmalig und begehrenswert zeigt. Es lohnt sich hierbei, auf emotionale Werte zu bauen [37].

Informationsaustausch

Dem Kommunikationserfolg dient eine systematische Planung. Auf diese Weise können Streuverluste reduziert werden. Der Ablauf gestaltet sich wie folgt: Anfangs sind die Kommunikationsziele zu formulieren, welche auf die Unternehmensziele ausgerichtet werden. Darauf erfolgt die Ermittlung der Zielgruppe. Diese ist für die weitere kreative Umsetzung sowie auch für die Wahl der Werbeträger von grundlegender Bedeutung. Die Kommunikationspolitik muss dabei, genauso wie die Produkt- und Servicepolitik, auf den Kunden hin ausgerichtet sein. Ein dritter Schritt ist die Festlegung der Kommunikationsstrategie. Zu identifizieren sind Kommunikator, Botschaft, Werbeträger, Zielgruppe sowie die beabsichtigte Wirkung. Nachdem die Strategie festgelegt wurde, lässt sich das Kommunikationsbudget bestimmen. Ein fünfter Schritt ist der Einsatz der Kommunikationsinstrumente, gefolgt von den letzten beiden Schritten, der Durchführung und der Kontrolle der Kommunikationsmaßnahmen [38].

Dem Immobilienmarketing steht eine große Auswahl von Kommunikationsinstrumenten zur Verfügung. Die klassische Medienwerbung versucht als Massenkommunikationsform, mit Hilfe von ausgewählten Medien die jeweilige Zielgruppe zu beeinflussen. Wie der Begriff Massenkommunikationsform jedoch bereits impliziert, wird durch dieses Mittel der Kommunikation eine breite und relativ unspezifische Zielgruppe angesprochen [39]. Neben den klassischen Print- und Funkmedien, wie Tageszeitungen, Anzeigeblätter, Stadtmagazine, Bauschilder, Verkaufsprospekte, Plakate oder Spots im Lokalradio [40], gewinnen die neuen Medien, wie z. B. Internet und E-Mail, immer mehr an Bedeutung [41], wobei jedoch auch deren negativen Konsequenzen (z. B. Spam) bedacht werden sollten.

Kommunikationsinstrumente

Im Gegensatz zur klassischen Werbung ist das Direktmarketing keine Massenkommunikationsform und beschränkt sich somit auf eine klar umrissene Zielgruppe. Die möglichen Kommunikationswege sind der persönliche oder

Direktmarketing

der gezielte mediale Kontakt über Telefonakquisition oder Mailings. Dieser persönliche Kontakt ist besonders bei der Vermarktung von Immobilien angesichts des bereits erwähnten hohen Erklärungs- und Informationsbedarfs von Vorteil. Des Weiteren kann durch diese interaktive Verbindung ein wichtiges Vertrauensverhältnis aufgebaut werden. Im Gegensatz zur unpersönlichen Ansprache, welche grundsätzlich auf die Bekanntmachung und das Wecken von Interesse bei der identifizierten Zielgruppe abzielt, wird im persönlichen Gespräch wichtige Überzeugungsarbeit geleistet.

Eventmarketing Das Eventmarketing setzt auf einen erlebnisbasierten Ansatz. Auf diese Art und Weise sollen bei potenziellen Kunden emotionale Reize ausgelöst werden, welche die Einstellung gegenüber dem Produkt positiv beeinflussen [42]. Zielgruppen sind neben internen Bezugsgruppen, wie den eigenen Mitarbeitern, bauausführenden Unternehmen, Architekten, Planern, Financiers, Maklern, Mietern und Investoren, auch externe Zielgruppen, wie Politiker, Behörden und unmittelbare Anwohner [43]. Oft angewandte Events sind Grundsteinlegung oder Eröffnungsfeiern. Ein bekanntes Beispiel für diese Art der Kommunikation ist der „Tanz der Kräne" am Potsdamer Platz in Berlin [44].

Baustellen-marketing Ein weiterer Kommunikationsweg ist das Baustellenmarketing oder auch Point-of-Sale-Marketing. Ziel ist es, das Potenzial der Baustelle oder der unmittelbaren Umgebung durch Bauschilder, Verkaufsschilder, Besucherplattformen, Bauzäune sowie auch Mustereinheiten zum Erreichen der Marketingziele auszunutzen. Baustellenmarketing findet parallel zur Entwicklungsphase statt [45].

Öffentlichkeits-arbeit Ein wichtiges Informationsinstrument ist auch die Öffentlichkeitsarbeit, die weniger auf die Vermarktung des Produktes, sondern vielmehr auf die Schaffung einer positiven und offenen Atmosphäre abzielt. Zur Öffentlichkeitsarbeit zählen Maßnahmen des persönlichen Dialogs, allgemeine Pressearbeit, Fachpublikationen wie auch eventuell notwendiges Krisen-PR [46]. Dieser Form der Kommunikation kommt im Fall von Abbruchmaßnahmen und Neuentwicklungen eine zentrale Bedeutung zu, da derartige Vorhaben ein hohes Öffentlichkeitsinteresse mit sich bringen [47]. Eine gute Aufklärung kann in einer solchen Situation der Prävention von Konflikten dienen. Durch langfristige und rechtzeitige Kommunikationsmaßnahmen wird Vertrauen und somit ein Verständnis für eventuelle Unannehmlichkeiten geschaffen [48]. Die Öffentlichkeitsarbeit muss deshalb bereits vor Baubeginn einsetzen, um von Anfang an ein positives Projektimage entstehen zu lassen. Sie kann sogar schon im Vorfeld von Bewilligungsverfahren eine gravierende Rolle spielen [49].

Gewichtung der Kommunika-tionspolitik in Boom und Baisse Betrachtet man im Folgenden die Gewichtung der Kommunikationspolitik in Boom und Baisse, so lässt sich grundsätzlich nachstehendes Muster erkennen: In wirtschaftlichen Hochphasen finden sich nur wenige gezielte Kommunikationsmaßnahmen von Seiten der Anbieter. Zumeist beschränken sich die Aktivitäten auf Broschüren und Kleinanzeigen. Schließlich vermarkten sich die Produkte im Boom bereits mit niedrigeren Kommunikationsaufwendungen. Abstriche werden aus Kosteneinsparungsgründen vorgenommen. Eine höhere Bedeutung wird dem Marketing erst zugemessen, wenn der Absatz wegbricht. Die rückläufige Nachfrage zwingt den Anbieter, durch erhöhte Kommunikationsmaßnahmen die Aufmerksamkeit der bereits geringen Zahl von

Nachfragern auf sich zu lenken. Die Folge ist eine gesteigerte Kommunikation in der Baisse. Hierbei ist allerdings zu beachten, dass in den vergangenen Jahren die Ansprüche an die Kommunikationspolitik merklich gestiegen sind. Aufgrund der heutigen Kommunikationsflut gestaltet sich die Anwendung viel anspruchsvoller [50]. Es ist deshalb unumgänglich, ein gutes Kommunikationskonzept anzubieten, um sich von dem Rest der Werbeflut in der Baisse zu differenzieren und auf diese Art und Weise auch die Beachtung der Zielgruppe zu erlangen.

Der Fokus der Kommunikationspolitik auf der Baisse zeugt von einer Konzentration auf die reine Vertriebswirkung. Die Kommunikationspolitik stellt allerdings nicht nur in der Baisse, sondern auch in der Boomphase ein wichtiges Element des Immobilienmarketings dar, denn neben dem Ziel der Verkaufsförderung sollte eine langfristige Imagebildung angestrebt werden. Dieser Imageaufbau kann nur durch eine phasenübergreifende Kommunikation verwirklicht werden. Folglich handelt es sich bei der Kommunikationspolitik um ein langfristiges Marketinginstrument, welches phasenübergreifend den gesamten Lebenszyklus der Immobilie begleitet.

Frühzeitiger Imageaufbau

Der Prozess der Kommunikationsplanung muss bereits zu Beginn eines Projektes thematisiert werden, um auf diese Art und Weise eine gute Platzierung am Immobilienmarkt zu erreichen. Die scheinbare Austauschbarkeit mit konkurrierenden Produkten wird von Anfang an verhindert. Dieser frühzeitige Imageaufbau ist des Weiteren für die Gewinnung von Investoren vor dem Hintergrund, dass die meisten Projekte beim Verkauf noch nicht fertig gestellt sind und somit noch kein Produkt im eigentlichen Sinne präsentiert werden kann, notwendig. Somit sind bereits im Vorfeld ein Image sowie auch ein gutes Verhältnis zum Kunden aufzubauen, um auf diese Weise das Vertrauen des Investors zu gewinnen. Für die Vermarktung muss in diesem Zusammenhang ein starker, identitätsfördernder Produktname entworfen werden, der den Anspruch des Produktes kommunizieren soll. Durch diesen wird Sicherheit, Vertrauen und eine Identifikation mit dem Projekt für den Kunden geschaffen. Des Weiteren vermittelt er eine Art Leistungs- oder Qualitätsversprechen, das dem potenziellen Kunden Vertrauen gibt [51]. Bereits auf dem Konsumgütermarkt dient eine Marke dem Kunden als Orientierung und somit werden bekannte Marken den unbekannten Konkurrenzprodukten vorgezogen. Dieser Imageaufbau kann nur durch langfristige Imageprofilierungsstrategien erreicht werden. Ad-hoc-Maßnahmen sind für diese Zwecke weniger nützlich [52]. Folglich könnte ein Versäumnis des Imageaufbaus in der Boomphase einen wettbewerblichen Nachteil in der Baisse bedeuten.

Fehler in der Praxis

In der Praxis wird die Kommunikationspolitik dessen ungeachtet in den meisten Fällen mit der Fertigstellung und dem Verkauf des Projektes beendet. Der Vermarktungs- und somit der tatsächliche Werbezeitraum betragen folglich nur ein bis zwei Jahre. Die Kommunikationspolitik sollte jedoch auch im weiteren Verlauf des Produktlebenszyklus anhalten. Es gilt, das in der Anfangsphase aufgebaute Image weiterhin zu pflegen und zu erhalten. Auf diese Weise könnten Leerstandszeiten bei Mieterwechseln drastisch reduziert werden. Diese langfristige Markenbildung ist besonders bei Projekten größeren Umfangs sehr wichtig [53].

Auf den Immobilienzyklus bezogen ist zusammenfassend an dieser Stelle schließlich festzuhalten, dass die Soll-Situation der Kommunikationspolitik sich als langfristiger und zyklusübergreifender Prozess darstellt. Es ist darauf zu achten, dass die Kommunikationsmaßnahmen eine strategische Ausrichtung haben und somit nicht als bloße Werbung verstanden werden. Neben dieser langfristigen Kommunikationsausrichtung können jedoch bei Bedarf in der Baisse kurzfristige Instrumente zur Nachfragegenerierung eingesetzt werden, auf welche wiederum aus Kosteneinsparungsgründen sowie aufgrund der stärkeren Aktivität der Nachfrager im Boom verzichtet werden kann. Neben den mittel- bis langfristigen Zielen spielt schließlich auch die kurzfristige Absatzförderung eine Rolle. Dabei sind in der Baisse Instrumente der Kommunikationspolitik einzusetzen, die auch eine positive Wirkung auf die Nachfrage haben. Es geht also um eine direkte Forcierung des Absatzes [54]. Die klassische Anzeigenwerbung ist an dieser Stelle weniger hilfreich. Durch diese alleine kann in schlechten Zeiten kein gutes Ergebnis produziert werden. Als Beispiel ist in diesem Zusammenhang der Anzeigenfriedhof in Berlin in 1996 und 1997 zu nennen. Durch diese Anzeigenflut kann sogar ein negativer Effekt entstehen. Klassische Printwerbung erweckt, im Übermaß eingesetzt, schnell das Image einer Problemimmobilie. Ähnlich verhält es sich mit Werbeplanen. Sie zerstören das Image eines sich gut vermarktenden Produktes. PR-Aktionen und Öffentlichkeitsarbeit führen viel eher zum Erfolg. Es stellt sich jedoch auch bei der Kommunikationspolitik, genau wie bei der Servicepolitik, die Frage der Finanzierbarkeit in der Baisse.

5.4 Absatzwegepolitik

Zurverfügungstellung eines Produktes

Ziel der Absatzwegepolitik, die auch Distributionspolitik genannt wird, ist die Festlegung des Versorgungsweges des Endnachfragers mit dem Produkt und den zugehörigen Leistungen. Es geht also grundsätzlich um die Zurverfügungstellung eines Produktes [55]. Beim Immobilienvertrieb stehen hierbei vornehmlich tätigkeitsorientierte Aspekte im Vordergrund, wie die Frage nach Eigen- oder Fremdvertrieb. Des Weiteren ist die Frage des Vertriebszeitpunktes von Interesse. Das Ziel der Absatzwegepolitik sollte eine schnelle Vermietung des jeweilgen Objektes sein, denn bereits eine kurze Leerstandsphase kann aufgrund einer hohen Fremdfinanzierung über Erfolg und Misserfolg entscheiden.

Die Distributionspolitik der Immobilie unterscheidet sich, bedingt durch die örtliche Gebundenheit des Angebotes, grundlegend von der Distributionspolitik im Konsumgüterbereich. Es geht also weniger um die Raumüberbrückungsfunktion bzw. das physische Verfrachten des Produktes mit bestimmten Verkehrsträgern als um die Zusammenführung von Angebot und Nachfrage [56]. Der Erfolg ist sowohl von der Produkt- als auch von der Kommunikationspolitik mit abhängig. Die Wahrscheinlichkeit einer erfolgreichen Distributionspolitik wird mit Versäumnissen in beiden Bereichen geringer. Mögliche Nachlässigkeiten sind eine unzureichende Kommunikation oder Fehler bei der Konzeption und Entwicklung eines Projektes [57].

Grundsätzlich stehen drei Formen des Vertriebes zur Verfügung:

- Eigenvertrieb (direkter Absatz durch den Bauträger oder Projektentwickler),
- Fremdvertrieb (indirekter Absatz über Vertriebspartner oder Makler) oder
- sog. Sonderformen des Vertriebs (offene oder geschlossene Immobilienfonds) [58].

Eigen- oder Fremdvertrieb

Die Entscheidung Eigen- oder Fremdvertrieb ist losgelöst von der Marktlage am Immobilienmarkt zu beantworten. Der Distributionspolitik kommt demzufolge über den Immobilienzyklus hinweg eine konstante Bedeutung zu. Haupteinflussfaktor auf die Frage nach Eigen- oder Fremdvertrieb sind nicht die zyklischen Marktbewegungen des Immobilienmarktes, sondern ist eine Vielzahl von unternehmensinterner und -externer Faktoren. Zum einen ist die Wahl des Distributionsweges eine Philosophiefrage. Des Weiteren spielen der Erklärungsbedarf der Immobilie und somit auch der Immobilientyp eine entscheidende Rolle. Die Vermietung oder der Verkauf eines Einfamilienhauses bedarf z. B. eines geringeren Erklärungsaufwandes als ein Urban Entertainment Center. Außerdem sind auch die Unternehmenskultur, die Marktkenntnisse von Eigenanbietern und Absatzmittlern sowie die Vertriebskosten als mögliche Einflussgrößen auf die Entscheidung des Vertriebsweges zu nennen [59].

Marktposition möglicher Vertriebspartner

Letztere sollten jedoch nicht überschätzt werden. Längerfristige Vertriebsprobleme können schnell die Kosten eines teureren Vertriebsweges übersteigen. Ein zentraler Einflussfaktor ist die Marktposition möglicher Vertriebspartner. In einem Markt wie Berlin, in dem kein Makler einen höheren Marktanteil als 15 % hat, mag die Sinnhaftigkeit eines Exklusivvertrages nicht eindeutig sein. In München hingegen ist die Lage umgekehrt. Hier kann, bedingt durch die Existenz eines Maklers mit hohem Marktanteil, ein Exklusivvertrag sinnvoll sein.

Entgegen dieser theoretischen Betrachtung zeichnet sich in der Praxis dennoch ein Unterschied zwischen Boom und Baisse ab. Marktteilnehmer neigen im Boom dazu, ermutigt durch die starke Nachfrage, ein Projekt im Eigenvertrieb zu vermarkten; insofern sinkt der Maklereinschaltungsgrad. In der Baisse hingegen, wenn die Vermietungsanstrengungen aus eigenem Antrieb keinen Erfolg aufweisen, verlassen sich die meisten auf eine dritte Partei und somit den Fremdvertrieb. In dieser preis- und umsatzschwachen Marktphase ist nicht selten der Effekt festzustellen, dass Eigentümer zwar Immobilienunternehmen suchen, damit diese den Fremdvertrieb übernehmen, auf der anderen Seite diese angesichts der Marktschieflage Objekte ablehnen, soweit seitens des Eigentümers nicht große Zugeständnisse hinsichtlich des Angebotspreises gemacht werden. Leider wird hierbei größtenteils der Fehler begangen, dass Makler oder sonstige Mittler erst eingesetzt werden, nachdem das Projekt im Eigenvertrieb bereits vermarktet wurde [60].

Zyklusübergreifende professionelle Vertretung

Mittlerweile entsteht jedoch ein Trend dahin gehend, sich über den Immobilienzyklus hinweg, also „in guten wie in schlechten Zeiten", professionell vertreten zu lassen. Auf diese Art und Weise profitiert der Anbieter von dem

Marktwissen lokaler, spezialisierter Makler, die den Umgang mit einem immer komplexer werdenden Immobilienmarkt erleichtern. Auf diese Art und Weise lässt sich langfristig eine konstante und gute Vermarktungsleistung erreichen.

Im Gegensatz zur Entscheidung in Bezug auf die Vertriebsart besteht bei der Frage nach dem Vertriebszeitpunkt eine zyklische Abhängigkeit [61]. Während der richtige Zeitpunkt im Boom nicht von Interesse ist, kristallisieren sich in der Baisse mögliche strategische Entscheidungen heraus. Hierbei sind die Kosten einer Verzögerung gegen den Zugewinn durch eine Vermietung in einem besseren Markt abzuwägen. Ein Beispiel wäre die Entscheidung zwischen einer Vorvermietung und somit der Tilgung eines Teils der Fremdfinanzierung und einer fortgeführten Zinszahlung mit einer höheren Einstiegsmiete zu einem späteren Zeitpunkt. Zumeist entsteht durch die hohe Zinslast jedoch nicht die Möglichkeit, das Timing zu bestimmen [62].

Grundsätzlich kann man an dieser Stelle bezüglich der Distributionspolitik festhalten, dass diese entlang des Immobilienzyklus eine fast konstante, der Preis-, Service- und Kommunikationspolitik untergeordnete Rolle spielt.

5.5   Preispolitik

Preispolitik als Teil des derivaten Marketings

Die Preispolitik „ist Objektpreis- bzw. Mietzinsberatungspolitik gegenüber den Objektnachfragern, aber in erster Linie auch gegenüber den Objektanbietern. Als solche ist sie dem derivaten Marketing zuzurechnen, soweit es um die Mitwirkung des Maklers bei der Objektpreisfestsetzung und damit um das Außenverhältnis zum potenziellen Kunden geht." [63] Die eigene Preispolitik des Immobilienunternehmens ist dem originären Marketing zuzurechnen, da es hier um die Formulierungen der Maklervertragsbedingungen, also das Binnenverhältnis zwischen Makler und Auftraggeber, geht.

Die Preispolitik umfasst die Summe aller Entscheidungen in Bezug auf die Gegenleistung, die der Kunde für die gebotenen Sach- und Dienstleistungen aufbringen muss (Preispolitik) sowie die eventuellen Abweichungen und Zahlungsbedingungen (Konditionenpolitik) [64]. Letztere gewinnen im Rahmen der absatzpolitischen Maßnahmen zunehmend an Bedeutung. Als Reaktion auf die niedrige Nachfrage werden besonders im Bereich der Büroimmobilien vermehrt kostenlose Zugaben, wie Umzugshilfen, Bereitstellung von Kommunikationstechnologien sowie die Erstellung von Wirtschaftlichkeitsanalysen, gewährt. Ziel der Kontrahierungspolitik ist es, die Preise derartig zu bestimmen, dass der Absatz gefördert und gleichzeitig der Gewinn maximiert wird. Hierbei ist eine enge Abstimmung mit den restlichen Marketinginstrumenten notwendig.

Fülle von Instrumenten der preispolitischen Feinsteuerung

Der preispolitischen Feinsteuerung steht eine Fülle von Instrumenten zur Verfügung. In diesem Zusammenhang sind Preisdifferenzierung und Rabattgewährung zu nennen. Bei beiden Instrumenten ist es wichtig, dass die Entscheidungen nicht willkürlich, sondern anhand nachvollziehbarer Kriterien getroffen werden. Derartig eingesetzt sind sie ein bedeutungsvolles Instrument zur Gewinnung von preissensiblen Zielgruppen. Des Weiteren steht die Konditionenpolitik zur Verfügung. Im Gegensatz zu Rabatten und Preisdifferenzierungen handelt es sich hierbei um ein weitaus unübersichtlicheres Instrument, mit dessen Hilfe eine gewollte Intransparenz geschaffen werden kann. Teilaspekte der Konditionenpolitik sind Finanzierungskonditionen, Zahlungsbedingungen und Vereinbarungen bezüglich der Übernahme von Serviceleistungen, um nur einige zu nennen. Die Kreditgewährung ist das letzte Instrument der Kontrahierungspolitik [65]. Der notwendige Mix der einzelnen Instrumente kann für eine erfolgreiche Vermarktung flexibel variieren. Der Angebotspreis der Immobilie an sich wird über die verursachten Kosten oder den Markt bestimmt. Hierbei ist zu beachten, dass selbst bei einer Marktorientierung die Kosten in das Kalkül mit einbezogen werden müssen und vice versa [66].

Im Hinblick auf den Immobilienzyklus lässt sich bei diesem Teilaspekt des Marketingmix ein Unterschied zwischen Boom und Baisse erkennen. Im Boom bilden Preise sowie auch andersartige Zahlungskonditionen keine Verhandlungsbasis [67]. Die Preise befinden sich gemäß den Marktgegebenheiten eines Verkäufermarktes auf einem sehr hohen Durchschnittsniveau. Die Incentives werden fast auf null zurückgeschraubt. Der Anbieter kann, bedingt durch seine starke Marktposition, vorteilhafte Verträge in Form von hohen vereinbarten Kautionen und guten Wertsicherungsklauseln abschließen. Langfristige Mietverträge sollen in dieser Situation die gute Ertragslage auf längere Zeit sichern.

In der Baisse hingegen spielt die Kontrahierungspolitik eine wichtige Rolle zur Generierung der Nachfrage. Neben einem niedrigeren Preis werden Incentives verschiedenster Art geboten. Als gängige Beispiele sind an dieser Stelle mietfreie Zeiten, Umzugshilfen und die Übernahme von Ausbaukosten zu nennen. Eine derartige Entwicklung ließ sich vor einigen Jahren z. B. in Berlin beobachten. Es handelt sich hierbei preispolitisch um einen sehr effizienten Markt. Somit wurde auf den Nachfragerückgang umgehend reagiert. Mietfreie Zeiten von sechs bis 18 Monaten waren die Regel.

Eine zusätzliche Gewichtung fällt der Bedeutung der Kontrahierungspolitik gerade in der Baisse aufgrund ihrer hohen Flexibilität zu. Sie ist im Gegensatz zu anderen Instrumenten des Marketingmix sehr kurzfristig einsetzbar, um einem Nachfragerückgang entgegenzuwirken. Verstärkend hinzu kommt eine relativ direkte Wirkung auf den Vermarktungserfolg. Veränderungen der Preispolitik wirken sich daher stärker und mit einer geringeren Zeitverzögerung auf den Kunden aus als z. B. die Kommunikationspolitik. Dennoch sind derartige Vermarktungserfolge nur von kurzfristiger Dauer. Konkurrenten können preispolitische Entscheidungen kurzfristig kopieren. Es entsteht so durch reine Preissenkungen kein strategischer Wettbewerbsvorteil in der Baisse [68]. Die Effizienz ist dessen ungeachtet nicht zu bestreiten.

Gewicht der Kontrahierungspolitik in der Baisse

Zusammenfassend lässt sich folglich feststellen, dass der Schwerpunkt der Kontrahierungspolitik auf der Baisse liegt.

6. Zusammenfassung und Handlungsempfehlung

Zusammenfassend kann nun dargestellt werden, welche Tools das Marketing bietet, um aktiv auf den Zyklusverlauf zu reagieren:

Produktpolitik Der Produktpolitik kommt in der Baisse eine hohe Bedeutung zu, denn eine Differenzierung von der Konkurrenz ist als aller Erstes am Produkt selbst anzusetzen. Produktpolitische Entscheidungen besitzen folglich ein hohes Differenzierungspotenzial, wodurch eine gute Marktpositionierung erreicht werden kann. Dennoch nimmt die Entscheidungsflexibilität der Produktpolitik nach Baubeginn ab. Dadurch gewinnt aus produktpolitischer Sicht die Planungsphase an grundlegender Bedeutung. Hier werden die Grundlagen für den Rest des Produktlebenszyklus gelegt, wodurch die Produktpolitik, gerade in dieser Phase des Lebenszyklus, völlig losgelöst vom Immobilienzyklus betrachtet werden muss. Versäumnisse im Boom können sich negativ auf die Baisse auswirken. Die Produktpolitik ist demzufolge über den gesamten Verlauf des Immobilienzyklus hinweg zu betrachten, wobei das Ergebnis von produktpolitischen Entscheidungen eine besondere Bedeutung in der Baisse besitzt.

Servicepolitik Die Servicepolitik stellt eine Ergänzung zur Produktpolitik dar. Ein Unterschied besteht in ihrer Flexibilität. Im Vergleich zur Produktpolitik ist sie viel kurzfristiger einsetzbar und führt somit in der Baisse schnell zu einer Differenzierung des gesamten Produktes. Diesem kurzfristigen Einsatz in der Baisse steht nur das Problem der erhöhten Kosten gegenüber, welches eventuell durch Rückstellungen im Boom zu lösen ist. Um unvorteilhafte Verträge für die folgende Boomphase zu vermeiden, bieten sich in der Baisse kostenlose akquisitionsbezogene Serviceleistungen an, da diese, im Gegensatz zu den nutzenbezogenen Dienstleistungen, keine Auswirkungen auf den weiteren Lauf der Vermietung haben. Neben dieser betonten Verwendung in der Baisse ist die Servicepolitik auch im Boom zu beachten. Ein langfristiger und zyklusübergreifender Einsatz dient dem Imageaufbau. Die Servicepolitik spielt folglich in Boom und Baisse eine Rolle als Ergänzung zur Produktpolitik, wobei ein erhöhtes Augenmerk auf der Baisse liegt. Wichtig für den Einsatz der Servicepolitik ist, dass es hier nicht auf Quantität, sondern auf Qualität und tragbare Konzepte ankommt.

Kommunikationspolitik Die Kommunikationspolitik findet eine langfristige Verwendung zum Imageaufbau sowie eine kurzfristige Verwendung zur Absatzförderung. Daher werden die Kommunikationsbemühungen in der Baisse verstärkt. Hier gilt es ebenfalls, auf Qualität zu setzen, um nicht in der Kommunikationsflut unterzugehen. Das Kostenproblem der Servicepolitik ist auch hier zu überwinden.

Distributionspolitik Die Distributionspolitik, womit u. a. die Frage nach Eigen- oder Fremdvertrieb gemeint ist, ist zyklusunabhängig zu betrachten. Es besteht generell ein Trend zum Fremdvertrieb. Ein Unterschied zwischen Boom und Baisse kristallisiert sich nur in Bezug auf den Vertriebszeitpunkt heraus.

Preispolitik Die Kontrahierungspolitik ist schließlich im Vergleich zu den restlichen Instrumenten des Marketingmix am kurzfristigsten einsetzbar. Des Weiteren besteht eine starke Wirkung auf preissensible Märkte, wodurch gerade in der Baisse eine erhöhte Nachfrage geschaffen werden kann. Im Boom hingegen spielen kontrahierungspolitische Entscheidungen eine geringfügige Rolle.

Immobilienmarketing 325

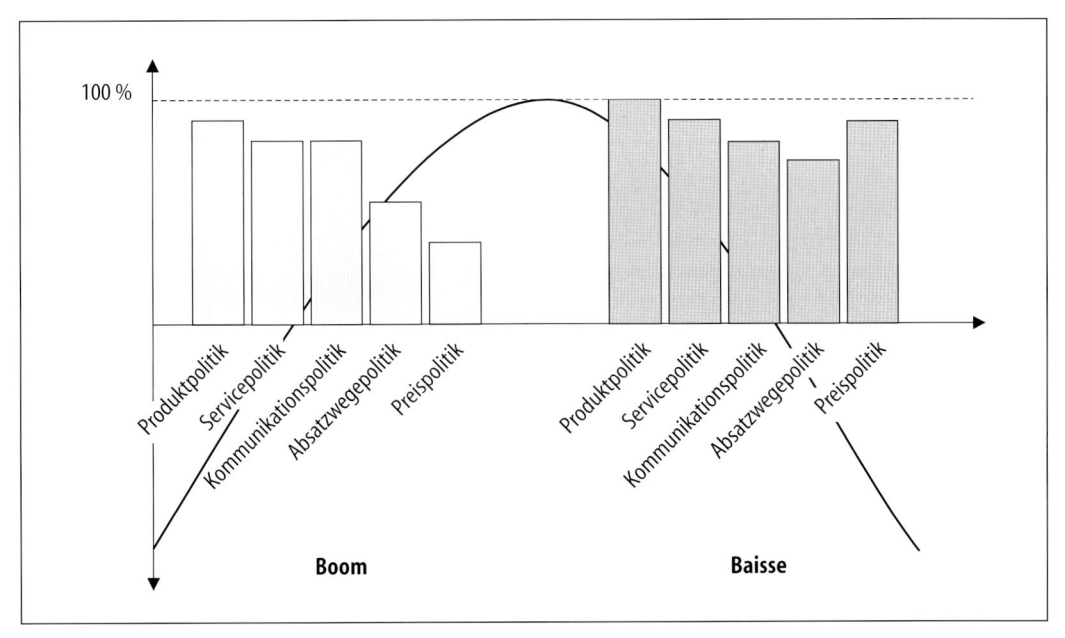

Abb. 5: Zusammenfassende Handlungsempfehlung

Es ist abschließend festzuhalten, dass ein aktiver Eingriff in die zyklischen Immobilienmärkte aus der Marketingperspektive möglich ist. Dieser besteht jedoch zum größten Teil aus langfristigen Ansätzen, welche sich über Boom und Baisse hinwegziehen und durch kurzfristig angewendete Instrumente nur unterstützt werden. Durch diese langfristige Orientierung können strategische Wettbewerbsvorteile geschaffen werden, wohingegen der Wirkung von kurzfristig orientierten Instrumenten durch die Nachahmbarkeit zeitliche Grenzen gesetzt sind. In ihrer Bedeutung kommt der Produktpolitik die größte Bedeutung zu, ergänzt zunächst durch die Servicepolitik und anschließend die Kontrahierungspolitik.

Vor diesem Hintergrund wird deutlich, dass ein Umdenken auf dem deutschen Immobilienmarkt ratsam ist, um den zyklischen Verlauf von Immobilienzyklen zu begegnen. Es gilt, sich von der Betrachtung des Immobilienmarketings als ein Feuerlöscher für Problemfälle zu lösen und eine langfristige und strategische Betrachtung zu entwickeln. Wettbewerbsvorteile, die auf diese Weise entstehen, ermöglichen ein langfristiges Loslösen von dem Verlauf von Immobilienzyklen.

7. Literaturverzeichnis

[1] Vgl. Kippes, S.: Professionelles Immobilienmarketing – Marketing-Handbuch für Makler, Bauträger/Projektentwickler und Immobilienverwalter, München 2001, S. 1.

[2] Siehe auch Kippes, S.: Hausverwaltungs-Marketing – ein Praxisratgeber für erfolgreiche Immobilienbetreuer, München 1998, S. 4 ff., sowie Kippes, S.: Professionelles Immobilienmarketing, a. a. O., S. 544 ff.

[3] Vgl. Brade, K.: Strategischer Marketingplanungsprozeß für Büroimmobilien – Anwendung der Kausalanalyse zur Erforschung des Mietverhaltens, in: Schulte, K.-W. (Hrsg.): Schriften zur Immobilienökonomie, Bd. 7, Köln 1998, S. 33.

[4] Kreikebaum, H.: Strategische Unternehmensplanung, 6. Aufl., Stuttgart 1997, S. 20 ff.

[5] Vgl. Isenhöfer, B.: Strategisches Management von Projektentwicklungsunternehmen, in: Schulte, K.-W. (Hrsg.): Schriften zur Immobilienökonomie, Bd. 8, Köln 1999, S. 8 ff.

[6] Vgl. Käßler-Pawelka, G.: Immmobilien-Marketing, in: Gondring, H./ Lammel, E. (Hrsg.): Handbuch Immobilienwirtschaft, Wiesbaden 2001, S. 949 ff.

[7] Vgl. Käßler-Pawelka, G., a. a. O., S. 952 f.

[8] Vgl. Käßler-Pawelka, G., a. a. O., S. 956 f.

[9] Vgl. Brade, K.: Strategisches und operatives Immobilien-Marketing, in: Schulte, K.-W./Brade, K. (Hrsg.): Handbuch Immobilien-Marketing, Köln 2001, S. 56.

[10] Vgl. Käßler-Pawelka, G., a. a. O., S. 960.

[11] Vgl. Käßler-Pawelka, G., a. a. O., S. 961.

[12] Vgl. Käßler-Pawelka, G., a. a. O., S. 970 ff.

[13] Vgl. Käßler-Pawelka, G., a. a. O., S. 999 ff.

[14] Vgl. Brade, K.: Strategisches und operatives Immobilien-Marketing, a. a. O., S. 54.

[15] Vgl. Kippes, S.: Professionelles Immobilienmarketing, a. a. O., Kap. 1.3.2.

[16] Vgl. Bobber, M./Brade, K.: Immobilienmarketing, in: Schulte, K.-W. (Hrsg.): Immobilienökonomie, Betriebswirtschaftliche Grundlagen, Bd. 1, 2. Aufl., München 2000, S. 589.

[17] Vgl. von Nell, J.: Die Entwicklung einer Nutzungskonzeption als Grundstein der Projektentwicklung, in: Schulte, K.-W. (Hrsg.): Handbuch Immobilien-Projektentwicklung, Wiesbaden 1996, S. 100.

[18] Vgl. Brade, K.: Strategisches und operatives Immobilien-Marketing, a. a. O., S. 65.

[19] Vgl. Brade, K.: Strategisches und operatives Immobilien-Marketing, a. a. O., S. 64 f.

[20] Vgl. Rottke, N./Wernecke, M.: Management im Immobilienzyklus: Marketing ist kein Notanker für Fehlkonzeptionen und Immobilienkrisen, in: Immobilien Zeitung, Nr. 25, 2001, S. 11; Bobber, M./ Brade, K., a. a. O., S. 586 f.

[21] Vgl. Heider, M.: Nutzerorientierte Produktentwicklung, in: Schulte, K.-W./Brade, K. (Hrsg.): Handbuch Immobilien-Marketing, Köln 2001, S. 211.

[22] Vgl. Rottke, N./Wernecke, M., a. a. O., S. 11.

[23] Vgl. Rottke, N./Wernecke, M., a. a. O., S. 11.

[24] Vgl. Käßler-Pawelka, G., a. a. O., S. 970.

[25] Vgl. Kippes, S.: Professionelles Immobilien-Marketing, a. a. O., Kap. 1.3.2.

[26] Vgl. Bobber, M./Brade, K., a. a. O., S. 595.

[27] Vgl. Käßler-Pawelka, G., a. a. O., S. 975.

[28] Eine Zusammenfassung des Projektes findet sich bei Ehrlich, J./Lohr, M.: Das City Quartier „Frankfurter Welle", in: Schulte, K.-W./Brade, K. (Hrsg.): Handbuch Immobilien-Marketing, Köln 2001, S. 643 ff.

[29] Vgl. Rottke, N./Wernecke, M., a. a. O., S. 11.

[30] Vgl. Goros, A.: Neue Wertschöpfungsketten für die Immobilienwirtschaft durch die Integration neuer Medien, Das Konzept des integrierten Wohnens, in: Schulte, K.-W./Brade, K. (Hrsg.): Handbuch Immobilien-Marketing, Köln 2001, S. 231 f.

[31] Vgl. weiterführend Goros, A., a. a. O., S. 232.

[32] Vgl. Heider, M., a. a. O., S. 209.

[33] Vgl. Goros, A., a. a. O., S. 231 f.

[34] Vgl. Ehrlich, J./Lohr, M., a. a. O., S. 645.

[35] Vgl. Käßler-Pawelka, G., a. a. O., S. 985.

[36] Vgl. Bobber, M./Brade, K., a. a. O., S. 598.

[37] Vgl. Käßler-Pawelka, G., a. a. O., S. 988.

[38] Vgl. Bobber, M./Brade, K., a. a. O., S. 599 ff.

[39] Vgl. Brade, K.: Strategisches und operatives Immobilien-Marketing, a. a. O., S. 66 f.

[40] Vgl. Höller, U.: Strukturierte Planung von Immobilienkommunikation, in: Schulte, K.-W./Brade, K. (Hrsg.): Handbuch Immobilien-Marketing, Köln 2001, S. 271.

[41] Vgl. Bobber, M./Brade, K., a. a. O., S. 605 ff.

[42] Vgl. Höller, U., a. a. O., S. 272.

[43] Vgl. Isenhöfer, B., a. a. O., S. 152.

[44] Vgl. Bobber, M./Brade, K., a. a. O., S. 616 ff.

[45] Vgl. Brade, K.: Strategisches und operatives Immobilien-Marketing, a. a. O., S. 68.

[46] Vgl. Bobber, M./Brade, K., a. a. O., S. 622 ff.

[47] Vgl. Brade, K.: Strategisches und operatives Immobilien-Marketing, a. a. O., S. 67 f.

[48] Vgl. Miles, M./Berens, G./Weiss, M.: Real Estate Development, Principles and Process, 3rd ed., Washington D. C. 2000, S. 489.

[49] Vgl. Höller, U., a. a. O., S. 272.

[50] Vgl. Mussler, D.: Relationship-Marketing im Immobilienbereich, in: Schulte, K.-W./Brade, K. (Hrsg.): Handbuch Immobilien-Marketing, Köln 2001, S. 301 ff.

[51] Vgl. Höller, U., a. a. O., S. 269.

[52] Vgl. Rottke, N./Wernecke, M., a. a. O., S. 11.

[53] Vgl. Lienig, A.: Klassische Werbung für Immobilien, in: Schulte, K.-W./Brade, K. (Hrsg.): Handbuch Immobilien-Marketing, Köln 2001, S. 353.

[54] Vgl. Höller, U., a. a. O., S. 271.

[55] Vgl. Brade, K.: Strategisches und operatives Immobilien-Marketing, a. a. O., S. 68.

[56] Vgl. Bobber, M./Brade, K., a. a. O., S. 627 f.

[57] Vgl. Brade, K.: Strategisches und operatives Immobilien-Marketing, a. a. O., S. 68.

[58] Vgl. Käßler-Pawelka, G., a. a. O., S. 984.

[59] Vgl. Aengevelt, L./Aengevelt, W.: Strategische Betrachtung und konsequente Umsetzung der Konditionen- und Vertriebspolitik, in: Schulte, K.-W./Brade, K. (Hrsg.): Handbuch Immobilien-Marketing, Köln 2001, S. 453 ff. Hier finden sich auch weitere Kriterien zur Wahl des Distributionssystems.

[60] Vgl. Rottke, N./Wernecke, M., a. a. O., S. 11.

[61] Vgl. Rottke, N./Wernecke, M., a. a. O., S. 11.

[62] Vgl. White, J.: The Office Building, From Concept to Investment Reality, Chicago 1993.

[63] Vgl. Kippes, S.: Professionelles Immobilien-Marketing, a. a. O., S. 1.

[64] Vgl. Bobber, M./Brade, K., a. a. O., S. 632.

[65] Vgl. Käßler-Pawelka, G., a. a. O., S. 978 ff.

[66] Vgl. Aengevelt, L./Aengevelt, W., a. a. O., S. 473 f.

[67] Vgl. Rottke, N./Wernecke, M., a. a. O., S. 11.

[68] Vgl. Isenhöfer, B., a. a. O., S. 156 f.

C Megatrends

1 Auswirkungen von Megatrends auf Immobilienzyklen

Jenny Arens

Inhaltsverzeichnis

1. Immobilienzyklen im gesamtwirtschaftlichen Zusammenhang 330
2. Megatrends für die Immobilienwirtschaft 331
2.1 Ökonomischer Strukturwandel 331
2.2 Wandel der Finanzierungsmöglichkeiten 333
2.3 Wandel der Investitionsmöglichkeiten 336
2.4 Politischer Wandel 337
2.5 Soziale, gesellschaftliche, kulturelle und Verhaltensänderungen 338
2.6 Transparenzerhöhung 339
3. Marktrelevanz der Megatrends 340
4. Literaturverzeichnis 341

1. Immobilienzyklen im gesamtwirtschaftlichen Zusammenhang

Immobilienmarkt als Seismograph gesamtwirtschaftlicher Zusammenhänge

Immobilienmarktakteure, seien es Projektentwickler, Banken, Makler, Investoren usw., betrachten den Immobilienmarkt aus ökonomischer Perspektive. Es geht um die Absicherung von Vorhaben durch Zahlen und Prognosen. Häufig werden deshalb Marktberichte und Städtereports herangezogen bzw. die eigene Researchabteilung beauftragt. Unberücksichtigt bleibt dabei jedoch häufig, dass der Immobilienmarkt in ein Netz von Systemzusammenhängen eingebettet ist, das anhand von sog. Megatrends auszugsweise abgebildet werden kann. Da sowohl das Angebot als auch die Nachfrage kurzfristig relativ unelastisch mit Mengenzu- oder -abnahmen bei Marktschwankungen reagieren, wirken sich Änderungen vor allem besonders stark im Preis aus. Vor allem die in Deutschland recht gut erfassten Mietpreise in den Top-Standorten, hier besonders die Spitzenmieten in der Grenznutzen-/-kosten-Funktion, fungieren dabei als eine Art Seismograph, der bereits auf leichte Umweltänderungen mit einem relativ großen Hebel reagiert.

Das Wissen um die Existenz dieser Megatrends und ihre Konsequenzen und ein darauf abgestimmtes Investitionsverhalten bestimmen dadurch mit den Erfolg eines ökonomischen Engagements am Immobilienmarkt. Herausforderung ist es, die relevanten Trends zu identifizieren, deren Stärke und Relevanz einzuschätzen, sowie sich überlagernde Ursache-Wirkungs-Mechanismen und wechselseitige Abhängigkeiten zu erfassen. Anschließend muss der Effekt auf Risiko und Ertrag einer möglichen Investition diesbezüglich bestimmt werden [1].

Systematisierung des Wirkungsgeflechts

Da der Immobilienmarkt in einem Wirkungsgeflecht von unterschiedlichsten Entwicklungen steht, ist es notwendig, diese zu systematisieren. Dabei ist zu beachten, dass viele Faktoren, die ihre Ursache in der Vergangenheit bzw. Gegenwart haben, bis weit in die Zukunft wirken. In Anlehnung an Pyhrr/Roulac/Born werden im Folgenden diese Faktoren abgeleitet und systematisiert [2]. Es geht dabei jedoch nicht um eine vollständige Auflistung aller in Zukunft relevanten Einflussfaktoren und Trends. Vielmehr sollen Tendenzen aufgezeigt werden, um Immobilienmarktteilnehmer hinsichtlich neuer Trends zu sensibilisieren und deren mögliche Auswirkung auf Immobilienzyklen aufzuzeigen. Das Wirkungsgefüge, in dem sich der deutsche Immobilienmarkt befindet, lässt sich schematisch wie folgt darstellen:

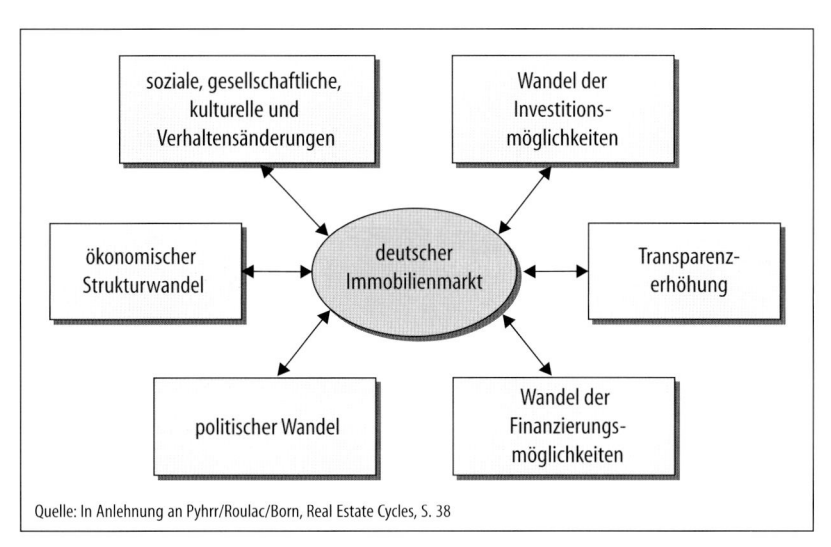

[Diagramm: Wirkungsgefüge des deutschen Immobilienmarktes mit den Elementen: soziale, gesellschaftliche, kulturelle und Verhaltensänderungen; Wandel der Investitionsmöglichkeiten; ökonomischer Strukturwandel; Transparenzerhöhung; politischer Wandel; Wandel der Finanzierungsmöglichkeiten – alle mit Pfeilen verbunden zum deutschen Immobilienmarkt]

Quelle: In Anlehnung an Pyhrr/Roulac/Born, Real Estate Cycles, S. 38

Abb. 1: Wirkungsgefüge des deutschen Immobilienmarktes

2. Megatrends für die Immobilienwirtschaft

2.1 Ökonomischer Strukturwandel

Unter Globalisierung versteht man das weltweite Zusammenwachsen der Güter-, Faktor- und Finanzmärkte. Angestoßen wurde sie durch die Deregulierung auf den oben genannten Märkten. Durch diesen Prozess wächst die Abhängigkeit der nationalen Märkte von der weltwirtschaftlichen Entwicklung. Diese Entwicklung lässt sich seit Mitte der 80er Jahre auch für Immobilienmärkte nachweisen. So verlief die Immobilienmarktkrise in verschiedenen Ländern Anfang der 90er Jahre ungehindert räumlicher und politischer Distanzen weitgehend parallel. Grund dafür war die hohe Korrelation der Immobilienmärkte mit der Entwicklung des Bruttoinlandsprodukts (BIP), das seinerseits maßgeblich von der Entwicklung der Weltwirtschaft abhängt [3]. Durch die stärkere Verknüpfung der nationalen Zyklen wird damit einerseits die Abkopplung von der weltwirtschaftlichen Entwicklung verhindert. Andererseits werden nationale Immobilienmärkte stark von Entwicklungen in anderen Ländern beeinflusst, sodass, wie oben beschrieben, Spekulationsblasen bzw. plötzliche Liquiditätsabflüsse entstehen können.

Globalisierung

Durch die Globalisierung stellen international agierende Unternehmen zudem oft nicht mehr die Frage, an welchem Standort sie in Deutschland investieren. Vielmehr handelt es sich um einen Standortwettbewerb der Regionen, wie der Großräume Paris, London oder Frankfurt. Die Auswirkung auf den Im-

Standortwettbewerb der Regionen

mobilienzyklus ist jedoch nur schwer abzuschätzen [4]. Eine Angleichung der Renditen an verschiedenen Standorten der Welt, wie sie in den letzten Jahren bereits in Europa zu beobachten war, kann jedoch vermutet werden.

Ein zusätzlicher Effekt der Globalisierung zeigt sich in der Auswirkung exogener Schocks. Dabei handelt es sich um einmalige, unerwartete Ereignisse, die eine substanzielle Änderung der Erwartung betreffend zukünftiger wirtschaftlicher und finanzieller Variablen implizieren. Es handelt sich dabei u. a. um Umweltkatastrophen, Kriege oder terroristische Anschläge, die auf nationale Immobilienzyklen zurückwirken. So können z. B. infolge der Anschläge des 11. Septembers 2001 auf das World Trade Center in New York Bauprojekte durch neue Sicherheitsforderungen kostenintensiver werden. Inwiefern dies zu einer Dezentralisierung der Unternehmen und einer Abwanderung aus den Zentren führt, muss weiter untersucht werden [5]. Auch Umweltkatastrophen können zu Schwankungen der Immobilienzyklen führen. So verwüstete der Hurrikan „Katrina" im Herbst 2005 ein Landstück in der Größe Großbritanniens. Schwer betroffen waren eine große Anzahl von Industriebetrieben sowie Teile der Ölversorgung der USA. Dies hinterlässt deutliche Spuren in der US-Wirtschaft und dem BIP, wodurch somit auch der Immobilienmarkt betroffen ist.

Bedeutungszuwachs der Mittelzentren

Wurde bis vor wenigen Jahren der mit Abstand überwiegende Teil gewerblicher Immobilieninvestitionen an den fünf klassischen Investmentstandorten in Deutschland getätigt (Berlin, Düsseldorf, Frankfurt, Hamburg und München), findet hier zunehmend eine Entkopplung statt. Investitionen fließen jetzt auch vermehrt in Nebenstandorte, wie Essen, Köln, Leipzig und Stuttgart. So wurde an den klassischen Immobilienstandorten in 2004 ein Investmentvolumen von rd. 5,2 Mrd. Euro verzeichnet. Der Gesamtumsatz wird für diesen Zeitraum jedoch für ganz Deutschland auf ca. 13 bis 15 Mrd. Euro geschätzt [6].

Aufgrund seines föderalen Aufbaus ist Deutschland wirtschaftlich traditionell dezentral organisiert. Die Unterzentren gewinnen jedoch verstärkt an Bedeutung, da sie über ähnliche Infrastruktureinrichtungen verfügen wie die Großzentren. Dadurch kann Kommunikation effizient gestaltet werden und Transaktions- sowie Transportkosten sinken. Zudem werden verstärkt immaterielle Güter, wie Dienstleistungen und Informationen, gehandelt, die die Präsenz von Unternehmen in Großzentren nicht zwingend notwendig machen. Durch den Bedeutungszuwachs der Mittelzentren werden Immobilienzyklen deshalb nicht mehr nur für klassische Investmentstandorte zu analysieren sein. Vielmehr muss eine detaillierte Analyse auch der Mittelzentren stattfinden, da diese Märkte von einer eigenen Anbieter- und Nachfragestruktur beeinflusst werden. Zwei Begründungsstrukturen können genannt werden: Einerseits sind Mittelzentren aufgrund ihres kleineren Marktes potenziell volatiler als Großzentren. Andererseits bedingen gerade die Kleinheit und das bisherige Fehlen internationalen Kapitals ein hohes Maß an Stabilität. Grundsätzlich läuft dies auf eine Differenzierung der Immobilienzyklen in den verschiedenen Regionen hinaus.

Wandel zur Wissens- und Informationsgesellschaft

Die Entwicklung zur Wissens- und Informationsgesellschaft führt zu einem Bedeutungszuwachs des tertiären und quartären Sektors (Dienstleistungen bzw. Informationen/Wissen) und damit einem Mehr an Raumbedarf bei Büroimmobilien (insofern dieser nicht durch Telearbeit usw. überflüssig geworden ist).

Die zunehmende Bedeutung des Büroimmobiliensektors spiegelt sich bereits in der Bautätigkeit wider. So stieg der Anteil von Büro- und Verwaltungsgebäuden an den Baugenehmigungen seit Beginn der 80er Jahre von 17 % auf heute 28 %. Im Gegensatz dazu fiel der Anteil von Industrieimmobilien von 20 % auf 15 %. Durch die zunehmende Bedeutung des tertiären Sektors wird daher mittel- bis langfristig ein höheres Maß an Nachfrage im Büroimmobiliensektor entstehen, wodurch die Entwicklung des Büroimmobiliensektors tendenziell positiv beeinflusst wird. Das Gegenteil ist für den Industriesektor zu erwarten [7].

Gleichzeitig liegen immer mehr Industrieflächen brach, die umgenutzt werden können. Durch die Konversion brachliegender Areale werden große Flächen zum Verkauf angeboten. Dies kann vor allem Grundstückspreise in kleinräumigen Regionen belasten. Regionale Immobilienzyklen können sich damit erheblich von nationalen Immobilienzyklen unterscheiden und müssen gesondert betrachtet werden.

Konversion von Industrieflächen

2.2 Wandel der Finanzierungsmöglichkeiten

Im Bereich der Immobilienfinanzierung vollzieht sich ein grundlegender Wandel. Wurden Immobilien traditionell über Bankkredite finanziert, gibt es seit einigen Jahren neue Finanzierungsquellen sowohl im Fremd- als auch im Eigenkapitalbereich. Die Entwicklung neuer Finanzierungsquellen setzte ein, als sich in den 90er Jahren die Rahmenbedingungen der traditionellen Finanzierung veränderten. Von besonderer Bedeutung sind dabei die Finanzierung von Immobilien mittels öffentlich gehandelten Anteils- und Forderungspapieren, sowie in jüngster Zeit Private-Equity-Beteiligungen. Daneben hat sich aber auch die traditionelle Immobilienfinanzierung über Kreditinstitute gewandelt.

Der Wandel der traditionellen Bankfinanzierung wurde eingeleitet durch den Erlass vom 20. Dezember 2002 bezüglich der Mindestanforderungen an das Kreditgeschäft (MaK) sowie die Novelle der Baseler Eigenkapitalvereinbarung (Basel II), die Anfang 2007 in Kraft treten soll. Bei dem neuen Baseler Eigenkapitalakkord werden die Anforderungen zur Eigenkapitalunterlegung im Kreditgeschäft differenziert sowie stärker an das einzelne Kreditrisiko gekoppelt. Um das individuelle Kreditrisiko zu bestimmen, werden Ratings seitens der Kreditinstitute bzw. durch externe Dienstleister durchgeführt. Die MaK definieren qualitative Standards für die Organisation des Kreditgeschäfts. Die MaK zielen damit auf ein Best-Practice-Modell des Kreditrisikomanagements durch Kreditinstitute ab. MaK und Basel II weisen hinsichtlich der bankinternen Rating-Verfahren zur Messung des Kreditrisikos hohe Übereinstimmung auf [8].

Traditionelle Kreditfinanzierung

Zur Durchführung der Ratings – egal, ob intern oder extern durchgeführt – sind u. a. Informationen bezüglich der zukünftigen Entwicklung der Immobilienmärkte und der Kredithistorie des Kreditnehmers notwendig. Durch diesen Prozess werden Bewertungs- und Informationsdefizite zunehmend abgebaut und die Transparenz des Immobilienmarktes steigt. Kreditinstitute können Immobilienzyklen leichter erkennen und ihre Kreditvergabe und damit die Preisgestaltung ans Risiko anpassen. Diese Entwicklung hat sowohl glättenden als auch verstärkenden Einfluss auf Immobilienzyklen, da Banken einerseits durch ihren Informationsstand ihre Kreditvergabe besser an Immobilienzyklen ausrichten können. Andererseits werden sie wie auch in der Vergangenheit dazu neigen, in Boomphasen leichter Kredite zu vergeben als in Phasen schlechter konjunktureller Entwicklung und damit zu einer Verstärkung von Immobilienzyklen beitragen.

Refinanzierung
Eine Neuregelung gibt es auch bezüglich des Pfandbriefgesetzes, das am 19. Juli 2005 in Kraft getreten ist. Es dient zur Sicherstellung der Qualität des deutschen Pfandbriefs nach Wegfall des Spezialbankenprinzips und der Gewährträgerhaftung. Basis des neuen Pfandbriefgesetzes sind die Sicherungsmechanismen des Hypothekenbankgesetzes (HBG), ergänzt um zusätzliche Anforderungen an die Aufsicht, das operative Pfandbriefgeschäft und Deckungswerte. Dazu gehört u. a. ein professionalisiertes Risikomanagement. So muss eine Pfandbriefbank, bevor sie Geschäfte in neuen Produkten, Geschäftsarten oder auf neuen Märkten aufnimmt, eine umfassende Risikoanalyse durchführen. Zudem müssen alle Pfandbriefbanken unterjährig Veröffentlichungen zum Pfandbrief- und Deckungsgeschäft vornehmen, um die Transparenz zu erhöhen und Risiken offen zu legen. Weiterhin werden Methodik und Form der Beleihungswertermittlung sowie die Mindestanforderungen an die Qualifikation eines Gutachters rechtlich festgelegt. Daneben hat eine geographische Erweiterung des Deckungsgeschäfts für Pfandbriefe auf Länder der Europäischen Union, des Europäischen Wirtschaftsraums, die Schweiz und die außereuropäischen G7-Staaten stattgefunden. Experten erwarten durch diese Gesetzesänderung eine moderate Zunahme der Anzahl der Pfandbriefbanken in Deutschland (derzeit 55). Durch die Verbreiterung der Emittentenbasis können die Emissionsvolumina gesteigert und der Kapitalfluss im Immobilienmarkt verstetigt werden. Eine zunehmende Kanalisierung von Hypothekendarlehen in Hypothekenpfandbriefe wird erwartet. Gleichzeitig können die Pfandbriefbanken ihre Geschäftsstrategie vom Nischenanbieter bis zu einem globalen Auftritt differenzieren. Durch die verstärkte regionale Diversifikation der Deckungsmassen kann das Risiko der Pfandbriefe gesenkt werden. Eine Risikosenkung wird auch durch verstärkte Anforderungen an Transparenz, Risikoanalysen und die Wertermittlung von Immobilien erreicht. Ein sog. Refinanzierungsregister ermöglicht u. a. nachträgliche Syndizierungen und Risikostreuung sowie Portfolioverkäufe und die Refinanzierung von Hypothekarkrediten allgemeiner Kreditinstitute durch Pfandbriefbanken. Durch diese Neuerungen wird Spannung aus dem Kapitalmarkt genommen [9]. Insgesamt kann damit eine abschwächende Wirkung des neuen Pfandbriefgesetzes auf Immobilienzyklen erwartet werden.

Öffentliche Märkte für Schuldtitel
Seit Anfang 2000 werden zunehmend „Immobilienverbriefungen", d. h. der Handel von Schuldtiteln an der Börse, die durch Forderungen aus Immobilien besichert sind (z. B. Mieten und Darlehensforderungen), durchgeführt. Der Verbriefungsmarkt ist hauptsächlich noch durch Bankentransaktionen geprägt. Darunter fallen auch Zins- und Tilgungszahlungen aus Immobilienkrediten. Durch Gewerbeimmobilien besicherte Wertpapiere, sog. Commercial Mortgage-Backed Securities (CMBS), stellen dabei das größte Segment dar.

Wesentlich weiter entwickelt ist bereits der Immobilienverbriefungsmarkt in den USA. Hier haben die hohen Anforderungen des Kapitalmarkts an Transparenz, Informationen und Professionalität disziplinierend auf die Immobilienmarktteilnehmer gewirkt. So konnte trotz ansteigender CMBS-Finanzierungen in den 90er Jahren eine gewisse Preisstabilität an den Immobilienmärkten erreicht werden. Die Kapitalallokation wurde aufgrund eines hohen Informationsaustausches zwischen den Beteiligten effektiver gestaltet [10]. Es ist von daher mit einer Verbesserung des Investitionsverhaltens der Marktteilnehmer zu rechnen, da nicht zuletzt durch die Professionalisierung der Immobilienfinanzierung und Offenlegungspflichten, die an öffentlichen Märkten gelten, mehr Informationen zur Verfügung gestellt werden.

Real Estate Private Equity

Seit dem Jahr 2001 werden in Deutschland sog. Real-Estate-Private-Equity- (REPE)-Finanzierungen thematisiert. Dabei handelt es sich um eine eigenkapitalgestützte Immobilienfinanzierung (Immobilienbeteiligungskapital). Ziel externer REPE-Investoren ist es, unter Verwendung eines hohen Anteils von Fremdkapital eine möglichst hohe Eigenkapitalrendite zu erzielen. Der Trend zu REPE wurde in Deutschland vor allem dadurch belebt, dass deutsche Unternehmen vermehrt Immobilienbestände ausgliedern oder verkaufen und Banken Not leidende Kredite veräußern [11]. Zu den großen Transaktionen gehören u. a. die 150.000 Wohneinheiten (ca. 7 Mrd. Euro) der Viterra, die 2005 an die Deutsche Annington (Terra Firma), und die 82.000 Wohneinheiten (ca. 3,5 Mrd. Euro) der Gagfah, die 2004 an Fortress verkauft wurden.

Als Käufer treten bei diesen Transaktionen i. d. R. angloamerikanische Investoren auf. Diese verfügen bereits über einen hohen Grad an Professionalität durch Investitionen auf länger bestehenden REPE-Märkten, wie in den USA, Asien, Italien und Frankreich. Da REPE-Investoren ihre Investitionsstrategie am Immobilienzyklus ausrichten und antizyklisch investieren, rücken damit auch für deutsche Immobilienmarktteilnehmer der Immobilienzyklus und das Management stärker in den Fokus ihrer Betrachtung. Dies könnte zur Verbesserung der Effizienz und damit der Transparenz des deutschen Immobilienmarktes führen.

Öffentliche Märkte für Immobilienbeteiligungen

In Deutschland noch nicht existent, aber für Anfang 2007 avisiert, ist die Möglichkeit der Generierung von Eigenkapital zur Finanzierung von Immobilien über die Vergabe von Anteilsscheinen an der Börse. Dabei handelt es sich um Real Estate Investment Trusts (REITs). REITs als eine relativ neue Asset-Klasse in Europa unterliegen generell nicht der Körperschaftsteuer und die Besteuerung erfolgt auf Ebene der Anteilseigner [12].

In Deutschland sind derzeit 0,45 % des Aktienmarktes Immobilien-Aktiengesellschaften. Gemessen am einfachen Durchschnitt werden im Vergleich weltweit jedoch rd. 6 % der Immobilien an den Aktienmärkten gehandelt (2,5 % der Marktkapitalisierung). Für Deutschland wird daher mit der Einführung von REITs, insofern REITs wettbewerbsfähig strukturiert und reguliert werden, ein Zustrom von Kapital auch aus dem Ausland erwartet. Dies würde zu einer Marktbelebung führen und einen Beitrag dazu leisten, die derzeitige Krise am Immobilienanlagemarkt zu bewältigen. Damit würde die Einführung von REITs den Immobilienmarkt als Ganzes positiv beeinflussen [13].

Seit Ende 2005 nehmen z. B. Investoren über Anlagezertifikate auf REITs an der leichten Erholung der japanischen Wirtschaft teil. Seit 1990 sind die Grundstückspreise zum ersten Mal wieder gestiegen. Japanische Immobilienkonzerne bringen deshalb vermehrt Einkaufszentren, Büro- und Wohnimmobilien an die Börse. Seit 2001 wurde so mit über 15 REITs eine Kapitalisierung von 17 Mrd. Dollar erreicht [14]. Dass aber nicht nur eine Aufwärtsentwicklung möglich ist, zeigt das Platzen der Gewerbeimmobilienblase Anfang der 90er Jahre in Japan und Hongkong, das bis heute den Bankensektor und die unterdurchschnittlich entwickelte Wirtschaft belastet. Seit dieser Zeit sind die Preise von Immobilienaktien um mehr als 60 % gefallen. Das nahe Beieinanderliegen von Kapitalzuströmen und -abzügen zeigt, wie stark die Auswirkungen einer Ausdifferenzierung des Immobilienfinanzierungssektors auf Immobilienzyklen sind und wirtschaftliche Tendenzen verstärken können [15].

Auswirkung neuer Finanzierungsquellen

Wie sich die neuen Finanzierungsquellen insgesamt auf Immobilienzyklen auswirken werden, bleibt abzuwarten. Es können jedoch generelle Tendenzen aufgezeigt werden. So ist einerseits mit einer Glättung von Immobilienzyklen zu rechnen, da es einen besseren Zugang zu Kapital und Informationen gibt und der Kapitalfluss damit gleichmäßiger gestaltet werden kann. Durch die Differenzierung der Finanzierungsquellen wird das Risiko besser auf die verschiedenen Investoren verteilt, wodurch sich Anspannungen im Finanzsektor verringern dürften.

Die engere Verflechtung der Immobilien- und Kapitalmärkte bedeutet jedoch keineswegs ein Abflachen von Immobilienzyklen. So kann bei allen Finanzierungsquellen beobachtet werden, dass in Zeiten steigender Immobilienpreise Kredite oder Beteiligungen leichter vergeben werden als bei sinkenden Immobilienpreisen. Aufgrund der hohen Fungibilität von Wertpapieren können Finanzmittel zudem in der Baisse genauso schnell abgezogen, wie sie in Boomphasen investiert wurden. Dabei spielen psychologische Erwägungen wie das „Herdenverhalten" der Marktteilnehmer eine nicht unwesentliche Rolle [16].

2.3 Wandel der Investitionsmöglichkeiten

Internationalisierung der Anlagemöglichkeiten

Auf der einen Seite bedeuten neue Finanzierungsmöglichkeiten eine engere Verknüpfung des Immobilienmarktes mit dem Kapitalmarkt, auf der anderen Seite bietet sich für die Anleger eine Vielzahl neuer Anlageprodukte. Aufgrund stärkerer Informationspflichten und damit steigender Transparenz können Investoren ihre Portfolios optimieren und diese an Immobilienmarktschwankungen ausrichten. Damit können sie verschiedene Zyklen in unterschiedlichen Ländern nutzen und Portfolios besser diversifizieren. Die Gesetzgebung hat dem Bedürfnis der internationalen Immobilienanlage beispielsweise im 4. Finanzmarktförderungsgesetz entsprochen, das zum 1. Juli 2002 in Kraft trat. Bis dahin durften offene Immobilienfonds bis zu maximal 20 % ihres Wertes in Grundstücken außerhalb des EWR-Raums anlegen. Diese Grenze ist vollständig aufgehoben worden. Es gilt lediglich für alle Fremdwährungsinvestments eine maximale Beschränkung des Währungsrisikos auf 30 %. Da Währungsrisiken vollständig abgesichert werden können, können offene Immobilienfonds gänzlich unbegrenzt außerhalb dieses Raumes investieren. Offene Fonds haben damit eine höhere Flexibilität und Wettbewerbsfähigkeit erlangt [17]. Es muss jedoch beachtet werden, dass durch die zunehmende Liberalisierung der Anlagepolitik an ausgewählten regionalen Standorten, wie z. B. derzeit in einigen osteuropäischen Städten, ein starker Preisdruck entsteht und die vorherrschenden Marktpreise dieser neuen Standorte einen ungewöhnlichen Auftrieb erleben können.

Die Investmentmärkte vollziehen derzeit in Deutschland einen starken Wandel. Dies wird besonders auf dem Wohnimmobilienmarkt deutlich. Es handelt sich nicht mehr um die bekannten klassischen Anlagen in Wohnungen und kleine Wohnanlagen, sondern um institutionelle Investments, die fast ausschließlich von angelsächsischen Opportunity Funds und Finanzinvestoren durchgeführt werden und häufig mehrere Hundert Millionen bzw. mehrere Milliarden Euro betragen. Neben den Wohnungsbeständen von Unternehmen stehen vor allem umfangreiche Wohnungsbestände der öffentlichen Hand zum Verkauf, die aufgrund der leeren öffentlichen Kassen zumindest teilweise auf den Markt kommen werden. Insgesamt belief sich das Transaktionsvolumen im Jahr 2004 auf ca. 12 Mrd. Euro [18]. Auch im Bereich von Büroimmobilien wird ein Ansteigen der Umschlaghäufigkeit erwartet, da sich das Eigentum von Immobilien zunehmend vom Selbstnutzer auf den Kapitalanleger verlagert. So beläuft sich der Wert des deutschen Büroflächenbestandes auf rd. 502 Mrd. Euro (Stand: 2002), dabei verfügen die DAX-30-Unternehmen über ein Immobilienvermögen von mindestens 200 Mrd. Euro. Der Buchwert der Immobilien beträgt etwa die Hälfte bis ein Drittel der Verkehrswerte. Durch den zunehmenden Druck auf die Bilanzen (z. B. Schuldenabbau) und Basel II (höhere Eigenkapitalanforderungen) erwägen viele Unternehmen den Verkauf nicht betriebsnotwendiger Immobilien bzw. ein Sale-and-lease-back betriebsnotwendiger Immobilien. Auch von Seiten der Länder und Kommunen ist aufgrund der finanziellen Schieflage der öffentlichen Haushalte ein zunehmender Verkauf mit anschließend teilweiser Rückmietung der Liegenschaften zu beobachten.

Verkauf von Immobilienportfolios

Durch den zunehmenden Verkauf von Wohn- und Gewerbeimmobilien kommen große Immobilienportfolios auf den Markt. Dadurch erhöht sich die Umschlaghäufigkeit im jeweiligen Immobiliensegment, was sich stabilisierend auf einen Immobilienteilmarktzyklus auswirken kann. Auf der anderen Seite kann eine plötzliche Angebotsausweitung zu starken Verwerfungen auf regionalen Märkten führen. Der Verkauf von Immobilienportfolios sollte daher sorgfältig terminiert werden, um keine stark sinkenden Preise hervorzurufen.

2.4 Politischer Wandel

Die Politik entscheidet durch die Gesetzgebung zu einem weiten Teil über die Funktionsfähigkeit und Funktionsbedingungen von Märkten. Dies spiegelt sich auch im Immobilienmarkt wider, der traditionell stark durch steuerpolitische Entscheidungen beeinflusst wird. In geförderten Teilmärkten erfolgt beispielsweise ein hohes Maß an Investitionen, während in nicht geförderten Regionen deinvestiert wird. So wurde z. B. im Zuge der Förderung der neuen Bundesländer in den 90er Jahren (Sonder-AfA Ost) neben zielgerichteten Investitionen eine Vielzahl ökonomisch nicht sinnvoller Investitionen getätigt, die zu einem Überangebot, steigenden Leerständen und sinkenden Preisen führten. Der ostdeutsche Immobilienmarkt hat sich noch immer nicht von dieser Überbauung erholt [19].

Steuergesetzgebung

Aufgrund der kurz- bis mittelfristigen Auswirkungen der Steuergesetzgebung sollten Marktteilnehmer steuerrechtliche Entwicklungen genau verfolgen. Diese sind bei Regierungswechseln umso wichtiger, als hier i. d. R. politische Richtungswechsel vollzogen werden. Wurde beispielsweise über viele Jahre hinweg der Erwerb eines Eigenheims gefördert, wird im Zuge der vorgezogenen Bundestagswahl 2005 die Abschaffung der Eigenheimzulage mehrheitlich diskutiert. Mit in die Diskussion fallen auch die potenzielle Besteuerung von Immobilienveräußerungsgewinnen und Änderungen des Erbschaftsteuergesetzes. Gesetzesänderungen haben in jedem Fall starke Auswirkungen auf das Investitionsverhalten und beeinflussen damit Immobilienzyklen. Eine glättende Wirkung der Gesetzgebung kann dabei nicht beobachtet und auch in Zukunft kaum erwartet werden. Dies ist nur dann möglich, wenn der Staat Subventionen in den Immobilienmarkt kürzt und gleichzeitig gesetzliche Regelungen mit Augenmaß gestaltet (z. B. Mietrecht).

2.5 Soziale, gesellschaftliche, kulturelle und Verhaltensänderungen

Demographie Ein Zusammenhang zwischen der demographischen Entwicklung und dem Immobilienmarkt wurde erstmals von Mankiw und Weil 1989 entwickelt, die einen demographisch induzierten Preisverfall der Wohnimmobilienwerte von 47 % innerhalb von 20 Jahren in den USA prognostizierten [20]. Diese Ergebnisse stießen in der Bevölkerung auf großes Interesse und es sind zahlreiche weiterführende Studien vorgelegt worden. Der prognostizierte Preisverfall von Mankiw und Weil ist jedoch aufgrund einseitiger Annahmen bis heute nicht eingetreten, die Preise stiegen sogar um rd. ein Drittel seit 1987 [21]. Anders als in den USA wird in Deutschland jedoch nicht mit einer langfristig steigenden Bevölkerungszahl gerechnet. Nach Aussagen des Statistischen Bundesamtes wird ab 2012 die Bevölkerungszahl in Deutschland fallen. Politische Entscheidungen tragen dabei maßgeblich zur Steuerung der Bevölkerungszahl (Migration) bei und ihre Konsequenzen können kaum abgeschätzt werden [22].

Von der demographischen Entwicklung sind sowohl der Büro- als auch der Wohnimmobilienmarkt betroffen. Im Bereich des Wohnimmobilienmarktes wird bis 2030 die Nachfrage nach Wohnfläche aufgrund steigender Haushaltszahlen wachsen, um danach zu fallen. Neben diesem Nachfragerückgang wird eine Verschiebung der nachgefragten Wohnimmobilientypen stattfinden (z. B. altersgerechtes Wohnen). Der Büroimmobilienmarkt ist aufgrund einer sinkenden Erwerbspersonenzahl bereits ab 2020 von der demographischen Entwicklung betroffen, sodass Unternehmen weniger Bürofläche benötigen. Regionale Unterschiede müssen in beiden Fällen beachtet werden.

Aufgrund der Veränderung der demographischen Entwicklung erwarten Experten einen steigenden Druck auf Immobilienrenditen, da sich das Angebot an Immobilien nur langsam den Erwartungen der Nachfrage und Nachfragerückgängen anpassen kann [23]. Eine langfristige Abwärtsentwicklung der Immobilienpreise in Teilsegmenten ist dadurch möglich.

Veränderte Nutzeranforderungen Veränderte Nutzeranforderungen spiegeln sich in verschiedenen Immobilienteilmärkten wider. So lässt sich z. B. seit einigen Jahren eine für den Wohnimmobilienmarkt relevante Differenzierung der Lebensstile hin zu mehr Individualität und Pluralität beobachten. So verliert beispielsweise die traditionelle Familie (i. d. R. Ehepaar mit ein oder zwei Kindern) zunehmend an Bedeutung. Sie macht nur noch ein Viertel der Wohnungsnachfrager aus. Diese Differenzierung der Lebensstile spiegelt sich auch in den Wohnbedürfnissen wider. Je nach Lebensphase, Lebensart und Budget werden unterschiedliche Wohnformen nachgefragt. Weiter verlagern sich zunehmend haushaltsexterne Aktivitäten, wie Arbeit, Kommunikation, Lernen, Freizeit, in den Wohnraum, z. B. in Form von Telearbeit. Dies erhöht die in den Wohnräumen verbrachte Zeit und fördert damit die Nachfrage nach neuen Wohnnutzkonzepten.

Neue Nutzeranforderungen werden auch an den Büroimmobiliensektor gerichtet. Neben einem Wandel zur Dienstleistungs- und Wissensgesellschaft sind Unternehmen mit einer zunehmenden Technisierung konfrontiert. Diese ermöglicht neue Arbeitsformen, die von Telearbeit über das papierlose Büro und non-territoriale Arbeitsplätze bis hin zu virtuellen Unternehmen reichen.

Aufgrund der Differenzierung der Nutzerstrukturen wird es für alte Objekte sowohl im Büro- als auch im Wohnimmobiliensektor immer schwieriger, sich gegenüber neuen Gebäuden am Markt zu behaupten. Sie genügen oftmals nicht den qualitativen und technischen Anforderungen der Mieter. Dadurch wird ein Anpassungsdruck in den Konditionen für Altobjekte spürbar, was sich in einer Differenzierung der Preise niederschlägt. So ist es durchaus möglich und derzeit schon zu beobachten, dass neue, hochwertige Immobilien anziehende Preise verzeichnen, während technisch veraltete Immobilien hohe Leerstände und sinkende Mieten aufweisen. Immobilienzyklen differenzieren sich daher innerhalb der verschiedenen Immobilientypen zunehmend.

Anpassungsdruck für Altobjekte

2.6 Transparenzerhöhung

Immobilienmärkte sind immer stärker in das internationale Marktgeschehen verflechtet. Wurden einst nur regionale Märkte bei Investitionsvorhaben in Betracht gezogen, bewegen sich Immobilienmarktteilnehmer, wie z. B. Investoren, Nutzer und Projektentwickler, auf nationalen, wenn nicht internationalen Märkten. Den Akteuren sind die unterschiedlichen nationalen Märkte und Geschäftspraktiken dabei oft nur vage bekannt. Im Wettkampf um internationales Kapital wird deshalb Transparenz nicht nur hinsichtlich der regulatorischen und rechtlichen Rahmenbedingungen benötigt, sondern auch in Bezug auf die Erhältlichkeit marktrelevanter Daten, international verständliche Unternehmensabschlüsse und leicht zugängliche Kataster- und Grundbuchpläne. Da Immobilien zunehmend Beachtung von institutionellen Investoren finden, steigt damit auch der Druck einer stärkeren Professionalisierung der Immobilienbranche. Die Transparenz des Immobilienmarktes ist damit untrennbar mit der Professionalität der Marktteilnehmer verbunden. Eine zunehmend differenzierte immobilienwirtschaftliche Ausbildung ist unabdingbar.

Professionalisierung der Marktteilnehmer

Nach einer Studie von Jones Lang LaSalle [24] steht Deutschland im internationalen Vergleich der Transparenz des Immobilienmarktes auf Platz 10. Seit den 90er Jahren ist die Transparenz bereits stark verbessert worden. Im Hinblick auf die Konkurrenz um internationales Investorenkapital ist es jedoch wichtig, diese weiter zu verbessern. Das Wissen um nationale Besonderheiten hilft den Marktakteuren, unterschiedliche Märkte besser einzuschätzen und Investitionsentscheidungen zu treffen. Damit stabilisieren sich Immobilienzyklen potenziell, da Kapitalflüsse verstetigt werden. Es muss jedoch beachtet werden, dass auch das Wissen um „harte Fakten" psychologische Verhaltensmuster, wie z. B. das „Herdenverhalten", nicht eliminieren kann, sodass die Auswirkungen einer Transparenzerhöhung auf den Immobilienmarkt nicht eindeutig vorherzusagen sind.

3. Marktrelevanz der Megatrends

Relevanz-Ranking schwierig

Wie oben beschrieben sind die Ursachen von Immobilienzyklen vielfältiger Natur. Einige Trends wirken sich abschwächend, andere verstärkend auf Immobilienzyklen aus. Teilweise können beide Phänomene zugleich von einem Wirkungsfaktor ausgelöst werden. Erschwerend kommt hinzu, dass sich die verschiedenen Trends in ihrer Wirkung überlappen können. Zudem ist ihre Wirkung unterschiedlich stark. Ein eindeutiges Ranking hinsichtlich ihrer Relevanz ist deshalb nur schwierig vorzunehmen.

Nach einer Umfrage von Rottke/Wernecke aus dem Jahr 2001/2002 (vgl. Kapitel A4) wird darauf vertraut, dass aufgrund des Allgemeinwissens der Akteure die Ursachen von Immobilienzyklen i. d. R. richtig eingeschätzt werden. 81 % der Befragten sehen dabei Konjunkturzyklen als Ursache von Immobilienzyklen, gefolgt von hohen Investitionsvolumina (40 %), der Intransparenz des Marktes (33 %), der Langlebigkeit von Immobilien (22 %) und der Irrationalität der Marktteilnehmer (21 %). Weniger Bedeutung wird der Globalisierung (8 %), Time-Lags und der schlechten Ausbildung der Marktteilnehmer beigemessen (jeweils 7 %). Als weitere Ursache gilt die staatliche Einflussnahme auf den Immobilienmarkt.

Die wichtigsten Einflussfaktoren

Die Befragten sind sich einig, dass Immobilienzyklen nicht auf den puren Zufall zurückgeführt werden [25]. Diese Befragung richtet sich am Erfahrungswissen der Befragten aus. Neue Entwicklungen sind hier noch nicht abgebildet. Da diese jedoch maßgeblich den Erfolg zukünftiger Investitionsentscheidungen beeinflussen, werden im Folgenden die als am wichtigsten erachteten kurz- bis mittelfristigen Einflussfaktoren vertiefend dargestellt. Dazu gehören

- die Einführung von Basel II zu Beginn des Jahres 2007 (in den USA ab 2008) (vgl. Kapitel C2),

- der starke Abverkauf von Not leidenden Krediten und Immobilienportfolios an Private-Equity-Investoren (vgl. Kapitel C3),

- die drastische Zunahme von Immobilienverbriefungen in den letzten Jahren (vgl. Kapitel C4) sowie

- der seit Jahren bestehende Trend zur Globalisierung (vgl. Kapitel C5).

Durch die genannten Faktoren verstärkt sich die Transparenz der Immobilienwirtschaft, die anschließend (vgl. Kapitel C6) dargestellt wird.

4. Literaturverzeichnis

[1] Pfeffer, U./Simons, H.: Der Immobilienmarkt im neuen Jahrtausend – Langfristige Trends und Visionen, in: Bayerische Landesbank (Hrsg.), München 1999, S. 9–11.

[2] Pyhrr, S. A./Roulac, S. E./Born, W. L.: Real Estate Cycles and Their Strategic Implications for Investors and Portfolio Managers in the Global Economy, in: Journal of Real Estate Research, Vol. 18, 1999, S. 38.

[3] Case, B./Goetzmann, W./Rouwenhurst, G.: Global Real Estate Markets: Cycles and Fundamentals, in: National Bureau of Economic Research (Hrsg.): NBER Working Paper Nr. 7566, Cambridge 2000, S. 2 f.

[4] Rottke, N./Wernecke, M.: Management im Immobilienzyklus, Teil 16: Resümee, Aktuelle Trends, Fazit für die Praxis, in: Immobilien Zeitung, Nr. 3, 2002, S. 15.

[5] Baen, J.: The Implications of September 11, 2001 and Terrorism on International Urban Form and Various Classes of Real Estate, in: Pacific Rim Real Estate Society Meeting 2002, Christchurch, New Zealand 2002, S. 1–26.

[6] Leykam, M.: Gewerbe-Immobilienmarkt – Die Provinz hat die Hochburgen längst überholt, in: Immobilien Zeitung, Nr. 16, 2005, S. 4.

[7] Frankfurter Allgemeine Zeitung/FAZ-Institut (Hrsg.): Immobilien – Erfolgreiche Neuorientierung, in: Branchen & Visionen 2010, Frankfurt/M. 2003, S. 17 f.

[8] Deutsche Bundesbank (Hrsg.): Neue Anforderungen an das Kreditgeschäft: MaK und Basel II, in: Deutsche Bundesbank Monatsbericht, Frankfurt, 2003, S. 45–58.

[9] Verband Deutscher Pfandbriefbanken: Der Pfandbrief – Europas führender Covered Bond, Fakten und Daten 2005, Berlin 2005, S. 13–20.

[10] Zhu, H.: Das Ausbleiben eines Konjunkturzyklus bei Gewerbeimmobilien, BIZ-Quartalsbericht, September 2002, S. 70.

[11] Rottke, N.: Investitionen mit Real Estate Private, Diss., in: Schulte, K.-W./Bone-Winkel, S. (Hrsg.): Schriften zur Immobilienökonomie, Bd. 29, Köln 2004, S. 28–29.

[12] European Business School (ebs)/ZEW – Zentrum für Europäische Wirtschaftsforschung (2005): Real Estate Investment Trusts (REITs) – Internationale Erfahrungen und Best Practice für Deutschland, Teil des Abschlussberichts zum Forschungsprojekt 6/04 „Neue Assetklassen im internationalen Vergleich – Private Equity und REITs" für das Bundesministerium der Finanzen, Berlin, S. 1.

[13] Hughes, F./Arissen, J.: Global Real Estate Securities – Where do they fit in the broader market?, Dublin 2005, S. 6.

[14] Schmitz, A.: Japans Immobilienmarkt ist auf Erholungskurs – Anlagezertifikate auf Real Estate Investment Trusts ermöglichen Teilnahme am Comeback, in: Börsen-Zeitung, Nr. 187, 2005, S. 19.

[15] Zhu H., a. a. O., S. 66 f.

[16] Zhu H., a. a. O., S. 72–74.

[17] Päsler, R.: Größere Chancen für offene Immobilienfonds, Serie zum 4. Finanzmarktförderungsgesetz, Nr. 6, in: Börsen-Zeitung, Nr. 206, 2001, S. 3.

[18] AtisReal (Hrsg.): Investment Market Report Germany 2005, Berlin 2005, S. 8 f.

[19] Beyerle, T.: Der deutsche Immobilienmarkt, in: Gondring, H./ Lammel, E. (Hrsg.): Handbuch Immobilienwirtschaft, 1. Aufl., Wiesbaden 2001, S. 201–218.

[20] Mankiw, N. G./Weil, D.: The Baby Boom, the Baby Bust and the Housing Market, in: Regional Science and Urban Economics, Vol. 19, 1989, S. 235–258.

[21] Börsch-Supan, A./Ludwig, A./Sommer, M.: Demografie und Kapitalmärkte, Köln 2003, S. 19 f.

[22] Statistisches Bundesamt (Hrsg.): Bevölkerung Deutschlands bis 2050 – 10. Koordinierte Bevölkerungsvorausberechnung, Wiesbaden 2003, S. 6 f.

[23] Just, T.: Demografie lässt Immobilien wackeln, in: Deutsche Bank Research (Hrsg.): Themen international – Economics, Nr. 283, Frankfurt/M. 2003, S. 1.

[24] Jones Lang LaSalle (Hrsg.): Global Real Estate Transparency Index 2004, London 2004, S. 1.

[25] Rottke, N./Wernecke, M., a. a. O., S. 15.

2 Neue Baseler Eigenkapitalvereinbarung

Christoph Pitschke

Inhaltsverzeichnis

1. Einleitung 344
2. Geltende Baseler Eigenkapitalvereinbarung 344
3. Situation deutscher Kreditinstitute 345
4. Neue Baseler Eigenkapitalvereinbarung 348
5. Basel II und Immobilienzyklen 352
6. Literaturverzeichnis 355

1. Einleitung

Unternehmens-finanzierung im Umbruch

Im Gegensatz zu den angloamerikanischen Ländern hat sich in Deutschland über die letzten Jahrzehnte eine starke Bindung mittelständischer Unternehmen an das Bankensystem entwickelt. Diese für die Unternehmensfinanzierung in Deutschland charakteristische starke Abhängigkeit von Bankkrediten betrifft insbesondere die Immobilienwirtschaft, da Immobilien i. d. R. weitgehend fremdfinanziert werden. Damit ist die Immobilienbranche indirekt von strukturellen und regulatorischen Veränderungen im Bankensektor betroffen, was das starke Interesse der Immobilienbranche an der Novellierung der bestehenden Baseler Eigenkapitalvereinbarung (Basel I) erklärt. Die im Juni 2004 vom Baseler Ausschuss für Bankenaufsicht vorgeschlagene und verabschiedete Neue Baseler Eigenkapitalvereinbarung (Basel II) soll zu Beginn des Jahres 2007 über eine EU-Richtlinie und über das Kreditwesengesetz in Kraft treten. Mit der Überarbeitung von Basel I sollen die regulatorischen Eigenmittelanforderungen der Banken stärker an den tatsächlichen Risiken des Bankgeschäfts orientiert werden, um somit die Stabilität des internationalen Bankensystems zu stärken. Die bisher pauschale Unterlegung von Kreditrisiken mit haftendem Eigenkapital wird einer risikoangepassten Bewertung gemäß der Bonität der Kreditnehmer weichen. Dazu müssen die Kreditinstitute künftig auf Ratings zurückgreifen, wobei ihnen zur Wahl gestellt wird, Agentur-Ratings zu verwenden oder bankinterne Ratings durchzuführen. Die Kreditkonditionen werden daher künftig vom Rating des Kreditnehmers abhängen [1]. Bisher war das Kreditvergabeverhalten der deutschen Banken tendenziell prozyklisch [2]. Vor dem Hintergrund der Neuen Baseler Eigenkapitalvereinbarung wird diskutiert, inwiefern diese systemimmanent das prozyklische Verhalten in der Kreditvergabe der Banken fördert [3].

2. Geltende Baseler Eigenkapitalvereinbarung

Novellierungsbedarf von Basel I

Vor dem Hintergrund einer internationalen Bankenkrise wurde der Baseler Ausschuss für Bankenaufsicht, bestehend aus Vertretern der Zentralbanken und Bankaufsichtsbehörden der erweiterten G10-Staaten, 1974 gegründet. Zur Stärkung und Stabilisierung des internationalen Bankensystems verabschiedete er 1988 den ersten Eigenkapitalakkord, der 1992 über die 4. Novelle des Kreditwesengesetzes (KWG) in nationales Recht umgesetzt wurde. Nach § 10 und

§ 10 a KWG sind Kredit- und Finanzdienstleistungsinstitute sowie Instituts- und Finanzholding-Gruppen verpflichtet, angemessene Eigenmittel im Interesse der Erfüllung ihrer Verpflichtungen gegenüber ihren Kunden vorzuhalten. Diese Regelungen gründen auf der geltenden Baseler Eigenkapitalvereinbarung von 1988. Das Bundesaufsichtsamt für das Kreditwesen (heute: Bundesanstalt für Finanzdienstleistungsaufsicht) hat im Einvernehmen mit der Deutschen Bundesbank Grundsätze zur Solvabilität (Grundsatz I) und zur Liquidität (Grundsatz II) aufgestellt, die quantitative Anforderungen an die Institute mit dem Ziel stellen, die Sicherheit der ihnen anvertrauten Vermögenswerte zu gewährleisten. Grundsatz I gilt sowohl auf Ebene des Einzelinstitutes als auch für Instituts- und Finanzholding-Gruppen auf konsolidierter Basis. Gemäß Grundsatz I dürfen die risikobehafteten Aktiva (abzüglich der Wertberichtigungen) generell das 12,5fache des haftenden Eigenkapitals nicht überschreiten. Generell sind danach gewichtete Risikoaktiva eines Kreditinstituts mit 8 % (Solvabilitätskoeffizient) haftendem Eigenkapital zu unterlegen. Der Grundsatz I ist täglich zum Geschäftsschluss von den Instituten einzuhalten. Die Eigenkapitalunterlegung der Banken soll sicherstellen, dass ein Institut aus Gläubiger- und Systemschutzgründen über genügend Eigenkapital verfügt. Diese Mindestvorschriften sollen dafür sorgen, dass Banken im Verhältnis zu den eingegangenen Risiken genug Eigenkapital vorhalten. Das Eigenkapital hat damit die Funktion eines Puffers, der Verluste durch Kreditabschreibungen bzw. Wertberichtigungen abfedern soll, um die finanzielle Stabilität einer Bank zu gewährleisten.

Um dem unterschiedlichen Risikogehalt der zu finanzierenden Vermögenswerte sowie der Bonität des Schuldners Rechnung zu tragen, werden gemäß Grundsatz I Risikogewichtsklassen von 0, 20, 50 und 100 % nach den Risikogruppen (Staaten, Banken, Nicht-Banken) unterschieden. Der Gewichtungsfaktor gibt in Abhängigkeit von der vorliegenden Risikogruppe an, ob zur Bestimmung des regulatorisch notwendigen Eigenkapitals ein Kredit nominal (Gewichtung 100 %), hälftig (Gewichtung 50 %), zu einem Fünftel (Gewichtung 20 %) oder gar nicht (Gewichtung 0 %) mit Eigenkapital unterlegt werden muss. Den Gewichtungen entsprechend ergeben sich bezogen auf den Nominalbetrag eines Kredits Eigenkapitalanforderungen von 8, 4, 1,6 und 0 %.

Risikogewichtsklassen/Risikogruppen

Für die Risikobemessung von Kreditengagements mit Schuldnern der Risikogruppe „Unternehmen" bzw. mit dem privaten Nicht-Bankensektor gilt pauschal eine 100%ige Risikogewichtung. Dies bedeutet, dass ein Kreditinstitut für Kredite an Unternehmen generell 8 % eines Kreditengagements mit haftendem Eigenkapital unterlegen muss. Da es sich um einen pauschalen Eigenkapitalunterlegungssatz handelt, findet keine Orientierung an den tatsächlichen Ausfallwahrscheinlichkeiten eines Kreditengagements statt [4].

3. Situation deutscher Kreditinstitute

Die gesetzlich vorgeschriebene Unterlegung von Risikoaktiva mit Eigenkapital der Banken stellt insbesondere in Zeiten großen Ertragsdrucks und hoher Shareholder-Value-Erwartungen einen bedeutenden Kostenfaktor bei der Kreditvergabe dar.

Ertragsdruck deutscher Kreditinstitute

Die deutsche Bankenlandschaft befindet sich derzeit in einem umfassenden Umstrukturierungsprozess. Die Wettbewerbsintensität auf dem Kreditmarkt ist hoch und es sind nur relativ geringe Kreditmargen erzielbar. Das Geschäftsfeld der gewerblichen Immobilienfinanzierung ist dabei besonders in das Zentrum des Interesses der Bankvorstände gerückt, denn für viele Banken stellt die Immobilienfinanzierung einen Großteil des Kreditvolumens dar. Der Wertbeitrag, den dieses Geschäftsfeld leistet, und das Eigenkapital, das es bindet, werden daher unter Berücksichtigung der damit verbundenen Kreditrisiken besonders geprüft. Im internationalen Vergleich liegt die Eigenkapitalverzinsung deutscher Banken deutlich unter dem Renditeniveau der meisten ausländischen und insbesondere angloamerikanischen Wettbewerber und hat 2003 einen historischen Tiefstand erreicht [5].

Kostenbelastungen Die Ergebnisse der Banken werden nicht nur durch erhebliche administrative Kosten, durch das sehr ausgeprägte Filialnetz, die Euro-Einführung und hohe IT-Investitionen, sondern auch durch regulatorisch bedingte Kostenbelastungen, wie etwa durch die Vorbereitung auf die künftigen Eigenkapitalvorschriften nach Basel II und die Erfüllung der Mindestanforderungen für das Kreditgeschäft (MaK), belastet [6].

Verschärft wurde diese Kostenentwicklung in den letzten Jahren durch steigende Insolvenzzahlen und entsprechend hohe Kreditausfälle und Wertberichtigungen. Die Aufwands-Ertrags-Relationen der Banken bewegen sich dementsprechend mit über 70 % auf einem hohen Niveau [7].

Die den Kreditinstituten entstehenden Kosten durch die Unterlegung der risikogewichteten Aktiva mit haftendem Eigenkapital werden in die Kreditzinsen einkalkuliert.

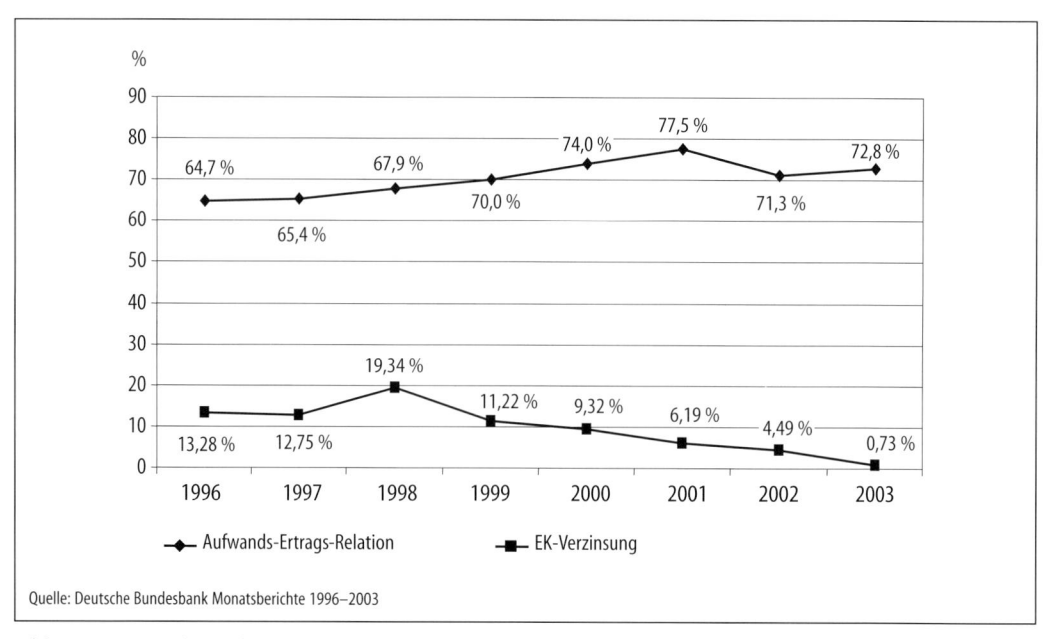

Abb. 1:   Ertragslage deutscher Kreditinstitute

Die einem Kreditinstitut entstehenden Eigenkapitalunterlegungspflichten wirken sich über den Zinssatz unmittelbar auf die Finanzierungskonditionen aus. Grundsätzlich besteht dieser aus vier Komponenten [8], wie aus Abbildung 2 hervorgeht.

Bestandteile des Kreditzinssatzes
- Refinanzierungskostensatz
- Betriebskostensatz
- Standardrisikokostensatz
- Eigenkapitalkostensatz + Gewinn

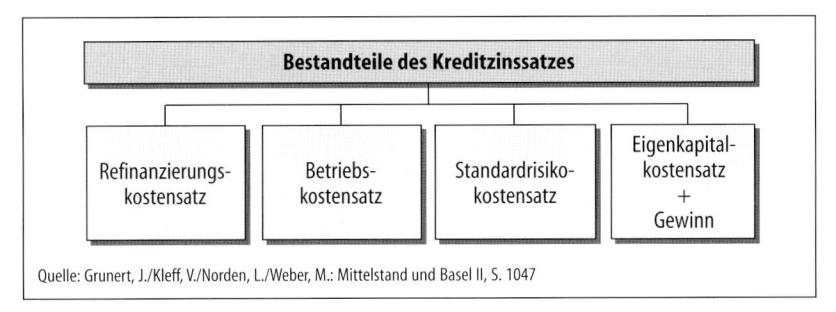

Quelle: Grunert, J./Kleff, V./Norden, L./Weber, M.: Mittelstand und Basel II, S. 1047

Abb. 2: Bestandteile des Kreditzinssatzes

Komponenten des Zinssatzes

Die Refinanzierungskosten der Bank, die auch als Markteinstandszins bezeichnet werden, ergeben sich aus dem Zinssatz, zu dem die Bank sich Kapital einkaufen bzw. sich refinanzieren kann (z. B. Euribor). Dieser ist abhängig vom bankeigenen Rating und von der Zinsbindungslaufzeit bei normal verlaufender Zinsstrukturkurve.

Die Betriebskosten enthalten sämtliche dem Kreditinstitut entstehenden Kosten, die in der Kreditbearbeitung und -verwaltung begründet sind. Sie sind damit abhängig von der ablauforganisatorischen Effizienz der jeweiligen Bank.

Die Standardrisikokosten bilden das von der Bank wahrgenommene Risiko eines Kreditengagements durch einen Risikoaufschlag auf den risikofreien Zins bzw. Refinanzierungskostensatz ab.

Die Eigenkapitalkosten basieren auf der gewünschten Eigenkapitalverzinsung der Eigenkapitalgeber des jeweiligen Kreditinstituts. In dieser Position werden Kosten an die Kreditnehmer weitergegeben, die im Rahmen der Eigenkapitalunterlegung von Krediten entstehen. Da das regulatorische Eigenkapital risikolos und niedrigverzinslich vorgehalten werden muss, entstehen einem Kreditinstitut Opportunitätskosten. Daher wirken sich die Eigenkapitalunterlegungspflichten unmittelbar auf die Finanzierungskonditionen aus. Zudem wird eine Gewinnmarge in den Zinssatz eingepreist.

Die Höhe des Zinssatzes bzw. die Kreditkonditionen werden maßgeblich durch das Ergebnis eines Ratings beeinflusst: zum einen die Höhe der Standardrisikokosten bzw. die Risikoprämie und zum anderen das risikoadäquat bereitzustellende Eigenkapital der Bank [9].

4. Neue Baseler Eigenkapitalvereinbarung

Ratings bestimmen die Kapitalkosten

Die Modifizierung bzw. der wesentliche Unterschied zu Basel I besteht darin, dass sich die Risikoanrechnung nicht mehr lediglich an bestimmten Risikogruppen (Staaten, Banken, Nicht-Banken) orientiert. Um die Risikosensitivität gegenüber der derzeitigen Eigenkapitalvereinbarung zu verbessern, werden Ratings zur Risikoklassifizierung herangezogen. „Ein Rating ist definiert als durch Symbole einer festgelegten, ordinalen Skala ausgedrückte Meinung über die zukünftige Fähigkeit eines Kapitalnehmers zur vollständigen und termingerechten Zahlung der Tilgung und Verzinsung seiner Schulden." [10] Rating findet vor dem Hintergrund einer potenziellen oder bestehenden Vertragsbeziehung zwischen Kapitalgeber und Kapitalnehmer statt. Dabei überlässt der Kapitalgeber dem Kapitalnehmer Zahlungsmittel und erhält dafür im Gegenzug Anwartschaften auf künftige Zahlungen in Form verbriefter Zahlungsversprechen. Durch Symbole einer Rating-Skala oder durch eine semantische Verknüpfung dieser Symbole werden die komplexen Zusammenhänge zu einer Bonitätsbeurteilung verdichtet, die Rückschlüsse auf das Ausfallrisiko erlaubt. Je schlechter ein Rating-Urteil ausfällt, desto höher wird künftig der von einem Kreditinstitut verlangte Kreditzins sein und vice versa.

Nach der Neuen Baseler Eigenkapitalvereinbarung wird den Banken die Anwendung von zwei Rating-Ansätzen zur Wahl gestellt:

- Standardansatz,
- interner Rating-Ansatz bzw. IRB-Ansatz (Internal Ratings-based Approach).

Standardansatz

Während der auf Agentur-Ratings beruhende Standardansatz zwar schon zu einer risikoadäquateren Eigenkapitalunterlegung als bisher führt, ist die tabellarische Einteilung in Risikoklassen dennoch als grob zu bezeichnen [11]. Die Zuordnung der Risikogewichte zu den entsprechenden Ratings geht aus Abbildung 3 hervor.

Rating	AAA bis AA–	A+ bis A–	BBB+ bis BB–	unter BB–	nicht beurteilt
Risikogewicht	20 %	50 %	100 %	150 %	100 %

Quelle: Baseler Ausschuss für Bankenaufsicht: Eigenkapitalanforderungen, www.bis.org, S. 18

Abb. 3: Risikogewichte im Standardansatz

IRB-Ansatz

Eine differenziertere und risikoadäquatere Betrachtung ergibt sich jedoch im IRB-Ansatz. Zwar erfolgt die Berechnung der Eigenkapitalunterlegung wie im Standardansatz grundsätzlich nach der Formel:

$$\text{Kreditbetrag} \times \text{Risikogewicht} \times 8\ \% \ (\text{Solvabilitätskoeffizient}).$$

Doch wird das Risikogewicht berechnet durch die Verknüpfung der Faktoren

- Ausfallwahrscheinlichkeit (Probability of Default [PD]),
- Verlustquote bei Ausfall (Loss Given Default [LGD]),
- effektive Restlaufzeit des Darlehens (Maturity [M]),
- erwartete Forderungshöhe bei Ausfall (Exposure at Default [EAD]).

Zur standardisierten Ermittlung der Eigenkapitalunterlegung werden den Banken vom Baseler Ausschuss mathematische Risikogewichtungsfunktionen vorgegeben. Kreditinstitute müssen inhaltliche und formale Mindestanforderungen an die Schätzung von Ausfallwahrscheinlichkeiten im IRB-Basisansatz erfüllen, um die Risikogewichtungsfunktion anwenden zu dürfen [12].

IRB-Basis- und fortgeschrittener Ansatz

Im Rahmen des internen Ratings wird unterschieden zwischen dem einfachen IRB-Basisansatz und dem fortgeschrittenen Ansatz. Während im IRB-Basisansatz die Faktoren M, LGD und EAD durch die Aufsichtsbehörden vorgegeben werden und lediglich die Ausfallwahrscheinlichkeit vom Institut selbst geschätzt wird, dürfen Institute, die erhöhte Anforderungen erfüllen, im Rahmen des fortgeschrittenen Ansatzes alle vier Parameter selbst bestimmen.

Die Einführung des internen Rating-Ansatzes neben dem Standardansatz war für das Kreditgeschäft der europäischen Banken von großer Bedeutung, da im Gegensatz zu den USA in Europa erst wenige Unternehmen ein externes Rating aufweisen. Für die Immobilienfinanzierung gilt dies in noch stärkerem Maße, denn nur im fortgeschrittenen IRB-Ansatz können die wesentlichen Elemente der Immobilienfinanzierung zum Tragen kommen und damit zu einer Reduzierung des erforderlichen Eigenkapitals beitragen. Allein dann kommt der Sicherungswert der Grundschuld adäquat zum Ausdruck, da die Verlustquoten von der Bank selbst geschätzt werden dürfen [13].

Eine vom Department of Real Estate der European Business School durchgeführte empirische Studie zeigt, dass der interne Rating-Ansatz von deutschen Kreditinstituten gegenüber dem Standardansatz eindeutig favorisiert wird (vgl. Abbildung 4). Von 205 in der gewerblichen Immobilienfinanzierung befragten Banken, von denen 52 auf diese Frage geantwortet haben (Rücklaufquote 25,4 %), planen lediglich 13,5 %, den Standardansatz anzuwenden. 65,3 % der Banken haben den Basisansatz des internen Rating-Ansatzes gewählt. Davon geschieht dies bei 28,8 % der Institute mit der Zielsetzung, in der Zukunft auf den fortgeschrittenen IRB-Ansatz überzugehen. Diese abwartende Haltung ist damit zu erklären, dass diese Banken die Anforderungen des fortgeschrittenen An-

Quelle: Pitschke, C.: Die Finanzierung gewerblicher Immobilien-Projektentwicklungen unter besonderer Berücksichtigung der Neuen Baseler Eigenkapitalvereinbarung, S. 255

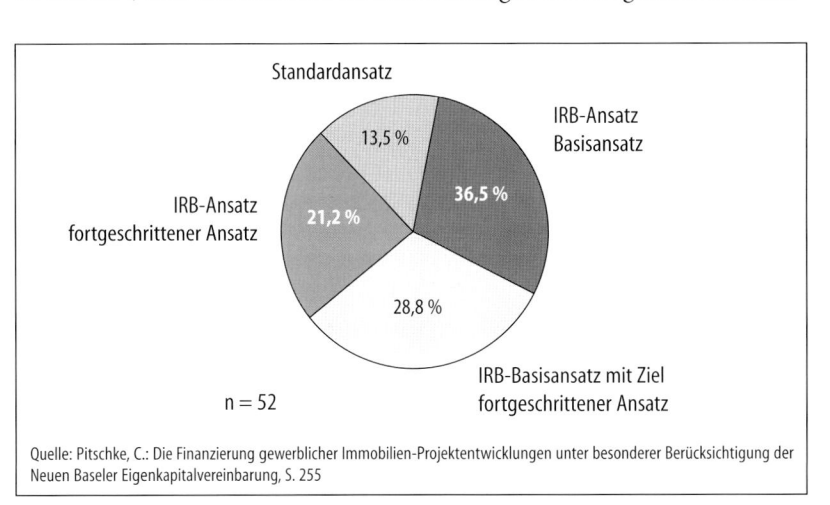

Abb. 4: Wahl des Rating-Ansatzes

satzes zur Schätzung der Parameter LGD, EAD und M noch nicht erfüllen. 21,2 % der Banken sind offenbar bereits zur eigenständigen Einschätzung aller notwendigen Rating-Parameter in der Lage, sodass sie sich für die fortgeschrittene Variante des internen Rating-Ansatzes entschieden haben [14].

Wie Abbildung 5 zeigt, sind im IRB-Ansatz die fünf Forderungsklassen Banken, Retail, Unternehmen, Staaten und Beteiligungen vorgesehen.

```
                    IRB-Ansatz 5 Forderungsklassen
   ┌──────────┬──────────┬──────────────┬──────────┬──────────────┐
   Banken      Retail     Unternehmen     Staaten    Beteiligungen
                        Unterklasse der Spezialfinanzierungen
   Projekt-    Finanzierung  Objekt-      Rohstoffhandels-  hochvolatile
   finanzierung von Miet-    finanzierung finanzierung      gewerbliche
   (PF)        immobilien    (OF)         (CF)              Realkredite (HVCRE)
               (IPRE)
```
Quelle: Baseler Ausschuss für Bankenaufsicht: Eigenkapitalanforderungen, www.bis.org, S. 45 ff.

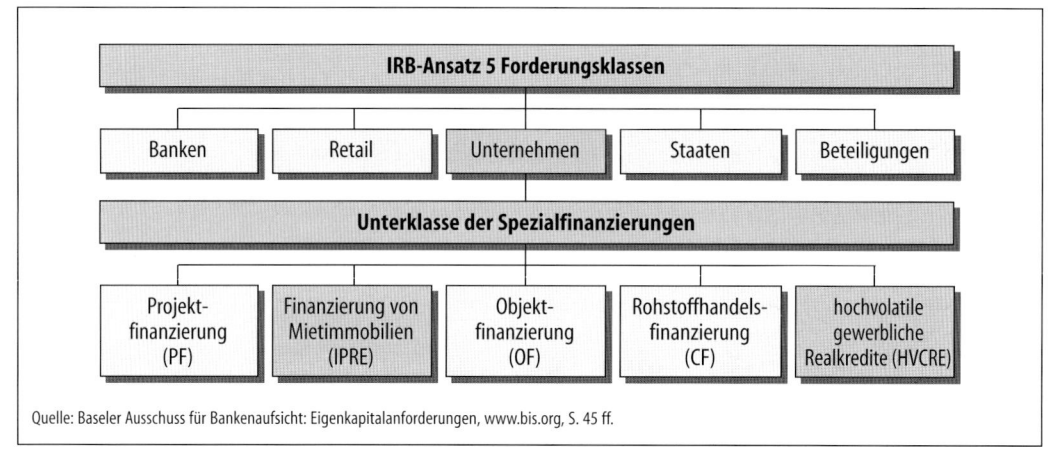

Abb. 5: Fünf Forderungsklassen des IRB-Ansatzes

Spezialfinanzierungen Für die Finanzierung gewerblicher Immobilienprojektentwicklungen ist die Forderungsklasse „Unternehmen" relevant, die zwei Unterklassen (Spezialfinanzierungen) für die gewerbliche Immobilienfinanzierung vorsieht:

- Income-Producing Real Estate (IPRE) bezieht sich auf zu Vermietungszwecken erstellte Immobilien bzw. auf Bestandsimmobilien, bei denen der Verwertungserlös im Falle des Ausfalls primär auf den aus dem Objekt erzielten Einnahmen beruht.

- High-Volatility Commercial Real Estate (HVCRE) gilt für gewerbliche Immobilien, die eine höhere Volatilität der Verlustrate als IPRE-Spezialfinanzierungen aufweisen. Hierunter fallen in erster Linie Entwicklungsimmobilien.

Die Zuordnung zu diesen Klassen erfolgt, sofern die Kapitaldienstleistungen zur Rückführung des ausgereichten Darlehens in Form von Miet-, Leasing- oder Verkaufserlösen in erster Linie direkt aus dem Immobilienobjekt stammen. Darlehensnehmer ist dabei i. d. R. eine Zweck-, Bauträger- oder Vermietungsgesellschaft.

Elementaransatz Kreditinstitute, die den Mindestanforderungen an die Schätzung von Ausfallwahrscheinlichkeiten im Rahmen des IRB-Basisansatzes nicht gerecht werden und damit diese mathematische Bestimmung der Eigenkapitalunterlegung daher nicht anwenden dürfen, können ihren Kreditengagements bestimmte Risikogewichte zuordnen. Die Definition dieser Risikogewichte befindet sich in Tabelle 2 in Anhang 4 der Neuen Baseler Eigenkapitalvereinbarung [15]. Diese Variante wird als „auf aufsichtsrechtlichen Zuordnungskriterien basierender Ansatz" bzw. „Elementaransatz" bezeichnet. Die in Abbildung 6 aufgeführten Risikogewichte sind den aufsichtsrechtlichen Kategorien in der Klasse IPRE zugeordnet:

sehr gut	gut	mittel	schwach	ausgefallen
70 %	90 %	115 %	250 %	–

Quelle: Baseler Ausschuss für Bankenaufsicht: Eigenkapitalanforderungen, www.bis.org, S. 57

Abb. 6: IPRE-Risikogewichte

Die in Abbildung 7 aufgeführten Risikogewichte sind den aufsichtsrechtlichen Kategorien in der Klasse HVCRE zugeordnet:

sehr gut	gut	mittel	schwach	ausgefallen
95 %	120 %	140 %	250 %	–

Quelle: Baseler Ausschuss für Bankenaufsicht: Eigenkapitalanforderungen, www.bis.org, S. 58

Abb. 7: HVCRE-Risikogewichte

Die Risikogewichte liegen bereits im Bonitätsbereich „Mittel" deutlich über der derzeitigen Standardrisikogewichtung nach Basel I von 100 %, was zu einer stärkeren Differenzierung der Kreditkonditionen führen wird. Für die Banken ist demnach tendenziell eine höhere Eigenkapitalunterlegung notwendig, die durch eine höhere Marge auf die Kunden umgelegt werden muss.

Differenzierung der Konditionen

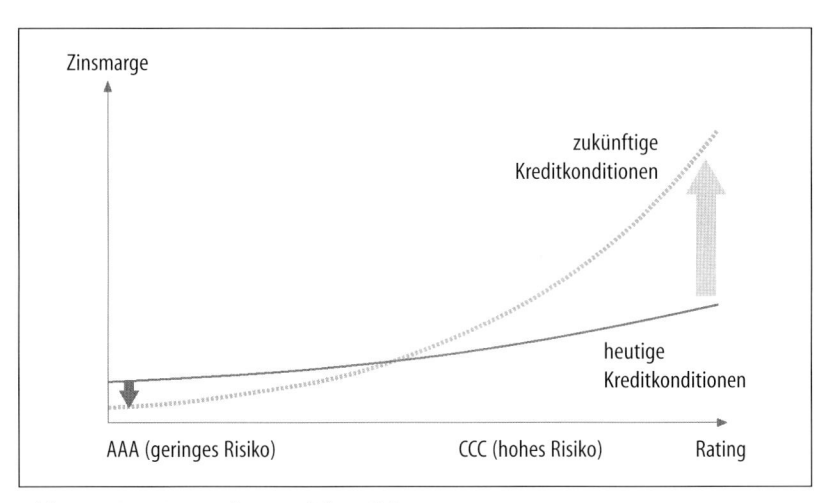

Abb. 8: Spreizung der Kreditkonditionen

Es ist davon auszugehen, dass der zunehmende Konkurrenz- und Performancedruck um den Faktor Eigenkapital im Bankensektor unter sonst gleichen Bedingungen zu steigenden Kredit- bzw. Kapitalkosten für solche Unternehmen bzw. Finanzierungen führen wird, die kein gutes Rating erhalten werden (vgl.

Abbildung 8). Übersteigen die ggf. durch die zusätzliche Eigenkapitalunterlegung eines Kreditengagements entstehenden Kosten die am Markt realisierbare Kreditmarge, so kann es zu einer Verweigerung einer Kreditzusage kommen.

Restriktives Kreditvergabeverhalten

Banken werden nur noch selektiv gewerbliche Immobilienprojektentwicklungen finanzieren. Dies wird durch das derzeit restriktive Kreditvergabeverhalten der Banken reflektiert, Immobilienprojektentwicklungen zu finanzieren. In der oben angeführten Studie haben 51 der Banken zu dieser Frage Stellung bezogen, von denen 26,9 % es ablehnen, derzeit Projektentwicklungen zu finanzieren (vgl. Abbildung 9).

	n = 51
nein	26,9 %
Vorvermietung mehr als 75 %	25,0 %
Vorvermietung mehr als 50 %	38,5 %
Vorvermietung mehr als 25 %	9,6 %

Quelle: Pitschke, C.: Die Finanzierung gewerblicher Immobilien-Projektentwicklungen unter besonderer Berücksichtigung der Neuen Baseler Eigenkapitalvereinbarung, S. 257

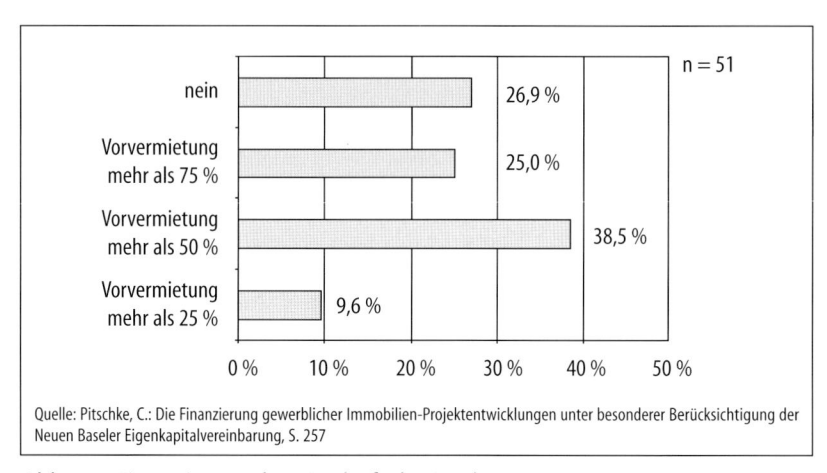

Abb. 9: Finanzierungsbereitschaft der Banken

63,5 % (25,0 % + 38,5 %) der Institute verlangen dafür einen Vorvermietungsstand von mehr als 50 %. Lediglich 9,6 % der Institute verlangen einen Vorvermietungsstand von nur 25 %. Die Geschäftszahlen des Verbandes Deutscher Hypothekenbanken, die für das Jahr 2003 einen Rückgang an inländischen Gewerbekreditzusagen von 38 % ausweisen, sind ein Beleg für diese Entwicklung [16].

5. Basel II und Immobilienzyklen

Verstärkung prozyklischer Kreditvergabe?

Die zyklische Natur der Projektentwicklungstätigkeit kann als ein Kernproblem für Projektentwicklungsunternehmen aufgefasst werden [17]. Diese Zyklen fallen wesentlich stärker aus als in anderen Wirtschaftszweigen, was u. a. auf den hohen Fremdfinanzierungsgrad und die lange Entwicklungsdauer von Immobilien zurückzuführen ist. Dabei folgen die Zyklen der gewerblichen Immobilienmärkte mit einer Verzögerung von ungefähr zwei bis drei Jahren den zyklischen Entwicklungen der allgemeinen Konjunktur, wobei sie im Wesentlichen drei verschiedene Phasen durchlaufen: die Phase hoher Flächenabsorption, die Phase hoher Projektentwicklungsaktivität und die Phase hohen Leerstandes [18].

Bisher konnte auf Immobilienmärkten eine Verstärkung von Marktzyklen durch das Kreditvergabeverhalten des Bankensektors beobachtet werden. Auf dem deutschen Immobilienmarkt sind zwar Zyklen zu beobachten, sie sind aber hinsichtlich ihrer Länge und Volatilität deutlich weniger ausgeprägt als in anderen Ländern. So existiert in Deutschland kein einzelner, dominanter Gewerbeimmobilienmarkt einer Metropole wie London oder Paris, auf den sich Angebot und Nachfrage, insbesondere der institutionellen Investoren, konzentrieren und dessen Leitfunktion zyklusverstärkend wirkt. Die dezentrale Struktur mit mehreren Großstädten und Ballungsräumen fördert hierzulande die Entwicklung regionaler, voneinander unabhängig operierender Märkte. Auch wenn ein vollständiges Abkoppeln der Teilmärkte voneinander – z. B. zwischen Stuttgart und München – nicht möglich ist, dürfte die Reaktionsverbundenheit doch weit geringer sein als zwischen einzelnen Londoner Stadtteilen. Allerdings besteht auf diesem Gebiet, etwa die Entwicklung und Korrelation regionaler Immobilienmärkte und Immobilienpreisindizes angehend, in Deutschland (im Vergleich zu den USA) noch erheblicher Forschungsbedarf.

Volatilität der Immobilienteilmärkte

In Zeiten boomender Konjunktur und anziehender Immobilienmärkte war es für Projektentwickler vergleichsweise einfach, eine Kreditzusage für Immobilienprojekte zu bekommen, während sich dies in rezessiven Zeiten als problematischer darstellte. Ein in dieser Form durch konjunkturelle Stimmungen geleitetes Kreditvergabeverhalten der Banken hat die Volatilität der Immobilienteilmärkte verstärkt und in der Vergangenheit zu Kreditausfällen durch Developer-Insolvenzen und damit zu Wertberichtigungen bei den Banken beigetragen. Es ist aufgrund einiger nachstehend erläuterter Charakteristika der vorgeschlagenen Neuen Baseler Eigenkapitalvereinbarung davon auszugehen, dass sich das prozyklische Kreditvergabeverhalten des Bankensektors verstärken wird. So hat der Bundesverband deutscher Banken (BdB) im Juni 2003 erneut die prozyklischen Auswirkungen von Basel II kritisiert. Demnach habe die Untersuchung von Portfolios deutscher Großbanken deutlich gezeigt, dass Basel II offensichtlich systemisch bedingt sehr stark prozyklisch wirke. Die hiermit verbundene Volatilität der Eigenkapitalanforderungen stellt nach Auffassung des BdB „eine ernsthafte Bedrohung für die Stabilität des Finanzsystems dar". Zu dieser Erkenntnis gelangt der Bankenverband anhand der Simulation von Risikogewichten, denen die Ausfallwahrscheinlichkeiten (PD) mehrerer Datenbanken (KMV Credit Monitor Database, S&P Credit Pro Migration Data, Moodys Corporate Bonds) zugrunde lagen. Diese hätten eine Volatilität von bis zu 40 % des regulatorischen Kapitals ergeben. Sollte diese Größenordnung zutreffen, dann könne sich dies negativ auf die Fähigkeiten der Banken auswirken, in allen Phasen eines Zyklus Kredite zu vergeben [19].

Aufgrund der positiven Korrelation der Ausfallwahrscheinlichkeit bzw. PD mit dem Ertrags- und Sachwert der Kreditsicherheit sind grundschuldbesicherte Kredite an Projektentwicklungsunternehmen einem höheren Risiko ausgesetzt als vergleichbare Kredite an Kreditnehmer anderer Branchen mit zeitversetzten Konjunktur- und Preiszyklen.

Kurzer Zeithorizont

Bei der Einschätzung von Risikoparametern im IRB-Ansatz ist es aufgrund des auf lediglich ein Jahr ausgerichteten Zeithorizonts bei der Schätzung von Ausfallwahrscheinlichkeiten nahe liegend, dass kurzfristige konjunkturelle Trends und Stimmungen bei der Ermittlung der Risikogewichte implizit berücksichtigt werden [20]. Dadurch können die Risikogewichte zur Ermittlung eines Ratings im Zeitverlauf anfällig für konjunkturelle Schwankungen werden, sodass die Finanzierungskonditionen bei einem Wirtschaftsabschwung höher und bei einem Aufschwung niedriger ausfallen könnten.

Bei der Schätzung von LGD-Quoten wird berücksichtigt, wie die Sicherheiten bzw. die grundpfandrechtlich gesicherten Objekte auf Schwankungen des Marktes reagieren. Dabei ist die Schätzung des Wertes der Sicherheiten stark abhängig von der konjunkturellen Lage des Gesamtmarktes [21].

Die Attraktivität und Marktphase des für eine Immobilienprojektentwicklung avisierten Immobilienteilmarktes fließt somit über die Rating-Parameter des IRB-Ansatzes PD und LGD implizit in Rating-Urteile ein. Als Folge ist es wahrscheinlich, dass Kreditengagements für Immobilienprojekte, die in einem problematischen und damit risikobehafteten wirtschaftlichen Umfeld und/oder in konjunkturell unvorteilhaften Zeiten realisiert werden sollen, mit mehr Eigenkapital unterlegt werden müssen. Projekte in boomenden Regionen hingegen könnten als weniger risikoreich betrachtet werden und daher eher zu einer Kreditvergabe führen.

Eine Umfrage zu den internen Rating-Systemen der wichtigsten internationalen Banken, die vom Baseler Ausschuss für Bankenaufsicht durchgeführt wurde, hat gezeigt, dass die Ratings fast aller Banken auf der aktuellen Situation der Kreditnehmer beruhen. Der vom Baseler Ausschuss vorgeschlagene kurze Zeithorizont von einem Jahr stellt damit keinen Anreiz dar, eine längerfristige und weniger konjunkturabhängige Risikoeinschätzung vorzunehmen.

Point-in-Time- und Through-the-Cycle-Rating

Externe Ratings hingegen betrachten einen Zeitraum von drei bis vier Jahren, in dem lediglich nachhaltige Veränderungen des wirtschaftlichen Umfelds erfasst werden sollen. Ein Problem bleibt weiterhin die Art und Weise, wie interne Ratings von Kreditinstituten genau zu ermitteln sind. Kreditinstitute, die ihren Schuldnern in einer volkswirtschaftlichen Boomphase Ratings zuordnen mit der Annahme, dass sich die volkswirtschaftlichen Rahmenbedingungen kaum ändern (Point-in-Time-Rating), werden wesentlich höhere Volatilitäten (und damit unterschiedliche Eigenkapitalanforderungen) in ihren Ratings beobachten als diejenigen, die Rezessionen und mögliche künftige Verschlechterungen/Verbesserungen in ihren internen Ratings ausdrücklich berücksichtigen (Through-the-Cycle-Rating). Rating-Agenturen ändern ihre Einstufungen normalerweise nur langsam bei Vorliegen nachhaltiger und signifikanter Änderungen der wirtschaftlichen Lage. Zudem sollen zukünftige Entwicklungen so gut wie möglich von gegenwärtigen Rating-Urteilen reflektiert werden. Dass es den Rating-Agenturen nicht immer gelingt, wirtschaftliche Entwicklungen korrekt zu antizipieren, war beispielsweise im Rahmen der sog. Asienkrise zu beobachten. Eine Verschlechterung der wirtschaftlichen Lage in Asien konnte 1997 durch die Länder- und Unternehmen-Ratings der maßgeblichen Rating-Agenturen im Vorfeld nicht abgeleitet werden. Während der Asienkrise erfolgten dann Herabstufungen der Rating-Urteile, was das Investitionsklima verschlechterte und die wirtschaftliche Talfahrt beschleunigte.

Anhand dieses Beispiels lässt sich eine Parallele zur umfassenden Einführung von Rating-Systemen in das Bankenwesen durch Basel II ziehen. Bei der Kreditvergabe im Rahmen von Immobilienfinanzierungen können sich ähnliche Szenarien auf Teilmarktebene abspielen, was aufgrund des oben genannten kurzen Zeithorizonts vor allem bei der Anwendung des internen Rating-

Ansatzes zutrifft. Die allgemeine Einschätzung des Investitionsklimas von Immobilienteilmärkten kann sich, wie oben erwähnt, in der Schätzung der Risikoparameter festmachen. Es ist absehbar, dass es in Immobilienteilmärkten mit einer eher negativen Beurteilung zu einer geringen und in boomenden Immobilienteilmärkten zu einer großzügigeren Kreditvergabe kommt.

Auswirkungen auf Immobilienprojektentwickler

Ein prozyklisches Kreditvergabeverhalten des Bankensektors kann sich insbesondere auf Immobilienprojektentwickler auswirken, da zwischen der Projektkonzeption und der Fertigstellung von Immobilienprojekten i. d. R. ein erheblicher zeitlicher Abstand liegt. Die lange Entwicklungsdauer sowie der große Optimismus der Developer hinsichtlich ihrer Projekte können dazu führen, dass Projekte bei Fertigstellung in ein unvorteilhaftes Vermarktungsumfeld kommen, das sich in der Planungsphase noch als sehr positiv dargestellt hat. Es kann somit vorkommen, dass einem deutlich gestiegenen Flächenangebot zum Zeitpunkt der Projektfertigstellung keine entsprechende Nachfrage mehr gegenübersteht, sodass im Ergebnis – entgegen der Annahme zu Projektbeginn – die Leerstandsraten wieder steigen und die Mietniveaus tendenziell sinken [22].

Gewerbeimmobilien korrelieren traditionell stärker mit der gesamtwirtschaftlichen Entwicklung als Wohnimmobilien und sind daher in einer rezessiven wirtschaftlichen Lage besonders schwierig zu finanzieren. Dies kann insbesondere dann zutreffen, wenn neue Projektvorhaben von problembehafteten Objekten im Bestand eines Unternehmens überschattet werden. Die Realisierung einer antizyklischen Investitionsstrategie im Projektentwicklungsgeschäft dürfte daher den zunehmend risikosensitiven Banken künftig noch schwieriger zu vermitteln sein.

6. Literaturverzeichnis

[1] Deutsche Bundesbank (Hrsg.): Das Eigenkapital der Kreditinstitute aus bankinterner und regulatorischer Sicht, in: Monatsbericht Januar 2002, Frankfurt/M. 2002, S. 41–60.

[2] Rottke, N./Wernecke, M.: Management im Immobilienzyklus, Teil 11: Immobilienfinanzierung. Alle reden davon, doch keiner tut's: Antizyklisch investieren, in: Immobilien Zeitung, Nr. 23, 2001, S. 10.

[3] Bundesverband deutscher Banken (Hrsg.): Potential Pro-Cyclicality of the Basel-2 Framework – Analysis and Possible Solutions, http://www.bdb.de, Berlin 2003, Abrufdatum: 22. Juni 2003, S. 1–2.

[4] Deutsche Bundesbank (Hrsg.): Die neue Baseler Eigenkapitalvereinbarung, in: Monatsbericht April 2001, Frankfurt/M. 2001, S. 15–44.

[5] Weber, M.: Die deutschen Banken im europäischen Bankenmarkt, in: Die Bank, Nr. 8, 2002, S. 514–519.

[6] Weber, M.: Bankenmarkt Deutschland: I. Der Strukturwandel, in: Die Bank, Nr. 6, 2002, S. 398–404.

[7] Deutsche Bundesbank: Monatsbericht April 2001, a. a. O., S. 15–44.

[8] Grunert, J./Kleff, V./Norden, L./Weber, M.: Mittelstand und Basel II – Der Einfluss der neuen Eigenkapitalvereinbarung für Banken auf die Kalkulation von Kreditzinsen, in: Zeitschrift für Betriebswirtschaft, 72. Jg., Nr. 10, 2002, S. 1045–1064.

[9] Plesser, J.: Aktuelle Entwicklungen in der gewerblichen Immobilienfinanzierung, in: Immobilien & Finanzierung, 56. Jg., Nr. 19, 2003, S. 668–670.

[10] Berblinger, J.: Marktakzeptanz des Rating durch Qualität, in: Büschgen, H. E./Everling, O. (Hrsg.): Handbuch Rating, Wiesbaden 1996, S. 21–110.

[11] Hagen, L.: Der Hypothekarkredit in Basel II, in: Verband deutscher Hypothekenbanken (Hrsg.): Professionelles Immobilien-Banking, Berlin 2002, S. 47.

[12] Baseler Ausschuss für Bankenaufsicht: Internationale Konvergenz der Eigenkapitalmessung und der Eigenkapitalanforderungen (überarbeitete Rahmenvereinbarung), Basel Juni 2004, www.bis.org, S. 76.

[13] Hagen, L., a. a. O., S. 51.

[14] Pitschke, C.: Die Finanzierung gewerblicher Immobilien-Projektentwicklungen unter besonderer Berücksichtigung der Neuen Baseler Eigenkapitalvereinbarung, Diss., in: Schulte, K.-W./Bone-Winkel, S. (Hrsg.): Schriften zur Immobilienökonomie, Bd. 30, Köln 2004, S. 255.

[15] Baseler Ausschuss für Bankenaufsicht, a. a. O., S. 198.

[16] Verband Deutscher Hypothekenbanken: Jahresbericht 2003, Kreditgeschäft der Hypothekenbanken, www.hypverband.de, Berlin 2003, S. 26.

[17] Rottke, N./Wernecke, M.: Management im Immobilienzyklus, Teil 14: Antizyklische Projektentwicklung. Schnellboote und Eigenkapitaldinosaurier, in: Immobilien Zeitung, Nr. 26, 2001, S. 12.

[18] Pyhrr, S./Roulac S./Born, W.: Real Estate Cycles and their Strategic Implications for Investors and Portfolio Managers in the Global Economy, in: Journal of Real Estate Research, Vol. 18, Nr. 1, 1999, S. 7–68.

[19] Berger, A./Udell, G.: The Institutional Memory Hypothesis and the Procyclicality of Bank Lending Behaviour, www.bis.org/publ/work125.pdf, Philadelphia/Bloomington 2002, S. 18.

[20] Baseler Ausschuss für Bankenaufsicht, a. a. O., S. 58 ff.

[21] Schmidt, P.: Prozyklität: Für Basel II ein Spagat, in: vwd: Basel II spezial – Bankenpraxis, Unternehmensfinanzierung, Rating, Nr. 3, 2003, S. 1–3.

[22] Downs, A.: Examine Property Cycles Before Taking Action, in: National Real Estate Investor, Vol. 38, Nr. 8, 1985, S. 26–28.

3 Real Estate Private Equity

Nico B. Rottke
Julia Gentgen

Inhaltsverzeichnis

1.	**Grundlagen**	358
1.1	Begriffseinordnung	358
1.2	Notwendigkeit	359
1.3	Investitionsstrategien	361
2.	**Investitionsstrukturen**	362
2.1	Anlageprodukte	362
2.2	Akteure	365
2.3	Vertragsbeziehungen	366
2.4	Anreizeffiziente Vergütungskonditionen	367
3.	**Einsatz in zyklischen Märkten**	369
3.1	Marktumfeld	369
3.2	Wertschöpfungsstrategien	371
3.2.1	Zeitpunktbezogene Strategien	371
3.2.2	Zeitraumbezogene Strategien	373
3.3	Auswirkungen	374
4.	**Literaturverzeichnis**	377

1. Grundlagen

1.1 Begriffseinordnung

Seit 2001 wurde die deutsche Immobilieninvestment-Landschaft um eine für Deutschland neue Finanzierungsart bereichert: externes, meist aus angloamerikanischen Quellen gespeistes Immobilienbeteiligungskapital, im Fachjargon als Real Estate Private Equity (REPE) bekannt.

Dabei ist die Bedeutung und Verwendung des Begriffes „REPE" nicht eindeutig und bedarf genauerer Erläuterung. In der Regel wird REPE in zwei Kontexten verwandt:

REPE im weiteren Sinne REPE im weiteren Sinne umfasst in einer breiten Fassung des Begriffs sowohl nicht börsennotiertes Eigenkapital als auch Fremdkapital ersetzendes Eigenkapital. Diese allgemeine Definition, unter die auch Finanzierungen mit Anlageprodukten wie geschlossenen und u. U. sogar offenen Immobilienfonds fallen, entspricht allerdings nicht dem praktischen Gebrauch des Begriffs. Aus diesem Grund wird im Folgenden eine engere Abgrenzung vorgenommen.

REPE im eigentlichen Sinne REPE im eigentlichen Sinne stellt Beteiligungskapital dar, das von externen Investoren mit einem meist hohen Fremdkapitalhebel für kurz- bis mittelfristige Investitionen in allen typologischen und geographischen Immobilienmärkten zur Verfügung gestellt wird.

Anlagekategorien von REPE sind nicht definitorisch abgegrenzt und umfassen u. a. Bestands- und Entwicklungsobjekte oder -portfolios, Not leidende Immobilienkredite sowie Immobilienunternehmen. Zur Realisierung einer überdurchschnittlich hohen Eigenkapitalrendite besteht von vornherein die Notwendigkeit zur Veräußerung des Investitionsobjektes nach relativ kurzer Haltedauer [1]. Die Gruppe der externen Investoren setzt sich in erster Linie aus Banken, Fonds, Versicherungen, Pensionskassen, Investmentmanagern und Direktinvestoren zusammen.

REPE-Investoren und -Transaktionen charakterisieren sich durch die fehlende Börsennotierung des Kapitals respektive die Ausklammerung aus dem regulatorischen Bankenbereich, sodass keine Eigenkapitalunterlegung der zu vergebenden Mittel erforderlich ist. Damit können Investitionen ohne Berücksichtigung regulatorischer Rahmenbedingungen getätigt werden, was Investitionen im Hochrisikosegment ermöglicht. Die Erwartung einer hohen zu erzielenden Eigenkapitalrendite geht einher mit einer erhöhten Risikobereitschaft. Investitionen mit REPE werden zumeist als hoch risikobehaftete Strategien durchgeführt und fallen so in die Anlagekategorie „Opportunistic" [2]. Die Anwendung der Internal Rate of Return (IRR) als Erfolgsmaß auf das eingesetzte Eigenkapital bedingt einen kurz- bis mittelfristigen Investitionshorizont in Verbindung mit einem straffen Zeitmanagement.

Investitionen im Hochrisikosegment

Das Beteiligungskapital wird i. d. R. über Fondslösungen eingesammelt. Diese Fonds stellen zumeist sog. Blind Pools dar, da die Eigenkapitalinvestition in das Vehikel ohne Kenntnis über das konkrete Investitionsobjekt erfolgt. Die professionelle Vorgehensweise in der Prüfung, Verhandlung und dem Management der Investition orientiert sich an angelsächsischen Methoden.

REPE im eigentlichen Sinne beschreibt damit ausschließlich das Beteiligungskapital, welches die Finanzierungs- bzw. Eigenkapitallücke für risikoreiche Immobilieninvestitionen schließt. Im Folgenden wird daher Bezug auf diese engere Auslegung des Begriffs genommen.

1.2 Notwendigkeit

REPE-Märkte sind temporäre Märkte, deren Existenz sich an den zyklischen Schwankungen von Immobilienmärkten orientiert. Folgende Ausgangssituation hat in Deutschland zum Aufkommen von REPE-Investitionen geführt und stellt ein attraktives Marktumfeld für REPE-Investoren dar.

Deutsche Projektentwicklungsgesellschaften und Immobilienunternehmen weisen historisch geringe Eigenkapitalquoten und häufig Unterkapitalisierungen auf. Dieses resultiert aus einer volumen-, aber nicht risikoorientierten Kreditvergabepolitik in der zweiten Hälfte des 20. Jahrhunderts, durch welche Projekt- oder Objektkäufe oftmals zu 80 bis 110 % des Nettokaufpreises mit Fremdkapital finanziert wurden, sodass hohe Eigenkapitalquoten folglich weder von den Banken erwartet noch von den Unternehmen angestrebt wurden. Gleichzeitig trug das prozyklische Verhalten der Banken zu einer Verstärkung von Immobilienzyklen in Deutschland bei. Im Boom war die Bereitschaft zur Finanzierung von Risikoprojekten groß, während in der Baisse eine gewisse Zurückhaltung überwog. Aufgrund dieses Risiko-Rendite-Profils waren Finanzierungen mit Real Estate Private Equity bis 2001 nicht erforderlich, da REPE die teuerste Art der Finanzierung darstellt.

Fremdfinanzierungspolitik bis 2001

Aktuelle Finanzierungsproblematik in Deutschland

Seit einigen Jahren kommt es jedoch zu einer deutlichen Verknappung von Fremdkapital. Davon sind auch Immobilienfinanzierungen betroffen. Das Neugeschäft von Hypothekardarlehen der Mitgliederinstitute des Verbandes deutscher Hypothekenbanken (VDH) weist seit dem Jahr 2000 einen starken Rückgang auf. Bei konstanter Fremdkapitalnachfrage reduzierten sich die Neuzusagen für Hypothekarkredite in 2004 um 10,2 % gegenüber dem Vorjahr und 44,8 % gegenüber 1998 [3]. Diese Rationierung von Fremdkapital ist auf folgende Faktoren zurückzuführen:

Der deutsche Bankensektor ist „over-banked". Diese starke Fragmentierung führt zu Quoten von 1.800 Einwohnern pro Bank im Vergleich zu 5.000 Einwohnern pro Bank in anderen europäischen Ländern. Unrentable Kreditvergabe sowie ungünstige Risiko-Rendite-Profile resultieren in niedrigen Eigenkapitalrenditen deutscher Banken. Hohe Konkurrenz sowie internationaler Wettbewerb im Bankensektor treiben damit eine Konsolidierung voran und machen deutsche Banken zu attraktiven Übernahmekandidaten [4].

Vor dem Hintergrund der aktuell rezessiven Konjunktur und der Baisseposition im Immobilienzyklus ist das Risiko von Investitionen groß, Eigenkapital zur Finanzierung des Risikos jedoch knapp. Aus oben beschriebenen Gründen sind Banken zurückhaltend, diese Finanzierungslücke mit Fremdkapital zu finanzieren.

Dieses Problem verschärft sich durch die Anforderung des Neuen Baseler Eigenkapitalakkords (Basel II), welcher eine risikoadäquate Eigenkapitalausstattung der Banken vorschreibt und damit das Risiko einer Finanzierung an die Bonität des Kreditnehmers und nicht allein an das zu finanzierende Projekt bindet. Niedrige Eigenkapitalquoten deutscher Investoren erfordern damit in Zukunft mehr regulatorisches Eigenkapital auf Bankenseite. Durch diese unrentable Eigenkapitalbindung zulasten der Banken entsteht eine weitere Verknappung von Fremdkapital für eigenkapitalschwache Investitionen [5].

Finanzierungsstrukturen

Die aus der Zurückhaltung der Kreditinstitute folgende Finanzierungslücke zwischen Hypothekarkredit 1. Ordnung und weiteren nachrangigen Krediten auf der Fremdkapitalseite (Senior Loan und Junior Loan) und dem internen Eigenkapital des Kreditnehmers und Investors auf der Eigenkapitalseite kann durch strukturierte Finanzierungen, wie z. B. durch Mezzanine Capital oder Venture Capital, geschlossen werden. Gleichzeitig ist aus Mangel an verfügbarem Eigenkapital der Investoren zur Finanzierung risikoreicher Projekte die Entstehung von Eigenkapitallücken zu beobachten. Aufgrund höherer Margen bei steigenden Projektvolumina bzw. größerer Abschläge bei Portfoliotransaktionen nimmt das Transaktionsvolumen deutlich zu und es besteht in absoluten Größen höherer Eigenkapitalbedarf. Dieser ist nur selten vom Investor allein aufzubringen, sodass weitere Eigenkapitallücken entstehen.

REPE als Lösung des Finanzierungsproblems

Vor diesem Hintergrund gewinnen innovative Finanzierungen für großvolumige und komplexe Investitionen an Bedeutung. Externes Eigenkapital, welches das vom Finanzierungsnehmer eingebrachte Eigenkapital substituiert bzw. ergänzt und damit die Finanzierungs- und Eigenkapitalproblematik löst, tritt in den Vordergrund.

1.3 Investitionsstrategien

Eine Klassifizierung des Anlagespektrums erfolgt über das Risiko-Rendite-Verhältnis: Investitionen in wettbewerbsstarke herkömmliche Immobilientypen bzw. in Portfolios hoher typologischer und geographischer Diversifikation bezeichnet man als Core-Investitionen. Niedriges Risiko und stabile Cashflows zeichnen diese Anlagekategorie aus. Die Kapitalstruktur von Core-Investitionen sieht relativ geringe Fremdkapitalhebel von etwa 0 bis 40 % vor. Sog. Core-plus-Investitionen weisen Eigenschaften wie Core-Investitionen auf, sind jedoch weniger konservativ, da sie einem höheren Fremdkapitalhebel von bis zu 60 % unterliegen.

Klassifizierung des Anlagespektrums

Value-Enhanced-Investitionen sind Immobilienanlagen größeren Risikos, u. a. bedingt durch Spezialimmobilien, schlechtere Lagen, Instandhaltungsstau oder geringere Bonität der Mieter. Während die Mieteinnahmen aus den Immobilien verhältnismäßig gering sind, bestehen substanzielle Wertsteigerungspotenziale. Zur Erzielung einer risikoadäquaten internen Eigenkapitalverzinsung von etwa 14 bis 17 % erfolgt ein erhöhter Fremdkapitaleinsatz von bis zu 75 %. Die Anlagekategorien „Development" und „Opportunistic" befinden sich am oberen Ende der Risiko-Rendite-Skala (vgl. Abbildung 1).

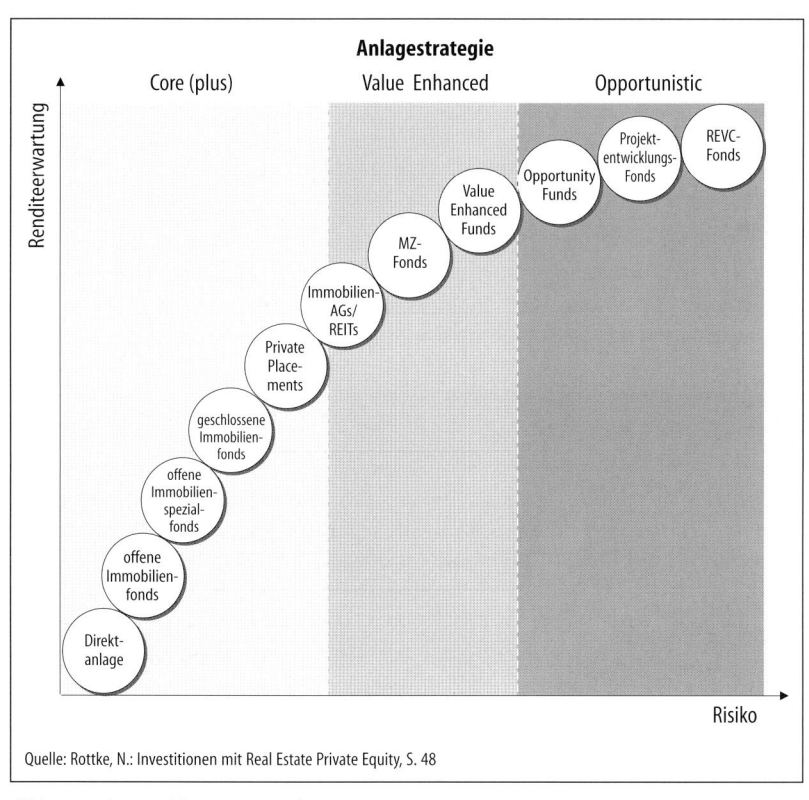

Abb. 1: Investitionsstrategien

Opportunistic Investments

REPE-Investoren legen ihr Kapital vornehmlich in der Anlagekategorie „Opportunistic Investments" an, um durch das hohe Risiko die angestrebte Rendite zu erzielen. Die Anlageklasse charakterisiert sich durch risikoreiche, chancenorientierte Investitionen in sämtliche Immobilientypen und Lagen. Die Immobilieninvestitionen sind oftmals durch Instandhaltungsstau gekennzeichnet oder weisen substanziellen Sanierungsbedarf zur Rückführung an den Markt auf. Ein niedriger Vermietungsstand, schlechte Bonität der Mieter und komplexe Vertragsstrukturen prägen die Einkommensseite der Immobilien.

Die Zielverzinsung des Eigenkapitals für „Opportunistic Investments" liegt bei etwa 20 % IRR p. a., welche u. a. durch Fremdkapitalhebel von zum Teil über 90 % angestrebt wird. Die Mieteinnahmen tragen zu ca. 15 % der Gesamtrendite der Investition bei, die verbleibenden 85 % können auf realisierte Wertsteigerungen zurückgeführt werden.

Befindet sich der Immobilienzyklus in der Talsohle, nimmt das potenzielle Angebot von Investitionsobjekten dieser Risikoklasse zu. Aus Gründen der Finanzierungsproblematik und des Risiko-Rendite-Profils treffen diese Investitionschancen nur auf Nachfrager aus dem REPE-Segment, welche in dem hohen Risiko und in der Spekulation auf die Volatilität des Zyklus Chancen zur Erzielung der angestrebten Rendite sehen.

2. Investitionsstrukturen

2.1 Anlageprodukte

Den einzelnen Investitionsstrategien können – wie aus Abbildung 1 ersichtlich – gemäß dem Risiko-Rendite-Verhältnis die verschiedenen Immobilienanlageprodukte zugeordnet werden. Offene Immobilienfonds zählen beispielsweise zu den Core-Strategien. Kapitalsammelstellen bzw. Investmentvehikel für REPE sind dagegen i. d. R. geschlossene Fonds in Form von Hochrisikoprodukten. Diese können beispielsweise als Opportunity Funds, Development Funds, Real Estate Mezzanine Funds oder Real Estate Venture Capital Funds organisiert sein.

Opportunity Funds

Opportunity Funds haben ihren Ursprung in den USA. Diese hoch spezialisierten Fonds investieren ihr Kapital gezielt chancenorientiert. Mit dem Aufkommen der Notwendigkeit von REPE seit 2001/2002 agieren Opportunity Funds auch vermehrt im deutschen Markt. In 2003 investierten Opportunity Funds in den fünf deutschen Immobilienhochburgen Deutschlands ca. 826 Mio. Euro und waren mit etwa 16 % Marktanteil noch vor geschlossenen (ca. 14 %) und hinter offenen Immobilienfonds (ca. 38 %) die zweitgrößte Gruppe institutioneller Investoren, bezogen auf diesen Marktausschnitt [6]. In 2004 investierten Opportunity Funds insgesamt 15 Mrd. Euro in Deutschland und stellten damit sicherlich die größte Investorengruppe dar. Momentan dominierende Opportunity Funds auf dem deutschen Markt sind Unternehmen wie z. B. Fortress, Lone Star, Morgan Stanley, Terra Firma, Cerberus, Whitehall und andere. Diese Investoren identifizieren und nutzen temporäre Investitionschancen und konnten bereits teilweise in den 90er Jahren auf dem US-

Real Estate Private Equity 363

Markt mit REPE agieren sowie in die asiatischen Märkte gegen Ende der 90er Jahre eintreten (vgl. Abbildung 2).

In der anhaltenden Schwäche des Immobilienmarktes und dessen erwarteter Bodenbildung, der gestiegenen Bereitschaft zur Trennung von Problembeständen und der Veränderung der Finanzierungslandschaft sehen sie derzeitig Investitionschancen im deutschen Immobiliensektor und zählen Deutschland zu den Hauptinvestitionszielen von REPE. Die Anzahl und das Volumen großer Portfoliotransaktionen haben in den letzten Jahren stark zugenommen. Die größten REPE-Transaktionen lassen sich derzeit mit Wohnungsportfolios sowie Portfolios Not leidender und problembehafteter Kredite – Non- und Sub-Performing Loans (NPL/SPL) – beobachten. Als bis dato größte Transaktion im Wohnungssektor erwarb Terra Firma im Mai 2005 für ca. 7 Mrd. Euro die Immobilientochter Viterra von der E.ON, welche 150.000 Wohnungen in ihrem Bestand hält. In 2004 kaufte Lone Star 4.200 Not leidende und problembehaftete Kredite im Wert von 3,6 Mrd. Euro von Hypo Real Estate und führte damit die bis dahin nach eigenen Angaben weltweit größte NPL-Transaktion durch. Weitere große Transaktionen werden für das vierte Quartal 2005 erwartet.

Deutschland zählt zu Hauptinvestitionszielen

Dem Hochrisikosegment zugehörig sind Opportunity Funds ähnlich den Industrie-Private-Equity-Funds kaum fungibel und liquide. Aufgrund der

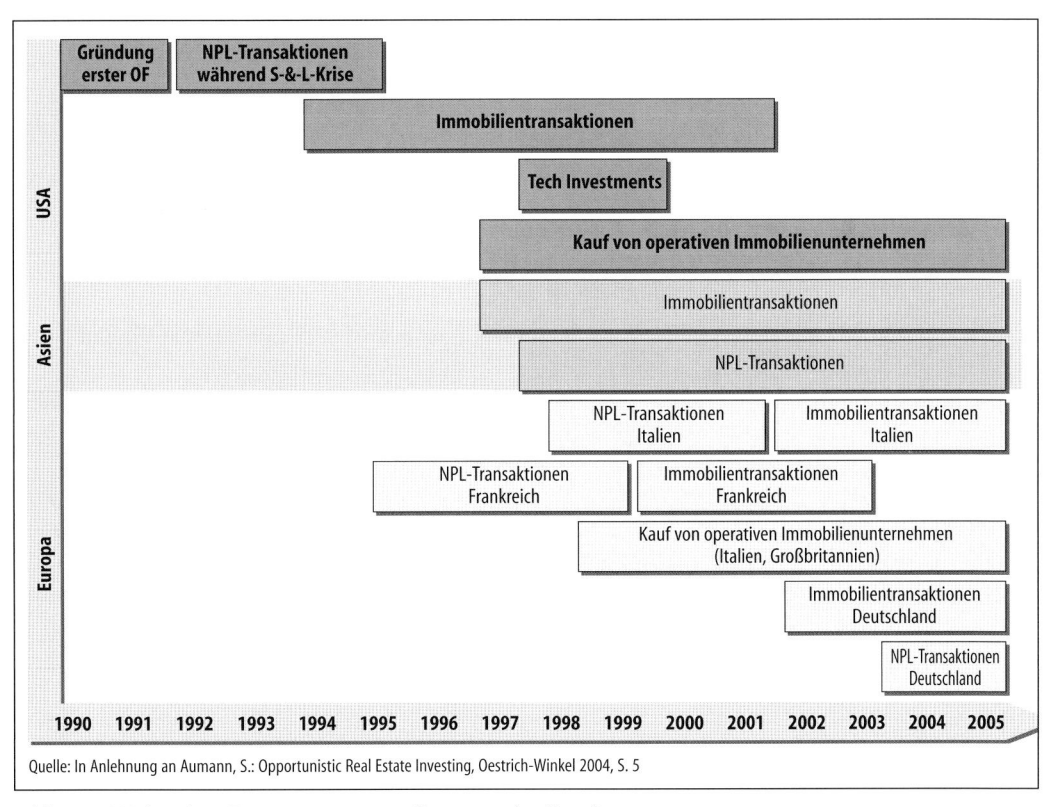

Abb. 2: Weltweites Engagement von Opportunity Funds

Investition in reale Güter (Immobilien) weisen sie jedoch im Gegensatz zu Investitionen mit Private Equity ein vergleichsweise niedriges Risiko-Rendite-Niveau auf.

Development Funds

Development Funds stellen eine zweite Variante für REPE-Investitionen dar. Hierbei handelt es sich ebenfalls um ein risikoorientiertes Produkt. Anders als bei Opportunity Funds liegt das Risiko jedoch nicht in der Marktunkonformität der Immobilie oder der schlechten Marktpositionierung, sondern im Projektentwicklungsrisiko. Projektentwicklungs-Fonds investieren kurzfristig und opportunitätsorientiert und sind nicht an bestimmte Anlagekriterien gebunden.

Da Projektentwicklungs-Fonds in der Wertschöpfungskette vorgelagert sind, stehen sie folglich nicht in Konkurrenz zu herkömmlichen geschlossenen Immobilienfonds, die erst investieren, wenn die projektspezifischen Risiken weitestgehend minimiert sind. Da sich der Preis einer Immobilie i. d. R. überwiegend nach den Mietverträgen richtet, gehen sie ein wesentlich höheres Risiko ein, das im Erfolgsfall entsprechend honoriert wird.

Anders als bei herkömmlichen geschlossenen Fonds-Produkten, aber ähnlich dem Opportunity Fund beteiligt sich ein Anleger i. d. R. an einem Blind Pool und geht damit ein höheres Risiko ein, als wenn er das oder die Projekt(e) bereits kennen würde und prüfen könnte. Das Risiko wird ebenfalls gesteigert, wenn ein Initiator bei einem Mehrobjektfonds lediglich mit einem einzelnen Projektentwickler kooperiert. Zumindest sind die Vorteile der Beziehungsstabilität und -qualität mit den Risiken der fehlenden Partnerdiversifikation zu vergleichen. Aufgrund der Nachrangigkeit von REPE im Rahmen der strukturierten Finanzierung steht dem überproportionalen Gewinn allerdings auch der mögliche Totalverlust der Einlage gegenüber.

Vor allem auf Seiten Kapital suchender Projektentwickler erleben Projektentwicklungs-Fonds dagegen eine starke Nachfrage, da Entwickler u. a. aufgrund von Basel II weniger Finanzierungszusagen erhalten. Als Anbieter solcher Fonds können Initiatoren wie die HCI Gruppe in Kooperation mit der NRP, die Deutsche Structured Finance oder die BVT Unternehmensgruppe genannt werden [7].

In der Vergangenheit wurden Projektrisiken oftmals risikoinadäquat bewertet und von Bankenseite wurde ein zu geringer Fremdkapitalzins erhoben. Dies ändert sich nun im Rahmen der Umsetzung der Neuen Baseler Eigenkapitalrichtlinie.

Real Estate Mezzanine und Venture Capital Funds

Darüber hinaus werden Venture Capital Funds und Mezzanine Funds als Beteiligungsmodelle für stark risikobehaftete Investitionen angeboten, lassen sich in der engen Abgrenzung jedoch nicht dem REPE zuordnen. Venture Capital Funds stellen jungen Immobilienunternehmen mit großen Wachstums- und Erfolgspotenzialen in frühem Stadium Kapital zur Verfügung, wohingegen Mezzanine Funds mit hybridem Kapital, welches sowohl Fremd- als auch Eigenkapitalcharakteristika aufweist, die Finanzierungslücke von Immobilieninvestitionen füllen.

2.2 Akteure

Bei Investitionen mit REPE sind federführend folgende Parteien beteiligt: der Fondsinitiator bzw. die Managementgesellschaft (General Partner), die originären Investoren (Limited Partner), die Fremdkapital finanzierende(n) Bank(en) und der Verkäufer des Investitionsobjekts. Abhängig von Fondsstruktur und Transaktionsart werden ebenfalls Dienstleistungen von Investmentbanken, Beratern, Vermittlern, internen oder externen Asset-Managern und Joint-Venture-Partnern sowie operativen Partnern mit einbezogen (vgl. Abbildung 3).

Federführende Parteien

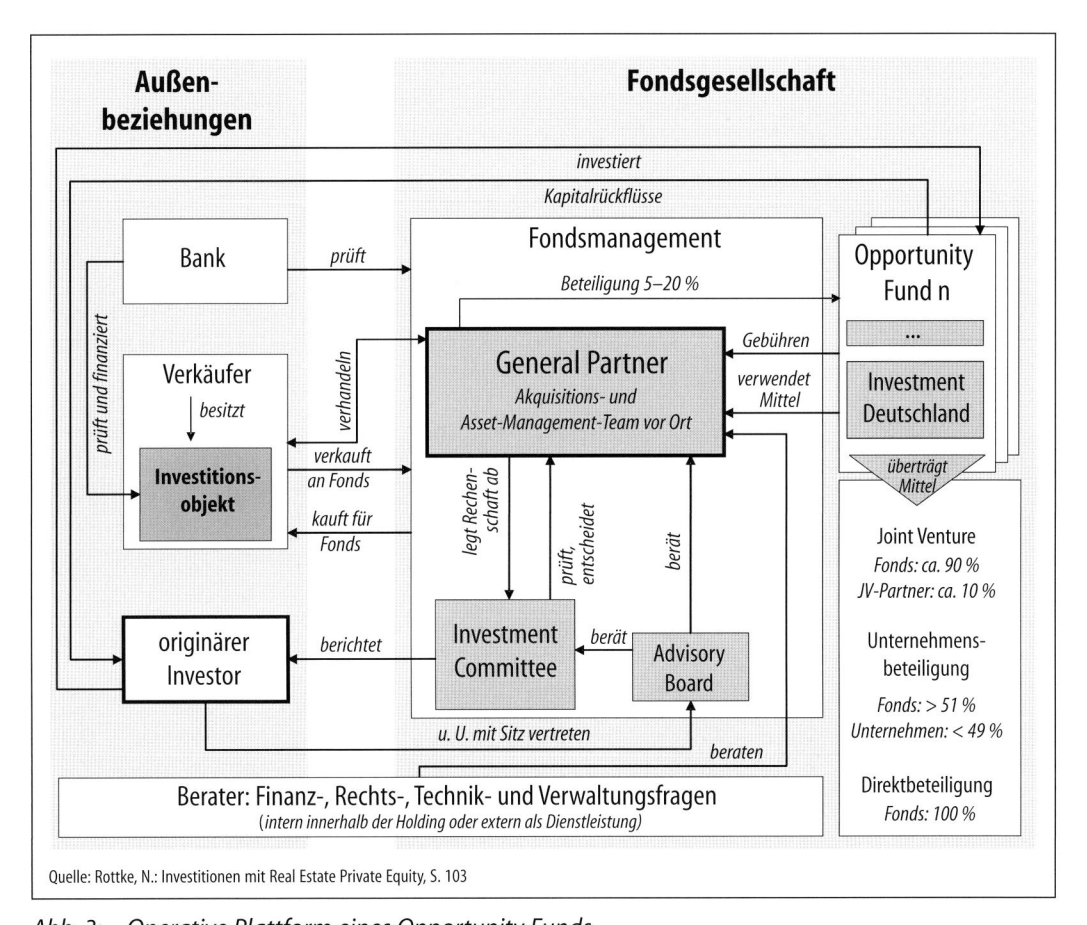

Abb. 3: Operative Plattform eines Opportunity Funds

Transaktionsstruktur und Transaktionsvehikel werden i. d. R. unter steuerlichen und rechtlichen Gesichtspunkten optimiert. In den USA bevorzugen Fondsinitiatoren beispielsweise Gesellschaften nach der Rechtsprechung des Staates Delaware oder eines steuerbegünstigten Standortes wie den Cayman Islands. Für Deutschland überwiegt die Grundstruktur von Limited Partnerships, jedoch kommen auch andere Rechtsformen, wie z. B. die deutsche Kommanditgesellschaft, infrage [8]. Allen Konstruktionen gemein ist, dass der

Transaktionsstruktur und -vehikel

General Partner als Komplementär ein Vehikel gründet, in welches er selbst ca. 5 bis 20 % Eigenkapital einbringt und an welchem sich die originären Investoren, wie z. B. Versicherungen oder Pensionsfonds, als Limited Partner (Kommanditisten) beteiligen. Die Managementgesellschaft agiert als Treuhänder des Beteiligungskapitals und führt über einen vorher fixierten Zeitraum das Vehikel und löst es schließlich auf. Typischerweise handelt es sich hierbei um eine Laufzeit von insgesamt sechs bis acht Jahren, die sich aus einer zwei- bis dreijährigen Investitionsperiode, einer ein- bis dreijährigen Managementphase, einer ein- bis zweijährigen Liquidationsperiode und, optional, einer ein- bis zweijährigen Verlängerung der Laufzeit zusammensetzt [9].

Operativer Partner

Begründet durch das chancengetriebene Investitionsverhalten von Opportunity Funds besteht i. d. R. kein Fokus auf regionale und sektorale Teilmärkte. Als Konsequenz kann der Opportunity Fund nicht für alle Teilmärkte, auf denen er agiert, Marktkenntnis aufweisen. Aus diesem Grund kooperieren mehr als 75 % der Fonds mit verschiedenen Partnern und gehen Joint Ventures mit lokalen Unternehmen (Operating Partner) mit hoher Marktkenntnis ein [10]. Dabei leisten diese lokalen Marktexperten nicht nur einen Beitrag zur Identifikation von Investitionsopportunitäten, sondern übernehmen oftmals auch das Asset Management des erworbenen Bestandes. Den offensichtlichen Vorteilen eines solchen Joint Ventures stehen weitere Kosten und Gebühren gegenüber sowie i. d. R. eine erfolgsabhängige Beteiligung des operativen Partners an der Investition. Dies schmälert die Rendite der Limited Partner und erweist sich insbesondere in Zeiten starken Wettbewerbes zwischen verschiedenen Opportunity Funds um wenige Investitionschancen am Markt als Problem, da die zusätzlichen Kosten durch Beteiligung eines weiteren Partners die Rendite der Investition unter die angestrebte Zielrendite sinken lassen können. Dieser „Double Promote", bestehend aus der Gebühr der Managementgesellschaft und der Gebühr des operativen Partners, hat aktuell zur Folge, dass sich bei Opportunity Funds eine Tendenz zu einer vertikalen Erweiterung der Wertschöpfungskette beobachten lässt, indem die Asset-Management-Funktion selbst über Tochtergesellschaften übernommen wird [11]. Parallel treten seitens der Joint-Venture-Partner zunehmend Bestrebungen auf, den Intermediär „Opportunity Fund" auszuschalten, indem sie mit den originären Investoren in Kontakt treten und direkt mit diesen Joint Ventures eingehen [12].

2.3 Vertragsbeziehungen

Leistungs- und Vergütungsbeziehung

Für den Erfolg einer Investition ist die vertragliche Gestaltung zwischen den Akteuren ausschlaggebend. Für Investitionen mit REPE ist insbesondere die Leistungs- und Vergütungsbeziehung zwischen den originären Investoren und der Managementgesellschaft sowie dem operativen Partner entscheidend. Vor diesem Hintergrund sind Erfolgsbeteiligungsmodelle durch vertraglich geregelte Managementklauseln (Kontroll-, Schutz- und Anreizmechanismen) ebenso wie durch fixe und variable bzw. erfolgsabhängige und -unabhängige Vergütungskonditionen zu verhandeln, die der gleichen Ausrichtung der Interessen (Allignment of Interest) zwischen den Akteuren dienen [13].

Kontrollklauseln

Zur Kontrolle des Opportunity Funds und des operativen Partners wird beispielsweise ein Advisory Board mit aufsichtsratsähnlicher Funktion implementiert. Zudem kann in Key-Men-Klauseln festgeschrieben werden, dass eine bestimmte Anzahl von Schlüsselpersonen während der Fondslaufzeit nicht das jeweilige Unternehmen verlässt. Die Schlüsselpersonen des Fonds und seines Partners sind i. d. R. zudem zu einem bestimmten Grad an Informationsoffenlegung verpflichtet, um den originären Investoren so zusätzliche Sicherheit zu signalisieren. Beispielhaft müssen Schlüsselpersonen Auskunft geben über [14]:

- Zeitaufwand für andere Geschäftsaktivitäten,
- Angestelltenverhältnis bei anderen Vehikeln,
- Tätigkeit im Advisory Board anderer Vehikel,
- vergangene oder gegenwärtige Rechtsstreitigkeiten als Partner der General Partnership,
- Kapitalzusage als Prozentsatz des jeweiligen persönlichen Vermögens oder der Gewinnbeteiligung vergangener Fonds,
- persönliche Rechtsstreitigkeiten,
- physische Gesundheit oder
- Nebenabreden mit anderen originären Investoren.

Haftungsausschlussklauseln

Die Schlüsselpersonen besitzen die Möglichkeit der Absicherung durch Haftungsausschlussklauseln und Versicherungen, müssen dabei jedoch immer die Signalwirkung ihres Handelns auf die Investoren berücksichtigen. Je höher die Absicherung und je geringer die persönliche Haftung einer Schlüsselperson, desto weniger Vertrauen in die eigenen Fähigkeiten wird suggeriert.

2.4 Anreizeffiziente Vergütungskonditionen

Zur Kostendeckung erhält der Fondsmanager i. d. R. eine erfolgsunabhängige Managementgebühr von 0,5 bis 2 % auf investiertes bzw. zugesagtes Kapital. Zur Sicherstellung der Interessen von Investor und Fondsmanager bringt der Fondsmanager selbst ca. 1 bis 20 % an Eigenkapital in das Beteiligungsvehikel ein. Im Gegenzug steht dem Fondsmanagement (oder dem operativen Partner) eine Gewinnbeteiligung von etwa 20 bis 24 % (Carried Interest) zu. Durch anreizkompatible Vertragsgestaltung wird der Manager zu hoher Leistung motiviert, indem er nach Überschreitung einer festgelegten Rendite (Hurdle Rate) eine überproportionale Gewinnbeteiligung (Catch-up) erhält, bis er seine Gewinnbeteiligung erreicht hat. Wird die Zielrendite unterschritten, entfällt die Gewinnbeteiligung [15].

Wasserfallmodelle

Abbildung 4 zeigt in einem sog. Wasserfallmodell neben einer Gewinnverteilung von 20 : 80 und einem Catch-up von 50 : 50 (Variante 1) weitere Variationen auf:

- Variante 2: 40 / 60 Catch-up auf 20 %;
- Variante 3: 20 / 80 Catch-up auf 13,5 %; 60 / 40 Catch-up auf 20 %;
- Variante 4: 20 / 80 Catch-up auf 15 %; 50 / 50 Catch-up auf 20 %.

Anreizwirkung Die Variation des Catch-ups und sein Splitten auf verschiedene Gewinnbeteiligungsbasen demonstrieren, welche Anreizwirkung diese auf das Fondsmanagement und den Joint-Venture-Partner haben. Wie Abbildung 4 weiter zeigt, ist die Anreizeffizienz in den Varianten 1 und 2 im Vergleich am geringsten (pro Opportunity Fund): Die Gewinnbeteiligung ist mit 20 % überproportional ausgestattet, die Catch-up-Verteilungen variieren leicht. Variante 4 enthält eine Anreizstruktur, die als eher investorenfreundlich bezeichnet werden kann: Der Opportunity Fund und der Joint-Venture-Partner erhalten in einem ersten Schritt eine Gewinnbeteiligung von 15 %, die sie anhand einer 20/80-Catch-up-Klausel erreichen können. Nach deren Erfüllung erfolgen die gleichen Regelungen wie für die erste Variante. Variante 3 schließlich ist am stärksten leistungsbezogen und sieht eine 20/80-Catch-up-Klausel auf die ersten 13,5 % Gewinnbeteiligung und im Anschluss eine 60/40-Klausel auf 20 % vor, falls diese erreicht werden.

Originäre Investoren können stark leistungsbezogene Modelle durchsetzen, wenn die Kapitalakquisition durch das Fondsmanagement der Opportunity Funds schwierig ist. In Phasen von Kapitalüberfluss werden die Intermediäre eher Konditionen aushandeln können, die ihnen zu einem frühen Zeitpunkt einen prozentual hohen Gewinn sichern.

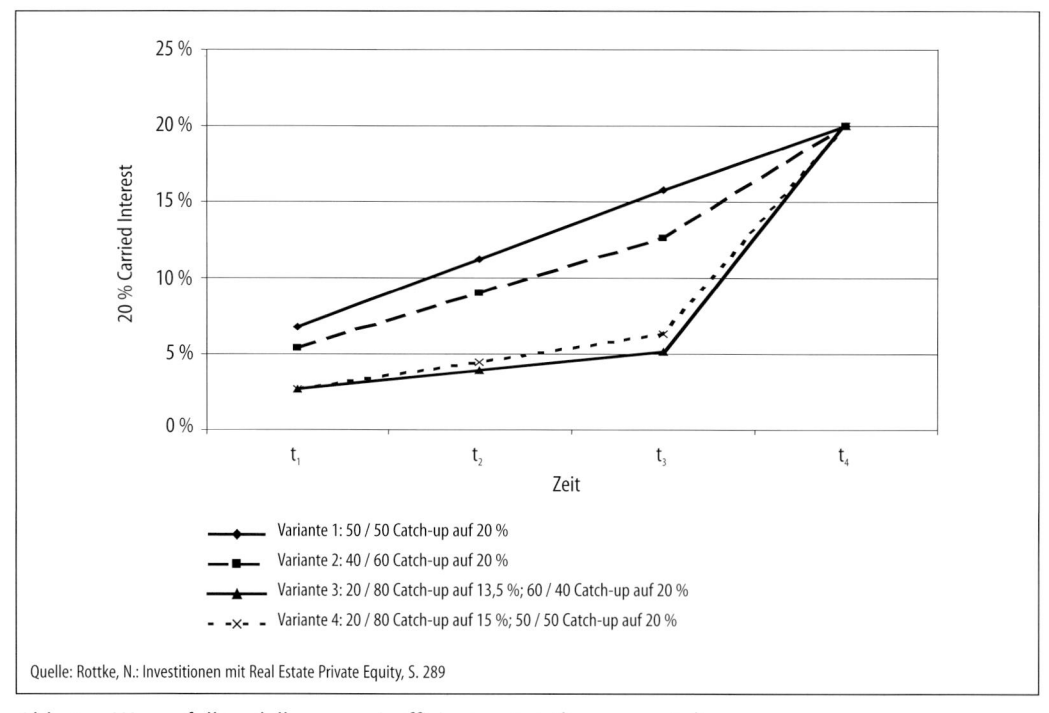

Abb. 4: Wasserfallmodell zur anreizeffizienten Beteiligungsgestaltung

Neben der Managementgebühr und der Gewinnbeteiligung können weitere Gebühren verhandelt werden, die in der Gesamtheit ein Erfolgsbeteiligungsmodell gestalten. Diese umfassen beispielhaft u. a.

Weitere Gebühren

- Akquisitions-/Dispositionsgebühr: 0 bis 100 Basispunkte,
- Property-Management-Gebühr: 100 bis 300 Basispunkte,
- Asset-Management-Gebühr: 25 bis 100 Basispunkte,
- Finanzierungsgebühr: 30 bis 40 Basispunkte.

3. Einsatz in zyklischen Märkten

3.1 Marktumfeld

Bei Investitionen mit REPE spielt Timing die wesentliche Rolle. REPE-Märkte sind zyklische, temporär begrenzte Märkte. Deshalb sind der An- und Verkaufszeitpunkt für den Erfolg von REPE-Investitionen wesentliche Erfolgsfaktoren. REPE-Investoren identifizieren Investitionschancen in ineffizienten Märkten, in welchen Angebot und Nachfrage nicht aufeinander treffen. In rezessiver Wirtschaftslage weisen Immobilieninvestitionen i. d. R. ein höheres Risiko auf. Eine instabile Umgebung, wenig nachhaltige Mieteinnahmen und nur begrenzt möglicher Einsatz von Fremdkapital zur Finanzierung sowie zusätzliche Mittel für notwendige Instandsetzungs- und Instandhaltungsmaßnahmen führen zu Risikoprofilen, die institutionelle Investoren nicht finanzieren können, dürfen bzw. wollen. Damit entsteht aufgrund der Verknappung von Beteiligungskapital eine Finanzierungs- bzw. eine Eigenkapitallücke. Das Angebot von risikoreichen Investitionen trifft auf eine zunehmend wachsende Nachfrage nach risikobereinigten Immobilieninvestitionen. REPE-Investoren sehen in diesen risikoreichen Investitionen Chancen zur Realisierung der Zielrendite und treten in den Markt ein.

Timing als Hauptfaktor

REPE-Investitionen basieren primär auf einer Spekulation auf Immobilienzyklen. Die Herausforderung dieser Primärstrategie liegt jedoch in einer exzellenten Antizipation und Prognose von Immobilienzyklen, von welchen die antizyklische Investitionsstrategie abhängig ist.

REPE-Investitionen im Immobilienzyklus

Abbildung 5 verdeutlicht den Zusammenhang zwischen dem Immobilien- und dem Kapitalzyklus. Opportunity Funds kaufen in Abschwungphasen und verkaufen in der folgenden Aufschwungphase eines Immobilienzyklus. Auf der Suche nach möglichst großen Wertschöpfungspotenzialen zur Erzielung von hohen Renditen treten REPE-Investoren gerade dann in einen Immobilienzyklus ein, wenn sie die größten Wertabschläge und gleichzeitig das größte Upside-Potenzial erwarten können. Dieses trifft auf die Baisse zu, die Phase, in welcher ein Immobilienzyklus die Talsohle erreicht hat. Der Exit aus der Investition wird dann vorgenommen, wenn die größte Wertschöpfung realisiert werden kann. Dieses entspricht dem Boom, dem Zyklusgipfel, an welchem zumindest theoretisch die höchsten Verkaufspreise realisiert werden können. Da kurze Haltedauern von Investitionen eine hohe Rendite implizieren, wird der Exit für den nächstfolgenden Boom angestrebt. Der richtige Zeitpunkt der Investition im Immobilienzyklus ist vor dem Hintergrund von Abschlagsgeschäften

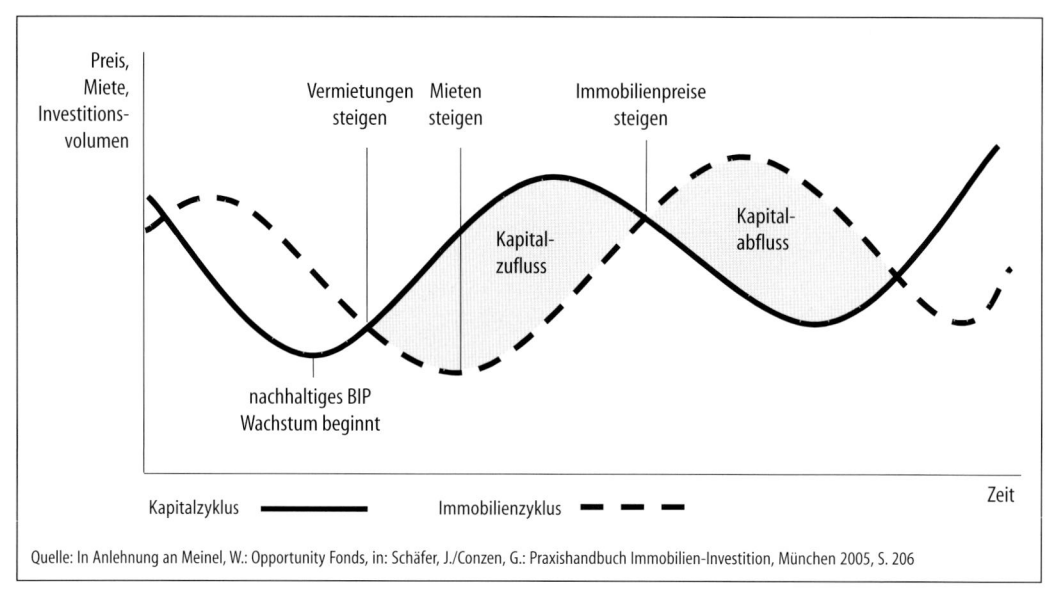

Abb. 5: Kapital- und Immobilienzyklus

Voraussetzung für den Erfolg der Investition. Nur wenn der Immobilienmarkt sich in der Nähe der Talsohle befindet und Immobilienpreise auf ein niedriges Niveau gefallen sind, ist es möglich, hohe Abschläge auf Immobilien- bzw. Immobilienkreditportfolios zu realisieren und durch professionelles Management sowie Entwicklungsleistungen während der Haltedauer einen höheren Verkaufspreis zu realisieren und damit Wertsteigerung zu generieren. Deshalb sind das Verständnis des zyklischen Verhaltens von Immobilienmärkten sowie die Identifikation der Baisse und des Booms erfolgskritisch für REPE-Investitionen. Opportunity Funds müssen die Indikatoren für Immobilienzyklen identifizieren und analysieren, um so ihr Investitions-Timing an ihre Prognosen und Erwartungen bezüglich der Immobilienzyklen anzupassen.

Opportunity Funds als Market Maker Opportunity Funds treten i. d. R. in der Baisse in den Markt ein und agieren damit in einem risikoreichen und ineffizienten Marktumfeld, in welchem sich Angebot und Nachfrage nicht im Einklang befinden. Während andere Gruppen institutioneller Immobilieninvestoren – auch aufgrund regulatorischer Umstände – hier nicht zum Zuge kommen, da die am Markt befindlichen Investitionen höherer Risikoklassen nicht in ihre Risiko-Rendite-Strategie passen, nutzen Opportunity Funds gerade dieses Umfeld, um durch hohe Risikobereitschaft binnen eines kurzen Investitionshorizontes die angestrebten Renditen zu erzielen.

Durch ihre hohe Bereitschaft zur Risikoan- und -übernahme und ihr unternehmerisches Denken und Handeln erweitern sie damit den Markt um die Facette der indirekten Hochrisikoimmobilienanlage mit ex ante prospektierter, überdurchschnittlicher Rendite und bringen in komplexen Situationen, in denen sich Manager herkömmlicher Anlageprodukte zurückhalten (müssen), Angebot und Nachfrage in Übereinstimmung. Für die gesamte Immobilienbranche stellen Opportunity Funds durch ihr antizyklisches Investitionsverhalten somit eine Bereicherung dar. Sie zeichnen sich zudem durch ein hohes Maß an Professionalität aus und erwarten von ihren Partnern exakte Controlling-Systeme und ein sehr hohes Transparenzniveau. Sie übernehmen so die Funktion des „Market Makers" und erhöhen damit die Markteffizienz.

Allerdings ist dies noch keine Erfolgsgarantie auf eine überdurchschnittlich hohe IRR in der Ex-post-Betrachtung: Es wird sich für Deutschland schätzungsweise zwischen 2009 und 2011 in einer ersten „REPE-Verkaufskohorte" herausstellen, wie erfolgreich die Wertschöpfungsstrategien der Fonds wirklich waren. Diese Strategien werden im Nachgang erörtert.

3.2 Wertschöpfungsstrategien

Da Investitionen im Hochrisikobereich etwa 85 % des Gewinns durch realisierte Wertsteigerung erzielen, müssen Opportunity Funds aktive Wertschöpfungsstrategien verfolgen. Durch diese Wertschöpfungsstrategien unterscheiden sich Opportunity Funds maßgeblich von traditionellen Immobilieninvestoren.

Wie Abbildung 6 zeigt, kann zwischen zeitpunktbezogenen Strategien, wie Abschlagsgeschäften und Finanzmanagement, bei An- und Verkauf und zeitraumbezogenen Strategien, wie (Re-)Development, Performance und Turnaround Management, während der Haltedauer unterschieden werden.

3.2.1 Zeitpunktbezogene Strategien

Abschlagsgeschäfte und Finanzmanagement setzen als Wertschöpfungsstrategien vor allem bei Kauf und Verkauf (Entry & Exit) an. Ihr Erfolg ist vom Timing im Immobilienzyklus abhängig.

Gemäß dem Prinzip „Buy low and sell high" zielen Entry- und Exit-Strategien darauf ab, ein Immobilienobjekt, -portfolio, -darlehen oder -unternehmen mit einem Abschlag (Discount) auf den Marktwert zu erwerben und später zum Marktwert oder darüber zu veräußern. Im Sinne eines guten Timings basiert diese Strategie fundamental auf der Antizipation und dem antizyklischen Ausnutzen von Immobilienzyklen, sodass der Opportunity Fund Qualitätssteigerungs- und damit verbunden Wertsteigerungspotenziale bereits früh identifiziert, welche anderen Marktteilnehmern noch verborgen bleiben respektive welche andere Marktteilnehmer aufgrund regulatorischer Rahmenbedingungen nicht nutzen dürfen oder wollen [16]. Ist diese Spekulation auf die Marktentwicklung erfolgreich, kann über den ex ante geplanten Exit die Wertschöpfung realisiert werden.

Abschlagsgeschäfte (Discount Deals)

Zudem wird ein bedeutsamer Teil des Gewinnes durch die Bereitschaft des Portfolioverkäufers realisiert, sein Portfolio en gros zu Abschlägen zu verkaufen, um nicht den administrativen und zeitintensiven Aufwand des kleinteiligen Verkaufs auf sich zu nehmen. Der Abschlag entspricht hier den ersparten Opportunitätskosten im Falle des Einzelverkaufs. Um eine solche Strategie durchzuführen, werden REPE-Experten sowie Dienstleister benötigt, die Due Diligence und Verhandlungen über kurze Hierarchien schnell zum erfolgrei-

Portfolio-transaktionen

chen Abschluss führen und das erforderliche Investitionsvolumen finanzieren können. Ein großer Teil der Wertschöpfung wird also nicht nur über den Exit, sondern bereits über den Entry erreicht.

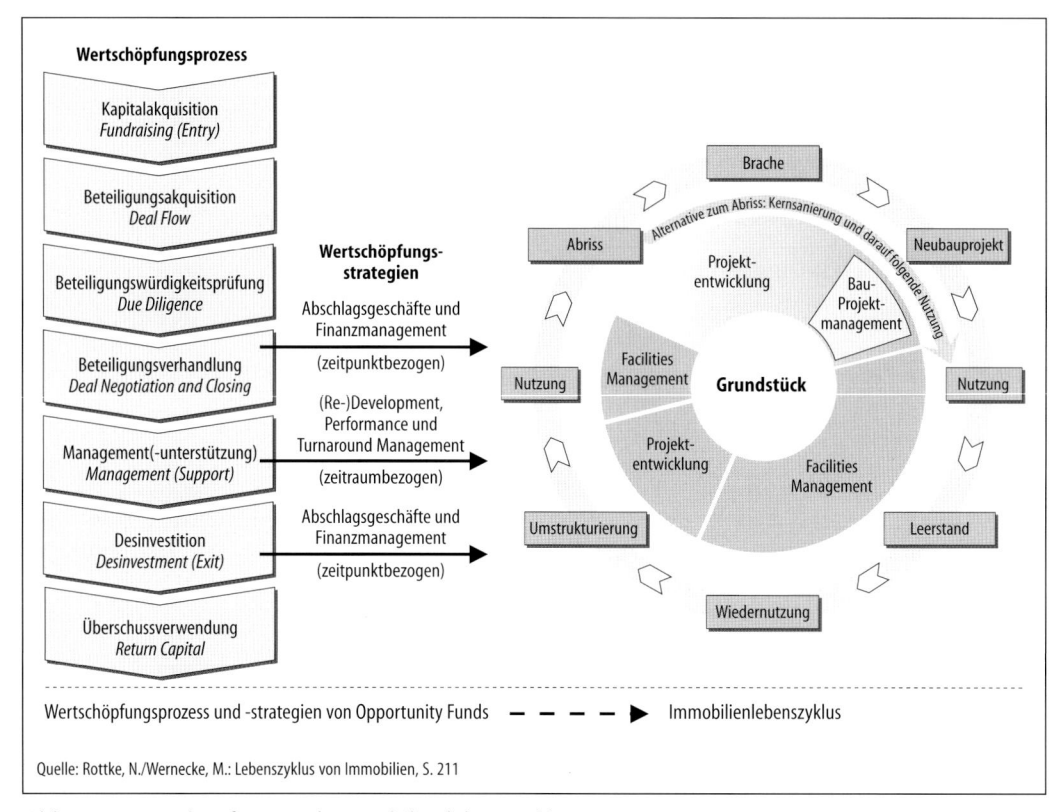

Abb. 6: Wertschöpfung und Immobilienlebenszyklus

| **Finanzmanagement (Financial Engineering)** | Opportunity Funds sind rein renditefokussierte Investoren, welche sich zur Steigerung der Internal Rate of Return des Leverage-Effektes bedienen. Nimmt ein Investor Fremdkapital zu niedrigeren Zinsen und günstigeren Konditionen auf, als er mit seinem Investment voraussichtlich an Rendite erzielt, so nutzt er die Hebelwirkung der Finanzierungskosten des Fremdkapitals auf das Eigenkapital. Ein hoher Fremdkapitalhebel kann bewirken, dass mehr als 50 % einer internen Eigenkapitalverzinsung nicht aus dem eigentlichen Projekt, sondern aus dem Verschuldungsgrad der Investition resultieren. Ein hoher Fremdkapitaleinsatz birgt aber gleichzeitig ein erhöhtes Risiko, da der Hebel auch zulasten des Investors wirken kann, sofern die Rendite unter den Finanzierungskosten liegt [17]. Dies kann von Liquiditätsengpässen bis hin zur Insolvenz des Käufers – i. d. R. ein Special Purpose Vehicle – führen. |

Einen weiteren Risikofaktor stellt das Zinsrisiko dar, welches zu den existenziellen Risiken der Immobilienwirtschaft zählt:

Zinsrisiko

Steigt der Zins beispielsweise von 4 % auf 7 % an, muss bei einem Fremdkapitalanteil von 30 % nur etwa 1 % des IRR eingebüßt werden, während ein Opportunity Fund mit einem 80%igen Fremdverschuldungsgrad einen IRR-Verlust von etwa 9 % hinnehmen muss.

3.2.2 Zeitraumbezogene Strategien

Die Strategien (Re-)Development, Performance und Turnaround Management sind zu jedem Zeitpunkt im Immobilienzyklus anwendbar und tragen zur Wertsteigerung des erworbenen Bestands oder Unternehmens bei, um bei einem Verkauf einen höheren Preis zu erzielen.

Projektentwicklungsstrategien weisen ein hohes Maß an Risiko auf, sodass es für Opportunity Funds umso entscheidender wird, die Projektdurchführung und die Realisierung von Wertschöpfungspotenzialen vor anderen Marktteilnehmern abzuschließen. Häufig entstehen Joint Ventures und Kooperationen mit lokalen Projektentwicklern, welche genau diese Marktkenntnis besitzen und somit die Durchführung (zeitlich) optimieren.

Development

Aus der Perspektive des Opportunity Funds muss eine Projektentwicklung nicht alle Wertschöpfungsstufen durchlaufen, sondern kann Wertsteigerungspotenzial nur bis zu oder ab einem gewissen Grad selbst realisieren und die verbleibenden Entwicklungsstufen dem Erwerber oder dem Projektkonzeptionär überlassen. Dabei wird der Opportunity Fund versuchen, durch die von ihm finanzierte Entwicklung gewisse Meilensteine zu erreichen, um so die größten Wertschöpfungsschritte selbst verwirklichen zu können. Hier ist beispielsweise die Entwicklung bis zur Baureife und ein anschließender unterjähriger Verkauf, aber auch die Übernahme der Projektentwicklung nach Konzeption und Schaffen von Baurecht durch den Opportunity Fund denkbar.

Unterschiedliche Wertschöpfungstiefen

Redevelopment-Strategien zielen darauf ab, Problemimmobilien wieder marktfähig zu gestalten. Die gegenwärtigen Eigentümer bzw. lokalen Marktteilnehmer sind häufig nicht in der Lage, die massiv auftretenden Probleme zu lösen bzw. haben deren Ursprung oder Lösungsmöglichkeiten bisher nicht erkannt.

Redevelopment

Unter einem Redevelopment versteht man eine Kernsanierung und Neupositionierung, die das vorhandene Objekt zu einem Quasi-Neubau aufwertet. Dies ist dann wirtschaftlich, wenn die geforderte Verzinsung der Investitionskosten durch die erwarteten Mehreinnahmen erbracht wird [18].

Probleme beim Redevelopment sind oft auf eine wirtschaftliche oder technische Veralterung des Bestandsobjektes zurückzuführen, jedoch können sie auch durch Asbestbelastung oder Bauschäden begründet sein, welche die Instandsetzung verkomplizieren und verteuern. Zudem können ein ungünstiger Mietermix oder Bonitätsprobleme der Mieter ebenfalls große Herausforderungen darstellen.

Performance Management

Performance Management ist eine aktive Veränderungsstrategie, die darauf abzielt, die Cashflow-Ströme einer unprofessionell gemanagten Immobilie über die Haltedauer zu optimieren, um dem Objekt schließlich bei Verkauf ein höheres Mietaufkommen für die Kapitalisierung zugrunde legen zu können. Dies gewinnt gerade in Zeiten niedriger Inflation verstärkt an Bedeutung [19]. Aufgrund des Misserfolges des gegenwärtigen Besitzers bei der Behebung bestehender Problemfelder befinden sich Opportunity Funds oft in einer guten Verhandlungsposition für einen attraktiven Einstandspreis, der es ihnen ermöglicht, durch aktive Veränderungen in Bezug auf das Mietmanagement sowie Vertrags-, Objekt- und Dienstleistungsmanagement ihre Zielrendite zu erreichen.

Letztlich ist es jedoch entscheidend, dass der Erfolg der Strategie zu einem erheblichen Teil von den Ressourcen des Investors (und lokalen Partners), seinen Beziehungen zu Mietern und professionellen lokalen Maklerorganisationen sowie seiner unternehmerischen Weitsicht abhängt, da ohne diese Eigenschaften die Rendite, die zu einem großen Teil auf dem Wiederverkauf des Vermögensgegenstandes beruht, nicht zu erwirtschaften ist.

Turnaround Management

Turnaround Management wirkt im Gegensatz zu Performance Management auf Unternehmensebene und findet Anwendung auf Unternehmen, die, zumindest in Teilbereichen, suboptimal geführt werden. Der Opportunity Fund restrukturiert beispielsweise das Controlling des erworbenen Immobilienunternehmens, verhandelt Managementverträge neu, gestaltet sie anreizkompatibel und ersetzt schlechtes Management durch Manager mit exzellenter Leistungsbilanz.

3.3 Auswirkungen

REPE-Investoren nutzen Immobilienzyklen, um eine hohe Eigenkapitalverzinsung zu erzielen. Daher stellt sich vor dem Hintergrund ihrer steigenden Aktivitäten in Deutschland die Frage, ob die verfolgten Wertschöpfungsstrategien selbst Einfluss auf Immobilienzyklen haben und wie sich dieser äußert.

Abflachen von Immobilienzyklen?

Durch die Erweiterung des indirekten Anlagespektrums um Vehikel im Hochrisikosegment werden Angebot und Nachfrage in rezessivem Wirtschaftsumfeld schneller aneinander angenähert. Dies resultiert in einer höheren Markteffizienz und impliziert damit ein Abflachen von Immobilienzyklen. Durch die Verringerung der Zyklenamplitude ist eine weitere Stabilisierung der Immobilienmärkte zu erwarten.

Gleichzeitig kann argumentiert werden, dass REPE eine anfängliche Rezession des Immobilienmarktes abfedert, da der Markteintritt von REPE-Investoren die Nachfrage nach Risikoanlagen verstärkt, dem Markt Liquidität zuführt und somit schließlich eine weitere Verschlechterung der Marktlage verhindert.

Denn nach der Akquisition von Bestandsimmobilien werden Wertschöpfungs- und Wertsteigerungsstrategien verfolgt, die eine Risikobereinigung und Performanceverbesserung bezwecken sollen. Durch aktives Performance Management und (Re-)Development der Bestandsobjekte sowie durch Turnaround Management in akquirierten Immobilienunternehmen wird die Qualität der Immobilien respektive des Unternehmensmanagements verbessert. Diese teilweise starken Aufwertungen von Bestandsimmobilien oder Immobilienunternehmen fördern eine weitere Stabilisierung der Märkte.

REPE-Märkte sind temporäre Märkte. Investoren agieren auf diesen Märkten, solange sich dort Investitionschancen bieten. Nehmen die Chancen ab, werden sie auf anderen Märkten aktiv. Gerade der Markteintritt von angelsächsischen Investoren mit großer Erfahrung aus bestehenden REPE-Märkten (USA, Asien, Italien, Frankreich) in den deutschen Markt vermag zu einer Verbesserung der Effizienz und damit verbunden auch der Transparenz der deutschen Immobilienmärkte beitragen. Diese Investoren sind mit dem Aufspüren von Investitionschancen und der Prognose von Immobilienzyklen vertraut. Etablieren sich durch die vorhandenen Kenntnisse dieser Investoren internationale Prognoseverfahren zur Zyklenvorhersage und steigt gleichzeitig durch den Markteintritt von Opportunity Funds in den deutschen Markt bei allen Marktteilnehmern das Bewusstsein in Bezug auf Immobilienzyklen, ist ein Abflachen von Immobilienzyklen durch bessere Prognostizierung der Zukunft möglich.

Die Bestrebung von REPE-Investoren, die erworbenen Bestände, derzeit insbesondere Wohnimmobilien, durch einen Börsengang am Markt zu platzieren, kann ein weiterer Grund für das Abflachen von Immobilienzyklen aufgrund höherer Liquidität, geringeren Time-Lags und verbesserter Fungibilität sein. Fortress beispielsweise plant die Gründung einer börsennotierten, öffentlichen Plattform für Wohnimmobilien, in welche die in Deutschland erworbenen Wohnungsunternehmen, u. a. das im September 2004 von der Bundesversicherungsanstalt für Angestellte (BfA) gekaufte Wohnungsunternehmen Gagfah und die im Juli 2005 erworbene Nileg, eingebracht werden sollen.

Auf der anderen Seite besteht durch das hohe Aufkommen von REPE-Investitionen die Gefahr der Entstehung einer spekulativen Blase, welche mit ihrem Platzen zyklenverstärkend wirken kann.

Verstärken von Immobilienzyklen?

Das große Interesse von REPE-Investoren an deutschen Investitionsobjekten, welche durch in Bieterverfahren strukturierte Transaktionen veräußert werden, kann zu einem Bieterwettkampf zwischen den Investoren führen. Der frühe Markteintritt in neue REPE-Märkte (First Mover Advantages) in Erwartung einer überdurchschnittlichen Rendite kann bewirken, dass die Investoren aufgrund von Bieterpreiskämpfen u. U. zu hohe Preise für die Investitionsobjekte bezahlen. Diese Preiskämpfe signalisieren zugleich den großen Optimismus bezüglich der Marktentwicklung und können im Sinne der „Herdenpsychologie" bewirken, dass Investoren die Preise für Immobilien und Immobilienunternehmen in unrealistische Dimensionen treiben.

Das Platzen einer Immobilienblase kann so starken Einfluss auf den Zyklus nehmen, indem beispielsweise einer Rezession ein zeitlich kurzer, sehr starker Aufschwung folgt, welcher durch das Platzen der Blase zu einer im Vergleich stärkeren Rezession führt.

Regionale und intersektorale Angleichung?

Darüber hinaus ist ein Angleichen von verschiedenen regionalen Immobilienmarktzyklen aneinander sowie auch ein intersektorales Angleichen von typologischen Teilmarktzyklen denkbar, da REPE-Investoren außer einer hohen Risikobereitschaft keine festen Anlagekriterien vorgeben. Deshalb kommt es zu Transaktionen in verschiedenen regionalen und sektoralen Märkten sowie zu Portfoliotransaktionen mit durchmischtem Immobilienbestand.

Bei den größten Transaktionen von Wohnungsunternehmen der vergangenen Jahre ließ sich beispielsweise folgende regionale Verteilung beobachten: Cerberus und Whitehall erwarben die GSW, welche 65.700 Wohnungen und Gewerbeeinheiten im Großraum Berlin im Bestand hält. ThyssenKrupp veräußerte 48.000 Wohneinheiten im Schwerpunkt Rhein-Ruhr an ein Konsortium von Morgan Stanley und Corpus, Fortress erwarb die Gagfah mit 80.000 Wohneinheiten in westdeutschen Ballungszentren und Terra Firma bekam den Zuschlag für die E.ON-Tochter Viterra mit 138.000 Wohneinheiten im Ruhrsowie im Rhein-Main-Gebiet und weiteren deutschen Ballungszentren. Im gewerblichen Sektor begründen insbesondere die Verkäufe von Unternehmensimmobilien eine regionale Verteilung. Zudem tragen NPL-Transaktionen, bei welchen Portfolios von durch Immobilien besicherten Krediten verkauft werden, zur regionalen und sektoralen Durchmischung bei, da die Immobilien unterschiedliche Nutzungsarten und unterschiedliche Standorte aufweisen.

Als Konsequenz dieses Investitionsverhaltens könnten Ungleichgewichte in verschiedenen Immobilienmärkten ausgeglichen werden und somit Angleichungstendenzen zwischen verschiedenen regionalen und sektoralen Teilmärkten auftreten, welche die Phasenverschiebung zwischen einzelnen Teilmärkten reduzieren könnten.

Reale Exit-Optionen für Opportunity Funds?

Vor dem Hintergrund der zeitlich begrenzten Existenz von REPE-Märkten ist fraglich, ob es für das große Volumen von REPE-Investitionen in Deutschland in der Investitionsphase, den sog. Vintage Years, bei Erholung und Stabilisierung des Marktes einen geeigneten Exit gibt. Da sich die Haltedauer der Investitionen an den zyklischen Marktphasen orientiert, ist damit zu rechnen, dass die Bestände der REPE-Investoren bei Markterholung in einem relativ ähnlichen Zeitfenster an den Markt gebracht werden. Zum jetzigen Zeitpunkt kann die zukünftige Nachfrage nach diesen durch aktive, zeitraumbezogene Wertschöpfung in Form von (Re-)Development und Performance sowie Turnaround Management wahrscheinlich größtenteils risikobereinigten Immobilieninvestments nicht prognostiziert werden. Diese hängt stark von der Größe des zu erwartenden Wachstums ab. Dies beeinflusst die Nachfrage nach Büro- und Wohnflächen, welche wiederum entscheidend für die Platzierung bei institutionellen Investoren sind. Zudem kaufen REPE-Investoren derzeit sehr durchmischte Portfoliobestände mit Einzelimmobilien in unterschiedlichsten Lagen. Es hat sich jedoch gezeigt, dass traditionelle institutionelle Investoren 1a-Lagen in den Immobilienhochburgen bevorzugen. Daher ist es offen, ob Opportunity Funds ihre Bestände in schlechten Randlagen oder in Regionen schwacher soziodemographischer Faktoren im angestrebten Zeitfenster veräußern können.

Es bleibt abzuwarten, ob Opportunity Funds Teile ihrer Portfoliobestände so profitabel veräußern können, dass sie nicht vermarktbare Restbestände zum Exit-Zeitpunkt ohne Gewinn abstoßen können und trotzdem die angestrebte Performance erreichen. Ein solches Verhalten könnte zu einer stärkeren Differenzierung von regionalen Immobilienzyklen in Deutschland führen, indem es die Zyklen in Immobilienhochburgen positiv abschwächt, jedoch in unbedeutsameren Standorten verstärkt.

In summa mag das verstärkte Aufkommen von Real Estate Private Equity in Deutschland zunächst durch eine Steigerung der Markteffizienz eine abschwächende und stabilisierende Wirkung auf Immobilienzyklen haben. Dennoch ist die Entstehung von spekulativen Blasen im Zusammenhang mit einem Markteinbruch nicht auszuschließen. Dies ist allerdings vom zukünftigen Marktvolumen abhängig, das beispielsweise in den Immobilienhochburgen eine kritische Größe erreichen müsste, jedoch bisher kaum determinierbar ist.

4. Literaturverzeichnis

[1] Rottke, N.: Investitionen mit Real Estate Private Equity, Diss., in: Schulte, K.-W./ Bone-Winkel, S. (Hrsg.): Schriften zur Immobilienökonomie, Bd. 29, Köln 2004, S. 28–29.

[2] Planting, A.,/Van Doorn, L./Van der Spek, M.: Manager Styles in Real Estate – A Model Approach on Non-listed European, in: INREV Research Committee (Hrsg): Research Paper, Amsterdam 2004, S. 19.

[3] Verband deutscher Hypothekenbanken e. V.: Jahresbericht 2004, Berlin 2005, S. 26.

[4] Garthe, E.: Real estate bank lending in Germany – A status quo in early 2004, in: Briefings in Real Estate Finance, Vol. 4, Nr. 1, 2004, S. 38.

[5] Garthe, E., a. a. O., S. 3–49.

[6] ATIS REAL Müller, zitiert nach: Leykam, M.: Investmentmarkt – Niedergang der Hochburgen, in: Immobilien Zeitung, Nr. 3, 2003, S. 2.

[7] Von Scharfenberg, H.: BVT – Mit Mehrprodukt-Strategie erfolgreich, in: Cash, Mai 2001, S. 5.

[8] Lietz, N./Dewey, D./Chan, D.: Real estate opportunity funds: The numbers behind the story, Pension Consulting Alliance (Hrsg.), Portland 2001, S. 2.

[9] Larkin, D./Babin, M./Rose, C.: Structuring European real estate private equity funds, in: Briefings in Real Estate Finance, Vol. 3, Nr. 3, 2004, S. 231.

[10] Lietz, N. et al.: Real estate opportunity funds: déjà vu all over again, Pension Consulting Alliance Inc. (Hrsg.), Portland 2003, S. 15.

[11] Lietz, N./Dewey, D./Chan, D., a. a. O., S. 19.

[12] Leary, T.: Mergers, Acquisitions and Opportunity Funds!, in: IFE Institute for Fiduciary Education (Hrsg.), Sacramento 2002, S. 3.

[13] Rottke, N.: Anreizkompatibles Beteiligungsmodell für Opportunity Funds – Integration agency-theoretischer Aspekte, in: Zeitschrift für Immobilienökonomie, Nr. 2, 2004, S. 6–30.

[14] Mercer, W. M.: Key terms and conditions for private equity investing, William M. Mercer Investment Consulting Inc. (Hrsg.), Chicago 1996, S. 42.

[15] Lietz, N. et al., a. a. O., S. 14.

[16] Rottke, N./Wernecke, M.: Management im Immobilienzyklus, Teil 14: Antizyklische Projektentwicklung, in: Immobilien Zeitung, Nr. 26, 2001, S. 12.

[17] Murphy, D./Midwinter, K.: The strategic use of leverage in a core real estate portfolio: when, how much, and where?, IFE Institute for Fiduciary Education (Hrsg.), Sacramento 2001, S. 2.

[18] Rottke N./Wernecke, M.: Lebenszyklus von Immobilien, in: Schulte, K.-W. (Hrsg.): Immobilienökonomie, Bd. 1, Betriebswirtschaftliche Grundlagen, 3. Aufl., München/Wien 2005, S. 215–227.

[19] Gochberg, T.: How should an institutional real estate investor proceed in the context of today's market environment?, IFE Institute for Fiduciary Education (Hrsg.), Sacramento 2003, S. 3.

4 Immobilienverbriefung

Marc Breidenbach
Manuel Breidenbach

Inhaltsverzeichnis

1.	**Einleitung**	380
1.1	Equity vs. Debt Securitisation	381
1.2	Asset Securitisation	382
1.3	Geeignete Aktiva	384
2.	**Konzept der Immobilienverbriefung**	386
2.1	Real Estate Securitisation: Real Estate Asset-Backed Securities	386
2.2	Verbriefungsstruktur	387
2.3	Modell zur Analyse von Verbriefungsmärkten	389
3.	**Immobilienverbriefung und Immobilienzyklen**	392
4.	**Literaturverzeichnis**	395

1. Einleitung

Hauptbestreben True Sale

Das Thema Verbriefung hat in den letzten fünf Jahren in Deutschland stark an Relevanz gewonnen. Gab es in Deutschland vor 2000 nur eine Hand voll Verbriefungstransaktionen, so hat sich dies rapide geändert. Die Anzahl von Transaktionen ist stark angestiegen. Obwohl die meisten Transaktionen noch synthetischer Struktur sind (d. h., es wird nur das Ausfallrisiko verkauft, die Aktiva bleiben auf der Bilanz des Verkäufers), so geht das Hauptbestreben in letzter Zeit in Richtung echter Aktiva-Verkauf – „True Sale" (d. h., die Forderungen bzw. Aktiva werden aus der Bilanz des Verkäufers herausverkauft). Die Institution der True-Sale-Initiative in 2004 und die Klarifizierung von Steuerfragen durch das „Gesetz zur Förderung von Kleinunternehmen" haben zu einer Verbesserung der Rahmenbedingungen in Deutschland geführt und unterstützen damit diesen Trend.

Der Verbriefungsmarkt in Deutschland ist immer noch hauptsächlich von Banktransaktionen geprägt. Das heißt, es werden hauptsächlich Bankforderungen (Zins- und Tilgungszahlungen aus Darlehen) verbrieft. Hierin enthalten sind natürlich auch Forderungen aus immobilienbesicherten Realkrediten. Diese Ausprägung der Verbriefung ist eine reine Refinanzierung von Immobilienkrediten für Kreditinstitute, während die reinste Form der Immobilienverbriefung oder Real Estate Securitisation ein direktes Finanzierungstool für Immobilienunternehmen darstellt. Diese Art von Transaktionen spielt im Markt jedoch momentan noch eine untergeordnete Rolle [1].

Defizite in Grundlagenarbeit

Insgesamt bleibt festzuhalten, dass der Bereich der Immobilienverbriefung/ Real Estate Securitisation und der angrenzende Bereich der Commercial Mortgage-Backed Securitisation (Verbriefung von gewerblichen Immobiliendarlehen) in der Literatur bisher nur sehr geringe Würdigung gefunden hat. Dies liegt hauptsächlich daran, dass das Thema in der Wissenschaft bisher unterschätzt worden ist. Es bestehen auf der einen Seite erhebliche Defizite in der Grundlagenarbeit und dadurch auch in der Grundlagenliteratur (z. B. gibt es keine einheitlichen Definitionen zur Verbriefung oder zur Immobilienverbriefung). Auf der anderen Seite gibt es keine zentrale Institution, die adäquate

Datenquellen zu Verbriefungstransaktionen bereithält. Des Weiteren liegt es aber durchaus auch daran, dass die Kreditinstitute in Deutschland bisher den Immobilienfinanzierungsmarkt dominiert haben und sich dadurch nur langsam alternative Finanzierungsquellen entwickeln konnten. Hinzu kommt, dass die institutionellen Rahmenbedingungen lange Zeit unklar waren und keine adäquaten Aussagen über Strukturen für den Verbriefungsmarkt gemacht werden konnten.

Welche Rolle die Immobilienverbriefung allerdings für den Immobilienmarkt und dessen Zyklen spielt, lässt sich besonders am Beispiel der USA ablesen. Dieser weltweit größte Markt für Verbriefung hat gezeigt, dass der Kapitalmarkt eine disziplinierende Wirkung auf den Immobilienmarkt ausübt und somit die Amplitude und die Länge von Immobilienzyklen beeinflussen kann. Vor diesem Hintergrund ist es von Interesse, im vorliegenden Beitrag auf die Verbriefung einzugehen und die zentralen Bausteine der Immobilienverbriefung, deren Funktionsweise, Rahmenbedingungen und Auswirkungen auf Zyklen näher zu analysieren. **Disziplinierende Wirkung**

Hierbei wird zuerst eine Definition vorgenommen, um Eigenkapital- von Fremdkapitalverbriefung zu unterscheiden. Dann wird eine stringente Ausarbeitung der Asset Securitisation inklusive der verbriefbaren Aktiva und der Vorgehensweise (Verbriefungsprozess) vorgenommen. Anschließend wird näher auf die Immobilienverbriefung (Real Estate Securitisation) und die Entstehung eines Immobilienverbriefungsmarktes eingegangen, bevor die Interdependenz von Zyklen und Verbriefung von Immobilien sowie die Entwicklung eines solchen Marktes betrachtet wird.

1.1 Equity vs. Debt Securitisation

Es gibt keine einheitliche und global akzeptierte Definition von Real Estate Securitisation. So wird in der Literatur oft nicht unterschieden zwischen Equity und Debt Securitisation, d. h. zwischen Eigenkapital- und Fremdkapitalverbriefung. Es kann also vorkommen, dass zwei Personen von Real Estate Securitisation reden, doch der eine meint Immobilienaktien, Real Estate Investment Trusts (REIT) oder Listed Property Trusts (LPT) und der andere meint Asset Securitisation.

Das Oxford New American Dictionary bietet eine grundlegende Definition. Sie definiert Securitisation wie folgt: „To convert an asset (esp. a loan) into marketable securities, typically for the purpose of raising cash by selling to other investors"; was ins Deutsche wie folgt zu übersetzen ist: Verbriefung heißt: „ein Aktivum (meistens einen Kredit) zu einem marktfähigen Wertpapier zu konvertieren, um es an außen stehende Investoren zu verkaufen, um Liquidität zu generieren". Diese Definition ist allerdings zu eng gefasst und bezieht sich nur auf das Gebiet der Asset Securitisation. Die Konfusion entsteht aus dem Wort „Verbriefung". Es ist ein Begriff, der sehr umfassend ist und eine hohe Anzahl von Bedeutungen haben kann. **Securitisation: Definition**

Eigentlich heißt Verbriefung in seinem urtümlichsten Sinn nichts anderes, als ein vordefiniertes Recht auf ein Papier zu schreiben (also zu verbriefen) und dieses Recht zu handeln (traden). So kann Verbriefung jedoch heißen, dass

Kredite verbrieft werden, Forderungen verbrieft werden oder Eigenkapital verbrieft wird. Im Sinne der Klarheit ist es deshalb sehr wichtig, die Verbriefung von Eigen- und Fremdkapital zu unterscheiden, da sie auch mit unterschiedlichen Investitionscharakteristika ausgestattet sind.

Equity Securitisation

Die Eigenkapitalverbriefung ist im traditionellen Sinne die Verbriefung von Eigenkapital, welches von außen stehenden Investoren an einem Markt gehandelt wird. Die Verbriefung von Eigenkapital ist die bekannteste Art der Verbriefung. Es geht hier hauptsächlich um börsennotierte Anteile am Eigenkapital von Unternehmen. Die bekanntesten Eigenkapitalverbriefungen im Immobilienbereich sind Immobilienaktien, Real Estate Investment Trusts (REIT) oder Listed Property Trusts (LPT). Es ist wichtig, die Investitionscharakteristika zu unterstreichen: Es handelt sich bei der Eigenkapitalverbriefung um die Verbriefung eines Residualinteresses. Außerdem kauft ein Investor, wenn er einen Anteil an einem REIT kauft, nicht nur das Immobilienrisiko, sondern auch das Managementrisiko. Dies gibt es bei der Fremdkapitalverbriefung nicht. Ein weiterer Unterschied ist die Tatsache, dass ein Managementteam die Flexibilität hat, seine Strategie operativ zu ändern, um sich dem Markt anzupassen. Das Managementteam kann auch die falsche operative Strategie wählen, die die Investitionen in das Eigenkapital minimiert und somit das Risiko des Investors erhöht. Abgesehen von dem Risiko ist jedoch auch die Rendite eine andere. Sie ist eine Residualgröße und variiert von Jahr zu Jahr abhängig von der Performance des Unternehmens bzw. der Immobilie.

Debt Securitisation

Die Fremdkapitalverbriefung auf der anderen Seite bezieht sich auf die Verbriefung von Fremdkapital. Hierbei handelt es sich um vordefinierte Rechte auf Rückzahlung eines bestimmten Geldbetrags zu einem bestimmten Zeitpunkt (Art und Höhe sind festgeschrieben); z. B. die Konvertierung von Forderungen in ein handelbares Wertpapier mit der Garantie, dass die Rückzahlung durch die verbrieften Forderungen gedeckt ist. Hieraus ergibt sich auch der Name Asset Securitisation: die Verbriefung von Aktiva zu handelbaren Wertpapieren.

Das größte Segment in der Immobilien-Fremdkapitalverbriefung (also Real Estate Securitisation) ist der Markt für Commercial Mortgage-Backed Securities (CMBS). Auch der Verkauf von Unternehmensforderungen und zukünftigen Cashflows von spezifischen Objekten ist unter dem Oberbegriff Fremdkapitalverbriefung einzuordnen.

Der vorliegende Beitrag bezieht sich nur auf die Asset Securitisation und deckt damit die Fremdkapitalseite von Immobilienfinanzierungen ab. Das Konzept der Asset Securitisation wird im Folgenden definiert und auf Immobilienaktiva (Real Estate Securitisation) übertragen.

1.2 Asset Securitisation

Die Praxis des Forderungsverkaufs ist schon sehr alt. Schon 1880 kam es zum ersten Mal zu Forderungsverkäufen zwischen einzelnen Firmen. Die Forderungsverbriefung ist hingegen eher eine junge Finanzmarktinnovation, die in den USA entstanden ist.

Bei der „Securitisation" oder „Asset Securitisation" handelt es sich um einen Oberbegriff für „wertpapiermäßige Verbriefung von Forderungen", dessen Wortbildung aus dem englischen Wort für Wertpapier (Security) entstanden ist. Entsprechend der amerikanischen Terminologie der Securitisation wird im Deutschen der Begriff der „Forderungsverbriefung" bzw. der „Verbriefung" gebraucht [2].	**Asset Securitisation/ Verbriefung**
Wertpapiere, in denen die Forderungen verbrieft werden, werden im Englischen als „Asset-Backed Securities" (ABS) bezeichnet, was ins Deutsche treffend mit „aktivagestützte Wertpapiere bzw. Schuldscheine" übersetzt werden kann. Enstanden ist die Asset Securitisation in Amerika mit der Entwicklung von Mortgage-Backed Securities (MBS). Oft wird der Begriff der Asset-Backed Securities auch als Oberbegriff für alle Arten von Verbriefungen benutzt. So stellen Asset-Backed Securities im weiteren Sinne (ABS i. w. S.) den Oberbegriff für alle Arten von Verbriefungen und Asset-Backed Securities im engeren Sinne (ABS i. e. S.) eine spezifische Asset-Klasse für Forderungsverbriefungen dar.	**Asset-Backed Securities**
Gab es am Anfang nur Transaktionen mit einer großen Zahl homogener Aktiva (Assets), so hat sich das Spektrum auf Transaktionen mit kleinen und teilweise sehr unterschiedlichen Aktiva, wie z. B. auch Immobilienaktiva, erweitert: „What started as true sales of large pools of homogenous assets has spread to allow the technology to be used for more diverse, unique asset types." [3]	
Während man für die Asset Securitisation eine adäquate Definition herleiten kann, gibt es keine einheitliche Definition der Immobilienverbriefung (Real Estate Securitisation) in Theorie oder Praxis. Die genutzte Terminologie in der Praxis ist geprägt durch die Entwicklung des Marktes in den USA. So wurden in den Vereinigten Staaten zu Anfang nur Wohnimmobilienkredite verbrieft und dadurch wurde der Asset-Klasse der Name der Mortgage-Backed Securities zugeordnet. Da diese Asset-Klasse sehr stark und schnell wuchs und in den 80er Jahren durch die Commercial Mortgage-Backed Securities (Verbriefung gewerblicher Immobilienkredite) ergänzt wurde, hat sich in den USA für alle Arten von Immobilienverbriefungen der Oberbegriff der Mortgage-Backed Securities eingebürgert, egal ob es sich um Verbriefungen von Immobiliendarlehen einer Bank oder von Immobilien-Cashflows (Forderungen aus Immobilien) eines Unternehmens handelt. Semantisch ist dieses allerdings nicht ganz richtig, da es sich bei Mortgage-Backed Securities um „grundschuldgestützte Wertpapiere" handelt. Gemeint ist hiermit also die Verbriefung von Forderungen aus grundschuldbesicherten Immobiliendarlehen. Dass sich diese von der Verbriefung von Forderungen aus z. B. Mietverträgen unterscheidet, ist offensichtlich.	**Real Estate Securitisation**
Wenn also analog zu der Definition der Asset-Backed Securities die Wertpapiere so benannt werden wie das dem Wertpapier unterliegende Aktivum, dann müssten mit Immobilienaktiva gestützte Wertpapiere Real Estate Asset-Backed Securities heißen bzw. die Asset-Klasse Real Estate Securitisation. Hierin unterscheidet sich die Real Estate Securitisation von der Mortgage-Backed Securitisation, da es sich nicht um grundschuldbesicherte Immobiliendarlehen handelt, die am Kapitalmarkt von einer Bank refinanziert werden, sondern um Immobilienaktiva, die von einem Unternehmen zur Finanzierung direkt ver-	

brieft werden. Da zwischen den beiden unterschiedlichen Aktiva-Klassen, besonders wegen der Relevanz und Verwurzelung von Commercial Mortgage-Backed Securities in der Praxis, jedoch keine genaue Trennschärfe hergestellt werden kann, sind Überlappungen zu akzeptieren (vgl. Abbildung 1).

1.3 Geeignete Aktiva

Generell lassen sich unter dem Dach der Asset Securitisation alle Klassen von Aktiva-Verbriefungen summieren. Dies reicht von der Verbriefung von Forderungen aus Lieferung und Leistung bis hin zu der Verbriefung der Vermarktungsrechte der Formel 1. Insgesamt lassen sich aber alle Aktiva in vier Klassen (Sub-Asset Classes) kategorisieren [4]:

Mortgage-Backed Securities (MBS)	Mortgage-Backed Securities umfassen die Verbriefung von Forderungen aus Zins und Tilgungszahlungen von pfandrechtlich besicherten Realkrediten bzw. Immobiliendarlehen. Hierbei sind Residential Mortgage-Backed Securities (RMBS) von Commercial Mortgage-Backed Securities (CMBS) zu unterscheiden. Bei RMBS handelt es sich rein um die Verbriefung großer granularer Pools von Forderungen aus Wohnimmobiliendarlehen, wobei es sich bei CMBS um die Verbriefung von Forderungen aus gewerblichen Immobiliendarlehen handelt. Semantisch gesehen gehören beide unter das Dach der Mortgage-Backed Securities. Praktisch gesehen sind CMBS jedoch den Real Estate Asset-Backed Securities näher als den RMBS. So kann es bei CMBS Transaktionen geben, bei denen lediglich ein mit einer Grundschuld besichertes gewerbliches Darlehen verbrieft wird. Die Zins- und Tilgungszahlungen, die das am Kapitalmarkt emittierte Papier bedienen, stammen in diesem Fall aus nur einer Immobilie und u. U. wird das Darlehen gar nicht erst von einer Bank auf ihre Bilanz genommen, sondern direkt über den Kapitalmarkt refinanziert. In diesen Fällen kann es also definitorisch zu Überschneidungen kommen.
Asset-Backed Securities im engeren Sinne (ABS i. e. S.)	Bei den klassischen Asset-Backed Securities werden jegliche bilanzielle Forderungsbestände verbrieft. Hierbei kann es sich um Autofinanzierungsforderungen, Leasingforderungen, Konsumentenkredit-Forderungen, Kreditkartenforderungen, Forderungen aus Lieferung und Leistung (L & L) und zukünftige Forderungen handeln. Die einzige Verbriefung in dieser Kategorie, die nicht direkt eine Forderungsverbriefung darstellt, ist die Whole Business Securitisation (WBS). Hierbei wird der Geschäftsbetrieb (Going Concern) eines Unternehmens, also das Unternehmen selbst, verbrieft.
Real Estate Asset-Backed Securities (RE ABS)	Real Estate Asset-Backed Securities stellen die Sub-Asset-Klasse für alle Immobilienaktiva dar. Hierbei kann es sich sowohl um die Verbriefung von Cashflows handeln wie auch um die Verbriefung der Immobilien (Gebäude und Land) selbst. Zu den Sub-Asset-Klassen gehören: Immobilien-Mietforderungen, zukünftige Mietzahlungen, zukünftige Verkaufserlöse, Sale-and-leaseback-Zahlungen von verkauften Konzernimmobilien, zukünftige Erlöse von Immobilienprojektentwicklungen, sonstige Immobilien-Cashflows (z. B. Ticketverkäufe von Fußballstadien) und immobiliengestützte Whole Business Securitisations.

Handelt es sich bei den verbrieften Aktiva um Forderungen aus Zins und Tilgung eines Unternehmenskredites oder eines festverzinslichen Wertpapiers, dann spricht man von Collateralised Debt Obligations (CDO). Diese Aktiva-Klasse kann demnach unterteilt werden in Collateralised Loan Obligations (CLO), die Verbriefung von Forderungen aus Unternehmenskrediten, und in Collateralised Bond Obligations (CBO), die Verbriefung von Forderungen aus festverzinslichen Schuldverschreibungen.

Collateralised Debt Obligations (CDO)

Eine Zusammenfassung der für die Verbriefungen geeigneten Aktiva-Klassen findet sich in der folgenden Abbildung. Hierbei handelt es sich um die verschiedenen Subkategorien der Asset Securitisation und deren verbriefbare Aktiva:

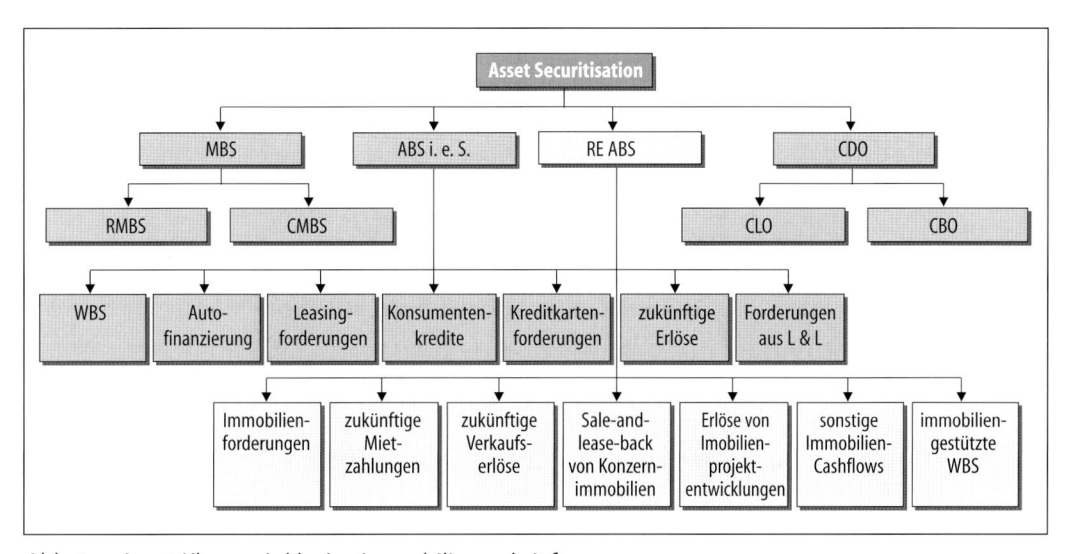

Abb. 1: Asset-Klassen inklusive Immobilienverbriefungen

Die Originatoren von CDO und MBS sind Banken. Ihre Motive für die Durchführung solcher Transaktionen sind erstens die Entlastung der Bilanz, d. h. Entlastung des regulatorischen Eigenkapitals unter den Baseler Eigenkapitalregelungen (Basel I und Basel II), und zweitens die Refinanzierung (Funding) ihrer Kredite. Dahingegen sind die Originatoren von ABS und Real Estate Securitisation/RE ABS Nicht-Banken, d. h. Unternehmen oder Staatsorgane. Aus immobilienwirtschaftlicher Sicht resultiert nachfolgende Einteilung:

Originatoren

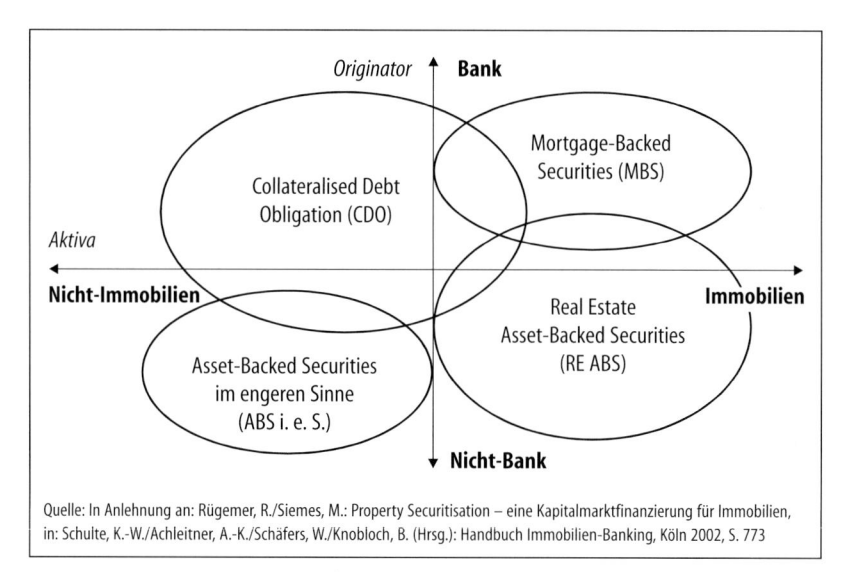

Abb. 2:   Einordnung und Kategorisierung der Asset-Klassen

2. Konzept der Immobilienverbriefung

2.1 Real Estate Securitisation: Real Estate Asset-Backed Securities

Der direkte Kapitalmarktzugriff stellt für Immobilienunternehmen (Bestandshalter und Corporates) eine alternative Finanzierungsmöglichkeit dar. So kann die Begebung einer RE ABS traditionelle Finanzierunginstrumente, wie Realkredit oder Bankkredit, ersetzen und führt somit zu einer Erweiterung der Finanzierungsquellen.

Desintermediation
Eng verbunden hiermit ist der Trend zur Desintermediation des Kreditgebers. Führte im traditionellen Kreditmarkt der Weg immer direkt zum traditionellen Kreditgeber, der Hypothekenbank, so ist die aktuelle Tendenz, dass Kapitalnachfrager und -anleger sich am Kapitalmarkt begegnen, um Finanztransaktionen unter der Umgehung der Banken als Kreditgeber direkt miteinander vorzunehmen. Banken agieren bei dieser Kapitalmarktfinanzierung lediglich als Vermittler zwischen den Parteien. Hiermit schaffen es die Banken trotzdem, an der Vergabe von Finanzierung Geld zu verdienen, ohne zu viel wertvolles Eigenkapital einzusetzen, wie es bei der traditionellen Kreditmarktfinanzierung der Fall gewesen wäre.

Konstante Cashflows
Immobilienverbriefung bzw. Real Estate Securitisation stellt die Umwandlung illiquider Immobilienaktiva in handelbare Wertpapiere (RE ABS) dar. Bei den verbriefbaren Aktiva handelt es sich um alle erdenklichen Immobilienforderungen und physische Aktiva, die einen konstanten und prognostizierbaren Cashflow aufweisen. Da jede Immobilie auf Cashflows basiert, d. h. Mieterlösen und Verkaufserlösen der Immobilie, eignen sich Immobilien-Assets sehr

gut für die Verbriefung am Kapitalmarkt. Real Estate Securitisation stellt damit eine alternative, innovative und kapitalmarktorientierte Immobilienfinanzierungsform dar [5].

2.2 Verbriefungsstruktur

ABS sind komplexe Finanzgebilde, aus denen komplexe Cashflows und kritische Rechtsbeziehungen resultieren. Jede Forderungsverbriefung zu ABS erfordert eine individuelle Strukturierung. Hierbei sind in erster Linie die Besonderheiten des Einzelfalls, d. h. insbesondere die Art der zu verbriefenden Forderungen, zu berücksichtigen, damit eine optimale Struktur der jeweiligen Verbriefung garantiert ist. Wenn es somit auch keine standardisierte Verbriefungsform gibt, lassen sich doch sämtliche Verbriefungen auf eine gewisse Grundstruktur zurückführen.

Grundstruktur der Securitisation

Ausgangspunkt der Asset Securitisation sind die Forderungen eines Gläubigers gegenüber einer Mehrzahl verschiedener Schuldner. Aus diesen Forderungen ergeben sich Zahlungsverpflichtungen, d. h. zukünftige Cashflows der Schuldner gegenüber dem Gläubiger. Der Gläubiger ist also der Originator der Forderungen. Der Originator beauftragt im ersten Schritt einen Arrangeur, um die Transaktion zu strukturieren.

Mit der Gründung einer Ein-Zweckgesellschaft (Special Purpose Vehicle [SPV]) beginnt der strukturelle Teil einer Securitisation. Er bezeichnet die Strukturierung und den Ablauf der Transaktion vor Emission der Wertpapiere. Hier werden zuerst die zur Verbriefung geeigneten Aktiva vom Originator nahezu regresslos an die von einem Arrangeur eigens für die Verbriefung geschaffene Zweckgesellschaft verkauft und dort in einem Pool zusammengefasst.

Struktureller Teil

Quelle: Breidenbach, M.: Securitisation: Finanzierung durch Immobilienverbriefung, in: Schulte, K.-W. (Hrsg.): Immobilienökonomie, Bd. 1, Betriebswirtschaftliche Grundlagen, 3. Aufl., München 2005, S. 769

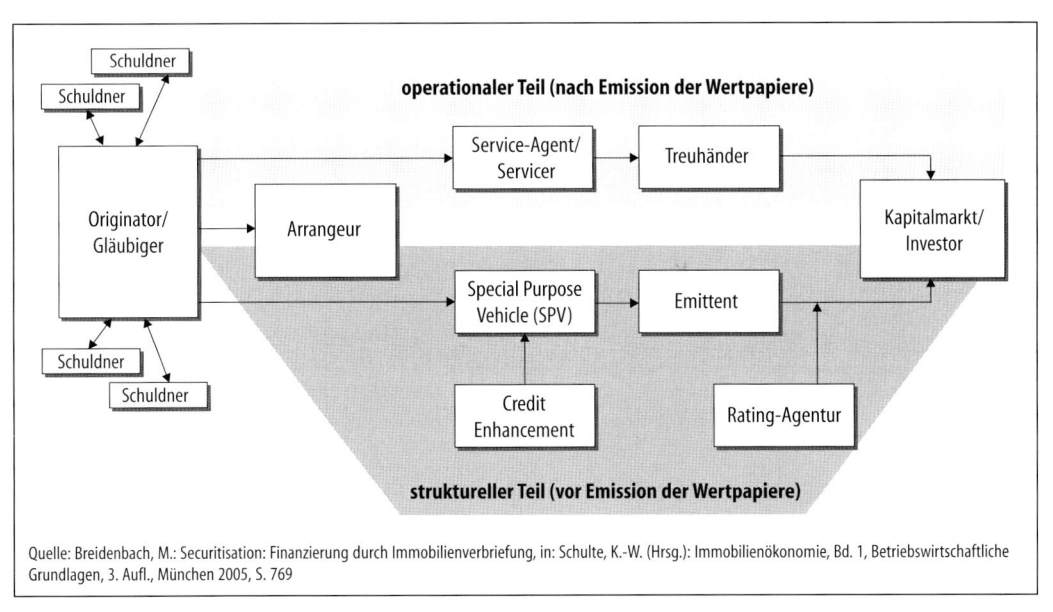

Abb. 3: Grundstruktur einer Verbriefungstransaktion

Die in dem Pool zusammengefassten Aktiva sind die Unterlage für die ABS-Papiere. Das SPV sollte eine rechtlich und wirtschaftlich selbstständige, in einer möglichst restriktionsfreien und steuerneutralen Rechtsordnung gegründete, unabhängige Gesellschaft sein und mit minimalem Eigenkapital ausgestattet werden. Die Zweckgesellschaft refinanziert sich am Kapitalmarkt durch die Emission von ABS-Papieren. Die Emission erfolgt durch die Einbeziehung eines Emittenten, meist eines Bankenkonsortiums, das meist aus Investmentbanken, aber auch aus Geschäftsbanken oder beiden besteht. Der Emittent platziert dann die Wertpapiere meist bei Kapitalmarktinvestoren. Dies sind institutionelle Investoren. Die zwischengeschalteten Rating-Agenturen nehmen für das Wertpapier eine Qualitätseinstufung vor, indem sie sowohl die zugrunde liegenden Aktiva als auch die Emissionsstruktur prüfen. Im Allgemeinen erteilen die Rating-Agenturen ein hohes Rating für ABS-Transaktionen, da diese meist eine hohe Diversifikation der Aktiva (Forderungen) aufweisen. Nach dem Konzept der Securitisation wird das Kreditrisiko des verbrieften Forderungsbestands von den Investoren getragen. Um trotzdem ein erstklassiges Rating – das in der Praxis notwendige Voraussetzung für die Emissionsfähigkeit der Papiere ist – zu erzielen, kann es sich als notwendig erweisen, eine Verbesserung der Kreditfähigkeit (Credit Enhancement) der emittierten Papiere vorzunehmen. Diese könnten eine Rückkaufzusage (Recourse), eine Ausfallgarantie (Guaranty), eine Übersicherung des Forderungsbestandes (Overcollateralization), eine Nachordnung (Subordination), ein Reservekonto (Spread Account) oder Avale, Garantien und Swaps sein.

Operationaler Teil
Der operationale Teil der Transaktion beginnt nach der Emission der Wertpapiere am Kapitalmarkt. Ab diesem Zeitpunkt werden die Zahlungsströme aus dem Aktivapool (Forderungspool) direkt dazu aufgewendet, die Zinsen und die Tilgung an die Investoren zu bezahlen. Das Forderungsportfolio steht dabei einschließlich aller Zusatzsicherheiten als Haftungsmasse zur Verfügung. Dabei ist zu beachten, dass das übertragene Forderungsportfolio verwaltet werden muss. Diese Aufgabe wird von dem Service-Agent übernommen. Zur Überwachung der Transaktion wird ein Treuhänder in die Struktur mit einbezogen, dem ein vorrangiges Zugriffsrecht auf den Aktivapool des SPV zusteht. Er ist darüber hinaus als Hauptzahlstelle für die Weiterleitung der Zahlungsströme an die Investoren verantwortlich [6].

Rechtliche Fragestellungen
Sollen in Deutschland entstandene Forderungen verbrieft werden, so ergeben sich hinsichtlich des rechtlichen Umfelds drei Fragenkomplexe: zum einen die rechtliche Beziehung zwischen Originator und SPV, zum anderen rechtliche Fragen bei der Etablierung und dem Management des SPV und schließlich die möglichen rechtlichen Probleme bei der Emission und der Bedienung der ABS. Bei der Beziehung zwischen Originator und SPV sind besonders die Fragen zum Forderungsverkauf und zur Konkurssicherheit des SPV von größter Wichtigkeit. Voraussetzung für eine funktionierende ABS-Finanzierung ist zuerst, dass die Forderungen rechtswirksam an das SPV übertragen und übergegangen sind. Dies nennt man einen „echten Verkauf" (True Sale). Ist diese Voraussetzung nicht erfüllt, ist der Originator weiterhin der Inhaber der Forderungen. Die Folge ist, dass die Gläubiger des Originators im Konkursfall direkten Zugriff auf die verbrieften Aktiva hätten.

Die zweite wichtige Fragestellung ist die Konkurssicherheit des SPV (Bankruptcy Remoteness). Hierzu gibt es einen Kriterienkatalog von drei Punkten, der von Rating-Agenturen gefordert wird. Er soll sicherstellen, dass das SPV nur in Konkurs gehen kann, wenn die Erlöse des Forderungspools und die Absicherungsmechanismen nicht ausreichen, die ABS zu bedienen. Erstens müssen die Aktivitäten der Zweckgesellschaft durch ihre Satzung auf den Ankauf der Forderungen und die Begebung der ABS beschränkt sein. Zweitens dürfen keine Schuldverhältnisse eingegangen werden, da deren Nichterfüllung den Konkurs des SPV zur Folge haben könnte. Drittens ist die Abtretung der Rechte aus den Forderungen durch die Zweckgesellschaft an eine dritte Partei nicht zulässig [7].

2.3 Modell zur Analyse von Verbriefungsmärkten

Dem Modell zur Analyse von Verbriefungsmärkten unterliegt die Erkenntnis, dass jeder Verbriefungsmarkt, egal welches Aktivum verbrieft wird, durch verschiedene institutionelle Rahmenbedingungen und Determinanten charakterisiert werden kann. Wird das Modell auf Immobilienaktiva angewendet, so besteht die Zusammensetzung eines Immobilienverbriefungsmarktes aus sechs verschiedenen institutionellen Rahmenbedingungen und drei Kerndeterminanten, die einen Einfluss auf diesen ausüben [8].

Rahmenbedingungen

Die Rahmenbedingungen, die den Markt und die daraus abgeleiteten Transaktionsstrukturen beeinflussen, sind:

- rechtliche und regulatorische Rahmenbedingungen,
- steuerrechtliche Rahmenbedingungen,
- bilanzielle Rahmenbedingungen,
- Investorenanforderungen,
- Rating-Agentur-Anforderungen,
- Immobilienmarkt/regionale Begebenheiten.

Die Rahmenbedingungen beeinflussen die drei Kerndeterminanten von Verbriefungstransaktionen:

Kerndeterminanten

- die verbriefbaren Aktiva/Assets,
- die Initiatoren/Originatoren der Verbriefungstransaktion und
- die Motive für diese Art der Immobilienfinanzierung.

Das Zusammenspiel des relevanten Marktes mit den Rahmenbedingungen, den Entwicklungstreibern und Kerndeterminanten lässt sich wie folgt darstellen:

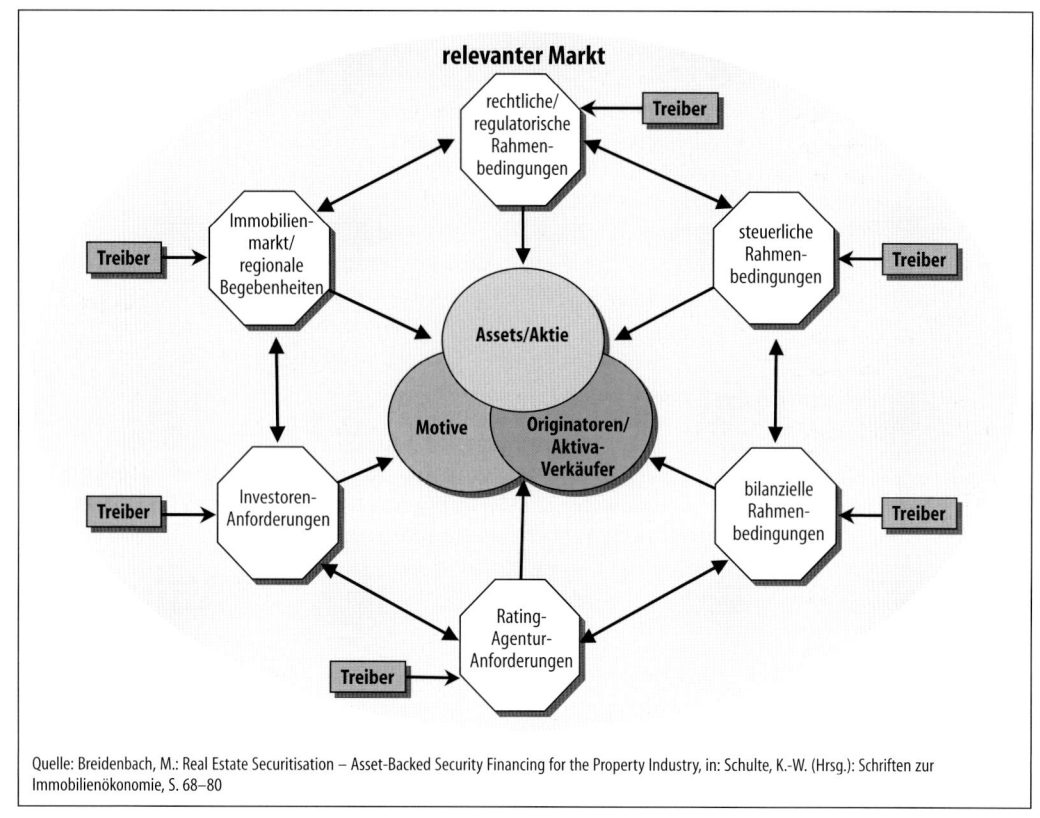

Quelle: Breidenbach, M.: Real Estate Securitisation – Asset-Backed Security Financing for the Property Industry, in: Schulte, K.-W. (Hrsg.): Schriften zur Immobilienökonomie, S. 68–80

Abb. 4: Zusammenspiel des relevanten Marktes mit Rahmenbedingungen, Entwicklungstreibern und Kerndeterminanten

Die verschiedenen institutionellen Rahmenbedingungen beeinflussen einander und geben den Rahmen für die Determinanten vor. Die Rahmenbedingungen wirken exogen auf die Transaktionsteilnehmer, besonders auf den Originator, der entscheiden muss, ob eine Immobilienverbriefungstransaktion unter den gegebenen Bedingungen Sinn macht. Er wird diese Finanzierungsalternative mit adäquaten Alternativen auf dem Kreditmarkt vergleichen und wird alle Alternativen mit seinen Finanzierungsmotiven abgleichen, die nicht nur beeinflusst sind durch Finanzierungskonditionen. So steht hinter den meisten Verbriefungstransaktionen auch eine langfristige Finanzierungsstrategie, die z. B. auch dadurch beeinflusst werden kann, dass der Kreditsuchende eine Off-balance-sheet-Lösung sucht. So würde in diesem Fall besonders der Einfluss der bilanzrechtlichen Rahmenbedingungen eine Rolle spielen und den Ausschlag dafür geben, ob das Unternehmen eine Verbriefungstransaktion durchführen wird oder nicht.

Darüber hinaus gibt es verschiedene Arten von Aktiva, die einer Verbriefung unterliegen können (z. B. alle Arten von wiederkehrenden Cashflows oder zukünftigen Verkaufserlösen). Die Entscheidung, welche Aktiva letztendlich auch über den Weg der Verbriefung finanziert werden können, hängt speziell davon ab, welche Anforderungen Investoren und Rating-Agenturen stellen. Wenn Rating-Agenturen kein adäquates Rating vergeben oder sogar die Transaktion gar nicht erst raten wollen, so wird es unmöglich sein, diese Transaktionen bei Investoren am Kapitalmarkt zu platzieren. Auf der anderen Seite heißt dies aber auch, wenn Investoren keinen „Appetit" auf das bestimmte Risiko der Aktiva oder die Rendite-Risiko-Struktur der Verbriefung haben, dann ist die Transaktion auch nicht platzierbar, unabhängig davon, wie sie geratet ist.

Insgesamt beeinflussen sich die Rahmenbedingungen auch untereinander. Die bilanzrechtlichen Rahmenbedingungen z. B. haben Einfluss auf rechtliche und regulatorische Rahmenbedingungen (z. B. rechtliche Strukturierung von Transaktion oder Marktregularien) sowie auf die steuerrechtlichen Rahmenbedingungen (Steuer- und Bilanzrecht sind eng verwoben) und auf die Bedingungen der Rating-Agenturen (das bilanzielle Umfeld legt den Rahmen fest für die Einstellungen der Rating-Analysten). An diesem exemplarischen Fall lässt sich erkennen, wie komplex die Beziehungen zwischen den institutionellen Rahmenbedingungen und den Determinanten sind und wie wichtig es ist, eine allumfassende Sicht zu haben, um in einem Verbriefungsmarkt agieren zu können. **Komplexe Beziehungen**

Hinzu kommt, dass jede Rahmenbedingung durch verschiedene Treiber (Ereignisse, Initiativen oder Strömungen in Gesellschaft und Politik) beeinflusst werden kann. Diese Treiber tragen zu der Entwicklung eines solchen Marktes, dem Timing und der Entwicklung der letztendlichen Transaktionsschemata bei. So war der Haupttreiber für das regulatorische Umfeld in den USA z. B. die „Savings-&-Loans-Krise" (Sparkassenkrise) in den 80er Jahren. Die dadurch ausgelöste Neuordnung des Umfelds für Bankregularien sowie die Institution der Resolution Trust Corporation (RTC) hatten einen Einfluss auf das rechtliche und regulatorische Umfeld in den Vereinigten Staaten. Die aus der RTC resultierende Verbriefung großer Mengen an „Non-Performing Property Loans" (Not leidenden Immobilienkrediten) hatte dann wiederum einen großen Einfluss auf die Entwicklung des Immobilienverbriefungsmarktes. Spezielle Treiber für institutionelle Rahmenbedingungen sowie Entwicklungstreiber für Verbriefungmärkte können in verschiedenen geographischen Regionen unterschiedlich sein, jedoch weisen sie alle Grundzüge auf, die eine Allgemeingültigkeit in Anspruch nehmen [9]. **Treiber**

Letztendlich werden durch die Kombination aller verschiedenen Rahmenbedingungen und Determinanten eines Landes/einer Region die Immobilienverbriefung und die daraus resultierenden Transaktionsstrukturen beeinflusst. Jede Transaktionsstruktur unterscheidet sich von der nächsten und die ultimative Struktur für eine bestimmte Transaktion leitet sich aus dem Blickwinkel ab, den die verschiedenen Transaktionsteilnehmer bezüglich der jeweiligen Verbriefung haben. Mehrere ähnliche Strukturen können in Transaktionsschemata (Obergruppierungen) gegliedert werden.

3. Immobilienverbriefung und Immobilienzyklen

Dieser Abschnitt beleuchtet den Einfluss der Immobilienverbriefung auf Immobilienzyklen. Zu diesem Zweck wird zuerst auf die Entwicklung von Immobilienverbriefungsmärkten eingegangen, um die direkte Verknüpfung mit Immobilienzyklen darzustellen, bevor im zweiten Schritt auf den Einfluss eines bestehenden Immobilienverbriefungsmarktes auf Immobilienzyklen am Beispiel der USA eingegangen wird, um darauf für Deutschland Schlussfolgerungen zu ziehen.

Timing Der Beginn eines Verbriefungsmarktes ist abhängig von dem spezifischen Timing, welches beeinflusst wird von Zyklen anderer Märkte. Im Falle der gewerblichen Immobilien ist das Timing abhängig von dem Zyklus der Finanzindustrie (d. h. dem Zustand, in dem sich Kapitalbereitsteller befinden, und deren Wettbewerbssituation) sowie den Immobilienzyklen (dem physischen und dem finanziellen Zyklus). Besonders am Boden von physischen Zyklen (Physical Cycle) und in dem darauf folgenden Tief des finanziellen Zyklus (Financial Cycle) ist die Voraussetzung für die Institution eines Immobilienverbriefungsmarktes besonders groß.

Typische Treiber eines Momentums für die Entstehung und Institution eines Verbriefungsmarktes sind folgende:

1. Eine Finanzkrise führt zu einer
2. Kreditkrise (Credit Crunch), die wiederum zu einem
3. starken Interesse und einer großen Beteiligung der Regierung führt, was
4. die Entstehung eines Real-Estate-/Commercial-Mortgage-Backed-Securitisation-Marktes zur Folge hat.

Hinzu kommt, dass der Evolutionszyklus von Land zu Land unterschiedlich sein kann, weil er außer von den Treibern und dem Momentum noch von den verschiedenen hiesigen institutionellen Rahmenbedingungen, der Unterstützung der Regierung und sonstigen entscheidenden Umständen abhängig ist. Der Entwicklungszyklus in den USA war z. B. sehr viel länger als in Singapur oder Europa. Der Grund dafür war sicherlich, dass der globale Markt für Asset Securitisation in den USA entstanden ist und der Markt sich dadurch an keinem anderen Markt orientieren konnte. Im Gegensatz dazu konnten sich die Marktteilnehmer in Asien und Europa an den USA ausrichten. Hinzu kommt, dass sich Märkte mit guten, durchdachten und vorteilhaften Rahmenbedingungen schneller entwickeln als andere, wie man am Beispiel des Marktes in Singapur ablesen kann [10].

Transaktionsschemata Darüber hinaus lassen sich folgende Aussagen zu den Entwicklungsmustern von Transaktionsschemata in der Immobilienverbriefung ableiten:

1. Die ersten Transaktionen in der Entwicklung eines Verbriefungsmarktes umfassen immer Immobilienaktiva; d. h., es sind meist Einzeltransaktionen (Single Asset/Single Borrower), bei denen Cashflows einzelner gewerblicher Immobilien verbrieft werden. Hierbei handelt es sich normalerweise um 1a-„Trophy"-Immobilien mit Mietern des Staates oder sonstigen sehr gut bewerteten Unternehmen oder Institutionen.

Das Finanzierungsvolumen ist hierbei meist sehr hoch und die gesamte Finanzierung offeriert eine gewisse Vorteilhaftigkeit, verglichen mit traditionellen Finanzierungsformen.

2. Transaktionen mit mehreren Unternehmen (Multi Borrower) bzw. mehreren Aktiva (Multi Asset) entwickeln sich aus diesen ersten Einzeltransaktionen. Die Transaktionen umfassen immer noch hauptsächlich Immobilienaktiva, meist jedoch schon strukturiert in Immobiliendarlehen (Large Loan/European-Conduit-CMBS). Hierbei handelt es sich weiterhin um Real Estate Securitisation.

3. Bank- oder versicherungsoriginierte Hypothekendarlehen werden in der nächsten Entwicklungsstufe vermehrt verbrieft. Bei den Aktiva handelt es sich ausschließlich um Darlehen, die von den Banken auf ihre Bilanz genommen worden sind. Diese Darlehen werden verbrieft, um regulatorisches Eigenkapital freizusetzen. Hierbei handelt es sich schon um eine Form der Commercial Mortgage-Backed Securities.

4. In einem sehr standardisierten Markt (vgl. USA) gibt es Vehikel für kleine Immobilienfinanzierungen, bei denen die Hypothekendarlehen speziell für die Verbriefung originiert werden und u. U. gar nicht auf der Bilanz einer Bank auftauchen. Meist werden diese Kredite in einem standardisierten Verfahren mit vielen Einschränkungen ausgereicht und dann in einem Vehikel (Conduit) gesammelt, bevor sie verbrieft werden. Hierbei handelt es sich um Commercial-Mortgage-Backed-Securities-Conduit-Transaktionen [11].

Physischer und finanzieller Zyklus

In Bezug auf den Einfluss, den die Immobilienverbriefung auf Immobilienzyklen hat, ist es wichtig, den physischen und den finanziellen Zyklus zu verstehen. Der physische Immobilienzyklus wird von mehreren Faktoren bestimmt. Immobilien sind ein wichtiger Bestandteil der Volkswirtschaft. So ist es die zentrale Rolle der Immobilienwirtschaft, die Volkswirtschaft mit adäquatem Raum für Arbeit, Wohnen und Freizeit auszustatten. Wenn die Wirtschaft wächst, gibt es auch eine höhere Nachfrage nach Büro- und Lagerräumen. Während der wirtschaftlichen Expansion kommt es daher oft zu Nachfrageüberhängen – d. h., dass die Nachfrage nach Raum das Angebot kurzfristig überschreitet und damit den Mietpreis in die Höhe drückt. Höhere Mietpreise animieren Immobilienprojektentwickler, neue Projekte zu initiieren, und Banken, Kredite zu vergeben (finanzieller Zyklus). Dies kann zu Ungleichgewichten zwischen Angebot und Nachfrage führen. So kann es passieren, dass, obwohl die Nachfrage sinkt, Banken weiterhin Kredite vergeben (Time-Lag des finanziellen Zyklus) und Projektentwickler weiterhin mehr Fläche bauen. Dies führt im Gegenzug dazu, dass das Angebot die Nachfrage überschreitet und dadurch die Volatilität im Immobilienmarkt steigt. Daraus lässt sich ableiten, dass der finanzielle Zyklus für die Entwicklung des physischen Zyklus sehr wichtig ist. Der finanzielle Zyklus, d. h. die Bewegung des Kapitals für Immobilien, bestimmt demnach auch die Volatilität des physischen Zyklus. Es gibt mehrere Faktoren, die diese Volatilität anheben und verringern. Am Beispiel der USA soll der Einfluss von Immobilienverbriefungen auf Immobilienzyklen dargestellt werden.

Verbriefungs-markt in den USA Der Einfluss, den Verbriefungsmärkte auf Immobilienzyklen haben, lässt sich am besten an dem US-amerikanischen Markt darstellen. Als sich in den 80er Jahren fast alle Finanzinstitute in Immobilienengagements versuchten, obwohl bei den meisten Banken nicht das adäquate Know-how vorhanden war und dadurch schlechte Geschäftsentscheidungen getroffen wurden und mehr Immobilienkredite, als benötigt, ausgegeben wurden, kam es am amerikanischen Markt zu einem großen Bauboom, der in einer Spekulationsblase endete. Die Leerstände wurden immer größer, die Zins- und Tilgungszahlungen konnten nicht mehr geleistet werden und viele Projektentwickler gingen Bankrott. Die amerikanischen Sparkassen (Savings & Loans) waren am stärksten betroffen. Der Staat griff mit der Gründung der Resolution Trust Corporation (RTC) ein, die die Non-Performing Loans übernahm und verbriefte. Dies war der Start für den Immobilienverbriefungsmarkt in den USA.

Der Immobilienmarkt verändert sich mit der Zeit – er geht durch physische und finanzielle Ups und Downs. Wenn sich ein Immobilienmarkt verändert, kann dies auch einen Effekt haben auf die Art, wie Immobilien finanziert werden. Immobilienverbriefungen und Commercial Mortgage-Backed Securities sind ein integraler Bestandteil des amerikanischen Immobilienfinanzierungsmarktes geworden. Der Einfluss, den dies auf den Immobilienmarkt hat, lässt sich aus dessen Entwicklung und dem daraus resultierenden physischen Zyklus ableiten. So ist seit 1994 der Anteil an CMBS-Finanzierungen enorm gestiegen, aber die Immobilienpreise sind trotzdem relativ stabil geblieben; d. h., das Kapital wurde durch den Kapitalmarkt viel effektiver verteilt als in den 80er Jahren im traditionellen Bankenmarkt. Der CMBS-Markt wurde nicht nur das Hauptfinanzierungsinstrument für eine große Masse an Immobilienfinanzierungen, sondern die Kapitalmarktfinanzierung hatte auch einen disziplinarischen Effekt auf Marktverhalten und Professionalismus. Seitdem es den CMBS-Markt in den USA gibt, kam es sowohl zu einer Senkung der Amplitude als auch zu einer Glättung der Immobilienzyklen. Deshalb hat es bisher keine Überhitzung des Immobilienmarktes mehr wie in den 80er Jahren gegeben [12].

Da Immobilienzyklen von mehreren Faktoren beeinflusst werden, ist es allerdings schwer, den alleinigen Einfluss von Immobilienverbriefung auf Zyklen festzustellen. Trotzdem können generelle Aussagen über die Immobilienverbriefung und den Zusammenhang mit Zyklen getroffen werden.

Informations-effizienz Die Amplitude des Zyklus ist umso höher, je größer die Differenz zwischen der Nachfrage und dem Angebot ist. Diese Differenz resultiert aus der Tatsache, dass Projektentwickler noch Projekte verfolgen und Financiers (Banken und Investoren) noch Kapital zur Verfügung stellen, obwohl das Gleichgewicht zwischen Angebot und Nachfrage schon längst überschritten ist. Der Grund für dieses Verhalten ist die Tatsache, dass es in der Vergangenheit (70er, 80er und dem ersten Teil der 90er Jahre) keine veröffentlichten Zahlen gab, die sowohl das Angebot als auch die geplanten Neubauten bestimmten.

Transparenz Ab Mitte der 90er Jahre wurden viele Immobilienprojekte in den USA dann durch den Kapitalmarkt finanziert (CMBS und Equity REITs). Das führte zu einer gesteigerten Transparenz im Immobilienmarkt, da REITs von Analysten analysiert und CMBS von Rating-Agenturen eingestuft werden. Durch mehr

Teilnehmer im Markt entsteht eine breiteres Wissen und dieses „Know-how" ist öffentlich zugänglich durch Analysten-, Sektoren- und andere Research Reports. Da mehr Informationen zu dem Stand des Immobilienangebots und auch genauere Modelle, die die Nachfrage abschätzen, existieren, kann der Markt sich selbst besser regulieren. Durch die erhöhte Transparenz kann der Immobilienmarkt von allen Beteiligten besser gesteuert werden.

Marktdisziplin

Die Gefahr der Überbauung ist durch die Kapitalmarktpräsenz in der Immobilienbranche signifikant reduziert, da es einen Informationsaustausch zwischen Analysten, Investoren, Banken und Projektentwicklern gibt. Wenn das Angebot die Nachfrage überschreitet, werden die Analysten und andere Beteiligte ein Warnsignal aussenden, das die Financiers dazu bringt, keine neuen Engagements im Immobilienbereich zu finanzieren. Aus diesem Grunde würde der Projektentwickler sein Bauvorhaben minimieren. Diese Umstände verhindern, dass es zu einem massiven Angebotsüberhang kommt. Der Informationsaustausch zwischen den verschiedenen Marktteilnehmern führt zu einer „Feedback-Schleife". Je kürzer die Feedback-Schleife, desto schneller reagiert der Markt und desto weniger volatil verhalten sich die Immobilienmärkte, da das Timing von Angebot und Nachfrage verbessert wird.

Negative Effekte der Verbriefung

Trotz aller positiven Effekte bleibt jedoch festzuhalten, dass die Existenz von öffentlichen Immobilienkapitalmärkten nichtsdestotrotz auch die Bewegung und die Amplitude des finanziellen Zyklus beeinflussen kann. Zuflüsse und Abflüsse von Kapital in den oder aus dem Immobilienkapitalmarkt sind demnach von dem Gesamtkapitalmarkt und dessen Bewegung abhängig. Die Möglichkeit, Kapital innerhalb kürzester Zeit zu bewegen, verleiht dem finanziellen Zyklus nicht nur mehr Volatilität, sondern schlägt sich auch im physischen Zyklus nieder. Insgesamt überwiegen die positiven Effekte eines Verbriefungsmarktes jedoch die negativen. Die Existenz eines Immobilienverbriefungsmarktes in Deutschland ist also wünschenswert [13].

4. Literaturverzeichnis

[1] Breidenbach, M./Pitschke, C.: Gewerbliche Immobilienfinanzierung – Banken in der Orientierungsphase, in: Immobilien Manager, Nr. 11, 2003, S. 21–23.

[2] Rosar, M.: Asset-Backed Securities – Chancen und Risiken einer derivaten Finanzinnovation, Aachen 2000, S. 5–15.

[3] Rose, J., et al. in: Standard & Poor's (Hrsg.): The Expanding Universe of Securitization (Special Report), New York 2000, S. 20.

[4] Achleitner, A.-K.: Handbuch Investment Banking, 3. Aufl., Wiesbaden 2003, S. 411–414.

[5] Breidenbach, M.: Securitisation: Finanzierung durch Immobilien-Verbriefung, in: Schulte, K.-W. (Hrsg.): Immobilienökonomie, Bd. 1, Betriebswirtschaftliche Grundlagen, 3. Aufl., München 2005, S. 610–620.

[6] Ohl, H.-P.: Asset-Backed Securities: ein innovatives Instrument zur Finanzierung deutscher Unternehmen, in: Schriftenreihe für Kreditwirtschaft und Finanzierung, Bd. 17, Wiesbaden 1994, S. 32–40.

[7] Bartelt, N.: Asset-Backed Securities: ein Produkt für deutsche Banken, Wiesbaden 1999, S. 12–20.

[8] Breidenbach, M.: Real Estate Securitisation – Asset-Backed Security Financing for the Property Industry, in: Schulte, K.-W. (Hrsg.): Schriften zur Immobilienökonomie, Bd. 34, Köln 2005, S. 68–80.

[9] Davidson, A. et al.: Securitization – Structuring and Investment Analysis, Hoboken, New Jersey 2003, S. 20–50.

[10] Lam, D.: A True Asia-Pacific Securitization Market Emerges (Special Report, 2. August 2004), Standard & Poor's, Hongkong 2004, S. 6.

[11] Corcoran, P./Iwai, Y.: CMBS 2004 Outlook (CMBS Research, 5. December 2003), JP Morgan, New York 2003, S. 4.

[12] Breidenbach, M.: Real Estate Securitisation, a. a. O., S. 458–467.

[13] Mueller, G.: What will the next real estate cycle look like?, in: Journal of Real Estate Portfolio Management, Bd. 8, Nr. 2, 2002, S. 115.

5 Globalisierung

Ludger Baba
Reiner Braun

Inhaltsverzeichnis

1.	Globalisierung und Immobilienzyklen	398
1.1	Erster globaler Immobilienzyklus 1985 bis 1995	398
1.1.1	Globaler Faktor: Rolle der japanischen Auslandsinvestitionen	399
1.1.2	Nationale Faktoren: Markteingriffe bei gleichzeitiger Deregulierung	401
1.1.3	Gründe für die ausbleibende Krise auf dem deutschen Immobilienmarkt	401
1.2	Globalisierung: Bestimmungsfaktor für Immobilienzyklen	402
2.	Strukturwandel und Immobilienzyklen	403
2.1	Auswirkungen der Globalisierung auf den Strukturwandel	403
2.1.1	Exportbasis einer Region	404
2.1.2	Tendenzen des Strukturwandels	406
2.2	Auswirkungen des Strukturwandels auf den Immobilienmarkt	408
2.2.1	Generelle Auswirkungen und Anforderungen	408
2.2.2	Case Study: Londoner Docklands	410
3.	Fazit	411
4.	Literaturverzeichnis	413

1. Globalisierung und Immobilienzyklen

Zusammenwachsen der Märkte

Das Schlagwort Globalisierung steht für einen Prozess des weltweiten Zusammenwachsens von Güter-, Faktor- und Finanzmärkten. Man versteht darunter die weltweit oder global (fortschreitende) wirtschaftliche Verflechtung in Form der Deregulierung, Öffnung und Angleichung der Finanz- bzw. Kapitalmärkte, der Güter- und Dienstleistungs- sowie der Humankapitalmärkte. Im Ergebnis führt volkswirtschaftlich gesehen die Globalisierung zur Angleichung der Faktorpreise. Ein zweiter Effekt der zunehmenden Interdependenz der Märkte ist die internationale Angleichung konjunktureller Marktzyklen. Auf den Finanzmärkten ist dies in unterschiedlichem Ausmaß deutlich sichtbar. Trifft dies auch für den Immobilienmarkt zu, würde die internationale Diversifikation des Immobilienportfolios als Strategie der Risikominimierung durch Risikostreuung praktisch ad absurdum geführt. Tatsächlich verlief erstmals der Immobilienzyklus von Mitte der 80er Jahre bis Mitte der 90er Jahre weltweit parallel [1].

1.1 Erster globaler Immobilienzyklus 1985 bis 1995

Der Immobilienzyklus von 1985 bis 1995 erreichte den Gipfel im Jahr 1990. Seit 1980 realisierten die Marktwerte von Büroimmobilien entsprechend dem Jones-Lang-Wootton-European-Property-Index einen Zuwachs von rd. 350 %. Im Vergleich dazu stiegen die Konsumentenpreise im selben Zeitraum um rd. 50 %.

Zwei Charakteristika

Den Zyklus kennzeichnen zwei Charakteristika: zum einen die ausgeprägte Amplitude und zum anderen das weltweit zeitliche Zusammentreffen des Abschwungbeginns in verschiedenen Ländern. Die Immobilienkrise wurde ausgelöst durch die Dominanz japanischer Auslandsinvestitionen Ende der 80er

Globalisierung 399

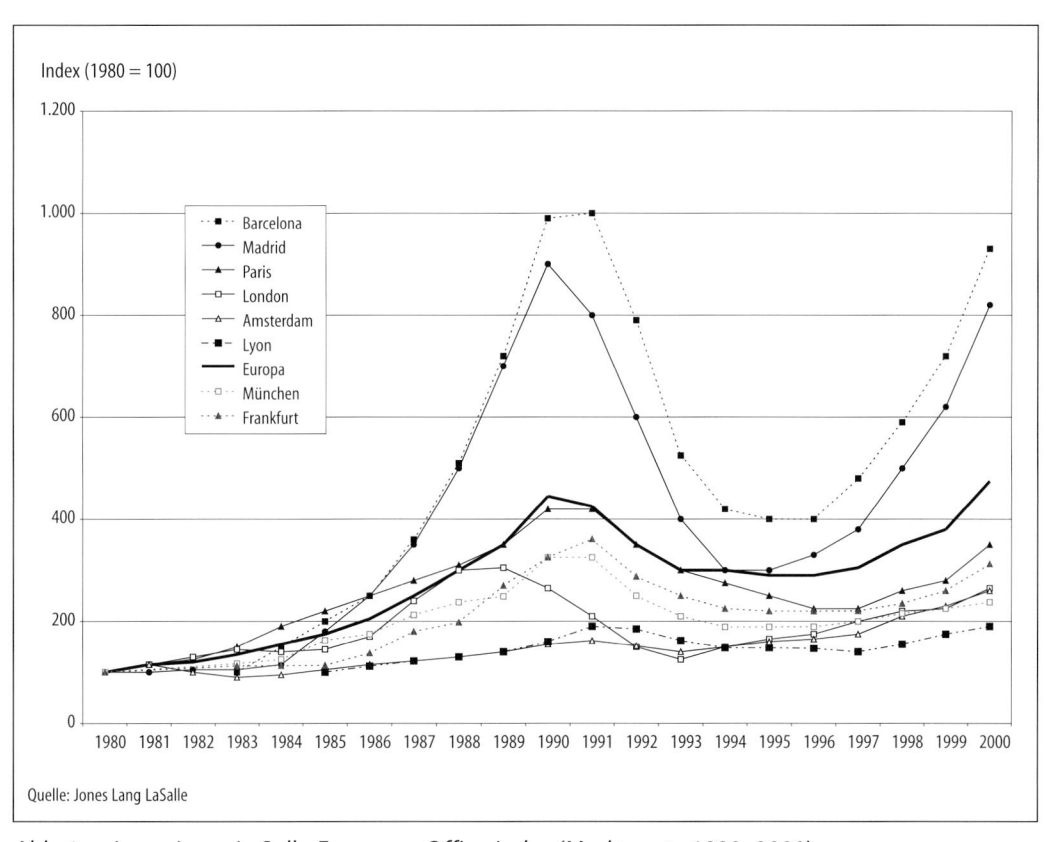

Abb. 1: Jones-Lang-LaSalle-European-Office-Index (Marktwerte 1980–2000)

Jahre und den Umschwung Japans vom Kapitalexporteur zum Nettokapitalimporteur innerhalb von nur zwei Jahren (verursachender Faktor). Nationale Faktoren in Form von Markteingriffen bei gleichzeitiger Deregulierung verstärkten das verursachende Element (verstärkende Faktoren).

1.1.1 Globaler Faktor: Rolle der japanischen Auslandsinvestitionen

Der Ursprung der synchronen Zyklen ist auf die Dominanz japanischer Auslandsinvestitionen Ende der 80er Jahre sowie auf den Wechsel Japans vom Kapitalexporteur zum massiven Nettokapitalimporteur innerhalb eines Zweijahreszeitraums von 1989 bis 1991 zurückzuführen.

Vom Kapitalexporteur zum -importeur

Ausgangspunkt der exorbitanten japanischen Kapitalexporte waren die stark steigenden Grundstückspreise und Aktienkurse (Asset Price Inflation) sowie die niedrigen heimischen Zinssätze und die hohe Liquidität, die aus einer Senkung des Diskontsatzes von 5 % im Jahr 1986 auf 2,5 % im Februar 1987 resultierte. Ein Großteil der Kredite, deren großzügige Vergabe durch die Senkung des Diskontsatzes in Gang gesetzt wurde, floss in Immobilieninvestitionen. Die Knappheiten auf dem insbesondere in den Städten sowieso schon

Asset Price Inflation

unelastischen Grundstücksmarkt vergrößerten sich, die Grundstückspreise stiegen infolgedessen immer weiter an. Die gesteigerten Unternehmenswerte von Gesellschaften mit Grundbesitz erhöhten die Bilanzgewinne und -summen und damit auch die Kreditwürdigkeit. Angesichts mangelnder inländischer Investitionsmöglichkeiten wurde ein immer größerer Teil der zusätzlichen Liquidität spekulativ und vermehrt auch im Ausland investiert. Unterstützt von der politischen Regulierung bzw. Verknappung des Baulandangebotes und fiskalischen Anreizen zur Hortung von Bauland blähte sich die Spekulationsblase immer weiter auf.

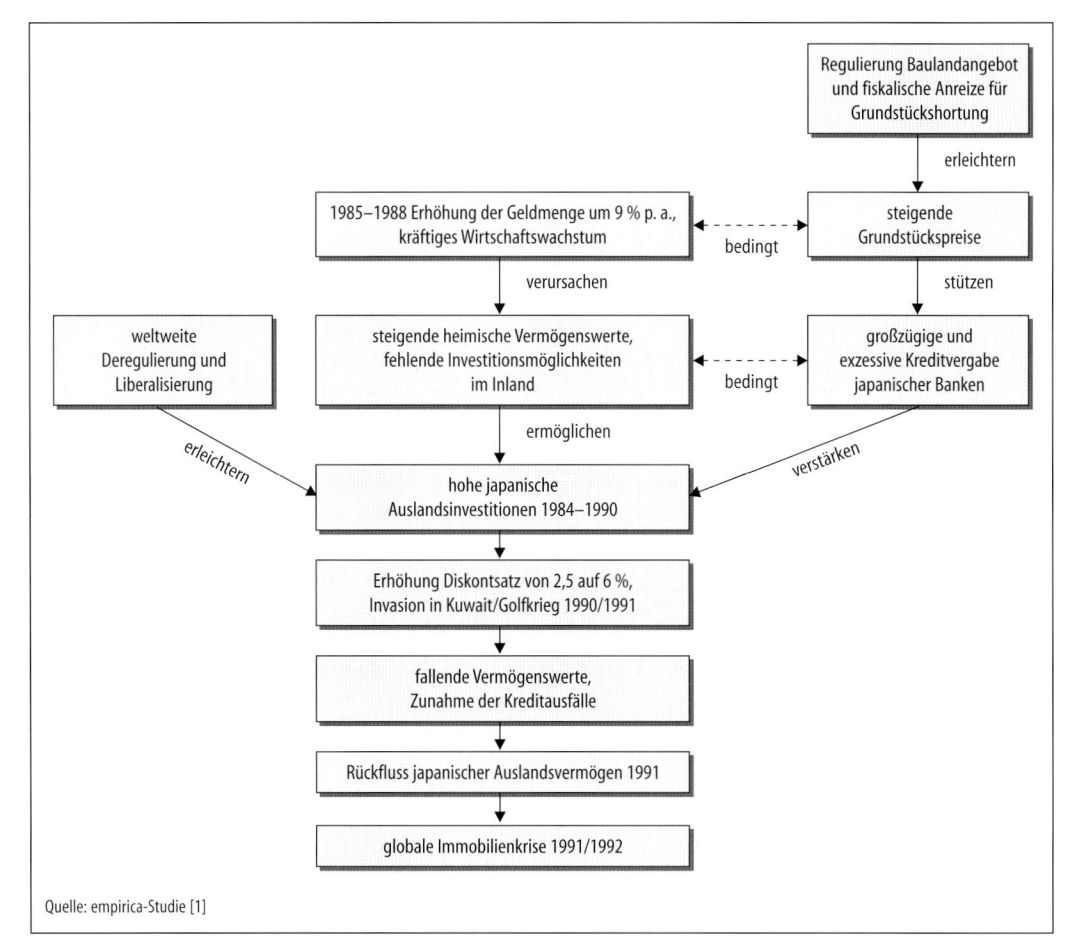

Abb. 2: Japanische Bestimmungsfaktoren der globalen Immobilienkrise Anfang der 90er Jahre

Platzen der Spekulationsblase Das Ende der Spekulationsblase kam mit einem heimischen und einem externen Ereignis: der neue Notenbankchef versuchte, die Asset Price Inflation durch eine Verminderung der Liquidität einzudämmen, und hob die Diskontrate innerhalb eines guten Jahres von 2,5 % bis August 1990 auf 6,0 % an. Parallel dazu brach nach dem Einmarsch des Iraks in Kuwait im Januar 1991 der erste Golfkrieg aus. In der Folge brach der Nikkei-Index ein und auch die Grundstückspreise fielen 1991 abrupt. Damit waren die Beleihungswerte in den Bilanzen der Banken ebenfalls vielfach Makulatur. Die ausstehenden Kredite überschritten den Deckungsstock mit dem Ergebnis eines plötzlichen Anstiegs von Kreditausfällen. Notwendige Wertberichtigungen mit einer verringerten Eigenkapitalbasis, die die Nettokreditzusagen drastisch einschränkten, waren die Folge. Es kam zu einem massiven Rückfluss japanischer Auslandsinvestitionen. Bevorzugter Standort japanischer Auslandsinvestitionen Ende der 80er Jahre war die amerikanische Ostküste. Die Immobilienmärkte dieser Region entwickelten sich weitgehend parallel zum ersten globalen Immobilienzyklus. Die übrigen Staaten der USA waren dagegen weniger von den ausländischen Kapitalzu- bzw. -abflüssen betroffen. Zum ersten Mal in der Geschichte der USA entwickelten sich die regionalen Immobilienmärkte asynchron.

1.1.2 Nationale Faktoren: Markteingriffe bei gleichzeitiger Deregulierung

Nationale Faktoren unterstützten die durch den Rückfluss japanischer Auslandsinvestitionen ausgelöste globale Immobilienkrise. Infolge der Vorbereitung auf den europäischen Binnenmarkt und aufgrund der positiven Erfahrungen in den USA deregulierten viele europäische Länder ihre Finanzmärkte Ende der 80er bis Anfang der 90er Jahre. Die Liberalisierung der stark regulierten Finanzmärkte erhöhte anfänglich die Volatilität der Märkte, vor allem in Großbritannien, Frankreich und Skandinavien. Gleichzeitig wirkten die Maßnahmen der Fiskalpolitik in Form von verschuldungsfördernden steuerlichen Regelungen (z. B. degressive Abschreibung, Verlustverrechnung und hohe nominale Steuersätze) und anderen spezifischen staatlichen Regelungen, wie die Deregulierung der sog. „spekulativen Büroentwicklungen", die Einführung langfristiger Mietverträge mit Ausschluss von Mietanpassungen nach unten oder die Entwicklung der Docklands in London, prozyklisch auf den Immobilienmarkt. Aus der Deregulierung der Finanzmärkte und den prozyklischen staatlichen Markteingriffen resultierte Anfang der 90er Jahre u. a. ein Liquiditätsschub, der einen erheblichen Beitrag zur Entstehung der Immobilienkrise leistete.

Prozyklische Wirkung

1.1.3 Gründe für die ausbleibende Krise auf dem deutschen Immobilienmarkt

Die globale Immobilienkrise Anfang der 90er Jahre hat dagegen Deutschland nicht erfasst. Dafür waren vor allem zwei Entwicklungen ausschlaggebend:

Deutschland von Baisse verschont

- Infolge der Öffnung Osteuropas kam es zu einer hohen Zuwanderung von Aus- und Übersiedlern, vor allem nach Westdeutschland. Das bis 1989 aufgebaute normative Wohnungsdefizit erhöhte sich anfänglich sogar und wurde erst bis Ende der 90er Jahre abgebaut.

- Die in den neuen Bundesländern eingeführte Sonderabschreibung von bis zu 50 % führte in den 90er Jahren zu einer von der Nachfrage völlig abgekoppelten Sonderkonjunktur im gewerblichen und wohnungswirtschaftlichen Sektor.

1.2 Globalisierung: Bestimmungsfaktor für Immobilienzyklen

Strukturprobleme Auslöser der Immobilienkrise

Nach der Definition eines Immobilienzyklus (vgl. Kapitel A1) beinhaltet dieser entsprechend dem Wellenverlauf unterschiedliche Phasen, die jeweils temporär, also nur von bestimmter zeitlicher Dauer sind [2]. In diesem Zusammenhang stellt sich die Frage, ob es sich bei der beschriebenen japanischen Krise überhaupt um einen Zyklus handelt. Die japanische Krise war unzweifelhaft Auslöser des weltweiten Abschwungs der Immobilienmärkte und der Beginn einer Krise, bezogen auf die Situation in Japan kann allerdings nicht von einem Zyklus mit einem temporären Phänomen, das innerhalb eines gewissen Zeitraums von allein verschwindet, gesprochen werden. Auslöser der japanischen Krise waren und sind nicht konjunkturelle, sondern strukturelle Probleme im Banken-, Unternehmens- und Immobiliensektor. Diese verschwinden nicht einfach nach einer temporären Übergangsphase. Durch die zunehmende weltweite wirtschaftliche Verflechtung bzw. Globalisierung verursachte das plötzliche Aufbrechen der strukturellen Probleme Japans den Beginn eines weltweiten Immobilienzyklus. Vergleichbar damit ist die wirtschaftliche Schwäche Deutschlands. Diese ist schon lange nicht mehr konjunktureller, sondern struktureller Natur. Angesichts der starken wirtschaftlichen Verflechtung Deutschlands innerhalb der Europäischen Union sind die strukturellen Probleme Deutschlands gleichzeitig europaweites Wachstumshemmnis.

Damit kann die Globalisierung kein eigener Bestimmungsfaktor für Immobilienzyklen im Sinne eines kurzfristigen konjunkturellen Zyklus sein. Vielmehr ermöglicht die Globalisierung als Übertragungsmechanismus den „Transport" von regionalen oder nationalen Zyklen auf andere Länder oder sogar weltweit.

Verursacher von Immobilienzyklen

Die Analyse von Immobilienzyklen unterscheidet zwischen Verursachern oder Auslösern und bloßen Verstärkern oder begünstigenden Faktoren [3]. Teilweise wird auch synonym von endogenen und exogenen Faktoren gesprochen, wobei die Unterscheidung und Zuordnung nicht immer einheitlich (möglich) ist. Begreift man die Globalisierung wie beschrieben als länderübergreifenden Übertragungsmechanismus von konjunkturellen Zyklen, dann können die Übertragungsimpulse auch nur von den Verursachern von Immobilienzyklen ausgehen. Die bloßen Verstärker begünstigen zwar in ähnlicher Weise die nationalen Immobilienzyklen, stehen allerdings nicht im Zusammenhang mit der Globalisierung. Zu den wichtigsten Verursachern von Immobilienzyklen zählen

- konjunkturelle Impulse,
- Geld- und Finanzindikatoren bzw. internationale Finanzströme und
- wirtschaftlicher Strukturwandel.

Beziehung zwischen Globalisierung und Verursachern

Insbesondere auf den gewerblichen Immobilienmärkten besteht ein enger Zusammenhang zwischen der konjunkturellen Entwicklung, also der Änderung des Bruttoinlandsprodukts (BIP), und der Nachfrage auf den entsprechenden Immobilienmärkten. Dieser grundsätzliche Zusammenhang zwischen den Zyklen des Wirtschaftswachstums einzelner Volkswirtschaften und den Immobilienzyklen ist empirisch eindeutig nachgewiesen [4]. Eine sehr offensichtliche Ursache länderübergreifender Immobilienzyklen ist in diesem Zusammenhang die internationale Verkettung der Immobiliennachfrage als Folge der Globalisierung. Mit zunehmender wirtschaftlicher Verflechtung der Staaten korrelieren die nationalen BIP immer stärker. Die Strukturen des realen BIP-Wachstums sind insbesondere unter den EU-Staaten, aber auch zwischen Europa und den USA, in hohem Maße kongruent. Bei gleichlaufendem fallendem (steigendem) Sozialprodukt kann die Verkettung der Immobiliennachfrage zu weltweiten Immobilienkrisen (Immobilienbooms) führen.

Das dargestellte japanische Beispiel zeigt darüber hinaus, dass auch internationale Finanzierungsströme bzw. der Abzug von Auslandsinvestitionen eine eigenständige Kraft für das Entstehen von Immobilienkrisen darstellt.

Immobilienzyklen und Strukturwandel

Im Sinne von Immobilienzyklen wird der wirtschaftliche Strukturwandel dagegen weit weniger thematisiert als beispielsweise die Auswirkungen konjunktureller Impulse. Dabei handelt es sich hierbei häufig nicht nur um ein temporäres, auf einen kurzen Zeitraum beschränktes konjunkturelles Problem, sondern kann sich zu einem strukturellen Problem ausweiten, wie die ausgedehnten (altindustriellen) Flächenbrachen im Ruhrgebiet anschaulich vor Augen führen.

Unter Strukturwandel versteht man die Änderungen in der Wirtschaftsstruktur (gemessen am Produktionsergebnis oder auch den Beschäftigten) als Folge des wirtschaftlichen Wachstumsprozesses. Ursachen des Strukturwandels sind:

- Änderung der Struktur der gesamtwirtschaftlichen Nachfrage,
- technischer Fortschritt,
- Änderung in der Verfügbarkeit von Produktionsfaktoren (Arbeit, Kapital) und
- zunehmende internationale Arbeitsteilung, zunehmender internationaler Handel und Wettbewerb.

Globalisierung als Bestimmungsfaktor von Zyklen

Die Globalisierung ist Voraussetzung für eine zunehmende internationale Arbeitsteilung mit deutlichen Effizienzgewinnen für die beteiligten Volkswirtschaften (Theorie der komparativen Kostenvorteile). Begreift man Strukturwandel als Zyklus entsprechend den nach dem Ökonomen Kondratieff benannten langen Konjunktur- und Rezessionszyklen von 40- bis 60-jähriger Dauer, dann kann in diesem Sinne Globalisierung auch als Bestimmungsfaktor bzw. Verursacher von Immobilienzyklen verstanden werden.

2. Strukturwandel und Immobilienzyklen

2.1 Auswirkungen der Globalisierung auf den Strukturwandel

Die Öffnung der Märkte erhöht den Leistungswettbewerb und – räumlich gesehen – auch den Standortwettbewerb. Standorte, Regionen oder auch Nationen stehen im scharfen Wettbewerb um das praktisch weltweit mobile Kapital. Damit einher geht auch ein beschleunigter Strukturwandel.

2.1.1 Exportbasis einer Region

Wirtschafts-struktur einer Region

Der mit der Globalisierung verbundene Strukturwandel führt zu deutlichen Effizienzgewinnen und zu einem steigenden Wohlstand der Bevölkerung. Voraussetzung ist allerdings, den Strukturwandel aktiv zu gestalten und nicht durch strukturkonservierende Maßnahmen zu verhindern. Entscheidend für die Partizipation an den Effizienz- und Wohlstandsgewinnen ist die Exportbasis einer Region. Die Wirtschaftsstruktur einer Region oder Nation unterscheidet sich nach der Exportbasistheorie in eine lokale Wirtschaft und die Exportbasis:

- Die lokale Wirtschaft dient der Versorgung der lokalen Bevölkerung. Die Produkte der lokalen Wirtschaft werden in der Region sowohl produziert als auch konsumiert. Aufgrund der relativ hohen Transportkosten – soweit dies überhaupt physisch möglich ist – findet ein regionaler Export dieser Güter nicht statt. Typische Beispiele sind haushaltsorientierte Dienstleistungen, wie der Haarschnitt bei einem Friseur, der Besuch des Kindergartens, der Grundschule, eines Arztes, aber auch der Einzelhandelsverkauf von Gütern des täglichen Bedarfs oder Entsorgungsleistungen, wie Abwasser- oder Müllentsorgung. Das bedeutet nicht, dass im Zuge der Liberalisierung der Arbeitsmärkte die lokalen Waren und Dienstleistungen nicht von ausländischen Arbeitskräften erstellt werden können.

- Die Exportbasis einer Region produziert Waren und Dienstleistungen für überregionale Märkte. Überregional handelbare Güter sind z. B. Maschinen, Elektrogeräte, Computersoftware oder Kinofilme. Daneben sind auch Dienstleistungen überregional handelbar, wie Teile der Wirtschaftsberatung, einige Finanzdienstleistungen oder bestimmte Tätigkeiten in der Werbebranche sowie viele Tourismusleistungen.

Lokale Wirtschaft

Die lokale Wirtschaft ist vom Strukturwandel infolge der Globalisierung praktisch nicht tangiert. Auch aus wirtschaftspolitischer und -dynamischer Sicht ist sie nachrangig. Der Arbeitsplatzbesatz im lokalen Sektor ist weitgehend unabhängig von Konjunkturzyklen. Eine weitere Besonderheit der Beschäftigung im lokalen Sektor ist, dass sie einzig vom Bevölkerungsstand und die Dynamik allein von der Bevölkerungsentwicklung abhängt. Je 1.000 Einwohner ist die Zahl der Beschäftigten im lokalen Sektor in allen Regionen annähernd identisch. Die Zahl der Friseure, Einzelhändler, Automechaniker, Wasserwerker, Altenpfleger, Lehrer, Busfahrer, Zahnärzte usw. unterscheidet sich in den Regionen kaum. Auch die unterschiedliche Kaufkraft hat kaum Auswirkungen auf die Zahl der Beschäftigten bzw. das Produktionsvolumen im lokalen Sektor, weil in kaufkraftschwachen Regionen auch die Preise für lokale Güter niedriger sind.

Gleichwohl kann der lokale Sektor je nach regionaler Wirtschaftsstruktur eine hohe Bedeutung für den Arbeitsmarkt haben. In einigen Regionen machen die Beschäftigten im lokalen Sektor bis zu 70 % der Gesamtbeschäftigten aus, in wirtschaftsdynamischen Regionen immerhin noch rd. 50 %. Ein hoher Anteil an lokaler Beschäftigung ist aber immer ein Indiz für eine wirtschaftsschwache Region.

Globalisierung

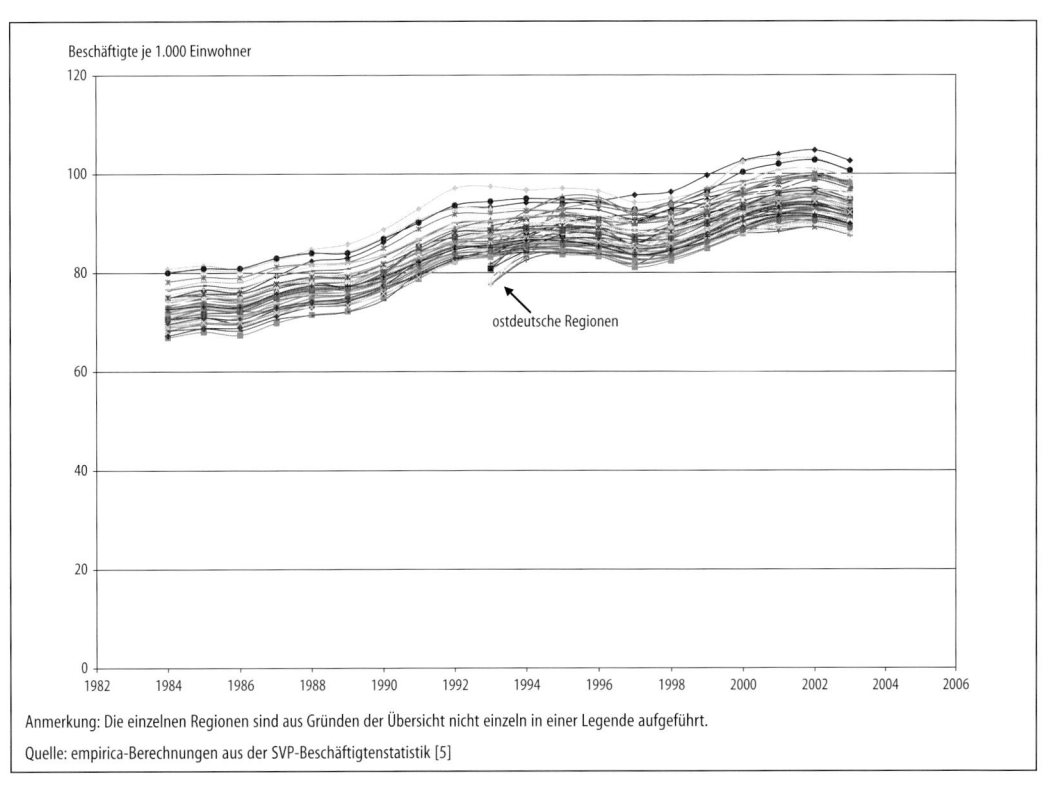

Abb. 3: Beschäftigte im lokalen Sektor von 1984 bis 2003 je 1.000 Einwohner in ausgewählten Regionen

Die Exportbasis einer Region bestimmt die Wirtschaftsdynamik. Durch den überregionalen Absatz der in der Region erbrachten Dienstleistungen und Güter fließt von außen Kaufkraft zu. Wächst die Exportbasis, strömt vermehrt Kaufkraft zu, die wiederum über höhere Löhne und Preise die Umsätze und über Zuwanderer auch die Beschäftigung im lokalen Sektor wachsen lässt. Die Exportbasis ist von Region zu Region unterschiedlich. Wirtschaftsstarke und -dynamische Regionen, wie die Region München, verfügen über zahlreiche Arbeitsplätze in überregionalen, exportorientierten Sektoren. Dynamische Regionen zeichnen sich durch eine kraftvolle Entwicklung in möglichst vielen exportorientierten Sektoren aus.

**Wirtschafts-
dynamik**

Die zunehmende internationale Arbeitsteilung sowie der zunehmende Handel mit Gütern und Dienstleistungen fördern die Exportbasis. Regionen mit einer starken Exportbasis profitieren deshalb von der Globalisierung in höherem Maße als Regionen mit einer schwachen Exportbasis. Die Exportbasis ist der Teil der Wirtschaft, der für regionale Unterschiede in der Wirtschaftsleistung und der Beschäftigung verantwortlich ist. Ein zusätzliches Charakteristikum der Exportbasis ist die höhere Volatilität im Vergleich zum lokalen Sektor. Nur im Exportbasissektor wirken Preisunterschiede auf internationalen Märkten. Damit sind auch nur die Wirtschaftsbereiche der Exportbasis vom Strukturwandel infolge der Globalisierung betroffen.

**Exportbasis
profitiert von
Globalisierung**

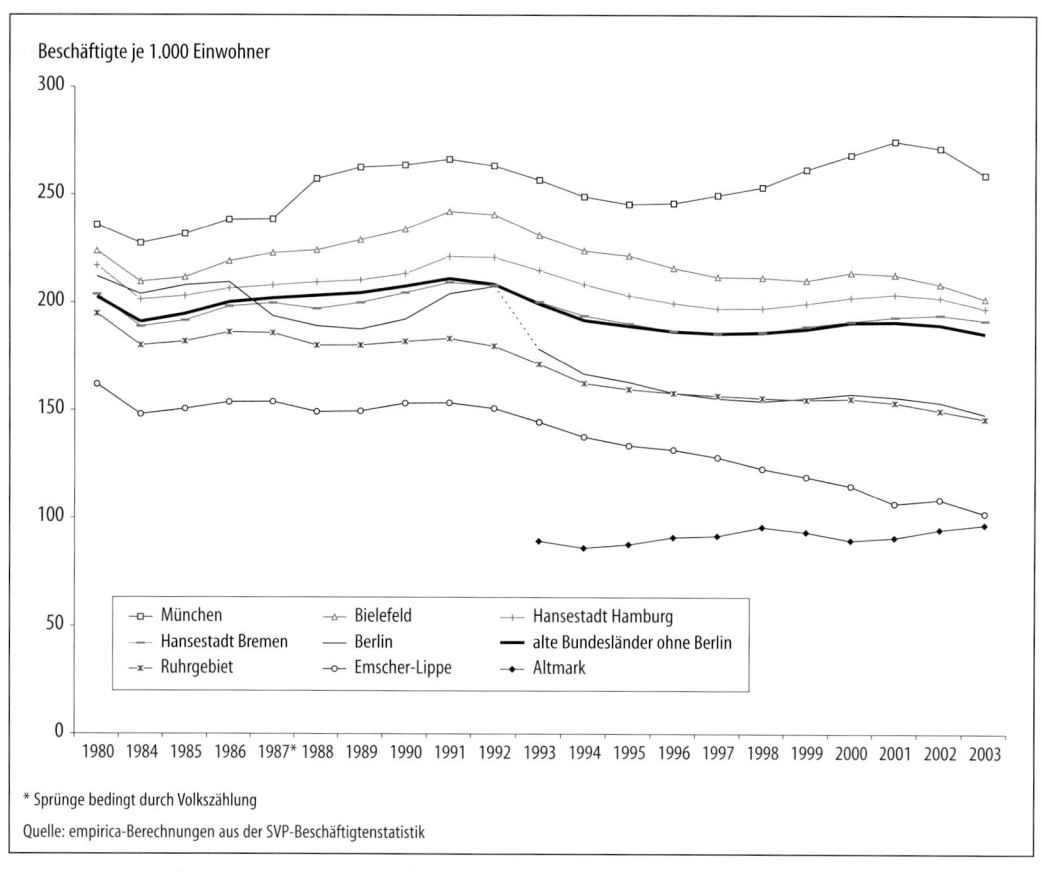

Abb. 4: Beschäftigte im Exportbasissektor von 1980 bis 2003 je 1.000 Einwohner in verschiedenen Regionen

2.1.2 Tendenzen des Strukturwandels

Strukturwandel und Folgen in Deutschland

Um es vorwegzunehmen, Deutschland ist der Globalisierung nicht hoffnungslos ausgeliefert. Deutschland ist nur unzureichend auf den dadurch induzierten Strukturwandel vorbereitet. Schuld ist nicht die Globalisierung, sondern Staats- und Politikversagen. Das erschwert die Umstrukturierung. Sicher ist, dass Deutschland als ein Land mit Spitzenlöhnen in den meisten Fertigungsbereichen nicht mit Niedriglohnländern konkurrieren kann. Abschottung oder Schutzgesetze, um den Strukturwandel aufzuhalten, sind dabei die schlechtere Alternative. Denn das Kapital sucht sich auf einem globalisierten Markt mit höherer Transparenz die besten Standorte. Andere Industrienationen, die in gleicher Weise in die internationale Arbeitsteilung eingebunden sind, zeigen, wie es funktioniert. Großbritannien erzielt seit Jahren höhere Wachstumsraten, die Arbeitslosigkeit sinkt und die Armut geht zurück. Aber auch deutsche Regionen bewältigen den Strukturwandel ohne große Brüche. Sie profitieren von der internationalen Arbeitsteilung. Ausgangspunkt ist dabei immer eine starke Exportbasis bzw. eine starke Entwicklung der Exportbasis der Wirtschaft. In der Region München stieg die Beschäftigung von Mitte der 90er Jahre bis 2004 um 9 %, in Köln verlief die Entwicklung ähnlich. Nicht trotz des Strukturwandels, sondern aufgrund des Strukturwandels konnten diese Regionen insgesamt an Beschäftigung gewinnen.

Die wesentlichen Tendenzen im Zeitraum von 1995 bis 2004 am Beispiel der Region München sind:

Beispiel München

- Die Zahl der Beschäftigten mit niedrigen Qualifikationen schrumpfte um 20 %, die der Beschäftigten mit mittleren Qualifikationen stagnierte. Nur die Zahl der beschäftigten Akademiker stieg um 40 %.
- Der Anteil der Beschäftigten im verarbeitenden Gewerbe sank um knapp 6 Prozentpunkte von rd. 30 % auf 24 %. Im Gegenzug erhöhte sich der Anteil im Dienstleistungssektor von 69 % auf 75 %.
- Im Saldo sind die Beschäftigungsgewinne ausschließlich auf die exportorientierten Dienstleistungssektoren zurückzuführen. In diesen Bereichen nahm die Beschäftigung um annähernd 100.000 bzw. um mehr als 25 % auf 436.000 Beschäftigte zu. Im Saldo entspricht dies dem gesamten regionalen Beschäftigungsgewinn.
- Auch wenn die Beschäftigung im verarbeitenden Gewerbe mit einer Abnahme von rd. 13.500 Beschäftigten annähernd stagnierte, so wird dadurch doch verschleiert, dass es zu einem enormen Abbau der Beschäftigung in der Fertigung kam.
- Der Anteil der Bürobeschäftigten stieg innerhalb von zehn Jahren um knapp 3 Prozentpunkte von 46,3 % auf 49,1 %. Dieser Anstieg ist nicht allein auf eine relative Zunahme der Dienstleistungsbeschäftigten mit einem hohen Bürobeschäftigtenanteil zurückzuführen. Auch im verarbeitenden Gewerbe, das man im Allgemeinen vorwiegend mit Fertigungsberufen in Verbindung bringt, stieg die Bürobeschäftigtenquote von 38 % auf mittlerweile 45 %. Insbesondere in den in der Region München starken und exportorientierten Wirtschaftszweigen EDV/Büromaschinen und in der Elektroindustrie arbeiten bereits zwei Drittel aller Beschäftigten in Büroberufen, im Straßenfahrzeugbau beträgt der Anteil bereits mehr als 40 %. Im Vergleich dazu: Die Bürobeschäftigtenquote aller SVP-Beschäftigten beträgt in Westdeutschland 36 %. In den Fertigungsberufen des verarbeitenden Gewerbes sind dagegen im Saldo mehr als 22.000 Arbeitsplätze abgebaut worden, trotz Aufbau der Gesamtbeschäftigung um annähernd 95.000. Das entspricht einem Abbau von jedem sechsten bis siebten Fertigungsarbeitsplatz in der Region innerhalb von zehn Jahren.

Der für die Region München beispielhaft skizzierte Strukturwandel der letzten zehn Jahre wird sich mindestens mit ähnlichem Tempo in allen Teilen Deutschlands fortsetzen. Die deutschen Exporterfolge werden im Wesentlichen im Bereich mit mittleren Technologien eingefahren. Autos, Handys oder Maschinen lassen sich bald in China oder Indien in gleicher Qualität produzieren, nur eben kostengünstiger. Die Deindustrialisierung Deutschlands – zumindest gemessen an den Beschäftigten – setzt sich unvermindert fort. Sei es aufgrund zunehmender Automatisierung und Rationalisierung in der

Weitere Deindustrialisierung

Fertigung oder aufgrund der Verlagerung der Fertigung in Länder mit besseren Kostenstrukturen. Die Beschäftigung in den „einfachen" Fertigungsbereichen nimmt weiter rapide ab.

Positive Wirkungen des Strukturwandels
Deutschland kann nur erfolgreich sein im Fertigungsbereich der Hochtechnologie, in der Forschung und Entwicklung, der Steuerung von Logistik und Lagerung, im Marketing, Controlling, in der Unternehmensentwicklung, den Finanzen oder auch der Werbung, also in den humankapitalintensiven und exportorientierten Dienstleistungssektoren. Ein weiteres zu bearbeitendes Feld sind die Märkte für einfache Dienstleistung, insbesondere auch für die gering qualifizierten Arbeitnehmer/-innen. Letzteres steht allerdings nur sehr bedingt im Zusammenhang mit der Globalisierung.

Verstärkung regionaler Unterschiede
Ein zweiter wesentlicher Trend der Globalisierung in Deutschland ist das weitere Auseinanderdriften der regionalen Wirtschaftskraft. Nachhaltiges Wachstum erreichen nur die Regionen mit einer dynamischen Exportbasis. Dass dies nicht immer die ohnehin schon wirtschaftsstarken Regionen wie München oder Rhein-Main sein müssen, zeigt das Beispiel Köln. In den eher wirtschaftsschwachen Regionen Saarland und Bremen deutet sich eine positive Entwicklung an. Allerdings gibt es in Deutschland keine strukturschwache Region, die wie Manchester oder Glasgow in Großbritannien den Turnaround schon geschafft hätte.

2.2 Auswirkungen des Strukturwandels auf den Immobilienmarkt

2.2.1 Generelle Auswirkungen und Anforderungen

Beispiel Siemens
Drei Beispiele von Siemens in München stehen exemplarisch für die Auswirkungen auf und die Anforderungen an den deutschen Immobilienmarkt [6]:

- Standort St.-Martin-Straße – vom Fertigungsstandort zum Büropark: Der Standort im Münchener Stadtteil Giesing wurde von Siemens seit den 50er Jahren vorwiegend zur Fertigung genutzt. Im Zuge des Strukturwandels mit einem wachsenden Büroflächenbedarf des Unternehmens und einem abnehmenden Bedarf an Produktionsflächen wird das Areal in vier Bauabschnitten von einem Fertigungsstandort in einen Büropark umgewidmet. Bis Ende 2005 wird der Büropark für rd. 5.500 Arbeitsplätze auf einer Nutzfläche von 119.000 m² fertig gestellt sein.

- Standort Hoffmannstraße (Teilprojekt Isar Süd) – Bürogebäude mit Produktionshalle: Die alten, zum Teil noch aus der ersten Hälfte des vergangenen Jahrhunderts stammenden, nicht mehr bedarfsgerechten Produktionshallen wurden ersetzt durch einen modernen Bürokomplex mit angeschlossener Produktionshalle. Die Flächenaufteilung von 20.000 m² Büro- und 6.300 m² Produktionsfläche verdeutlicht den Wandel von den Fertigungs- zu den Bürotätigkeiten.

- Isar Süd – vom Werkstandort zum modernen Quartier: Das insgesamt 750.000 m² große Grundstück soll zu einem gemischt genutzten Stadtquartier mit Flächen für Wohnungen, Einzelhandel, Dienstleistungen,

Gewerbe und infrastrukturelle Einrichtungen umgewidmet werden. Hintergrund sind eine nicht mehr zeit- und bedarfsgerechte Architektur sowie die Änderung der Nutzungsstrukturen des Siemens-Konzerns.

Ein weiteres Beispiel ist die „HafenCity" in Hamburg. Auf dem 155 ha großen innerstädtischen ehemaligen Hafenareal entstehen langfristig 5.500 Wohnungen und Dienstleistungsflächen für 40.000 Arbeitsplätze. Auf dem Gebiet dominierten lange Zeit hafenwirtschaftliche Kümmernutzungen, weil die Flächen und Kaianlagen nicht mehr den Erfordernissen der modernen Seeschifffahrt genügten. Diese Entwicklung zeichnete sich bereits seit Ende der 60er Jahre ab. Der Beschluss der Umwandlung der Hafenflächen in ein innerstädtisches Mischquartier fiel allerdings erst im August 1997. Aufgrund der völlig neuen Anforderungen der Seeschifffahrt entstanden und entstehen gleichzeitig in Altenwerder auf 200 ha Nutzfläche vier neue Liegeplätze für Großcontainerschiffe, ein Containerterminal und ein Güterverkehrszentrum (GVZ). Diese Entwicklung ist nicht nur der Globalisierung, sondern auch dem technischen Fortschritt in der Schifffahrt geschuldet.

Beispiel HafenCity

Diese vier Beispiele zeigen, dass die Globalisierung völlig neue Anforderungen an die Nutzungsstrukturen der Städte stellt. Die Nutzungsstrukturen müssen sich diesem Wandel flexibel anpassen. In den Fällen, in denen das nicht gelingt, sind Brachen und Kümmernutzungen die Folge. Die weit reichenden industriellen Brachflächenlandschaften in vielen (ehemals) monostrukturierten Industrieregionen, wie dem Ruhrgebiet oder dem Saarland, stehen anschaulich für diese Entwicklung. Allein im Ruhrgebiet gibt es 7.800 ha Brachflächen [7]. Natürlich bringt die Region München mit ihrer heterogenen, exportbasisstarken und dynamischen Wirtschaftsstruktur bessere Voraussetzungen mit, diesen Strukturwandel zu bewältigen, als beispielsweise das Ruhrgebiet, in dem es teilweise auch einfach nur an Nachfrage für dieses riesige Flächenpotenzial mangelt.

Neue Anforderungen an städtische Nutzungsstrukturen

Das Zauberwort zur aktiven Gestaltung des Strukturwandels auf dem Immobilienmarkt heißt jedoch Flexibilität und nicht Konservierung. Im Ruhrgebiet wurde viel zu lange an überkommenen Nutzungsstrukturen festgehalten. Auf der anderen Seite kann man beobachten, dass trotz des riesigen Potenzials an „Brown Fields" Kommunen und private Entwickler weiterhin neue Flächen – sog. „Green Fields" – für Gewerbe- und Wohnungsbau entwickeln. Natürlich stehen die Kosten der Wiederaufbereitung angesichts der vorhandenen Altlasten, wie Bodenverunreinigungen, bestehende Fundamente, alte und ungenutzte Gebäudesubstanz, der Umnutzung dieser Flächen entgegen. Ein wesentlicher Grund für diese Entwicklung sind aber auch die Preiserwartungen der Eigentümer, die sich vielfach an historischen Werten orientieren. Der Bodenwert hat dem gegenwärtigen Ertragswert (Current Use Value) zu entsprechen, der vielfach gleich null oder sogar negativ sein dürfte. Im Zweifelsfalle sollten die Kommunen bzw. sollte eine Entwicklungsgesellschaft das Recht zur Enteignung der Flächen zu den gegenwärtigen Ertragswerten bekommen (vgl. auch nachfolgenden Abschnitt zur Entwicklung der Docklands in London).

Zauberwort Flexibilität

2.2.2 Case Study: Londoner Docklands

Lehrbuchhaft für strukturkonservative Maßnahmen und deren negative Effekte auf den Immobilienmarkt ist die Entwicklung der Docklands in London. Politische Eingriffe mit dem Ziel, alte Strukturen zu bewahren, haben dazu geführt, den Immobilienmarkt längerfristig instabil zu halten.

Wandel der Docklands

Während der 70er Jahre entstand mit den Docklands ein riesiges Gebiet der Stadtbrache und der Kümmernutzung in unmittelbarer Nähe der Londoner City. Ursprünglich waren die Docklands mit ihren Dock- und Schiffswerftkomplexen ein Teil der größten Hafenanlage Europas. Der Niedergang der Docklands begann in den 60er Jahren, als immer größere (Container-)Schiffe gebaut wurden, für die die Docks zu klein waren, und die gesamte Hafenindustrie zusammenbrach. Im Jahr 1980 wurde das letzte Dock geschlossen. Heute befindet sich die Hafenindustrie abwärts der Themse im Hochseehafen Tilbury.

Strukturkonservierende Maßnahmen

Die Labour-Regierungen versuchten bis zum Regierungswechsel Ende der 70er Jahre mit verschiedenen Konzepten, Industrie durch hohe Subventionen wieder anzusiedeln – wie wir heute wissen, gegen die herrschenden Standorttrends und gegen die wirtschaftsstrukturellen Möglichkeiten. Die Motivation resultierte aus den unmittelbaren politischen Interessen der labour-dominierten Boroughs des Londoner East-End, die ihre hohe Arbeitslosenquote beseitigen wollten. Diese Revitalisierungsversuche scheiterten.

Förderung des Strukturwandels

Die Thatcher-Regierung erbte ein seit langem schwelendes Problem, an dem verschiedene Ressorts und verschiedene Konzeptionen ihr Glück versucht hatten. Die langen Jahre der Misserfolge und der wachsende Bedarf an innerstädtischen Bauflächen führten deswegen zu der Überzeugung, dass nur ein radikal neuer Ansatz zum Erfolg führen würde. Eines der Zauberworte im Übergang zu den 80er Jahren lautete „Enterprise Zones". Damit waren ursprünglich Gebiete gemeint, in denen die Investoren mehr Freiheiten erhalten sollten als anderswo. In der Praxis zeigte sich jedoch, dass eine radikale punktuelle Deregulierung, etwa im Umweltbereich oder im Arbeitsrecht, nicht möglich oder politisch nicht durchsetzbar war.

Es blieb dennoch ein sehr wirksames Konzept. In den ausgewählten Entwicklungsgebieten erhielten Investoren das Recht zur steuerlichen Sofortabschreibung mit entsprechenden Verlustvorträgen. Zur Vorbereitung der baulichen Investitionen wurden staatliche Entwicklungsgesellschaften mit weitgehenden Eingriffs- und Planungsrechten ins Leben gerufen. Die Kommunen verloren ihre Planungskompetenz. Die Gesellschaften konnten Grundstücke zum Current Use Value enteignen und die Wertsteigerungen bei der Veräußerung für die Finanzierung der Infrastruktur oder die Beseitigung von Altlasten verwenden.

Entwicklung zum grenzenlosen Optimismus

Die Nachfrage nach Grundstücken zu Beginn der 80er Jahre war zunächst gering. Doch nach ersten kümmerlichen Bauten, die heute noch etwas verloren zwischen den riesigen Hochhäusern stehen, entstand nach etlichen gescheiterten Versuchen ein an Euphorie grenzender Optimismus. Das Reichman-Konsortium plante in Canary Wharf ein Büroprojekt, das in diesen Dimensionen in Europa allenfalls mit La Defense in Paris zu vergleichen war. Hintergrund war die Erwartung eines neuen ewigen Wachstums als Folge der

Thatcher-Deregulierungen. Canary Wharf wurde zum gebauten Symbol des Big Bang.

Natürlich wurde die uralte Erfahrungsregel bestätigt, dass überzogene und zeitlich befristete hohe steuerliche Subventionen ein Overshooting hervorrufen müssen. Leipzig schaffte zwar etwa zehn Jahre später wahrscheinlich den Weltrekord in Überproduktion je Einwohner (fast 2 m²) bzw. bezogen auf den jährlichen Absatz (sieben bis acht Jahresleistungen). In London aber waren die absoluten Mengen weit größer, denn neben den Docklands setzte die City, die um ihre Dominanz fürchtete, zur Investitionsattacke an. Broad Gate mit seinen zur Mitte der 90er Jahre angebotenen 300.000 m² war kleiner als Canary Wharf. Aber die Flächen in der City oder am Rand der City kamen zusätzlich zu den üblichen Fertigstellungen auf den Markt. Neben den exogen bestimmten Steuersubventionen spielte auch eine Rolle, dass die City als Reaktion und im Kontext der Expansion in den Docklands in weiten Teilen eine Erhöhung der Baudichten erlaubte und damit neue Investitionschancen in günstigen Lagen schuf.

Entwicklung zum Overshooting

Die Finanzierungsinstitute wurden von der allgemeinen Euphorie angesteckt und waren nur allzu bereit, Finanzierungen zur Verfügung zu stellen. Die Überproduktion bzw. das Überangebot gegen Ende der 80er Jahre war schließlich das Ergebnis einer einmaligen Konstellation von Faktoren: überzogene Erwartungen an die Nachfrage nach Büroflächen, allgemeiner Überoptimismus der Thatcher-Periode, zeitlich befristete Steueranreize und einmalig günstige Produktionsbedingungen infolge planerischer Deregulierungen (bzw. aktiver Planungsstrategien, die ein höheres Angebot erzeugen wollten). Die besondere Konkurrenzsituation zwischen der City und den Docklands bildete das Tüpfelchen auf dem „i" einer einmaligen Sondersituation.

3. Fazit

Die ureigentlichen Verursacher von Immobilienzyklen sind in erster Linie in den Unvollkommenheiten der Immobilienmärkte selbst zu finden. Dazu gehört insbesondere bei Büroimmobilien ein endogener Trieb zu Überproduktion (Overbuilding), der durch lange Planungszeiten, Unteilbarkeiten von Großprojekten sowie durch Informationsdefizite über die Fertigstellungspläne von Konkurrenten verursacht wird (Prisoner's Dilemma). Die gegenwärtig hohen Leerstände auf dem Büroimmobilienmarkt sind weniger auf eine mangelnde Nachfrage als vielmehr auf die Explosion der Neubauproduktion zurückzuführen. Im Durchschnitt der letzten vier Jahre lagen die Vermietungsleistungen noch immer über dem Niveau der Vermietungsleistungen der letzten zehn Jahre.

Marktunvollkommenheiten

Neben diesen Marktunvollkommenheiten „verursacht" die Globalisierung durch die Verkettung mit anderen Märkten über das BIP Immobilienzyklen. Überwiegend sind davon jedoch die Gewerbeimmobilien betroffen, weil die Nachfrage nach Wohnimmobilien aufgrund von Rigiditäten am Arbeitsmarkt und hohen Transaktionskosten im Konjunkturaufschwung weniger starken Schwankungen unterliegt.

Effekte der Globalisierung

Im engeren Sinne verursacht die Globalisierung auch keine konjunkturellen Immobilienzyklen, sondern ist lediglich Übertragungsmechanismus von konjunkturellen Impulsen, die die eigentlichen Verursacher globaler Immobilienzyklen sind. Zudem verursachen konjunkturelle Aufschwünge auch bei Gewerbeimmobilien „nur" den Beginn eines (Gewerbe-)Immobilienzyklus; eine Krise oder zumindest das Ende des Zyklus wird dagegen eher durch die oben beschriebenen Marktunvollkommenheiten verursacht (Overbuilding).

Gleichwohl fördert die Globalisierung tendenziell einen Gleichlauf von konjunkturellen Zyklen der in die Arbeitsteilung eingebundenen Volkswirtschaften. Diese Tendenz fördert auch den Gleichlauf von internationalen Immobilienzyklen. Damit verbunden ist allerdings nicht eine höhere Amplitude oder auch eine Häufung von konjunkturellen Immobilienzyklen in Deutschland. Eine internationale Verkettung von Immobilienkrisen folgt aus dem tendenziellen Gleichlauf der konjunkturellen Zyklen nicht zwangsläufig. Die beschriebenen Beispiele zeigen, dass Krisen erst im Zusammenhang mit weiteren, exogenen Faktoren entstehen.

Wiederkehrende und einmalige Verursacher

Wichtig ist es dabei, zwischen wiederkehrenden und einmaligen Verursachern von Immobilienzyklen zu unterscheiden. Wiederkehrende Verursacher – und dies sogar in einer bestimmten Regelmäßigkeit – sind beispielsweise konjunkturelle Impulse. Exogene Schocks (z. B. Beginn eines Krieges, Öffnung Osteuropas, plötzlich aufbrechende Strukturkrisen einzelner Volkswirtschaften) sind dagegen einmalig. Die zunehmende internationale Integration erhöht das Risiko, von exogenen Schocks getroffen zu werden. Das Problem der exogenen Schocks ist ihre Einmaligkeit und genau aus diesem Grund sind sie nicht prognostizierbar. Angesichts vieler ungelöster struktureller Probleme der asiatischen Volkswirtschaften, die gerade erst am Beginn der internationalen Integration stehen, besteht die Gefahr, dass einmalige Verursacher einen neuen globalen Immobilienzyklus auslösen. Eine Wahrscheinlichkeit lässt sich allerdings dafür nicht ableiten.

Auswirkungen der Globalisierung auf den Immobilienmarkt

Die Globalisierung hat aber einen starken Einfluss auf die längerfristigen Zyklen bzw. auf den Strukturwandel und kann daher auch als verursachender Faktor von längerfristigen Immobilienzyklen bzw. von strukturellen Trends angesehen werden. Diese haben einen bedeutenden Einfluss auf die (strukturelle) Entwicklung des deutschen Immobilienmarktes:

- Die Globalisierung erhöht den Bedarf an Büroflächen in Deutschland, aber nicht überall. Die Nachfrage steigt nur dort, wo regionales Wachstum möglich ist. Das regionale Wachstum wiederum hängt ab von einer dynamischen Entwicklung der regionalen Exportbasis.

- Die internationale Arbeitsteilung und der zunehmende grenzüberschreitende Handel mit Gütern erhöhen den Bedarf an Logistikflächen. Allerdings sind die riesigen Flächendimensionen der neuen Logistikhallen eher auf den technischen Fortschritt bzw. den branchenspezifischen Strukturwandel zurückzuführen als auf die Globalisierung.

- Die Globalisierung vermindert den Bedarf an Produktionsflächen in Deutschland und verändert die qualitativen Strukturen der Immobiliennachfrage. Die auf Massenproduktion von einfachen Konsum- und

Investitionsgütern ausgelegten Produktionshallen aus dem vergangenen Jahrhundert entsprechen diesen Bedarfen nicht. Nachgefragt werden – zumeist viel kleiner dimensionierte – Produktionshallen für sehr spezifische Bedarfe, i. d. R. für hochspezialisierte, technologieorientierte Güter.

- Die Globalisierung beeinflusst tendenziell auch die Nutzungszyklen der Immobilien. Der intensivere Wettbewerb erhöht das Tempo von Produkt- und Prozessinnovationen, die zu kürzeren Produkt- und auch Immobilienlebenszyklen führen.

- Die Globalisierung führt auch zukünftig zur massenhaften Freisetzung von (alt-)industriellen Flächen der Produktion und Fertigung. Diese Entwicklung stellt neue Anforderungen an die Nutzungsstrukturen der Städte. Die Städte müssen auf diesen Wandel flexibel reagieren, um Brachen und Kümmernutzungen zu vermeiden.

4. Literaturverzeichnis

[1] Braun, R./Pfeiffer, U.: Globale Immobilienzyklen, unveröffentlichte Studie im Auftrag des Verbandes Deutscher Hypothekenbanken, Berlin 2001, S. 9–22.

[2] Rottke, N./Wernecke, M.: Begriffsabgrenzung und Marktmodell, in: Immobilien Zeitung, Nr. 14, 2001, S. 11.

[3] Vgl. Rottke, N./Wernecke, M.: Endogene Mechanismen, in: Immobilien Zeitung, Nr. 15, 2001, S. 9.

[4] Case, B./Goetzmann, W./Rouwenhorst, K.: Global Real Estate Markets – Cycles and Fundamentals, in: NBER Working Papers, W7566, Cambridge 2000.

[5] Simons, H./Braun, R./Pfeiffer, U./Schmidt, M./Metzger, H.: Wirtschaft und Wohnen in Deutschland, Regionale Prognosen bis 2015, Wohnungsmarktentwicklung bis 2030, empirica-Studie, Berlin 2005.

[6] www.siemens.com.

[7] Kommunalverband Ruhrgebiet (Hrsg.): Strukturbericht Ruhrgebiet 2002, Essen 2002, S. 68.

6 Markttransparenz

Karl-Werner Schulte
Matthias Wiffler

Inhaltsverzeichnis

1.	**Transparenzkonzept**	416
2.	**Marktdaten**	418
2.1	Marktberichte und Newsletter	418
2.2	Online-Immobilienbörsen	420
2.3	Immobilienmessen und Branchenevents	421
2.4	Wissenschaftliche Vereinigung zur Förderung des Immobilienjournalismus	422
3.	**Informationen über Immobilienanlageprodukte**	422
3.1	Direktinvestitionen	422
3.2	Geschlossene Immobilienfonds	423
3.3	Offene Immobilienfonds	424
3.4	Immobilien-Aktiengesellschaften	425
3.5	Performancemessung	426
4.	**Veränderungen im regulatorischen Umfeld**	427
4.1	Gesetz zur Kontrolle und Transparenz im Unternehmensbereich	427
4.2	Initiative Corporate Governance	427
4.3	Internationale Rechnungslegung	428
4.4	Die Neue Baseler Eigenkapitalvereinbarung	429
5.	**Immobilien-Forschungsinstitutionen**	429
5.1	Gesellschaft für Immobilienwirtschaftliche Forschung e. V. (gif)	429
5.2	Immobilienforschung an Universitäten	430
5.3	Veröffentlichungen	431
6.	**Fazit**	431
7.	**Literaturverzeichnis**	432

1. Transparenzkonzept

Voraussetzung für Immobilienentscheidungen

Eine grundlegende Voraussetzung für erfolgreiche Immobilienentscheidungen, z. B. Investitions- oder Desinvestitionsentscheidungen, ist eine gute Marktkenntnis, für die hohe Markttransparenz unerlässlich ist. Einerseits trägt Transparenz dazu bei, Vertrauen in Märkte zu schaffen und professionelle Investoren anzuziehen [1]. Professionalität und Transparenz gehören untrennbar zusammen, denn mit zunehmender Professionalität nimmt auch die Transparenz zu und vice versa [2]. Andererseits führt eine Verbesserung der Markttransparenz dazu, das zyklische Verhalten der Märkte besser beobachten, analysieren und verstehen zu können. Hingegen wirkt sich geringe Markttransparenz negativ auf die Funktionsweise von Immobilienmärkten aus. Dazu gehören u. a. [3] [4]:

- höhere Such- und Transaktionskosten,
- größere allgemeine Fehlerrate bei Immobilienbewertungen und Investitionsrechnungen,

- unangemessene Reaktionen der Marktteilnehmer, da sie das Marktgeschehen als Ganzes nicht erfassen und nicht in ihren Entscheidungen berücksichtigen können bzw. falsche oder ungenaue Annahmen treffen,
- geringeres Vertrauen in den Markt, was zu Erhöhungen der Risikoprämien für Immobilieninvestitionen und zu einem generellen Wertabschlag ganzer Anlagekategorien führen kann.

Ein gesteigertes Verständnis der Immobilienteilmärkte kann dazu beitragen, Immobilienzyklen besser zu erfassen und in gewissem Umfang zu antizipieren. Wird dieses Wissen in immobilienbezogene Entscheidungsprozesse integriert, kann dies zu einer Verbesserung der Entscheidungsgrundlagen, zur Reduktion der Unsicherheit der Entscheidungsträger und demzufolge auch zu besseren Resultaten führen.

Vor diesem Hintergrund hat der deutsche Immobilienmarkt in der vergangenen Dekade eine bemerkenswerte Transformation zu mehr Transparenz erfahren. So gab es zu Beginn der 90er Jahre in Deutschland nur wenige Marktberichte, kaum systematische computergestützte Erfassung immobilienbezogener Daten und keine institutionalisierte Messung der Performance von Immobilieninvestitionen.

Unvollkommene Immobilienmärkte

Wie bereits angesprochen, ist ein unvollkommener Markt durch starke Informationsasymmetrien von Marktteilnehmern geprägt sowie durch hohe Such- und Transaktionskosten charakterisiert. Dieser Zustand ist sehr weit vom Idealfall eines vollkommenen Marktes entfernt (auf Jevons [1871] zurückgehende Bezeichnung für Märkte, auf denen sachlich gleichartige Güter gehandelt werden, ohne dass auf Seiten der Konsumenten bestimmte persönliche, zeitliche oder räumliche Präferenzen bestehen). Manchmal wird vollständige Transparenz als Voraussetzung für das Vorliegen vollkommener Märkte genannt [5]. Die Ausnutzung der Ineffizienz solch unvollkommener Märkte eröffnet die Möglichkeit zu opportunistischem Handeln besser informierter Wirtschaftssubjekte gegenüber schlechter informierten Marktteilnehmern. Überträgt man diese im Rahmen der ökonomischen und finanziellen Agency-Theorie wissenschaftlich untersuchte Problematik auf die Immobilienbranche, so kann gefolgert werden, dass als Konsequenz

- eine Situation entsteht, die volkswirtschaftlich pareto-ineffizient [6] und damit wohlfahrtstheoretisch suboptimal ist,
- das Image der gesamten Branche leidet.

Eine Allokation wird als pareto-effizient bezeichnet, sofern kein Marktteilnehmer einen höheren Nutzenindex erreichen kann, ohne den Nutzenindex mindestens eines anderen Wirtschaftssubjektes zu reduzieren.

Agency-Theorie

Die ökonomische und finanzielle Agency-Theorie sind Teilbereiche der normativen Principal-Agent-Theorie, bei der unter Voraussetzung der Verhaltensunsicherheit ein (meist) schlecht informierter Prinzipal Aufgaben an (meist) besser informierte Agenten delegiert. Aufgrund unvollständiger Information unterliegt der Agent dem Anreiz, Spielräume für sich opportunistisch auszunutzen, d. h. seinen eigenen Nutzen zu maximieren [7].

Abbau von Informationsasymmetrien notwendig

In dieser Hinsicht ist es ökonomisch rational, durch eine Verbesserung der Markttransparenz Informationsasymmetrien abzubauen und die Informationseffizienz eines Marktes zu steigern. Seit dem Beginn der 90er Jahre haben die Gründung akademischer Institutionen und Forschungsgesellschaften, die kontinuierliche Arbeit der großen Maklerhäuser und Beratungsunternehmen und nicht zuletzt die Verbreitung und Nutzung des Mediums Internet maßgeblich zu einer Verbesserung der Markttransparenz beigetragen. Im direkten Vergleich mit der Situation der Markttransparenz der Immobilienmärkte in den USA und in Großbritannien ist in Deutschland dennoch erheblicher Handlungsbedarf festzustellen [8]. Das Ziel dieses Kapitels ist es, die aktuelle Situation der Markttransparenz auf dem deutschen Immobilienmarkt aufzuzeigen und die Entwicklung über die vergangenen zehn bis 15 Jahre darzustellen.

2. Marktdaten

2.1 Marktberichte und Newsletter

Marktberichte und Newsletter tragen in erheblichem Maße zur Verbreitung von Daten, Fakten und Neuigkeiten für alle Marktteilnehmer bei. Die Verfügbarkeit von Marktberichten und Newslettern hat sich in den letzten Jahren in Deutschland erheblich verbessert. Während zu Beginn der 90er Jahre nur wenige Marktberichte erhältlich waren, veröffentlichen heute viele Makler- und Beratungshäuser solche aggregierten Informationen zu Immobilienmärkten. Dabei hat im Laufe der Zeit nicht nur das quantitative Angebot solcher Informationen zugenommen. Auch die Qualität der Berichterstattung hat sich maßgeblich verbessert. Abbildung 1 zeigt eine Auswahl maßgeblicher Anbieter von Marktberichten.

Keine einheitlichen Standards

Als verbesserungswürdig ist hinsichtlich der Definition der zu erhebenden Daten die Tatsache anzusehen, dass es für die Berichterstattung der Makler- und Beratungshäuser keinen verbindlichen und einheitlichen Standard gibt. So arbeiten die Researchabteilungen dieser Unternehmen auf keiner einheitlichen Definitionsbasis. Eine allgemein verbindliche Definition für die Abgrenzung einzelner Stadtgebiete, auf die die entsprechenden Zahlen zutreffen, existiert z. B. nicht. Zudem ist das Fehlen einer öffentlichen Statistik bezüglich Büroflächenbestand, Vermietungsvolumen, Flächen in Planung und vieler anderer Zahlen zu nennen [9] (vgl. Kapitel A6).

Rat der Immobilienweisen

Eine umfassende immobilienbezogene Untersuchung des gesamten Immobilienmarktes in Deutschland auf der Makroebene gab es lange Zeit nicht, was sich 2002 mit der Gründung des sog. „Rates der Weisen der Immobilienwirtschaft" geändert hat. Auf Initiative der Immobilien Zeitung schlossen sich mit empirica, BulwienGesa und GfK PRISMA drei führende, unabhängige Forschungsinstitute zusammen, deren Ziel es ist, durch Herbst- und Frühjahrsprognosen für mehr Transparenz auf den Immobilienmärkten zu sorgen [10]. Die Studien enthalten, eingebettet in eine volkswirtschaftliche Gesamtbetrachtung, eine aktuelle Bestandsaufnahme sowie Prognosen über die künftige Entwicklung auf den Wohn-, Büro- und Einzelhandelsimmobilienmärkten Deutschlands (Mieten, Preise, Leerstand, Fertigstellungen usw.) und widmen

Marktbericht des Unternehmens	Internetseite des Unternehmens
Aengevelt	www.aengevelt.de
ATIS Real Müller	www.atismueller.com
BulwienGesa	www.bulwiengesa.de
Brockhoff	www.brockhoff.de
CB Richard Ellis	www.cbrichardellis.com
Cushman & Wakefield Healey & Baker	www.cushmanwakefield.de
Deutsche Bank Research	www.dbresearch.de
DID Deutsche Immobilien Datenbank	www.dix.de
Dresdner Real Estate Research	www.dresdnerbank.com
DTZ Zadelhoff Leung	www.dtz.research.com
Feri Research	www.feri-research.de
FPD Savills Research	www.fpdsavills.de
HVB Real Estate	www.hvbrealestate.de
Jones Lang LaSalle	www.joneslanglasalle.de
Kemper's	www.kempers.de
Westdeutsche ImmobilienBank	www.westimmobank.de

Abb. 1: Anbieter von Marktberichten

sich vornehmlich den Standorten Berlin, Düsseldorf, Frankfurt am Main, Hamburg, Köln, München, Stuttgart sowie ausgewählten B-Standorten.

Zudem wurde durch die Gesellschaft für Immobilienwirtschaftliche Forschung e. V. (gif) eine Studie über die „volkswirtschaftliche Bedeutung der Immobilienwirtschaft" beim ifo Institut in München in Auftrag gegeben. Ziel der 2004 durchgeführten Studie war es u. a., durch die Schließung von Daten- und Informationslücken die Bedeutung, die vorliegenden Strukturen und die Zusammenhänge innerhalb der Immobilienwirtschaft, aber auch hinsichtlich der deutschen Volkswirtschaft näher zu untersuchen bzw. aufzudecken.

Die volkswirtschaftliche Bedeutung der Immobilienwirtschaft

Nicht nur die Qualität und Verbreitung von Marktberichten und Marktprognosen hat sich nachhaltig verbessert. Auch die Geschwindigkeit, mit der Neuigkeiten und Nachrichten über den Immobilienmarkt verbreitet werden, hat sich erheblich erhöht.

Dies ist in erster Linie auf den Einsatz elektronischer Kommunikationsmedien zurückzuführen, die sehr kosteneffizient sind. Da die Kommunikation über E-Mail eine starke Verbreitung gefunden hat und auch weiterhin an Popularität gewinnt, bieten viele Unternehmen Informations-Newsletter in elektronischer Form an. Abbildung 2 zeigt eine Auswahl maßgeblicher Anbieter von solchen immobilienmarktbezogenen Newslettern.

E-Mail-Newsletter

Newsletter	Internetseite
Aengevelt newsletter	www.aengevelt.de
DB Research	www.dbresearch.com
Der Immobilienbrief	www.der-immobilienbrief.de
Dr. Zitelmann Immobilien-News der Woche	www.zitelmann.com
DTZ Zadelhoff Leung	www.dtz-research.com
gif Newsletter	www.gif-ev.de
Empirica Newsletter	www.empirica-institut.de
Immobilien Zeitung News	www.immobilien-zeitung.de
Immobilien Manager	www.immobilienmanager.de
immoebs Newsletter	www.immoebs.de
IVG Standort Newsletter	www.ivg.de
Masterplan Newsletter	www.masterplan.de
VDH Newsletter	www.hypverband.de
RICS Newsletter	www.rics.org
RICS Deutschland Newsletter	www.rics.org/Germany
Roedl & Partner Immobilienbrief	www.roedl.de
VDM* Newsletter	www.vdm.de
VGI* Newsletter	www.vgi-online.de

* VDM und VGI wurden im August 2004 zum Immobilienverband Deutschland IVD verschmolzen.

Abb. 2: Elektronische Immobilien-Newsletter

2.2 Online-Immobilienbörsen

Wohnimmobilien an erster Stelle

37,5 Mio. Erwachsene in Deutschland, das sind 57,9 % der Bevölkerung ab vierzehn Jahren, sind inzwischen online. Bis zum Jahre 2010 sollen sogar etwa 70 bis 75 % der Bundesdeutschen ab vierzehn Jahren online sein [11]. Dies ist die Zielgruppe für die Online-Immobilienbörsen. Die Internet-Plattform ermöglicht es den Nutzern, die wesentlichen Informationen über Lage, Aussehen, Preis, Bauweise und sonstige Spezifikationen von Immobilien zu erhalten. Zudem wird der Kontakt zum Eigentümer oder Makler über das Internet hergestellt. Die nachfolgende Übersicht basiert auf den monatlichen Erhebungen von Immo Media Consult (Stand 30. Juni 2005) und zeigt die sechs größten Online-Immobilienbörsen, gemessen an der Anzahl heruntergeladener Exposés. Bezogen auf die Anzahl der online angebotenen unterschiedlichen Wohnimmobilien macht der Marktanteil dieser Unternehmen zusammen etwa 86 % aus.

Aus der Abbildung wird ersichtlich, dass die Angebote von Wohnimmobilien weiterhin dominieren. Das Angebot gewerblicher Objekte nahm jedoch in den letzten Jahren überproportional zu. Machten Gewerbeimmobilien noch im Jahre 2002 lediglich rd. 10 % der Gesamtheit der in Onlinebörsen aufgenommenen Angebote aus, die zur Miete oder zum Kauf standen, so waren es im Ju-

Internetseite (URL)	Wohnobjekte	Gewerbeobjekte	Besuche/Visits	Exposéabrufe
www.immobilienscout24.de	452.620	84.484	10.345.000	45.311.545
www.immonet.de	219.374	29.727	*3.300.000	*11.200.000
www.immopool.de**	146.537	47.027	n. n.	n. n.
www.immowelt.de**	114.148	26.364	2.500.000	9.300.000
www.1a-immobilienmarkt.de	47.481	24.219	1.537.200	3.115.405
www.planethome.de	78.234	0	627.554	1.024.268

* Daten beziehen sich auf gesamtes Netzwerk inklusive weiterer Datenbanken
** nicht gemeldet, Daten von Homepage übernommen, Stand 30. Juni 2005
Quelle: IMMO MEDIA CONSULT in Kooperation mit der Immobilien Zeitung, unveröffentlicht

Abb. 3: Online-Immobilienbörsen in Deutschland

ni 2005 bereits rd. 20 %. Zudem wird deutlich, dass pro Besuch bei einer der Online-Immobilienbörsen durchschnittlich zwischen zwei und vier Exposés abgerufen werden. Durch die auch in Zukunft steigende Internetnutzung und die zunehmende Verbreitung von Online-Immobilienbörsen verbessert das Internet die Markteffizienz und trägt zu einer Minimierung der Suchkosten der Marktteilnehmer bei.

2.3 Immobilienmessen und Branchenevents

Messen und Branchenevents ermöglichen das zeitlich und räumlich direkte Zusammentreffen von Marktteilnehmern. Somit kommt diesen Institutionen eine entscheidende Rolle zur Erhöhung der Transparenz zu. Seit 1990 findet jährlich die MIPIM in Cannes statt, die sich zur größten Immobilienmesse in Europa entwickelt hat. Diese Messe ist kontinuierlich gewachsen und konnte im Frühjahr 2005 rd. 17.650 Teilnehmer und 2.051 Aussteller aus 74 Ländern zusammenbringen [12]. Ebenfalls in Cannes wird jährlich die MAPIC ausgerichtet, die sich als größte Messe für Einzelhandelsimmobilien in Europa etabliert hat [13].

Zusammentreffen von Marktteilnehmern

Hinsichtlich des deutschen Immobilienmarktes sind im Laufe der letzten Jahre zahlreiche Messen, Kongresse und Konferenzen für die Immobilienbranche entstanden. In Deutschland ist die bedeutsamste Messe für Gewerbeimmobilien die Expo Real, die 1998 ins Leben gerufen wurde. Für den Sektor der Wohnimmobilien richtete die ImmobilienMesse Leipzig eine Messe aus, die 1999 das erste Mal stattfand [14]. Dazu kam in 2002 die Messe Reallocation, die als Standortmesse für Mittel-, Ost- und Südosteuropa mittelständische Unternehmer über Investitionsstandorte der Region informierte, aber ab 2005 aufgrund stark rückläufiger Aussteller- und Besucherzahlen nicht mehr stattfand [15].

Hinzu kommen zahlreiche Veranstaltungen, die für die Akteure der Immobilienbranche angeboten werden, so z. B. Seminare und Kongresse von:

- IIR (CIMMIT),
- Bernd Heuer (Quo Vadis),
- Handelsblatt/Euroforum.

Auch von gemeinnützigen Organisationen werden Branchenevents organisiert, beispielsweise von:

- Hochschulen (z. B. FH Nürtingen oder European Business School [ebs]),
- Forschungsgesellschaften (Gesellschaft für Immobilienwirtschaftliche Forschung e. V. [gif]),
- Alumni Vereinigungen (z. B. immoebs, Verein der Ehemaligen und Förderer der Post-Graduierten-Studiengänge zur Immobilienökonomie an der European Business School e. V.).

2.4 Wissenschaftliche Vereinigung zur Förderung des Immobilienjournalismus

Die Professionalisierung des Immobilienjournalismus hat während der vergangenen zehn Jahre maßgeblich zu einer Erhöhung der Transparenz der Immobilienbranche beigetragen. Immobilienjournalisten haben durch die Abdeckung der Themenbereiche Trends, Daten und Fakten, Kontroversen, Neuigkeiten sowie durch die Berichterstattung über spektakuläre Projekte einen wichtigen Beitrag für die Transparenz in der Immobilienbranche geleistet.

Unabhängiger, sachverständiger Immobilienjournalismus

Um einen unabhängigen und sachverständigen Immobilienjournalismus zu fördern, wurde 2001 die „Wissenschaftliche Vereinigung zur Förderung des Immobilienjournalismus" gegründet. Neben dem Deutschen Preis für Immobilienjournalismus vergibt die Vereinigung einen Sonderpreis für wissenschaftliche Arbeiten (Diplomarbeiten und Dissertationen) und unterstützt Initiativen wie z. B. Lehrveranstaltungen oder Forschungsprojekte an der Schnittstelle von Immobilienökonomie und Kommunikations- bzw. Medienwissenschaft mit Fördermitteln. Zweck des gemeinnützigen Vereins ist die Förderung von Wissenschaft und Forschung auf dem Gebiet eines wissenschaftlich fundierten Immobilienjournalismus [16].

3. Informationen über Immobilienanlageprodukte

Vielzahl an Informationen vorhanden

In den letzten Jahren ist die Minimierung von Suchkosten einhergegangen mit einer qualitativen und quantitativen Verbesserung des Angebots von Immobilienanlageprodukten. Im Immobilienbereich stehen dem Investor im Wesentlichen vier Formen der Immobilienanlage zur Verfügung: Neben Direktanlagen sind dies Beteiligungen an offenen und geschlossenen Fonds sowie an Immobilien-Aktiengesellschaften. Der Markt für Immobilienanlageprodukte und auch deren Konstruktion und Performancemessung ist transparenter und effizienter geworden. Als Konsequenz ist heute für den Anleger eine Vielzahl an Informationen für die Anlageentscheidung generierbar.

3.1 Direktinvestitionen

Für erfolgreiche Immobilientransaktionen sind lokales Know-how und Informationen über den lokalen Markt unerlässlich. Der Markt für Direktinvestitionen in Immobilien hat in den zurückliegenden Jahren einen erheblichen Zuwachs an Transparenz erfahren. Das Internet hat auch hier erheblich zu mehr

Markttransparenz beigetragen, denn nahezu alle Mietspiegel für Wohnimmobilien und in zunehmendem Maße auch Bodenrichtwerte der Gutachterausschüsse sind online erhältlich. Vor einer Immobilieninvestition können so Preisvergleiche besser durchgeführt und Ertragspotenziale abgeschätzt werden.

Durch die bereits erwähnten Immobilienbörsen im Internet wird insbesondere die Suche nach einer gewünschten Immobilie erheblich erleichtert. Online-Anbieter (vgl. Abbildung 3) erfreuen sich steigender Beliebtheit. Dennoch liegen die in Deutschland über Direktinvestitionen erhältlichen Daten weit zurück hinter den Informationen, die beispielsweise in Großbritannien erhältlich sind.

DID Vermietungsdatenbank

Die Deutsche Immobilien Datenbank GmbH (DID) hat daher ein internetbasiertes Reportsystem für den Vermietungsmarkt in Deutschland eingeführt, das auf unterjährigen einheitlichen Datenlieferungen durch führende Immobilienbestandshalter und Makler basiert (DID Vermietungsdatenbank). Die Konzeption der Vermietungsdatenbank begleitete eine Auswahl von Pilotkunden, die nun schon seit Dezember 2003 die Datenbank nutzen können. Die Datenbank bildet das Vermietungsgeschehen im Bürosegment ab, wobei weitere Segmente, insbesondere Handel und Wohnen, bereits aufgenommen wurden und analysiert werden. Ein integriertes geographisches Informationssystem (GIS) ermöglicht die kartenbasierte Selektion und Anzeige von Datensätzen auf Straßenebene, wobei die Datensätze umfangreiche und detaillierte Marktdaten hinsichtlich einzelner Gebäude, Mieteinheiten und Mietverträgen enthalten.

3.2 Geschlossene Immobilienfonds

Einführung von Branchenstandards

Die Teilbranche der geschlossenen Immobilienfonds war bisher, insbesondere in der Prospektierung, uneinheitlich. Unterschiedliche Fondsangebote waren daher kaum vergleichbar. Mit der Einführung eines Branchenstandards für die Prospekterstellung von geschlossenen Immobilienfonds stellte der Verband Geschlossene Fonds (VGF) in 2004 dem Markt ein wichtiges Instrument zur Verfügung. Durch die Vereinheitlichung der Prospektierung werden insbesondere die erwarteten Renditen vergleichbar. Derzeit wird an einem Branchenstandard für die Erstellung der Leistungsbilanz gearbeitet, die als wichtigster Indikator zur Beurteilung einer Kapitalanlage bzw. der dahinter stehenden Anlagegesellschaft gilt. Die bisher unterschiedlichen Leistungsbilanzen der geschlossenen Fonds werden durch diese Maßnahme zukünftig vereinheitlicht und werden bei den Anbietern von geschlossenen Fonds mehr Transparenz schaffen.

BaFin-Prüfung

Darüber hinaus prüft nun auch die Bundesanstalt für Finanzdienstleistungsaufsicht (BaFin) die Prospekte der Anbieter von geschlossenen Fonds. Schwerpunkt der Prüfung im Rahmen der sog. „Verkaufsprospekt-Verordnung", die im Rahmen des Gesetzes zur Verbesserung des Anlegerschutzes (AnSVG) eingeführt wurde, ist jedoch vielmehr eine formelle als eine inhaltliche Prüfung der Fondsangebote. Es geht im Wesentlichen darum, dass die im Verkaufsprospekt enthaltenen Angaben alle vorgeschriebenen Informationen enthalten und den klar definierten redaktionellen Vorgaben der Richtlinie entsprechen, um so einer Irreführung der Anleger vorzubeugen [17] [18].

Zweitmarkt für geschlossene Fonds

Seit Mai 2005 können über das GEFOX Handelssystem für Geschlossene Fonds an der Börse Düsseldorf geschlossene Fondsanteile gehandelt werden. Neben der uneingeschränkten Handel- und Übertragbarkeit der Anteile müssen sich die gelisteten Fonds einer kontinuierlichen Evaluierung durch einen unabhängigen Analysten unterziehen. Durch zusätzliche fixierte Veröffentlichungspflichten der Fonds findet somit eine erhebliche Verbesserung der Transparenz auf dem Markt für geschlossene Fonds statt [19].

Markttransparenz und Produktvergleichbarkeit

Vergleiche, Übersichten und fundierte Erhebungen für das Segment der geschlossenen Fonds publizieren u. a. der Analyst Stephan Loipfinger (u. a. „Marktanalyse der Beteiligungsmodelle", „Fondstelegramm") und die Scope Gruppe (u. a. „Jahrbuch Geschlossene Fonds"). Mit der unabhängigen und systematischen Analyse geschlossener Fonds zielen sie auf Markttransparenz und Produktvergleichbarkeit ab. In diesem Kontext ist auch die seit Juli 2002 alle 14 Tage erscheinende „Fondszeitung" für geschlossene Fonds des Welther Verlags (ehemals Troika Verlag) zu nennen.

3.3 Offene Immobilienfonds

In den letzten Jahren wurde häufig die mangelnde Transparenz bei den offenen Immobilienfonds wegen undurchsichtiger Immobilienbewertungen und überbewerteten Immobilienportfolios moniert [20]. Da keine Daten zu den Einzelimmobilien der Fondsportfolien veröffentlicht wurden, entstanden Informationsdefizite zuungunsten der Anleger. Nur wenige Kapitalanlagegesellschaften haben in der Vergangenheit die Einzelverkehrswerte ihrer Fonds publiziert. Um ein positives Signal zu setzen, hat die DB Real Estate Investment GmbH in 2001 erstmals für zahlreiche Objekte Verkehrswerte und Mieten ausgewiesen und publiziert.

Transparenzinitiative der offenen Immobilienfonds

Im Jahr 2004 haben sich vier weitere Anlagegesellschaften dazu entschlossen, im Rahmen einer sog. „Transparenzinitiative" die Angaben in ihren Rechenschaftsberichten deutlich zu verbessern. Aufgrund dieser Initiative haben Ende 2004 die im Bundesverband Investment und Asset Management e. V. (BVI) vertretenen Anbieter offener Immobilienfonds die Einhaltung von Mindeststandards bei den Angaben in ihren Jahres- und Halbjahresberichten eingeführt. Durch die zusätzlich veröffentlichten Informationen soll die Transparenz verbessert und damit die Vergleichbarkeit der einzelnen Fonds erleichtert werden. So werden zukünftig u. a. Renditen, Verkehrswerte, Mieterträge, Leerstands- und Vermietungsquoten oder Restmietlaufzeiten auf Länderebene ausgewiesen [21].

Die im BVI zusammengeschlossenen Anbieter offener Immobilienfonds haben sich bereits im März 2002 mit der Durchführung von Ratings durch unabhängige Rating-Agenturen beschäftigt. Durch unabhängige Ratings der offenen Immobilienfonds hofft die Mehrzahl der Grundstücks-Investmentgesellschaften, den Anlegern mehr Transparenz und eine verbesserte Grundlage bei der Investitionsentscheidung bieten zu können. Im Jahr 2004 wurde das erste Rating offener Immobilienfonds durch die Rating-Agentur Scope veröffentlicht. Seitdem sind weitere Ratings von offenen Immobilienfonds durch verschiedene Agenturen veröffentlicht worden. Mit welcher Rating-Agentur die offenen Immobilienfonds zusammenarbeiten, bleibt ihnen übrigens selbst überlassen [22].

INREV

Neben den bereits angesprochenen Immobilienfonds existiert in Europa eine Reihe weiterer indirekter, nicht börsennotierter Immobilienanlagevehikel. Mit dem starken Marktwachstum in diesem Bereich innerhalb der letzten zehn Jahre konnten die Verfügbarkeit und die Qualität von Marktdaten und damit die Markttransparenz nicht Schritt halten. Vor diesem Hintergrund gründete sich im März 2002 in den Niederlanden die European Association for Investors in Non-listed Real Estate Vehicles (INREV), deren Mitgliedschaft insbesondere institutionellen Investoren, aber auch anderen in diesem Marktsegment tätigen Akteuren, wie z. B. Investmentbanken oder Immobilienberatungsunternehmen, offen steht. Die Kernziele von INREV leiten sich aus den oben genannten Defiziten ab:

- Verbesserung der Verfügbarkeit von Informationen und Erhöhung der Markttransparenz,
- Förderung der Professionalität der Marktteilnehmer durch die Entwicklung von Best-Practice-Standards,
- grenzüberschreitender Austausch von Fachwissen, insbesondere hinsichtlich rechtlicher, steuerlicher und regulatorischer Fragestellungen.

An der Umsetzung dieser Ziele arbeiten derzeit neun Fachgremien, deren Ergebnisse vierteljährlich in einem Bericht des Forschungskomitees der INREV veröffentlicht werden. Darüber hinaus trägt der sog. INREV-Index, der auf Basis des Net Asset Value (NAV) die Performance von derzeit über 100 Anlagevehikeln misst, entscheidend zu einer Erhöhung der Transparenz in diesem noch recht jungen Marktsegment bei [23].

3.4 Immobilien-Aktiengesellschaften

DIMAX und EPIX

Zur Messung der Performance deutscher Immobilienaktien hat das Bankhaus Ellwanger & Geiger 1995 den E&G-DIMAX als ersten Aktienindex für deutsche Immobilien-Aktiengesellschaften aufgelegt. Als Basis wurde der 31. Dezember 1988 (= 100) festgelegt. Der DIMAX besteht derzeit aus 45 Titeln und wird einmal jährlich zum Jahreswechsel angepasst. Der Indexstand wird börsentäglich auf Basis der Kassakurse ermittelt und veröffentlicht. Die Gewichtung der einzelnen Titel findet ausschließlich nach der Marktkapitalisierung der Gesellschaften statt. Aufnahme in den DIMAX finden diejenigen Unternehmen, die mindestens 75 % ihrer Erträge aus dem Immobilienbereich erzielen. Auf europaweiter Ebene führt das Bankhaus Ellwanger & Geiger seit 1998 die sog. EPIX-Indices, den E&G Epix 30 sowie den um 20 außerhalb der Eurozone gelegenen Werten erweiterten E&G Epix 50.

Auch die Gründung des Europäischen Verbandes für börsennotierte Immobilien-AGs (EPRA-European Public Real Estate Association) hat maßgeblich zur Transparenz im Segment der Immobilien-AGs beigetragen. Mit Hilfe der EPRA will die Branche ein verbindliches Regelwerk schaffen, das dem Anspruch größtmöglicher Transparenz gegenüber Investoren gerecht wird.

Best Practice Recommendations der EPRA

Mitglieder der EPRA sind neben den börsennotierten Unternehmen die großen Investment-Managementgesellschaften und maßgebliche Investmentbanken. EPRA verleiht zur Förderung der Transparenz den EPRA-Award für den besten Geschäftsbericht im Marktsegment der Immobilien-AGs. Die international besetzte Jury bewertet seit 2002 einmal jährlich die Geschäftsberichte von europäischen Immobilien-AGs im Hinblick auf ihre Transparenz für Investoren sowie die Einhaltung der „Best Practice Recommendations" für die Rechnungslegung europäischer Immobilien-AGs. Ziel des Wettbewerbs ist es, einen Anreiz zu schaffen, Geschäftsberichte verständlicher, transparenter und vergleichbarer zu gestalten. Trotz aller Bemühungen spielen Immobilien-AGs trotz der Offenlegungsanforderungen der deutschen Börse im Spektrum der Immobilienanlagen bisher nur eine untergeordnete Rolle.

Einführung von German REITs

Neue Impulse könnte es durch die Einführung der börsennotierten Immobilienanlageklasse Real Estate Investment Trust (REIT) in Deutschland geben (German- bzw. G-REIT). Zwar lag eine endgültige Entscheidung der zuständigen Behörden zur Einführung von G-REITs zum Redaktionsschluss noch nicht vor, dennoch wird gemeinhin erwartet, dass eine Einführung von G-REITs zu einer Stärkung des Finanzplatzes Deutschland führen wird, dass sich die Transparenz auf dem Immobilienanlagenmarkt erhöht und eine Vielzahl von Perspektiven für deutsche Unternehmen mit großem Immobilienbestand, insbesondere für Immobiliengesellschaften, mit sich bringen wird (Informationen zu möglichen Ausgestaltungsformen von G-REITs finden sich in einer 2005 veröffentlichten Studie [24]).

3.5 Performancemessung

Deutscher Immobilienindex (DIX)

Institutionalisierte Performancemessung und damit einen guten Benchmark für Immobilien im Eigentum institutioneller Investoren bietet die DID, die den Deutschen Immobilienindex (DIX) aus Daten seit dem Jahr 1995 berechnet und seit 1998 jährlich publiziert. Die DID ist ein unabhängiges Dienstleistungsunternehmen, ein Joint Venture der Investment Property Databank Ltd. (IPD) und der ebs Immobilienakademie, das regelmäßig Immobilienwerte und Immobilienrenditen von Immobilieninvestitionen deutscher institutioneller Anleger berechnet und als Benchmark-Größe bereitstellt.

Um für eine höhere Transparenz zu sorgen, baute die DID eine Datenbank auf, die Objekte im Marktwert von derzeit rd. 61 Mrd. Euro erfasst und damit schätzungsweise über 53 % des relevanten institutionellen Immobilienmarktes abdeckt [25]. Auf dieser Datenbasis wird der DIX ermittelt, der Investoren und Eigentümern von Immobilien neue Möglichkeiten des Benchmarkings bietet. Für jedes Objekt werden über 200 Einzeldaten erfasst, die untereinander in unzähligen Kombinationen abgeglichen werden können. Die Unternehmen haben so die Möglichkeit, u. a. die Gesamtrendite, die Netto-Cashflow-Rendite und die Bewirtschaftungskosten ihrer Objekte mit denen im Index zu vergleichen.

4. Veränderungen im regulatorischen Umfeld

4.1 Gesetz zur Kontrolle und Transparenz im Unternehmensbereich

Positive Impulse auf die Transparenz deutscher Immobilien-Kapitalgesellschaften gingen von dem 1998 in Kraft getretenen Gesetz zur Kontrolle und Transparenz im Unternehmensbereich (KonTraG) aus. Ziele des KonTraG sind die Erhöhung der Transparenz und die Verbesserung der Corporate Governance von Kapitalgesellschaften.

Gestärkte Corporate Governance

Gesetzlich mandatiert wurde die Verbesserung der Arbeit der Überwachungsorgane und der Qualität der Abschlussprüfung, die institutionalisierte Risikoeinschätzung und -überwachung sowie die Erweiterung der Rechnungslegungspflichten von Kapitalgesellschaften. So wurden die Unternehmen beispielsweise verpflichtet, im Lagebericht zu den Risiken der künftigen Geschäftsentwicklung Stellung zu beziehen und diese somit transparent zu machen [26].

4.2 Initiative Corporate Governance

In 2002 haben führende Unternehmen am deutschen Immobilienmarkt die Initiative Corporate Governance der deutschen Immobilienwirtschaft e. V. gegründet, der bislang über 60 Mitglieder bzw. Mitgliedsunternehmen aus allen Bereichen der deutschen Immobilienwirtschaft beigetreten sind. Sie verfolgt das Ziel, über die Verbesserung der Unternehmensführung und -kontrolle das Vertrauen von Investoren, Finanzierern und Kapitalanlegern zu stärken. Ein erster Schritt war die Entwicklung der „Grundsätze ordnungsmäßiger und lauterer Geschäftsführung der Immobilienwirtschaft".

Breites Teilnehmerspektrum

Dazu hat die Initiative im Februar 2003 ihren „Corporate Governance Kodex der deutschen Immobilienwirtschaft" vorgestellt, der regelmäßig auf seine Gültigkeit hin überprüft und weiterentwickelt wird. Der Branchenstandard der Initiative für die Vorstands- und Aufsichtsratsarbeit in der Immobilienwirtschaft führt die Empfehlungen der Regierungskommission Corporate Governance (Cromme-Kodex) fort und wird durch spezifische Ergänzungen den Anforderungen der Immobilienwirtschaft gerecht [27]. Darüber hinaus arbeitet die Initiative kontinuierlich weiter an der Verbesserung der Corporate Governance in deutschen Immobilienunternehmen. So entwickelte sie kürzlich den Leitfaden zum „Wertemanagement in der Immobilienwirtschaft". Dieser thematisiert die Orientierung an und Einhaltung von Gesetzen, beruflichen Standards und ethischen Werten. Ziel ist es, durch die Einhaltung des Leitfadens die Gefahr von wirtschaftlichem Schaden durch Fehlverhalten zu minimieren, Wettbewerbsvorteile beim Anwerben von Fremdkapital bzw. Eigenkapital zu erlangen, sowie eine Image- und Wettbewerbsverbesserung der gesamten deutschen Immobilienwirtschaft im In- und Ausland zu erreichen [28].

Kodex guter Unternehmensführung und -kontrolle

4.3 Internationale Rechnungslegung

IAS/IFRS als EU-Standard

Mit der im Juli 2002 veröffentlichten EU-Verordnung zur Einführung der International Accounting Standards (IAS) bzw. der International Financial Reporting Standards (IFRS) – wie die jetzt herausgegebenen Standards heißen – innerhalb der europäischen Gemeinschaft ergeben sich gravierende Auswirkungen auf die deutschen kapitalmarktorientierten Unternehmen und somit auch auf eine Vielzahl der Immobilienunternehmen.

Ziel der Vereinheitlichung durch die Übernahme internationaler Rechnungslegungsstandards in Form der IAS/IFRS ist, die von Unternehmen vorgelegten Finanzinformationen international vergleichbar zu machen, einen hohen Grad an Transparenz zu schaffen verbunden mit dem Abbau asymmetrischer Informationsverteilung zwischen Management und Kapitalgebern und damit eine effiziente, kostengünstige Funktionsweise des Kapitalmarktes zu erreichen. Seit dem 1. Januar 2005 sind börsennotierte Gesellschaften innerhalb der EU verpflichtet, ihre konsolidierten Abschlüsse (Konzernabschlüsse) nach IAS/IFRS aufzustellen.

Investorrelevante Informationen

Während in der Rechnungslegung nach dem Handelsgesetzbuch (HGB) das Vorsichtsprinzip den Primärgrundsätzen zugerechnet wird, steht nach IAS/IFRS die Vermittlung von investorrelevanten Informationen im Vordergrund [29]. Dies führt zu unterschiedlichen Abbildungen von Geschäftsvorfällen im Jahresabschluss nach HGB und IAS/IFRS. Charakteristisch für die Rechnungslegung nach IAS/IFRS sind die umfangreichen Anforderungen an die Erläuterung der Bilanzierung und Bewertung im Anhang (Notes) des Jahresabschlusses.

Insbesondere die Kriterien für die Immobilienklassifikation sowie die für die Verkehrswertermittlung herangezogenen Wertermittlungsverfahren sind im Anhang zu erläutern. Zudem bieten die IAS/IFRS den betroffenen Unternehmen die Möglichkeit, ihre Immobilien zum Fair Value (beizulegender Zeitwert) zu bewerten. Er soll die aktuelle Marktlage und die Umstände zum Bilanzstichtag widerspiegeln. Der beizulegende Zeitwert der betriebsnotwendigen Immobilien (IAS 16) und der als Finanzinvestition gehaltenen Immobilien (IAS 40) ist i. d. R. der Marktwert bzw. Verkehrswert einer Immobilie [30]. Für eine umfassende Behandlung des Themas IFRS und Immobilien sei verwiesen auf Weber/Baumunk [31].

Offenlegung der Verkehrswerte

Durch die Möglichkeit der Fair-Value-Bewertung von Immobilien und der Offenlegung der Verkehrswerte kann insbesondere in den Bilanzen von Immobilienunternehmen mehr Transparenz geschaffen werden, da auf diese Weise die Hebung stiller Reserven möglich wird bzw. deren Bildung verhindert werden kann. Zwar werden mit der Bewertung der Immobilien zum Fair Value regelmäßige Neubewertungen der Immobilien verpflichtend. Jedoch kann sich dieses Plus an Transparenz für Bilanzadressaten z. B. in verbesserten Konditionen zur Unternehmensfinanzierung niederschlagen [32].

4.4 Die Neue Baseler Eigenkapitalvereinbarung

Im Rahmen der Überarbeitung der geltenden Baseler Eigenkapitalvereinbarung (Basel I) hat der Baseler Ausschuss für Bankenaufsicht im Juni 2004 die Neue Baseler Eigenkapitalvereinbarung (Basel II) veröffentlicht, die 2007 in Kraft treten soll (vgl. Kapitel C2).

In diesem Zusammenhang soll die bisher pauschale Bewertung von Kreditrisiken einer risikoadäquaten Bewertung gemäß der Bonität der Kreditnehmer weichen. Dazu sollen Kreditinstitute auf Ratings zurückgreifen, wobei ihnen zur Wahl gestellt wird, Agentur-Ratings zu verwenden oder bankinterne Ratings durchzuführen. Diese Regelungen werden insbesondere die kreditnachfragenden Unternehmen betreffen, die stark auf die klassische Bankfinanzierung angewiesen sind [33]. Dazu gehören in der Immobilienwirtschaft insbesondere die Projektentwicklungsunternehmen, die oftmals vergleichsweise geringe Eigenkapitalquoten aufweisen. So wird es unter Basel II zu höheren Risikoprämien oder zu Einschränkungen der Kreditvergabe für diese Unternehmen kommen (eine ausführliche Diskussion und Darstellung der Finanzierung gewerblicher Immobilien-Projektentwicklungen unter Basel II findet sich bei Pitschke [34]). Die Anforderungen des Baseler Ausschusses an Agentur-Ratings und bankinterne Ratings verdeutlichen, dass es in Zukunft beim Rating neben der Finanz- und Ertragslage des Unternehmens auch verstärkt auf qualitative Faktoren ankommen wird. Die Anforderungen an bankinterne Ratings zeigen implizit Verhaltensregeln auf, die bei ihrer Befolgung zu günstigeren Rating-Ergebnissen führen. Ein pro-aktives Verhalten gegenüber Kreditgebern, Publizitätsfreudigkeit, Transparenz und Bemühungen um eine positive Darstellung des Unternehmens werden demnach künftig zu einer besseren Verhandlungsposition gegenüber den Banken führen.

Risikoadäquate Kredit(-nehmer)- beurteilung

5. Immobilien-Forschungsinstitutionen

5.1 Gesellschaft für Immobilienwirtschaftliche Forschung e. V. (gif)

Die Gesellschaft für Immobilienwirtschaftliche Forschung e. V. (gif) wurde am 15. Oktober 1993 gegründet, als 27 Gründungsmitglieder die Ziele und Visionen der gif formulierten. Dabei war das gemeinsame Interesse an dem Thema Immobilienforschung der Ausgangspunkt für die Vereinsgründung. Die gif vertritt einen interdisziplinären Ansatz und strebt die Zusammenführung von Theorie und Praxis an. Dies geschieht vor allem in den Arbeitskreisen, die zur Klärung wichtiger immobilienwirtschaftlicher Fragestellungen und zur Verbesserung der Markttransparenz beitragen. Derzeit bestehen 18 Arbeitskreise (siehe Abbildung 4):

Nationales Forschungsnetzwerk

Schwester-Organisationen der gif sind die britische Society of Property Researchers, die Vogon in den Niederlanden und andere nationale Gesellschaften. Die europäische Dachorganisation stellt die European Real Estate Society (ERES) dar. Im März 1998 ist die gif als „national organisation member" der ERES beigetreten. Damit ist jedes gif-Mitglied zugleich „associate member" der European Real Estate Society. Die ERES wiederum hat Schwester-Organisa-

Internationale Forschungsnetzwerke

AK01: Flächendefinition	AK10: Facility Management
AK02: Marktanalysen	AK11: Flächenrecycling
AK03: Marktwertermittlung	AK12: Denkmalschutz
AK04: Mediation	AK13: Serviceimmobilien
AK05: Immobilienanlageprodukte	AK14: Real Estate Investment Management
AK06: Immobilien-Risikomanagement	AK15: Wohnimmobilien
AK07: Public Real Estate Management	AK16: Immobilien-Rating
AK08: Einzelhandel	AK17: Real Estate Investment Banking
AK09: Immobilienmarketing	AK18: Real Estate Economics & Politics
Quelle: gif e. V.	

Abb. 4: gif-Arbeitskreise

tionen rund um den Globus, auf deren Jahreskonferenzen Forschungsergebnisse ausgetauscht werden. Als „umbrella organisation" fungiert die International Real Estate Society (IRES).

5.2 Immobilienforschung an Universitäten

Zu Beginn der 90er Jahre wurde immobilienbezogene Forschung in den Wirtschaftswissenschaften in Deutschland nur am Rande behandelt. Ein übergreifender wissenschaftlicher Bezugsrahmen für ein Fachgebiet, das sich mit Immobilien, den Immobilienunternehmen, den Immobiliennutzern, der Immobilienwirtschaft und angrenzenden Branchen beschäftigt, existierte nicht. Mit der Begründung der Immobilienökonomie als neue Wissenschaftsdisziplin erfuhr auch die Immobilienforschung eine rasche Ausbreitung [35] [36].

European Business School und Universität Leipzig als Vorreiter

Immobilienforschung findet seither hauptsächlich an der European Business School (ebs) und am Institut für Immobilien-Management der Universität Leipzig statt. An der ebs sind seit der Gründung des Stiftungslehrstuhls Immobilienökonomie im Jahre 1994 34 Dissertationen entstanden. Aus dem ebs Stiftungslehrstuhl Immobilienökonomie hat sich seit Beginn des Jahres 2003 durch weitere Professuren das „ebs Department of Real Estate" entwickelt. Derzeit sind etwa 45 Doktoranden am ebs Department of Real Estate eingeschrieben. Am Institut für Immobilien-Management in Leipzig wurden seit der Gründung bisher sieben Dissertationen verfasst und vier weitere Doktoranden arbeiten gegenwärtig an ihren Promotionsvorhaben [37]. Im Jahr 2000 kam an der Bauhaus-Universität Weimar die Professur Betriebswirtschaftslehre im Bauwesen hinzu, die sich in Forschung und Lehre den Bereichen Bau-, Infrastruktur- und Immobilienwirtschaft widmet. Seit September 2003 befindet sich zudem das Institut für Immobilienwirtschaft an der Universität Regensburg im Aufbau, das mit fünf Lehrstühlen zukünftig ebenfalls eine wichtige Rolle spielen wird. Darüber hinaus wird Immobilienforschung in geringerem Umfang auch an Fachhochschulen und Berufsakademien betrieben, die jedoch kein Promotionsrecht besitzen.

5.3 Veröffentlichungen

Die meisten immobilienbezogenen Zeitschriften wurden nach 1990 gegründet. Die heute wesentlichen deutschen Zeitschriften, die sich primär an Praktiker richten, werden mit ihrem erstmaligen Erscheinungsjahr im Folgenden aufgeführt:

Deutsche Zeitschriften

- Gebäudemanagement (1995),
- Grundstücksmarkt und Gründstückswert (GuG) (1990),
- Facility Manager (1994),
- Facility Management (1995),
- Immobilien und Finanzierung (bis 2002: Der langfristige Kredit) (1950),
- Immobilien Manager (1991),
- Immobilienwirtschaft (bis 2004: Immobilien Wirtschaft und Recht) (1997),
- am ausführlichsten berichtet die seit 1992 erscheinende Immobilien Zeitung.

Bereits zu Beginn der 70er Jahre sind in den USA Real Estate Journals erschienen. Das „AREUEA Journal" (heute: Real Estate Economics) erschien erstmals 1973. Das „Journal of Real Estate Research" begann 1987 und das „Journal of Real Estate Finance and Economics" 1988. Das Fehlen einer angloamerikanischen Journals vergleichbaren wissenschaftlichen Zeitschrift zur Immobilienökonomie im deutschsprachigen Raum hat die gif dazu veranlasst, die Zeitschrift für Immobilienökonomie (ZIÖ) ins Leben zu rufen. Die ZIÖ erscheint seit 2002 zweimal pro Jahr; sie legt den Fokus auf den interdisziplinären Forschungsansatz in Anlehnung an das „Haus der Immobilienökonomie" [38] [39].

Die Zielgruppe für die ZIÖ sind Akademiker (Professoren, Doktoranden und Studenten) und Praktiker in der Immobilienbranche [40].

Zusätzlich zu den zuvor genannten Zeitschriften gibt es immobilienbezogene Beiträge in Tageszeitungen, wie die Sektion „Immobilienmarkt" der Frankfurter Allgemeinen Zeitung, die seit 1991 jeweils freitags erscheint. Die Tageszeitung „Die Welt" publiziert seit 1996 die „Immobilienwelt" auf täglicher Basis.

6. Fazit

Das Ziel dieses Kapitels war es, den aktuellen Grad der Transparenz auf deutschen Immobilienmärkten zu untersuchen und aufzuzeigen, durch welche maßgeblichen Institutionen und Ereignisse sich die Situation im Laufe der letzten zehn bis 15 Jahre geändert hat.

Es kann gefolgert werden, dass eine deutliche Transformation des deutschen Marktes hin zu mehr Transparenz stattgefunden hat. Dies belegt u. a. auch die Platzierung im Global Real Estate Transparency Index, wo Deutschland auf Rang 10 und damit im oberen Fünftel des Index liegt [41]. Doch gibt die aktuelle Situation keineswegs Anlass zur Zufriedenheit. Weiterhin besteht Hand-

Transformation zu mehr Transparenz

lungsbedarf, um den Grad an Markttransparenz an das Niveau der angelsächsischen Länder anzupassen. Zweifelsohne führt eine Steigerung der Transparenz zu einem rationaleren Verhalten der Marktteilnehmer und auch zu einem besseren Verständnis der Marktmechanismen [42].

Weiterhin großer Forschungs- und Handlungsbedarf

Für die Zukunft besteht hinsichtlich der Zusammenhänge zwischen Markttransparenz und Immobilienzyklen noch erheblicher Forschungsbedarf (erste Erkenntnisse hinsichtlich des Zusammenhangs von Markttransparenz und Immobilienzyklen liefert Wernecke [43]). Es bleibt zu klären, inwieweit sich eine gestiegene Transparenz auf den deutschen Immobilienmärkten tatsächlich auf die marktspezifischen Immobilienzyklen niederschlägt. Einerseits kann ein besseres Verständnis der Märkte als Konsequenz einer gestiegenen Markttransparenz dazu führen, dass sich Immobilienzyklen abschwächen und u. U. verkürzen. Ein Grund hierfür könnte beispielsweise die stetige Weiterentwicklung und Verbesserung der von den Marktteilnehmern eingesetzten Prognosemodelle sein, deren Aussagekraft wesentlich von der Qualität der zur Verfügung stehenden bzw. eingesetzten Daten abhängt. Eine verbesserte Prognostik könnte der Entstehung von Überkapazitäten und den damit einhergehenden Marktungleichgewichten entgegenwirken und damit die Volatilität von Marktzyklen abschwächen [44]. Andererseits kann eine Erhöhung der Markttransparenz und damit der (Informations-)Effizienz in den Immobilienmärkten aber auch dazu führen, dass attraktive Märkte schneller von nationalen und internationalen Marktteilnehmern der Anbieter- und Nachfragerseite aufgesucht werden. Sofern sich dann die Vielzahl der Marktteilnehmer in einen plötzlich, beispielsweise durch politische oder gesetzliche Änderungen, attraktiven Standort bzw. Markt begibt, könnte dies sowohl bei Nachfrage als auch bei Angebot zu spürbar stärkeren Schwankungen bis hin zu lokalen Spekulationsblasen führen [45].

Es bleibt zum jetzigen Zeitpunkt daher nur die Feststellung, dass eine höhere Transparenz nicht bedeutet, dass man aufhören wird, sich bei Zukunftseinschätzungen zu irren – das Gegenteil wäre schon aus philosophischer Sicht beunruhigend. Man wird auch in Zukunft weiter „darauf bauen" können, dass auf den Immobilienmärkten Fehler gemacht werden, die schon allein aufgrund von Time-Lags zu längerfristigen Marktungleichgewichten in beiden Richtungen führen werden [46]. Dennoch: Je mehr Anstrengungen zur Verbesserung der Transparenz weiterhin stattfinden, desto effizienter und damit gesamtwirtschaftlich wohlfahrtsmaximierender werden sich die deutschen Immobilienmärkte zukünftig entwickeln [47] [48].

7. Literaturverzeichnis

[1] Vgl. Oborski, M.: Transparenz schafft Vertrauen, in: Bankmagazin, Private Altersvorsorge, Produkte + Beratung, Nr. 12, 2001, S. 55.

[2] Vgl. Unterreiner, F. P.: Nichts Genaues weiß man nicht …, in: Immobilien Wirtschaft und Recht, Nr. 10, 2002, S. 14 ff.

[3] Vgl. Wernecke, M.: Büroimmobilienzyklen, in: Schulte, K.-W./Bone-Winkel, S. (Hrsg.): Schriften zur Immobilienökonomie, Bd. 31, Köln 2004, S. 113 f.

[4] Schulte, K.-W.: Markttransparenz in Deutschland – Rückblick auf 10 Jahre gif e. V., unveröff. Vortrag, Mitgliederversammlung gif e. V., 2003.

[5] Vgl. Feess, E.: Mikroökonomie – eine spieltheoretisch- und anwendungsorientierte Einführung, Marburg 1997, S. 297 ff.

[6] Vgl. Jensen, M. C./Meckling, W. H.: Theory of the Firm: Managerial Behavior, Agency Costs, and Ownership Structure, in: Journal of Finance and Economics, Vol. 3, 1976, S. 309.

[7] Feess, E., a. a. O., S. 642 ff.

[8] Vgl. Unterreiner, F. P., a. a. O., S. 15.

[9] Vgl. Unterreiner, F. P., a. a. O., S. 15.

[10] O. V.: Immobilienwirtschaft gründet „Rat der Weisen", in: Immobilien Zeitung Aktuell, 24. Oktober 2002, S. 7.

[11] Vgl. van Eimeren, B./Frees, B.: ARD/ZDF Online-Studie 2005: Nach dem Boom: Größter Zuwachs in internetfernen Gruppen, in: Media Perspektiven, Nr. 8, 2005, S. 362–379.

[12] www.mipim.com.

[13] www.mapic.com.

[14] www.immobilienmesse-leipzig.de.

[15] O. V.: Aus für die Reallocation, in: Immobilien Zeitung, Nr. 17, vom 11. August 2005, S. 2.

[16] www.wvfi.de.

[17] Haimann, R.: Nur einer kommt durch die BaFin-Prüfung, in: Die Welt, 31. Mai 2005, o. S.

[18] Vgl. auch www.bafin.de/verordnungen/verkprospvo.htm.

[19] www.gefox.de.

[20] Leykam, M.: Rating für offene Immobilienfonds – Erster Zeugnistag bei Moody's, Kommentar, in: Immobilien Zeitung, Nr. 23, 2002, S. 3.

[21] Vgl. Bundesverband Investment und Asset Management e. V., www.bvi.de.

[22] Vgl. o. V.: Offene Immobilienfonds: Die neue Beliebigkeit, in: Immobilien Zeitung, Nr. 25, 2004, S. 1.

[23] www.inrev.org.

[24] Zentrum für Europäische Wirtschaftsforschung (ZEW)/Department of Real Estate der European Business School (ebs): Real Estate Investment Trusts: Internationale Erfahrungen und Best Practice für Deutschland, Mannheim/Oestrich-Winkel 2005.

[25] Vgl. DID Deutsche Immobilien Datenbank GmbH: DIX – Deutscher Immobilienindex: Ergebnisse des deutschen Marktes 2004, www.dix.de/05ergebnisse.html.

[26] Wiedmann, H.: Was bewirkt das KonTraG?, in: Coenenberg, A. G./Pohle, K. (Hrsg.): Internationale Rechnungslegung, Stuttgart 2001, S. 213 ff.

[27] Leykam, M.: Initiative Corporate Governance – Zahnloser Tiger oder Durchbruch?, in: Immobilien Zeitung, Nr. 5, 2003, S. 5.

[28] Vgl. Initiative Corporate Governance der deutschen Immobilienwirtschaft: Leitfaden Wertemanagement gegen Korruption und für Wettbewerbsvorteile, Pressemitteilung v. 2. März 2005.

[29] Achleitner, A.-K./Behr, G.: International Accounting Standards – Ein Lehrbuch zur Internationalen Rechnungslegung, 2. Aufl., München 2000, S. 55 ff.

[30] Baumunk, H. et al.: Die Bilanzierung von Immobilien nach International Accounting Standards, in: Grundstücksmarkt und Grundstückswert, Nr. 6, 2002, S. 355.

[31] Weber, E./Baumunk, H. (Hrsg.): IFRS Immobilien: Praxiskommentar der wesentlichen immobilienrelevanten International Financial Reporting Standards, Neuwied 2004.

[32] Schulte, K.-W./Schäfers, W. (u. Mitarb. von Wiffler, M.): Modernes Immobilienmanagement bei Corporates und Publics, in: Schulte, K.-W./Schäfers, W. (Hrsg.): Handbuch Corporate Real Estate Management, Köln 2004, S. 29–53.

[33] Doswald, H.: Auswirkungen von Basel II auf die Immobilienwirtschaft, in: Verband deutscher Hypothekenbanken e. V. (Hrsg.): Professionelles Immobilien-Banking, Berlin 2002, S. 65 ff.

[34] Pitschke, C.: Die Finanzierung gewerblicher Immobilien-Projektentwicklungen unter besonderer Berücksichtigung der Neuen Baseler Eigenkapitalvereinbarung, Diss., in: Schulte, K.-W./Bone-Winkel, S. (Hrsg.): Schriften zur Immobilienökonomie, Bd. 30, Köln 2004.

[35] Vgl. Schulte, K.-W.: Immobilienökonomie – ein innovatives Lehr- und Forschungskonzept!, in: Schulte, K.-W. (Hrsg.): 10 Jahre ebs Immobilienakademie, Festschrift, Frankfurt 2000, S. 36 ff.

[36] Schulte, K.-W./ Schäfers, W.: Immobilienökonomie als wissenschaftliche Disziplin, in: Schulte, K.-W. (Hrsg.): Immobilienökonomie, Bd. I: Betriebswirtschaftliche Grundlagen, 3. Aufl., München 2005, S. 47 ff.

[37] Vgl. www.immo.uni-leipzig.de.

[38] Vgl. Schulte, K.-W.: Stadtplanung und Immobilienökonomie, in: Schulte, K.-W. (Hrsg.): Immobilienökonomie, Bd. III: Stadtplanerische Grundlagen, München 2005, S. 4–5.

[39] Schulte, K.-W.: Immobilienökonomie – ein innovatives Lehr- und Forschungskonzept!, a. a. O., S. 39.

[40] Schulte, K.-W.: Eine anspruchsvolle Lektüre, in: Frankfurter Allgemeine Zeitung, 22. Februar 2002, S. 84.

[41] Vgl. Jones Lang LaSalle: Global Real Estate Transparency Index 2004, S. 17.

[42] Vgl. Rottke, N./Wernecke, M.: Management im Immobilienzyklus. Teil 16: Resümee, Aktuelle Trends und Fazit für die Praxis: Zyklen werden zum festen Bestandteil des Immobilienmanagements, in: Immobilien Zeitung, Nr. 3, 2002, S. 15.

[43] Wernecke, M., a. a. O.

[44] Vgl. o. V.: Degi: Die Marktzyklen werden flacher, in: Immobilien Zeitung Aktuell, 30. Juli 2003, www.wedarchiv.de/immo.

[45] Vgl. Rottke, N./Wernecke, M., a. a. O., S. 15.

[46] Vgl. Rottke, N./Wernecke, M., a. a. O., S. 15.

[47] Lord, T.: Jedes Stück mehr Transparenz wird von den Investoren honoriert, in: Der langfristige Kredit, Schwerpunkt Pfandbriefmarkt aktuell, in: Der langfristige Kredit, Nr. 4, 2001, S. 125.

[48] Vgl. Oborski, M., a. a. O., S. 55 ff.

7 Zukünftige Bedeutung von Immobilienzyklen in Deutschland

Nico B. Rottke

Inhaltsverzeichnis

1. Methodische Behandlung von Immobilienzyklen 438
2. Aktueller Umgang mit Immobilienzyklen in Deutschland 441
3. Zukünftige Bedeutung von Immobilienzyklen für Deutschland 443
4. Handlungsoptionen für Immobilienzyklen 447
4.1 Timing 447
4.2 Diversifikation 448
4.3 Integrität des Investments 449
5. Literaturverzeichnis 449

1. Methodische Behandlung von Immobilienzyklen

Drei Leitfragen Die Idee des vorliegenden Praxishandbuches war die Beantwortung von drei Leitfragen, die in folgendem Zusammenhang stehen:

- Was sind Immobilienzyklen? (Vergangenheitsbezug)
- Wie lassen sie sich in das Immobilienmanagement integrieren? (Gegenwartsbezug)
- Durch welche Megatrends werden sie auf welche Weise beeinflusst? (Zukunftsbezug)

Teil A: historische Perspektive Eine Dreiteilung des Werkes lag somit nahe. Teil A erläutert Immobilienzyklen aus der „historischen" Perspektive und richtet sich aus gemäß dem wohl bekanntesten Zitat aus Goethes 1819 erschienenem „West-östlichem Divan" im „Buch des Unmutes":

„Wer nicht von dreitausend Jahren sich weiß Rechenschaft zu geben,
Bleib im Dunkeln unerfahren, mag von Tag zu Tage leben."

Hier geht es um die Erklärung und Herleitung von Immobilienzyklen und um die Fragestellung, aus welcher Perspektive Zyklenforscher Untersuchungen vornehmen. Mikro- und makroökonomische Sichtweisen sowie die Finanz- und Managementperspektive werden in den Kapiteln A2 bis A4 daher erörtert. Zudem werden die drei wichtigsten Kerngebiete, die in der Vergangenheit den Umgang mit Immobilienzyklen erschwerten, in je einem Kapitel separat erläutert: Das menschliche Verhalten als Basisursache für vor allem endogene Übertreibungen, eine schlechte Datenbasis, die seriöses Zyklenresearch in Deutschland flächendeckend und selbst für die größeren Zentren (noch) nicht zulässt, sowie die Prognosefähigkeit von Immobilienzyklen zumindest auf kurz- und mittelfristige Sicht.

Teil B: Gegenwartsperspektive In Teil B wird, auf den Ergebnissen des Kapitels A4 beruhend, die Fragestellung bearbeitet, wie das Wissen um Immobilienzyklen in die dafür infrage kommenden Managementaspekte aktuell integriert werden kann. Die wichtigsten Ergebnisse werden nachfolgend in jeweils einem prägnanten Satz als (in-)direktes Zitat aus dem jeweiligen Kapitel kurz dargestellt:

- **Immobilienanalyse**: „Auf allen […] Ebenen kommt es daher immer mehr darauf an, den Status einer Immobilie zyklisch-dynamisch zu erfassen – also die technische und wirtschaftliche Beschaffenheit in einem sich permanent verändernden Standort- und Marktumfeld unter Berücksichtigung zyklischer Verläufe."

- **Immobilienbewertung**: „Wenn aufgrund von theoretisch-wissenschaftlichen Überlegungen mit einem Marktauf- oder Marktabschwung zu rechnen ist, müssen diese Überlegungen so lange in der Wertermittlung ignoriert werden, bis sie von Marktteilnehmern aufgegriffen und – im Sinne von Kauffällen – umgesetzt werden."

- **Immobilieninvestition**: „Die rechnerische Berücksichtigung zyklischer Schwankungen findet in der Investitionsrechnung statt. Wie bereits erwähnt, eignen sich dazu nur dynamische Investitionsverfahren, da diese die im Zeitablauf entstehenden Ein- und Auszahlungen periodengerecht berücksichtigen."

- **Immobilienfinanzierung**: In Deutschland finden, im diametralen Gegensatz zu den USA und dem U. K., etwa im Verhältnis 70 zu 30 Finanzierungen über den Banken- und nicht den Kapitalmarkt statt. Da die Kreditinstitute in Deutschland regelmäßig prozyklisch finanzieren und darüber hinaus durch Basel II strengere Kreditvergabevorschriften haben, bedarf es vor allem innovativer Eigenkapital- und Mezzanin-Produkte, um Finanzierungs- und Eigenkapitallücken zu schließen und sich wiederum durch eine gestärkte Eigenkapitaldecke Zugang zu (internationalem) Fremdkapital zu verschaffen. Zudem führt eine verstärkte Abkopplung vom nationalen Bankenmarkt zu einer besseren Abkopplung von nationalen Immobilienzyklen.

- **Projektentwicklung**: „Ein antizyklisches Agieren wird von den benannten internen (z. B. fehlende Liquidität) und externen (z. B. zurückhaltende Partner) Rahmenbedingungen jedoch faktisch begrenzt und wird in der gewünschten Ausprägung wohl kaum erreichbar sein. Vielmehr setzen Entwickler in schwierigen Zeiten auf robuste Eckwerte ihrer Kalkulation, die auch eine weitere Marktabschwächung verkraften. Gleichzeitig setzen sie in Aufschwungphasen kaum auf steigende Werte."

- **Portfoliomanagement**: Um das Wissen um Immobilienzyklen in das Portfoliomanagement implementieren zu können, sind ein weitreichender Ermessensspielraum des Portfoliomanagers notwendig sowie ein weitreichendes Netzwerk, umfassende Information und eine umfassende Portfoliogröße.

- **Corporate Real Estate Management**: „Im Rahmen des Corporate Real Estate Managements werden die unternehmerischen Entscheidungen durch die Situation im Immobilienzyklus in unterschiedlicher Intensität beeinflusst. Während die Standortwahl maßgeblich durch das Kerngeschäft geprägt und die Entscheidung über die optimale Leistungstiefe im Facilities Management von der Unternehmensführung getroffen wird, ist bei den Phasen der Immobilienbereitstellung und -verwertung eine enge Abhängigkeit von Immobilienzyklen gegeben. Die Immobiliennutzungskosten wie auch die Verwertungserlöse werden durch die aktuelle Situation im Immobilienzyklus bestimmt."

- **Immobilienmarketing**: „Es ist abschließend festzuhalten, dass ein aktiver Eingriff in die zyklischen Immobilienmärkte aus der Marketingperspektive möglich ist. Dieser besteht jedoch zum größten Teil aus langfristigen Ansätzen, welche sich über Boom und Baisse hinwegziehen und durch kurzfristig angewendete Instrumente nur unterstützt werden. Durch diese langfristige Orientierung können strategische Wettbewerbsvorteile geschaffen werden, wohingegen der Wirkung von kurzfristig orientierten Instrumenten durch die Nachahmbarkeit zeitliche Grenzen gesetzt sind. In ihrer Bedeutung kommt der Produktpolitik die größte Bedeutung zu, ergänzt zunächst durch die Servicepolitik und anschließend die Kontrahierungspolitik."

Besonderheiten des Aspektes der Immobilienbewertung

Es fällt auf, dass in sieben von acht Managementaspekten die jeweiligen Autoren die Relevanz von Immobilienzyklen darstellen und eine Implementierungsstrategie vorschlagen. Für den Aspekt der Immobilienbewertung wird die Relevanz ebenfalls erkannt, doch hält sich der Autor mit der Aussage „[...] müssen diese Überlegungen so lange in der Wertermittlung ignoriert werden, bis sie von Marktteilnehmern aufgegriffen und – im Sinne von Kauffällen – umgesetzt werden" an die vorgegebenen deutschen Bewertungsstandards. Diese Auffassung, für die es gute Gründe gibt, dominiert die nationalen und internationalen Bewertungsmethoden. So schreiben Pyhrr, Roulac und Born: „Also, valuation theorists and appraisers have historically ignored cycles in their valuation frameworks and models." [1] Andere Auffassungen – wie z. B. bei Rottke und Wernecke [2] – können durchaus vertreten werden und es ist eine Überlegung wert, ob das Wissen um Immobilienzyklen nicht auch in die Verfahren der Immobilienbewertung integriert werden könnten. Dazu ein Beispiel:

Marktbezug Ertragswertverfahren

Für Gebäude, deren Marktwert sich primär nach dem Ertrag bestimmt, ist das in den §§ 15 bis 20 WertV geregelte Ertragswertverfahren vorgesehen. Der Marktbezug wird im Wesentlichen über zwei Elemente hergestellt:

- durch die „nachhaltig erzielbare Miete", welche durch direkten Vergleich mit gleichwertigen Objekten ermittelt wird; Abweichungen von vertraglich fixierten Vertragsmieten werden später als Zu- oder Abschlag zum Ansatz gebracht;

- durch den „Vervielfältiger", der sich aus der Restlebensdauer und dem Liegenschaftszins errechnet, welcher wiederum mittels Vergleich durch die Gutachterausschüsse bestimmt wird.

Was bedeutet „nachhaltig erzielbare Miete", wenn auf dem Mietmarkt nichts so beständig scheint wie der Wandel? In der Kommentierung von Kleiber, Simon und Weyers heißt es dazu: „Grundsätzlich gelten die Erträge als nachhaltig, die über die verbleibende Restnutzungsdauer im Durchschnitt erzielbar sind. Da sich aber die Mietentwicklung nicht mit der gebotenen Sicherheit abschätzen lässt, werden als nachhaltige Erträge die am Wertermittlungsstichtag unter gewöhnlichen Verhältnissen erzielbaren Erträge angesetzt." [3]

Der Begriff „nachhaltig" wird also schrittweise durch „durchschnittlich" und „aktuell erzielbar" ersetzt. Die aktuellen erzielbaren Mieten aber unterliegen vollständig dem Marktzyklus.

Teil C des vorliegenden Handbuches schließlich untersucht, welche wesentlichen Megatrends Immobilienzyklen auf welche Weise beeinflussen. Die Autoren wagen damit den Blick in die Zukunft. In einem Überblicksbeitrag werden die Trends wie folgt systematisiert (vgl. Kapitel C1):

Teil C: Zukunftsperspektive

- ökonomischer Strukturwandel,
- Wandel der Finanzierungsmöglichkeiten,
- Investitionsmöglichkeiten,
- politischer Wandel,
- Verhaltensänderungen,
- Transparenzerhöhung.

Die subjektiv als am wichtigsten empfundenen Trends werden im Nachgang ausführlich dargestellt, nämlich:

- Basel II,
- Real Estate Private Equity,
- Immobilienverbriefung,
- Globalisierung,
- Markttransparenz.

Im vorliegenden Kapitel nun wird die disaggregierte Sicht wieder zusammengeführt und Stellung zu der Frage bezogen: Welche zukünftige Bedeutung hat der vorliegende, sich wiederholende, aber unregelmäßige Mechanismus für die Immobilienökonomie als Ganzes?

Oder konkreter als die von vielen Marktteilnehmern gestellte Frage: Werden Immobilienzyklen in Zukunft flacher und kürzer oder werden sie volatiler?

2. Aktueller Umgang mit Immobilienzyklen in Deutschland

Mag ein Ignorieren von Immobilienzyklen in der Wertermittlung gerechtfertigt und vertretbar sein, so finden Marktteilnehmer und Akademiker in Gänze eine Reihe von Gründen, sich nicht mit Immobilienzyklen beschäftigen zu müssen. Immobilienzyklen wurden und werden, meist aufgrund der Hypothese effizienter Märkte, in Teilen sogar als „irrelevant" bezeichnet. Als Gründe wurden von Vertretern dieser ersten Denkschule vor allem die folgenden genannt:

16 Gründe, warum Immobilienzyklen nicht relevant seien

1. Geringes akademisches Interesse für Zyklen: Nur wenige Akademiker sind an der Durchführung von Immobilienzyklus-Forschung interessiert, daher können Zyklen nicht sonderlich relevant sein.

2. Die Finanztheorie behandelt Zyklen nicht: Die moderne Finanz- und Portfoliotheorie behandelt Zyklen nicht explizit – daher können sie nicht besonders wichtig sein.

3. Zyklen sind nicht messbar: Wenn es so etwas wie einen Zyklus gibt, so kann man ihn nicht messen bzw. bestimmen, an welcher Position im Zyklus man sich befindet, oder vorhersagen, wohin sich der Zyklus bewegt. Statistische Analysen können die Präsenz von Zyklen nicht belegen.

4. Ökonomische Einflüsse sind zufällig: Die wirtschaftlichen Kräfte, die als Ursache und Erscheinungsbild von Zyklen gelten, sind zufälliger Natur und können daher weder modelliert noch vorhergesagt werden.

5. Immobilienmärkte sind effizient: Das Wissen über Zyklen kann nicht zur Steigerung von Portfolioerträgen (oder der Reduzierung der Risiken) genutzt werden, wenn das Portfolio ausreichend diversifiziert ist.

6. Diversifikation eliminiert Zykleneffekte: In einem großen Portfolio kann der Manager die Zykleneffekte durch gute sektorale und regionale Diversifikation eliminieren.

7. Lange Haltezeiten eliminieren Zykleneffekte: Viele, vor allem institutionelle Investoren, wie Pensionsfonds und Lebensversicherungsgesellschaften, sind geduldige Investoren, die kurzfristige Marktzyklen ignorieren.

8. Gewinne durch Zyklenstrategien werden durch Kosten überkompensiert: Wenn es gesteigerte Erträge durch „playing the cycle" geben sollte, werden potenzielle Mehrgewinne wegen zusätzlicher Informations- und Transaktionskosten sowie zusätzlicher Trading-Risiken eliminiert.

9. Mangel an Beweisen für den Einfluss ökonomischer Zyklen: Es gibt wenige Beweise für die Wirkung von ökonomischen Zyklen auf Cashflow-Variablen, wie Mieten, Leerstandsraten, Betriebs- und Kapitalkosten sowie Kapitalisierungszinssätze.

10. Die Spezifikation von Zyklusmodellen ist schwierig: Die genaue Spezifikation von analytischen Modellen, die explizit Zyklen und ihren Einfluss auf Investment-Returns und -Risiken berücksichtigen, ist schwierig oder unmöglich.

11. Unzureichende Datenlage: Geeignete und verlässliche Markt- und Finanzdaten, die als Input für ein Zyklenmodell benötigt werden, sind nicht verfügbar.

12. Mangelndes Investoreninteresse: Es gibt keinen Beleg dafür, dass Investoren Zyklusprognosen für ihre Investitionsentscheidungen oder Strategien nutzen.

13. Einfachheit und niedrige Kosten der Trendanalyse: Traditionelle DCF-Modelle, die von konstanten Miet- und Ausgabesteigerungen über den Analysezeitraum ausgehen, sind leicht zu verwenden, preiswert und der Marktstandard bei individuellen und institutionellen Investoren.

14. Tradition: Da Zyklen in der Vergangenheit nicht als entscheidungsrelevante Variable gesehen wurden, kann man sie auch zukünftig ignorieren; traditionelle Investoren ändern ihre Wahrnehmung der Investitionsumwelt nur langsam und bleiben bei traditionellen Bewertungsmethoden.

> 15. Persönliche Absicherungsinteressen resultieren in der Übernahme konventioneller Methoden: Die meisten Portfoliomanager haben ein Interesse am Erhalt ihres Arbeitsplatzes und sichern sich durch Verwendung der sicheren, weil akzeptierten Vorsichts-Strategie. Sie tun, was die Meinungsführer der Industrie tun, oder gehen mit der Strömung und dem konventionellen Wissen, das Zyklen weitgehend ignoriert.
>
> 16. Fehlende Kristallkugel: Die meisten Modelle basieren auf historischen Daten. Im Kontrast dazu fordern zyklusbezogene Entscheidungsmodelle vom Analysten, dass er prognostizierte Werte eingibt. Dies ist schwierig, da die Immobilienbranche keine guten Prognosemodelle entwickelt hat. Außerdem gilt, was ein Manager beobachtet hat: „Wenn Du von der Kristallkugel lebst, wirst Du am Verzehr zerbrochenen Glases zugrunde gehen." Prognosen sind ein hochriskantes Geschäft. Die meisten Investoren und Portfolio-Manager sind risikoavers und versuchen, die Irrtumswahrscheinlichkeit zu minimieren.
>
> Quelle: Pyhrr, S./Roulac, S./Born, W.: Real Estate Cycles, S. 10 f. in Übersetzung von Wernecke, M.: Büroimmobilienzyklen, S. 276–278

Abb. 1: 16 Argumente für die Irrelevanz von Immobilienzyklen

Momentan ist die oben aufgeführte Denkrichtung auf dem Rückzug und eine zweite Denkschule um Pyhrr, Born und Roulac setzt ein, die postuliert, dass Immobilienzyklen relevant sind, signifikante und messbare Auswirkungen auf Rendite und Risiko haben und daher für Investoren wichtige strategische Implikationen haben [4].

Entstehung einer zweiten Denkschule

Die Hoffnung der Herausgeber liegt nahe, mit diesem Werk dazu beitragen zu können, dass sich die zweitgenannte Denkschule in Deutschland durchsetzen wird und Unternehmen beginnen respektive die Bemühungen fortsetzen, das vorhandene Wissen um Immobilienzyklen aktiv in ihr strategisches Management mit einfließen zu lassen. Welches Wissen dies ist und welche Implikationen dies für deutsche Unternehmen hat, zeigen die folgenden beiden Abschnitte.

3. Zukünftige Bedeutung von Immobilienzyklen für Deutschland

Um die Bedeutung von Immobilienzyklen für Deutschland zu beschreiben, bietet es sich an, den bis hierher generierten Erkenntnisgewinn kurz zusammenzufassen [5]:

Immobilienzyklen lassen sich theoretisch als Zusammenspiel von exogenen Einflüssen und endogenen Übertreibungen erklären. Exogene Störungen verhindern, dass ein möglicher Gleichgewichtszustand Bestand haben kann. Endogene Faktoren begünstigen die ein- oder sogar mehrmalige Fortpflanzung von exogen verursachten Ungleichgewichten und damit die Ausbildung endogener Zyklen.

Zusammenspiel endogener und exogener Einflüsse

Die Prognose von Immobilienzyklen ist im kurz- und mittelfristigen Bereich – drei bis maximal fünf Jahre – möglich und sinnvoll, längerfristig dagegen nicht. Dabei sollten die Ergebnisse mehrerer, auf unterschiedlicher Methodik basierender Einzelprognosen in geeigneter Weise dargestellt und zu einer Gesamtprognose zusammengefasst werden. Die Ergebnisse einer zyklenbezogenen Prognose sollten in die Investitionsanalyse einfließen. Aufgrund der Marktdynamik muss diese Analyse im Zeitverlauf allerdings aktualisiert werden.

Ernüchternde Bilanz

Dieses Ergebnis mag ernüchternd klingen, doch genau wie die Kritiker der Bedeutung von Immobilienzyklen anmerken, besitzen auch die besten ökonometrischen Modelle nicht die „Kristallkugel". Dies liegt daran, dass ein Großteil exogener Schocks nicht vorhergesehen werden kann, und vor allem auch daran, dass menschliches Verhalten nur begrenzt rational ist. Daher werden Immobilienzyklen auch für die Zukunft das beherrschende Verlaufsmuster der Immobilienmärkte in Deutschland sein – genau wie in der Vergangenheit. Weil es keine Anhaltspunkte dafür gibt, dass die Entwicklung vieler exogener Einflüsse (z. B. neuer Gesetze wie das 4. Finanzmarktförderungsgesetz, Implementierung von G-REITs oder Konjunkturverläufe) künftig besser prognostiziert werden kann, und weil auch der überwiegende Teil der endogenen Übertreibungsmechanismen vermutlich weiter wirksam bleiben wird, sind ausgeprägte Immobilienzyklen auch für die Zukunft mit hoher Wahrscheinlichkeit zu erwarten.

Diese Tatsachen sollten jedoch nicht zu einer Ablehnung der Auseinandersetzung mit Immobilienzyklen führen, sondern zu einer mühsamen und aufwendigen Anwendung, wie oben und in den einzelnen Teilbereichen dieses Buches beschrieben.

Nicht prognostizierbare exogene Schocks

Einige renommierte Marktteilnehmer erwarten mit Hinweis auf verbesserte Prognosen kürzere und flachere Immobilienzyklen [6]. Dies ist sicherlich richtig in Bezug auf alle prognostizierbaren Variablen, denn mit zunehmender Transparenz und Globalisierung der Immobilienmärkte müssten diese effizient und folglich Zyklen flacher werden. Doch regelmäßig sind exogene Schocks und ihre Auswirkungen, wie beispielsweise die Terrorattacke auf das World Trade Center vom 11. September 2001 in den USA, das Platzen der Non-Performing-Loan-Blase in den USA Anfang der 90er Jahre oder die Strukturkrise der Bankenlandschaft in Deutschland, kaum vorhersehbar und damit nicht prognostizierbar.

Doch selbst wenn exogene Parameter in ihrer Gesamtheit besser einschätzbar werden sollten, stellt sich die Frage, inwieweit endogene Parameter absehbar sind. Schon Diaz hat festgestellt: „The essence of property is human behaviour." [7] Und menschliches Verhalten hat die Eigenschaft, nur begrenzt rational zu sein. Mit einer unterstellten zunehmenden Vorhersehbarkeit der meisten exogenen Parameter fallen die Auswirkungen der endogenen Parameter stärker ins Gewicht, mit anderen Worten: Wenn weniger Störwirkungen von außen das System aus dem Gleichgewicht bringen, sind es die Akteure selbst, die u. U. zum partiellen Ungleichgewicht oder im schlimmsten Fall Systemversagen führen.

Endogene Mechanismen werden vor allem bestimmt durch

- Time-Lags,
- Informationseffizienz,
- beschränkte Rationalität,
- Sondereffekte unterschiedlicher Ursachen [8].

Nachdem vor allem in den Kapiteln A2 bis A4 die Auswirkungen von Time-Lags besprochen wurden, soll hier besonders auf die Phänomene der Informationseffizienz und der beschränkten Rationalität eingegangen werden, die im Wesentlichen auf Wernecke zurückgehen [9]:

Informationseffizienz

Ein Markt ist informationsineffizient, wenn die für die Bewertung relevanten Informationen nicht korrekt oder nicht vollständig in den Preisen reflektiert sind [10]. Beurteilungskriterium für Informationseffizienz ist beispielsweise der Grad an Intransparenz eines Marktes, und zwar im Speziellen seine asymmetrische Informationsverteilung im Rahmen von Principal-Agent-Beziehungen, also dem Vorhandensein weniger gut informierter Auftraggeber und besser informierter Auftragnehmer. Liegt asymmetrische Informationsverteilung vor und kommt es in der Folge zu Verhaltensanomalien, dann können zyklische Übertreibungen stattfinden, da Preisinformationen verzerrt vorliegen und Transaktionen so auf fehlerhafter Basis stattfinden. Dobberstein beschreibt, wie Berater gegenüber ihren Auftraggebern, beispielsweise Investoren oder Financiers, gerade an konjunkturellen Wendepunkten zu übertriebenen Prognosen tendieren, da sie hoffen, die Auftraggebererwartungen so zu erfüllen [11].

Ein weiteres Phänomen der Informationsineffizienz tritt auf, wenn die Immobilienpreisentwicklung nicht mehr mit der korrespondierenden fundamentalen Ertragssituation übereinstimmt und sich eine – nicht mit einem Zyklus zu verwechselnde – spekulative Blase bildet, Preisentwicklungen also Funktionen von historischen Preisen werden. Dies führt fast zwangsläufig zum anschließenden Marktzusammenbruch. Dieses Phänomen tritt häufig dann auf, wenn schlecht informierte oder unprofessionelle Marktteilnehmer Geld in einen Aufschwung investieren. Dies kommentiert Bagehot treffend: „One thing is certain, that at particular times a great deal of stupid people have a great deal of stupid money." [12]

Beschränkte Rationalität

Das zweite Phänomen endogener Mechanismen ist das weite Feld der beschränkten Rationalität: Menschen handeln gerade nicht rein rational und wirtschaftlich und sind nicht über alle Marktentwicklungen jederzeit informiert, wie es das neoklassische Menschenbild des homo oeconomicus postuliert. Freude, Gier, Angst, Panik und Selbstbestätigungsstreben sind Eigenschaften, die ebenso auftreten wie Nutzenfunktionen von Akteuren, die über den Zeitverlauf nicht, wie angenommen, stabil, sondern Änderungen unterworfen sind.

Verhaltensökonomie

Die Verhaltensökonomie (Behavioral-Real-Estate-Ansatz), eine Schnittstellendisziplin zwischen Psychologie und Ökonomie, liefert Ansätze, die in der Lage sind, tatsächliche zyklische Entwicklungen zu erklären. Sie liefert für scheinbar nicht logisch erklärbare Vorgänge Faustregeln (Heuristiken), die die Art der Wahrnehmungsbeeinflussung und die darauf folgenden Ergebnisse verdeutlichen und erklären. Im Folgenden sollen kurz drei der am häufigsten auftretenden Effekte der Verhaltensökonomie beschrieben werden:

Framing

Der Framing-Effekt in der Phase der Informationswahrnehmung führt dazu, dass bei unterschiedlicher Präsentation desselben Sachverhaltes („Glas halb voll" vs. „Glas halb leer") eine selektive Wahrnehmung stattfindet, die zu einer unterschiedlichen Beurteilung ansonsten identischer Investitionsobjekte führt [13].

Anchoring Der Anchoring-Effekt in der Phase der Informationsverarbeitung der vorgefilterten Information bewirkt, dass Informationen, die im Zeitverlauf einer Entscheidungssituation sehr frühzeitig eintreffen, den größten Einfluss auf das Setzen eines Referenzpunktes haben. Befindet sich beispielsweise ein bestimmter, glaubhafter Portfoliowert in den Köpfen der Entscheider, so sind sie nicht bereit, substanziell diesen Referenzpunkt zu verlassen, obwohl der ursprüngliche Wert nicht maßgeblich sein muss.

Repräsentativität Der Repräsentativitätseffekt in der Phase der Informationsverarbeitung der vorgefilterten Information führt dazu, dass Wahrscheinlichkeiten aufgrund von zufälligen Übereinstimmungen überschätzt werden [14]. Dies äußert sich beispielsweise in der Bildung von extrapolativen Erwartungen (vgl. Kap. A5 sowie Abbildung 2):

Steigt beispielsweise die Nachfrage nach Bürogebäuden und erreicht ihren Höhepunkt, extrapolieren die Marktteilnehmer aufgrund der Vergangenheitswerte die Nachfrage in die Zukunft und richten daran ihre Neubautätigkeit aus, die zeitverzögert nach einem Konstruktions-Lag auf den Markt kommt. Die extrapolativen Erwartungen beruhen in diesem Fall allerdings nur auf Vergangenheitswerten, die Nachfrage hatte in Wirklichkeit einen Höhepunkt erreicht, sodass das zusätzliche Angebot nun auf einen Markt fallender Nachfrage trifft und den Abwärtstrend so noch verstärkt. Das Gleiche gilt analog für Erwartungen in der Baisse, in der Marktteilnehmer erwarten, dass die Nachfrage weiterhin abnehmen wird und sie so Neubauaktivität einschränken, was bei

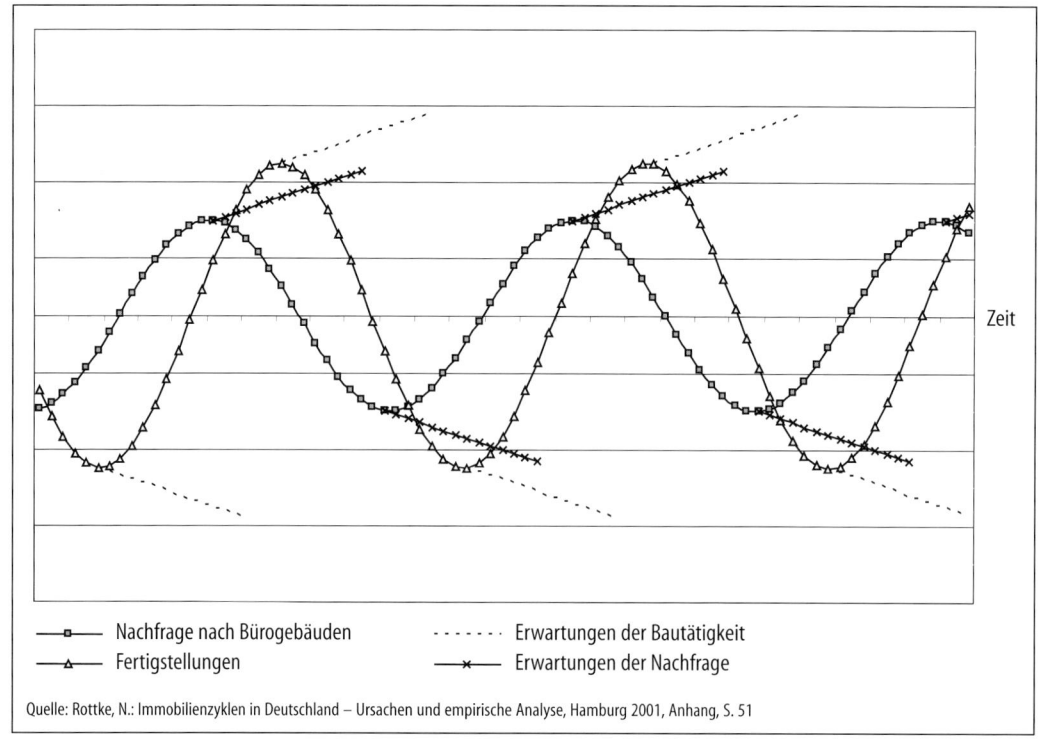

Quelle: Rottke, N.: Immobilienzyklen in Deutschland – Ursachen und empirische Analyse, Hamburg 2001, Anhang, S. 51

Abb. 2: Erwartungen im Immobilienzyklus

einem Aufschwung zu einer Verknappung der Fläche führt. Nach Absorption des Leerstandes wird der Markt über die Preisfunktion geregelt und es kommt zu einem sehr hohen Mietpreisniveau.

Diese Effekte treten selbst dann ein, wenn die exogenen Ursachen korrekt vorhergesagt wurden.

4. Handlungsoptionen für Immobilienzyklen

Es wird deutlich, dass der Ansatzpunkt eines Managements unter der Berücksichtigung von Immobilienzyklen nicht in der möglichst genauen, langfristigen Prognose von Immobilienzyklen liegen kann, da dieses Phänomen, zumindest für eine langfristige Prognose, einfach zu komplex ist und die Ursachen exogener und endogener Natur einfach zu vielfältig und oft nicht messbar sind, z. B. ein Terror-Anschlag oder die Eigenschaft eines Investors, unbedingt in die Annalen einer Großstadt als derjenige eingehen zu wollen, der in einer Bieterauktion ein sehr begehrtes Immobilienportfolio erworben hat – ohne Berücksichtigung des angemessenen Kaufpreises.

Komplexität von Immobilienzyklen

Das eigene Immobilienportfolio sollte lieber, auch und gerade für den Investor als Immobilienhändler (Trader), möglichst „zyklenresistent" gestaltet werden. Dies kann vor allem durch drei Dinge erreicht werden: ein gutes Timing, ein hohes Maß an Diversifikation und eine hohe Integrität des Investments.

4.1 Timing

Timing ist vor dem Hintergrund zu verstehen, sich die Wirkungsweisen des Konstruktions-, Entscheider- und Absorptions-Lags immer vor Augen zu halten und vor diesem Hintergrund, in Verbund mit seriösen kurz- und mittelfristigen Prognosen sowie generellen ökonomischen Frühindikatoren, Entscheidungen zu treffen. Nicht die herrschende Meinung des Marktes, z. B. in Bezug auf Investitionsstandorte, sollte die ausschlaggebende Rolle spielen, sondern das Ergebnis der eigenen Analyse. Aus dieser Perspektive sollte eine Marktabkopplung stattfinden.

Lags und ökonomische Frühindikatoren

Dies funktioniert leider nicht, wenn ein Unternehmen zu 80 % bankenfremdfinanziert ist, da Kreditinstitute Darlehen i. d. R. prozyklisch vergeben und ein Investor oder Entwickler trotz des Wissens um Immobilienzyklen ohne hohe Eigenkapitaldecke gar nicht die Möglichkeit hat, antizyklisch zu handeln. Entweder ist eine bestimmte Unternehmensgröße – auch zur Diversifikation – notwendig oder aber der Kreditsuchende löst sich zu einem bestimmten Maße von der Bankenabhängigkeit beispielsweise durch Erschließung alternativer Eigen- oder Fremdkapitalquellen (z. B. stille Beteiligungen, Joint Ventures, Real Estate Private Equity, Wandeldarlehen oder die direkte Verbriefung über den Kapitalmarkt).

4.2 Diversifikation

Unter Diversifikation ist die Reduzierung des unsystematischen Risikos zu verstehen, das sich als Teil des Gesamtrisikos durch eine Diversifikation der Anlageobjekte eliminieren lässt. Es handelt sich dabei um immanente oder projektspezifische Risiken.

Ausprägungen Für die Immobilienwirtschaft kommen hierbei Diversifikationen anhand regionaler (bspw. Frankfurt, Europa, Welt), typologischer (Büro, Einzelhandel usw.) oder funktionaler (Unternehmen, Portfolios, NPLs, Projektentwicklungen, Grundstücke) Ausprägung infrage.

Abbildung 3 vergleicht beispielhaft, welche Kerngrößen von Rendite und Risiko für überregionale Investmentzentren und Regionalstandorte differieren und so zur Portfoliodiversifikation genutzt werden können.

Eigenschaften		Investmentzentren	Regionalstandorte
Rendite	Marktrendite	geringe Risikoprämie an etablierten Investmentstandorten	Risikoprämie für strukturelle Marktrisiken
	Wertsteigerungspotenzial	Nutzung von Mietzyklen durch antizyklische Investmentstrategie	geringes Wertsteigerungspotenzial durch stabilen Mietverlauf
Risiko	strukturelle Marktrisiken	hohe Transparenz und Liquidität der Märkte	geringe Transparenz und Marktliquidität
	zyklische Marktrisiken	ausgeprägte Marktvolatilität	stabile Entwicklung von Mieten und Leerständen

Quelle: Beyerle, T.: Neue Perspektiven, Marktreport Deutschland 2005, Büroimmobilienmarkt, DEGI Research, Frankfurt 2005, S. 19

Abb. 3: Gegenüberstellung von Investmentzentren und Regionalstandorten aus Investorensicht

Dem schließt sich Bone-Winkel argumentativ mit folgendem Kommentar zur Sinnhaftigkeit von global investierenden offenen Immobilienfonds an:

„Im Vergleich mit rein deutschen Fonds ist der Diversifikationseffekt in europäischen Portfolios größer. Vergleicht man anschließend einen europäischen mit einem ‚globalen' Fonds, erzielt Letzterer ebenfalls einen höheren Risikodiversifikationseffekt als einer, der nur in Westeuropa anlegt. [...] Doch die Global-Fonds müssen erst beweisen, dass sie in der Lage sind, von solchen Aufschwüngen auch zu profitieren und nicht erst auf der Spitze des Marktes einzukaufen. [...] Doch sollten die offenen Fonds ihre Mainstream-Strategie (‚kontinuierlich regional expandieren und überall nur in Bestlagen kaufen') revidieren und stattdessen einen Mix von A- und B-Standorten oder eine stärkere Nutzungsmischung, z. B. mit Wohnimmobilien, erwägen." [15]

4.3 Integrität des Investments

Abschließend sei der vielleicht wichtigste, eigentlich jedoch auch selbstverständlichste Punkt erwähnt, der leider oft keine Beachtung findet: Investoren sollten ihre Investitionsentscheidung gemäß der Zielhierarchie der Immobilienanlageentscheidung ausrichten: Hauptziele sind die Sicherheit und Rentabilität der Immobilienanlage unter der Beachtung des wichtigsten Nebenziels, der Liquidität (vgl. Abbildung 4).

Sicherheit und Rentabilität unter Beachtung der Liquidität

Quelle: Walbröhl, V.: Die Immobilienanlageentscheidung im Rahmen des Kapitalanlagemanagements institutioneller Anleger, Diss., in: Schulte, K.-W. (Hrsg.): Schriften zur Immobilienökonomie, Bd. 15, S. 82

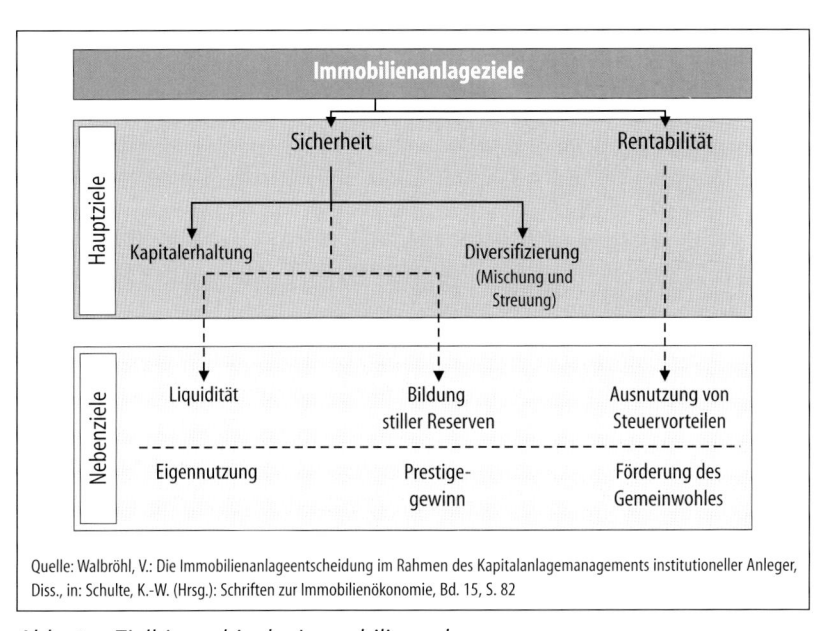

Abb. 4: Zielhierarchie der Immobilienanlage

Immobilien in einer nachteiligen Lage oder mit einem hohen Leerstand werden grundsätzlich nicht dadurch vorteilhaft, dass sie hohe Steuervorteile bieten oder dass das Prestige für einen Augenblick ein hohes, bundesweites Ausmaß annimmt.

Werden die oben getroffenen Grundprämissen nicht verletzt, dann werden die Chancen erheblich erhöht, von Immobilienzyklen relativ unabhängig Entscheidungen unter wirtschaftlichen Gesichtspunkten treffen zu können: Bewusstes Management im Immobilienzyklus wird so möglich.

Unabhängigkeit von Immobilienzyklen

5. Literaturverzeichnis

[1] Pyhrr, S./Roulac, S./Born, W.: Real Estate Cycles and their Strategic Implikations for Investors and Portfolio Managers in the Global Economy, in: Journal of Real Estate Research, Vol. 18, Nr. 1, 1999, S. 10.

[2] Vgl. Rottke, N./Wernecke, M.: Management im Immobilienzyklus, Teil 10: Immobilienbewertung, Ein Immobilienwert ist nicht nur objektiv, in: Immobilien Zeitung, Nr. 22, 2001, S. 30.

[3] Kleiber, W./Simon, J./Weyers, G.: Verkehrswertermittlung von Grundstücken, Köln 1998.

[4] Vgl. Pyhrr, S./Roulac, S./Born, W., a. a. O., S. 10.

[5] Vgl. dazu ausführlich Wernecke, M.: Büroimmobilienzyklen, Diss., in: Schulte, K.-W./Bone-Winkel, S. (Hrsg.): Schriften zur Immobilienökonomie, Bd. 31, Köln 2004, S. 244.

[6] Vgl. o. V.: DEGI: Die Marktzyklen werden flacher, in: Immobilien Zeitung, 2003, Rubrik: Online Meldungen.

[7] Diaz, J.: The first decade of behavioural research in the discipline of property, in: Journal of Property Investment and Finance, Vol. 17, Nr. 4, 1999, S. 326.

[8] Vgl. Wernecke, M., a. a. O., S. 95.

[9] Wernecke, M., a. a. O., S. 94–123.

[10] Vgl. Shleifer, A.: Inefficient Markets – An Introduction to Behavioral Finance, Oxford 2000, S. 1.

[11] Vgl. Dobberstein, M.: Das prozyklische Verhalten der Büromarktakteure – Interessen, Zwänge und mögliche Alternativen, Arbeitspapier zur Gewerbeplanung, Dortmund 2000, S. 17.

[12] Vgl. Bagehot, W., in: Royal Institution of Chartered Surveyors (ed.): Understanding the Property Cycle, Main Report: Economic Cycles and Property Cycles, London 1994, S. 53.

[13] Vgl. Rottke, N./Wernecke, M., a. a. O., Folge 3: Endogene Mechanismen: Marktmechanismen begünstigen Überreaktionen „nach oben" und „nach unten", in: Immobilien Zeitung, Nr. 15, 2001, S. 10.

[14] Vgl. Goldberg, J./von Nitzsch, R.: Behavioral Finance, München 2000, S. 52.

[15] Bone-Winkel, S.: Offene Immobilienfonds: Wie riskant sind „Global-Fonds" wirklich?, in: Immobilien Zeitung, Nr. 6, 2004, S. 5.

Stichwortverzeichnis

A

Abschlagsgeschäft 371
Absorptions-Lag 83, 447
Ad-hoc-Verfahren 132
Agency-Theorie 417
Akaike-Informationskriterium 136
Alterswertminderung 184
Anchoring 446
Angebotsüberhang 39, 54–58, 61, 313–314, 395
Angebotsverzögerung 80–81
Anlagen, bauliche 182
Antriebskräfte 269
Arbeitslosenquote 42, 83, 410
Arrangeur 387
Asset Price Inflation 399–400
Attentismus 68
Außenanlagen 183–184
Autoregressive Moving Average 133

B

Bankenfinanzierung 222–223
Bankruptcy Remoteness 389
Baseler Ausschuss für Bankenaufsicht 344, 354, 429
Baunebenkosten 183
Baustellenmarketing 318
Bautätigkeitsstatistik 117
Bayes-Informationskriterium 136
Behavioral Economics 98, 100–103, 108
Behavioral Real Estate 103
Beleihungsgrenze 229–230
Bereitstellungsalternativen 296–298
Bereitstellungsphase 291
Best Practice Recommendations 426
Best-Case-Szenario 128
Betrachtungshorizont 127, 143–149, 197, 211
Betriebseinrichtungen 184
Betriebskosten 45, 186–188, 196–197, 347
Betriebsmittel 289
Bewirtschaftungskosten 209–210
Bilanzposition 289

BIP-plus-Zyklus-Modell 142
BIP-Schätzwerte 142
Bodenrichtwerte 180
Bodenwertverzinsung 188
Branchenentwicklung 172
Branchenevents 421–422
Build-to-suit-Konzept 296
Bundesamt für Bauwesen und Raumordnung 117–118
Büroimmobilien-Bedarfsdefinition 166
Büromarktmodell 140
Buy-and-hold-Strategie 269, 275–276
Buy-and-sell-Strategie 269, 276–278
Buy-low-and-sell-high-Prinzip 252

C

Core-Investitionen 361
Corporate Governance 427
Corporatismus 245
Credit Enhancement 387–388

D

Datenanalyse 113
Datenniveau 129, 143
DCF-Methode 195, 197
Debt Mezzanine 228
Deindustrialisierung 407
Delphi-Methode 144–145
Demographie 338
Denkschule 441, 443
Desintermediation 386
Determinationskoeffizient 138–139
Development Funds 362, 364
Direktmarketing 317
Discount Deal 371
Diskontierungszinssatz 197
Distributionspolitik 311–312, 320–324
Drift, variabler 135
Drittverwendungsfähigkeit 252, 297, 301–302
Due-Diligence-Prüfung 154

E

Eigenkapitalkosten 347
Eigennutzer 118, 155–156
Ein-Zweckgesellschaft 387
Elementaransatz 350–351
E-Mail-Newsletter 419
Entscheider-Lag 79, 83, 291
Equity Mezzanine 228
E-Regi-Modell 161–162
Eventmarketing 318
Experteninterview 144
Exportbasis 404–406, 408, 412

F

Facilities Management 22, 27, 87, 247–248, 276, 289–291, 298–299, 302, 312, 315–316, 372, 439
Fair-Value-Bewertung 428
Finanzierungsinstrumente, innovative 226–235
Finanzierungsintensität 274
Finanzierungspraxis 265
Finanzierungsstruktur 216, 274, 360
Finanzmanagement 371–372
Finanzplan, vollständiger 206, 212, 301–302
Formalisierungsgrad 129
Forschungsnetzwerke 429
Framing 445
Fremdfinanzierungspolitik 359
Frühindikatoren, ökonomische 447

G

Gambler's Fallacy 245
Gebäudesachwert 183
Gegenwartsbezug 26, 438
Goldgräbermentalität 244
Greater-Fool-Glaube 245
Grenzkosten 74
Grenznutzen 74
Gutachterausschüsse für Grundstückswerte 114, 118

H

Handelsunternehmen 289, 293
Haus der Immobilienökonomie 21–22, 86, 105, 431
Hochrisikosegment 359
Hysterese-Effekt 46

I

Immobilien
- betriebsentbehrliche 289
- betriebsnotwendige 289, 296, 299, 337, 428
Immobilienanlageziele 262
Immobilienausbildung 105
Immobilienbeteiligungskapital 335, 358
Immobilieninvestistionsrechnung 127
Immobilienleasing 251, 295
Immobilienlebenszyklus 88, 291, 312, 372, 413
Immobilienmarkt, multidimensionaler 34
Industrieunternehmen 227, 249
Informationsasymmetrie 417–418
Informationsgesellschaft 332
Innenstadtlagen 271
Internetportale 119
Investitionsrechnung 92–93, 127–134, 193, 200–218, 439
Investor-Developer 241

K

Kapitalbindungsdauer 204
Kapitaldienstdeckungsgrad 231
Kapitalisierungsrate 36, 38, 44
Kapitalkosten 210, 348, 351
Kerngeschäft 288
Kommunikationsinstrumente 317
Konditionenpolitik 322
Konfidenz 128
Konstruktions-Lag 38–46, 52–55, 68, 79–83, 291, 446
Kontrahierungspolitik 323
Konversion 279, 333
Kooperationspartner 250
Korrelationskoeffizient 84–86, 92, 128
Kreditvergabeverhalten 42, 223–224, 344, 352–353, 355

L

Längsschnittanalyse 121
Latin-Hypercube-Simulation 218
Lebenszyklus 22–24, 89, 171, 174, 241, 252, 272, 276, 297, 314, 319, 324
Leerstand
- struktureller 38
- natürlicher 42–43, 81, 209, 268

Legal Due Diligence 173
Leistungserstellungsprozess 288
Liegenschaftszinssatz 188

M
Makrostandort 159–161
Marketing
– originäres 308–309, 322
– derivates 308–309, 322
Marketingmix 309, 311–312, 323–324
Maximum-Likelihood-Methoden 134
Mezzanine Funds 364
Midas-Syndrom 245
Mietanpassungsmodell 42–43
Miete, nachhaltig erzielbare 191, 440
Mieterbonität 172, 273
Mietmodell 141
Mietschwankung 74, 89
Mietwachstumsrate 268
Mikrostandort 147, 159–161
Mittelzentren 332
Monetarismus 33
Monte-Carlo-Analyse 218

N
Nachfragepfad, kontinuierlicher 59
Nachfrageüberhang 56, 58, 64, 80, 313, 393
Nachrangkapitalinstrument 227
Netzwerke, künstliche neuronale 129–130
No-change-Prognose 131
Non-Property-Company 289–296, 300–302
Normalherstellungskosten 183
Nutzeranforderungen 313–314, 316, 338–339
Nutzermarkt 164, 169
Nutzerpartnerschaften 250
Nutzerprofile 160
Nutzungsphase 291, 316
Nutzungssektoren 164
Nutzwertanalyse 292, 297–298, 301–302

O
Objekttypen 20, 270–273, 282
Öffentlichkeitsarbeit 318
Opportunistic Investments 362
Opportunity Funds 90, 226–228, 233, 250, 337, 362–376

Optimismus, ungerechtfertigter 99
Originator 385–390
Overshooting 411
Oversupply 80

P
Performance Management 371–374, 376
Performanceziel 262–263
Persistenz-Charakteristik 40
Pessimismus, ungerechtfertigter 99
Point-in-Time-Rating 354
Preiselastizität 38, 61, 163
Preismechanismus-Lag 79
Produktlebenszyklus 240, 312–314, 319, 324
Projektentwicklungs-Fonds 361, 364
Projektentwicklungsstrategie 269, 280–281

Q
Querschnittsanalyse 121

R
Randlagen 271
Rat der Immobilienweisen 418
Rating-Ansatz, interner 348–350
Realkapitalerhalt 262
Realoptionsverfahren 39
Redevelopment 247, 251–252, 299–301, 373
Referenzzyklus 76–77
Refinanzierung 222, 279, 334, 380, 385
Refinanzierungskostensatz 347
Regulierungsdichte 265
Reinertrag 186, 188
Repräsentativität 98–99, 446
Residuum 191–192
RICS-Definition 77, 89–90, 135, 227
Rohertrag 186

S
Same-change-Prognose 131
Schuldtitel 334
Schwerpunktmieten 137
Scoringmodell 121
Selbstnutzer 59, 64, 68–69, 337
Sensitivitätsanalyse 104, 217
Service-Agent 387–388
Service-Developer 241

Serviceleistungen 315–316, 323–324
Shared Appreciation Mortgage 230
Signifikanzbänder 137
Special Purpose Vehicle 372, 387
Spekulation, korrigierende 100–101
Spekulationsblase 331, 394, 400, 432
STAMP-Paket 136
Standardansatz 348–349
Standardrisikokosten 347
Standortanalyse 116–117, 155–170
Standortfaktoren 158
Standortwettbewerb 331, 403
Statistik, amtliche 117
Steuergesetzgebung 337
Stimmungsindex 144–145
Structural Uncertainty Model 101
Strukturwandel 101, 118, 144, 331, 402–412, 441
Supply Lag 80
Szenarioanalyse 104, 145, 218

T
Technical Due Diligence 171
Theilscher Ungleichheitskoeffizient 131
Through-the-Cycle-Rating 354
Time-Lag 35, 42, 44, 50, 52–70, 79–89, 340, 375, 393, 432, 444–445
Trader Developer 241
Trader-Matrix 145
Transaktionskosten 35, 204, 278, 411, 417
Transaktionsschemata 391–392
Transaktionsvehikel 365
Treiber 161, 390–392
Trendextrapolation 75
Trend-plus-Zyklus-Modell 135, 137
True Sale 380, 383, 388
Turnaround Management 229, 371–374, 376

U
Unternehmensimmobilien 289, 376
Untersuchungsbreite 170
Untersuchungstiefe 170
U-Statistik 131

V
Validität 120, 123
Value-Enhanced-Investitionen 361
Variablen, außerökonomische 55
Venture Capital Funds 364
Vergangenheitsbezug 438
Verhaltensökonomie 127, 146, 148, 445
Verkaufsprospekt-Verordnung 423
Vermögenswertmethoden 206
Vervielfältiger 75, 188–189, 191, 440
Verwertungsphase 291
Verwertungsstrategie 299–301
VOFI-Rentabilität 206

W
Wachstumsstrategien 246–247
Währung, ausländische 211
War-time Backlog 66, 70
Wasserfallmodell 367–368
Wendepunktfehlerquote 131
Wertänderungsrendite 156
Wertschöpfungsstrategie 269, 278–280
Wertschöpfungstiefen 373
Wettbewerbsfähigkeit 161, 276, 290, 336
Wiedervereinigungsboom 75–76, 116
Worst-Case-Szenario 128

Z
Zeitreihenprognose 132
Zeitreihenverfahren 121
Zeitschriften 114, 118–119, 431
Zeitungsanalysen 119
Zeitwertbetrachtung 130
Zinssatzmethoden 206
Zonenwerte 180
Zukunftsbezug 50–52, 438
Zyklen, regionalwirtschaftliche 161–162
Zyklenforschung 19, 22–25, 46, 79
Zyklenmodell 36, 141, 442
Zyklenwissen, Umsetzung von 92–93

IMMOBILIEN-WISSEN

AUS EINER HAND

In der Immobilienwirtschaft ändern sich Trends und Märkte heute schneller denn je. Professionalität und Erfolg werden maßgeblich durch Know-how, Aktualität und den daraus erwachsenden Zukunftsvisionen bestimmt.

Berufsnahe und praxisorientierte Fachinformationen mit einem hohen Anwendernutzen sind die Voraussetzungen, damit Sie stets auf dem Laufenden und damit wettbewerbsfähig sind.

Unser Verlagsverzeichnis informiert Sie über das umfangreiche Medienangebot zum Thema Immobilien. Gleich bestellen unter (02 21) 54 97-169 oder service@rudolf-mueller.de

DAMIT SIE BESCHEID WISSEN
Rudolf Müller

Immobilien Informationsverlag Rudolf Müller GmbH & Co. KG
Postfach 41 09 49 • 50869 Köln • Tel. 0221-5497-144 • Fax 0221-5497-134
E-Mail: IIV@rudolf-mueller.de • www.immobilienmanager.de